米国刑事判例の動向 VI

合衆国最高裁判所判決
「第4修正関係」──捜索・押収2

椎橋 隆幸 編

日本比較法研究所
研究叢書
114

中央大学出版部

装幀　道吉　剛

はしがき

1　ここに公刊する『米国刑事判例の動向Ⅵ』は合衆国最高裁判決の第 4 修正関係（捜索・押収・抑留）を扱った 56 件を紹介・解説（比較法雑誌初出を含む）したものである。所収判例は 1985 年から 2000 年に到るものである（1985 年分は 1 件，1986 年分は 2 件，2000 年分は 2 件。1987 年から 1999 年の間の判例が中心である。今迄，米国刑事判例の動向 I（第 5 修正関係，1989 年 2 月刊），動向Ⅱ（第 14 修正関係他，1989 年 11 月刊），動向Ⅲ（第 6 修正関係，1994 年 8 月刊），動向Ⅳ（第 4 修正関係，2012 年 11 月刊），動向Ⅴ（第 8 修正関係，2016 年 2 月刊）の 5 冊の刊行により，修正条項の刑事に関する重要判例を一通り紹介・解説してきた。しかし，米国最高裁判例は毎年相当数出されるが，それらをフォローする研究会での活動とその成果の公刊時期との間には相当のギャップがあり，公刊の遅れを最も痛感するのが第 4 修正関連の判例であった。第 4 修正は日本国憲法第 33 条と 35 条の淵源であるが，その規律する対象は，捜索・押収，身体の拘束，職務質問，自動車検問，所持品検査，そして排除法則をもカバーする。具体例としては，近年の科学技術の発達に伴う犯罪現象に対処するための様々な監視活動も含まれる。このように対象が広範囲であるだけでなく，保護すべき対象が財産権やプライヴァシーといった憲法上重要な内容であるため，第 4 修正の判例の動向（傾向と変化）は本研究会の当初からの最大の関心事であった（渥美東洋・動向Ⅳのはしがき参照）。そこで，第 4 修正関係の判例評釈がある程度まとまった段階で動向Ⅳの続篇を公刊することとした。

本書動向Ⅵは動向Ⅳと同じ構想の下で連続したものである。

2　合衆国憲法第 4 修正は以下のように規定している。「不合理な捜索および

押収から，身体，住居，書類および所持品が守られるという国民の権利は侵されない。そして，相当な理由に基づき，宣誓と確言で支えられ，かつ，捜索すべき場所並びに身体または物を限定して（具体的に）記述してある場合を除いて令状を発してはならない」（渥美東洋・全訂刑事訴訟法〔第2版〕87～88頁）。さて，第4修正関係の判例は動向Ⅳで紹介した以降も進展を続けている。合衆国最高裁判所の第4修正の法理は，ごく大まかにいえば，まず，政府の法執行活動が第4修正のいう「捜索・押収（人の押収である抑留を含む）」に当たるか，次いで，捜索・押収に当たるのであれば，それが合理的なものであるか（reasonableness）を判断する。さらに，捜索・押収が合理性を欠き違法なものである場合は，違法な捜索・押収に由来する証拠を排除するか否かを判断する，というものである。「捜索・押収」に当たるか否かの判断の対象は，職務質問のための停止，所持品検査，自動車検問，また，科学技術の発達に伴う様々な監視活動，さらには，非刑事（行政）活動にも及ぶ。

3　第4修正の保護の範囲を画する基準につき，当初は有体物に対する物理的侵入の有無を基準とするトレスパス理論が採用された（オルムステッド＝ゴールドマン法理といわれる。Olmsted v. United States, 277 U.S. 438 (1928)；Goldman v. United States 316 U.S. 129 (1942)）。このトレスパス理論は住居を中心に，書類，所持品，身体等への侵入から個人を保護する理論として重要な役割を果たしてきた。しかし，政府の傍聴活動によって個人の会話が祕聴される事態を軽視できるわけではないので，物理的侵入が軽微な祕聴事案であるシルバーマン，クリントン（Silverman v. United States, 364 U.S. 505 (1961), Clinton v. Virginia, 377 U.S. 158 (1964)）において，物理的侵入の要件が不要とまで示唆されたかに思えた（渥美・捜査の原理55頁参照）。そして，賭博容疑者が通常利用する電話ボックスに盗聴器と録音器をしかけ盗聴・録音したカッツ（Katz v. United States, 389 U.S. 347 (1967)）において，合衆国最高裁は，第4修正は単に場所ではなく人を保護するものである，として「プライヴァシーへの合理的期待理論」を新たな基準として採用したと一般に理解されている。そ

の後はカッツの補足意見で展開されたハーラン裁判官の主観的プライヴァシーと客観的プライヴァシー，特に後者の内容がいかなるものであるかを個別事案への当て嵌めを通して精緻化していく作業が続けられてきた。しかし，さらに科学技術の進展に伴う犯罪現象に対処する捜査手段として様々な監視技術が取り入れられていく。監視カメラの使用・設置，大麻の栽培の有無を確かめるため家屋の外部から赤外線を当てて確認する捜査手法，公道上の自動車の移動を探索するビーパーの自動車への設置，GPS 監視，等々である。これらの捜査手法はプライヴァシーへの合理的期待理論で説明されるのではないかと考える論者が少なくなかったと思われるが，最近，GPS 監視につきジョーンズは 28 日間を超える GPS 装置の設置による監視を，トレスパス理論を採用して，捜索に当たると判示した（United States v. Jones, 132 S. Ct. 945 (2012)）。

4　位置情報の探索という意味では共通性を持つビーパーにつき，ノッツは，公道上を自動車で移動する者にはプライヴァシーへの合理的期待は認められないとして，3 日間断続的に行われたビーパーによる探索は捜索に当たらないと判示した（United States v. Knotts, 460 U.S. 276 (1983)）。他方，カロでは，住居内でのビーパーによる監視活動は高度のプライヴァシーへの期待が認められるので捜索に当たると判示された（United States v. Karo, 468 U.S. 705 (1984)）。ところがジョーンズにおいて，法廷意見は，被疑者の自動車に GPS を装着し，自動車の移動状況を探索するために使用することを捜索に当たると判示した。自動車は第 4 修正が保護する所持品（財産）(effect) に当たるので，GPS を装着するために憲法上保護された領域に物理的に侵入し，続けて情報を得るために GPS を使用することは捜索となると判示した。もっとも，法廷意見によれば，第 4 修正は財産だけでなくプライヴァシーも保護しているのであり，カッツのプライヴァシーへの合理的期待理論は，コモン・ロー上のトレスパス理論に取って代わるものではなく，トレスパス理論に付加されたものであると判示している。確かに，カイロで，知覚増幅技術を使用して憲法上保護された領域である住居内の情報を入手する行為は捜索に当たると判示しているが（Kyllo

v. United States, 533 U.S. 27 (2001)），ジョーンズ後のジャーディンズにおいては，捜査官が麻薬探知犬と共に被疑者宅のポーチに侵入し，情報を収集した行為が捜索に当たるとした判例であるが，そこでは，憲法上保護された住居への物理的侵入があるのでトレスパス理論で説明するのが容易であろう。他方で，ジョーンズの補足意見は，殆どの捜査において，GPS による監視はプライヴァシーの期待を侵害するものであるとしている。ジョーンズの法廷意見も，単に被疑者の自動車に GPS 装置を装着する行為のみをもって第 4 修正違反と判示したと解釈するのは慎重であるべきであろう。GPS 装着後の 28 日間余の位置探索と情報の収集も判断の前提に入っていると考えるのが合理的な推測ではあるまいか。

5　合衆国最高裁は，トレスパス理論とプライヴァシーの合理的期待論は併存できるものとみて，事案に応じて両理論を使い分けていくのであろう。今後，捜査上，コンピュータ上の情報の探索・収集・分析の必要性が生じた場合，その適法性の判断の際には，プライヴァシーの合理的期待論が有用となるであろう。ただ，両理論にはそれぞれ課題が残されている。トレスパス理論は，第 4 修正が明文で保護している住居等に当たる場合の保護の基準としては分かり易いが，この理論が有効に機能する領域が限定されているのではないかという点である。他方，プライヴァシーの合理的期待論は，住居等への侵入をせずに大量の情報の探索・収集・分析が可能な監視活動を規律する基準になりうるが，その基準が必ずしも明確ではない，例えば，ジョーンズでの 28 日間余の監視が長すぎるか否か等，プライヴァシーの合理的期待論にはその判断基準の不明確性がカッツ以来批判されてきたところである。プライヴァシーの合理的期待論にはその判断基準を明確にすることが求められているといえよう。

6　ところで，本書には 56 件の判例が収められているが，この期間内に限っての判例の意義・射程等を含めた特徴を評価することは困難である。自動車検問の適法性，上空からの監視行為，ゴミ袋にプライヴァシーは認められるか，

ノック・アンド・アナウンスメント法理等々わが国で注目された判例等々があるが，各判例はそれぞれの事案に即した判断であり，各判例の意義・射程については先例との整合性，後の判例への影響等を含めて慎重に判断されるべきであろう。その意味でも，事案は比較的詳しく紹介していることは従来と変わりがない。

7　本書の刊行に際しては，堤和通所員を中心とした米国刑事法研究グループの幹事4名（中野目善則，小木曽綾，柳川重規所員）と事務局（三明翔　嘱託研究所員　琉球大学法科大学院准教授）の多大の尽力を得た。また，日本比較法研究所と中央大学出版部の担当の職員の方々にも大変お世話になった。記して感謝の意を表したい。

　　平成29年12月
　　　　　　　　米国刑事法研究会を代表して　椎　橋　隆　幸

米国刑事判例の動向 Ⅵ

目　　次

はしがき

I　停止，職務質問，捜検，自動車検問

1　身体の「押収」の有無

1. Michigan v. Chesternut, 486 U.S. 567 (1988) ················ *3*
   警察車両を見て徒歩で逃走した被疑者を警察官らが車両で追尾し，低速で並走したことは未だ身体の「押収」に当たらないとされた事例。

2. Brower v. Inyo County, 489 U.S. 593 (1989) ················ *12*
   路上封鎖物（roadblock）を設けて逃走車両を停止させたことが第4修正上の身体の押収を構成するとされた事例。

3. California v. Hodari D., 499 U.S. 621 (1991) ················ *21*
   警察官が当局の者であることを示して（show of authority）被疑者を追跡している場合，被疑者が停止命令に従って停止するまでは，第4修正上の身体の「押収」は成立しないとされた事例。

2　不審事由の存否

4. United States v. Sokolow, 490 U.S. 1 (1989) ················ *33*
   職務質問のための停止を正当化する要件である合理的な嫌疑（reasonable suspicion）の有無を認定する基準は事情の総合基準であることを確認し，空港においてドラッグ・カリアー・プロファイルに基づき違法薬物を運搬しているとの疑いのもたれた被疑者に対してなされた停止について，この基準を用いて合理的な嫌疑の存在が認定された事例。

5. Alabama v. White, 496 U.S. 325 (1990) ················ *44*
   日時場所，行先と移動の車両を特定した匿名情報でコケイン所持の容疑があった被疑者について，通報とは別の警察官の裏付け活動により補強された匿名情報には不審事由（reasonable suspicion）を生ぜしめるほどの信頼性の徴憑が備わっていたとされた事例。

6. Illinois v. Wardlow, 528 U.S. 119 (2000) ················ *53*
   犯罪多発地域において巡回中の警察官を見て走り出すことには

不審事由が認められるとして，この事実に基づく停止は第4修正に違反しないとされた事例。

 7 Florida v. J.L., 529 U.S. 266 (2000) ·················· *61*
  銃を所持しているとの，匿名の情報提供者による情報それだけでは，ある特定の者を停止させ質問，捜検することを正当化する不審事由とはなり得ないと判示された事例。

3 余罪捜査の意図

 8 Whren v. United States, 517 U.S. 806 (1996) ·················· *69*
  道路交通法違反を理由とする自動車の停止は，警察官に余罪捜査の目的があったとしても，道交法違反に関する相当理由があれば合憲であるとされた事例。

4 捜検の限界

 9 Minnesota v. Dickerson, 508 U.S. 366 (1993) ·················· *75*
  *Terry*に基づく凶器発見目的でのパットダウンの最中に，触覚により禁制品等の証拠物の存在がただちに明らかになった場合には，プレイン・ヴュー法理を類推したプレイン・フィール法理により，当該禁制品等の無令状押収が第4修正上認められることがあり得るとされた事例。

5 自動車検問

 10 Michigan Dept. of State Police v. Sitz, 496 U.S. 444 (1990) ····· *88*
  酩酊の徴候がみられるかを確認するため短時間，通過する全車両を停止させるミシガン州の飲酒検問は，通過する運転手の約1.6％が飲酒運転を理由に逮捕されており，その効果は一斉検問の実施を正当化するのに十分なもので，第4修正に違反しないと判示された事例。

6 自動車の乗員に対する降車命令

 11 Maryland v. Wilson, 519 U.S. 408 (1997) ·················· *102*
  交通違反で停車させた自動車の同乗者に対して，官憲に危害を加える具体的嫌疑の有無を問わずに降車を命じても，合衆国憲法第4修正に違反しないと判示された事例。

II 逮　　捕

1　無令状逮捕の事後審査

12. County of Riverside v. McLaughlin, 500 U.S. 44 (1991) ……… *115*
    無令状逮捕後の裁判官による相当理由の審査は，逮捕後48時間以内に行われた場合は，審査が不合理に遅滞したことを被逮捕者が示さない限り，第4修正で要求される速やかな実施がなされたと判断されるが，48時間を超えて行われた場合は，特別な状況の存在を政府が示さない限り，速やかな実施を欠いていたと判断されるとした事例。

2　有形力行使の合憲性

13. Tennessee v. Garner, 471 U.S. 1 (1985) ………………………… *124*
    犯行現場から逃走しようとした，凶器を携帯していない押込み（burglary）の被疑者を銃撃して死亡させた行為が第4修正上の不合理な身体の押収に当たると判示された事例。

14. Graham v. Connor, 490 U.S. 386 (1989) ……………………… *135*
    捜査目的で加えられた限度を超えた有形力の行使が憲法に違反するのかどうかは，第4修正の合理性の基準で判断すべきであり，デュー・プロセスにより判断すべきではないと判示された事例。

3　令状執行の際に許される活動の限界

15. Wilson v. Layne, 526 U.S. 603 (1999) ………………………… *143*
    住居内での逮捕にマスコミの立会を許したことは第4修正に違反する事例。

III　捜索・押収

1　「捜索」の有無

16. Dow Chemical Company v. United States, 476 U.S. 227 (1986) … *157*
    誰でも飛行が許されている上空から産業施設の写真を撮影する行為は，第4修正の「捜索」には当たらないとされた事例。

17. Florida v. Riley, 488 U.S. 445 (1989) ………………………… *165*
    ヘリコプターで400フィートから肉眼で住居の庭にある温室内

を覗き込んだ行為は，未だ捜索を構成しないとされた事例．
- 18. California v. Greenwood, 486 U.S. 35 (1988) ………………… *175*
  歩道の脇に回収されるように出されたゴミ袋の無令状捜索・押収は第4修正に違反しないと判示された事例．
- 19. Bond v. United States, 529 U.S. 334 (2000) ………………… *183*
  バスの乗客には，他の乗客やバスの乗員が自分の荷物を動かすかもしれないという期待はあるとしても，中身を調べる態様で荷物に触れるとの期待はないとして，国境警備官の行った，乗客の鞄に対する外側からの触手の方法による検査（manipulation）は第4修正に違反すると判示された事例．

2　「押収」の有無
- 20. Soldal v. Cook County, 506 U.S. 56 (1992) ………………… *192*
  土地の賃貸人が賃借人のトレーラーハウスを土地から強制的に立ち退かせたのを警察が違法と知りながら妨げず，賃借人が介入を求めたにも拘らず応じなかったことが，第4修正の押収を構成するとされた事例．

3　令状の有効性
- 21. Maryland v. Garrison, 480 U.S. 79 (1987) ………………… *200*
  被疑者の住居として，「公園通り2036番地のアパート3階住居」を捜索場所とする令状の発付を得て捜索が開始されたが，警察官らが被疑者の住居の一部と誤認し，同アパート3階に所在した被申請人の住居でも捜索と押収を行った事案で，第4修正違反が否定された事例．

4　逮捕に伴う捜索・押収
- 22. Smith v. Ohio, 494 U.S. 541 (1990) ………………… *211*
  警察官の呼びかけを受け，被疑者が自己の車のボンネットに放り投げた紙袋を無令状で捜索し，薬物使用のための器具を発見して逮捕した事例において，この逮捕に先行する無令状捜索は逮捕に伴う捜索としては許容されないとされた事例．
- 23. Knowles v. Iowa, 525 U.S. 113 (1998) ………………… *218*
  交通違反の処理で，運転者の逮捕に代えて召喚状（citation）を交付した場合には，「逮捕に伴う捜索・押収の例外」を拡張することはできず，捜索の実体要件・手続要件を欠く車両内捜索は許さ

れないと判示された事例。

24. Maryland v. Buie, 494 U.S. 325 (1990) ………………………… 226
被疑者をその住居内で逮捕する際に，危害を加える虞れのある者が潜んでいないか確認する逮捕官憲の安全確保目的での限定的な捜索（protective sweep）は，捜索場所につき，そのような者が隠れていると疑うに足りる具体的な不審事由（reasonable suspicion）があることを要件に第 4 修正上許容される，と判示された事例。

5　プレイン・ヴュー法理

25. Arizona v. Hicks, 480 U.S. 321 (1987) ……………………………… 237
警察が合法に家屋に立ち入り，犯罪の証拠と思料する不審事由のある物について嫌疑を確かめる目的で，その物の目に見えない部分を動かして検査する活動は，クーリッジ事件のプレイン・ヴュー法理によっては許されず，物を動かして検査するには相当理由が要件となるとされた事例。

26. Horton v. California, 496 U.S. 128 (1990) ……………………… 250
プレイン・ヴュー法理の適用に関して，証拠の発見を予期していなかったとの要件は，証拠をこの法理により無令状で押収するための要件とはならないと判示された事例。

6　同意捜索

27. Illinois v. Rodriguez, 497 U.S. 177 (1990) ……………………… 261
第三者の同意を得て行う捜索は，第三者にその捜索に同意を与える権限があると警察官が考える合理的根拠があれば足り，後にその第三者にその捜索に同意を与える権限がなかったと判明してもその捜索は第 4 修正には違反しないとされた事例。

28. Florida v. Jimeno, 500 U.S. 248 (1991) ………………………… 275
合衆国憲法第 4 修正の令状要件の例外である「同意捜索」において，捜索の対象となりうる「同意の範囲」は客観的合理性の基準によって判断されるとした事例。

29. Florida v. Bostick, 501 U.S. 429 (1991) ………………………… 289
警察官が，薬物犯罪の摘発を目的として，バスに乗り込み無作為に乗客を選んで所持品の同意捜索を行う random drug sweeps の事案において，本件警察官の措置が合衆国憲法第 4 修正の禁止す

る不合理な「押収」に当たるか否かは，「通常人であれば，警察官の要求を拒否したり，警察官への応対を止めたりする自由があったと思うか否か」を基準に判断されるとした事例。

 30. Ohio v. Robinette, 519 U.S. 33 (1996) ························ *302*
  警察官が，交通違反で停車させた者に対し，違法薬物の有無を確認するために車両の捜索への同意を求める場合には，常にこれに先立って，対象者に「その場から立ち去る自由があること」を告知する義務はないと判断された事例。

7 インヴェントリィ・サーチ

 31. Colorado v. Bertine, 479 U.S. 367 (1987) ···················· *313*
  酒酔い運転で対象者が逮捕された場合に，警察が車両を管理（インパウンド）し，標準的な警察の基準に従って内容をインヴェントリィ・サーチして車両の中の閉じられた容器を開披したことが，第4修正に違反せず，無令状で得られた犯罪の証拠は排除されないとした事例。

 32. Florida v. Wells, 495 U.S. 1 (1990) ···························· *323*
  インヴェントリィ・サーチの間に発見された閉じられた容器の開披について規律するポリシーを警察が備えていない場合，管理された車両に対するインヴェントリィ・サーチの間に閉じた容器を開披することは第4修正に違反し，発見した証拠は排除されるべきであるとされた事例。

8 自動車の例外

 33. New York v. Class, 475 U.S. 106 (1986) ······················ *333*
  道路交通法違反で停車を求められた車両の運転者の降車後，通常は車の外から見ることのできるVIN（Vehicle Identification Number, 車両識別番号標）を官憲が検分しようとして，VINの上を覆っていた書類を取り除くために車内に立ち入っても第4修正には違反しないと判示された事例。

 34. California v. Acevedo, 500 U.S. 565 (1991) ·················· *343*
  第4修正の令状要件の「自動車例外」は自動車のトランク在中の閉じられた容器の捜索に適用されるか否かが問題とされた事例（積極）。

35. Wyoming v. Houghton, 526 U.S. 295 (1999) *366*
   　アメリカ合衆国憲法第4修正の令状要件に対するいわゆる「自動車の例外」を同乗車の所持品にまで及ぼすことを認めた事例。

9　没収対象物の無令状押収

36. Florida v. White, 526 U.S. 559 (1999) *373*
   　規制薬物の運搬の用に供された自動車を差押・没収することができる旨規定するフロリダ州法に照らして，ある自動車が差押・没収対象物であるとの合理的根拠（probable cause）を警察官が有している場合には，公共空間に駐停車中の当該車両を無令状で差し押さえても合衆国憲法第4修正に違反しないと判示された事例。

10　第4修正の域外適用の有無

37. United States v. Verdugo-Urquidez, 494 U.S. 259 (1990) *379*
   　アメリカに犯罪人として引き渡されたメキシコ人のメキシコの住居に対してなされた捜索には，アメリカ合衆国憲法第4修正は適用されないと判示された事例。

11　ノック・アンド・アナウンス法理

38. Wilson v. Arkansas, 514 U.S. 927 (1995) *396*
   　コモン・ロー上のノック・アンド・アナウンス（官憲が家屋の捜査を行う際に，立入りに先立って身分及び権限を示すべきであるとする）法理が，第4修正のもとでの捜査合理性を判断する要素となる，と判示した事例。

39. Richards v. Wisconsin, 520 U.S. 385 (1997) *402*
   　ノック・アンド・アナウンス法理の例外があるとされる実務運用の一例を示した上で，重罪薬物事犯全てを例外とするような包括的例外の設定を認めず，その要件は個々に判断すべきであるとされた事例。

40. United States v. Ramirez, 523 U.S. 65 (1998) *408*
   　ノック・アンド・アナウンス法理は，令状執行時に告知を行わずに住居に侵入したことを正当化するために求められる緊急性の立証について，財産が損壊される場合であっても，財産の損壊が生じない場合に比較して，より程度の高い立証を要件とするものではないと判示された事例。

Ⅳ 犯罪捜査を目的としない捜索・押収

41. O'Connor v. Ortega, 480 U.S. 709 (1987) *419*
    非違行為の疑いがある州立病院職員のオフィスにおけるファイル並びに机の搜索が，病院財産の確認と調査を目的とするものとして，無令状が許容されるとされた事例。

42. New York v. Burger, 482 U.S. 691 (1987) *429*
    自動車解体業について，第4修正の「緊密な規制を受ける業種」の例外に該当し，事業所に無令状で立入検査を行うことができるとされた事例。

43. Griffin v. Wisconsin, 483 U.S. 868 (1987) *443*
    保護観察官が，禁制品の所持を疑うに足りる不審事由に基づいて，保護観察に置かれた者の住居を無令状で捜索することは，合衆国憲法第4修正に違反しないし，保護観察制度の運用はいわゆる「特別の必要性（special needs）」に当たるため，捜索には令状要件も相当理由の要件も必要とされず，相当理由に至らない程度の合理的な根拠があれば許されると判示された事例。

44. Skinner v. Railway Labor Executives' Association, 489 U.S. 602 (1989) *461*
    連邦鉄道運輸局規則に基づいて，規則が定まる事故並びに事態発生後に，乗務員等の鉄道会社職員を対象に行われる，アルコール並びに薬物を検知する尿，血液，呼気検査が特別の必要性のためのものとして，無令状かつ個別の疑いなしに許容されるとされた事例。

45. National Treasury Employees Union v. Von Raab, 489 U.S. 656 (1989) *471*
    薬物の入国阻止を業務とする職位と職務遂行中の銃器携行の義務を負う職位の有資格者について，麻薬並びに覚せい剤を検知する尿検査が，特別の必要性のためのものとして，無令状かつ個別の疑いなしに許容されるとされた事例。

46. Vernonia Sch. Dist. v. Acton, 515 U.S. 646 (1995) *481*
    無作為に選ばれた尿検査が学校対抗競技への参加の要件としている州のポリシーは，第4修正違反にはあたらないとされた事例。

47. Chandler v. Miller, 520 U.S. 305 (1997) *487*
  指定された州の公職の候補者に，尿の薬物検査を受けたこと及び検査結果が陰性であったことの証明を義務付けるジョージア州法は「特別の必要性」が示されておらず，個別の嫌疑に基づかない捜索を禁止する合衆国憲法第 4 修正に違反するとされた事例。

V　排除法則

1　排除申立適格

48. Minnesota v. Carter, 525 U.S. 83 (1998) *501*
  経済活動目的で一時的な短時間の訪問・滞在を行っているに過ぎない者には，その訪問先の住居において，合衆国憲法第 4 修正の保護するプライヴァシーの合理的期待は認められないと判示された事例。

49. Minnesota v. Olson, 495 U.S. 91 (1990) *518*
  住居に対する捜索に関して宿泊客にプライヴァシーの合理的期待を認めた事例。

2　善意の例外

50. Malley v. Briggs, 475 U.S. 335 (1986) *523*
  警察官の令状請求行為が基本権法に基づく損害賠償請求訴訟を免責されないこと，及び，レオン事件で判示された「善意の例外」に限定を加えた事例。

51. Illinois v. Krull, 480 U.S. 340 (1987) *529*
  捜索実施後に捜索の根拠規定が違憲と判断された場合について，排除法則の「善意の例外」の適用が認められた事例。

52. Arizona v. Evans, 514 U.S. 1 (1995) *542*
  裁判所職員の事務処理上の過誤が原因で，実は失効している令状を警察官が有効と思料して逮捕を行い，その逮捕に伴う押収により証拠が収集された場合につき，排除法則の「善意の例外」の適用が認められた事例。

3　毒樹の果実法理

53. Murray v. United States, 487 U.S. 533 (1988) ……………… 555
　　違法に立ち入った際に現認され，その後，令状捜索によって穫得された証拠は，令状を入手しようとの捜査機関の判断と令状請求の根拠とされた情報が，違法な立入りとは無関係な独立したものであれば，独立入手源法理により許容される，と判示された事例。

54. New York v. Harris, 495 U.S. 14 (1990) ……………………… 566
　　Payton 法理違反の逮捕の後に被疑者が住居の外でした供述は，*Payton* 法理違反の成果ではなく，毒樹の果実としては排除されない，と判示された事例。

4　弾劾目的利用

55. James v. Illinois, 493 U.S. 307 (1990) ……………………… 578
　　排除法則の「弾劾目的利用の例外」を拡張して，被告人以外の証人の証言の証明力を減殺するために違法収集証拠を用いることは許されない，と判示された事例。

5　排除法則の適用領域

56. Pennsylvania Bd. of Probation and Parole v. Scott, 524 U.S. 357 (1998) ……………………………………………………… 589
　　仮釈放の係官が，捜索対象者が保護観察付きの仮釈放（parole）の状況にあることを知りながら，不審事由（reasonable suspicion）なく合衆国憲法第 4 修正に違反して住居の捜索を行った場合，仮釈放取消しのための聴聞手続において排除法則は適用されないと判示された事例。

I 停止，職務質問，捜検，自動車検問

1　身体の「押収」の有無

1.　Michigan v. Chesternut, 486 U.S. 567 (1988)

　警察車両を見て徒歩で逃走した被疑者を警察官らが車両で追尾し，低速で並走したことは未だ身体の「押収」に当たらないとされた事例。

《事実の概要》
　1984年12月19日正午過ぎ頃，パトロールカーで警ら活動に従事していたデトロイト警察の4人の警察官が，交差点に差し掛かった際，ある車両が歩道沿いに停止しているのに気づいた。その車から1人の男が降りて，交差点の角でひとり立っていた被申請人 Chesternut に近づいて行った。被申請人は，パトロールカーが接近してくるのに気付いたため，踵を返して走り始めた。パトロールカーに乗っていた警察官 Peltier の後の証言によると，パトロールカーは，「被申請人の行き先を確認する目的で」，同人を追跡した。パトロールカーは，被申請人に追いつき，距離を詰めて並走した。警察官らは，被申請人に接近した際，同人が右のポケットから大量の小包を捨て去るのを目撃した。車外に出て小包を調べた Peltier は，その中から錠剤を発見した。被申請人はさらにほんの数歩移動していたが，Peltier が小包を調べる間は立ち止まっていた。Peltier は，医療補助者（paramedic）としての自らの経験に基づいて同錠剤はコデインの成分を含有すると推測して，麻薬所持を理由に被申請人を逮捕して警察署に連行した。逮捕に続いて行われた捜索において，被申請人のハットバンドの中から別の小包が発見され，その中からヘロインと注射器が見つかった。被申請人は，ヘロイン，コデインの成分を含む錠剤等をそれと知ってかつ意図的に（knowingly and intentionally）所持したことで，ミシガン州法333.7403条(2)違反で起訴された。
　予備審問において，被申請人は，本件小包を捨て去る前に行われた警察の追

跡において違法な身体の押収が行われたことを理由として、公訴取下げを申し立てた。マジストレイトは、ミシガン州の先例の *Terrell*（People v. Terrell, 77 Mich. App. 676, 259 N. W. 2d 187 (1977)）に依拠して、本件追跡は、第4修正の保障に関連するため、被疑者が警察の存在に気づいて走り出したという事実だけでは正当化できないと判断し、公訴の取下げを命じた。公判裁判所は、公訴取下げの命令を確認した。

ミシガン州 Court of Appeals は、公判裁判所の判断を確認した。同裁判所は、「捜査のための追跡」は、全て、*Terry*（Terry v. Ohio, 392 U.S. 1 (1968)）の下での押収に当たるとし、また、「警察官が追跡を開始するやいなや、被告人の自由は制限されていた」とし、被申請人が警察から逃走したことだけでは、この種の押収を正当化するのに必要な具体的な嫌疑（a particularized suspicion）を認めるには不十分であると結論づけ、本件捜査のための追跡は不合理な押収を禁じる第4修正に違反すると判示した。ミシガン州 Supreme Court は、申請人の上訴申立を棄却した。

《判旨・法廷意見》

破棄・差戻し

1．ブラックマン裁判官執筆の法廷意見

⑴A　申請人は、第4修正の身体の押収は、個人が警察当局の者であるとの権威の呈示（show of authority）による停止の求めに応じて停止することではじめて認められると主張し、それとは正反対に、被申請人は、警察による「追跡」は、全て、第4修正上の押収に当たると主張している。申請人と被申請人の双方が、捜査のための追跡に一律に適用可能な明白な原則（a bright — line rule）を構築しようとしているが、当裁判所は、警察の活動が第4修正上の身体の押収に当たるかの評価は、事案ごとに「事情を総合して」考慮しなければならないとしてきた。当法廷は、両当事者の提案するいずれの原則も採用せず、また、捜査のための追跡が第4修正の押収に当たるとも常に当たるわけではないとも判断しない。当法廷は、従来の事案ごとの事情に即したアプローチ

（contextual approach）を踏襲して，本件事実関係の下では，当該警察活動は身体の押収には当たらないとだけ判断する。

B *Terry* の 10 年後の *Mendenhall*（United States v. Mendenhall, 446 U.S. 544 (1980)）において，スチュワート裁判官執筆の意見（レンクィスト裁判官参加）が，はじめて，*Terry* の分析枠組みを「身体（a person）に対する第 4 修正上の押収がなされた」かを判断するためのテストへと変容させた。このテストは，「当該事案における事情全てに照らして，通常人ならば自由に立ち去ることはできないと思料したであろう場合にのみ」，警察が個人の身体の押収を行ったと判断するものである。当裁判所は *Mendenhall* 以降このテストを踏襲してきた。

このテストが正確さを欠くのは避けられない。というのも，このテストは，警察の活動が強制的にもたらす効果を全体として評価するためにつくりだされたものであり，個別具体的な警察活動に独立して焦点を当てたものではないからである。その上，自由に「退去する（leave）」ことができないと個人に思料させる場合において，その自由に対する制限の内容は，警察の具体的な活動に加えて，その活動が行われた状況によっても異なるのである。このテストは，警察活動全般に適用できる程に幅広い場面を対象とした柔軟なものであるが，警察の活動に対する具体的な個人の対応にかかわらず，警察との接触の各場面に一貫して適用されなければならない。このテストの客観的な基準—当該警察活動に対する通常人の評価に着目する基準—によって，警察は，当該活動が第 4 修正に違反するかを事前に判断することが可能となる。また，この「通常人」基準によって，第 4 修正の保護範囲が，警察が接近する特定の個人の心理状態（the state of mind）によって左右されることはなくなるのである。

C 当法廷は，このテストを本件事実関係に適用することによって，被申請人は，禁制品を含む本件小包を捨て去る前において，警察による身体の押収を受けてはいないと結論づける。Peltier は，本件警察活動を「追跡」と供述し，また，公訴の取下げを命じたマジストレイトは，同警察官の説明によって心証の形成に影響を受けてはいるが，そのような事情だけでは，第 4 修正の保

障との関連性を認めるには不十分である。被申請人は，追跡によって，身柄の確保（capture）が意図されかつ差し迫っていることが必然的に伝わると主張しているが，その主張に反して，被申請人に対する本件警察活動は，通常人に対して，身柄の確保又はその他の方法による行動の自由に対する干渉の試みを伝えるものではなかったと思われる。本件記録上は，警察がサイレンと警光灯（flashers）を用いたこと，警察が被申請人に停止を命じたこと，警察が何らかの武器を呈示したこと，警察が被申請人の進行方向をふさいだこと，又は他の方法で同人の移動方向や速度を制限するために侵害的な方法で車を運転したことは示されていない。歩道を走って移動する者に並走する警察車両の存在は，一定の威圧になるといえるが，そのような形での警察の存在は，それ自体で押収を構成はしない。短時間に車を加速させて被申請人に追いついた後，短い距離を同人と並走することは，警察の存在を無視して自由に立ち去ることはできないと被申請人に合理的に思料させる程には「威圧的」ではなかった。したがって，本件において警察は，被申請人を追跡する上で，「同人の犯罪行為を疑う具体的かつ客観的根拠」を有することまでは要求されてはいなかった。

(2) 被申請人は警察による当初の追跡において違法な身体の押収を受けてはいなかったのであるから，当法廷は，同人に対する公訴は違法に棄却されたと結論づける。したがって，当法廷は，ミシガン州 Court of Appeals の判断を破棄し，当裁判所の判断に反しない形で手続をさらに進めるために本件を差し戻す。

2．ケネディ裁判官の補足意見（スカリーア裁判官参加）

本件被申請人の警察の積極的な活動に触発されたことによらない逃走（unprovoked flight）は，警察が同人を停止させるための十分な理由となるので，本件証拠は許容されるべきであったというのが法廷意見の結論である。法廷意見は，本件追跡の意義に焦点を当てており，その点に関して公正に解釈すると，本件では警察に不適法な活動はなかったと認定しているにすぎない。当法廷は，本件では争点となっていない緊急追跡（hot pursuit）について検討する必要はなく，また，「追跡（chase）」及び「捜査のための追跡（investigatory pursuit)」のいずれも，第4修正の対象の中に含める必要はないという点についても述べておいた方がよいと思われる。

　法執行官の活動によって自由に退去することができないと合理的に思料することで，個人が法執行官の支配下にある場合，第4修正の押収は認められる。本件では，最終的な身柄の拘束が行われる以前において，被疑者は禁制品その他の負罪証拠を有していることを示したが，身柄の捕捉を免れようとする個人に対して，警察の権威をはっきりと呈示することが，身体の押収を生じさせるかという点について検討する機会も与えられている。本件警察官の活動が，警察が逮捕を意図していると相手に合理的に思料させるか否かにかかわらず，警察の活動は，個人の自由を制約する効果を発揮してはじめて第4修正の保障に関連してくるという主張は，一考の余地がある。法廷意見は，このような見解を否定するものではない。それゆえに，私は法廷意見に同意する。

《解　説》
　1. 本件は，パトロールカーの接近に気づいて逃走した被疑者を同車両で追跡して並走する警察の活動が，第4修正の身体の押収に当たるかが争われた事案である。合衆国最高裁判所は，*Terry*（Terry v. Ohio, 392 U.S. 1 (1968)）[1]において，伝統的な逮捕に至らない一時的な身柄拘束であっても第4修正の規律に服するとしている。身体の押収の有無の判断は，当該活動が身体の押収に当たるか否かを検討した上で，仮にその活動が押収に当たるのであれば，当該押収を正当化する理由，すなわち，相当理由（probable cause）又は不審事由（reasonable suspicion）の存否が問われることになる。本件では，州裁判所は，警察による追跡を身体の押収に当たるとし，被疑者の逃走自体は身体の押収を正当化する嫌疑としては認められないとしたが，合衆国最高裁判所は，そもそも本件の追跡は身体の押収には当たらないと判断した。

---

1) Terry v. Ohio, 392 U.S. 1 (1968) の紹介・解説として，松尾浩也・アメリカ法1969年2号246頁，伊藤正巳他編・英米判例百選I（阪村幸男）176頁等がある。

2. 警察の活動がいかなる場合において第4修正の身体の押収として認められるかという点に関して，合衆国最高裁判所は，*Terry* において，警察官が有形力を行使したり，当局の者であるとの権威を呈示すること（show of authority）により，何らかの形で市民の自由を制限した場合にはじめて身体の押収が認められるとの判断を示し，警察と市民との遭遇が全て第4修正の身体の押収に当たるわけではないとした。次に，*Mendenhall*（United States v. Mendenhall, 446 U.S. 544 (1980)）[2]において，合衆国最高裁判所は，*Terry* の下での身体の押収の有無を判断する基準として，事案ごとの事情に照らして，通常人（reasonable person）ならば，自由に退去することはできないと思料するか否かという判断枠組みを示した上で，身体の押収があったことを示す事情の具体例として，複数の警察官が威圧的に被疑者に接している場合，警察官が武器を呈示している場合，被疑者の身体に物理的に接触している場合，警察官の要求に従うことが義務であるかのような言葉や話し方を用いている場合を挙げている。*Mendenhall* は，空港のコンコースにおいて，2名の連邦捜査官が，麻薬運搬者の特徴が認められた被疑者に近づき，連邦捜査官としての身分を明かした上で，身分証明書と航空券の呈示を求め，いくつか質問をした後，これらを返却して，近くにある麻薬取締局の事務所への同行を求めた事案である。合衆国最高裁判所は，ここでの短時間の停止及び質問が身体の押収に当たるかに関して，空港のコンコースというパブリックな空間で行われていたこと，捜査官らは制服を着用せず武器の呈示もしていなかったこと，捜査官らは被疑者に自分たちのところに来るよう命じるのではなく，自分たちから近づきその身分を明かしていたこと等の事情の下では，被疑者が，コンコースでの会話を切り上げてその場を自由に退去することはできないと思料する客観的な理由はなかったとしている。また，*Mendenhall* では，被疑者の身柄を拘束する捜査官の主観的意図に関しては，その意図が被疑者に伝わらない限りにおいて，身体

---

[2] United States v. Mendenhall, 446 U.S. 544 (1980) の紹介・解説として，渥美東洋編『米国刑事判例の動向Ⅳ』（中央大学出版部，2012年）537頁（宮島里史担当）がある。

の押収の有無を判断する上で関連性を有しないとされている。*Royer*（Florida v. Royer, 460 U.S. 491 (1983)）[3]では，空港のコンコースにおいて，2名の州の捜査官が，麻薬運搬者の特徴を備えた被疑者に近づき，自らの身分を明かした上で，航空券と身分証明書の呈示を求めたが，*Mendenhall* の場合とは異なり，捜査官らは，質問を行い，麻薬運搬の疑いがあることを被疑者に告げた後，航空券と身分証明書を返却せずに，また，自由に立ち去ることができることを告げることもなく，付近にあるプライベートエリアたる部屋に同行することを被疑者に求めた。合衆国最高裁判所は，被疑者に同行を求めた時点において，通常人であるならば，自由に立ち去ることができないと思料するような権威の呈示があったと判断して，*Mendenhall* とは異なり身体の押収を認めている。*Delgado*（INS v. Delgado, 466 U.S. 210 (1984)）[4]は，INS（移民帰化局）による密入国者の摘発を目的とした工場への立入調査の過程で行われた従業員に対する質問が，身体の押収に当たるかが争われた事案である。同事案では，記章をつけて，無線機を携行し，武装した捜査官らが，一部は，工場の出入口付近に配置され，その他は，従業員に身分を明かした上で質問を行い，他方で，従業員らは，立入調査の間において，工場内を自由に歩き回り，仕事を続けていた。合衆国最高裁判所は，労働者は，通常，就業時間においては雇用者に対する職責から行動の自由の制限を受けるのであり，法執行官の活動によって制限されるのではなく，また，INS の捜査官が工場の出入口に配置されたのは，従業員全員に対する質問を行うためであり，従業員らが質問に答えるか又は答えるのを拒否することによって身柄拘束されると思料する理由はなかったと判断している。

このように，合衆国最高裁判所は，*Mendenhall* 以降，通常人を基準として身体の押収の有無を判断してきたが，この基準については，その適用の一貫性

---

3) Florida v. Royer, 460 U.S. 491 (1983) の紹介・解説として，渥美東洋編『米国刑事判例の動向Ⅳ』（中央大学出版部，2012年）525頁（宮島里史担当）がある。
4) INS v. Delgado, 466 U.S. 210 (1984) の紹介・解説として，渥美東洋編『米国刑事判例の動向Ⅳ』（中央大学出版部，2012年）178頁（前島充祐担当）がある。

のなさから批判がなされており[5]，そのような批判がなされるのは，Mendenhall の通常人基準の内容の不明確さに由来するものであったと思われる。

3．本件で，合衆国最高裁判所は，警察による捜査のための追跡の適法性の判断について，現実に個人の身柄を補足しない限りにおいて客観的かつ具体的な嫌疑は必要ではないとするか，あるいは警察による追跡は全て身体の押収に当たり，具体的かつ客観的な嫌疑がなければ一切追跡はできないとするか，いずれかの一律に適用可能な基準を確立する機会に直面した[6]。合衆国最高裁判所は，一連の先例を踏襲し，Mendenhall の通常人基準に基づく事情の総合判断によって，本件追跡は身体の押収には当たらないと判断した。

合衆国最高裁判所は，パトロールカーを加速させて被疑者と並走する警察の追跡は，それ自体で押収に至る程には威圧的なものではなく，通常人に対して身柄の確保その他の方法での行動の自由に対する干渉の試みを伝えるものではなかったとしており，それゆえに，本件では，通常人が退去の自由はないと思料する程の権威の呈示はなされていなかったということになる。しかし，この点に関連して，本件判断及び Terry に始まる一連の先例に対して，通常人は，いかなる活動を身体の押収が認められる程の権威の呈示として認識するのかという点について疑問が投じられている[7]。複数の警察官が乗ったパトロールカーが，急に加速して，被疑者に並走して同人の進行方向を事実上形成することは，明らかに威圧的であると指摘されており[8]，法廷意見も，本件追跡はそれ自体で押収を構成はしないが，一定の威圧には当たるとしている。また，法廷

---

5) Rachel A. Van Cleave, *Michigan v. Chesternut and Investigative Pursuits : Is There No End to the War Between the Constitution and Common Sense?,* 40 Hastings L. J. 203, 213 (1988) ; Edwin. J. Butterfoss, *Bright Line Seizures : The Need for Clarity in Determining When Fourth Amendment Activity begins,* 79 J. Crim. L. & Criminology 437, 439 (1988).

6) *Id.* Van Cleave at 208.

7) Robert J. Hannen, Recent Decision, Michigan v. Chesternut, 486 U.S. _, 108 S. Ct. 1975 (1988), 28 Duq. L. Rev. 181, 191 (1989).

8) *Id.* at 192.

1. Michigan v. Chesternut, 486 U.S. 567 (1988)　*11*

意見が追跡者による被疑者の行動の自由への干渉の試みを伝える事情の具体例として示唆する，サイレン及び警光灯の利用，停止を命じること，武器の呈示，逃走する者の進行方向の妨害その他の方法で移動方向や速度を妨げる侵害的な方法での車両の運転等の事情と，本件でのパトロールカーによる追跡とを比較した場合，通常人が退去の自由はないと思料するかに関して線引きを行うことは困難ではないだろうか。とはいえ，合衆国最高裁判所は，一応は上記のような具体例を示唆することによって，本件のような追跡事例において，第4修正の身体の押収に当たらない追跡に一定の限界を設けようと試みているものと思われる。

（伊比　智）

2. **Brower v. Inyo County,** 489 U.S. 593 (1989)

路上封鎖物（roadblock）を設けて逃走車両を停止させたことが第4修正上の身体の押収を構成するとされた事例。

《事実の概要》

Browerは，夜間に盗難車を使用して約20マイルにわたり警察の追跡から逃走していたところ，警察が逃走を阻止するために設置した路上封鎖物（police roadblock）に衝突し，死亡した。本件の申請人は，Browerの相続人であり，被申請人らによる路上封鎖物の設置は，不当な物理力の行使に当たり，被申請人らはBrowerに対して第4修正に反する不合理な身体の押収を行ったと主張して，合衆国法典タイトル42，1989条に基づく損害賠償を求める訴えを合衆国District Courtに提起した。その際，申請人は，被申請人らが以下のような行為を行ったことが主な原因となり，Browerが衝突事故を起こしたと主張した。すなわち，(1)大型トレーラーを用いBrowerの逃亡経路である二車線の幹線道路を塞ぎ，(2)接近してくるBrowerからは見えにくくするためにそのトレーラーの設置場所をカーブの先にし，かつ，このトレーラーを照明で照らすという措置をとらず，さらに，(3)トレーラーの前にヘッドライトのついた警察車両を設置し，ヘッドライトの光でBrowerの目がきかないようにしたこと，である。合衆国District Courtは，本件の事情の下では路上封鎖物の設置は第4修正上不合理なものとはいえないので，申請人は請求の理由を申し立てていないことになるとの理由から，申請人の請求を棄却した。第9巡回区Court of Appealsは，本件において第4修正上の身体の押収はなかったという理由づけに基づいて，上訴を棄却した。合衆国最高裁判所によりサーシオレイライが認容された。

《判旨・法廷意見》

破棄・差戻し

1．スカリーア裁判官執筆の法廷意見

Garner（Tennessee v. Garner, 471 U.S. 1 (1985)）において，当法廷は全員一致で，警察官が逃亡する被疑者を銃撃し，被疑者を死亡させたことは，第4修正上の身体の押収に当たると判示した。その際，当法廷は，官憲が人の"退去の自由（the freedom of a person to walk away）"を制限する場合はすべて，官憲はその者の身体を押収したことになるという理由づけを行った。本件においてCourt of Appealsはこの*Garner*の判示について認識していたが，以下のような理由に基づき，Browerが警察が設置した路上封鎖物に衝突したことには身体の押収はみられないと判示した。すなわち，Browerは衝突して停止するまでに行動の自由を一切制限されることがなかったことと，Browerには衝突する以前に自動車を停止させる数多くの機会があったことである。とはいえ，これとほとんど同じことが*Garner*においてもいえたのである。Garnerが自ら逃走しようと判断したからといって，Garnerを銃撃して停止させた責任を警察が免れることはできなかったのと同様に，本件でBrowerが自ら逃走し続けると判断したことで，路上封鎖物を設置してBrowerを停止させた責任を被申請人が免れることはできない。

Court of Appealsは，警察による追跡の下で，被疑者が予期せず自動車の制御を失い，事故を起こした場合と本件が類似するという。当法廷は，そのような状況において第4修正上の身体の押収が生じないことには同意するが，これは，本件で身体の押収が生じていないことの理由にはならない。第4修正違反が認められるためには，以下に述べる理由から，物理的なコントロール（physical control）を意図的に奪うことが要件とされる。押収は，その対象として意図していなかった身体や物を拘禁もしくは収用した場合にも生じるが，拘禁や収用それ自体は意図をもって行われなければならない。このことは押収（seizure）という文言に含意されており，この文言を，それと知らずに行われた行為（unknowingly act）に適用することはまずできない。歴史的にみても，

第4修正の制定目的として禁止対象とされた臨検令状や一般令状は，政府の活動に伴う予期せぬ結果とは無関係のものである。第4修正は，政府による権力濫用を規律しようとするものであり，合法的なものとして行われた政府の活動に付随して偶発的に生じた結果には，その保護は及ばないのである。

とはいえ，政府が意図的に用いた方法によって行動の自由を奪った場合には第4修正上の押収が生じることになる。警察官が警察車両を逃走車両と並走させ，側面から衝突させ，事故を引き起こした場合のように，官憲が被疑者の行動の自由を奪って停止させる行為は押収に当たる。他方，Court of Appeals が問題とした事例のように，警察官が車両の警光灯を点灯させ，当局の者であるという権威を呈示して（show of authority）停止を要求した追跡中に，被疑者が予期せず自動車の制御を失い，衝突事故を起こして停車したような場合には，押収は生じない。

この分析は，*Hester*（Hester v. United States, 265 U.S. 57 (1924)）での当法廷の判断を反映させたものである。この事件は，武器を携帯した国税庁の係官が，密造ウイスキーが入っていると思われる箱を被告人と共犯者が入手するのを目撃したため，被告人らの追跡をし，その最中に，被告人らが落とした箱を回収したという事案である。当法廷は，ウイスキー瓶入りの箱を落とすという被告人自身，及び，被告人の共犯者による行為が，箱の中身である酒瓶を明らかにしたのであり，被告人らが置き去ったその酒瓶等の内容物を後に係官が調べたことには第4修正上の押収をみいだすことはできないと判示した。仮に，国税庁の係官が，「国税庁の者だ，止まれ。瓶を渡せ」と叫び，被告人らがそれに従っていた場合には，酒瓶を所持するに至ったのは，権威を呈示するという政府が自ら選択した方法の結果として生じたものであるから，第4修正上の押収が生じるという異なる結論に至っていたであろう。

叙上の諸原理を，本件の事実に当てはめれば，以下に述べるように，第4修正上の身体の押収の成立を認めることができる。本件で申請人らは，警察が二車線の幹線道路を塞ぐように路上封鎖物を設置したと主張している。路上封鎖物を設置するということは，警察官が警光灯を点灯して追跡したり，警察官が

近づいてくる車両に停止するように合図するなどして権威を呈示して任意の停止を求める行為とは大きく異なり、停止要求に任意に従わない場合には物理力（physical impact）を用いて停止させることを意図するものである。警察がこの場合において、Brower が任意に停止し、路上封鎖物に衝突しないように望み、実際にそのように強く切望していたとしても、そのような主観的な意図を審理することは現実には不可能である。行動の自由を制約した手段が、まさに政府が意図した手段であるか否かを判断するに当たって、そのような微妙な境界線を設けることはできない。停止させるという目的を実現するためにとられた手段により人が停止しているのであれば、押収が行われたというのに十分といえる。それゆえ、本件においても、申請人の主張に基づいて、警察がBrower を停止させることを意図して路上封鎖物という物理的な障壁を設置し、実際にそれにより Brower が停止したといえればよいのであり、そして、申請人は本件でこの主張を十分に行っていると認めることができる。

　押収（seizure）が行われたというのみでは、1983 条の損害賠償責任を認めることはできず、さらに押収が第 4 修正上"不合理なもの"でなければならない。本件での路上封鎖物の設置が Brower を殺害する蓋然性が高い方法であったといえれば、本件の身体の押収は不合理なものとなる。

　Court of Appeals の判断を破棄し、本件での路上封鎖物の設置が第 4 修正上不合理なものであったか否かを審理させるために差し戻す。

　2．スティーヴンズ裁判官の結論賛成意見（ブレナン、マーシャル、ブラックマン各裁判官参加）

　路上封鎖物を設置して Brower を停車させたことが第 4 修正上の身体の押収に当たるとの法廷意見の結論には同意するが、本件においては、警察がBrower を停止させることを意図して路上封鎖物を設置したことに争いがないのであるから、意図しない方法で相手が停止した場合についてまで本件で判断する必要はなかった。法廷意見は、物理的なコントロールを意図的に奪うことが第 4 修正違反を認定するための要件であると判示して、意図しない方法で相手が停止した場合を第 4 修正違反に当たらないとしようとしているが、この判

示は傍論と見るべきである。

　物理的なコントロールを意図的に奪うことが，典型的な押収の特徴の1つであることに疑いはないが，これがすべての押収の本質的な要素であるわけではないし，これを基準とすることが限界事例の解決に役立つとも思えない。

　本件は，致死的な強制力を行使して被疑者の身柄を捕捉することは第4修正上の身体の押収に当たると判示した *Garner*（Tennessee v. Garner, 471 U.S. 1 (1985)）に依拠して処理すべきであった。*Garner* においても，警察官が意図的に行動していたことに争いはなかったため，意図しない方法で被疑者を停止させた場合に押収が成立するか否かについては検討されなかった。本件においても同様に判断を限定すべきであったと思われる。

《解　説》

　1．本件では，警察が盗難車で逃亡中の被疑者を停止させるために路上封鎖物を設置したことが，第4修正に反する不合理な身体の押収に当たるか否かが争点とされた。合衆国最高裁判所は，本件警察活動は第4修正上の押収に当たると判断を下し，この行為の第4修正上の合理性に関して判断を行わせるために本件を破棄し，差し戻している。

　2．アメリカ合衆国では，わが国とは異なり，たとえば職務質問のような市民の行動の自由にわずかな干渉を加える警察活動も第4修正上の身体の押収に当たるとされ，第4修正上の合理性の要件を充たしていなければならないと判示されてきた[1]。とはいえ，すべての警察活動にこの憲法による規律が及ぼさ

---

1)　合衆国憲法第4修正はその第一文において「不合理な捜索・押収から身体，住居，書類，所持品を守られるという国民の権利は侵されない」と規定しており，わが国の憲法とは異なり，ある者の行動の自由を制約することを"身体の押収"として扱っている。また，第4修正は"不合理な"捜索・押収を禁止しており，警察活動が第4修正上の捜索・押収に当たる場合にはその活動の第4修正上の"合理性"が問題とされる。合衆国では，わが国では任意処分とされる所持品検査や自動車検問，また，行政目的での調査なども第4修正上の捜索・押収に当たると解し，第4修正の合理性の要件の下で規律を行ってきた。*See*, Terry v. Ohio, 392 U.S. 1

れるわけではない。警察活動がどの段階で第 4 修正の身体の押収を構成するのかについては，*Terry*（Terry v. Ohio, 392 U.S. 1 (1968)）で，"警察官が物理的な強制力の行使（physical force），あるいは，権威の呈示（show of authority）によって，市民の自由を何らか制限した場合"という基準が示され，その後この *Terry* で示された基準を具体的な事件に適用するために，*Mendenhall*（United States v. Mendenhall, 446 U.S. 544 (1980)）と *Royer*（Florida v. Royer, 460 U.S. 191 (1983)）において，"すべての事情に照らして，通常人であるならば退去の自由がないと思料するような場合に限り身体の押収は生じる"といういわゆる *Mendenhall = Royer* 基準が示された。

本件のように，警察官と遭遇した被疑者が逃走することは，日々の警察活動の中で際限なく生じており[2]，逃亡した被疑者を警察官が追跡する行為がどの段階で第 4 修正上の身体の押収を構成するか否かはアメリカ合衆国において高い関心が寄せられていた。というのも，もし追跡行為それ自体が第 4 修正上の身体の押収に当たるのであれば，警察官は被疑者を追跡するために第 4 修正上の合理性の要件を充たしていなければならなくなるためである。遭遇してから追跡を開始するまでに判明した事実のみで，官憲がこの第 4 修正上の合理性の要件を充たすことは困難であるという指摘がなされている[3]。

このようないわゆる追跡事例においてはじめて判断を下したのは *Garner*（Tennessee v. Garner, 471 U.S. 1 (1985)）[4]であり，この事例では，警察官が，凶器を携帯していない逃走重罪犯を銃殺したこと（致死的有形力の行使：deadly force）が第 4 修正上の不合理な身体の押収に当たるか否かが争われた。*Garner* では，第 4 修正の押収に当たるか否かという争点について，"官憲があ

  (1968) ; Delaware v. Prouse, 440 U.S. 648 (1979) ; United States v. Martinez-Fuerte, 428 U.S. 543 (1976).

2) Clancy, *The Future of Fourth Amendment Seizure Analysis After Hodari D. and Bostick*, 28 Am. Crim. L. Rev. 799, 799 (1991).

3) Kuzma, *Seizures Under The Fourth Amendment : Let's Cut To The Chase*, 18 Am. J. Crim. L. 289, 294 (1991).

4) *Garner* については，本書第 13 事件（山田峻悠担当）参照。

る者の退去の自由に制限を加える場合はすべて，官憲はその者の身体を押収したことになる”と一見すると身体の押収の概念を幅広くとらえる見解を示し，致死的有形力を行使して被疑者の身柄を捕捉することが第4修正上の押収に当たることは明らかであるとした。もっとも，警察活動の干渉がごくわずかな場合にはどの段階で身体の押収に当たるのかは必ずしも明らかではないと述べ，この点については判断を留保している。

　Garner の次に合衆国最高裁判所が判断を下した追跡事例として Chesternut（Michigan v. Chesternut, 486 U.S. 567 (1988)[5]）をあげることができる。この事例において，警察車両で警邏中の警察官が交差点に立つ被疑者に近づいたところ，その被疑者が踵を返して立ち去ろうとしたため，警察官が被疑者の後を追走したことが第4修正上の身体の押収に当たるかが争われた。この事件の重要な点は，警察官はただ被疑者を追走したのみであり，警察活動の干渉の程度がごくわずかにすぎなかったという点である。法廷意見は，Mendenhall = Royer 基準を用い，このような警察官の行為は，通常人を退去の自由がないと思料させるものではなかったとして第4修正上の身体の押収には当たらないとした。とはいえ，警察官が被疑者をただ追走するだけではなく，たとえば，警察官がサイレンを鳴らし警光灯（flashing light）を点灯させて追跡した場合や，警察官が進行方向を塞ぐなどの手段で移動方向や速度に制限を加えた場合などには第4修正の身体の押収に当たりうることを合衆国最高裁判所は傍論で示唆した。

　これら先例によれば，実際に被疑者の身柄を捕捉することのような強い干渉がなされる前であっても，被疑者を追跡することが第4修正上の身体の押収を構成しうるとの立場を合衆国最高裁判所が採っていたとみることもできた。

　3． 本件と類似の事件[6]において，第5巡回区 Court of Appeals は Garner の判示を適用して，官憲が逃走車両の前に路上封鎖物を意図的に設置したことは第4修正上の身体の押収であるとした。一方で，本件で第9巡回区 Court of

---

5）　Chesternut については，本書第1事件（伊比智担当）参照。
6）　Jamieson v. Shaw, 772 F. 2d 1205 (5th Cir. 1985).

Appeals は，衝突以前において何ら退去の自由への制約がなかったこと，及び，路上封鎖物への衝突は，何度も停止する機会を与えられているにもかかわらず，逃走した Brower の選択の結果として生じたものであり，官憲が自由を制約したわけではないことを理由として，本件警察の行為は第4修正上の身体の押収には当たらないとした。

本件で法廷意見は，第4修正の身体の押収は，官憲が物理的なコントロールを意図的に奪うことが要件となり，したがって，政府側が行動の自由を制約する意図をもって実際に行動の自由を制約した場合にのみ生じることになるという基準を示し，第9巡回区 Court of Appeals が重要視した"被告人が停止する機会を与えられたのにもかかわらず，停止しなかった"という事実は本件の結論を決定づけるものではないとした。そして，本件においては，官憲が路上封鎖物を設置することで被疑者を意図的に停止させようとしたことには争いがなく，また，実際に Brower が路上封鎖物に衝突することで停止していることから，本件警察の行為は第4修正上の身体の押収に当たると結論付けている

本件で示された基準によれば，第4修正上の身体の押収が認められるためには，①警察官が被疑者の自由を奪うことを意図して行動し，②それによって実際に警察官が被疑者の身柄を捕捉すること，が要件となる。したがって，被疑者が警察官の意図とは関連しない偶発的事情により停止した場合や，警察官が停止させようと試みたが，成功せずに犯人が逃げてしまった場合には第4修正上の身体の押収は生じていないことになる。この結論は，たとえ被疑者の身柄が実際に捕捉される前であっても第4修正の規律が及びうると示唆してきた先例とは大きく異なるものであるように思われる。そして，さらに，本件後に下された *Hodari D.*（California v. Hodari D., 499 U.S. 621 (1991)）[7]では，たとえ *Mendenhall = Royer* 基準を充たしていたとしても，第4修正上の身体の押収といえるためにはさらに実際に身柄の捕捉が必要であるとされた。

本件は，警察官が路上封鎖物に衝突させることで Brower を停止させたとい

---

7) *Hodari D.* については，本書第3事件（柳川重規担当）参照。

う警察の極端な有形力の行使が関わっており，本件警察の行為が第4修正上の身体の押収に当たることが明白である事例ということができた。したがって，結論賛成意見や第5巡回区の裁判例が指摘したように，本件は *Garner* を適用することで十分に解決できたように思われる。そうだとすれば，警察官の意図するところではなかった場合や実際に身柄の捕捉がなされなかった場合までも包含するような基準を本件において示す必要はなかったということができるだろう。このように合衆国最高裁判所が追跡事例において身体の押収の概念を限定的にとらえ，身柄捕捉前の追跡行為すべてを第4修正上の合理性の判断対象から除外したことには多くの批判がなされている[8]。

とはいえ，合衆国最高裁判所がわざわざこのような判断を行ったのは，警察の活動が委縮してしまうことに懸念を抱いたためであるように思われる。たとえば，警察の追跡から自動車で逃れていた被疑者が，繰り返し信号無視などを行った結果事故を起こした場合，もしこの警察の追跡行為が第4修正上の身体の押収に当たるのであれば，不合理な身体の押収があったとして1983条に基づく損害賠償訴訟が提起されうることになる。このように追跡行為を行った結果，訴訟を提起されるならば，警察は追跡行為を行うことを躊躇してしまうだろう。また，このような場合に，裁判所は個々の事件ごとに第4修正上の合理性の判断を行うことが求められるため，裁判所の事件負担の増加にもつながりうる。本件判断にはこのような事態を回避したかった合衆国最高裁判所の考えが背景にあるように思われる。

(山田　峻悠)

---

[8] See, e.g., Haemmerle, *Florida v Bostick. The War on Drugs and Evolving Fourth Amendment Standards*, 24 U. Tol. L. Rev. 253, 267 (1992); Bacigal, *In Pursuit of the Elusive Fourth Amendment: the Police Chase Cases*, 58 Tenn. L. Rev. 73, 83-99 (1990); Kuzma, *supra* note 3, at 300.

3. California v. Hodari D., 499 U.S. 621 (1991)

警察官が当局の者であることを示して（show of authority）被疑者を追跡している場合，被疑者が停止命令に従って停止するまでは，第4修正上の身体の「押収」は成立しないとされた事例。

《事実の概要》

警察官2名が犯罪多発地域を夕方遅く覆面パトカーで警邏中，被申請人Hodari を含む4〜5人の少年が乗用車の周りに集まっているのを認めた。警察官らは私服の上に "Police" という文字が入ったジャケットを着用していた。覆面パトカーが近づくのを見て少年らが慌てて逃げ出したため，不審に思った警察官らは，1人は覆面パトカーで，1人は覆面パトカーを降りて少年らを追跡した。Hodari は後ろばかり気にして逃走していたため，前方から警察官の1人が追ってきていることに，その警察官が間近に迫るまで気がつかなかった。警察官に気づいた Hodari は小石のようなものを投げ捨て，そのすぐ後に，警察官が被申請人の身柄を取り押さえた。小石のように見えたものは，クラック・コケインであることが後に判明した。

少年裁判手続きで Hodari は，クラック・コケインが違法収集証拠に当たるとして証拠排除を申し立てたが，少年裁判所はこの申立を却下した。キャリフォーニア州 Court of Appeal は，警察官が走って近づいて来るのを Hodari がわかった時点で，合衆国憲法第4修正上の身体の「押収」が成立しており，しかも，この押収は第4修正上不合理なものであるので，クラック・コケインは違法な押収の果実として排除されると判示した。キャリフォーニア州 Supreme Court は，州側の上訴を棄却した。

合衆国最高裁判所により，サーシオレイライが認容された。

《判旨・法廷意見》

破棄・差戻し

1．スカリーア裁判官執筆の法廷意見

本件で当裁判所に提起された争点は，被申請人 Hodari がクラック・コカインを投げ捨てた際に，被申請人は第4修正に言う身体の押収を受けていたと言えるか否かである。当裁判所で被申請人は，この時点で押収は成立しており，クラック・コカインが違法収集証拠として排除されたのは適法であったと主張している。州側は，この時点では押収は成立しておらず，したがって，クラック・コカインは被申請人が捨てたものであるから，警察はこれを適法に領置したのであり，証拠に許容されるべきであると主張している。

第4修正に言う「押収」は，人の身体の押収を含むと長きにわたり理解されてきている。「押収」という文言は，合衆国建国時から今日に至るまで，辞書的な意味では，「占有すること」の意であるとされてきている。コモン・ロー上，押収は，単に対象を摑むとか物理的な強制力を行使するだけでは足りず，対象を現実に物理的な管理下に置くことを意味することが多いが，第4修正上の身体の押収と本質的に同義であるところの arrest（逮捕）は，コモン・ロー上，相手の身体の一部を摑むなど，わずかでも物理的強制力が行使されれば，結果として身柄の捕捉に成功しようとしまいと，成立するものとされていた。もっとも，逮捕が一旦成立しても，その後相手が逃走すれば，逃走中も逮捕が継続していると考えられていたわけではない。本件では，被申請人がクラック・コカインを捨てた時点では，警察官は被申請人の身体には触れておらず物理的強制力の行使はみられない。被申請人もこの点は争っておらず，被申請人が主張しているのは，*Terry*（Terry v. Ohio. 392 U.S. 1 (1968)）で，「物理的有形力を行使したり，当局の者であることを示し権威を提示する（show of authority）など，何らかの方法で市民の自由を制限した場合」に押収は成立する，と判示していることから，本件でも警察官による追跡は，当局の者であることを示し権威を提示して行われたものであるということである。たしかに，本件ではその点は認められるが，被申請人は警察官による停止命令には従って

いない。そこで，本件で問われるのは，警察官が当局の者であることを示し権威の提示を行って停止を求めたが，相手がそれに従わず停止しなかった場合にも第4修正上の押収が成立するか，ということである。

押収という文言は，相手の挙動を制限するためにその身体に手を掛けたりするなど，物理的な強制力が用いられた場合を指すのが普通なので，この文言からすると，逃走する相手に「警察だ，止まれ」と叫んだだけでは，押収が行われたことにはならない。また，コモン・ロー上の逮捕が成立すれば身体の押収の成立も認められるが，コモン・ロー上の逮捕でも，物理的な強制力が行使されず，警察官が当局の者であることを示して停止を命じた場合は，相手がその命令に従って停止することが要件とされていた。

政策問題としても，相手が停止命令に従わず停止しなかった場合に，身体の押収を認めることは望ましくない。路上での追跡は常に公衆に一定の危険をもたらすので，警察の停止命令に従うよう促さなければならない。適切な根拠を欠いて停止命令が発せられることは少ないと仮定すべきであり，また，停止を命じられた者が停止命令の不当な点を示すことは簡単にはできないので，不当であることを説明するためにも命令に従って停止する必要がある。さらには，停止命令に従わなかった場合に押収の成立を認め，これにより排除法則適用の余地を認めても，違法な停止命令は抑止されない。相手が停止命令を無視したり逃走したりすることを期待して停止命令を発する警察官はいないので，停止命令に従って停止した場合にのみ押収を認め排除法則を適用できるようにすれば，違法捜査の抑止としては十分である。

被申請人は，身体の押収の成否に関して「全体事情を考慮して，通常人であれば退去の自由がないと思料したであろう場合にのみ (only if)，第4修正上の身体の押収が認められる」とする Mendenhall テストを適用すれば，本件では押収の成立が認められると主張する。しかし，Mendenhall テストは，通常人が退去の自由がないと思料した場合でない限り押収の成立は認められないというものであり，通常人がそのように思料すれば常に押収が成立する，とするものではない。すなわち，Mendenhall テストは，警察が当局の者であること

を示し権威を提示して停止を求めた場合における押収成立の必要条件を述べたものであり，十分条件を述べたものではないのである。*Mendenhall*（United States v. Mendenhall, 446 U.S. 544 (1980)）が定立したのは，警察が「当局の者であることを示している」と言えるか否かについての判断基準が，通常人を基準とする客観的なものでなければならないということである。被申請人が主に依拠している *Chesternut*（Michigan v. Chesternut, 486 U.S. 567 (1988)）では，Mendenhall テストの基準を充足していないと判示されているのであり，この基準を充足した場合に第4修正上の身体の押収が成立していると言えるかという問いについては判断がなされていない。

本件とより関連が深いのは，*Brower*（Brower v. Inyo County, 489 U.S. 593 (1989)）である。*Brower* の事案は，警察が警光灯（flashing light）を点灯させ警察車輌で被疑者を20マイル追跡し，被疑者が警察により路上に設置された封鎖物に衝突して死亡したというものであるが，警察が当局の者であることを示し権威を提示して停止を求めたことが被疑者の死亡を引き起こしたわけではないとの理由から，*Brower* では衝突前の追跡途中で身体の押収が成立した可能性があるかについては検討すらされなかった。また，*Brower* では，*Hester*（Hester v. United States, 265 U.S. 57 (1924)）において，密造酒業者が国税庁係官の追跡を受けていた途中，密造酒を車輌から落とし係官がそれを検分したという本件類似の事案で，法律上の押収は存在しないと判示されていることにも言及された。こうした点は本件にも妥当するものである。

要するに，本件で警察官が被申請人 Hodari に対して当局の者であることを示し権威を提示して停止を求めていると仮定しても，Hodari は停止命令に従わなかったのであるから，身柄を取り押さえられるまでは身体を押収されていなかったと言える。したがって，Hodari が放り捨てたクラック・コケインは押収の果実ではないので，少年裁判所による証拠排除申立却下の判断は適法である。キャリフォーニア州 Court of Appeal の判断を破棄し，差し戻す。

2．スティーヴンズ裁判官の反対意見（マーシャル裁判官参加）

警察官が物理的強制力を行使して被疑者の身体に接触した場合には，被疑者

が実際にそれにより停止させられなくても身体の押収は成立するが，被疑者の身体に接触していない場合には，被疑者が停止しなければ押収は成立しないと法廷意見は言う。この区別は，コモン・ロー上の不法行為における assault と battery の区別を想起させるが，この区別は，不法行為訴訟における訴答（pleading）にあっては意味を有するものの，これを第4修正という憲法解釈の次元に持ち込むことは妥当ではない。また，この区別はコモン・ロー上の arrest（逮捕）の成否を判断する上では意味を持つが，コモン・ローでは arrest が成立しない場合でもさらに，attempted arrest（逮捕未遂）という概念が認められていた。コモン・ローに依拠して第4修正の押収を定義するのが仮に妥当だというのであれば，本件での警察官の行為との関係では，この attempted arrest が押収に当たるか否かを検討すべきであった。いずれにしても，当裁判所は *Katz*（Katz v. United States, 389 U.S. 347 (1967)）で人の会話の録音も押収に含まれるとし，*Terry* で職務質問のための停止も押収に含まれるとして，コモン・ロー上の押収や逮捕の概念から離れたのであるから，これらの先例からすれば，コモン・ローに依拠して押収の定義をすること自体妥当ではない。

　法廷意見は，Mendenhall テストを押収成立の必要条件であって十分条件ではないとしたが，*Delgado*（INS v. Delgado, 466 U.S. 210 (1984)）や *Royer*（Florida v. Royer, 460 U.S. 491 (1983)），*Chestenut* では，Mendenhall テストの基準を充足すれば押収が成立すると考えており，Mendenhall テストを十分条件と見ていた。したがって，本日の法廷意見の判示はこれらの先例の流れから逸脱するものである。本件では，警察官が正面から走って向かって来るのを被申請人が認めた時点で，警察官による当局の者であるとの提示の下，被申請人は退去の自由がないことに気づいていたと言える。

　法廷意見に従い，警察が権威を示したことに応じて被疑者が停止したか否かという相手側の反応を基準にすると，身体の押収の成否は不確実なものとなり，この点を巡る訴訟を誘発することになる。

　たとえば，走行車両を恣意的に停車させることは，*Prouse*（Delaware v.

Prouse, 440 U.S. 648 (1979)）で違憲とされているが，対象車両が完全に停車する前に運転免許証が失効していることが判明した場合には，この停車措置は合憲となるのであろうか。また，空港内で銃を携帯した薬物取締官が通行人に手荷物検査をすると告げて停止を求める行為は，相手が要求に応じて停止しない限り正当化されるのであろうか。本件の法廷意見の基準では，このような活動が憲法の規制を受けなくなる可能性がある。

　排除法則の抑止効という点でも，警察官の行為に焦点が当てられるのであり，被疑者の反応が考慮されるわけではない。法廷意見の基準では，警察官の行為がいかに常軌を逸し不合理なものであったとしても，排除法則を適用できなくなってしまう。

　身体の押収の成立時期を遅らせる法廷意見の基準は，無辜の市民の第4修正上の権利の保護を警察の裁量の下に置くものであり，我々が有している根本的で永続的な価値に対する脅威をもたらすものである。

《解　説》

　1．合衆国憲法では，人の行動の自由の保障について，これを制約する行為を身体の「押収」とし，物を占有する権利とともに第4修正により不合理な「押収」を受けない権利として保障している。この点，我が国の憲法が33条で逮捕に関し，35条の物の押収から独立させて規定を設けているのとは異なる。また，我が国でいうところの職務質問のための停止なども，自由に対する制約が決して軽微なものとはいえないとの理由から，この身体の「押収」に含まれると *Terry* (Terry v. Ohio. 392 U.S. 1 (1968))[1]で判示されている。もっとも，身体の押収が正当化されるには，通常，相当理由（probable cause）とそれに基づいて発付される逮捕令状が要件とされるところ，職務質問のような伝統的に認められてきている警察活動にこの要件を適用すると，実際上これを行うこ

---

1) *Terry* については，松尾浩也・アメリカ法 1969-II 246 頁，伊藤正己他編・英米判例百選 I （阪村幸男担当）176 頁等参照。

とが不可能となるということから，個人の行動の自由への政府の干渉の程度とその干渉により得られる政府の利益との比較衡量に基づいて第4修正に言う「不合理な（身体の）押収」に当たるか否かを判断すべきであるとされた。そして，ここから，具体的な不審事由（合理的嫌疑：reasonable suspicion）を要件に，こうした「停止」は合憲とされている。

本件では，被疑者が警察の追跡を受け，実際に身柄を取り押さえられる前にクラック・コケインを投げ捨てているため，証拠排除との関係から，身柄捕捉前の追跡段階で身体の「押収」が成立するか否かが争点となった。「押収」が成立しているということになると，追跡が具体的な不審事由に基づいて行われているなど第4修正にいう合理的なものでなければ，クラック・コケインは違憲の「押収」の果実として排除されることになる。法廷意見は，警察官が当局の者であることを示して（show of authority）[2]追跡している場合，被疑者が停止命令にしたがって停止するまでは「押収」は成立しないと判示した。

2． 本件で法廷意見を執筆したスカリーア裁判官は，憲法解釈の方法として，まずは条文の文言解釈から始め，それによっては複数の解釈の余地がある場合に，憲法を制定した際の憲法制定者の意図に従って解釈するのが妥当だとする，いわゆる原意主義（originalism）の立場に立つ。憲法制定者の意図は，憲法制定時のコモン・ローの法状況を反映したものであることが多いので，本件でも，押収に類似するarrest（逮捕）についての憲法制定時の理解を参照して第4修正上の押収の意味を解釈しようとしている。これに対し反対意見は，憲法制定時のコモン・ローでは不法行為法上，attempted arrest（逮捕未遂）の概念が認められていたことを挙げ，当時のarrestの概念に基づいて押収の

---

2) 「当局の者であることを示して（show of authority）」というのは，警察官が「警察だ，止まれ」と叫んだり，パトカーのサイレンを鳴らし警光灯（flashing light）を点灯させて，マイクで停止を命じながら追跡する場合などが例として挙げられる。本件で法廷意見は，本件の追跡が当局の者であることを示してのものであると明確には認定してはいないが，「Police」の文字が入った上着を着た警察官が走って被疑者を追跡しているので，そういってよいと思われる。

意味を解釈することは妥当ではないと反論している。さらに，スカリーア裁判官も，憲法制定後の基本権保障の拡充を否定はせず，憲法制定時の保障のレベルが最低限のものであるとの考え方に立っているが，Terry で第4修正の保護範囲が伝統的な arrest から広げられ，これにより個人の行動の自由に対する保護が厚くなっているとすると，反対意見が言うように憲法制定時の保護範囲がどのようなものであったかを議論しても意味がないということになる。

また，法廷意見が先例として依拠している Hester（Hester v. United States, 265 U.S. 57 (1924)）は，国税庁の係官による追跡を受けたウィスキーの密造者がウィスキーの瓶を落とし，その中身を係官が検分した事案であるが，確かにここでは，この検分については被疑者が落とした物の中身を調べただけであるから第4修正上の押収には当たらないと判示され，追跡行為については何ら問題とされていない。しかし，この点については，Hester が Terry 以前の判例であることに注意が必要であると思われる。本件で問われているのは，Terry を前提にして第4修正上の身体の「押収」が成立していると言えるかである。

3. (1) さて，Terry では，いかなる場合に第4修正上の身体の「押収」が成立するのかという問いに対して，「警察官が物理的な有形力を行使して，または，当局の者であることを示して（show of authority），何らかの形で市民の自由を制限した場合」であるとされた。そして，自由の制限があったと言えるか否かを判断する基準として，空港での被疑者に対する質問のための停止措置と麻薬取締局事務所への同行の適法性が争われた Mendenhall（United States v. Mendenhall, 446 U.S. 544 (1980)）[3]において，通常人を被疑者が置かれた立場に置き当該事案の全体事情に照らして，通常人であれば退去の自由がないと思料するか否かという基準が，スチュワート裁判官の意見[4]の中で示された。ス

---

[3] Mendenhall については，渥美東洋編『米国刑事判例の動向Ⅳ』（中央大学出版部，2012年）536頁（宮島里史担当）参照。

[4] Mendenhall では法廷意見は形成されず，スチュワート裁判官が，停止，同行は

チュワート裁判官はこの基準を用いて身体の押収の成立を否定した。さらにこの基準は，同じく空港での被疑者の停止，同行の適法性が争われた *Royer* (Florida v. Royer, 460 U.S. 491 (1983))[5]で複数意見により採用され，複数意見はこの基準を用いて，今度は押収の成立を肯定した。

この Mendenhall テストは，密入国者調査のための INS（移民帰化局）係官による工場作業場内での質問が第 4 修正上の身体の押収に当たるか否かが争われた *Delgado*（INS v. Delgado, 466 U.S. 210 (1984)）[6]で，法廷意見の採用するところとなった。*Delgado* では，Mendenhall テストを用いて，この質問を第 4 修正上の身体の押収に当たらず合憲であると判示した。さらに，本件とより関連性の強い警察官による被疑者の追跡の事案である *Chesternut*（Michigan v. Chesternut, 486 U.S. 567 (1988)）[7]では，警察のパトカーが近づいてくるのに気づいて急に走り出した被疑者を，パトカーが低速度で併走してその様子をうかがった行為が，第 4 修正に違反するか否かが争われたが，法廷意見は Mendenhall テストを用いてこれが第 4 修正にいう身体の「押収」に該当しないと判示した。

本件では警察官が，被疑者を停止させようと走って被疑者の間近に迫っていたのであるから，この追跡は Mendenhall テストを充足しているように思われる。しかし，法廷意見は，Mendenhall テストは押収の成立を認めるための必要条件ではあるが，十分条件ではないとして押収の成立を否定し，押収が成立するには被疑者が警察官の停止命令に従って停止することがさらに要件となるとした。*Delgado* と *Chesternut* は，Mendenhall テストを適用して押収の成立

　　第 4 修正に違反しないとの裁判所の結論を述べたが，Mendenhall テストを述べたスチュワート裁判官の意見自体に加わったのは，レンクィスト裁判官のみであった。
 5) *Royer* については，渥美・前掲注 3) 525 頁（宮島里史担当）参照。
 6) *Delgado* については，渥美・前掲注 3) 178 頁（前島充祐担当）参照。
 7) *Chesternut* については，本書第 1 事件参照。

を「否定」した事例であり，押収の成立を肯定した *Royer* は複数意見にとどまるものであったので，こうした点からすると本件の法廷意見のような見方ができないわけではない。とはいえ，警察官が当局の者であることを示して追跡した場合には，Mendenhall テストが十分条件ではなく，被疑者がそれに応じて停止しない限り押収は成立しないということであれば，*Chesternut* でも Mendenhall テストを適用する必要はなく，端的に被疑者が停止する前の行為であることを理由に押収の成立を否定すればよかったともいえる。先例は Mendenhall テストを必要条件でありかつ十分条件であると見ていたと理解する方が妥当ではないかと思われる。

　本件で法廷意見は *Brower*（Brower v. Inyo County, 489 U.S. 593 (1989)）[8]に依拠しているが，*Brower* は，警察の追跡を受けて自動車で逃走していた被疑者が，逃走阻止の目的で警察により路上に配置された大型トレーラーに衝突して死亡し，遺族が合衆国法典タイトル42の1983条に基づき損害賠償を求める訴えを提起したという事案であった。この事件で合衆国最高裁判所は，警察が意図的に用いた方法により被疑者の移動の物理的コントロールを奪って停止させたことを理由に，第4修正上の身体の押収を認めたが，これにより，被疑者が運転ミスや他車との接触・衝突により停車した場合には，押収は成立しないと示唆したように思われる。本件の判断は，この *Brower* で布石が打たれていた判例の方向性を固めたものと評価することができる。

　(2)　このように，本件の法廷意見は Mendenhall テストの意義をやや強引に限定したように思われるが，そうした判断を行った背景には，次のような政策的な配慮があったように推測される。

　まず，これは法廷意見自身が指摘していることであるが，被疑者が警察の追跡を受けて逃走する行為は，周囲に危険を及ぼす行為であるので，第4修正の解釈としても被疑者が警察の停止命令に従って停止するよう誘う解釈が妥当であるということである。第4修正の保護を受けたければ，停止命令に従って停

---

　8)　*Brower* については，本書第2事件参照。

止する必要があるとのメッセージを本件の法廷意見は国民に伝えていると見ることができる。

次に，Mendenhallテストは，警察の行為に対する被疑者の対応如何によって身体の「押収」の成否が左右されることがなく，通常人の解釈を基準にすることにより，警察官に前もって第4修正の問題となるか否かの判断を可能にするといわれたが，しかし，個々の事案ごとに事情を総合して判断するものなので，基準の明確性に欠けるきらいがある[9]。被疑者の追跡自体が第4修正上の身体の押収に当たる場合があるということになれば，次にはこの追跡が具体的な不審事由に基づくものであったか否かや，追跡方法が第4修正上不合理なものではなく相当なものであったかが問われることになる。そして，第4修正に違反していると認定されれば，刑事裁判で証拠が排除されたり，あるいは，たとえば，自動車で逃走している被疑者が警察の停止命令に従わずに逃走を続け，運転を誤って事故を起こしたような場合に，追跡方法が相当性を欠いたなどを理由に，合衆国法典タイトル42の1983条による損害賠償の責めを警察官が負う可能性もある。そこで，法廷意見は，法執行機関が行為規範として容易に理解し従うことができるような明白な基準（blight-line rule）を提示したかったのではないかと思われる[10]。さらにいえば，当局の者であることを示して追跡するだけでは第4修正上の身体の「押収」にはなりえないとすることにより，証拠排除の主張や1983条による損害賠償請求の訴えの提起それ自体を封じ，濫訴を防止しようとしたとみることができるかもしれない。

4．本件は，警察官が当局の者であることを示して被疑者に停止を求めた場合に関して，被疑者停止命令に従って停止しない限り第4修正上の身体の押収は成立しないと判示したものである。有形力の行使があった場合には本件の判断は及ばず，逃走する被疑者に向けて警察官が銃を発射したが，被疑者が停止

---

9) *See,* Michigan v. Chesternut, 486 U.S. 567, 574-575 (1988).
10) Wayne LaFave, Search & Seizure : A Treatise on The Fourth Amendment 5th ed., § 9.4 (d) (West, 2012) pp. 631-632.

しなかったといった事例などは，本件の基準によっては処理されない[11]。

(柳川　重規)

---

[11] なお，本件について検討したものに，Clancy, *The Future of Fourth Amendment Seizure Analysis after Hodari D. and Bostick*, 28 Am. Crim. L. Rev. 799 (1991)；Bacigal, *The Right of the People to Be Secure,* 82 Ky. L. J. 145 (1993-94) 等がある。両論文とも，個人の自由の保護と政府の法執行の利益の衡量という点からすると，前者についての配慮が不十分であるとして本件の判断には批判的である。

2　不審事由の存否

4.　United States v. Sokolow, 490 U.S. 1 (1989)

　職務質問のための停止を正当化する要件である合理的な嫌疑（reasonable suspicion）の有無を認定する基準は事情の総合基準であることを確認し，空港においてドラッグ・カリアー・プロファイルに基づき違法薬物を運搬しているとの疑いのもたれた被疑者に対してなされた停止について，この基準を用いて合理的な嫌疑の存在が認定された事例。

《事実の概要》

　被申請人Sokolowとその同伴者は，ホノルル国際空港に到着後，空港前の道路でタクシーを拾おうとしたところ，麻薬取締局（DEA）の係官らによって停止させられた。係官らは，被申請人を停止させた時点で，とりわけ，以下のことについて認識していた。第1に，被申請人が，2枚の航空券の代金2100ドルを20ドル紙幣の束の中から取り出して支払っていたこと，第2に，被申請人が，電話帳に記載された名前とは異なる名義で旅行していたこと（もっとも，電話帳に記載されている名前は被申請人のルームメイトの名前であることが後に判明した），第3に，被申請人の最初の目的地が，違法薬物の供給都市であるマイアミであったこと，第4に，被申請人が，ホノルルからマイアミまで往復20時間を要したにもかかわらず，マイアミには48時間しか滞在していなかったこと，第5に，被申請人が，旅行中，落ち着かない様子であったこと，第6に，被申請人が，自身の手荷物を空港で1つも預けなかったことである。

　被申請人と同伴者は，ホノルル国際空港内のDEAの事務所に同行を求められて，これに応じた。同事務所において，2人の手荷物に対して薬物探知犬による検査が行われ，薬物探知犬が反応を示したため，係官らは，被申請人を逮

捕し，所持品に対する捜索令状の発付を申請した。令状捜索により1063グラム分のコケインと被申請人の薬物の運搬への関与を疑わせる数枚の文書が発見された。

被申請人は，合衆国法典第21篇841条(a)(1)に違反するコケインの頒布目的での所持によって起訴された。合衆国District Courtは，DEAの係官らは，空港での停止時点で被申請人が薬物の運搬に関与していたことを疑うに足りる合理的な嫌疑（reasonable suspicion）を有していたと認定し，被申請人の手荷物から押収されたコケインとその他の証拠の排除申立を退けた。その後，被申請人は，公訴事実について条件付き有罪答弁を行った。

第9巡回区Court of Appealsは，見解が分かれたが，DEAの係官は本件停止を正当化する合理的な嫌疑を欠いていたと判示し，被申請人の有罪判決を破棄した。Court of Appealsは，合理的な嫌疑に関する事実を「犯罪が進行中であること（ongoing criminal activity）」を示す事実と薬物運搬者の「個人的特性（personal characteristics）」を示す事実の2つのカテゴリーに分けて検討した。第1のカテゴリーに属するのは，例えば，空港での偽名の使用や人目を避けるような行動（evasive movement）等であり，このような事情が最低1つは合理的な嫌疑の認定を支えるために常に必要であるとされた。第2のカテゴリーに属するのは，例えば，航空券代金の現金での支払い，薬物の主要な供給都市への短期間の旅行，落ち着かない様子，服装（type of attire），手荷物を預けないこと等とされた。Court of Appealsは，薬物運搬者の個人的特性が関連性を有するのは，犯罪が進行中であることを示す証拠が存在し，かつ，政府が，問題となる事実を組み合わせたとしても，『犯罪とは無関係の相当数の人々』の行動の特徴を示すものとならないことを「経験的に裏付ける証拠（empirical documentation）」を提出した場合に限られると判示した。Court of Appealsは，この2つのカテゴリーから成るテスト（two part test）を本件の事実関係に適用し，犯罪が進行中であることを示す証拠は存在しないため，係官らによる停止は第4修正上許容できないと認定した。

合衆国最高裁判所は，Court of Appealsの判断が連邦の薬物取締法の執行に

重大な影響を及ぼすことを理由として，同裁判所の判断の審査を求めるサーシオレイライを認容した。

《判旨・法廷意見》
破棄・差戻し
1．レンクィスト裁判官執筆の法廷意見

被申請人 Sokolow に対する第4修正上の身体の押収（停止）の成否を政府は争っていないので，当裁判所は，本件では停止は行われたという前提に立って検討を行う。そこで，本件の結論は，被申請人に遭遇した時点で係官らが，同人が犯罪を行っていると疑うに足りる合理的な嫌疑を有していたか否かにかかっている。

Terry（Terry v. Ohio, 392 U.S. 1 (1968)）において，当裁判所は，警察官が犯罪が「進行中のおそれがある（may be afoot）」と疑うに足りる合理的な嫌疑を有しており，その嫌疑が明確に説明できる事実によって裏付けられている場合には，たとえ相当理由を欠くとしても，捜査目的で個人を停止させて短時間身柄を拘束することができる，と判示した。*Terry* に基づく停止に必要とされる嫌疑の程度は，証拠の優越による証明を相当程度下回るものであり，また，相当理由よりも明らかに低いものであるが（United States v. Montoya de Hernandez, 473 U.S. 531, 541, 544 (1985)），その嫌疑の内容については，相当理由と同様に，「法的ルールとして組み立てることは容易ではなく，ましてや，有益な形でそのようにすることもできない」（Illinois v. Gate, 462 U.S. 213, 232 (1983)）。

Court of Appeals は，「合理的な嫌疑」の要件を精緻化しようとしているが，そのような試みは，この嫌疑についての判断を不必要に困難にするものと思われる。本件のような停止の妥当性は，全体事情を総合して判断しなければならないのであり（United States v. Cortez, 449 U.S. 411, 417 (1981)），Court of Appeals が示したルールは，当裁判所の先例に反する。また，Court of Appeals のルールは，証拠価値の点で程度の差しかない証拠の間で明確に異なる扱いを

するものであると思われる。Court of Appeals は，偽名で旅行していることや空港で人目を避けるように歩いていることを示す証拠を「犯罪が進行中であること」を示す証拠に分類しているが，これらの証拠が，犯罪が進行中であることを示すことにはならない場合もあり，これらの証拠に Court of Appeals が認める程の決定的に重要な意味は認められない。他方で，Court of Appeals が本件において単に「蓋然性」を示すものにすぎないとみなした事情にも重大な証拠価値が認められる。2 枚の航空券の代金 2100 ドルを約 4000 ドルはある 20 ドル紙幣の束の中から現金で支払うことは，通常は考えられないのであり，数千ドル分の 20 ドル紙幣を持って旅行する者もほとんどいないはずである。また，7 月に 48 時間滞在するために 20 時間かけてマイアミまで旅行するホノルル市民はまずいない。

これらの事実は，どれも一つ一つをとってみれば，違法行為を証明することにはならず，また，犯罪とは無関係の旅行者にも認められるものであるが，それらの事実は，あわせて一体として見た場合，合理的な嫌疑に相当するものと思われる（See, Florida v. Royer, 460 U.S. 491 (1983)）。実際，*Terry* で問題となった「一連の行為」は，個別的に見た場合には，「おそらく犯罪とは関わりのないものである」が，「あわせて一体として見た場合には，さらなる捜査を行うことを正当化しうる」ものであった（392 U.S., at 22; See also Cortez, at 417-419）。*Gates* において当裁判所は，「それ自体犯罪とは関わりのない行動が相当理由の証明の基礎になることは頻繁にあり」，また，「相当理由の有無を判断する上で問われるのは，特定の行為が『無罪か有罪か』ではなく，特定のタイプの非犯罪的行為に備わった嫌疑の程度である」と指摘している。この原理は，合理的な嫌疑について判断する上でも同様に当てはまる。

被申請人は，同人の行動が DEA の「ドラッグ・キャリアー・プロファイル」の 1 つに合致すると係官らが思料したとの事実が，当裁判所による分析に何らかの形で影響を及ぼしていると主張するが，そのような主張には同意できない。裁判所は，合理的な嫌疑の有無の判断をするに当たって，嫌疑を抱くに至った事情を明らかにするよう係官に求めなければならないが，その事情が『プ

ロファイル』に合致する可能性があるとしても,訓練を受けた係官がそのような事情を認めているのであるから,それによりその事情のもつ証拠としての意義が何ら減じられることはない。また,被申請人は,*Royer*の判示を適示することによって,係官らは同人が違法薬物を運搬しているとする嫌疑の正しさを確認するに当たっては最も侵害的でない手段を用いる義務を負っていた,と主張している(Florida v. Royer, supra, at 500 (opinion of WHITE, J.))。しかし,*Royer*は,捜査目的での停止の時間の長さに焦点を当てたものであり,被疑者を停止させる前に,警察が,嫌疑の真実性を証明するためにより侵害的でない手段を用いていたか否かを判断したものではなかった。被疑者を停止させる係官の判断の合理性の存否は,より侵害的でない手段を利用できるか否かに左右されない。このようなルールは,現場において迅速な判断を下す警察官の能力を過度に損なうものである。実際,本件において,被申請人は,まさにタクシーを拾おうとしているところであった。さらには,非現実的な後知恵による批判を行うことを裁判所に義務づけることにもなると思われる(Montoya de Hernandez, 473 U.S., at 542, quoting United States v. Sharpe, 470 U.S., 675, 686, 687 (1985))。

当裁判所は,係官らは,被申請人が本件の事実関係の下で違法な薬物を運搬していたと疑う合理的な根拠を有していたと判示する。したがって,Court of Appealsの判断を破棄し,当裁判所の判断に反しない形で更に審理させるために,本件を差し戻す。

2.マーシャル裁判官の反対意見(ブレナン裁判官参加)

合理的な嫌疑の基準は,完全な捜索及び押収には至らず,かつ法執行上の緊急事態に対処する必要性に支えられた,短時間の身柄拘束に限定して適用される。第4修正は,このような身体の押収の前提条件として合理的な嫌疑を要件とすることで,もっぱら,犯罪者像についての漠然とした固定観念や人種のような無関係な個人の特性に基づいた「威圧的又は嫌がらせ目的での」警察活動から無辜の者を保護している(Terry at 14-15, and n. 11)。当裁判所は,このような悪質な警察活動を抑止するために,警察官が「具体的かつ明確に説明の

できる事実（specific and articulable facts）」に依拠して嫌疑を抱かない限り，嫌疑の合理性は認められないと判示してきた（Terry, at 21 ; see also United States v. Brignoni-Ponce, 422 U.S. 873, 880 (1975)）。法執行官は，個人の身柄を拘束する前提として，個人がその時点で犯罪を行っているか，又はまさに行おうとしていると疑うに足りる合理的な嫌疑を抱かなければならない（See, e. g., Brown v. Texas, 443 U.S. 47, 51 (1979) ; Terry, supra, at 30）。

　本件では，DEAの係官らが被申請人Sokolowがドラッグ・カリアー・プロファイルに表れた薬物運搬者の特徴の1つに合致したことを理由に同人を停止させたが，このプロファイルの特徴を機械的に適用することは，慎重さを要し，かつ具体的な事実に基づいた推論を「自らの経験に照らして」（Terry, at 27）行う法執行官の能力を後退させるだけのものとなるおそれがある。ドラッグ・カリアー・プロファイルの特徴に機械的に依拠することは，法執行官がこのプロファイルにおける特徴を自分で観察した特定の状況にカメレオンのように適応させることがあることを考慮すると，従来の事案ごとに判断する方法よりも，無辜の者に対する不当な身柄拘束を生じさせる危険性がはるかに高い。多数意見は，係官らがプロファイルに依拠してSokolowを停止させたことは何の関係もないと主張するが，このように問題のある法執行実務の妥当性を検討するためにこそ，本件でサーシオレイライを認容したのである。

　本件で係官らが依拠したドラッグ・カリアー・プロファイルに合致する事情，すなわち，Sokolowが落ち着きのない様子であったこと，機内持ち込み手荷物のみを持って「違法薬物の供給都市であるマイアミ」に短期間の旅行をしたこと，ルームメイト名義で登録された電話番号を用いていたこと，黒のジャンプスーツを着てゴールドの装身具を身に着けていたこと，多額の現金で航空券の代金を支払っていたことは，犯罪が進行中であることを示す指標としては著しく曖昧である。この点は，本件と非常に類似した*Reid*（Reid v. Georgia 448 U.S. 438 (1980)）でも強調されている。これらの事情は，それぞれ単独で見ても一体として見ても，犯罪を示唆するものとはほとんどいえない。

《解　説》
　1．本件は，DEA の係官らが，空港においてドラッグ・キャリアー・プロファイルに基づいて違法な薬物を運搬しているとの疑いのもたれた被申請人を職務質問のために停止させた時点で，本件停止を正当化する合理的な嫌疑（reasonable suspicion）の存在が認められるかが争点となった事案である[1]。合理的な嫌疑の有無を認定する上で，第 9 巡回 Court of Appeals は，この嫌疑の存在を示す事実を 2 つのカテゴリーに分けて検討する基準（two part test）を用いたが，合衆国最高裁判所は，先例を踏襲し，合理的な嫌疑の有無の認定は事情の総合基準によることを確認した。本件では，DEA の係官らは，被申請人の一定の振る舞いがドラッグ・キャリアー・プロファイルにおける薬物運搬者の特徴に合致していたことを認識していたが，法廷意見と反対意見は，このような事実が合理的な嫌疑の有無を判断する上でどのような意味を有するのかに関して見解が分かれており，この点に関しても検討を要する。

　2．合衆国最高裁判所は，Terry（Terry v. Ohio, 392 U.S. 1 (1968)）において，警察官は，相当理由（probable cause）を欠くとしても，一定の状況において，被疑者が犯罪を行っているか又は行おうとしていると疑うに足りる合理的な嫌疑が認められるならば，逮捕に至らない短時間の停止を行うことができると判示した[2]。ただし，警察官は，短時間の停止を行うに当たっては，不完全かつ具体化されていない嫌疑又は直感に拠ってはならず[3]，そこでは，停止の最低限度の客観的正当化理由として[4]，相当理由及び証拠の優越による証明

---

1) 本件の紹介・解説として，加藤克佳「職務質問のための停止に必要な合理的な嫌疑の有無とその判断方法　United States v. Sokolow, 490 U.S. 1 (1989)」愛知大学法学部法経論集 130 巻 61 頁がある。
2) Terry v. Ohio, 392 U.S. 1 (1968) の紹介・解説として，松尾浩也・アメリカ法 1969 年 2 号 246 頁，伊藤正巳他編・英米判例百選 I （阪村幸男）176 頁等がある。
3) Terry, 392 U.S. at 27.
4) INS v. Delgado, 466 U.S. 210, 217 (1984). 同事案の紹介・解説として，渥美東洋編『米国刑事判例の動向 IV』（中央大学出版部，2012 年）178 頁（前島充祐担当）がある。

には及ばないが，具体的かつ明確に説明のできる事実に依拠した合理的な嫌疑が必要であるとされた[5]。

3．このような合理的な嫌疑の存否の判断方法について示した先例としては，メキシコ国境付近でボーダーパトロールによって行われた，違法に入国した外国人を乗せた疑いのある車両の停止について，合理的な嫌疑の存否が争点となった *Cortez*（United States v. Cortez, 449 U.S. 411 (1981)）がある。合衆国最高裁判所は，捜査目的での停止を正当化する十分な根拠が存在するかを判断する上で，第1に，合理的な嫌疑の存否の評価は，当該事件の全ての事情によらなければならず，第2に，全体事情の総合による評価は，停止対象の特定の個人が犯罪を行っているとする嫌疑を生じさせるものでなければならないと判示し，合理的な嫌疑の有無の認定は事情の総合基準によることを示した。

他方で，本件において，第9巡回区 Court of Appeals は，*Cortez* の事情の総合基準とは異なり，合理的な嫌疑の根拠となる事実について，犯罪が進行中であることを示す事実と薬物運搬者の個人的特性を示す事実の2つのカテゴリーに分けて検討するアプローチを用いており，本件では，犯罪が進行中であることを示す事実がなかったために，合理的な嫌疑の存在は認められないとしている。Court of Appeals は，ドラッグ・キャリアー・プロファイルの中には犯罪とは無関係な特徴も含まれるため，事情の総合基準によって合理的な嫌疑の有無を判断するとした場合，犯罪とは無関係な特徴によって合理的な嫌疑が認められる余地が過度に拡大してしまうことを懸念し，薬物運搬者の個人的特性を示す事実（犯罪とは無関係な事実）だけでは合理的な嫌疑は認定できないとするアプローチを用いたのではないかと思われる。

合衆国最高裁判所は，Court of Appeals の用いた判断基準について，第1に，それが先例に反するものだとして批判している。上記のように，*Cortez* は，合理的な嫌疑の存否の判断について，厳格な要件を設定せずに，事情の総合基準に基づくことを示しており，本件でも合衆国最高裁判所はこの先例を踏襲して

---

5) Terry, 392 U.S. at 21.

同様の基準を用いるとしている。また，本件法廷意見は，合理的な嫌疑は法技術上の概念としてその内容を厳格に定めることには不適当であるとして，相当理由（probable cause）について同様に解した *Gates*（Illinois v. Gates, 462 U.S. 213 (1983)）[6]を援用している。*Gates* は，匿名の情報提供者の情報が第4修正上の捜索の相当理由の基礎となりうるかを判断する上で，情報提供者の提供した知識を支える事実と情報提供者又は情報が信頼できることを示す事実の双方を示さなければならないとする基準を用いた *Aguilar*（Aguilar v. Texas, 378 U.S. 108 (1964)）と *Spinelli*（Spinelli v. United States, 393 U.S. 410 (1969)）を変更し，事情の総合基準によることを示したものであるが[7]，本件判断が，合理的な嫌疑の有無を判断する上で事情の総合基準に拠ったことについて，*Gates* を前提としているとも指摘されている[8]。

　第2に，合衆国最高裁判所は，合理的な嫌疑を示す事実を犯罪が進行中であることを示す事実と薬物運搬者の個人的特性（犯罪が行われる蓋然性を示す事実）を示す事実の2つに分けて検討する点で，Court of Appeals は誤っているとする。Court of Appeals の基準によれば，犯罪が行われる蓋然性を示す事実しか存在しない場合，合理的な嫌疑は認められないことになるが，法廷意見は，そもそも，証拠価値の点で程度の差しかない両事実を厳密に分けることはできないとし，たとえ蓋然性を示す事実しかない場合であっても，それらの事実が集積されることによって，全体として見れば，合理的な嫌疑が認められる場合があるとする前提に立っている。Court of Appeals の見解は，合理的な嫌疑の判断について厳格な基準を立てようとしているにもかかわらず，そもそも，2つのカテゴリーに属する事実の相違を十分に根拠づけられていないので

---

6) Illinois v. Gates, 462 U.S. 213 (1983) の紹介・解説としては，信太秀一「密告者の情報に基づいて発布された捜索令状に対する相当な理由の審査基準— Illinois v. Gates, 103 S. Ct. 2317 (1982)（アメリカの刑事新判例紹介）」判例タイムズ36巻11号83頁（1985），渥美東洋編『米国刑事判例の動向Ⅳ』（中央大学出版部，2012年）80頁（中野目善則担当）がある。

7) 中野目・前掲注7)，100頁。

8) 加藤・前掲注1)，65頁。

あり[9]。それゆえに,同裁判所の試みは不十分なものとなっていると思われる。

4．本件では,合理的な嫌疑の存否を判断する上で,被疑者の振る舞いがドラッグ・カリアー・プロファイルに合致していた事実が,どのような意味を有するのかに関して,法廷意見と反対意見で見解が分かれている。

法廷意見は,ドラッグ・カリアー・プロファイルを巡っては,係官が嫌疑を抱くに至った事情がプロファイルに合致することは,合理的な嫌疑の存否の判断に全く影響を及ぼさないとしているが,他方で,反対意見は,ドラッグ・カリアー・プロファイルに機械的に依拠することで,自らの経験に照らして現場の状況に対応する法執行官の能力を後退させること,及び,プロファイルが個別具体的な状況に合わせて恣意的に用いられることに懸念を示しており,このようなプロファイルに基づく実務に疑問を呈している。ドラッグ・カリアー・プロファイルにおける特徴は,一見,犯罪とは無関係に思われるものが多々あり,また,プロファイルの内容は,空港ごとに異なるとされ[10],加えて,本件と同様に,空港でドラッグ・カリアー・プロファイルに基づいて違法な薬物の運搬の疑いがもたれた者に対する職務質問のための停止が問題となった一連の先例[11]において,プロファイルの特徴と合致することが,合理的な嫌疑の根拠としていかなる場合に認められるのかを判断する明確な基準が示されてこなかったのであり[12],それゆえに,反対意見が唱えるドラッグ・カリアー・プロファイルを機械的に用いた実務の危険性は考慮すべきものと思われる。ただ

---

9) Sean William Bezark, Gold Chains, Jumpsuits and Hunches : The Use of Drug Courier Profiles After *United States v. Sokolow*, 21 Loy. U. Chi L. J. 193, 211 (1990).

10) 渥美東洋編『米国刑事判例の動向Ⅳ』(中央大学出版部,2012年)548頁(宮島里史担当)。

11) United States v. Mendenhall, 446 U.S. 544 (1980) ; Reid v. Georgia, 448 U.S. 438 (1980) ; Florida v. Royer, 460 U.S. 491 (1983). Mendenhall の紹介・解説として,渥美東洋編『米国刑事判例の動向Ⅳ』(中央大学出版部,2012年)537頁(宮島里史担当),Reid の紹介・解説として,同書552頁(小木曽綾担当),Royer の紹介・解説として,同書524頁(宮島里史担当)がある。

12) Bezark, *supra* note 12 at 202.

し，法廷意見は，合理的な嫌疑の存否を判断する上で事情の総合基準を用いているのであり，そのような基準の下では，プロファイルに合致するという事情は，全体事情の1つにすぎないことになる。そうすると，プロファイルの特徴に合致するということだけで合理的な嫌疑が認められるということにはならず，反対意見の指摘するようなプロファイルを機械的に用いた職務質問の実務について，取り立てて問題視する必要はないとする立場に法廷意見は立っているものと思われる。

5. 本件判断は，合理的な嫌疑の有無の認定について，事情の総合基準によることを確認した点で，その意義が認められる。合衆国最高裁判所は，事情の総合基準を用いることによって，たとえ犯罪が進行中であることを示す事実がなくても，犯罪とは無関係な事実の集積によって合理的な嫌疑を認定することも可能と判断した。法廷意見の判断の背後には，合理的な嫌疑の有無の認定をCourt of Appeals の用いるような厳格な基準で判断した場合，本件のような空港での薬物犯罪の取締り活動を困難にすることに対する危惧があったものと思われる。とはいえ，全体事情の総合によるとしても，合理的な嫌疑の認定に必要な事情又は事情の組み合わせについて明確に示していないため，本件判断は，いかなる場合に合理的な嫌疑が認定できるかの指針足りえないとも指摘されており[13]，この点については，課題として残されているといえる。

（伊比　智）

---

13) Steven K. Bernstein, FOURTH AMENDMENT — USING THE DRUG COURIER PROFILE TO FIGHT THE WAR ON DRUGS, 80 J. Crim. L. & Criminology 996, 1010 (1990).

5. Alabama v. White, 496 U.S. 325 (1990)

日時場所，行先と移動の車両を特定した匿名情報でコケイン所持の容疑があった被疑者について，通報とは別の警察官の裏付け活動により補強された匿名情報には不審事由（reasonable suspicion）を生ぜしめるほどの信頼性の徴憑が備わっていたとされた事例。

《事案の概要》

1987年4月22日午後3時ごろ，モンゴメリー警察署の警察官であるB. H. Davisは，電話による匿名の通報を受けた。それによると，Vanessa Whiteなる人物が，特定の時刻に，リンウッド235番地Cに位置するテラスアパートメントから出て，右のテールランプが破損した茶色のプリムスステーションワゴンに乗りドビーズモーテルに向かうことになっており，Vanessaが茶色のアタッシュケースの中に約1オンスのコケインを所持しているとのことであった。Davisと彼のパートナーである警察官P. A. Reynoldsはリンウッドのテラスアパートメントに赴いた。2人は，235番地の建物の前の駐車場に右のテールライトが破損した茶色のプリムスステーションワゴンが駐車されているのを確認した。2人は，被申請人たるVanessaが235番地の建物から出てきたのを目撃したが，被申請人は手には何も持たずにステーションワゴンに乗り込んだ。2人は，ドビーズモーテルまでの最短ルートを走るステーションワゴンを追尾した。ステーションワゴンがドビーズモーテルへと続くモビルハイウェイに差し掛かった際に，Reynoldsは，そのステーションワゴンを停止させるよう警ら隊に要請した。ステーションワゴンは，午後4時18分ごろ，ドビーズモーテルのちょうど手前で停止させられた。Davisは，被申請人に車両後部に移動するよう求め，そこで，車両内のコケインを運搬している容疑のために停止させられた旨を告げた。被申請人の同意を得た上で捜索を行ったところ，両警察官は，施錠された茶色のアタッシュケースを車両内に見つけ，彼らの要求に応じて被申請人が解錠番号を述べた。両警察官は，アタッシュケースの中

にマリワナを発見し、被申請人を逮捕した。警察署への連行の間、2人は被申請人の財布の中に3ミリグラムのコケインも発見した。

　被申請人は、マリワナの所持、及び、コケインの所持について、モンゴメリーカウンティの裁判所にて起訴された。第1審は、被申請人の証拠排除申立を退け、被申請人は、証拠排除申立の却下につき上訴する権利を留保したまま、両訴因につき有罪答弁した。アラバマ州 Court of Criminal Appeals は、警察官らには、捜査目的での被申請人の車両の停止を正当化するための、Terry v. Ohio, 392 U.S. 1 (1968) で必要とされた不審事由がなかったこと、及び、マリワナとコケインは、憲法に違反してなされた被申請人の身柄の押収に由来する果実であることを判示した。同裁判所は、被申請人による証拠排除申立が認められてしかるべきとし、被申請人の有罪判決を破棄した。550 So.2d 1074 (1989). アラバマ州最高裁判所は、2人の裁判官の反対意見はあったものの、州の申請人によるサーシオレイライの申請を棄却 (reverse) した。550 So.2d 1081 (1989). 当裁判所は、匿名の通報があれば、停止のための不審事由があるとすることができるのか否かにつき、州および連邦の裁判所間で見解が異なるため、州の申請人にサーシオレイライを認容した。493 U.S. 1042 (1990).

《判旨・法廷意見》

　破棄・差戻し

　ホワイト裁判官執筆の法廷意見（レンクィスト主席裁判官、ブラックマン、オコナー、スカリア、ケネディ裁判官参加）

　Adams v. Williams, 407 U.S. 143 (1972) は、身元が知れており、過去にも情報を提供したことのある情報提供者自身と直に会って得た情報に基づいて行われた停止・捜検が、Terry に照らして合憲であるとした。裏付けがなく補強されていない情報では、逮捕令状や捜索令状の発付を支えるには不十分でも、強制的な停止を正当化するための信用性は十分に表していた（indicia of reliability）と結論付けたのである。とはいえ、Adams においては、「本件情報提供が、電話による匿名の通報の場合よりも情報の信用性が強い」とは述べたものの、情

報の匿名性については問題とされてはいなかった。

　Illinois v. Gates, 462 U.S. 213 (1983) においては，匿名の通報による相当な理由（probable-cause）の有無が問題とされた。Illinois v. Gates において，当法廷は，情報提供者からの通報が相当な理由となるのかを判断するために，Aguilar v. Texas, 378 U.S. 108 (1964) と Spinelli v. United States, 393 U.S. 410 (1969) の「2肢の基準（two-pronged test)」を用いず，「全体事情の総合判断」を支持した。とはいえ，Gates においても，Aguilar と Spinelli において重要な要素として検討された，情報提供者の「正直さ（veracity)」，情報の「信頼性（reliability)」，そして，「（情報提供者の提供した）知識を支える（知識の根拠となる）事実（basis of knowledge)」という要素が，情報提供者による情報の価値の判断に高度に関連することは認めている。これらの諸要素は，不審事由の有無を判断する際にも関連する。ただし，不審事由を超える程度の基準を充たしたと認められるには，これら3要素の適用で相当な理由の基準を充たすのに必要とされるよりも低い程度の証明があればよい。

　Gates の法廷意見は，匿名の情報それのみでは，「（情報提供者の提供した）知識を支える（知識の根拠となる）事実」や「正直さ（veracity)」が徴憑することなどほとんどないとした。本件における匿名の通報は，Gates の通報と類似している。Gates に即して言えば，「通報者が誠実に述べている，または，その情報に信用があるとの，いずれかの結論に至る可能性のある情報は実質上何ら示されておらず，それと同様に，本件の【情報】でも，【Vanessa White の】犯罪行為について【通報者が】予測したことの根拠は全く示されていない」ということになる。端的に言うと，本件のような通報の情報それのみの場合，「通常の警戒心（reasonable caution）を持った人であれば，『本件のような停止』を適切だとは思わない」のである。

　しかしながら，これは，電話による匿名の通報では決して Terry の要件のもとでの停止に不可欠な不審事由を示すことができないとしたわけではない。「情報が信用性を完全に欠いている場合，警察官によるいかなる対応も許容されないとするか，被疑者を強制的に停止させる前に警察官による更なる捜査を

必要とする」との*Adams*の考え方を単に適用しているに過ぎず，*Gates*同様，より一層の根拠を求めているのである。

　本件も，*Gates*と同様，通報以外の根拠がある。本件通報は，詳細さについても裏付けによる補強についても*Gates*ほど完全ではなかったが，一方で必要とされる嫌疑の程度もGatesほど高くはなかった。United States v. Sokolow, 490 U.S. 1 (1989)で述べた通り，相当な理由とは，「犯罪となる禁制品や証拠が発見されるという公正な蓋然性（a fair probability）」があることを意味するものである一方，*Terry*の要件のもとでの停止に必要な嫌疑の程度には，停止を行うためには第4修正上「客観的な正当化根拠」として何らかの最低限のレベルが求められるが，相当な理由の程度までは不必要である。

　不審事由とは，相当な理由を証明する際に求められる情報とは量と内容において異なる情報に基づいても証明され得るという点のみならず，相当な理由を証明するのに必要な情報よりも信頼性が劣る情報からも生じ得るという点においても，相当理由ほど要求される基準ではないからである。これは，*Adams v. Williams*においても前提とされている。

　そして，不審事由の場合も，相当な理由と同様であるが，警察官の有する情報の内容，及び，それがどの程度信頼できるのかに左右されるので，その有無を判断するにあたっては，情報の質及び量の両者を「総合的に，すなわち，全体像を」検討しなければならない。United States v. Cortez, 449 U.S. 411, 417 (1981). 故に，通報された情報の信用性が比較的低い場合にその嫌疑の程度を証明するには，通報に信頼性があるとされた場合の補強に必要とされる情報に比して，より一層の情報が必要となる。*Gates*において，当法廷は，このような形で全体事情を総合して判断するというアプロウチを適用し，警察官自ら見聞きしたことから知り得る事実を考慮に入れ，通報とは独立した警察官の活動を経ることによって，通報による情報に信頼性の徴憑があるとしたのである。証明されるべき嫌疑の程度こそ異なれど，本件のように不審事由を判断する場面においても同様のアプロウチが適用される。

　これに従い，当法廷は，警察官が被申請人を停止させたとき，通報には，被

申請人が犯罪行為を行っているとの不審事由があることは裏付けられており，それゆえに，捜査目的で行った本件停止は第4修正に違反しないものと結論付ける。

本件情報提供者が述べた詳細の全てではないにしても，女性が235番地の建物から出てき，特徴の一致する車両に乗り込んだことについては，2人の警察官の裏付けにより補強されている。また，出発の時刻についても，情報提供者が予測した時間の範囲内であったことが記録から読み取れる。通報者が予測した被申請人の目的地についても，被申請人が運転した4マイルもの道筋は，いくつもの分かれ道がある中でのドビーズモーテルへの最短ルートだと考えられることから，目的地がドビーズモーテルであったことが裏付けられたものといえる。

Gates の法廷意見は，情報提供者の何らかの情報が正しいことが証明されているのであるから，それ以外の通報された内容が犯罪行為に携わるものであるとの主張を含む情報提供者の主張する事実についてもおそらくは正しいことを述べているとの前提に立っていた。本件においても，情報提供者が予測した重要な側面について通報とは別の警察官の独立した活動により裏付けられたことで，通報者が提供したその他の内容についても信用性が増したとの結論は不合理ではない。

また，これも *Gates* 同様であるが，当法廷も，「匿名の情報には，通報がなされた時点で容易に得られた事実と状況が詳細に述べられていたのみならず，通常予測するのが容易でないはずの第三者の将来の行動までも述べられていた」ことも重要であると思料する。というのも，本件において，例えば被申請人が最短ルートでドビーズモーテルまで向かうなどといった，一般人が知り得なかった被申請人の将来の行動について情報提供者が予測できていたのは，被申請人のことについて特段に熟知していることを意味するからである。一般的には，個人の道程を内々に知っているのは一握りの者たちのみであるため，そのような情報を知り得る人物であれば，個人の違法な行為についての情報も信頼のおけるものであろうと警察官が思料するのも合理的である。通報者の予測した内容の重要な部分が実証されていれば，通報者が率直に述べていると思料

することのみならず，少なくとも停止を正当化するに足りる十分な情報を有していると考える根拠はある。

限界事例ではあるが，本法廷は，全体事情を総合して，警察官が被申請人を停止させたとき，裏付けの行われた匿名の通報には，捜査目的での被申請人の車両の停止を正当化する信用性が十分に表れており，それゆえに，捜査目的で行った本件停止は第 4 修正に違反しないものと結論付ける。したがって，アラバマ州 Court of Criminal Appeals の判断を破棄し，当法廷意見に沿った更なる手続のためにこれを差し戻す。

スティーヴンズ裁判官執筆の反対意見（ブレナン，マーシャル裁判官参加）
被申請人がリンウッドのテラスアパートからドビーズモテルまで運転してゆく頻度は本件記録上不明であるが，大勢の者は，毎日アタッシュケースを手にして，周知の目的地に向かってアパートメントを出てゆく。確かに通常そのアタッシュケースの中身についてまで把握することなどはないが，身元不明の近所の者が，その通勤者がいつ出発し，どこへ向かうのかについて予測したところで，その通勤者が違法な物を所持していると考える根拠として信頼することはできない。ましてや，情報提供者が述べたアタッシュケースを持っていない場合は尚更である。

また，ある人物についての情報を十分に知っている者であれば，その者に恨みを抱いて，嫌がらせ目的で匿名の通報をすることが可能である。その上，法廷意見の見解に立てば，官憲がちょうど何かしらを目撃した場合に，そのことに関する匿名の通報があったと証言する用意さえすれば，あらゆる市民の捜索・取調べが可能になる。本件情報提供者が，被申請人がアタッシュケース内にコケインを所持している可能性があると「直感」に基づいて考えていた別の警察官であった可能性もある。幸いにも，わがアメリカ合衆国の法執行官の大部分はそのような実務を行ってはいないと思われるが，法廷意見の判断は，誠実で実直な者からだけでなく，熱心すぎるあまりに不誠実なことを行う官憲からも市民を保護することを意図した第 4 修正の趣旨を損ねてしまう。

《解　説》

1．アメリカ合衆国では，政府の不合理な捜索・押収を受けない権利が第4修正によって保障されている。職務質問のための停止も，同じく第4修正の規律を受け，これを行うためには「不審事由（合理的嫌疑）（reasonable suspicion）」が要件とされる[1]。

本件は，この不審事由と匿名の通報が関係する事案であり，かかる通報とは別の警察官の裏付け活動により補強された場合，日時場所，行き先と移動の車両を特定した匿名の通報が，捜査目的の停止を行うための不審事由を生ぜしめるほどの信頼性を十分に徴憑していたか否かが争われた。

2．第4修正と情報提供者による情報との関係を取り扱った場合の処理の方法は，Illinois v. Gates[2]を境目としてその様相が大きく異なる。Gates 以前の Aguilar v. Texas[3] 及び Spinelli v. United States[4] の両判決の二肢の基準については法廷意見が詳述した通りである。Gates は，総合的に考慮して，匿名の情報提供者による情報が，それとは独立した警察官の裏付け活動により補強された場合，相当な理由を基礎付けることがあり得ることを確認したことで，二肢の基準を廃し，全体事情の総合判断のアプローチを設定したのである。

3．本件法廷意見は，この Gates に大きく依拠している。Gates と本件について，法廷意見は，裏付けにより補強された匿名の通報が，Gates では相当な理由を，本件では不審事由を基礎付ける根拠となり得るかの違いはあるものの，両者を検討するに際して「情報の質及び量の両者を総合的に検討しなければならない」のは同様であるが，不審事由は，「相当理由ほど要求される基準ではない」のであるから，本件通報が「詳細さについても裏付けによる補強に

---

1) Terry v. Ohio, 392 U.S. 1 (1968).
2) Illinois v. Gates, 462 U.S. 213 (1983). なお，Gates の解説として，渥美東洋編『米国刑事判例の動向Ⅳ　合衆国最高裁判所判決「第四修正関係」─捜索・押収』（中央大学出版部，2012 年）80 頁（中野目善則担当）がある。
3) Aguilar v. Texas, 378 U.S. 108 (1964).
4) Spinelli v. United States, 393 U.S. 410 (1968).

ついても Gates ほど完全でな」くともよいとして，不審事由と相当理由の関係性について言及した。

そして，裏付けにより補強された後に，相当な理由を基礎付けるほどではないものの，しかし，不審事由は基礎付けることになる事柄として，法廷意見は，出発地，乗車する車両の特徴などを挙げているが，とりわけ，通報がなされた時点で容易に得られたそれらの事実のみならず，出発の時刻や行き先といった，第三者の将来の行動という事柄を重視している。そして，再度 Gates と同様の論理に基づいて，将来の行動についての事柄を含むこれら一部の情報が裏付けにより補強されれば，それ以外の通報された犯罪行為をも含む事柄についても正しいと考えることは不合理ではないのであるから，捜査目的での本件停止も第4修正に反しないというのである。

これに対し，反対意見では，通勤者を例に挙げ，出発地や行き先，出発時刻，目的地などの事柄は第3者に容易に予測され得るのであるから，それらの予測が裏付けられたところでその者が違法な物を所持している根拠としての信用性はないとしている。ましてや，情報提供者が通報した事柄と事実が異なっていた本件では，より一層信用性などない。さらには，そのような事柄が裏付けられたことをもって捜査目的の停止を認めていては，嫌がらせ目的の通報がなされたり，不誠実な官憲により悪用され，第4修正の趣旨が損なわれる危険性も指摘している。

4．これら法廷意見と反対意見の対立は，単に評価の違いに起因するもののように思われる。すなわち，本件で認定された各事実によって不審事由が基礎付けられるか否かの個別具体的判断の違いである。

本件は非常に判断に窮する事案であるが，法廷意見は，本件情報提供者が将来の行為を予測した点に重きを置くことで上のような結論を導いたと思われる[5]。このような結論をもって，匿名の通報につき，相当理由より程度の低い

---

5) Joshua Dressler, Alan C. Michaels, *Understanding Criminal procedure*【6th ed.】, *Volume 1 : Investigation*, at 271.

不審事由を満たすためには，その基礎となった事実が補強さえされていればそれで十分[6]という捉え方も可能ではあるが，法廷意見自身が「限界事例」と述べていることからも，これを一般的な基準として認識すべきではないように思われる。本件は，匿名の情報につき，通報とは別の警察官の裏付け活動により補強された匿名情報の中には不審事由を基礎付けるものもあることを確認したという認識の方が妥当であろう。本件同様，とりわけ薬物犯罪などの密行性の高い犯罪の摘発には，匿名の情報提供者の提供する情報を用いて法執行活動を行う必要性が高いものとなる[7]一方で，不確かな情報や悪意による情報に基づいた法執行活動は，個人のプライヴァシーを侵害する可能性をも孕んでおり，反対意見の指摘する通り，第4修正の趣旨を没却する可能性を多分に含む[8]。本判断には，上のような意義とともに，同様の問題につきあくまでも事例に即した慎重な判断を要することをも読み取ることができよう。

(篠原　亘)

---

6) *Id.*
7) 上述脚注2・中野目，108頁。
8) 反対意見と同様，法廷意見の判断は第4修正上の権利を脅かすものであるとの指摘は多い。*See, e.g.*, Orrin S. Shifrin, *Fourth Amendment-Protection Against Unreasonable Search and Seizure : The Inadequacies of Using an Anonymous Tip to Provide Reasonable Suspicion for an Investigatory Stop*, The journal of Criminal Law and Criminology, Vol. 81, No 4, 760.

6. Illinois v. Wardlow, 528 U.S. 119 (2000)

犯罪多発地域において巡回中の警察官を見て走り出すことには不審事由が認められるとして，この事実に基づく停止は第4修正に違反しないとされた事例。

《事実の概要》

シカゴ警察特殊班の Nolan と Harvey は，薬物捜査の一環として，4台のパトカーのうち最後の1台に乗車して，見張り役や顧客等の人の集まりを発見するため，麻薬密売の多発する地域として知られる場所へ向かった。この一行がある建物を通り過ぎようとしたとき，Nolan は，その建物のそばに，Wardlow が不透明のバッグを所持して立っているのを発見した。Wardlow が彼らの方を見て走り出したため，追跡の上，Nolan がパトカーを降りて Wardlow を停止させた。捜検により，Wardlow が所持していたバッグから5発の実弾が装填された38口径の拳銃が発見されたため，Nolan と Harvey は Wardlow を逮捕した。

公判裁判所は，Wardlow による拳銃の排除申立について，当該拳銃は適法な停止・捜検によって発見されたものであるとして，これを退けた。Wardlow は，重罪の前科がある者による凶器の不法使用の罪（unlawful use of a weapon by a felon）で有罪判決を受けた。イリノイ州 Appellate Court は，Wardlow がいた場所は犯罪多発地域とはいえず，警察官が通り過ぎようとした場所から急に走り出したというだけでは，*Terry*（Terry v. Ohio, 392 U.S. 1 (1968)）にいう停止を正当化するに足る不審事由は認められないとして，有罪判決を破棄した。イリノイ州 Supreme Court は，Wardlow が犯罪多発地域にいたという事実は認めつつも，このような場所において急に走り出すことは，*Royer*（Florida v. Royer, 460 U.S. 491 (1983)）にいう自由にする（go on one's way）権利の行使にすぎないから，不審事由には当たらず，当該停止及びこれに続く逮捕は第4修正に反するとして，原判断を確認した。合衆国最高裁判所はサーシオレイ

ライを認容した。

《判旨・法廷意見》

破棄・差戻し

1．レンクィスト裁判官執筆の法廷意見

　本件は，公道上における市民と警察官との短時間の接触に関する事案であるところ，当裁判所は *Terry*（Terry v. Ohio, 392 U.S. 1 (1968)）で，警察官は，犯罪が行われていると疑うに足る不審事由があると思料する場合，第4修正に基づき，相手方を短時間停止させることができると判示した。不審事由とは，相当理由よりも嫌疑の程度の低い基準であって，証拠の優越よりも低い程度の証明で足りるが，停止にあたっては，最低限の客観的な正当根拠が必要である。したがって，警察官は，不審事由について，曖昧で抽象的な疑いや直観以上の正当根拠を示さなければならない。

　Nolan と Harvey は，薬物捜査の一環として，麻薬密売の多発する地域として知られる場所へ向かい，そこで Nolan は Wardlow が走り出すところを目撃した。*Brown*（Brown v. Texas, 443 U.S. 47 (1979)）で指摘されたように，個人が犯罪多発地域にいるだけでは，停止を正当化するに足る不審事由があるということはできないが，警察官は，不審事由の有無を判断するにあたって，場所の特徴を無視することまで求められているわけではない。*Adams*（Adams v. Williams, 407 U.S. 143 (1972)）でも，捜査協力者から提供された情報に基づく停止・捜検が第4修正に反しないと結論付けるにあたって，犯罪多発地域におけるものであったという事情も考慮された。

　さらに，本件で Nolan が不審を抱いたのは，Wardlow が，麻薬密売の多発する地域にいたというだけではなく，同人が警察官に気付いて急に走り出したからであった。回避行動は，不審事由の有無を判断するにあたって関連性のある事情であるところ，急に走り出すことは，まさに回避行動であって，必ずしも犯罪が行われていることを意味するものではないが，これを疑わせるものであるといえる。裁判所は，不審な行動から導かれる推論に関する有効な実証研

究を持ち合わせていないから，科学的確実性を求めることは妥当でなく，不審事由の有無については，常識に基づいて判断すべきである。したがって，本件では，Wardlow が犯罪に関与しているのではないかと疑うに足る不審事由が認められる。

　Royer（Florida v. Royer, 460 U.S. 491 (1983)）は，不審事由又は相当理由が認められない場合，相手方には警察官を無視して自由にする権利があると指摘し，*Bostick*（Florida v. Bostick, 501 U.S. 429 (1991)）は，協力を拒むこと自体は，停止又は逮捕に必要な最低限の客観的な正当根拠を与えるものではないとした。しかし，急に走り出すことは，単に協力を拒むことや自由にすることとは全く異なるものであり，警察官がその者を停止させることは，自由にする権利と抵触しない。

　確かに，急に走り出すことは，必ずしも犯罪が行われていることを意味しないが，このことは，第 4 修正違反を証明するものではない。*Terry* において停止を正当化する根拠となったのは，複数人が店の前を行ったり来たりして窓を覗き込み，何度も話し合っていたことであった。これらの行動それ自体は違法ではないが，彼らが，強盗のために同店を下見しているのではないかと疑わせるものでもあった。*Terry* は，警察官がこの曖昧さを解決するために彼らを停止させることができるとしたのである。

　Terry は，不審事由に基づく停止を許すにあたって，警察官が無辜を停止させる危険性を受け入れるものである。第 4 修正は，相当理由に基づく逮捕を認めているが，この場合において，被逮捕者が結果的に無実であるとわかることもある。停止は，逮捕よりも干渉の程度が低いものであり，警察官に対して短時間の捜査を許すにすぎない。相当理由に該当する事実が認められない場合，相手方は，自由にすることを許されなければならない。しかし，本件で Nolan と Harvey は，捜検により，Wardlow が所持していたバッグから拳銃が発見されたために，同人を逮捕したのであるから，当該逮捕の適法性は問題とはならない。

　イリノイ州最高裁判所の判断を破棄し，本件を差し戻す。

2．スティーヴンズ裁判官の一部反対意見（スーター裁判官，ギンズバーグ裁判官及びブライヤー裁判官参加）

(1) 当裁判所は Terry で，警察官は，相当理由が認められない場合であっても，不審事由に基づき相手方を短時間停止させることができると判示した。不審事由について，警察官は，具体的かつ客観的な根拠を示さなければならないところ，当該停止が，具体的状況において合理的なものであったかどうか審査するにあたっては，常識的にみて，相手方の行動がどの程度不審なものであるかが問われることになる。

それゆえ，本件で問われているのは，人が急に走り出すことがどの程度不審なものといえるかである。人は，友人を引き留めるため，雨風をしのぐため，バスに乗り遅れないようにするため，ジョギングを再開するため，嫌いな人と遭遇するのを避けるため，あるいはお手洗いに行くため，といったように，様々な理由から急に走り出すことがあるが，これらはいずれも，警察官の到着と同時に起こり得るものである。また，警察官を見ただけで走り出す者もおり，この場合においては，確かに，同人が，脱獄犯や指名手配犯であるほか，禁制品を所持していたり，罪を犯して間もない者であるといったことも考えられる。しかし，人が急に走り出す理由の多様性からすると，その不審の程度は，多くの事情に依拠するものであって，それ自体から類型的ルールを導き出すことは賢明ではない。

たとえその動機が，警察官による捜査を避けることであったとしても，一般市民が，誤って逮捕されることや，証人として出頭を求められることをおそれて，犯罪現場から逃走することがあるということは，よく知られている事実である。また，警察官が急に現れたことで，近くで犯罪が行われているのではないかと考える者もいるであろうし，この場合，犯人自身又は犯人と警察官との接触により生じ得る危険を回避するために，早くその場から立ち去りたいと思ったとしても，何ら不思議はない。さらに，マイノリティーや犯罪多発地域の住民においては，警察官との接触自体が危険であるという認識さえあり得るのである。

このように，急に走り出すという行為は，類型的にその動機を導き出すには過度に広範かつ多様なものである。したがって，法廷意見が，類型的ルールを採用せず，事情の総合テストによって判断したことは妥当である。

　(2)　しかし，法廷意見が，事情の総合テストによって，本件では不審事由が認められるとしたことには反対である。

　Nolan の証言では，Wardlow の逮捕時，自身が制服を着用していたことのほかは，4 台のパトカーが覆面であったか，あるいは他の 7 名の警察官が制服を着用していたかといった事情は明らかになっていない。また，Nolan と Harvey は，見張り役や顧客等の人の集まりを発見するために同行していたというが，Wardlow が目撃された場所の近くに誰かいたか，その場所が一行の目的地であったか，一行の運転の速度，Wardlow が他の 3 台のパトカーに気付いていたか，Wardlow が走り出すまでに一行が同人を追い越していたかといった事情も明らかになっていない。

　さらに，Wardlow が 4 台目のパトカーに乗車していたのが警察官であることを認識していたという認定の根拠となっているのは，同人が彼らの方を見て走り出したという Nolan の証言のみであって，それ以外に，不審事由を十分に支える事情はない。Wardlow が不透明のバッグを所持していたことや，Wardlow が目撃された昼過ぎという時間帯に不審な点はなく，一行は，その地域における不審者に関する通報に対応していたわけでも，その近くに「顧客や見張り役等の人の集まり」を認めたわけでもない。また，Wardlow が犯罪多発地域において急に走り出したという事情も，まさにこのような場所の特徴によって，急に走り出すことについて多くの純粋な動機が考え得るため，不審事由を支えるものとはいえない。

　したがって，原判断を破棄し，本件を差し戻すという法廷意見の結論に反対する。

《解　説》
　1．本件は，犯罪多発地域において巡回中の警察官を見て走り出した者を停

止させた行為が，第4修正に反しないかどうかが争われた事案である[1]。*Terry* (Terry v. Ohio, 392 U.S. 1 (1968))[2]は，相当理由よりも嫌疑の程度の低い不審事由に基づく停止を許容するものであるが，本件では，犯罪多発地域において巡回中の警察官を見て走り出すことについて不審事由が認められるかどうかが問題となる。

2．まず，犯罪多発地域という場所の特徴に関して，*Brown* (Brown v. Texas, 443 U.S. 47 (1979))は，薬物取引の多発する地域の路地で逆方向に歩いていた2名のうち1名を停止させた行為について，このような地域で歩いていたというだけでは，その者が犯罪に関与しているのではないかと疑うに足る不審事由は認められないとした[3]。これに対して，*Adams* (Adams v. Williams, 407 U.S. 143 (1972))[4]は，捜査協力者から提供された麻薬及び拳銃所持の情報に基づき，深夜，犯罪多発地域に停車中の自動車の窓を開けさせ，車内に手を入れて運転者のウェストバンドから拳銃を抜き取った行為について，停止を正当化するに足る「信頼性の徴表（indicia of reliability）」のある情報に基づくもので，以上のような事情の下では，警察官が自己の生命・身体の安全を懸念する十分な理由が認められるため，捜検も合理的であるとした[5]。

次に，対象者の回避行動に関してみると，*Brignoni-Ponce* (United States v. Brignoni-Ponce, 422 U.S. 873 (1975))は，不審事由の有無を判断する際に考慮すべき事情として，警察官を避けようとする態度を挙げた[6]。また，*Rodriguez* (Florida v. Rodriguez, 469 U.S. 1 (1984))でも，私服の麻薬捜査官が，空港のチケットカウンターでの態度に不審を抱いて尾行し，後ろを振り向いたり，ひそ

---

1) 本件の紹介・解説として，櫟博行・新島学園女子短期大学紀要21号65頁（2001年）。
2) *Terry* の紹介・解説として，松尾浩也・アメリカ法1969年2号246頁（1970年）。
3) Brown, 443 U.S. at 52.
4) *Adams* の紹介・解説として，松尾浩也・アメリカ法1974年1号173頁（1974年）。
5) Adams, 407 U.S. at 146-148.
6) Brignoni-Ponce, 422 U.S. at 885.

ひそ話すなどして麻薬捜査官に気付いたと思われる仲間の言葉を受けて，その姿を確認して走り去ろうとした者を追跡して停止させた行為について，不審事由が認められると結論付けるにあたって，麻薬捜査官から逃げようとしたという事情も考慮された[7]。

3．本件は，このように合衆国最高裁判所の先例で不審事由について関連性のある事情として挙げられてきた，犯罪多発地域という場所の特徴及び対象者の回避行動の双方が認められる事案である。法廷意見は，犯罪多発地域において巡回中の警察官を見て走り出すことについて，常識的にみて，犯罪が行われていることを疑わせるものであって，*Royer*（Florida v. Royer, 460 U.S. 491 (1983)）[8]にいう自由にすることや，*Bostick*（Florida v. Bostick, 501 U.S. 429 (1991)）[9]にいう協力を拒むこととは全く異なるものであるとして，不審事由が認められるとした。

これに対して，スティーヴンズ裁判官の一部反対意見は，法廷意見と同様，事情の総合テストを用いつつも，不審事由の有無に関し法廷意見とは異なる結論に至っている。不透明なバッグの所持や昼過ぎという時間帯に不審な点はなく，Wardlow が犯罪多発地域において急に走り出したという事情以外には何ら明らかになっていないため，不審事由は認められないという。

一部反対意見の根底には，人が急に走り出す理由の多様性に加えて，たとえ警察官を意識したものであったとしても，誤認逮捕や刑事手続への関与，あるいは犯罪や犯人に起因する危険を避けるため，さらには，特にマイノリティーや犯罪多発地域の住民等，警察官との接触自体が危険であるという認識によって，その場から立ち去ろうとする純粋な動機があり得るという考えがあるようである。法廷意見は，このような純粋な動機の可能性を否定していないが，それでもなお，不審な動機があるのではないかと疑われる以上，この曖昧さを解

---

7) Rodriguez, 469 U.S. at 6.
8) 詳細については，渥美東洋編『米国刑事判例の動向IV』（中央大学出版部，2012年）525頁（宮島里史担当）参照。
9) 詳細については，本書第 29 事件参照。

決するためにWardlowを停止させることができると考えたものと思われる。

　4．本判決は，州で立場が分かれていた，犯罪多発地域における回避行動に不審事由が認められるかどうかという点[10]について積極に解するもので，不審事由の有無を判断するにあたって一定の方向性を示すものといえる。本判決について，対象者の回避行動という事情のみで不審事由を認めるものと解する下級裁判所もあるが[11]，少なくとも，犯罪多発地域という場所の特徴及び対象者の回避行動の双方が存在する場合には，事情の総合により，不審事由が肯定され得るということになろうか。これらの事情は，いずれも広範にすぎるという批判もあるが[12]，本判決に従い，犯罪多発地域における回避行動について不審事由を認める下級裁判所も見受けられ[13]，不審事由を肯定する方向に大きく働かせる要素となるものと思われる。

（中村　真利子）

---

10)　州では，犯罪多発地域における回避行動という事情のみで不審事由が認められるかどうかについて，積極に解するもの（*E.g.*, Harris v. State, 205 Ga. App. 813 (1992).）と消極に解するもの（*E.g.*, State v. Hicks, 241 Neb. 357 (1992).）があった。

11)　*E.g.*, United States v. McGrath, 89 F. Supp. 2d 569, 576 (E.D. Pa. 2000); State v. Jones, No. 99 AP-704, 2000 WL 756843, at *5 (Ohio G. App. June 13, 2000); State v. Fencl, No. 24439-0-II, 2000 WL 687778, at *1, n. 9 (Wash. G. App. May 26, 2000).

12)　Margaret Anne Hoehl, *Usual Suspects Beware : "Walk, Don't Run" through Dangerous Neighborhoods*, 35 U. Rich. L. Rev. 111, 131, 137 (2001).

13)　*E.g.*, United States v. Gordon, 231 F.3d 750, 756 (11th Cir. 2000); United States v. Stone, No. 00-1156, 2000 WL 1341455, at *4 (2d Cir. Sept. 14, 2000).

7. Florida v. J.L., 529 U.S. 266 (2000)

銃を所持しているとの，匿名の情報提供者による情報それだけでは，ある特定の者を停止させ質問，捜検することを正当化する不審事由とはなり得ないと判示された事例。

《事実の概要》

格子縞のシャツを着た若い黒人男性が銃を所持してバス停に立っている，との匿名の電話がMiami-Dade警察にあった。その通報を受けた後，警察官2名がそのバス停に到着したところ，そこにたむろしている3名の黒人男性を見つけた。その内の1名が本件被申請人たるJ.L.であり，彼が格子縞のシャツを着ていた。通報による情報を除いて，警察官には，3名のいずれかが違法行為を行っているとの疑いを抱く根拠はなかった。警察官は，銃器を見たわけではなく，J.L.にも異常な挙動はなかった。警察官1名が，J.L.に近づいて，バス停に両手をつくようにいって，身体捜検（frisk）を行い，J.L.のポケットから銃を押収した。J.L.は銃の不法所持で起訴された。J.L.は，押収された銃は違法な捜索によって得られたものであるとして証拠排除を申し立て，公判裁判所はJ.L.の申立を認め，銃を証拠から排除した。中間上訴裁判所は公判裁判所の判断を破棄したが，フロリダ州最高裁判所（the Supreme Court of Florida）は，中間上訴裁判所の判断を破棄し，本件身体捜検は第4修正に違反すると判示した。州最高裁判所と他の裁判所との間で，本件と同様の身体捜検に関する判断に争いがあるため，合衆国最高裁判所は，サーシオレイライを認容した。

《判旨・法廷意見》

原判断確認

1. ギンズバーグ裁判官執筆の法廷意見（全員一致）

ある者が銃を携帯しているとの匿名通報による情報それだけでは，その対象者の身体捜検を正当化するのに十分なものとはいえない。

当裁判所は，*Terry*（Terry v. Ohio, 392 U.S. 1 (1968)）において，警察官は，ある者の異常な行動から，自らの経験に照らして，まさに犯罪活動が行われているか，ある者が武器を携帯しており危険であると思料することが合理的である場合，自らの身体の安全及び周囲の他の者の保護を目的として，その異常な行動を行っている者に対してその者の着衣の上から武器の捜索（身体捜検）を行うことができると判示した。

本件では，警察官の抱いていた，J.L. が武器を携帯しているとの不審事由は，警察官自身がJ.L. を観察した結果生じたものではなく，どこからとも，また誰からとも分からない通報によってのみ生じたものである。身元の分かっている情報提供者からの情報であれば，その者の日ごろの評判を評価できるし，その情報が捏造されたものであると判明すればその者に責任を問い得るが，そのような既知の情報提供者による情報とは異なり，匿名の情報それだけでは，その情報提供者の知識の根拠やその者の誠実性について証明できるものは殆どない。しかしながら，当裁判所は，これまで，匿名の情報であっても，それが適切に補強された場合には，不審事由を提供するに足る十分な信頼性を示す状況があり，その結果捜査のための停止を行い得る場合のあることを認めている。本件における問いは，J.L. についての情報がそのような信頼性を有するものであるか否かである。

当裁判所は，*White*（Alabama v. White, 496 U.S. 325 (1990)）において，匿名の情報それだけでは停止を正当化するに足るものではないが，警察が対象者を監視した結果，情報提供者は対象者の行動を正確に予測していることが判明したので，不審事由を認めることは合理的であると判示しているが，この事案が限界事例であると考えた。

本件におけるJ.L. に関する情報には，その行動を予測する情報が含まれていないし，したがって，警察は情報提供者の知識やその信頼性を判断する手段を欠いたままであった。

フロリダ州は，J.L. の外見上の特徴についての説明が正確であるので，本件匿名情報は信頼できるものであると主張するが，このような主張は，停止を正

当化する情報に必要とされる信頼性を誤解している。本件で問題となっている不審事由については，当該情報が対象者の違法性に関する内容について信頼できるものでなければならないとされているのであって，単にその情報が一定の者に当てはまるということについて信頼できさえすればよいというものではない。

　フロリダ州の提示するもう一つの主張は，Terry による基準は，「銃器についての例外」を許容するよう修正されるべきである，とするものである。その例外の下では，違法に銃を所持しているとの情報があれば，たとえ，そのような告発が，捜索に先立ってその信頼性を判断する基準を充たしていなくても，停止・捜検（stop and frisk）が正当化されることになるであろう。当裁判所は，そのような立場を採用しない。

　銃器は危険であり，危険があまりにも大きい場合には，通常とは異なる予防措置が正当化され得る。Terry 法理は，まさにこのような関心に対処しようとして，相当理由ではなく，より低い不審事由に基づく身体捜検を警察に許容した。しかしながら，「銃器についての例外」は，銃器に関する場合に限定される保証はなく，違法薬物を大量に所持しているといった薬物事犯にも広がっていくおそれもある。

　さらには，本件は，匿名情報の示す危険が，信頼性の要件を充足しない場合であっても身体捜検を正当化するような非常に大きな危険，例えば，爆弾を所持している者がいるとの通報のような大きなものであるような状況についても当裁判所に判断を示すように求めるものではない。また，当裁判所は，第 4 修正上認められているプライヴァシーの合理的期待の程度を縮減させる場所（例えば，空港や学校）でその場所における公共の安全を守るべき立場の者に対して，身体捜検を正当化するには十分な情報に基づいていなければ，保護を目的とした身体捜検までも許さないと判示しているわけでもない。本件判示は，最初の停止を求め得る警察官の権限が争点となっている場合についてのみ当てはまる。

　結論として，当裁判所は，Adams（Adams v. Williams, 407 U.S. 143 (1972)）

及び *White* において検討されたような信頼に足る情況を欠いた匿名情報は，それが違法に銃器を所持しているとのものであっても，停止・捜検を正当化しないと判示する。

よって，フロリダ州最高裁判所の判断を確認する。

2．ケネディ裁判官の補足意見（レンクィスト首席裁判官参加）

証拠排除申立に対する審理（suppression hearing）の記録からしても法廷意見の判断は正当であり，本件で解決すべきものに全て答えているので全ての点において法廷意見の考えに参加する。

しかしながら，例えば，二晩続けて実際に起こった犯罪活動について似たような声で匿名の通報があった場合で，三日目の晩にも同じような通報があれば，本件と同様な匿名情報に対する判断を機械的に行うべきではないし，そのような場合には，匿名性から生じる不確かさを治癒する場合があるといえる。

しかるに，本件においては，州は匿名情報の信頼性に関するデータを提供しておらず，警察官には，本件の情報には何らかの信頼性の徴候を示すものがあったと思料し得るような客観的根拠があったのかどうかも分からない。

《解　説》

1．捜査機関が入手した情報の信頼性については，*Aguilar*[1]において2つの独立した基準（二肢充足説：two-pronged test）が示された。この基準は，第1の基準として，「情報提供者の知識の根拠となる事実（basis of knowledge）」が示されなければならないという基準であり，情報提供者が提供した，犯罪に関する情報について，令状発付裁判官が判断できるための，当該情報の基礎となる事実（その情報の入手方法など）を示すことを要件とするものであり，第2の基準としては，「正直さ・正確さ基準（veracity prong）」であり，情報提供者自身の信頼性または情報提供者の提供した情報自体の信頼性のいずれかを令状発付裁判官が認定し得る事実が示されることを要件とするものである。

---

1) Aguilar v. Texas, 378 U.S. 108 (1964).

*Aguilar*は，これら2つの基準の双方の充足を検討することにより情報提供者の提供した情報の信頼性を判断するというものであった。5年後 *Spinelli*[2]で再度その基準は確認されているが，その後，*Aguilar*の基準は，*Gates*[3]で変更されることになる。その基準が「全体事情の総合（totality of circumstances）テスト」である。但し，これらの事例は，「相当理由（probable cause）」についての判断を行う上での情報の信頼性基準である。

2．「不審事由（合理的嫌疑）」についての判断を行う上での情報の信頼性基準については，既知の情報提供者による情報に基づいてTerry型のstop（停止）を許容した*Adams*[4]において判断が示されている。すなわち，「不審事由」も前記「相当理由」の場合と同じく，情報提供者による情報に基づく場合があり，その判断を行う上での情報の信頼性基準については，「情報提供者の知識の根拠となる事実（basis of knowledge）」と「正直さ・正確さ（veracity）」が判断の基準となる。

なお，*Adams*は，「既知の情報提供者」による情報に基づく「不審事由」の場合であり，合衆国最高裁判所（レンクィスト裁判官執筆の法廷意見）は，情報提供者による情報について，Terry型の停止を正当化するのに十分な徴憑（indicia）が存在していたと判示した。

3．本件で争点とされている，「不審事由」についての判断を行う上での情報が匿名の情報提供者によるものである場合については，本件法廷意見も引用している *White*[5]との比較・検討が必要である。*White*は，本件と同様に匿名

---

2) Spinelli v. United States, 393 U.S. 410 (1969).
3) Illinois v. Gates, 462 U.S. 213 (1983). 本件については，渥美東洋『米国刑事判例の動向Ⅳ』（中央大学出版部，2012年）80頁（第9事件，中野目善則担当）参照。
4) Adams v. Williams, 407 U.S. 143 (1972). 本件は、犯罪多発地域をパトロール中の警察官が顔見知りの者から得た情報に基づいて、停止・捜検を行い、腰のところに隠し持っていたけん銃と薬物を発見・押収し、被疑者を逮捕したものである。合衆国最高裁判所は、このような情報に基づく被疑者への停止・質問を許容した。
5) Alabama v. White, 496 U.S. 325 (1990). 本件については、本書第5事件（篠原亘担当）参照。

の情報についての事案であり，合衆国最高裁判所は，この事件の判断において，匿名ではあっても，その情報が信頼性の観点から見て，十分な徴憑（indicia）を提供するものであれば，捜査のための停止を許容する不審事由を認めることができる場合があると判示している。合衆国最高裁判所は，*White* において匿名の情報それだけでは，情報の信頼性を認めることはできないとしている。しかしながら，警察が被疑者の行動を観察した結果，その匿名の情報の内容と比較して，White という名，彼女が出てくるアパートと時刻，自動車の色と車種（taillight が破損しているとの特徴），行先場所としての motel の名前，彼女の所持している，コケインの入ったアタッシュケースの色など，情報提供者の情報と重要な点で数多く一致していることが判明している。このように，匿名の情報と詳細かつ具体的に一致しているという全体事情からすれば，情報提供者の情報の信頼性は補強されているといえ，不審事由を認めるに十分なものであるとする合衆国最高裁判所の判断も肯けるものであるといえよう。

4．本件の判断は，およそ匿名の情報は信頼できないとしたものではないが，前記 *White* の判示内容からすれば，捜検の際に必要とされる不審事由の要件は，相当理由よりも低いとされ，したがって，情報の信頼性に関する基準も低いものでよいのではないかとの見解は当然に主張され得るものであろうが，本件の内容からして，匿名情報と一致している事項があるとはいえ，本件現場において警察官はけん銃の所持を現認したわけではなく，J.L. らは異常な行動をとっていたわけでもなく，法廷意見の述べるように，ある特定のバス停に格子縞のシャツを着た若い黒人男性ということ以外は，すなわち，匿名の情報によって得た内容以外は，警察官には J.L. らに対して，彼らが違法行為を行っているとの不審事由を認めるに十分な事情が全く存在していなかったといえる。

5．今一つの検討内容は，銃器に関する事案においては，要件の緩和が行われるべきであるとする主張に対するものである。

この点について，法廷意見は，*Terry* が，警察官はある者の異常な行動から，自らの経験に照らして，まさに犯罪活動が行われているか，ある者が武器を携帯しており危険であると思料することが合理的である場合，自らの身体の安全

及び周囲の他の者の保護を目的として，その異常な行動を行っている者に対してその者の着衣の上から武器の捜索（身体捜検）を行うことができると判示していることに依拠して，匿名情報にのみ基づき，その場の警察官の観察に基づかない（警察官のその場の観察によって補強されていない）根拠によって例外を認めることを拒否している。加えて，法廷意見は，州政府の主張する「銃器についての例外」は，将来的にみて銃器に関する場合に限定される保証はなく，違法薬物を大量に所持しているといった薬物事犯にも広がっていくおそれもあることを指摘している。

6．なお，法廷意見は，匿名情報の示す危険が，信頼性の要件を充足しない場合であっても身体捜検を正当化するような非常に大きな危険，例えば，爆弾を所持している者がいるとの通報のような大きなものであるような情況についても当裁判所に判断を示すように求めるものではなく，また，当裁判所は，第4修正上認められているプライヴァシーの合理的期待の程度を縮減させる場所（例えば，空港[6]や学校[7]）でその場所における公共の安全を守るべき立場の者

---

[6] Florida v. Rodriguez, 469 U.S. 1 (1984). 本件は，国際空港で，捜査官を見て不審な行動をとった者を停止させ質問していたところ，矛盾した答えをするのでその者に対して手荷物の捜索の同意を求め，その者から鍵を受け取り捜索した結果，手荷物の中からコケインを発見したという事案である。合衆国最高裁判所は，空港では違法な薬物の密輸出入及びその他の重大な犯罪を防止するという公共の利益が存在するので犯罪を行っているか，または，まさに犯罪を行おうとしていると疑うに足りる "articulable suspicion" があれば，たとえ第4修正上の「押収（seizure）」を構成する場合であっても，空港での捜索に関する事案においては，相当理由（probable cause）の証明がなくとも質問のための一時的な停止が許容され得る場合があると判示している。空港での捜索について，その他の関連判例として，United States v. Bell, 464 F. 2d 667 (1972), United States v. David, 482 F. 2d 893 (1973) など参照。

[7] New Jersey v. T.L.O., 469 U.S. 325 (1985). 本件は，高校生が，高校のトイレでたばこを吸っていたところ（校則で禁じられている），教師に見つかり，校長室で生徒の財布に対して所持品検査（捜索）が行われた結果，マリワナが発見された事案であり，当該捜索が許容されたものである。合衆国最高裁判所は大要以下のように判示している。すなわち，第4修正上禁じられている不合理な捜索・押収の法理は，public school（公立学校）の教職員にも当てはまるが，学校側の求める学習環

に対して，身体捜検を正当化するには十分な情報に基づいていなければ，保護を目的とした身体捜検までも許さないと判示しているわけでもないとも述べており，この点については留意しておくべきであろう。

7．本件は，匿名情報に基づいて行われた停止・捜検につき，*White* との比較によりどのような場合に不審事由の存在を否定することになるかについて判断した事例判断であり，我が国における職務質問・所持品検査の適法性判断基準を考察する上で参考になるものであると思われる。

（檀上　弘文）

　境を維持するための正当な必要性が認められれば，第4修正上の制約をいくらかは緩和することが可能である。したがって，public school の教職員には，令状も，捜索を行う上での相当理由も必要とされない。教職員には，捜索を行えば，生徒が法もしくは校則のいずれかに違反しているかまたは今まさに違反しているという証拠が発見されることになると考えるに足りる「合理的な根拠（reasonable grounds）」が求められるにすぎない。但し，学校側の要請に基づいて学校を捜索する場合を除いて，警察官には教職員に対する考え方は適用できない。また，*T.L.O.* での法理は，大学生に対しては適用されない。

3　余罪捜査の意図

8. **Whren v. United States**, 517 U.S. 806 (1996)

　道路交通法違反を理由とする自動車の停止は，警察官に余罪捜査の目的があったとしても，道交法違反に関する相当理由があれば合憲であるとされた事例。

《事実の概要》
　私服警察官が，夜間に薬物犯罪多発地帯を覆面パトカーでパトロール中，申請人ブラウンが運転し，申請人ウォレンが同乗しているトラックを追い越した。このトラックは，交差点の一時停止標識で一時停止し，ウォレンは道路の右側にいた通行人の手にある袋を見ていた。警察官は，このトラックが，20秒以上もの異常に長い時間停止した後に，突然，右折の合図なしに右折し，急加速して走行するところを目撃し，このトラックを停止させた。この警察官がトラックに近づいた際，ウォレンがカプセルに入っているクラック・コカインを手に所持しているのを現認し，ウォレンとブラウンを現行犯逮捕し，さらに逮捕に伴う捜索・押収により，車両から多量の違法な薬物が発見された。
　申請人は，21 U.S.C § 844(a)及び860(a)違反を含む連邦薬物犯罪を犯したとして4個の訴因で大陪審起訴された。申請人は，公判前の排除聴聞手続で，自動車の停止及び薬物の押収の適法性を争い，本件自動車の停止は，違法な薬物取引を行ったと疑うに足る相当理由または不審事由が欠けており，道路交通法違反を警告するためにトラックを停止させたとの警察官の主張は，みせかけの口実にすぎないので，第4修正に違反すると主張し，本件薬物の排除を申し立てた。
　District Court は，申請人の申立を却下し，本件トラックの停止について事実関係に争いはなく，自動車の停止の要件を充足していない旨の証拠が提出さ

れていないとして，有罪を言い渡した。

　Court of Appeals は，本件の自動車の停止には道路交通法違反の相当理由があるので，別罪を犯したとの嫌疑が同時に存在していても適法であるとして，District Court の判断を確認した。

《判旨・法廷意見》
　スカリーア裁判官執筆
　1．警察官による自動車の停止は，短時間であっても，合衆国憲法第 4 修正上の「身柄の押収」（seizure of persons）に当たり，この停止は，道路交通法違反の相当理由があれば，第 4 修正に照らして合理的な身柄の押収に当たる。
　申請人は，本件自動車の停止には道路交通法違反の相当理由があった旨は認めているが，自動車に関しては非常に細かい規制が多いので，道路交通法違反を口実にして，相当理由の欠けた別罪の捜査をする虞のあること，本件申請人は黒人であるが，警察官が運転者や同乗者の人種等，考慮してはならない要素を考慮して自動車の停止の可否を判断する虞があることを理由に，第 4 修正で許容される自動車の停止の要件は，Court of Appeals の適用した「相当理由の有無」ではなく，「通常の警察官であれば，その状況でその自動車を停止させたか」であるという。
　(1)　申請人は，合法な政府の活動を口実にして，別罪の捜査をしてはならないと判示した判例として，①インヴェントリー・サーチを犯罪の証拠収集目的の一般的，探索的捜索・押収として用いてはならないと判示されたウェルズ（Florida v. Wells, 495 U.S. 1 (1990)），②インヴェントリー・サーチの適法性の判断では，通常のインヴェントリー・サーチの手続に従った際に，警察官がもっぱら別罪の捜索・押収を目的としていたかが重要であると判示されたバーティン（Colorado v. Bertine, 479 U.S. 367 (1987)），③自動車の解体業者の廃品置場に対する無令状の行政調査について，合憲だとし，本件行政調査を口実にしてもっぱら刑法犯の証拠収集をしたとは認められないと判示されたバーガー（New York v. Burger, 482 U.S. 691 (1987)）を引用する。

だが，これらの判例は，相当理由を具備した捜索・押収が，背後の動機等警察官の主観によって違法になると判示したものではなく，インヴェントリー・サーチ及び行政上の立入調査で認められる相当理由及び令状要件の例外は，インヴェントリー・サーチ又は行政上の立入調査目的以外の捜索・押収には適用されない旨を確認したにすぎない。

また申請人の依拠するバニスター（Colorado v. Bannister, 449 U.S. 1 (1980)）も，申請人の主張を裏づけるものではない。バニスターは，道路交通法違反で自動車が停止させられ，別罪の証拠が現認されて逮捕された事例である。バニスターでは，道路交通法違反を口実にして，もっぱら当初の停止理由とは関連のない別罪の証拠を収集する目的で自動車を停止させた旨を示す証拠は全く欠けていると判示されたが，当裁判所は，道路交通法違反を口実として自動車を停止させた場合は，道路交通法違反の相当理由が欠ける場合に当たるとの趣旨で言及しているにすぎない。

また，申請人の主張を全面的に否定する判例がある。① ヴィラモンテ－マルケス（United States v. Villamonte-Marquez, 462 U.S. 479 (1983)）では，税関職員による無令状の船舶の立入検査は，その航路を航行する船舶はマリワナを運搬しているとの情報に基づき，警察官と合同で行われた立入検査であっても，適法であると判示された。② ロビンソン（United States v. Robinson, 414 U.S. 218 (1973)）では，道路交通法違反の相当理由を具備する逮捕がされ，逮捕に伴う無令状捜索で麻薬が発見された事例であるが，逮捕に伴う捜索・押収の目的が，武器の捜検や道路交通法違反の証拠の捜索・押収に限定されないとして，本件麻薬の捜索，押収は適法と判示された。

これらの判例は，自動車の停止の合憲性の基準として，相当理由の有無以外に，警察官の主観を基準にすべきだとの申請人の主張を完全に否定している。

合衆国憲法は，人種等の要素に基づく選択的な法執行を禁じているが，これは，第4修正ではなく，平等条項に基づいて判断すべきである。

(2) 申請人は，自動車の停止の適法性の基準として，通常の警察官であれば，その道路交通法違反を理由にその自動車を停止させるかを基準にすべきだ

とし，この基準は客観的基準だと主張する。だが，この基準は，道路交通法違反を口実にし，もっぱら別罪の捜査目的での自動車の停止を行う虞れに対処しようとするものなので，事実上，別罪の捜査目的の有無という警察官の主観を基準とすることになる。したがって，実体要件を充足した捜索・押収は，法執行官の主観が別罪の証拠収集か否かを問わずに，第4修正上の合理的な捜索・押収に当たり，適法であるとの判例に違反する。

さらに，自動車の停止の適法性の基準として，通常の警察官であれば，その違反でその自動車を停止させるかを基準とすると，その警察のマニュアルや実務を資料として判断することになるが，警察の実務の方法，態様は，時とところによって異なるので，第4修正の保障する不合理な捜索・押収をされない権利が，このような瑣末な事柄によって左右されるのは妥当ではない。

2．合衆国憲法第4修正は，当該法執行によって達成される政府側の利益と個人のプライヴァシーの利益との比較衡量を規定している。申請人は覆面パトカーに乗車した私服警察官が軽微な道路交通法違反の取締を行うのは，交通の安全の確保，向上にはほとんど効果がなく，運転者を不必要に困惑・警戒させるので，利益衡量論に照らしても，本件自動車の停止は違法だと主張する。

確かに，第4修正の許容する「合理的」な捜索・押収にあたるかを判断するには，あらゆる要素を衡量する要があるが，当裁判所は，相当理由が欠ける場合と，相当理由を具備している場合とを区別してきている。

申請人は，プロウズ（Delaware v. Prouse, 440 U.S. 648 (1979)）に依拠するが，プロウズは，伝統的な正当根拠である相当理由が欠ける場合に，運転免許証及び登録証の検査を目的とする無制約な裁量に基づく車両の停止を違憲とした事例である。したがって，相当理由を具備する本件自動車停止とは区別される。

相当理由を具備する場合は，伝統的に捜索・押収は合理的なものとされ，新たに利益衡量が必要とされるのは，個人のプライヴァシーや身体の利益を異常な方法で著しく害する例外的な場合に限定される。私服警察官が覆面パトカーに乗車し，道路交通法違反の取締にあたるのは，これらの例外的な場合にはあたらない。

本件自動車の停止は，道路交通法違反の相当理由を具備しているので適法である。原審判断を確認する。

《解　説》
1．本件は，自動車の停止の基準として，停止を求めた警察官の主観を基準とする主観説を採らずに，相当理由の有無という客観説を採る旨を明示的に確認した判断である。

2．合衆国憲法第4修正は，政府の不合理な捜索・押収を受けない個人の権利を保障する。合衆国最高裁は，第4修正の許容する合理的な捜索・押収の判断基準として，当該法執行によって達成される政府側の正当な利益と個人のプライヴァシーの利益を比較衡量する比較衡量論によってきている。従来は，合理的な捜索・押収には「相当理由」（probable cause）が要件とされてきたが，1968年のテリー[1]で，職務質問及び捜検（stop and frisk）も，第4修正上の捜索・押収に当たるとしたうえで，被疑者が犯罪を行い，又は，行おうとしている場合，又は，被疑者が武器を携帯し，危険であることについて「合理的嫌疑」（不審事由 reasonable suspicion）を，要件として許容されると判示された。

自動車検問についても，判例上，第4修正上の押収に当たると判示され，第4修正上合理的とされる基準として比較衡量論が採られてきている。1975年のブルーニュ・ポンセ[2]では，移動パトロールによるランダムな自動車の停止が違憲と判示された。1976年のマルティネス・フィルテ[3]では，適切に設けられた常設検問所での検問は合憲と判示された。1979年のプロウズ[4]では，相当理由が欠けた場合，運転免許証及び車両登録証の検査を目的とする無制約な裁量に基づく自動車の停止は違憲と判示された。これら合衆国最高裁判例の立場は，自動車停止の要件として相当理由の有無，又は，適切に設けられた検問所

---

1) Terry v. Ohio, 392 U.S. 1 (1968).
2) United States v. Brignoni-Ponce, 422 U.S. 873 (1975).
3) United States v. Martinez-Fuerte, 428 U.S. 543 (1976).
4) Delaware v. Prouse, 440 U.S. 648 (1979).

の存否といった客観的要素を基準としている。

 3．本件申請人は，相当理由の有無といった客観的基準により自動車の停止の可否を決定した場合，道路交通法違反を口実に自動車の停止を求め，それを相当理由の欠けた別罪の捜査に利用する危険性を指摘し，法執行官の無制約な裁量権の行使を予防するため，法執行官がもっぱら別罪の捜査目的で自動車の停止を求めているか等，法執行官の主観を基準とする主観説（本件基準説）を主張する。これに対し，本件法廷意見は，自動車の停止の基準として，道路交通法違反等の相当理由の有無，適切に設けられた常設検問所によるか否か等の客観的基準に基づくとの客観説（別件基準説）に拠ると，全員一致で判示した。

 自動車の停止の可否を法執行官の主観を基準とする主観説の中には，相当理由，不審事由を要件としない自動車の停止を一般的に認め，もっぱら別罪の捜査目的での停止であればその自動車の停止を違法とする立場があるが，これに対しては，法執行官の主観を立証するのは著しく困難であるとの批判がされている[5]。本件自動車の停止時には，道路交通法違反の相当理由を具備しているので，申請人の主張が相当理由に基づく自動車の停止の場合に，さらに法執行官の主観を基準にするとの趣旨だとすれば，第4修正の合理性の基準として，相当理由の有無以外に新たな要素を考慮するよう求めることになるが，法廷意見の述べるように，説得的な根拠を提示しているとは思われない。むしろ，従来の判例のように，相当理由の有無，常設検問所の存否等を基準にした方が，政府側の正当な利益と個人のプライヴァシーの利益を適切に衡量し，法執行官の裁量権の行使を合理的に規制できるように思われる。

 本判決は，自動車の停止の基準として，合衆国最高裁が従来採ってきた基準である客観的基準を採ることを全員一致で確認した事例判断と位置づけることができよう。

（成田　秀樹）

---

5) LaFave, 4 Search and Seizure 674 (3rd ed., 1996).

4 捜検の限界

9. Minnesota v. Dickerson, 508 U.S. 366 (1993)

　Terry に基づく凶器発見目的でのパットダウンの最中に，触覚により禁制品等の証拠物の存在がただちに明らかになった場合には，プレイン・ヴュー法理を類推したプレイン・フィール法理により，当該禁制品等の無令状押収が第4修正上認められることがあり得るとされた事例。

《事実の概要》
　ミネアポリス警察の2人の警察官はパトカーで街の北側のエリアを警ら中，薬物取引が行われていることで有名で，以前に令状を執行したこともある12階建てのアパートから被申請人 Dickerson が出て来るのを確認した。被申請人は，警察官らの方に向かって歩き始めたが，パトカーを見て，警察官の1人と目を合わせるや否や，不意に立ち止まり，反対方向に向かって歩き始め，アパートの反対側の路地に入って行った。被申請人が上述した建物から出て来たこと，そして，警察を避けるような行動をしたという事実に基づいて，警察官らは被申請人を停止させ，パットダウンに応じるように命じた。パットダウンの結果，凶器は発見されなかったが，警察官は被申請人のナイロンのジャケットのポケットの中の小さな膨らみに気付き，手を差し込んで，0.2グラムのクラック・コケインが入った小さなビニール袋を取り出した。被申請人は違法薬物所持の罪で逮捕され，ヘンネピンカウンティ District Court に起訴された。
　排除聴聞手続において被申請人はコケインの証拠排除を申し立てた。公判裁判所は，警察官らが被申請人が犯罪活動に従事していないか否かを確認するために被申請人を停止させたことは *Terry* (Terry v. Ohio, 392 U.S. 1 (1968)) に基づいて正当化され，被申請人が凶器を所持していないか否かを確認するためのフリスクも正当化されると判断した。また，公判裁判所は別罪の証拠の適法

な捜索の最中に，発見した禁制品を無令状で押収することができるとする「プレイン・ヴュー」法理を類推して，凶器発見目的で指先の感覚を用いた際に発見された禁制品を無令状で押収することを認める「プレイン・フィール」法理を是認し，本件警察官らによるコケインの押収は第4修正に反しないと判断した。被申請人の証拠排除の申立は認められず，被申請人に有罪判決が下された。

　ミネソタ州 Court of Appeals は被申請人に対する本件停止と警察官らの身体の安全確保目的のパットダウンは Terry の下で許容されるが，本件警察官らのコケインの無令状押収は Terry で許容される範囲を逸脱したものであると結論付け，令状要件のプレイン・フィールの例外を否定し，公判裁判所の判断を破棄した。

　ミネソタ州 Supreme Court は以下の理由から Court of Appeals の判断を確認した。すなわち，触覚は視覚よりも直接的なものではなく信頼性が劣り，第4修正の核心にある個人のプライヴァシーに対しより侵害的なものであるとし，プレイン・フィールの例外を否定した。また，仮にプレイン・フィールの例外を認めたとしても，本件で捜索を行った警察官が被申請人のジャケットの中の膨らみが禁制品であることを確認した時には，すでにそれが凶器ではないと確実に判明していたので，捜索は Terry を逸脱しており，許容されないとした。

　パットダウンの最中に触覚を通じて探知された禁制品が証拠に許容されるか否かを巡る州及び連邦裁判所間での見解の対立を解決するために，合衆国最高裁判所によりサーシオレイライが認容された。

《判旨・法廷意見》
　1．ホワイト裁判官執筆による法廷意見
　原判断確認
　(1)A　捜索・押収は，一定の明示的に認められている範囲の明確な例外に当たる場合以外は，マジストレイトの承認がなければそれ自体で第4修正上不合理なものとなるとくり返し当裁判所は述べてきた（Thompson v. Louisiana, 469

U.S. 17 (1984) (per curiam) (quoting Katz v. United States, 389 U.S. 347 (1967) (footnotes omitted)); Mincey v. Arizona, 437 U.S. 385 (1978); *See* also United States v. Place, 462 U.S. 696 (1983))。その1つの例外が *Terry* で認められ，そこでは，「警察官がその経験に照らして，犯罪活動が進行中である可能性があると合理的に結論付けることにつながる異常な行動を現認した場合に」警察官は不審者を短時間停止させ，その嫌疑を確認し，もしくは，払しょくすることを狙いとした「合理的な質問」をすることが可能であると判示した (*Id.*, at 30: *See also* Adams v. Williams, 407 U.S. 143 (1972))。

Terry はさらに，「官憲は，至近距離で不審な行動をする者を調べる際には，その者が武装し，官憲やその他の者に対し危害を加える現在の危険性があると思料することが正当と考えられる場合には」，官憲は「その個人に対し，実際に凶器を隠匿していないかを判断するために」パットダウンを行うことができると判示した。「この限定された捜索の目的は犯罪の証拠を発見することではなく，官憲が暴力を振るわれる虞れなく，その嫌疑を解明するための調査を行うことを認めるためである。」このような身体を保護する目的で行われる不審事由に基づく捜索は「官憲もしくはその周りにいる者に対して危害が加えられる虞れがある凶器の発見をするのに必要である程度に限定されなくてはならない。」(*Terry*; *See* also Michigan v. Long, 463 U.S. 1032 (1983); Ybarra v. Illinois, 444 U.S. 85 (1979))したがって，この身体を保護するための捜索が被疑者の武装の有無の判断に必要な程度を超えてなされた場合，捜索は違法となり，その成果たる証拠は排除されることとなる。

本件では *Terry* の下での身体の安全確保目的での凶器捜索中に発見した禁制品の無令状押収の可否が問題とされている。

B　すでに当裁判所の先例では，警察官は少なくとも一定の状況下では，*Terry* で許容される捜索の最中に発見された禁制品を無令状で押収することができると判示している。*Long* では，警察は車を溝に脱輪させ，何らかの影響下で運転しているとおぼしき男性に近づいた。男性が道路脇から車に乗り込もうとした際，警察は車の床にナイフを見つけた。警察官らは男性を停止させ，

パットダウンに応じさせ，他に凶器がないか車両の内部を検査し，助手席及び後部座席部分の捜索の最中に，警察はマリワナが入っている口が開いたポーチを発見し，押収した。当裁判所は Terry の下で当該捜索と押収の適法性を肯定した。当裁判所はまず，警察は運転者が武装し，危険であると思料するに足る具体的かつ，説明ができる事実に基づく不審事由を有している場合，警察は運転者の身体だけでなく，自動車の同乗者のコンパートメントに対してもその身体を守るために凶器を捜索することができ，このような適法な捜索の最中に発見された禁制品は「プレイン・ヴュー」法理の下で証拠排除されないと判示した。

　プレイン・ヴュー法理は，警察がある物が見える場所に適法に所在し，その物が負罪証拠としての性質を有するものであることがただちに明らかであって，官憲がその物に接近する法的な権利がある場合には，その物を無令状で押収することができるというものである（Horton v. California, 496 U.S. 128 (1990); Texas v. Brown, 460 U.S. 730 (1983) (plurality opinion) 参照）。しかし，ある物をさらに何らかの形で捜索しなければ，禁制品であると思料する相当理由がない場合——例えば，その物が負罪証拠としての性質を有するとはすぐにはわからない場合——には，押収を正当なものとすることはできない。

　この理論構成は禁制品を触知する場合に適用可能である。警察官が被疑者の上着を適法にパットダウンし，その外形や厚みからただちにその正体が明らかとなる物を手で感じた場合，凶器捜索によって正当化されている範囲・程度を超えて被疑者のプライヴァシーは侵害されておらず，その物が禁制品である場合，当該物の無令状押収はプレイン・ヴューの場面においてとらえられているのと同様の実際的考慮によって正当化されることとなる。

　ミネソタ州 Supreme Court はプレイン・ヴュー法理の類推を2つの根拠に基づいて否定している。第1に，「触覚は本来的に視覚よりも直接的なものではなく，信頼性が劣る」ということ，第2に，「触覚は第4修正の核心にある個人のプライヴァシーに対し，より侵害的なものである」ということである。しかし，第1の点については，Terry 自体が，触覚というものがある物を押収

9. Minnesota v. Dickerson, 508 U.S. 366 (1993)　*79*

することを支えるだけの十分な信頼性があり，その物の性質を明らかにする有効性を有しているとしており，触覚を通じて凶器の存在の発見と押収を認めているのである。第2の点についても侵害はすでに適法な凶器の捜索によって認められているのであるから，その正体が判明している物を押収することはプライヴァシーのさらなる侵害にはならない。したがって，被疑者のプライヴァシーの利益は触覚だけを通じて発見された禁制品の押収をカテゴリカルに禁止する原則によってより厚く保障されることにはならない。

(2)　被申請人は *Terry* の下で警察官が被申請人を停止させ，凶器の捜索目的でフリスクをしたことには異議を申し立てていないので，このことを前提にして以上の原理を本件事実に適用すると，警察官は被申請人のジャケットの中の塊が禁制品であると思料するに足る相当な理由を得た際，その活動は *Terry* に照して適法な範囲内のものであったかということが問題となる。この点について，ミネソタ州 District Court は，警察官は「ビニール袋に包まれた小さくて固い物」を被申請人のポケットに感じた後で「その物はクラック・コケインであると考えた」と判断しており，また，警察官は「自分がこの物が凶器であると疑ったとは主張していない」ということを指摘している。ミネソタ州最高裁判所は，記録によれば，警察官自身の証言は「警察官がその塊をクラック・コケインであるとただちに認識したとの考えと一致しない」と判示し，警察官がその塊が禁制品であると認識したのは，「被告人のポケットの中身を強く押して，横にずらして，または，その中身を探るような形で触れて」はじめて認識したというものである。

当裁判所に提出されている記録についてのミネソタ州 Supreme Court の解釈によれば，本件における警察官が *Terry* の下で認められる凶器発見のための「極めて限定された」捜索の範囲を逸脱したということになるが，このミネソタ州 Supreme Court の判示が正しいのは明らかである。本件では，警察官が被申請人のポケットには何ら凶器が入っていないとの結論に至ってもなお，そのポケットを継続して調べており，これは，「*Terry* の下での捜索の唯一の正当化根拠，すなわち，官憲と周りにいる者の身体の保護という正当化根拠」と

は関係しないものである。したがって，本件での警察官の行動は Terry が明示的に承認することを否定し，Terry 以降の判例においても批難してきた証拠収集目的での捜索の類である。

　Hicks（Arizona v. Hicks, 480 U.S. 321 (1987)）では，当裁判所は別罪の証拠に対する適法な捜索の最中に警察が発見した盗品であるステレオ機器の押収は不適法であると判示したが，それは，そのステレオ機器が盗難品であると思料する相当な理由を得たのは，ステレオ機器を動かしてそのシリアルナンバーを読めるようにしてからであったからである。その機器が盗まれたものであると思料する相当な理由はステレオ機器を動かすというさらなる捜索の結果として生じるものであるから，ステレオ機器の押収はプレイン・ヴュー法理では正当化されなかったのである。本件の事実はこれとよく似たものである。被申請人のジャケットに警察官が手を入れることは Terry により認められるので，本件で被申請人のポケットの中の塊を指先で触ることは適法に行われたが，下級裁判所によればその物の負罪証拠としての性質はただちには警察官に明らかになったとはいえず，警察官はさらなる捜索を行って初めて，その物が禁制品であると判断したのであり，この捜索は Terry や令状要件の何らかの他の例外によって認められるものではない。被申請人のポケットに対するさらなる捜索は違憲であるので，それに続くコケインの押収も同様に違憲である。

　(3)　以上の理由から，ミネソタ州 Supreme Court の判断を確認する。

2．スカリーア裁判官の補足意見

　私は，本件で問題となっている証拠を発見したフリスクという物理的な捜索が憲法の基準と合致していると確信をもって言うことはできない。そのような捜索を認めた当裁判所の判断である Terry では伝統的な基準との適合性を判断するといった重大な試みをしたわけではなく，当時の当裁判所の考え方に従い，単にそのような捜索は当時の評価によって「合理的」といえるかを判断したに過ぎない。

　Terry での「ストップ・アンド・フリスク」の判示の停止の部分はコモン・ローに適合する十分な根拠があると考えるが，質問のために一時的に留め置か

れている個人に対する物理的な捜索の先例について私は知らない。留め置きが完全な逮捕までに至らない場合には，被疑者に対して物理的な捜索を行うコモン・ロー上の明確な根拠はないように思える。

　仮に Terry は「フリスク」を行う権限に関することに限って誤りであるとする考えに立つなら，偶然に発見された証拠は排除されるべきであるということに賛同する。それは半分の憲法上の保障であっても，何も保障をしないことよりもましだという理論を根拠にした賛同である。政策の問題として凶器を探す「フリスク」は望ましいかもしれないが，凶器以外の証拠を認めることで薬物を探す「フリスク」を奨励することは望ましくない。

　Terry の分析方法は好まないが，本件で「フリスク」の合憲性は異議を申し立てられても争われてもいないので，そのような捜索は適法であると推定し，その過程で偶然発見されたあらゆる証拠は採用できるとの法廷意見の前提に賛同し，法廷意見に加わるものである。

3．レンクィスト主席裁判官執筆による一部補足，一部反対意見（ブラックマン裁判官，トーマス裁判官参加）

　法廷意見のⅠには参加するが，法廷意見とは異なり，ミネソタ州最高裁判所の判断を破棄し，さらなる審理を進めるべく本件を差し戻すことを求める。

　法廷意見は「当裁判所が処理しなければならない問題は被申請人のジャケットの中の塊が禁制品であると思料するに足る相当理由を得た際に，捜索を行った警察官は Terry によって示された適法な範囲内で活動していたか否かということである」と述べているが，このことは正しいと考える。それから法廷意見は州の公判裁判所はこの点につき正確な認定をしていないと指摘し，ミネソタ州最高裁判所によってなされた認定を受け入れてしまっている。それらの判断は公判裁判所の判断と同様に不正確であり，塊が禁制品であると思料する相当な理由を警察官が有していたかという問題に明示的に向けられたものではない。ミネソタ州 Supreme Court は当裁判所によって本件で採用された第4修正の分析とは相当に異なる分析方法を採用していることから，その判断を破棄し，法廷意見に照らしてさらなる審理を行わせるべく本件を差し戻すことを求

める。

《解　説》

　1．アメリカでは，不審事由に基づいた職務質問時に被疑者が凶器を隠匿していると合理的に考えられる場合，官憲は身体の安全確保目的で凶器を捜索するためのパットダウンを行うことが *Terry*（Terry v. Ohio, 392 U.S. 1 (1968)）[1] で認められており，それらは第4修正による規律を受ける。しかし，*Terry* で認められる捜索はあくまで凶器発見目的のものであり，禁制品等の負罪証拠の発見を目的としたパットダウンは認められない。本件では，このような凶器発見目的でのパットダウンを行い，凶器の不存在を確認したにもかかわらず，その後も継続してポケットの膨らみに触れてクラック・コケインの存在を確認したことが *Terry* で許容されるパットダウンの範囲を逸脱した行為であるかが争われた[2]。法廷意見は，本件でこのような問いを解決するに当たり，警察官による適法な凶器発見目的でのパットダウンの最中に存在が確認された禁制品について，適法に視覚により発見された証拠を無令状で押収することができる令状要件の例外である「プレイン・ヴュー」法理を触知性に類推してプレイン・フィール法理というものを認めることができるか，仮に認めることができるとした場合には，本件クラック・コケインがこの法理の下で証拠として認容されるか，という点から検討を加えている。

　2．プレイン・ヴュー法理は，*Coolidge*（Coolidge v. New Hampshire, 403 U.S. 443 (1971)）[3] の複数意見により示された原則であると一般的に言われる[4]。

---

1) Terry v. Ohio, 392 U.S. 1 (1968). *Terry* の紹介・解説として渥美東洋『捜査の原理』（有斐閣，1979年）14頁，278頁，松尾浩也・アメリカ法1969年2号（日米法学会，1970年）246頁，伊藤正己ほか編・英米判例百選Ⅰ公法（阪村幸男）（有斐閣，1978年）170頁がある。

2) 本件の紹介・解説として，島伸一・稲田隆司・アメリカ法1995年2号（日米法学会，1996年）299頁，東條喜代子「判批」産大法学31巻2号（京都産業大学法学会，1997年）106頁がある。

3) Coolidge v. New Hampshire, 403 U.S. 443 (1971).

*Coolidge*は，少女の謀殺事件での自動車に対する捜索において検察官と治安判事の職を兼ねる者が発した令状が第4修正に反し無効であるとされ，車両から押収された火薬等の証拠が許容されなかった事例である。政府は，車両は犯罪供与権であり，現認できる状況に置かれていたのであるから，令状要件の例外の1つとしてプレイン・ヴュー法理に基づき，車両の押収と捜索が無令状で行うことができたのであるから有効であるとの主張を行った。複数意見は当該事件での適用は否定したものの，プレイン・ヴュー法理自体は是認し，(1)当初の侵入が令状または令状要件の例外によって正当化されること，(2)押収対象物の発見が意図的になされたものではないこと(inadvertent)，(3)押収対象物の負罪証拠としての性質が即座に明白であることをその要件として挙げた。(2)の要件については，*Horton*（Horton v. California, 496 U.S. 128 (1998)）[5]において，官憲の行為について判断するには，官憲の主観的な心理ではなく，客観的な基準を用いることとされ，変更されたと理解されることもある[6]。(3)の「即座に明白である」との要件に関しては，*Brown*（Texas v. Brown, 460 U.S. 730 (1983)）[7]において，相当理由で足りるとされている。また，その後の*Hicks*（Arizona v. Hicks, 480 U.S. 321 (1987)）[8]においては，プレイン・ヴュー

---

4) 1 Wayne R. LaFave, Search and Seizure : A Treatise On The Fourth Amendment, § 2.2 (a) (5th ed. 2017) ; Susanne M. MacIntosh, *Fourth Amendment–The Plain Touch Exception to the Warrant Requirement* 84 J. Crim. L. & Criminology 743, 746 (1994).

5) Horton v. California, 496 U.S. 128 (1990). この事件については，本書第26事件参照。

6) MacIntosh, *supra* note 4, at 747-748.

7) Texas v. Brown, 460 U.S. 730 (1983). *Brown*の紹介・解説として渥美東洋編『米国刑事判例の動向Ⅳ』（中央大学出版部，2012年）424頁（前島充祐担当），鈴木義男編『アメリカ刑事判例研究 第二巻』（成文堂，1986年）24頁（原田保担当）がある。

8) Arizona v. Hicks, 480 U.S. 321 (1987). この事件については，本書第25事件参照。また，*Hicks*の紹介・解説として鈴木義男編『アメリカ刑事判例研究 第四巻』（成文堂，1994年）（酒井安行担当）がある。

法理が適用されるためには相当な理由が必要とされた。また，*Horton* では，令状要件の例外のプレイン・ヴュー法理の下で対象物の押収が認められるには，対象物への接触が合法的であることとの要件が付加されているが，この合法的な接触とは何を意味するのかについては明確にされていないとも言われる[9]。いずれにせよ，プレイン・ヴュー法理の理論構成は，適法な視覚による証拠物の発見は，第4修正上の捜索（侵害）に当たらないとするものといえる[10]。したがって，当初，別罪に対する適法な捜索が行われていた場合には，当該捜索範囲内での視覚による他の犯罪の証拠の発見は新たな捜索（侵害）には当たらず，当該証拠物を無令状で押収することができるということになる。

　3． 本件では *Terry* で認められるパットダウン中に視覚ではなく触覚によって禁制品等の存在が確認された場合について問題とされている。このような場合に，視覚にプレイン・ヴュー法理が認められることから類推して，触知性にプレイン・フィールの例外を認めることができるか否かが問題とされた。合衆国最高裁判所は本件において，全員一致でこれを認めた[11]。合衆国最高裁判所は，適法なパットダウン時に触覚で物の正体がただちに明らかになる場合には，プレイン・フィールは，*Terry* の下で認められる侵害を超えて被疑者のプライヴァシーに対する侵害がないことを理由としてプレイン・ヴュー法理の理論構成が触知性にも同様に適用できると判示した。法廷意見の言う「物の正体がただちに明らかになる場合」とは何を示しているかは必ずしも明らかではないが，プレイン・ヴュー法理の先例に照らして，触知性によっても禁制品等であるとの相当な理由が得られるかという問題であると捉えるならば，先例の論理からしても触覚によってこれを是認できると考えることも可能であるようにも思われる[12]。したがって，プレイン・フィール法理を是認する前提が触覚に

---

9)　MacIntosh, *supra* note 4, at 748.
10)　LaFave, *supra* note 4.
11)　MacIntosh, *supra* note 4, at 743.
12)　例えば，*Coolidge* では，「感覚（sense）」によって相当な理由が認められることがあると言われ，*Brown* では，不審な物を「知覚（perceive）」し，押収すること

よる相当な理由の覚知の可否であるとするならば，本件判断は論理的帰結として不自然ではないと思われる[13]。

プレイン・フィール法理を認めることに対しては，指先は視覚よりも信頼性が劣る，ということや，侵害の程度が強いなどと言われることがあり[14]，ミネソタ州 Supreme Court もこのような見解に立っている。しかし，信頼性については，法廷意見が言うように，Terry においてすでに凶器発見目的でのパットダウンが認められており，そこでは指先の感覚に一定の信頼が置かれていることが窺えるし，侵害の程度についても同様に，Terry で認められる範囲の捜索であれば，すでに認められている侵害を超えないものと思われる[15]。すなわ

ができると述べられ，Horton においても Coolidge が引用されていることが指摘され，プレイン・ヴュー法理の理論構成を視覚に限定する必要がないと言われる。MacIntosh, *supra* note 4, at 755-756.

13) プレイン・フィール法理を認めることが論理的に当然の帰結であると評するものとして，MacIntosh, *supra* note 4, at 744 ; James D. Harvey, Jr. *Minnesota v. Dickerson : Sense of Touch and the Fourth Amendment*, 21 Okla. City U. L. Rev. 151, 176 (1996)。

また，このことに関連して，マリワナの匂いが明らかにする容器の無令状捜索が争われた United States v. Johns, 469 U.S. 478 (1985) で合衆国最高裁判所は，嗅覚が相当な理由を構成することがあると認め，明示的にではないが「プレイン・スメル」法理を是認したと評すものとして，島，稲田・前掲注1) 299頁。*Johns* の紹介・解説として，指宿信「アメリカ捜査法研究(1)」北海学園大学法学研究 24 巻 1 号（北海学園大学法学会，1988 年）62 頁がある。他にも United States v. Ventresca, 380 U.S. 102 (1965), Taylor v. United States, 286 U.S. 1 (1932) で嗅覚によって相当な理由が得られる余地があることが示唆されていると指摘される。*See* Lafave, *supra* note 4).

14) Mark D. Walton, *Minnesota v. Dickerson : "Plain Feel" and the Expansion of Terry to Allow Warrantless Seizures of Nonweapon Contraband*, 14 N. Ill. U. Rev. 585 602-606 (1994).

15) MacIntosh, *supra* note 4, at 757-758. この点につき，侵害の程度とは，身体に触れること自体が視覚よりも侵害的であるとする考え方と身体に隠匿する物には視覚で確認することができる物よりもプライヴァシーの期待が高く認められることから侵害の程度が高いとする考え方がある（*See*, Walton, *supra* note 14 at 603-604, MacIntosh, *supra* note 4, at 756-757）が，いずれにせよ，Terry で認められる範囲内

ち，*Terry*で認められる限定されたパットダウンの最中に物の正体が直ちに禁制品等であると判明する場合には，その限定された捜索から逸脱しておらず，新たな捜索（侵害）には当たらないといえる。問題となるのは，パットダウンを行った際，物の正体が直ちには判明せず，継続して，その物の正体を確かめようとする場合である。

　合衆国最高裁判所は，これまでのプレイン・ヴュー法理の先例の理論構成においても，負罪証拠が存在するとの相当な理由が存する場合に当該禁制品等の押収と捜索を許容してきており[16]，適法な捜索を超えて侵害がなされた場合には当該禁制品等は証拠として許容されないとしている。例えば，*Hicks*では，適法なアパートメントの部屋への立入り後，その場に似つかわしくないステレオ機器を発見したため，盗品である可能性があると考えた警察官がレコードプレーヤーを移動させ，シリアルナンバーを確認したという事例であるが，相当な理由に基づかずにレコードプレーヤーを移動させた行為が当初の適法な立入りを超えたさらなる捜索（侵害）であるとみなされ，プレイン・ヴュー法理は適用されず，証拠が許容されなかった。

　本件の法廷意見の認定する事実によれば，警察官は，凶器発見目的でのパットダウンの最中に固い塊に触れ，凶器でないことは判明したがその正体については直ちには明らかにならず，指先で尚も塊に触れ続け内容を確認している。このような行為は，*Terry*で許容される範囲を逸脱しており，さらなる捜索（侵害）に当たるといえる。アメリカの評釈では，仮に警察官がこの小さな塊に触れた際に何らかの禁制品であるとの相当な理由を有していた場合，その後の指先での確認は，プレイン・フィールと考えられ，本件では，被申請人がクラックハウスとして有名な建物から出て来て警察官を見るなり踵を返して路地に入り込んでいる状況や警察官自身が有する衣服の中のクラック・コケインに触れた数多くの経験に鑑みて，塊が何らかの禁制品であるとの相当な理由が認められ，その後の指先での確認（捜索）は第4修正上も許されるべきとの見方

の捜索であれば，侵害の程度は変わらないと思われる。

16) Texas v. Brown, 460 U.S. 730 (1983); Arizona v. Hicks, 480 U.S. 321 (1987).

もある[17]。この点につき，レンクィスト首席裁判官執筆の一部反対意見は，ミネソタ州 Supreme Court の判断も塊が禁制品であると警察官が思料する相当な理由の問題に明示的に向けられていないとして差し戻しを主張している。

4．本件では，プレイン・フィール法理の是非について判断せずに *Terry* の下で認められるフリスクを超えた違法な捜索が行われたとして事件自体を処理することも可能であったが，合衆国最高裁判所が，本件事実への適用を否定しつつも，プレイン・ヴュー法理を類推したプレイン・フィール法理について，はじめて明確にこれを是認したことに理論的意義があると思われる。プレイン・フィール法理を認めることに対しては，官憲による権限の濫用につながるとの批判もある[18]が，この点については，当初の捜索を逸脱していないことの証明，換言すれば，物に触れた際に禁制品等であるということがただちに判明したか否かについての証明とその適切な認定にかかってくるものと思われる。

（川澄　真樹）

---

17)　MacIntosh, *supra* note 4, at 767.
18)　Walton, *supra* note 13, at 606.

5　自動車検問

10. Michigan Dept. of State Police v. Sitz, 496 U.S. 444 (1990)

　酩酊の徴候がみられるかを確認するため短時間，通過する全車両を停止させるミシガン州の飲酒検問は，通過する運転手の約1.6％が飲酒運転を理由に逮捕されており，その効果は一斉検問の実施を正当化するのに十分なもので，第4修正に違反しないと判示された事例。

《事実の概要》

　ミシガン州警察は，飲酒運転検問所の試験的プログラムを策定し，州警察，地方警察，州検察官，ミシガン大学交通研究所の代表からなる飲酒運転検問所諮問委員会を設置した。同委員会は，検問所の運用，設置場所の選定，広報に関する手続を定めたガイドラインを作成した。当該ガイドラインによると，検問所は州道沿いに設置され，検問所を通過する全ての車両を停止させ，運転者に対して酔いの兆候を調べる簡単な検査を行うこととされており，警察官が酔いの兆候ありと認めたときは，運転者を道路脇へ移動させた上で運転免許証と車両登録証を調べ，さらに飲酒テストを実施し，この現場での飲酒テストと警察官の観察により，飲酒の疑いが生じた場合には，運転者は逮捕されることとされていた。

　本件プログラムに基づいて実施された，最初にして唯一の検問においては，75分間に126台の車両が検問所を通過したが，その際の各車両の遅れは平均約25秒であった。この検問中，2名の運転者が現場での飲酒テストのために留め置かれ，そのうち1名が飲酒運転で逮捕された。さらに，停車せずに検問所を通過した者1名が警察の監視車両により停止させられ飲酒運転で逮捕された。なお，被申請人Sitzは，本件検問実施の前日，宣言的差止命令による救済を求め裁判所へ提訴していた。

公判裁判所は，*Brown*（Brown v. Texas, 443 U.S. 47 (1979)）で示された比較衡量基準（the balancing test）に依拠して，飲酒運転による交通事故の防止という州の利益，その目的を達成するための検問所設置の有効性，検問所設置による個人のプライヴァシーへの侵害の程度を比較衡量した上で，飲酒運転を防止する州の利益は重大かつ正当なものであるとしたが，検問所の設置は効果的なものではなく州の利益を大きく促進するものではないとし，検問所設置による個人の自由への客観的侵害は軽微であるが，主観的侵害は大きいとして，本件検問は合衆国憲法第4修正及びミシガン州憲法に違反すると判示した。ミシガン州 Court of Appeals は，公判裁判所の判断を確認した。ミシガン州最高裁判所は申請人ミシガン州警察の上訴申立を却下した。合衆国最高裁判所はサーシオレイライを認容した。

《判旨・法廷意見》

破棄・差戻し

1．レンクィスト首席裁判官執筆の法廷意見（ホワイト，オコナー，スカリーア，ケネディ各裁判官参加）

被申請人は，*Brown* で示された比較衡量基準は本件判断基準として適切ではなく，*Von Raab*（National Treasury Employees Union v. Von Raab, 489 U.S. 656 (1989)）に依拠して，比較衡量基準を採用する前に，刑事法執行のための通常の必要性を超える政府の特別の必要性が示されなければならず，それが示されない限りは相当理由または不審事由の存在が根拠とされなければならないと主張する。しかしながら，*Von Raab* は，*Martinez-Fuerte*（United States v. Martinez-Fuerte, 428 U.S. 543 (1976)）を引用・是認してそれを否定していないので，不法入国外国人の摘発のための検問所設置を是認する際に比較衡量基準を採用した，*Martinez-Fuerte* と *Brown* は本件の先例となる。検問所における車両の停止は第4修正上の身柄拘束（seizure）に当たるので，問題となるのは，そのような（一時的）身柄拘束が第4修正上合理的といえるか否かである。

多数の死傷者や物損を生じさせる飲酒運転を撲滅するという州の利益の重大性については疑問の余地はなく，他方で，検問所に短時間停止させられる運転者に対する侵害は軽微なものである。当裁判所は，*Martinez-Fuerte* において，不法入国外国人の摘発のため検問所で短時間停止させられる運転者に対する侵害につきこれと同様の結論に至っているが，検問所で行われる質問内容の違いを除いては，検問実施に必要な短時間の停止によって生じる，法を遵守している運転者に対する侵害の程度は，*Martinez-Fuerte* における検問と本件検問間で実際上の違いを見出すことはできない。したがって，公判裁判所及び Court of Appeals が身柄拘束の時間と質問・検査の強さからみた「客観的」侵害を最小限のものであると評価したことは正当である。

運転者に対する「主観的」侵害については，公判裁判所は，検問の実施を規律するガイドラインにより，現場の警察官の裁量が最小限にされていることを認めつつも，検問を避けるためにＵターンしたり脇道へ入ったりすることができることを検問所に近づいてくる運転者が認識していたということが記録上示されていないため，本件検問は運転者に懸念と驚きを生じさせるおそれがあるとし，Court of Appeals もこの判断を確認し，このような運転者に対する「主観的」侵害は大きく，不合理であると判示する。

しかしながら，当裁判所は，ミシガン州の両裁判所は「主観的侵害」の程度及び懸念と驚きを生じさせる虞れに関する当裁判所の先例の解釈を誤っていると思料する。考慮されるべき「懸念と驚き」とは，検問所で停止させられるかもしれないと予想しつつ飲酒した運転者が当然に抱く懸念と驚きではなく，停止の性質上法を遵守している運転者に生じる懸念と驚きである。

本件検問所は，ガイドラインに従って設置され，制服着用の警察官によって全ての車両が停止させられており，検問所における短時間の停止から生じる侵害は，*Martinez-Fuerte* で是認された検問での停止による侵害と憲法上区別することはできない。

また，Court of Appeals は，本件検問所プログラムは *Brown* で示された「有効性」の要件を欠いているとするが，この点についての判断も誤りである。

Brown では,「停止による身柄拘束が公共の利益を促進する程度」が比較衡量要素として判示されているが,これは,代替可能な合理的法執行の手法の内どの手法を用いて重大な公共の危険に対処すべきかの判断を,政治的責任を負うべき官憲から裁判所に移行させることを意味したものではなかった。合理的な代替手法の中でどれを選択するかの判断については,警察官の数を含め限りある公的資源についての理解と責任を有する政府の官憲に委ねられているのである。「有効性」吟味の根拠として Court of Appeals の引用する *Martinez-Fuerte* も *Prouse*（Delaware v. Prouse, 440 U.S. 648 (1979)）もミシガン州裁判所の行った綿密な検討を支持するものではない。

Prouse において,当裁判所は,無免許運転や安全性を欠く車両の摘発のために警察が行ったランダムな停止を是認しなかった。その理由は,そのような停止が道路の安全を促進する有効な手段であることを示す実証的なデータがなく,また,無免許運転者の割合は非常に少なく,1人の無免許運転者を発見するために停止させられる免許を持つ運転者数が多いからであり,さらには,ランダムな停止には無基準で無制約な裁量が含まれているからであった。

また,本件は,*Prouse* とは異なり,実証的データを全く欠いているわけではない。本件で実施された検問により逮捕された飲酒運転者の割合は約1.6%であり,他の州において実施された検問では,概ね約1%の者が飲酒運転で逮捕されている。*Martinez-Fuerte* では,検問を通過する車両の0.12%（1台の車両に複数の不法入国外国人が乗車していることを考慮しても約0.5%）でしか不法入国外国人は発見されなかったが,当裁判所は検問所の有効性を認め得るとして合憲性を認めた。本件において異なる結論を正当化し得る理由は見出せない。

ミシガン州 Court of Appeals の判断を破棄し,本件を差し戻す。

2. ブラックマン裁判官の結論賛成意見

飲酒運転による危険性については,自動車事故死亡者数が戦争死亡者数を超えていることからみてもその重大性を肯定し得るものであるということを補足する。

3．ブレナン裁判官の反対意見（マーシャル裁判官参加）

法廷意見は，検問による侵害を過小評価し，飲酒運転防止のための検問の実施という法執行の必要性を過大評価することにより，比較衡量基準の適用を誤っている。

法廷意見は，全ての身柄拘束（seizure）の合憲性を判断するために，比較衡量基準が用いられるか，少なくとも公道上の停止の際にはそうであるかのような印象を与えている。しかしながら，大抵の場合，身柄拘束が合理的であるというためには，相当理由（probable cause）が存在しなければならない。身柄拘束が逮捕よりも相当程度侵害性が低い（substantially less intrusive）場合にのみ，この法理は比較衡量基準に置き換えられることになる。本件検問における車両の停止は逮捕より侵害性の低いものであり，その結果，車両の停止による（一時的）身柄拘束の合理性判断が相当理由の存在ではなく，比較衡量基準によって行われるとする点においては法廷意見に同意するが，法廷意見は比較衡量基準を採用する根拠を身柄拘束の侵害性が極僅かであるか否かに求めてはいない。

法廷意見は，侵害性が極僅かであった身柄拘束の事案においても，それが合理的であるというために不審事由（reasonable suspicion）の存在についての証明を，当裁判所が政府に対して通常求めてきたという事実を無視している。

法廷意見は，嫌疑のない身柄拘束（suspicionless seizure）を是認する根拠として *Martinez-Fuerte* を引用するが，*Martinez-Fuerte* と本件とは全く異なり，この事案に依拠することはできない。*Martinez-Fuerte* において，当裁判所が嫌疑のない停止を是認したのは，交通量が多く不法入国外国人を乗車させている可能性のある車両を特定して個々の車両を検査することができないため，停止の根拠として不審事由を求めることがおよそ非現実的であったからである。しかるに本件では，これと同様の困難性は示されていない。また，全ての車両を停止させることにより，飲酒運転の防止がより容易になるといえるかもしれないが，そのようなことは不審事由の要件を不要とする正当化根拠としては十分ではない。

飲酒運転を行っているとの不審事由に基づいて車両の停止措置をとり得ない事情が存在することについての証明がなされていないため，侵害性が極僅かな身柄拘束であっても，憲法上の比較衡量としては，そのような身柄拘束から一般公衆を保護することになるよう解されなければならないと思料する。

4．スティーヴンズ裁判官の反対意見（ブレナン，マーシャル両裁判官は(1)・(2)に関してのみ参加）

(1) 事前に公正な告知がなされている身柄拘束（seizure）と驚きによって遂げられる身柄拘束とでは決定的な違いが存在する。常設で固定された検問所の場合は，ランダムな停止の場合に比較して，侵害性は低い。常設の検問所の場合は，車両の運転者は予めその場所の告知を受け，検問を完全に回避する機会があり，少なくともプライヴァシーの侵害に対する準備ができ，侵害を限定することができる機会がある。

ランダムな停止または一時的に設置された検問所の場合には，そのような機会がなく，その有効性は驚きの要素に左右されることになる。

このような驚きの要素は，法廷意見の許容する検問所と *Martinez-Fuerte* で是認された国境検問所との最も明確な違いである。常設の検問所の場合は，停止のタイミングと設置場所につき裁量の余地は全くないが，飲酒運転検問所の場合には，検問のタイミングとその設置場所に関して，警察は極めて広範な裁量を有する。

停止後に行使される警察官の裁量に関しても重大な差異が存在する。運転免許証や身分証明書の確認は，飲酒運転の証拠の捜索よりもはるかに標準化しやすいが，本件飲酒運転検問所における警察官は，僅かな嫌疑を根拠に運転者を留め置く，事実上無制限の裁量を有していた。

常設の検問所における多くの停止は昼間に行われるが，飲酒運転検問所における停止は決まって夜間に行われるものであり，質問の予定されている身柄拘束や夜間の大雑把な捜索は，料金所の通過と殆ど同様に日常的に行われる昼間の停止よりも確実に攻撃的である。

これらの懸念は，法廷意見の言うような，有罪者だけのものではない。

したがって，本件は，*Martinez-Fuerte* に類似する事案ではなく，飲酒運転検問所は，むしろ，当裁判所が *Brignoni-Ponce* と *Prouse* で違憲とした捜査目的のランダムな停止に類似し，ある側面ではより侵害的であるといえる。

　したがって，州は，本件身柄拘束が他の法執行の手段と比較して，停止に伴う第4修正上の利益に対する侵害を正当化し得るに足る生産的メカニズムであることを示す証拠を提出すべきであるが，そのことを示す証拠はない。

(2)　高速道路の安全に対する公共の関心の重大性については争いのないところであるが，本件では，*Brown* で示された法理の2つの要素によって，異なった結論が正当とされなければならない。

　法廷意見は，本件検問所は常設の検問所よりも侵害性が低いと主張するが，これは全くの誤りである。事前告知のない身柄拘束は，それが夜間に行われる場合には，個人の自由に対する驚きによる侵害は極僅かなものではない。法廷意見との違いは，この個人の自由の重要性の評価の違いに他ならないが，この違いは，憲法上の見解の相違の重大な根拠となる。

　本件検問が公共の利益を促進する程度に関する点においても，法廷意見の立場は全く擁護できるものではない。証拠によれば，本件検問所で停止させられた運転者の内，僅か1％しか逮捕されておらず，この数字が通常のパトロールが行われた場合の逮捕者数を超えたものであるということを示す証拠はない。

　違法な密入国者を乗車させていても運転者の運転技術は損なわれることはないが，飲酒運転の場合は，それが違法の程度に達している場合には運転技術に影響を及ぼすことが顕著になるので，密入国の事案とは異なり，検問を実施しなくとも摘発が可能である。*Martinez-Fuerte* は，他の手段では不可能であった，多数の逮捕を実現するためのプログラムに関する事案であり，本件のような，数多くの無辜の市民を嫌疑なしに身柄拘束しなくとも容易に摘発可能なほんの一握りの飲酒運転者を逮捕するためのプログラムに関する事案とは関連性のない先例である。

(3)　私の反対意見は，例えば，航空機の乗客や公共の建物への訪問者に対して，銃器または爆発物の有無を確かめることのできる金属探知機を通過するよ

う求めるといった，常設で裁量の余地のない検問所には当てはまらない。

　飲酒検問所は，手の込んだ，不穏なスタンドプレーであり，飲酒運転の防止に取り組む，州の象徴的な行為に過ぎず，検問を正当化する根拠としては不十分である。

《解　説》
　1．本件は，常設の検問所ではないが，飲酒運転を取り締まるために臨時の検問所を設置し，合理的嫌疑の有無にかかわらず，そこを通過する全ての車両を停止させて検問を行った事案であり，飲酒運転の取締りのために実施された自動車検問の適法性について，合衆国最高裁判所の判断が初めて示されたものである[1]。

　合衆国最高裁判所は，Terry[2]において，逮捕に至らない，短時間の移動の自由の制約も，一時的な身柄拘束として，第4修正にいうseizure（押収・身柄拘束）に当たるとする立場を採った。このような，個人の自由に対する制約を伴う措置の場合を第4修正にいう「捜索・押収」に当たるとする立場は，Camara[3]及びSee[4]においてすでに採用されていた。

　他方で，Terryにおいて，合衆国最高裁判所は，相当な理由（probable cause）には至らない「合理的嫌疑（reasonable suspicion：不審事由）」に基づく一時的な身柄拘束を許容したが，その合理性の判断基準は，Camaraで示された，「政府の法執行上の利益と個人のプライヴァシーとの比較衡量」に基づ

---

1) 本件については，川崎英明・アメリカ法 [1992-1]149頁，洲見光男「自動車検問の適法性」西原春夫ほか編『アメリカ刑事法の諸相』（成文堂，1996年）143頁，津村政孝・ジュリスト1147号110頁がある。
2) Terry v. Ohio, 392 U.S. 1 (1968). 本件については，松尾浩也・アメリカ法［1969-2］246頁，阪村幸男・英米判例百選I公法170頁等参照。
3) Camara v. Municipal Court, 387 U.S. 523 (1967). 本件は，住居条件の点検と改善命令のための住居への立入りが「捜索」と解された事案である。
4) See v. City of Seattle, 387 U.S. 541 (1967). 本件は，消防基準の適否の点検を目的とする住居への立入りが「捜索」と解された事案である。

いて，具体的な侵害の程度により，身柄拘束や捜索の合理性が決定されると判示した。

その後，*Williams*[5]で，一時的な自由の制約も第4修正のseizureに当たるとしつつ，一時的な身柄拘束においては相当な理由に至らない不審事由に基づいて行われても第4修正の下で「合理的である」と解された。なお，この*Williams*は，停車中の車両の乗員に対する事案であり，走行中の車両の停止の場合については問題が残されていた[6]。

自動車検問の適法性については，*Brignoni-Ponce*[7]において，合衆国最高裁判所は，移動パトロール中の国境警備官が国境付近を走行中の車両の停止も第4修正上のseizureに当たると解し，当該車両が密入国者を乗せている，もしくは密輸に関係がある，と信ずべき相当な理由または合理的嫌疑を有しないにもかかわらず，その捜査のためにランダムな停止を行うことは第4修正に違反すると判示した。この事案では，相当な理由までは必要ないが，合理的嫌疑は必要であるとされた。その後，*Martinez-Fuerte*[8]において，国境警備官による，常設の検問所での停止には合理的嫌疑は不要であること，検問所での停止によりもたらされる客観的侵害（停止，質問，窓越しの車内検査）は移動パトロールによる停止の場合と同様であるが，停止による懸念と驚きといった主観的侵害は，それによる場合よりはるかに低いこと，などが判示された[9]。

Prouse[10]においては，移動パトロール中の運転免許及び車両登録の検査のた

---

5) Adams v. Williams, U.S. 143 (1972).
6) *Williams* は，停車中の自動車内にいる者への質問及び武器の捜索に関する事案であるが，停車中の車両の問題と走行中の車両の停止の問題は異なるといえよう。島伸一『捜索・差押の理論』（信山社，1994年）38頁以下参照。
7) United States v. Brignoni-Ponce, 422 U.S. 873 (1975).
8) United States v. Martinez-Fuerte, 428 U.S. 543 (1976).
9) この事案では，常設の検問所で，そこを通過する全ての車両が停止させられ，簡単な質問が行われたが，その停止・質問及び停止させられた車両のうち特定車両について第二次検問所への移動と詳しい質問という活動はすべて，移動パトロールによる停止の場合に要件とされる，個別的不審事由は不要との判断が示された。
10) Delaware v. Prouse, 440 U.S. 648 (1979). 本件については，渥美東洋「自動車検問

めの警察官によるランダムな停止について，合理的嫌疑を欠く，運転免許及び車両登録の検査のために，車両を停止させ，運転者を一時的に身柄拘束することは，第 4 修正に違反する不合理な押収となると判示した。その中で最高裁判所は，車両の停止目的が限定され，停止が短時間であっても，当該停止は第 4 修正上の「押収」に当たり，その合理性は第 4 修正の保障する個人のプライヴァシーの利益と政府の合法的な利益の促進との比較衡量により決定されるとの，それまでの先例を改めて指摘した上で，道路の安全を達成する手段として捜査官憲の裁量による車両の停止という方法を用いることによって得られる政府の利益は，その車両の停止の結果生じる，停止させられた個人のプライヴァシーの侵害を正当化するほど優越的なものではなく，運転免許や車両登録の検査目的のランダムな停止による，物理的・侵略的侵害を考慮すると，この手段による車両の停止で達成される道路の安全が極めて低いことに照らして，本件のような全く無制約の警察官による停止措置に，道路上の全車両とその全乗員を服させることが正当なものとは言えない，と判断を示した。他方で，この判示は各州が侵害の程度の低い検査の方法や無制約な裁量によらない検査の方法を開発し定立することを禁止するものではない。道路の閉鎖による走行中の全車両の停止を求める検査方法は，1 つの対案である，とした。

 2. 本件 Sitz 法廷意見は，*Brown*[11]において示された比較衡量基準に依拠して，「飲酒運転を撲滅するという州の利益」，「停止による身柄拘束が公共の利益を促進する程度（検問の有効性）」，「停止による運転者に対する侵害の程度」を比較衡量し，「飲酒運転を撲滅するという州の利益」については，現に多数の死傷者や物損を生じさせていることから，疑問の余地はないとし，「停止による運転者に対する侵害の程度」については，*Martinez-Fuerte* と同様に，客観的侵害と主観的侵害とに分けて分析を行い，前者については極めて軽微であ

　　に憲法上の限定を付した合衆国最高裁のプロウズ事件の判断について」判例タイムズ 383 号 24 頁，渥美東洋編『米国刑事判例の動向Ⅳ』（中央大学出版部，2012 年）577 頁（第 56 事件，香川喜八朗担当）参照。
 11）　Brown v. Texas, 443 U.S. 47 (1979).

り，後者については，Martinez-Fuerte において是認された検問の場合と侵害の程度につき差異はないとした。さらに，「検問の有効性」についても，本件で実施された検問により逮捕された飲酒運転者の割合は約1.6％であり，Martinez-Fuerte における不法入国外国人の発見率（検問を通過する車両の0.12％（1台の車両に複数の不法入国外国人が乗車していることを考慮しても約0.5％））と比較しても，検問所の有効性を認め得るとした。

　これに対して，ブレナン裁判官の反対意見は，Martinez-Fuerte において，当裁判所が嫌疑のない停止を是認したのは，交通量が多く不法入国外国人を乗車させている可能性のある車両を特定して個々の車両を検査することができないため，停止の根拠として不審事由を求めることがおよそ非現実的であったからであって，そのような事情が示されていない本件においては，侵害性が極僅かな身柄拘束といえども，それが合理的であるというためには不審事由（reasonable suspicion）が存在しなければならないとする。

　また，スティーヴンズ裁判官の反対意見では，常設の検問所の場合は，車両の運転者は予めその場所の告知を受け，検問を完全に回避する機会があるため，ランダムな停止の場合に比較して，侵害性は低い。ランダムな停止または本件のような一時的（臨時）に設置された検問所の場合には，そのような機会がないため，侵害性が高いとする。

　加えて本件では，警察はいつどこに検問所を設置するかについて極めて広範な裁量を有するとし，停止後に行使される警察官の裁量に関しても本件検問所における警察官は，僅かな嫌疑を根拠に運転者を留め置く，事実上無制限の裁量を有していたとして，Martinez-Fuerte との類似性を否定し，本件検問所は Brignoni-Ponce と Prouse で違憲とした捜査目的のランダムな停止に類似しているとする。

　さらに，有効性の点においても，本件検問所で停止させられた運転者の内，僅か1％しか逮捕されておらず，この数字が通常のパトロールが行われた場合の逮捕者数を超えたものであるということを示す証拠はないとし，Martinez-Fuerte は，他の手段では不可能であった，多数の逮捕を実現するための事案

10. Michigan Dept. of State Police v. Sitz, 496 U.S. 444 (1990)

であり，本件のような検問を実施しなくとも，不審事由に基づく停止により摘発が可能である飲酒運転に関する事案とは事情が異なるとして，先例とはできないとする。

 3．飲酒運転を防止・検挙するための交通検問の実施については，確かに移動パトロール中の警察官の無制約な裁量に委ねることは濫用の危険があるといえようが，他方で，常設の検問所での検問実施は，検問の所在地を知っている地元の運転者等には殆ど効果がないといえる。運転者に対しては，飲酒して運転を行えば，例えば，帰宅途中のどこかで飲酒運転の検問が実施されているかもしれない，と思わせることで，飲酒運転の抑止に繋がるのではないかと思われる。そのようにみると，どの車両を停止させるかについては警察官の裁量の余地をなくしつつも，検問所設置の場所と日時については一定の裁量を認めることが許されるべきであり，それがバランスのとれた結論といえるのではなかろうか。法廷意見は，本件検問所は，常設の検問所ではないが，予め定められたガイドラインに従って，警察官は全ての車両を停止させているので，常設の検問所と同視し得るとしたのに対し，反対意見は，検問所設置の日時・場所について，警察は極めて広範な裁量を有するが，どの車両を停止させるかにつき警察官に広範なまたは無制約の裁量を認めることと，検問実施の日時・場所につき警察に同様の裁量を認めることを同様に評価することが妥当であるかについては検討の余地はあろう。とはいえ，本件のような検問を許容するにしても，反対意見の指摘する通り，停止後の措置（さらなる検査・留置き等）についても，無制限の裁量行使の危険も否定できないので，可能な限り警察官の裁量を限定する具体的な方策（ガイドラインに基準等を明記するなど）が採られる必要があるといえる[12]。

 また，スティーヴンズ裁判官の反対意見は，夜に検問を行うことを攻撃的と

---

[12] 洲見・前掲註1) 153頁は，本件ガイドラインの規定の不十分性を指摘しているとともに，本件法廷意見も，ガイドラインがどのようにして警察官の恣意的裁量行使を防止し，それにより運転者に対する侵害を最小限なものとしているかについて検討していないことを指摘する。

いうが，飲酒運転検挙のための検問が効果的であるためにも，夜間に検問を実施しようとするのは極自然なことであると思われる[13]。

ところで，検問所の設置が有効であったか否かについては，検問を実施した結果逮捕者がいなかったからといって，検問が有効でなかったとすることには疑問がある。というのは，検問の実施が行われているかもしれないと運転者が考えることによって飲酒運転を控えるのであれば，検問実施によって抑止効がうまく機能しているともいえるからである[14]。

さらに，スティーヴンズ裁判官の反対意見は，飲酒運転の場合には運転者の運転技術にも影響があることから，走行外観上不審事由が判明するため，検問を実施しなくとも摘発が可能との見解を述べているが，飲酒運転のみならず無免許運転，薬物の影響下での運転，整備不良車の運転等につき，走行の外観から，そのような運転が行われていることが認定できる場合は，むしろ例外的であるとの指摘[15]もあり，この点は疑問である。

4． 自動車利用者に対しては，道路交通関連法規により，歩行者よりも厳しい法律の要請が働いている。その根拠としては，自動車は使い方を誤れば社会に多大な危険をもたらすものであり，そのような危険をもたらし得るものを利用する者はその危険を回避するために多々規律を受けることになる。また，自動車は犯罪に利用されること，犯罪を行った後これを利用して逃亡を図ることもあり，これが利用されることにより犯罪の防止・摘発が困難になることもある。したがって，自動車に対して，住居と同様なプライヴァシーを認めることは原則として肯定されまい。他方で，*Prouse* では，自動車の運転者に対して，自動車とその利用が政府の規律に服するという理由だけで，あらゆるプライヴ

---

[13] 飲酒検問を昼間に実施することは有効性の点からも疑問であろう。

[14] Wayne R. LaFave, vol. 5 Search and Seizure : A Treatise on the Fourth Amendment § 10.8 (d) pp. 435-37 (5th ed. 2012). 洲見・前掲註1) 156頁も同様のことを指摘していると思われる。なお，津村・前掲註1) 113頁は，その註(28)において，原判断は検問の抑止効を無視していたわけではないことを指摘している。

[15] 渥美東洋「自動車検問の法律構成について―最高裁昭和55年9月22日判決をめぐって」判例タイムズ423号19頁参照。

ァシーの合理的期待を喪失するものではないとして，自動車利用者のプライヴァシーの保護の必要性を認めており，歩行者に比較して，自動車利用者の方がプライヴァシーの保護が必ずしも低くてよいとはしていない。ただし，車両の停止と車両の捜索とは区別されなければならない。これらは別のプライヴァシーの侵害であり，挙動や外観の不審事由または相当な理由により，捜査官憲が干渉することが許される「挙動のプライヴァシー」と，車両内部の他人の目に触れられない箇所の「場所のプライヴァシー」とは全くの別物であるということに留意すべきであろう[16]。

なお，本件のような臨時検問所を設置して不審事由に基づかず全ての車両を停止させる検問が，犯罪捜査にも拡張されるのではないかといった危惧が指摘されていた[17]が，合衆国最高裁判所は，その後 *Edmond*[18] で薬物事犯摘発のための検問につき，第一次的目的（primary purpose）が犯罪証拠の発見である場合には，不審事由に基づかない停止は第 4 修正違反となると判示して，検問所を設置して行われる一斉検問に一定の制限を課している[19]。

（檀上　弘文）

---

16) 渥美・前掲註 15) 29 頁参照。
17) 津村・前掲註 1) 112 頁。
18) City of Indianapolis v. Edmond, 531 U.S. 32 (2000). 本件については，洲見光男・朝日法学論集 26 号 155 頁参照。*Sitz* 及び *Prouse* では，その第一次的目的は，「道路の安全の確保」であり，*Martinez-Fuerte* は，「不法入国の防止という国境警備」が第一次的目的と解されている。
19) LaFave, *supra* note (15), at 453.

6　自動車の乗員に対する降車命令

11. Maryland v. Wilson, 519 U.S. 408 (1997)

　交通違反で停車させた自動車の同乗者に対して，官憲に危害を加える具体的嫌疑の有無を問わずに降車を命じても，合衆国憲法第4修正に違反しないと判示された事例。

《事実の概要》
　午後7時30分頃，メリーランド州の警察官は，制限速度を超過し，正規のナンバープレートを付けず「エンタープライズ・レンタカー」と書かれた紙片を貼り付けて走行していた乗用車を目撃し，道路の端に寄せて停車するように合図を送ったが，この乗用車が指示に従い停車したのは，さらに約2.4km走行した後であった。追跡中に警察官は，乗用車の乗員が3名で，同乗者の2名が何度も後ろを振り向き，体をかがめて視界から消えて起き上がるという動作を繰り返すのを認めた。乗用車が停車し警察官が近づいて行くと，運転者が自ら降りて来た。運転者は震えて落ち着かない様子であったが，運転免許証を提示した。このとき警察官は，同乗者の1人である被申請人Wilsonが汗をかき，ひどく落ち着かない様子で助手席に座っているのに気づいた。運転者にレンタカーの契約書等の書類を車に戻って持って来るように命じ，運転者がこれを車の中で探しているときに，警察官はWilsonに降車を命じた。Wilsonは，警察官に降車を命じられ車を降りる際に，多量のクラック・コケインを地面に落とし，頒布目的でのコケイン所持を理由に逮捕・起訴された。
　公判前にWilsonは，この警察官の降車命令が第4修正上の不合理な（身体の）押収に当たると主張して，コケインの証拠排除を申し立てた。The Circuit Court for Baltimore Countyは，この排除申立を認容した。メリーランド州The Court of Special Appealsは，交通違反で車を停車させた際に警察官は当然

に運転者に降車を命じることができるとの Mimms (Pennsylvania v. Mimms, 434 U.S. 106 (1977)) の判断は，同乗者に対する関係では適用されないと判示して，Circuit Court の判断を確認した．合衆国最高裁判所によりサーシオレイライが認容された．

《判旨・法廷意見》
破棄・差戻し
1．レンクィスト首席裁判官執筆の法廷意見

Mimms (Pennsylvania v. Mimms, 434 U.S. 106 (1977)) では，合法的に車両を停車させた場合には，警察官は当然に運転者に降車を命じることができると判示されているが，この *Mimms* の原則が同乗者に対しても適用されるか否かが本件の争点である．

Mimms では，市民の身体の安全に対する政府の干渉に，事情を総合して判断した上で合理性が認められるか否かが合衆国憲法第4修正上の分析の試金石だとされた．そして，合理性の有無を判断するに当たっては，公共の利益と，身体の安全に対して官憲の恣意的な干渉を受けない個人の権利との衡量が必要だとされた．*Mimms* では，公共の利益として交通取締りを行う官憲の安全確保を挙げ，運転者への降車命令は官憲の安全確保のための予防的措置として当然の実務だとされた．加えて，降車を命じることが許されないと，官憲が運転座席側のドアのわきに立つことになるため，追い越し車両に轢かれる危険も認められるとされた．他方，個人の利益については，車両が既に交通違反で停められているので，これに付加して降車を命じられることの干渉の程度は最小限 (de minims) のものであるとされた．そうして，利益衡量の結果，交通違反で停車させた後の運転者への降車命令は，常に第4修正に違反しないと判示されたのである．

ところで，申請人であるメリーランド州は，*Long* (Michigan v. Long, 463 U.S. 1032 (1983))，*Rakas* (Rakas v. Illinois, 439 U.S. 128 (1978)) で，*Mimms* の原則が同乗者に対しても適用されると黙示的に判示されていると主張してい

る。しかし，*Long* での判示は傍論であるし，*Rakas* では補足意見として述べられているものであるから，本件の争点については本件が初めての判断である。

叙上の *Mimms* の分析方法を本件に当てはめてみると，まず，公共の利益の側については，運転者に対する関係であれ同乗者に対する関係であれ，官憲の安全確保を図らなければならない点では変わりがない。FBI の統計では，1994 年だけでも，交通違反車両の追跡・停車中に 5762 名の官憲が暴行を受け，11 名が殺害されている。同乗者が後部座席の左側に座っている場合を除いて，官憲が追い越し車両に轢かれる危険はないものの，乗車している者が複数になればその分，官憲に危害を加える可能性のある者が増えることになる。

次に，個人の自由の側についていうと，同乗者には交通違反の probable cause（相当な理由）があるわけではないので，運転者とは異なり停止・留め置き（一時的身体拘束）をする理由がなく，したがって，ある意味では同乗者の方が運転者よりも自由を厚く保護されるべきであるともいえる。しかし，実際問題としては，車両の停止により同乗者も停止させられているのであるから，降車命令を受けても，停車中の車内にいるか車外にいるかの違いが生ずるに過ぎない。車外に出れば，たとえ，助手席や後部座席の，外部から見えない部分に兇器を隠していても，同乗者はこれに近づくことができない。交通違反の取締り中に暴力犯罪が発生するのは，交通違反とは別の重大犯罪の証拠が発見され身柄が捕捉されるのを恐れてのことであり，この点では運転者も同乗者も変わりがない。

Summers（Michigan v. Summers, 452 U.S. 692 (1981)）では，令状により住居の捜索を行うに当たり，住居から外に出ようとしている者を再び住居内に入れ，住居内に留め置くことが許されると判示されている。その理由としていわれたのが，警察官に対する危険が特に認められなくても，麻薬の捜索という捜査活動の性質上，突発的に暴力が振るわれたり，証拠隠滅が行われる可能性があり，そのような危険性が具体的に存在する場合であれば問題なく許される指示を警察官が常に機械的に出すことができれば，警察官と居住者双方にとって

危害の及ぶ危険が最小化するということであった。この判示を類推すれば，本件の判断の指針を得ることができる。

　以上，要するに，停止車両に同乗者がいる方が，運転者だけの場合よりも官憲に対する危険は大きくなると思われ，他方，降車命令は，その前提となる根拠は運転者と同一ではないが，同乗者に対しても最小限の干渉にしかならない。したがって官憲は交通違反で車を停車させた場合，停車中は同乗者に対しても降車を命ずることができる。原判断を破棄し差し戻す。

　2．スティーヴンズ裁判官の反対意見（ケネディ裁判官参加）

　(1)　本件の事実からすれば，官憲に危険が及ぶ具体的な嫌疑があったのであるから，*Terry*（Terry v. Ohio, 392 U.S. 1 (1968)）の理論構成によっても降車命令は正当化されるはずなのに，法廷意見の判示はさらに射程の広いもので，官憲に危害を加える虞れの全くない者に対しても降車を命じ得るとするものである。この場合の降車命令は第4修正の禁ずる恣意的な身体の押収に当たると考える。

　(2)　交通取締りを行う官憲の安全確保が重大な公共の利益であることは疑いないが，官憲が晒されている危険の度合いを測る指標として法廷意見が引用する統計からは，危害を加える具体的嫌疑を欠く同乗者が暴行を加えた件数が何件かはわからない。したがって，この統計は，同乗者に常に機械的に降車を命ずることが許されれば，官憲の危険は最小化するとの法廷意見の結論を支える根拠にはならない。

　さらにいえば，同乗者がいる車両が交通違反で停止させられる件数は膨大な数に登るが，それに対して同乗者が暴行を加える件数はごくわずかにすぎないと推計される。しかも，そのほとんどが，官憲に危害を加えると疑われる何らかの根拠がある場合であると思われる。同乗者への降車命令が，常に機械的に許されるようになれば，何ら法律を犯していない市民が，日々何千人も負担を強いられることになる。個々の負担はごくわずかでも，その総和は，官憲の安全の微かな向上という利益を凌駕するのは明らかである。

　(3)　*Terry*で，運転者への降車命令が自由に対する干渉として最小のものだ

とされたのは運転者が既に合法的に一時的身体拘束を受けていたからである。これに対して同乗者は，車が停止させられた副次的効果として停止させられているだけであり，法律上身体を押収されているわけではない。したがって，同乗者への降車命令は自由への最小の干渉であるとは言い難い。

　Terry では，probable cause に至らない程度の嫌疑を根拠に停止と捜検を行うことを許し，probable cause に基づいて発せられる令状により捜索・押収は行わなければならないという第 4 修正の一般原則に例外を認めた。とはいえ，この例外は狭く限定されたものであり，捜索・押収は具体的事実を根拠にして行わなければならないとの第 4 修正の中心的要請に反するものではない。本件において初めて，具体的嫌疑を一切欠く身体の押収が容認されたのである。本件の法廷意見の判断は，仮説的な根拠に基づいて個人の自由に干渉することを許すものであり，法廷意見が理解している以上に，個人の自由に大きな脅威をもたらすものとなるのではないかと危惧される。

　3．ケネディ裁判官の反対意見

　そもそも意思決定は，個別・具体的に原理付けられ，説明責任 (accountability) を果たしうるものでなければならないというのが，我が国の刑事司法制度の際立った特徴である。降車命令については，さらに，これを受けると 30 分以上は車外で公衆の目に晒されることになり，重大な身体の押収に当たるということからも，命令を合理的なものとする客観的事情が根拠として要求される。

　車両とその乗員に関しては，捜索・押収を実施するに当たり，先例で，特別に現場の警察官の判断が尊重されてきた。したがって，降車命令に客観的根拠を要求しても，その要件の充足は容易であり，官憲の安全は十分に図れるはずである。法廷意見が本件で認めた新たな権限を，官憲は裁量を働かせ自制して行使するかもしれないが，自由は官憲の恩寵として与えられるものではなく，憲法により権利として与えられるものである。

《解　説》

　1．合衆国最高裁判所は，*Terry*（Terry v. Ohio, 392 U.S. 1 (1968)）[1] 以降，

我が国でいえば職務質問，所持品検査などに当たる停止・質問，捜検（frisk）の領域にも合衆国憲法第4修正の保障が及ぶとの立場をとっている。ただし，ここでは，停止，捜検が合憲か否かを判断するに当たって，probable cause（相当な理由）の有無を基準にするのではなく，個人のプライヴァシーへの政府の干渉の程度とその干渉により得られる政府の利益との比較衡量により決するという方法を用いている。そして，*Terry* では，質問のための停止を行うには，犯罪が行われた，あるいは現に行われている，まさに行われようとしていることについての reasonable suspicion（合理的嫌疑＝不審事由）が要件となり，捜検を行うには，被質問者が官憲に危害を加える reasonable suspicion が要件となると判示された。

また，*Mimms*（Pennsylvania v. Mimms, 434 U.S. 106 (1977)）[2] では，交通違反を理由に合法的に停車させた自動車の運転者に降車を命ずるのに，第4修正上いかなる要件が課せられるかが問われ，叙上の利益衡量から，官憲の安全確保の必要とプライヴァシーへの干渉の程度の低さを理由に，要件は一切課されず常に機械的に降車を命ずることが許されると判示された。

Mimms の判断は，「運転者」への降車命令に限定されたものであったが，この判断を車の「同乗者」に対する降車命令に拡張することができるか否かが，本件で争われることになった。

2. この *Mimms* の同乗者への拡張について，下級裁判所では賛否両論に分かれていた。拡張を肯定した裁判例は，官憲の安全への懸念と降車命令による個人の身体の自由に対する干渉の程度はともに，同乗者に対する関係でも運転者と変わらないとした[3]。これに対して拡張を否定する裁判例は，交通違反の

---

1) *Terry* の紹介・解説として，渥美東洋『捜査の原理』（有斐閣，1979年）14頁，278頁，松尾浩也・アメリカ法1969年2号246頁，伊藤正巳ほか編・英米判例百選Ⅰ（阪村幸男）170頁がある。
2) *Mimms* の紹介・解説として，渥美東洋編『米国刑事判例の動向Ⅳ』（中央大学出版部，2012年）625頁（第60事件，小木曽綾担当）がある。
3) *See, e.g.*, State v. Ferrise, 269 N.W. 2d. 888 (Minn. 1978).

ために一時的な身体拘束を受けている運転者とは異なり，退去の自由がある同乗者に対しては，降車命令は運転者に対する以上に大きな自由への干渉になるとした[4]。また，拡張を否定する裁判例の中には，無条件で降車を命ずることは許されないが，車内での不審な動きなど，捜検を正当化する reasonable suspicion に至らない程度の嫌疑でも降車を命ずることができるとするものもあった。その理由は，同乗者は交通違反を犯しているわけではないので，運転者よりもプライヴァシーの期待は高く，したがって降車命令によるプライヴァシーへの干渉の度合いも運転者に対する場合よりは大きくなるが，この干渉の程度はやはり最小のものであるので，捜検と同じように考える必要はないというものであった[5]。

3．本件で法廷意見は，同乗者がいる分官憲が危害を加えられる危険は大きくなり，他方で，降車命令は同乗者に対しても最小の干渉にしかならないとして Mimms の拡張を認めた。

(1) 官憲に対する危険を抽象的・一般的に考えれば，同乗者は運転者と同様あるいはそれ以上に危険であるといえる。少なくとも，法廷意見が言うように，危害を加える可能性のある者の数が増える分だけ危険は増す。ただ，法廷意見の分析は，危険の抽象的・一般的検討で終わっているが，はたして，安全確保のための措置として同乗者に対し機械的・無差別的に降車を命ずる必要性はあるのだろうか。

この点，スティーヴンズ，ケネディ両裁判官の反対意見は，官憲に危害を加えると疑われる具体的・客観的な根拠のある場合に降車命令を限定しても官憲の安全は図れると主張している。本件では，同乗者が警察官の追跡を受けている間何度も体をかがめたり，停車後も汗をかき，ひどく落ち着かない様子を示すなど，不審な行動をとっており，反対意見がいうように，本件は降車命令に具体的な根拠があった事案である。本件のような事案で同乗者に降車を命じうるとする点では，合衆国最高裁判所の裁判官は全員一致している[6]。このこと

---

4) *See, e.g.*, State v. Williams, 366 So. 2d. 1369 (La. 1978).

5) *See, e.g.*, State v. Smith, 637 A. 2d. 158 (N.J. 1994).

が問題を混乱させているようにも思われ，また，本件が同乗者への *Mimms* の拡張を検討するのに適した事案であったのかという点で疑問も生ずる。

とはいえ，官憲に危害を加えると疑われる具体的な根拠のある場合に同乗者への降車命令を限定しても官憲の安全は図れるというのであれば，それは運転者に対する関係でも同じではないかと思われる。降車命令の目的は，車内の，警察官の目に触れない所に兇器を隠していたとしても兇器から引き離し使用できなくすること，及び，着衣の中に兇器を隠している reasonable suspicion がないかを確認することにあるが，この目的からは同乗者と運転者を区別する必要はないからである。運転者に対する場合について *Mimms* が必要性を肯定しているのだから，*Mimms* を前提にする限り，同乗者に対する場合でも必要性が認められるということになるであろう。反対意見の批判は，実質的には *Mimms* に向けられたものであると評価できる。

ただ，交通違反の処理をするのに，警察官は運転者と必ず対面してこれを行わなければならないのに対して，同乗者とは対面する必要はなく，停車後，運転者が自ら降車して警察官の方に近づいて来た場合などは，運転者を警察の車両に連行して召喚状（citation）を交付するなどすれば，同乗者を降車させなくても警察官は安全確保が図れる。この点を捉えて，同乗者に対しては機械的・無差別的な降車命令は不要であり，挙動不審などの具体的根拠を要件とすべきだと主張する論者もいる[7]。しかし，現実の状況は多様であり，また，経験不足などから官憲が挙動不審に気づかない場合もあるかもしれない。判断ミ

---

6) スティーヴンズ，ケネディ両裁判官の反対意見は，法廷意見の結論は是認しているわけであるから，補足意見あるいは結論賛成の意見になるようにも思われる。だが，スティーヴンズ裁判官は，降車命令を正当化する具体的嫌疑があるか否かの争点を当事者が排除申立手続で持ち出しておらず，また，合衆国最高裁判所でもこの争点を持ち出していないので，この争点について判断する権限がなく，反対意見を述べざるをえないとしている。*See*, Maryland v. Wilson, 519 U.S. 408, 416, n.1 (Stevens J. dissenting) (1997).

7) WAYNE LAFAVE, SEARCH & SEIZURE : A TREATISE ON THE AMENDMENT, § 9.5(a) at 268-269 (3rd ed. 1996).

スが官憲の生命に関わる場合があるだけに，微妙な判断を要する基準を憲法上の要件として課すのは妥当でなく，しかも，プライヴァシーへの干渉の程度も小さいことから，官憲の裁量を広く認めた方がよいとの選択が法廷意見の判断の根底にあったのではないかと推測される。

(2)　同乗者のプライヴァシーへの干渉ということでは，同乗者が法的に停止させられておらず，法的な身体拘束を受けていないことから，運転者に対する場合と干渉の程度に違いが生じるかということが問題となっている。*Mimms* で，降車命令は，停止させられ既に一時的な身体拘束を受けている者に対して「付加的に」なされるものであるから最小の干渉であると判示されたために，スティーヴンズ裁判官の反対意見のような干渉の程度に違いが生じるとの主張も成り立つ。これに対し法廷意見は，要するに，停止が「事実上」のものであれ「法律上」のものであれ，停車中の車両からの降車ということでは干渉の程度に違いは生じないというものである。降車命令と停止は，ともに挙動の自由に対する干渉に当たるとはいえ，別個の干渉である。しかし，降車させられることそれ自体は重大な干渉ではなく，官憲の安全確保のための予防的措置の必要性から正当化されうる程度のものであるというのが，法廷意見の考え方であると思われる。

(3)　この点は，干渉を正当化する具体的根拠の有無に関して *Mimms* をどう理解するかということとも関係してくる。スティーヴンズ裁判官の反対意見は，本件で初めて具体的根拠を伴わないプライヴァシーへの干渉が正当化されたというが，個々のプライヴァシーへの干渉それぞれに具体的な正当化根拠が必要だとするならば，*Mimms* も，降車命令についてはこれが欠けていた事例である[8]。というのは，交通違反の処理は，官憲の安全の問題さえなければ，運転者が乗車したままで行えるので，交通違反は停止の根拠にはなっても降車

---

8)　*Mimms* が，具体的な根拠を欠くプライヴァシーへの干渉を正当化したとして *Mimms* を批判するものとして，たとえば次のものを参照，Mills, *From Terry to Mimms: The Unacknowledged Erosion of Fourth Amendment Protection Surrounding Police-Citizen Confrontations,* 16 Am. Crim. L. Rev. 127 (1978).

命令の根拠にはならないからである。

　法廷意見は，*Summers*（Michigan v. Summers, 452 U.S. 692 (1981)）[9]が，プライヴァシーへの干渉が具体的根拠を伴わなくても，官憲に対する抽象的危険の予防措置として正当化される場合があることを認めた判例であるとして，これに依拠している。しかし，*Summers* は，住居内に麻薬があるとの probable cause があり，その住居の居住者が犯罪との関連を疑われていた事例であり，居住者の住居への留め置きは，官憲への危害防止を目的とした予防的措置であることのみを根拠として行われたわけではない。したがって，*Smmers* が法廷意見の根拠として適切な先例であるかは疑問である。

　いずれにしろ，*Mimms* は具体的根拠に基づかないプライヴァシーへの干渉を容認しており，*Mimms* 自体の当否は別として，*Mimms* を前提にする限り法廷意見の判断は妥当なものだということになるであろう。

　本件の事案は，我が国の判例では，任意処分の限界の問題として扱われることになるが，本件の争点をめぐる議論は，任意処分の相当性・適法性を判断する上で参考になると思われる。

（柳川　重規）

---

9)　*Summers* の紹介・解説として，渥美・前掲注2）49頁（第6事件，前島充祐担当），鈴木義男編『アメリカ刑事判例研究　第2巻』（成文堂，1986年）1頁（第1事件，信太秀一　担当）がある。

Ⅱ　逮　捕

1　無令状逮捕の事後審査

12.　County of Riverside v. McLaughlin, 500 U.S. 44 (1991)

　無令状逮捕後の裁判官による相当理由の審査は，逮捕後 48 時間以内に行われた場合は，審査が不合理に遅滞したことを被逮捕者が示さない限り，第 4 修正で要求される速やかな実施がなされたと判断されるが，48 時間を超えて行われた場合は，特別な状況の存在を政府が示さない限り，速やかな実施を欠いていたと判断されるとした事例。

《事実の概要》

　キャリフォーニア州の Riverside カウンティ（以下，「本件カウンティ」という。）では，無令状で逮捕された者の相当理由の事後審査をアレインメント手続と統合して実施していたところ，同手続は，不必要な遅滞なく，かつ遅くとも逮捕から 2 日以内に行われなければならないものとされていた。但し，土曜日及び日曜日並びに祝日は算入されないため，週の後半に逮捕された場合，相当理由の審査が行われるまで 5 日を要することもあり，感謝祭の連休を挟む場合は 7 日を要することもあり得た。本件カウンティで無令状逮捕された被申請人は，合衆国法典タイトル 42 第 1983 条に基づくクラス・アクションを提起し，同カウンティの手続が第 4 修正に反すると主張した。

　合衆国 District Court は，第 4 修正上，無令状逮捕後に身柄拘束を継続するには，「逮捕後速やかに（promptly）」，裁判官による相当理由の認定が行われることが要求されるとした Gerstein（Gerstein v. Pugh, 420 U.S. 103 (1975)）に本件カウンティの手続は反していると判断し，本件カウンティに対し，緊急状況を除き，裁判官による相当理由の審査を逮捕後 36 時間以内に実施することを命じた。

　第 9 巡回区 Court of Appeals は，Gerstein は相当理由の審査が逮捕に伴う事

務処理上の手順の完了後直ちに（immediately）行われることを要求しているものと解されるところ，逮捕に伴う事務処理上の手順に 36 時間より長く要することはないとして，本件カウンティの手続が Gerstein に反すると判断した。

Gerstein の下，いかなる場合に「速やかに（prompt）」相当理由の審査が行われたといえるかにつき，Court of Appeals の間で見解の対立が存在することから，合衆国最高裁判所がサーシオレイライを認容した。

《判旨・法廷意見》

破棄・差戻し

1．オコナー裁判官執筆の法廷意見

(1) Gerstein（Gerstein v. Pugh, 420 U.S. 103 (1975)）は，第 4 修正上，無令状逮捕した被疑者の身柄を公判前に継続して拘束するには，逮捕後「速やかに（promptly）」裁判官による相当理由の認定が行われることが要件となると判断したが，本件では「速やかに（prompt）」の意義が問われている。

Gerstein は，合理的にみて犯罪を行ったと疑われる者の身柄を拘束して公共の安全を保護するという州の強い関心と，正確さや根拠を欠く嫌疑により身柄拘束が長期化すれば，被疑者が職や収入，家族関係を損なうことになるという関心の調和を図ったものである。Gerstein は意義深いことに，被疑者の身柄を拘束し，収容のための手続を完了後「直ちに（immediately）」相当理由の審査が実施されなければならないとは判示しなかった。これは，公判前の手続に相当理由の審査を組み入れることにより刑事司法制度に与える負荷や被逮捕者を含む手続関与者に生じ得る不利益に鑑み，各州で異なる公判前の手続にどのように相当理由の審査を組み入れるかは個々の州に委ねたためであり，そこには連邦主義の要求に対する尊重が存在する。Gerstein は，相当理由の審査の実施に関し「柔軟さと各州における実験」が望ましいと論じており，第 4 修正が単一の厳格な手続枠組みを州に強いるものではないことを明らかにしようとしていたのである。

第 9 巡回区 Court of Appeals と反対意見は，Gerstein が逮捕に伴う事務処理

上の手順の完了後直ちに相当理由の審査を実施することを要求していると解する。しかし，それでは「柔軟さと州における実験」の余地はなく，Gerstein が明示的に想定していた，相当理由の審査の保釈決定手続等への組み入れも不可能であり，Gerstein がそのような柔軟さを欠く立場をとらないことは明らかである。第9巡回区 Court of Appeals と反対意見の解釈は Gerstein の判示の恣意的な引用に基づくものであり，またスカリーア裁判官が援用する1800年代初期にコモン・ローでみられた叙述も漠然とした訓示的性格のものにとどまる。

(2) Gerstein は，相当理由の審査を他の公判前の手続に組み込むことを許容しており，そのために審査が一定程度遅れることも許容されると解されるが，それには限度がある。合衆国憲法が特定の時間制限に従うよう要求していると判断することはためらわれるとはいえ，Gerstein が判示した「速やかに」との基準は十分な判断指針を提供してこなかったので，ある程度明確な基準を提供することが重要である。

そこで当裁判所は，Gerstein で明示された競合する諸利益に照らし，逮捕の48時間以内に裁判官による相当理由の審査を提供する法域は原則として Gerstein の速やかさの要件を満たすものと判断する。但し，相当理由の審査が48時間以内に行われた場合も，被逮捕者が同人の手続において不合理な遅滞があったことを証明し得るときは Gerstein 違反となり得る。遅滞が逮捕を正当化するための証拠の収集目的であった場合，被逮捕者に対する敵意に基づく場合，遅滞それ自体を目的とする場合が不合理な遅滞の例である。とはいえ，遅滞の合理性は相当程度柔軟に判断される必要があり，被逮捕者の移送，マジストレイトの確保が困難な深夜の収容，逮捕を行った捜査官の出頭確保など実務の現実が無視されてはならない。他方，相当理由の審査が48時間以内に行われない場合は，挙証責任は政府に転換され，政府の側が真に緊急性があったなど特別な状況が存在したことを証明する責任を負う。公判前の手続の統合や週末の介在は，48時間を超える遅滞を許容する特別な状況にはあたらない。

スカリーア裁判官は，逮捕後24時間を上限とする方が妥当だとするが，それは本件カウンティを含む数多くの法域に対して手続の相当程度の迅速化を強

いるもので，それはおそらく税収を投じた，警察官とマジストレイトの増員によることになると思われる。しかし，Gerstein は，正当な諸関心の間で合理的な調和を図ることを許すものであり，各法域の手続の規律に対しかかる直接的な干渉を行うものではない。

(3) 本件カウンティは，相当理由の審査をアレインメント手続と統合し，同手続は逮捕後2日以内に実施しなければならないとする。しかしながら，週末と休日を除くとしているため，木曜日に逮捕された者は月曜日まで，祝日が介在する場合はさらに長く，相当理由の審査を待たなければならない可能性がある。これは，当裁判所が合憲と考える逮捕後48時間を超えて相当理由の審査が行われないことが通常の実務として生じることを意味する。さらに週の前半に逮捕が行われた場合でも，アレインメント手続は許される最も遅い日に行われるのが本件カウンティの実務だという。これは正当な理由に基づく可能性もあるが，遅滞それ自体を目的とする遅滞である可能性もある。原判断を破棄して差し戻す。

2．マーシャル裁判官の反対意見（ブラックマン裁判官，スティーヴンズ裁判官参加）

被逮捕者の相当理由の聴聞が逮捕に伴う事務処理上の手順の完了後直ちに実施される場合に限り，Gerstein の下「速やかに」審査が実施されたといえる。本件 Court of Appeals の判断も同様の立場に立つので私は原判断を確認したい。

3．スカリーア裁判官の反対意見

第4修正は合衆国市民に対し，コモン・ローで認められていた不当な逮捕からの伝統的な保護を保障しているところ，コモン・ローでは，被逮捕者は「合理的にみて可能な限り早く（as soon as reasonably possible）」マジストレイトの下に引致されなければならないと解されていた。法廷意見は本件で公共の安全を保護する関心と，相当理由を欠く身柄拘束の継続を回避する関心との均衡を図るべきとするが，両者の均衡は合衆国憲法が既にとっている。Gerstein も同様のコモン・ローの理解に基づき，逮捕後「速やかに」相当理由の審査が行

われることを要求しており，逮捕に伴う事務処理上の手順とは関わりのない理由から審査の実施を意図的に遅らせることを許容していないのは明らかである。法廷意見は「柔軟さと州における実験」が望ましいという判示をもとに異なる理解をするが，当該判示は審査の時期に関して述べたものではないし，傍論に過ぎない。

　逮捕に伴う事務処理上の手順を完了し，相当理由の審査のためのマジストレイトの手配に要する時間は，多くの下位の裁判所の判断と論者が一致している通り，原則として24時間とみるべきである。したがって，特別な状況がない限り，(i)マジストレイトによる審査の手配や逮捕に伴う手順の実施とは関わりのない理由により，又は，(ii)逮捕後24時間を超えて，相当理由の審査を実施しないことは，第4修正にいう不合理な押収となると解すべきである。

《解　説》
　1．被疑者を公共に開かれた場所で（in a public place）重罪を理由に逮捕する場合は，逮捕者において相当理由（probable cause）が認められる限り，緊急状況の有無にかかわらず，第4修正は令状を要求しないと解されている[1]。多くの法域では，コモン・ローの実務に倣い，被疑者の逮捕後，遅滞なくマジストレイトの下に引致する手続が採られているが，これは合衆国憲法の要求とは解されておらず，またマジストレイトが告発状の受理や被逮捕者への権利告知を超えて，無令状逮捕の場合に相当理由の有無の実質的審査を行うかは必ずしも一致していなかった[2]。このため，法域によっては無令状逮捕後，裁判官による相当理由の審査を経ないまま，公判まで長期間身柄を拘束される場合も

1）　かかる立場を合衆国最高裁が明確に判示したのは1976年のWatson（United States v. Watson, 423 U.S. 411 (1976)）である。第4修正の下での逮捕における令状要件の適用については，渥美東洋編『米国刑事判例の動向Ⅳ』（中央大学出版部，2012年）第12事件及び第13事件の解説を参照。Watsonの邦文評釈として，鈴木義男編『アメリカ刑事判例研究（第1巻）』（成文堂，1982年）1頁（平澤修担当）参照。

2）　See, 3 Wayne R. LaFave, Search and Seizure § 5.1 (g) (5th ed. 2016).

あり得た。そこで1975年，合衆国最高裁が第4修正の解釈として，無令状逮捕後に被疑者の身柄拘束を継続するには，逮捕後「速やかに（promptly）」裁判官による相当理由の認定が要件となることを明らかにしたのが *Gerstein*（Gerstein v. Pugh, 420 U.S. 103 (1975)）である。本件では，いかなる場合に *Gerstein* にいう「速やか」な審査が行われたといえるかが争点となった。

2． (1) *Gerstein* の論理は大要次のようなものであった。即ち，① 令状が入手されなかったことのみをもって相当理由に基づく逮捕を無効と解した先例は存在しないところ，これは個人の自由の保護と，正当な法執行に対する支障とを実際的に調整した結果である。② 同様の調整の観点に照らすと，令状請求中の被疑者の逃亡や再犯の虞れのため，被疑者を逮捕し，逮捕に伴う事務処理上の手順を完了するために短時間拘束を継続することは，裁判官の事前審査なく，現場の捜査官による相当理由の判断のみに基づいて行うことは正当といえる。③ だが，被疑者を身柄拘束した以降は，裁判官の審査を省く必要が失われる一方，長期の身柄拘束は被疑者に重大な不利益を与えるので，第4修正は，無令状逮捕後の身柄拘束の継続には，裁判官による相当理由の認定を要求していると解すべきであり，④ この結論はコモン・ローの実務とも一致する，というものである。*Gerstein* は，裁判官による相当理由の審査に関する第4修正の要求に関し，個人の自由を保護する必要と捜査に支障を及ぼす虞れとを，手続の進展を考慮しつつ，利益衡量して決めるアプローチを用いていたといえる。

(2) 審査が行われるべき時期に関しては，「逮捕後，速やかに」などの判示から，逮捕後早期の実施が必要であることは明らかであったものの，具体的な基準は *Gerstein* では示されなかった[3]。ところで *Gerstein* では，相当理由の審査が対審構造によるべきかも争点となっていた。合衆国最高裁はこれを消極に解したが，その際，傍論であることを強調しつつ，「相当理由の認定手続の性

---

3) *Gerstein* では，無令状逮捕された者が裁判官による相当理由の審査がないまま30日以上も身柄拘束を継続される余地のあったフロリダ州の手続が争点となっており，速やかさの具体的基準を立てる必要はなかったからだと解される。

格は，全体としてみたときの州の公判前の手続と合致するよう形成されるのが通常であろう」，「柔軟さと州における実験が望ましい」といった判示をした上で，相当理由の審査に対審構造を取り入れることや，相当理由の審査を保釈決定手続等に組み入れること，既存の予備審問手続（preliminary hearing）を前倒すことなど，相当理由の審査の様々な実施のあり方に言及していた。これらは審査の時期に特化して述べられたものではないものの，審査の実施時期に関しても多少の幅があり得ることを示唆するものとも解し得た。

　Gerstein 後の下位の裁判所では，相当理由の審査の具体的な実施時期を巡り見解の対立が生じた。最も支持されていた逮捕後 24 時間を目処とする立場の他，48 時間，72 時間を目処とする立場が存在した[4]。

　3．(1)　本件で具体的に争点となったのは，相当理由の審査をアレインメント手続に組み入れ，逮捕後，週末と祝日を除いた 2 日以内に実施するとした州のカウンティの手続である。もっとも週末と祝日が算入されないため，審査まで最長 7 日を要し，*Gerstein* 後の下位の裁判所でみられた基準に照らしても，同手続で *Gerstein* にいう速やかな審査が行われているとはいいがたく，その点で法廷意見，反対意見の間に相違はない。相違が生じたのは，(i) 被疑者の逮捕とそれに伴う収容の手続とは関わりのない理由から審査の実施を遅らせることは許されるか，(ii) 審査は逮捕後何時間以内に行われる必要があるかについてである。

　(2)　法廷意見は，(i) については積極に解したが，その根拠として，*Gerstein* は事前・事後の相当理由の審査の要否を個人の自由を保護する必要と捜査に支障を及ぼす虞れとの利益衡量により判断していたこと，また *Gerstein* の前記判示（傍論）に州の刑事手続の自律を尊重する連邦主義の関心が見出されること，相当理由の審査を公判前の保釈決定手続等に組み入れる余地が言及されていたことを強調している。法廷意見の論旨を敷衍すると，① 相当理由の審査の要求は元々，関係する諸利益の衡量から導かれたものであるから，その実施

---

4)　*See*, 3 LaFave, *supra* note (2), § 5.1 (g) n. 308-311 (collecting cases).

方法も論理的・規範的に1つに限定されているわけではない，② そうだとすれば，そこには連邦主義の関心が働く余地が生じ，審査の審査方法については一定の枠内で州の選択・創意工夫が許されるべきである，③ そこには他の公判前の手続に組み入れることも斥されるものではなく，それに伴って審査の時期が遅れることも一定の限度内であれば許される，というものだと思われる。

　法廷意見は，(ii)については，原則として48時間を限度とする基準を採用した。但し，この基準は絶対的なものではなく，推定を用いたものである。即ち，① 48時間以内に審査が行われる場合は，速やかに審査が行われたことが推定されるものの，被逮捕者が同人の手続において審査が不合理に遅滞したことを示すことでこの推定を破ることができ，他方，② 48時間以内に審査が行われなかった場合は，速やかな審査が行われなかったと推定され，この推定を破るには，政府の側が遅滞に特別の事情があることを示さなければならない，というものである。法廷意見はこの基準を立てるに際して，合衆国憲法が特定の時間制限を設けていると判断することに躊躇を示しつつ，州が合憲性に疑念なく公判前の手続を設計できるよう具体的な指針を提供する必要を強調している。その関心を反映してか，48時間以内に審査が実施された場合でも不合理な遅滞となる場合の例を具体的に挙げており，また48時間を超えて行われた審査が許容されるための特別な理由に，公判前の手続の統合や週末の介在は含まれないと明示的に述べている。さらに相当理由の審査を統合しうる公判前の手続は，公判前のかなり早い段階で行われる手続に限定されるとし，具体的にアレインメント手続と保釈決定手続を挙げ，*Gerstein* が傍論で言及していた予備審問手続には言及をしていない。

　(3)　マーシャル裁判官の反対意見[5]とスカリーア裁判官の反対意見はともに，(i)について消極に解するが，実質的理由を述べたのはスカリーア裁判官のみである。同裁判官は，① 第4修正はコモン・ローで認められていた不当な逮捕からの保護を保障しているところ，② コモン・ローでは，被逮捕者をマジ

---

　5)　ブラックマン裁判官とスティーヴンズ裁判官参加。

ストレイトの下に，逮捕者の能力に照らして合理的に可能な限り早期に引致する実務が確立しており，③ *Gerstein* が無令状逮捕後速やかな相当理由の審査を要求した趣旨はこのような第 4 修正とコモン・ローの理解に基づくものであるから，④ 被疑者の逮捕とそれに伴う収容の手続の完了（ないし審査を行う裁判官の確保）と関わりのない理由から審査の実施を遅らせることは許されないと論じた。もっとも前述の通り *Gerstein* は，コモン・ローの実務も援用しているとはいえ，裁判官による相当理由の審査の要求を，主として個人の自由の保護と捜査の支障の利益衡量から導いており，スカリーア裁判官の主張は *Gerstein* の判示の一側面を捉えた解釈に基づく主張であるように思われる。

　スカリーア裁判官は，(ⅱ) について，原則として逮捕後 24 時間を限度とする基準を主張している[6]。法廷意見と同様，これは推定を用いた基準であり，① 審査が 24 時間以内に行われた場合は，速やかに実施されたと推定されるが，それが逮捕・収容の手続ないし裁判官の手配以外の理由から遅れたことを被逮捕者が示す場合はその限りではなく，② 審査が 24 時間以内に行われなかった場合は，事前予測の困難な特別な状況を政府が示さない限り，速やかな審査が実施されたものとは扱われないというものである。

4．本件は，無令状逮捕後の裁判官による相当理由の審査時期に関し，*Gerstein* の要求する速やかな実施といえるための具体的な判断枠組みを示したものであり，各法域における立法・運用に与える影響は大きいと考えられる。

（三明　翔）

---

6) マーシャル裁判官の反対意見は，この点については検討をしていない。

2　有形力行使の合憲性

13.　Tennessee v. Garner, 471 U.S. 1 (1985)

犯行現場から逃走しようとした，凶器を携帯していない押込み（burglary）の被疑者を銃撃して死亡させた行為が第4修正上の不合理な身体の押収に当たると判示された事例。

《事実の概要》
　不法侵入通報（prowler inside call）を受け，メンフィス市の警察官であるHymonらは夜間に現場に赴いた。Hymonらが現場に到着すると，通報者がある隣家を指さし，ガラスの割れる音が聞こえ，人数はわからないが誰かがその隣家に侵入したと彼らに伝えた。Hymonがその隣家の裏手側に回っていくと，本件被疑者であるGarnerが住居の中から裏庭に走り出て来て，その裏庭の端にある高さ6フィートの金網フェンスの前で立ち止まった。Hymonは，懐中電灯で照らすことで，Garnerが凶器を携帯している兆候がないことを確認し，確実であるとまでは言えなかったが，Garnerが凶器を携帯していないだろうと合理的に推測することができた。また，Hymonは，Garnerは小柄で，齢も17，8歳であると考えていた。Garnerはフェンスのそばで身をかがめていたが，Hymonが'警察だ，動くな'と叫んで，Garnerの方に数歩近づいていくと，フェンスを乗り越えようとし始めた。Garnerがフェンスを乗り越えれば逃げられてしまうと考え，HymonはGarnerを銃撃したところ，銃弾はGarnerの後頭部に命中し，Garnerはまもなく死亡した。Garnerの遺体からはその隣家から奪われた10ドルと財布が発見された。
　Hymonが逃走を阻止するために致死的な有形力を行使したのは，テネシー州法上の権限及び，警察署の方針に従ったものであった。このテネシー州法の規定では，警察官が逮捕する意図を告知した際に，被告人が逃走もしくは抵抗

した場合には，警察官は逮捕を実行するために必要なあらゆる手段を用いることが許されるとされていた。警察署の方針も同様に押込み（burglary）の場合には致死的有形力の行使を許すものであった。

　Garner の父親である被上訴人・被申請人はテネシー州西部地区 District Court に，本件警察の銃撃行為は合衆国憲法第 4 修正に違反することなどを理由として合衆国法典タイトル 42, 1983 条に基づきメンフィス市などに対して損害賠償を求める訴えを提起した。合衆国 District Court は，Hymon の行為は合憲であると結論付け，請求を退けた。これに対して，合衆国第 6 巡回区 Court of Appeals は，本件で適用される限りにおいて，テネシー州法は第 4 修正上合理的であるとはいえないとし，District Court の判断を破棄・差し戻した。テネシー州法を擁護するために第三者として訴訟に参加していたテネシー州政府が上訴し，メンフィス市もサーシオレイライの発給を申請した。合衆国最高裁判所は上訴・サーシオレイライをともに認容した。

《判旨・法廷意見》

　原判断確認・差戻し

　1．ホワイト裁判官執筆の法廷意見

　本件の争点は，一見したところ凶器を携帯していないと思われる重罪犯の逃走を防ぐために致死的な有形力（deadly force）を行使したことが第 4 修正に違反するか否かである。当法廷は，そのような有形力の行使は，逃走を阻止する必要があり，かつ，その有形力を行使する警察官が，被疑者がその警察官自身やその他の者を殺害する，もしくは，重大な身体的傷害を負わせる危険性を有していると思料するに足る相当な理由がある場合でなければ許されないと結論を下す。

　⑴　警察官がある者の退去の自由に制限を加える場合はすべて，警察官はその者の身体を押収したことになる。警察官の干渉がごくわずかである場合にはまさにどの段階で身体の押収になるのかは必ずしも明らかなものではないが，致死的な有形力の行使により身柄を捕捉することが第 4 修正上の押収に当たる

ことは明らかであり，したがって，この場合には第4修正の合理性の要件に服することも明白である。

　申請人と上訴人は，警察官がある者が犯罪を行ったと思料するに足る相当な理由を有している場合には身体の押収を行うことができ，この要件が充たされていれば，第4修正は押収の方法については何も関知していないと主張するが，この主張はこれまでの当法廷の先例を無視するものである。押収の合理性を判断するにあたって，当法廷はこれまで，個人の第4修正上の利益に対する侵害の内容と性質と，その侵害を正当化するために主張された政府側の利益の重要性を比較衡量してきたのであり，また，この原理を第4修正のキーとなる原理（key principle）として扱ってきた。この比較衡量の事情の1つとして侵害の程度が挙げられていることから，第4修正上の合理性は押収が行われた方法によっても左右されることになる。

　本件において先例と同様の比較衡量を行えば，たとえ警察官が被疑者の身体を押収する相当な理由を有している場合であっても，その被疑者を殺害することで身体の押収を行うことが常に許されるわけではないことになる。本件において侵害された被疑者の生命の利益の重大性は説明するまでもないものであり，さらに本件致死的有形力の行使は，罪責の有無・刑罰に関して裁判所の判断を受ける個人・社会の利益をも侵害するものであった。これらの利益と衡量される政府側の利益は，効果的な法執行という利益であり，逃走すれば銃撃されるという脅威により逮捕時の暴力的行為全体を減らすことができると主張されている。

　このような政府側の利益を軽視するわけではないが，申請人及び上訴人は，危険性のない逃走犯を銃撃したことには，その逃走犯の生命の利益を凌駕するほどの極めて重大な利益があったということについて当法廷を説得できていない。身柄を捕捉するために致死的有形力を用いればそもそも刑事司法制度を開始させることができないため，これに依拠することは自滅的な結果をもたらすといえるだろう。致死的な有形力の行使という脅威が逮捕時の暴行行為を減少させるという政府側の主張も実証されているわけではない。さらに，アメリカ

合衆国における大多数の警察が，暴力的でない被疑者（nonviolent suspects）に対して，致死的な有形力を行使することを禁止してきたことに照らせば，致死的な有形力を行使する権限があらゆる重罪事件における逮捕権限に付随する本質的な性質であるとする考えに疑問を呈する相当程度の論拠となるだろう。

　事情を問わず，重罪犯すべてについて逃走を阻止するために致死的な有形力を行使しうるとすることは，憲法上不合理であり，被疑者が凶器を携帯しておらず，警察官や第三者に危害を加える危険性がない場合に致死的有形力を行使することは許されない。テネシー州法は，このような場合において致死的な有形力を行使する権限を付与している限りにおいて違憲である。とはいえ，テネシー州法が文面上違憲であるわけではない。警察官が，被疑者がその警察官自身や第三者の身体に対する相当な侵害をもたらす危険があると思料するに足る相当な理由を有している場合，致死的な有形力を用いることで逃走を阻止することは憲法上不合理とはいえず，このような状況において適用される限りテネシー州法は合憲であるといえる。

　(2)　コモン・ロー上のルールでは，逃走軽罪犯の逮捕を行う際に致死的な有形力を行使することを一律に禁止する一方で，逃走重罪犯の逮捕を行うために必要である場合にはあらゆる有形力を行使することが許容されていた。

　申請人と上訴人は，このコモン・ロー上のルールは，第4修正採択当時及びその後しばらくの間支配的なものであり，現在においてもいくつかの州では依然として有効なものであることを理由にして，逃走重罪犯に対して致死的な有形力を用いることは第4修正上合理的であると主張している。確かに当法廷は第4修正の合理性の判断においてしばしばコモン・ローに目を向けてきたが，これは第4修正採択当時の実務に固執することを意味するものではない。法と技術が大きく変化してきたことに照らせば，このコモン・ロー上のルールを今日において直接当てはめることはできない。

　このコモン・ロー上のルールは，重罪すべてに死刑が科されていたことから，たとえ逃走重罪犯を殺害しても，それは重罪で処罰した結果として生じる重罪犯の殺害よりも過酷とはいえないこと，また，重罪が相対的に危険な行為

が関連していたことを論拠としていた。とはいえ，今日では重罪すべてに死刑が科されているわけでもなく，また，以前は重罪と軽罪の間に大きな溝が存在したが，今日ではその差異は小さく，区別も恣意的なものとなっており，軽罪であっても重罪よりも危険な行為が関連するものさえある。

また，このコモン・ロー上のルールは，武器が未発達で，自身の安全を危険にさらすことになる接近戦を警察官が行わざるを得なかった時代に形成されていったものである。一方で，今日において警察官は遠距離から致死的な有形力を行使しているのであり，これは上述した状況での致死的有形力の行使とは全く異なる意味合いを持ち，より過酷な結果を生じさせるものといえるだろう。さらに，このコモン・ロー上のルールも，軽罪犯の身柄を捕捉する際に致死的な有形力を行使することは，過剰な行為であるとして禁止していたという側面があることにも留意しなければならない。

要するに，コモン・ロー上のルールをそのまま今日において適用することはこのルールの内容を面影もないほどにゆがめてしまうことになる。

警察の手続が第4修正上合理的であるといえるか否かを判断するに当たって，当法廷は個々の法域それぞれにおいて支配的なルールをも考慮に入れてきた。各州のルールや警察署の方針は様々であり，コモン・ロー上のルールから離れようとする明確な潮流があるということはできない。それでもなお，長期的にみれば，逃走重罪犯すべてに対して致死的な有形力を行使することができるというコモン・ロー上のルールから離れていく方向に進んでいるように思われる。このような傾向に照らせば，古く，そして，徐々に消えゆくコモン・ロー上の考え方は我々が本件で検討を加えているテネシー州法の合憲性が疑わしいことを示している。

長年行われてきた警察の実務を第4修正上不合理であるとすることで，効果的な法執行が大きく妨げられるならば，当法廷はそのような判断を行うことに躊躇するだろう。申請人及び上訴人は，当法廷が採用したルールは，不可知の事実（unknowable facts）について瞬時に判断するという不可能を警察官に強いるものであると主張する。確かに被疑者の危険性を一瞬のうちに判断するこ

とは実務上困難であるということができるが，たとえば所持品検査の場合などにおいても，警察は同じような困難な判断を行っているし，実際に致死的有形力の行使に厳格な要件を課した州において効果的な法執行が害されたという証拠は何もない。警察の大多数が自らコモン・ローよりも厳格な制限を設けていることに照らしても，この申請人・上訴人の主張は疑わしいものとみなければならない。

(3) 本件被疑者であるGarnerは，若く，体格も華奢で，凶器を携帯していなかったのであり，HymonはGarnerが自身や第三者の身体に害悪を及ぼす危険があると思料する相当な理由を有していなかった。実際に，Hymonは逃走を阻止する必要性以外に他の正当化根拠を示して自身の行為を正当化しようとしていない。

反対意見は，本件銃撃行為は，HymonがGarnerが夜間に押込み（nighttime burglary）を行ったと疑うに足りる相当な理由を有していたという事実により正当化できると主張する。押込み（burglary）が重大な犯罪であることは確かだが，押込み（burglary）が致死的な有形力の行使を機械的に正当化するほど危険であるということに同意することはできない。凶器を携帯した押込み犯に関しては別であるが，凶器を携帯していない被疑者が夜間に住居に侵入したという事実は，その被疑者が身体的な傷害をもたらすような危険を有することを必ずしも意味するものではなく，実際に押込みに暴力行為が伴うのはごくわずかであることが示されている。

Court of Appealsの判断を確認し，メンフィス市等に対する損害賠償責任に関するさらなる審理を行わせるため，本件を差し戻す。

2．オコナー裁判官の反対意見

本件法廷意見の結論は，住居に対して行われる押込みが重大かつ危険な性質を持つこと，及び，多くの州で長年行われてきた実務を考慮しないで下されたものであり，逮捕を行うための相当理由を有し，致死的有形力を行使する以外に逃亡を阻止しえない警察官から自由に逃走する権利を押込み犯に与えている。私はこのような権利が保障されるとは考えていないため，反対意見を執筆する。

(1) 本件において，Hymon は Garner が凶器を携帯しているか否かの確信を抱けず，また，共犯者がいるか否かについてもわからなかったというような不確かな状況に置かれていたのであり，このような事実は，警察官が現場で得た情報に基づき一瞬のうちに行わなければならない判断が如何に困難であるかを示している。本件では，このような状況の下で Hymon が致死的な有形力を行使したことが Garner の憲法上の権利を侵害するか否かが争点とされたのであり，法廷意見はほとんど関連のない事項についてまで判断してしまっている。

(2) 本件において法廷意見が第 4 修正の合理性を争点としたことは正しいが，比較衡量を行うにあたっては，逃走犯の身柄を捕捉するために警察が致死的な有形力を行使することには，現場で確認した状況から瞬時に判断して行動することが関わることに留意しなければならない。このような不確かで，しばしば危険を伴う状況においてなされる判断を，後知恵で明らかになった事情によって評価することはできない。さらに，法廷意見は，権利章典が採択された当時に受け入れられており，現在でも多くの州の立法府から支持を受け続けている警察実務を第 4 修正が禁止しているとしたが，そのように主張するならば，その論拠を十分に示さなければならない。

押込みの被疑者が逃走した際にその被疑者を捕捉する手段として致死的な有形力を行使することにみられる公共の利益は第 1 に犯罪の重大性が関連してくる。住居への押込みは個人の住居への不法な侵入が関わるだけでなく，同様に，重大な傷害を負わせうる現実的な危険が伴うものであり，実際に，司法省の統計では，住居での強姦・強盗・加重暴行の多くが押込み犯によって行われているとされる。このような押込みの重大で，危険な性質に照らせば，この犯罪を予防・摘発することに見出される公共の利益は極めて重要なもの（compelling importance）であるといえる。この公共の利益に対して衡量される被疑者の生命の利益について法廷意見は説明するまでもないとした。とはいえ，被疑者がこの生命に関する根本的な利益を守りたいならば，被疑者は逃走するのではなく，単に警察官の命令に従って停止すればよいだけであり，この利益に押込み犯が現場から逃走する権利が含まれているとは考えられない。こ

のような諸利益を適切に衡量すれば，逮捕をする相当理由を有する警察官が夜間の押込み犯の逃亡を阻止するための最後の手段として致死的な有形力を行使することは第4修正上不合理であるとはいえない。

(3) たとえ私が本件事情の下で第4修正違反を認めた場合であっても，私は法廷意見に参加することはできない。法廷意見は銃器の使用に限らず，致死的有形力の行使に関する判断をしたことで，潜在的に死の結果に至るような虞れのある警察実務に第4修正の規律が及ぶことを不必要にも示唆している。

さらに，法廷意見は被疑者の危険性の判断について何ら指針を示さなかったため，本件のような不確かな状況で行われる困難な判断を後知恵で評価することを招いた。この結果として，警察官の有形力の行使の合理性を争う訴訟が濫発することが予測され，今後この領域を判断するための第4修正の法理が新たに形成されていくことになるだろう。

《解 説》

1．本件は，未成年で，凶器を携帯していない重罪犯の逃走を阻止するために致死的有形力（deadly force）を行使したことが合衆国憲法に反しないかが争点とされた。

警察官の有形力の行使を合衆国憲法のどの条項に基づき規律するべきかについて，第4修正に基づいて判断を行うべきであるとする裁判例[1]と，実体的デュー・プロセスに基づき判断を行うべきとする裁判例[2]の2つの立場に分かれていた。本件においても被上訴人・被申請人は，合衆国District Courtに対して第4修正違反の他に，実体的デュー・プロセス違反を申し立てている。本件の法廷意見は，第4修正上の合理性の要件を判断する際に行われる比較衡量に

---

1) Screws v. United States, 325 U.S. 91 (1945); Brazier v. Cherry, 293 F. 2d 401 (5th Cir. 1961); Monroe v. Pape, 365 U.S. 167 (1961); Johnson v. Glisk, 481 F. 2d 1028 (2nd Cir. 1973); Shillingford v. Holmes, 634 F. 2d 263 (5th Cir. 1981).

2) Kidd v. O'Neil, 774 F. 2d 1252 (4th Cir. 1985); Gilmere v. City of Atlanta, 774 F. 2d 1495 (11th Cir. 1985); Martin v. Gentile, 849 F. 2d 863 (4th Cir. 1988).

おいて，警察官の活動の侵害の程度が考慮されていることから，第4修正は押収がなされる方法にまで規律を及ぼすと述べ，致死的有形力の行使を第4修正上の問題と扱い，実体的デュー・プロセスについて判断を示すことはなかった。本件以後，*Graham*（Graham v. Connor, 490 U.S. 386 (1989)（本書14事件））において，被疑者の身柄の捕捉もしくは捜索を目的とする有形力の行使は，不合理な押収を禁止する第4修正に照らして判断するべきであると判示されており，捜索・押収を目的とする警察の有形力の行使が実体的デュー・プロセスではなく，第4修正の問題であることが確認されている。

2．第4修正[3]違反を判断するに当たって，合衆国最高裁判所はまず，第4修正上の捜索・押収に当たるか否かを検討し，捜索・押収に当たる場合には第4修正上合理的であるか否かについて，侵害される個人の利益とその侵害を正当化するための政府側の利益を比較衡量することで判断してきた。

身体の押収に当たるか否かという争点について，本件法廷意見は，「警察官がある者の退去の自由に制限を加えた場合はすべて，警察官はその者の身体を押収したことになる」と述べ，致死的有形力の行使により身柄の捕捉をしたことが第4修正上の身体の押収に当たることは明らかであるとした。反対意見もこの点については同意している。ここで法廷意見の示した身体の押収の概念に基づけば幅広い警察活動が第4修正上の身体の押収を構成するように思われ，本件法廷意見を，合衆国最高裁判所が警察の活動を広く第4修正の合理性の要件に服させようとする態度を示したものであると解釈する者もいる[4]。とはいえ，本件法廷意見は，警察の干渉がごくわずかな場合にどの段階で第4修正上の身体の押収を構成するのかは必ずしも明らかではないという留保を示しており，本件で示された基準はこのような干渉の程度がわずかである場合を規律す

---

3) 合衆国憲法第4修正は，わが国の憲法の文言とは異なり，不合理な捜索・押収を禁止しており，また，行動の自由に制限を加えることを逮捕ではなく，身体の押収と構成する。

4) Bacigal, *In Pursuit of the Elusive Fourth Amendment : the Police Chase Cases*, 58 Tenn. L. Rev. 73, 80 (1990).

るものではない。

 3. 第4修正上の合理性を判断するための比較衡量において，法廷意見と反対意見ではそれぞれ侵害される個人の利益とその侵害を正当化する政府の利益の評価が異なっている。

 法廷意見は，本件で侵害される利益は，被疑者が有する生命に関する根本的な利益と被疑者の裁判を受ける権利に見出される個人及び社会の利益という重大な利益であるのに対して，致死的な有形力の行使を正当化するために主張された効果的な法執行という政府側の利益は，実証されておらず，また，警察の多くがそのような有形力の行使を禁止していることからすれば，凶器を携帯しておらず，危険性の低い逃走重罪犯に対して致死的な有形力の行使を許容するほど十分なものではないと評価した。また，本件で争点とされたテネシー州法でとられたコモン・ロー上のルールを正当化する根拠も今日においては当てはまらないことから，本件の致死的有形力の行使は第4修正の不合理な押収に当たるとした。

 一方で，反対意見は，本件で侵害される被疑者の生命の利益は，被疑者が警察官の命令に従い逃走しなければ侵害されることはない一方で，本件で争点とされた押込み（burgray）は危険の高い犯罪であり，この犯罪を予防・摘発する公共の利益は極めて重大なものであることから，本件致死的有形力の行使を第4修正上不合理ではないとした。この際，反対意見は，本件のように不確かな状況下において一瞬のうちに行わなければならない判断には困難が伴い，法廷意見のように，この判断の合理性を後知恵により評価するべきではないという点を特に強調している。

 法廷意見は，反対意見が主張するような押込み犯の危険性や不確かな状況における被疑者の危険性の判断の困難性を否定しているわけではないが，それでもなお，逃亡の阻止という理由のみでは，凶器を携帯していない危険性の低い重罪犯を銃殺することを正当化できないとする。このような法廷意見の判断には当時の銃器使用をめぐる状況が関連しているように思われる。*Garner* が下された当時，テネシー州法が採用していたコモン・ロー上のルールは時代に沿

わないなどという強い批判を受けており[5]。また，致死的有形力の行使に緩やかな要件を課している州において，厳格な要件を課している州よりも多く致死的有形力の行使が見られた[6]。さらに，そのような法域の中では，同じ危険度であっても白人よりも黒人に対して多く致死的有形力の行使がなされており，また，白人では致死的有形力が行使されない程度に危険度が低い場合であっても黒人に対しては致死的な有形力の行使がなされるなど，人種による差別的運用があったといわれている[7]。合衆国最高裁判所はこのような致死的有形力の行使に関わる状況を改善しようと試み，被疑者が警察官や第三者の身体を害するような危険を有する場合のみ致死的有形力の行使は許容されるという一定の基準を示したものと考えられる。

4．本件は，のちの判例[8]でも明らかにされているように，本件事情の下での致死的有形力の行使が第4修正上合理的であるか否かが判断されたのであり，致死的有形力行使全般についての合憲性判断基準を示したものではない。したがって，本件で示された致死的有形力行使の合理性判断のための考慮要素が他の状況においても必ずしも当てはまるものではない。とはいえ，本件以後，各州は，本件で示された致死的有形力を行使するための基準に沿うようにルールを変更しており，本件が警察実務に与えた影響は大きいように思われる[9]。

（山田　峻悠）

---

5) Tennenbaum, *The Influence of the Garner Decision on Police Use of deadly force*, 85 J. Crim. L. & Criminology 241, 243-244 (1994).

6) Sparger, *Memphis Revisited : A Reexamination of Police Shooting After The Garner Decision*, 9 Just. Q. 211, 211-214 (1992).

7) *Id.*

8) Scott v. Harris, 550 U.S. 372 (2007). 本件は，高速度で逃走中の被疑者車両を警察官が警察車両を追突させて停止させた行為が第4修正上不合理とはいえないとされた事案である。

9) Flanders, Welling, *Police of Deadly Force : State Statutes 30 Years After Garner*, 35 St. Louis Pub. L. Rev. 109 (2016).

14. Graham v. Connor, 490 U.S. 386 (1989)

　捜査目的で加えられた限度を超えた有形力の行使が憲法に違反するのかどうかは，第4修正の合理性の基準で判断すべきであり，デュー・プロセスにより判断すべきではないと判示された事例。

《事実の概要》

　1984年11月12日，本件申請人グラハムは，糖尿病に罹患していたが，インシュリン発作を起こしたので，オレンジ・ジュースを買う目的で，車で近くのコンビニエンス・ストアに向かった。店が混雑していて，ジュースを買うのに時間がかかりそうなので，代わりに友人宅に行こうと急いで店を出た。

　本件被上告人コナーは，店に急いで入ったり出たりする挙動に，不審事由が認められると判断し，車を追跡し，それを停止させた。グラハムは「単なる糖尿病発作だ」と述べたが，「物が見つかるまで待て」と命じられた。グラハムは，降車して，そのまわりを2回走り回った後，歩道の縁石に坐り込んだ。その後，応援にかけつけた警官に，砂糖をくれと頼んだが，無視され手錠をかけられ，歩道にころがされた。また，別の警官は「こんな状態にならない糖尿病患者を，たくさん見てきている」とさえ言った。さらに，グラハムは「糖尿病の証明書が，財布の中にあるので，見てほしい」とも頼んだが，「だまれ」と言われ，パトカーにほうり込まれたので，友人が持ってきたオレンジ・ジュースさえ受け取ることができなかった。

　しかし，犯罪に関連する物は何も発見されなかったので，釈放された。そこで，警官による過剰な有形力の行使により，足・額・肩に傷害を受け，1日中，高い耳なりも続いたとして，第14修正違反を理由に，1983条に基づき訴を提起した。事件が陪審審理に付され，本件被上告人は，（無罪）指示評決を申請し，それが認容された。District Court は，限界を超えた有形力の行使が，1983条による請求原因（cause of action）になるのかどうかを判断するにあたり，次の4つの基準に拠った。第1は，有形力行使の必要性，第2は，行使さ

れた有形力の程度，第3は，傷害の程度，第4は，有形力の行使が善意（good faith）によるものかどうかであった。

　この基準に照らし，有形力の行使は適法だと認定された。

　Court of Appeals でも，意見は分かれたが，この基準に基づきそれが確認された。一方，反対意見は，第4修正の「客観的合理性の基準」により判断すべきだとした。第14修正によるべきか第4修正によるべきかを判断する目的で，サーシオレーライが認められた。

《判旨・法廷意見》
　破棄・差戻し
　1．レンクィスト裁判官執筆の法廷意見
　15年前，公判前段階で身柄拘束された者への，正当理由のない暴行を理由とする1983条に基づく損害賠償請求訴訟において，フレンディー裁判官は，合衆国憲法第4修正と第8修正ではなく，権利章典の具体的規定とは別に，デュー・プロセス条項を適用し，限界を超えた有形力の行使は，デュー・プロセスに反して，合衆国憲法第14修正でいう「自由」の侵害となると判示した。それは，警官の強制的胃洗滌により吐き出された証拠を，有罪認定に用いたことを理由に原審判断を破棄した Rochin v. California, 342 U.S. 165 (1952) が，判断の前提に用いられた。

　その後，多くの裁判例では，具体的な憲法上の権利章典の規定（第4修正ないし第8修正）ではなく，デュー・プロセスのテストが，有形力の行使が1983条で問題とされた事例で，無差別に適用されてきた。さらに，1983条には，基本的原理として「一般的権利（a generic "right"）」が含まれていると仮定する裁判例すら現われた。

　当裁判所は，この唯一の一般的権利のテストの適用を否定する。その理由は，1983条自体は，実体的権利の根拠ではなく，別の条項で与えられた連邦法上の権利を回復する手段にすぎないからである。

　ゆえに，その根拠を，どの具体的な憲法上の条項に求めるべきかを判断しな

ければならない。最も可能性が高いと考えられるのは，不合理な捜索・押収を否定する第4修正と，異常な刑罰を否定する第8修正であろう。ところで，本件では，限度を超えた有形力が，逮捕やその他の捜査の目的で，市民に停止を要求した場合に用いられていた。したがって，個人に対する不合理な押収を禁止する第4修正が，本件には最も適切である。

　Tennessee v. Garner, 471 U.S. 1 (1985) 事件では，凶器を所持していない被疑者に対し，致命傷を与える程度の有形力が加えられたことを理由に，第4修正とデュー・プロセス条項の双方が主張されたが，第4修正のみが適用され，押収の時間と方法とも合理的なものだと判示された。第4修正は，明文で，捜査を目的とする身体に対する侵害からの個人の保障を定めているので，この解釈方法によれば，捜査を目的とする停止に伴う有形力の行使にも，第4修正の定める合理性のテストが適用されることとなる。そして，具体的行為が合理的であったか否かは，個人の利益に対する侵害の態様と性質，それに対応する政府の利益とを注意深く衡量して定められる。

　ところで，われわれが長く認めてきている第4修正の法理によると，逮捕や捜査を目的とする停止には，必然的にある程度の物理的強制力や，そのための威嚇が是認されている。つまり，この合理性のテストは，正確に定義づけたり機械的に適用したりすることのできないものであり，犯罪の軽重も含め，法執行官の安全に対する脅威の有無，逮捕への抵抗や逃亡の虞れを，それぞれ具体的な事実や状況に注意深く照らして判断しなければならない。そこで，合理性があるかどうかは，通常平均的な官憲を基準に判断されることになる。そこで，相当理由が存在する場合には，結果的には誤った逮捕がなされたとしても，捜索令状があれば，結果的にはその捜索が誤ったものであっても，第4修正には違反しない。この合理性のテストは，有形力行使の場合にも適用されるので，押したり，投げ飛ばした行為が全て第4修正に違反するわけではない。この合理性の判断は，警察官が，具体的な状況下で，どの程度の有形力の行使を要するかを，ほんの一瞬の間に行わざるを得ないことに，その理由がある。それは，第4修正条項での他の問題と同様に，その判断は，官憲の主観的意図

にはかかわりなく，その行為が具体的事実と状況に照らし，客観的に合理的であったのか否かで行われる。Court of Appeals の，デュー・プロセスによる判断では，個々の官憲が good faith だったのか，悪意やサディスティックな意図があったのかを判断せざるを得ず，第4修正の解釈法とは相容れない。

　もっとも，Court of Appeals も，それらの要件は，単に客観的に不合理な行為を別な表現で述べたにすぎないとしているが，経験的には，それらの要件は，個々の官憲の主観的動機にすぎず，具体的押収行為が，第4修正の下で，不合理か否かという問題とは関係がない。さらに，Court of Appeals は，官憲の主観的動機は，残虐な処罰を禁ずる第8修正違反でも重要性があるので，第4修正の要件にそれを用いても原審判断を破棄する程度の瑕疵には当らないとも述べている。しかし「残虐な」「処罰」という文言は，明らかに主観的な心の状態を含むが，「不合理」という文言は，そのようなものには関係しない。そこで，第4修正では，客観的合理性が問題となり，「悪意」や「サディズム」という主観的な概念をそれに代えて用いるべきではない。

　2．ブラックマン裁判官（ブレナン・マーシャル両裁判官参加）の補足意見
　第4修正が，限度を超えた有形力の行使を判断する主要な方法である点，および，本件にその基準を適用し判断することには同意するが，そのことによって，実体的デュー・プロセス概念の適用が完全に否定されることになったとは解しない。

《解　説》
　1．合衆国法典42巻1983条[1)]では，公務員の不法行為が，損害賠償の請求

---

1)　1983条に関する我国での研究としては，宇賀克也『国家責任法の分析』（有斐閣，1988年），336頁以下，植村栄治「各国の国家補償法の歴史的展開と動向—アメリカ」『国家補償法大系　1』（日本評論社，1987年），所収，解説者によるものとしては，田村「合衆国における公務員の不法行為責任の法理」『東京国際大学論叢—商学部編』第37号，（1988年），同「公法上の不法行為と制限的免責—合衆国法典42巻1983条との関連で」『東京国際大学論叢—商学部編』第38号，（1988年），同「合衆国における裁判官免責制度の動向—合衆国法典42巻1983条に基づく違憲行

を中心として争われる。第1に，公務員がその職責に基づいて（under color state Law）行為したこと，第2に，それが連邦法違反を構成することがそこでの要件となる[2]。別の表現を借りれば「1983条は，別の法律により実体上の権利が定められている必要があり，それとは別に1983条自体で働くことはない（not self-executing）[3]」といわれる。そこで，本件法廷意見も，「1983条は，それ自体で実体的権利の根拠となるのではなく，他の規定により与えられた連邦法上の権利を回復する手段にすぎない」と述べ，この要件を確認した。

2． さて，このように，1983条では権利の侵害が要件となる。そこで，権利章典として具体的に規定されている権利侵害に関しては，問題はない。例えば，従来から1983条の下で，無令状捜索・押収[4]，合衆国最高裁判所が，第14修正の内容となると判示した違法収集証拠の排除法則[5]などが争われてきてい

　　為を構成する不法行為訴訟と絶対的免責」『比較法雑誌』第22巻第2号，(1988年)，同「合衆国公務員の過失と賠償—合衆国法典第42巻1983条を中心に」『東京国際大学論叢—商学部編』第39号，(1989年)，同「公務員の不法行為と訴訟費用の請求—合衆国法典42巻1983条と1988条との関連で」『東京国際大学論叢—経済学部編』第1号，(1989年)，同「公務員の不法行為と州の救済手続履践（消耗）原則—合衆国法典42巻1983条とヘービアス・コーパスとの関連で」『東京国際大学論叢—経済学部編』第2号，(1990年)，同『公務員不法行為責任の研究』(信山社，1995年)，渥美東洋編『米国刑事判例の動向 II』(中央大学出版部，1989年)，246頁以下。

2) 実体的デュー・プロセスが争点とされた裁判例でこれを明確に述べたものとして Coleman v. Frantz, 754 F. 2d 719, 723 (7th Cir. 1985). なお，この裁判例では，違法な身柄拘束が争点とされた。

3) Dollar v. Haralso County, GA., 704 F. 2d 1540, 1542 (11th Cir. 1983). 最高裁判所も「1983条は実体法上の根拠を与えるものではなく，単に個人が憲法違反を主張するための訴訟法上の根拠を与えるにすぎない」と述べている（Chapman v. Houston Welfare Rights Organization, 441 U.S. 600, 617-618 (1979)）。

4) 著名な判例として Monroe v. Pape, 365 U.S. 167 (1961).

5) この法則は，Mapp v. Ohio, 367 U.S. 643 (1961). で14修正の内容となると判示された。最近，この法則の適用が1983条で争点とされた判例として，Malley v. Briggs, 475 U.S. 335 (1986). Malley については，(本書第50事件，田村泰俊担当) 参照。

る。

　3．ところで，自己の権利を侵害されたと主張する時，その権利が具体的な権利章典に規定されていない場合には，1983条が憲法上の権利侵害を要件としているので，そこでは実体的デュー・プロセス違反があったとの主張がなされることとなる[6]。本件でも，警察官による限度を超えた有形力の行使が，実体的デュー・プロセス違反を構成すると主張された。その理由は，現在まで，多くの裁判例が，この種の不法行為を，実体的デュー・プロセスを基準に判断してきたことによる。この裁判例の傾向を基礎づけた判断が，Johnson v. Glick (1973) 事件[7]であった。この事件では，収容施設内でなされた公務員による有形力の行使が争点とされた。フレンドリー裁判官は，(1) 有形力行使の必要性 (2) その必要性と行使された有形力の程度 (3) 受けた被害の程度 (4) その有形力の行使が，善意によるものか悪意によるものか，という4つの基準に照らし，限度を超えた有形力の行使が，実体的デュー・プロセス違反を構成するのかどうかを判断するものだと判示した。実体的デュー・プロセスによった主要な理由は，第8修正や第4修正を適用すると，公判前段階での身柄拘束下にある者に加えられた有形力の行使を問題にできない点に求められた[8]。その後，この4つの基準が，無批判に適用されてきたことは本件法廷意見が指摘している。

　4．しかし，最近に至り，逮捕，停止等に関し行使された有形力の行使について，実体的デュー・プロセスではなく第4修正により判断をなすべきだとの裁判例が出されるようになった。その理由をまとめると，(1) 第4修正は逮捕を実効化する方法までも含む。(2) 第4修正の規定がより具体的な基準を定め

---

6)　従来，1983条を根拠とする訴訟で，実体的デュー・プロセス違反だとの主張がなされた類型は，行政の不作為，公用収用（taking Law）誤認拘禁，公務員が危険な状態を作り出した場合，限度を超えた有形力の行使である，Sheldon H. Nahmod, *Civil Rights and Civil Liberties Litigation*, 2d ed. 1986, Mcgraw-Hill Book Company, at 151-157.

7)　481 F. 2d 1028 (2nd Cir. 1973).

8)　*Id.* at 1032-1033.

ている[9]．というものだった．そこで，実体的デュー・プロセスに依るべきか第4修正に依るべきか裁判例が分かれたので，この問題を判断したのが本件なのである．本件法廷意見は，逮捕または捜査を目的とする有形力の行使は，不合理な押収を禁止する第4修正に照らして判断すべきだと判示した．そして，そのテストは，客観的合理性を基準にするので，通常，平均の官憲を標準として，その行為に相当理由が具備されていれば，第4修正違反にはならないことになる．なお，1983条では，担当公務員の行為に理由がある場合には，免責が認められるが，この免責享受の判断も，Harlow v. Fitzgerald (1982) 事件[10]で客観的に判断すべきであり，公務員の主観を要件とすべきでないと判示されている．そこで，本件の判断は，この免責に関する判例とも整合性を保つこととなった．

5．さて，本件では，逮捕・捜査を目的とする停止に伴う限度を超えた有形力の行使を，第4修正によって判断するという判示がなされた．ところで公務員による有形力の行使は，何もこの種の活動に限られるのではない．そこで，判例の射程距離は，この種の活動に限られるのであり，他の場合になされた有形力の行使には，実体的デュー・プロセスの適用の可能性を残していると読むべきだというのが，ブラックマン裁判官の補足意見である．

（追記）

本稿脱稿後，1983条に関し次の文献が出た．それは，植村栄治「合衆国法典42巻1983条に基づく州公務員等の不法行為責任」『行政法の諸問題　中』有斐閣，平成2 (1990) 年，617頁以下である．なお，同論文では，警官の無令状捜索に関し，その基準が「理性的な捜査官」にあるとする（植村，前掲，642頁）．しかし，最高裁が求めてい

---

9) 例えば，Lester v. City of Chicago, 830 F 2d 706, 710 (7th Cir. 1987), Dugan v. Brooks, 818 F. 2d 513, 517 (6th Cir. 1987). Vincent R. Fontana, *Municipal Liability: Law and Practice*, Wiley Law Publication, 1989, at 409-410.

10) 457 U.S. 800 (1982). なお，この基準との関係で，多少前の文献だが Note, *Qualified Immunity for Law Enforcement Officials in Section 1983 Excessive Force Cases*, 58 U. CIN. L. REV243, 244-261 (1989).

るのは理性的とまで言っているのではない。本件法廷意見も法執行は，ほんの一瞬の間に判断せざるを得ない場合もあり得ることを指摘するが，その際は，通常の判断ないしは平均的な判断をなしうる警官を基準としようとするのである。常に理性的な行動まで求めているのではない。このことは，その他法執行に関する刑事法の多数の判例からも明らかとなっている。本判決の内容と関係するので付言した。

（田村　泰俊）

3 令状執行の際に許される活動の限界

15. Wilson v. Layne, 526 U.S. 603 (1999)

住居内での逮捕にマスコミの立合を許したことは第4修正に違反する事例。

《事実の概要》

1992年当初，合衆国アターニー・ジェネラルは，合衆国マーシャルが州警察及び地方警察と協力して危険な犯罪者の身柄を確保する「ガン・スモーク作戦」(the Operation Gunsmoke) を実施した。この作戦は，連邦法違反及び／又は州及び地方で重大な薬物犯罪及びその他の暴力的な重罪を理由として逮捕令状が発布され手配されている「武装した個人」を対象とするものであった。

この作戦の対象となっていた危険な逃亡者の1人が，Dominik Wilson であった。Dominik Wilson は，強盗，窃盗，窃盗目的での暴行で有罪とされ，プロベイションに付されていた。警察のコンピューター・システムでは，Dominik Wilson は，武器を携行し，逮捕の際には抵抗して警察官に対して暴行する可能性があると登録されていた。この警察のコンピューター・システムでは，Dominik Wilson の住所が登録してあったが，実際はこの住所は彼の両親のものであり，警察はこの事実を知らなかった。

モンゴメリー巡回裁判所は，Dominik Wilson がプロベイションの遵守事項違反を理由とする逮捕令状を発布した。この令状は，権限を有する保安官に令状執行の権限を認めていたが，マスメディアの逮捕への立合又はマスメディアによる法執行に対する協力に関する記載は欠如していた。

1992年4月，合衆国副マーシャルとモンゴメリー警察から成るガン・スモーク作戦チームは，Dominik Wilson の逮捕状執行のため集合した。ワシントン・ポストの記者とカメラマンは，マスコミを法執行に立ち会わせるとのポリシーに基づき，この法執行に同行した。

上記作戦チームは，午前6時45分ごろ，Dominik Wilson の両親である申請人 Charls Wilson と Caroline Wilson の住居に立ち入ったが，両者はまだ睡眠中であった。警察官らは，父親を息子と誤認して床に押さえつけた。この作戦チームは，住居を安全確認のため点検したのち，Dominik Wilson が不在であることが判明し，警察官らは退去した。

ワシントン・ポストのカメラマンは，上記の状況について数多く写真撮影したが，記者は逮捕状の執行に関係していなかった。ワシントン・ポストは，上記写真を一切公開していない。

申請人は，本件逮捕状の執行時にマスメディアの立会を認めたのは，合衆国憲法第4修正上の権利を侵害するとして，Birens に基づき合衆国マーシャルを，1983条に基づきモンゴメリー警察の警察官を損害賠償を求めて訴えた。

被申請人は，制限免責の抗弁を主張するため簡易裁判手続（summary judgement）を District Court に求めたが，District Court は，被申請人のこの簡易裁判手続の申立を棄却し，制限免責を認めなかった。

The Court of Appeals は，法執行官の行為が第4修正に違反するかについて判断せず，逮捕令状執行時には，マスメディアの立会を許可することが第4修正に違反するかについて判断した裁判例が全く欠けており，争点とされている権利が「明確に確立されていた」（clearly established）とは言えないので，被申請人には制限免責が認められるとして，District Court の判断を破棄した。

巡回裁判所の判断が分かれているため，サーシオレイライを認容する。

《判旨・法廷意見》

レンクィスト裁判官執筆

1　全員一致

2　オコナー，ケネディ，ソーター，トマス，ギンズバーク，ブレイヤー裁判官参加

原判断確認

1．本件申請人は，Birvens（Birvens v. Six Unknown Named Agents of

Federal Bureau of Narcotics, 403 U.S. 388 (1971).) に基づき連邦公務員を，合衆国法典42巻1983条（42 U.S.C. §1983）に基づき州の公務員を提訴している。

Birvensと1983条は，共に，公務員が合衆国憲法第4修正に違反した場合，公務員に対する損害賠償請求を認めている。しかし，裁量権を有する公務員には，制限免責が一般的に認められる。但し，公務員の行為が，法執行時に明確に確立された法律上又は憲法上の権利を侵害している場合は，制限免責は認められない。

本件では，第1に，憲法上の権利が侵害されているか，第2に，この権利侵害が認められる場合，法執行時にこの権利が明確に確立されていたといえるかを検討する。

第1に，申請人の憲法上の権利が侵害されているかであるが，警察が，逮捕令状の執行の際，マスメディア又は第三者の住居内での立会を認めた場合，これらの第三者が，令状執行の助けになる場合を除き，住居所有者の第4修正上の権利の侵害となる。

第4修正は，住居のプライヴァシーに対する尊重を体現している。

そこで，被疑者を被疑者の自宅で逮捕する場合は，家屋への立入について，居住者の同意を欠き，緊急状態もないときは，逮捕令状が要件とされている。(Payton v. New York, 445 U.S. 573 (1980))。

家屋への立入が合法な場合でも，捜索の範囲が，有効に発布された令状の授権する範囲を超えた場合，又は，令状要件の例外が認める範囲を超えた場合は，それだけで違憲となる。(Horton v. California, 496 U.S. 128 (1990))。

もっとも，家屋内での警察の行為が，すべて令状に記載されることまで求めるものではない。(Michigan v. Summers, 452 U.S. 692 (1981))

第4修正は，令状執行時の警察官の行為は，認められた権利侵害の目的に関連する範囲に限定されることを求めている（Hicks）。

法執行官の逮捕目的での住居への立入の権限が認められたとしても，マスメディアの立会を認める権限が授権されたことにはならない。

第三者の立会が，令状執行の手助けとなる場合は，第三者のこの法執行への

立会は認められている。当裁判所及びコモン・ローは，第三者の財産が盗まれた場合，この盗品の確認のために第三者が法執行時に立ち会うことは認めてきた。だが，本件は，第三者の立会が，令状執行の手助けになる場合には当たらない。

被申請人は，マスメディアの立会は，多くの適法な目的の達成に役立つという。被申請人は，第1に，犯罪と闘う政府の努力を広報すること，第2に，執行活動の正確な記事を促すころ，第3に，官憲の権限乱用を最小限にすること，第4に，被疑者と警察官を保護することになるというが，マスメディアの住居内での法執行への立会を認める理由付けとして不十分である。

令状執行時に，第三者の住居内での立会を認めることが合憲である場合があるかもしれないが，本件マスメディアの住居での立会を認めた措置は，合衆国憲法第4修正に違反する。

2． 本件でマスメディアの住居での立会を認めた場合，これらの第三者が，令状執行の助けになる場合を除いて，住居所有者の第4修正上の権利侵害となると認められるので，次に，この権利が法執行時に明確に確立された権利といえるかについて検討する。

裁量権を有する公務員には，通常，制限免責が認められ，明確に確立された法律上又は憲法上の権利を侵害しない限り，非刑事の損害賠償が免責される（Harlow v. Fitzgerald, 457 U.S. 800 (1982))。これは，実際上は，法執行時を基準とし，明確に確立された（clearly established）法のルールに照らして，客観的な法的合理性の基準によって判断される。(Anderson v. Creighton, 483 U.S. 635 (1987))。

Anderson で，当裁判所は，明確に確立された法のルールとは，関連する法的ルールズ（legal rules）が他の法的ルールズと区別されているものをいうと判示した。制限免責の判断目的との関係では，権利の外枠が十分に明確であるため，通常の法執行官であれば，事故の行為が権利侵害だと理解できる場合をいう。

本件の争点は，客観的に，通常の法執行官であれば，逮捕令状執行時に，マ

スメディアの住居内での立会を認めることが，当時，明確に確立された法及びこの法執行官の有する情報に照らして合法だと思料するかである。

当法廷は，通常の警察官であれば，1992年4月の時点で，逮捕令状執行時に，マスメディアの住居内での立会を認めることが，合法だと思料しても不合理ではないと判断する。

第1に，第4修正は，無令状で住居に立入りされない権利を保障するが，本件では逮捕令状が発布されており，本件警察官の家屋への立入りは合法である。本件での争点は，マスメディアの住居内での立会を認めたことが，令状の授権する範囲を超えているかであるが，この憲法上の争点は，今まで，裁判所に争点とされ，判示されたことは全くなかった。警察活動の正確な報道は，公共の利益になるので，逮捕令状執行時に，マスメディアの住居内での立会を認めることが，第4修正に違反するかは明確ではなかった。

第2に，マスメディアの法執行への立会を認めることは，一般的に行われていたが，他方で，1992年時点で，マスメディアの住居内での法執行への立会を認めた場合に，それを不法だと判示した裁判官の意見（judicial opinion）はない。

第3に，当裁判所の結論にとって重要なのは，連邦マーシャルは，「マスメディアを法執行への立会を認めて報道を促す政策」（Marshal Service ride-along Policy）に依拠しているが，この政策は，マスメディアが，カメラを伴って住居内に立入り，逃亡者の逮捕への立会を認めることを考えていたのは明らかである。州のマーシャルは，個人の住居内での逮捕へのマスメディアの立会を明示的には禁止していない「マスメディアを法執行への立会を認めて報道を促す政策」のプログラムを有していた。本件州法は，当時，まだこの点について発展しておらず，州の法執行官は，この争点に関する憲法解釈が将来どの方向に進むかを予想することは困難であった。

したがって，マスメディアの住居内での立会を認めることが，当時，明確に確立された法及びこの法執行官の有する情報に照らして，違法だとは言えず，本件被申請人には制限免責が認められる。

原判断を確認する。

 3．スティーヴンズ裁判官執筆の一部補足，一部反対意見

　法執行の際，マスメディアの住居での立会を認めた場合，令状執行の助けになる場合を除き，住居所有者の第4修正上の権利侵害となるとの判示について法廷意見に同意する。

　この権利が，法執行時に明確に確立された権利とは言えないとする判示については，法廷意見に反対する。

　第1に，警察官による令状執行は，令状により授権された範囲内に厳格に制限されるとの原理は，住居の不可侵と一般令状の禁止という2つの重要な源が合わさってできており，本件令状執行時に明白に確立していたといえる。

　第2に，法廷意見は，マスメディアの法執行への立会を認めることは，一般的に行われていたというが，法廷意見の提示する裁判例が，それを合法だと判断する根拠として適切ではない。

　第3に，法廷意見は，連邦マーシャルは，「マスメディアを法執行への立会を認めて報道を促す政策」に依拠しているが，この政策は，マスメディアが，カメラを伴って住居内に立ち入り，逃亡者の逮捕への立会を認めることを考えていたのは明らかだというが，この法執行の政策は，適切なガイドラインを示しているとは言えない。

　この権利は，本件法執行時に明確に確立された権利に当たると考える。

《解　説》

　1．Birens[1]と合衆国法典42巻1983条（42 U.S.C. §1983）は，共に，公務員が合衆国憲法第4修正に違反した場合，公務員に対する損害賠償請求を認めている。しかし，裁量権を有する公務員には，制限免責が一般的に認められるが，公務員の行為が，法執行時に明確に確立された法律上又は憲法上の権利を

---

[1] Birvens v. Six Unknown Named Agents of Federal Bureau of Narcotics, 403 U.S. 388 (1971). 連邦公務員に対する1983条のカウンターパートは，Bivensで示された。

侵害している場合は，制限免責は認められない。

本件では，第1に，憲法上の権利が侵害されているか，第2に，この権利侵害が認められる場合，法執行時にこの権利が明確に確立されていたといえるかが検討されている。

2． 本件は，住居内での逮捕にマスコミの立合を許したことは第4修正に違反すると判示された事例である。この判示部分は，全員一致の法廷意見となっている。

(1) 合衆国憲法第4修正は，第1文で不合理な捜索・押収を禁止する。この「押収」には，人（person）の押収（逮捕）も含まれる。

公共に開かれた場所（public place）における重罪を理由とする逮捕は，ワトソン[2]で，緊急状態になく，令状入手の時間的余裕がある場合であっても，逮捕令状は不要とされている。

(2) 第4修正は，住居の不可侵，住居のプライヴァシーを保障している。

被疑者を被疑者の自宅で逮捕する場合は，ペイトン[3]で，住居への立入について居住者の同意を欠き，緊急状態でもないときは，逮捕令状が要件となると判示された。住居内での逮捕は，行動の自由（挙動のプライバヴァシー）を制約するだけでなく被疑者のプライヴァシーにも干渉するので，立入を正当化する逮捕の要件を充足するか，より慎重に判断する必要があるからである。

被疑者以外の第三者の住居で逮捕する場合は，スティーガルト[4]で，逮捕令状だけでは不十分であり，捜索令状の入手も要件となると判示された。

(3) 家屋への立入が合法な場合でも，捜索の範囲が，有効に発布された令状の授権する範囲を超えた場合，又は，令状要件の例外が認める範囲を超えた場合は，それだけで違憲となる。

---

2) United States v. Watson, 423 U.S. 411 (1976).
3) Payton v. New York, 445 U.S. 573 (1980). 渥美東洋編『米国刑事判例の動向Ⅳ』（中央大学出版部，2012年）（第12事件，香川喜八朗担当）。
4) Steagald v. United States, 451 U.S. 204 (1981). 前注2)（第13事件，柳川重規担当）。

Horton[5]では、キャリフォーニア警察は、申請人ホールトンの自宅に強盗の盗品と武器の存在する蓋然性が高いと思料し、強盗を理由とし、ホールトンの自宅を捜索場所、盗品を押収対象物とする令状が発布され、この捜索令状の執行中に、武器がプレイン・ビューのもとで発見され、押収された。本件押収は、令状の授権する範囲を超えているが、プレイン・ビュー法理を理由に適法と判示された。

もっとも、家屋内での法執行官の行為が、すべて令状に記載されることまで求めるものではない。

Summers[6]では、相当理由に基づき 禁制品を押収対象物とする令状が発布され、この令状執行の際に、捜索家屋の占有者の身柄を確保することが、適法と判示された。

家屋への立入が捜索令状に基づき適法になされているとき、捜索令状の執行の際、証拠破壊防止のための一時的な身柄の拘束は適法だと判示したのである。

第4修正は、令状執行時の警察官の行為は、認められた権利侵害の目的に関連する範囲に限定されることを求めている。

Hicks[7]では、銃がアパートの下に向けて発砲され、緊急状態で、法執行官がアパートの中に立入った。法執行官は、その際。高価なステレオセットが家屋の中にあるのを現認し、盗品だと思料し、これの製造番号等を照会し、これが盗品だと判明したので、被疑者を逮捕し、このステレオセットを差し押さえた。法廷意見は、法執行官の本件家屋への立入は適法だが、本件ステレオの差押えは、緊急性の例外の授権する範囲を超えるとして、本件差押えを第4修正に違反すると判示した。

(4) 警察が捜索令状を執行する際に、第三者が立会う場合がありうる。

法執行官の逮捕目的での住居への立入の権限が認められたとしても、マスメ

---

5) Horton v. California, 496 U.S. 128 (1990).
6) Michigan v. Summers, 452 U.S. 692 (1981).
7) Arizona v. Hicks, 452 U.S. 692 (1987).

ディアの立会を認める権限が授権されたことにはならない。

　第三者の立会が，令状執行の手助けとなる場合は，第三者のこの法執行への立会は認められている。当裁判所及びコモン・ローは，第三者の財産が盗まれた場合，この盗品の確認のために第三者が法執行時に立会うことは認めてきた。だが，本件は，第三者の立会が，令状執行の手助けになる場合には当たらない。

　被申請人は，マスメディアの立会は，多くの適法な目的の達成に役立つとして，第1に，犯罪と闘う政府の努力を広報すること，第2に，執行活動の正確な記事を促すこと，第3に，警察官の権限乱用を最小限にすること，第4に，被疑者と警察官を保護することになる旨を指摘し，マスメディアの住居内での法執行への立会を認めても第4修正違反とはならないという。

　それに対して，法廷意見は，以上の利益は，マスメディアの住居内での法執行への立会を認める理由付けとしては不十分だとする。

　住居のプライヴァシーを制限する正当根拠としては，上記のようなマスメディアの利益では足らないとの判示は，わが国でも参考になろう。

　3．本件のマスメディアを住居での立会を認めた場合，これらの第三者が，令状執行の助けになる場合を除いて，住居所有者の第4修正上の権利侵害となると認められたので，次に，この権利が法執行時に明確に確立された権利といえるかについて検討している。

　(1)　裁量権を有する公務員には，通常，制限免責が認められ，明確に確立された法律上又は憲法上の権利を侵害しない限り，非刑事の損害賠償が免責される[8]。

　これは，実際上は，法執行時を基準とし，明確に確立された（clearly established）法のルールに照らして，客観的な法的合理性の基準によって判断される[9]。

---

8)　Harlow v. Fitzgerald, 457 U.S. 800 (1982).

9)　Anderson v. Creighton, 483 U.S. 635 (1987). 田村泰俊『公務員不法行為責任の研究』（信山社，1995年）第13章　免責法理，V　制限免責参照。

Anderson, で，当裁判所は，明確に確立された法のルールズとは，関連する法的ルールズが他の法的ルールズと区別されているものをいうと判示した。制限免責の判断目的との関係では，権利の外枠が十分に明確であるため，通常の法執行官であれば，自己の行為が権利侵害だと理解できる場合をいう。

(2) 本件の争点は，客観的に，通常の法執行官であれば，逮捕令状執行時に，マスメディアの住居内での立会を認めることが，当時，明確に確立された法及びこの法執行官の有する情報に照らして合法だと思料するかである。

法廷意見は，通常の警察官であれば，1992 年 4 月の時点で，逮捕令状執行時に，マスメディアの住居内での立会を認めることが，合法だと思料しても不合理ではないと判断し，その理由を 3 点にまとめている。

第 1 に，本件の争点は，マスメディアの住居内での立会を認めたことが，令状の授権する範囲を超えているかであるが，警察活動の正確な報道は，公共の利益になるので，逮捕令状執行時に，マスメディアの住居内での立会を認めることが，第 4 修正に違反するかは明確ではなかった。

第 2 に，マスメディアの法執行への立会を認めることは，一般的に行われていたが，他方で，点で，マスメディアの住居内での法執行を認めた場合に，それを不法だと判示した裁判例はない。

第 3 に，連邦マーシャルは，「マスメディアを法執行への立会を認めて報道を促す政策」に依拠しているが，この政策は，マスメディアが，カメラを伴って住居内に立入り，逃亡者の逮捕への立会を認めることを考えていたのは明らかである。

これに対して，スティーヴンズ裁判官の反対意見は，3 点の理由を挙げて，通常の警察官であれば，1992 年 4 月の時点で，逮捕令状執行時に，マスメディアの住居内での立会を認めることが，第 4 修正に違反するとの法理は，明白に確立されていたと判断し，その理由を 3 点にまとめている。

第 1 に，警察官による令状執行は，令状により授権された範囲内に厳格に制限されるとの原理は，本件令状執行時に明白に確立していたといえること，第 2 に，法廷意見は，マスメディアの法執行への立会を認めることは，一般的に

行われていたというが，法廷意見の提示する裁判例は，それを合法だと判断する根拠として適切ではないこと，第3に，法廷意見は，連邦マーシャルは，「マスメディアを法執行への立会を認めて報道を促す政策」に依拠しているが，この政策は，マスメディアが，カメラを伴って住居内に立入り，逃亡者の逮捕への立会を認めることを考えていたのは明らかだというが，この法執行の政策は，適切なガイドラインを示しているとは言えないことを挙げている。

　法廷意見とスティーヴンズ裁判官の反対意見が分かれたのは，本件権利がどの程度具体的に確立されていなければならないかについての理解が異なるからだと思われる。

　法廷意見は，明確に確立された権利といえるかを裁判所が判断するには，争点とされた権利が，適切な水準まで具体的に（at the appropriate level of specificity）示されなければならないと考えたのに対し，スティーヴンズ裁判官の反対意見は，警察官による令状執行は，令状により授権された範囲内に厳格に制限されるとのある程度抽象的な法理で示されれば足ると理解しているようである。

（成田　秀樹）

Ⅲ　捜索・押収

1 「捜索」の有無

16.　Dow Chemical Company v. United States, 476 U.S. 227 (1986)

　誰でも飛行が許されている上空から産業施設の写真を撮影する行為は，第4修正の「捜索」には当たらないとされた事例。

《事実の概要》

　申請人ダウ・ケミカル会社は，ミシガン州に2000エーカーに及ぶ化学製品の生産施設を有している。この施設は，地上では一般の目に触れぬよう敷地の周囲に入念な警備態勢が採られている。しかし，空から観察できないようにする遮蔽物の建設には莫大な費用を要するため，上空からの観察は可能であった。

　1978年，環境保護庁（E.P.A）は，大気清浄法（Clean Air Act）違反の嫌疑で申請人の同意を得て工場内の2つの発電所を現場査察した。しかし，環境保護庁が再度現場査察を求めたが，申請人から同意が得られなかったので，行政令状の申請をせずに航空写真を業とする訴外Aに航空写真撮影を依頼し，本件施設の航空写真を入手した。この撮影には飛行機の床に直接設置した地図作成用の精密なカメラが使用され，高度12000フィート，3000フィート，1200フィートから施設が撮影された。環境保護庁は本件航空機は通常の航行が許される領域を通過したものであるから本件撮影行為は合法なものであると主張する。

　その後，申請人は環境保護庁が航空写真撮影をした事実を知り，環境保護庁の行為は合衆国憲法第4修正に違反し，かつ法律上の調査権限違反に当たるとして連邦District Courtに提訴した。District Courtはサマリー・ジャッジメントで申請人の主張を認容し，以後の環境保護庁による本件施設の航空写真撮影等を一切禁止した。

しかし，Court of Appeals は，環境保護庁の行為は法律上の調査権限違反に当たらず，申請人の上空から本件施設を観察されないとの期待は合理的なものではなく，本件施設の航空写真撮影は第4修正の「捜索」に当たらないとして，District Court の判断を破棄した。

《判旨・法廷意見》

原審判断確認

1．バーガー首席裁判官執筆の法廷意見

(1) 申請人は，州法上，生産設備を営業上の秘密として保護し，競業者が生産設備の航空写真を撮影することを禁止しており，この規定が合衆国第4修正の解釈に関連する旨主張する。しかし，州法上，不公正な競争を禁圧するため航空写真撮影が禁止されているとしても，これが第4修正の「保護領域」を確定するものではないので，論旨は理由がない。

(2) 大気清浄法（Clean Air Act § 114 (a)(2), 42 U.S.C. § 7414 (a)(2)(A)）は，環境保護庁は同意書面を得ていかなる構内（premises）にも立入る権限を有する旨規定する。申請人は，この規定は上空からの構内の観察を授権するものではなく，告知を欠いた上空からの構内の観察は申請人の査察の告知を受ける権利を侵害するという。

しかし，この規定は，環境保護庁の一般的調査権を拡大したものであって制限したものではない。環境保護庁には，明文がなくても公衆一般が用いることができる観察方法の使用が許されているので，通常の航行が許される範囲の上空から観察しかつ写真を撮影する行為は環境保護庁の権限の範囲に属するものである。

(3) キラーロ（California v. Ciralo, 106 S. Ct 1809 (1986)）は，高い塀で囲まれた住居の裏庭のマリワナ畑は施設附属地（curtilage）に当たるが，誰でも飛行が許される上空から観察されないとの被告人のプライヴァシーの期待は「正当ではない」ので，上空1000フィートから飛行機を用いた捜査官の観察は第4修正の捜索に当たらないと判示した。

さらに，(i)本件の産業上の複雑な施設がコモン・ロー上の施設附属地に当たるか否か，(ii)地図作成に使用する精密なカメラによる本件航空写真撮影が許されるか否かが争点である。

(i) 確かに，Court of Appeals が指摘するように，申請人は地上からの本件施設の観察を防止するため可能な限りの方策を講じている点で，地上から本件施設を観察されないとの申請人のプライヴァシーの期待は合理的であり，本件施設は「産業上の施設附属地」(industrial curtilage) に当たるが，誰でも飛行が許される上空から観察されないとの申請人のプライヴァシーの期待は合理的なものとはいえない。

また，オリバー (Oliver v. United States, 466 U.S. 170, 180 (1984)) は住居の附属地とは家の神聖さと生活のプライヴァシーに関連する親密な活動がなされる領域をいうものと判示したが，そこで言われた親密な活動は生産プラントの構造物又は建物の間の屋外の領域では行なわれない。したがって，誰でも飛行が許され上空からの観察が争点とされる場合には，第4修正上は附属地の類型というより，むしろ，オープン・フィールド (open field) の類型となり，そうであれば第4修正の保障はそこには及ばないことになる。

(ii) 本件で環境保護庁が使用したカメラは，精密ではあるが地図の製作に通常使用されるものであって，建物の壁を透視しダウ・ケミカルのプラント，オフィス又は研究室内部の会話を録音するといった感覚器官を補助する特別な装置 (unique sensory device) ではない。申請人は，このカメラで撮影された写真を引き延ばせば直径 0.5 インチのワイヤー等も識別可能となると主張しているが，政府は未だ本件航空写真を相当程度 (significant degree) には引き延ばしていない。確かに，上空から裸眼で観察した場合と比較すれば本件航空写真によってより詳細な事実が判明している。しかし，建造物及び施設の外形が明らかにされたにとどまり，家の神聖さと生活のプライヴァシーに関連する親密な活動は明らかにされていないので，本件の程度では憲法上の問題は生じない。

(4) 誰でも飛行を許される上空から産業施設を航空写真で撮影する行為は，

第4修正の「捜索」には当たらない。

　2．パウエル裁判官の意見（プレナン，マーシャル，ブラックマン各裁判官参加）

　(1)　第4修正の保護は，事業用の施設（business premises）にも及ぶが，行政上の規制目的を達成するために必要であると議会が判断し，かつ，その規制が充分に包括的かつ明確であり，商業財産の所有者が定期的な検査を受ける旨認識するにちがいない場合には，例外として無令状で立入調査を許している場合がある（Donovan v. Dewey, 452 U.S. 594, 599 (1981)）。

　しかし，本件にはこの例外の適用はない。大気清浄法には，調査対象施設の所有者のプライヴァシーを適切に保護する無令状の査察プログラムの規定がないからである。

　法廷意見は，先例によれば住居のプライヴァシーと商業財産のプライヴァシーは著しく異なっているとの理由で，政府に商業財産の無令状の査察の権限を広く認められていると解釈しているが，これは誤っている。包括的に規制されている事業では無令状での査察が許されるとの例外（see Donovan v. Dewey, supra；United States v. Biswell, 406 U.S. 311 (1972)；Colonnade Catering Corp. v. United States, 397 U.S. 72. (1970)）は，そのような事業用の施設と住居の相違点に依るのではなく，また，行政上の査察がプライヴァシーの利益を侵害せずしたがって第4修正の射程に入らないとの理由に依るのでもない。むしろ，その規制計画がその事業の所有者の有するプライヴァシーへの合理的な期待を適切に保護しているとの判断に依っている。

　(2)　(i)　法廷意見は，ダウ・ケミカルは建物内部にプライヴァシーの合理的な期待を有し，かつ地上から産業上の施設が観察されないとの合理的な期待を有すると判示するが，この点には賛成する。

　しかし，法廷意見は第4修正の保護は附属囲繞地への「物理的侵入が実際に行なわれた場合」に限って適用されると判示するが，これはキャッツ（Katz v. United States, 389 U.S. 347 (1967)）に反する。プライヴァシーの合理的な期待という基準は，物理的侵入を伴わない監視からのプライヴァシーを護ることを

目的として生まれた基準なのである。

(ii) 当裁判所の先例によれば，第4修正の保護は事業内財産に及ぶが，これはその所有者が不合理な政府査察を受けないとの適法な利益を有しているからである。申請人が適切にも主張しているように，営業上の秘密が法律上保護されているので，社会は事業主が或る種の財産に関するプライヴァシーの利益を有するとはっきりと認めている。本件申請人には，プライヴァシーの合理的な期待がある。

(iii) 本件航空写真の撮影に使用されたカメラは裸眼で観察した場合と比較すると非常に精密な点まで識別できる性能を持つので，上空から裸眼で観察した事例であるシラーロは先例とならない。

　法廷意見は，申請人の施設は附属地というよりオープン・フィールドに当たるとして，申請人には屋外の施設についてプライヴァシーの合理的期待がないと判示する。しかし，附属地の法理は住居の所有者をより厚く保護する法理なので，この法理により伝統的に保護されてきた商業財産の所有者の保護を骨抜きにするのは不当である。

　また，オープン・フィールドにはプライヴァシーへの合理的期待が欠けているとの理由で無令状の地上および上空からの観察が許されるのであるから，本件施設はこれに当たらない。

　また，法廷意見は，本件で使用されたカメラは精密なものではあるが通常の地図製作用カメラなので憲法問題は生じないと主張するが，説得的ではない。キャッツは，第4修正の権利の内容は自由社会が合理的だと認めたプライヴァシーを基準に定められると判示したのであって，その事件で使用された監視方法を基準に定められると判示したのではない。仮に，法廷意見の主張するように監視の方法によって第4修正の権利の内容が変化するとすると，プライヴァシーの権利は科学技術が進歩し普及するにつれて危険に晒される結果となってしまう。

(3) 大気清浄法は，無令状の査察を定義づけず，又は，無令状の査察を通常の方法であると定めていない。環境保護庁は，中立な裁判官の発する令状を入

手すべきであったと考える。

Court of Appeals の判断を破棄すべきである。

《解　説》

1．本件は，高い塀で囲まれた住居の裏庭のマリワナ畑を誰でも飛行が許されている上空から観察した捜査官の行為は第4修正の捜索に当たらないとしたキラーロ[1)]のコンパニオン事件である。そして誰でも飛行が許されている上空からの産業上の施設の航空写真撮影は第4修正の「捜査」に当たらないとされた事例である。

2．本件では，第1に，申請人の産業施設が，コモン・ロー上の附属地（curtilage）に当たるかが争点とされた。

第4修正は，身体（persons），住居（houses），書類（papers）及び所持品（effects）を不合理な捜索，押収から守られる権利を保障する。附属地とは，コモン・ローに由来し，住居の神聖と生活のプライヴァシーに関連する親密な活動が行なわれる領域をいう[2)]。したがって，それは第4修正の保護する住居の一部と考えられ，政府の干渉を受けない憲法上保護された領域とされてきた。オープン・フィールド法理は，合衆国では1928年のヘスター[3)]で初めて合衆国最高裁で言及されたもので，そこは第4修正のいう憲法上保護された領域ではないとするものである。

法廷意見は，キャッツ[4)]以来判例で展開されてきた，(i)プライヴァシーへの主観的期待と，(ii)客観的期待という基準に照らし，本件施設は，地上では他人の観察を受けないとの申請人のプライヴァシーへの期待は社会が合理的と認

---

1) California v. Ciralo, 476 U.S. 207 (1986). 本件については，渥美東洋編『米国刑事判例の動向Ⅳ』（中央大学出版部，2003年）439頁（第43事件，安冨潔担当）参照。
2) Oliver v. United States, 466 U.S. 170, 180 (1984). 本件については，同上，435頁（第42事件，安冨潔担当）参照。
3) Hester v. United States, 265 U.S. 57 (1924).
4) Katz v. United States, 389 U.S. 347 (1967).

める客観的期待に当たるので，この側面では附属地の法理が適用されるとした。しかし，誰でも飛行が許される上空から観察されないとの申請人のプライヴァシーへの期待は主観的期待にも当たらず，この点でオープン・フィールドに類似し，上空からの観察は第4修正の「捜索」に当たらないとする。これに対し，パウエル裁判官の意見は，第4修正の保護は事業施設にも及び，プライヴァシーの利益が認められるが，事業施設への行政調査を合理的にする限度では，政府の査察を受けないとの期待は縮減するので，例外的に無令状の行政調査が許されているとのアプローチを採っている。

　法廷意見は，本件では直接の争点とはなっていない[5]が，麻薬規制に配慮しているように思われる。ただ，本件のような産業施設は，第4修正上は住居とは異なるとの理論構成も可能だと考えられる。産業施設は，一定の合理的な規制を遵守することを前提に活動しており，その遵守の有無が外部に判明しなければならず，そうでないと個人の生存の領域を破壊する虞れがある。本件では，政府側の利益として，申請人の施設が大気汚染源だとすれば改善勧告をする必要があった。ノウ・ハウ保持のための立入拒絶は正当であろうが，大気汚染防止という政府の合理的な理由に基づく定期的な査察を拒絶することは正当とは思われない。この点で，プライヴァシーを一定の範囲で認めながら，例外として地上での査察調査も含めて無令状の行政調査の認められる場合を肯定しようとのパウエル裁判官のアプローチの方が理論的には説得的であるように思われる。

3．次に，本件の地図製作用の精密なカメラによる航空写真撮影の可否が争点とされた。

　法廷意見は，(i) このカメラは通常の地図製作用のものであって特別な装置ではないこと，(ii) 家庭の神聖と生活のプライヴァシーに関連する親密な活動は明らかにされていないことを理由に，上空から裸眼で観察された場合と相違せず，憲法上の問題は生じないとする。これに対し，パウエル裁判官の意見

---

5) 本件のコンパニオン事件のキラーロは，住居の裏庭にあるマリワナ畑の上空からの観察が問題とされた事例である。

は，このカメラは上空から裸眼で観察された場合と比較すると精密な写真撮影が可能なので憲法問題が生じるとする。

　法廷意見の立場に立ったとしても，特別な装置を用い，又は，親密な活動が明らかにされる場合は，憲法上の問題が生じることになるので，科学的捜査には一定の限界がある旨示唆している点で参考になると思われる。

　なお，本件は，産業施設に関する事例なので，上空からの住居の写真撮影の可否の問題は，残されている[6]。

（成田　秀樹）

---

6) *See,* Lafave. I Search and Seizure 423, 435 (2nd ed. 1987).

17. Florida v. Riley, 488 U.S. 445 (1989)

　ヘリコプターで400フィートから肉眼で住居の庭にある温室内を覗き込んだ行為は，未だ捜索を構成しないとされた事例。

《事実の概要》
　被申請人は，5エーカーの土地に移行住宅を設置して住んでいたが，この住居の後方に温室を持っていた。この温室の周囲は，2辺は囲いで仕切られ，残りの2辺は住居や木，低木で視界が遮られていた。この温室の屋根はパネルで覆われていて内部は見えないが，屋根の一部は覆われていなかった。移動住居と温室の周囲には，金網フェンスが設置され，「立入禁止」の掲示がされていた。
　パスコ郡保安官に，被申請人が自己の土地でマリワナを栽培しているとの匿名情報が寄せられた。捜査官は，公道からは温室の内部が見えない旨判明したため，ヘリコプターで400フィートの高度で被申請人の温室の上空を飛行し，肉眼で温室の内部を覗き込み，そこでマリワナが栽培されているのを確認した。
　この情報に基づいて，被申請人の温室等の捜索令状が発布され，この捜索の結果，温室で栽培されていたマリワナが押収された。被申請人は，フロリダ州法に違反して不法にマリワナを所持したとして起訴された。
　公判裁判所は，このマリワナの排除申立を認容した。フロリダ州 Court of Appeals は，公判裁判所の判断を破棄し，マリワナを証拠として許容すると判示した。フロリダ州最高裁判所は，Court of Appeals の判断を破棄し，公判裁判所の排除申立を認容する判断を確認した。

《判旨・法廷意見》
　破棄

1．ホワイト裁判官執筆の複数意見
（レンクィスト首席裁判官，スカリーア裁判官，ケネディ裁判官参加）

　本件では，ヘリコプターで400フィートから肉眼で住居の庭にある温室内を覗き込んだ行為が，合衆国憲法第4修正上の捜索を構成するかが争点とされている。

　当裁判所は，キラーロ（California v. Ciraolo, 476 U.S. 207 (1986)）が本件の先例となるとのフロリダ州最高裁判所の判断に賛成する。

　キラーロは，匿名情報に基づいて1000フィートの上空を飛行する固定翼の航空機から肉眼で住居の裏庭にマリワナが栽培されているのを発見した事例である。キラーロは，この1000フィート上空からの肉眼による裏庭の観察は，第4修正上の捜索に当たらないと判示した。

　キラーロで，裏庭は，住居附属地（curtilage）に当たるが，設置されているフェンスのため公道から裏庭の内部が見えなかった。したがって，外部から観察されないとのプライヴァシーの主観的期待はあるが，この期待は，社会が合理的だとして認めるプライヴァシーの客観的期待に当たらないとされたのである。住居と住居附属地は，物理的な侵入を伴わない観察から必ずしも保護されるわけではない。自宅であれ，会社のオフィスであれ，権利の存在と内容を知った上で（knowing），公衆に開かれた場所は，第4修正上の保護は及ばない（Katz v. United States, 389 U.S. 347, 361 (1967) (Harlan, J., concurring)）。一般的に，警察は，公衆が立入る権利がある場所で観察に有利な場所から（from a public vantage point [where] they have a right to be）見えるものを観察することが許される。同様に，警察は，誰もが飛行が許されている領域を飛行する航空機から裏庭を観察することが許される。

　本件温室は，被告人の移動住居の裏にあり，「住居附属地」に当たる。被申請人は，土地の周囲にフェンスを設置して，温室が公衆の目に晒されないよう意図し，期待し，地上から観察されないよう前もって注意していたのは，明らかである。だが，温室の側面と屋根の一部が開いていたので，温室内で栽培しているものを上空から肉眼で観察できる状態にあった。

従って，固定翼の航空機の飛行が許される1000フィートの高度，又は，飛行が許される高度の下限である500フィートから肉眼で観察されないとの合理的期待を欠く。本件では，ヘリコプターから肉眼で観察されているが，固定翼の航空機と同様，ヘリコプターが公共に開かれた領域を飛行するのは，日常的な慣例となっている。従って，被申請人には，温室を誰もが飛行を許される上空から肉眼で観察されないとの合理的期待は欠ける。

ヘリコプターが，法律ないし規則に違反する高度で飛行したとすれば，結論が異なり，被申請人の上空から肉眼で観察されないとの期待が，プライヴァシーの客観的期待に当たると判断された可能性もあった。だが，本件では，警察のヘリコプターは，誰もがヘリコプターで飛行できる400フィートの上空を飛行して温室の内部を観察している。

また，本件記録上は，住居やカートリッジの使用に関連する親密な情報は観察されていないし，過度の騒音，風，ほこり，身体の危険等はなかった。

上記状況を総合すると，第4修正違反はないと判断する。

2．オコナー裁判官執筆の補足意見

住居附属地にある温室を，誰でも飛行できる400フィート上空から肉眼で覗き込む行為は，他人から干渉されないとの客観的期待を侵害しない，との複数意見に賛成する。

当法廷は，キラーロで，誰もが飛行を許される上空から裏庭を肉眼で観察した場合，裏庭を上空から肉眼で観察されないとの期待はプライヴァシーの合理的期待には当たらず，上空からの肉眼による観察は，第4修正上の捜索に当たらないと判示した。

キラーロで，「住居附属地」にあるマリワナ畑には，誰でも飛行が許された上空から観察されないとの期待は，プライヴァシーの合理的期待がないと判断されたが，公衆が1000フィートの上空を飛行することは日常の慣例になっているからである。

連邦航空局（FAA）の規則では，ヘリコプターの飛行には，最低飛行高度の規定がないので，安全を考慮して定められた連邦航空局の規則を単純に反映

し，社会が合理的だと認めるプライヴァシーが縮減することになるが，このような基準は妥当ではない。

公道上から肉眼で観察することと，低空を飛行するヘリコプターから肉眼で住居附属地を観察することとは，完全に同視できるわけではない。地上では，フェンス等を設置することで外部から中を観察できないようにすることが可能である。上空からの観察を阻止するためには，住居附属地を完全に覆う必要があるが，これは，プライヴァシー保護を求める者が通常行う予防措置を超える対策を求めることになる（Rakas v. Illinoi, 128, 152 (1978) (Powell, J concurring))。

被申請人の上空から肉眼で観察されないとの合理的な期待があるかを決定するときに関連する問いは，連邦航空局の規則で，ヘリコプターが適法にどこを飛行できるかを基準にするのではなく，本件ヘリコプターが飛行した上空が，公衆がどのぐらい十分に定期的に飛行し，従って，上空から肉眼で観察されないとの期待が，社会的に合理的なプライヴァシーの期待に当たるかである。

私見によれば，プライヴァシーの合理的期待がある，即ち，第4修正上の捜索がある旨の挙証責任は，被告人にある。

400フィート以上の上空を飛行する相当数の人々がいると信ずる理由があること，被申請人が，フロリダ州最高裁判所に，州の主張に反論する証拠を提出していない点に鑑み，被申請人の住居附属地を上空から観察されないとの期待は，合理的だとは言えないと判断する。

3．ブレナン裁判官執筆の反対意見

マーシャル，スティーヴンズ各裁判官参加

複数意見は，住居附属地の壁の向こう側で何が行われているかを捜査するため，ヘリコプターで400フィートの上空を旋回するには，相当理由に支えられた令状は不要だと判示したが，複数意見に反対する。

(1) 複数意見は，連邦航空局の規則で誰もが飛行が許される領域から監視をしているとの事実に依拠して，本件の肉眼による観察は適法だと判示している。

キャッツによれば，本件で関連する問いは，警察官による監視が，「社会が合理的だと認めるプライヴァシー」を侵害したかである。複数意見は，低空を飛行するヘリコプターからの肉眼による裏庭の監視が「自由で開かれた社会の目的」(aims of free and open society) と両立するかについての分析を欠いていると思われる。

公衆の目に晒されているものは，合衆国憲法第4修正の保護が及ばない点については，複数意見に賛成する。

しかし，ヘリコプターが合法に飛行できる領域から肉眼で見えることが，即，公衆の目に晒されたことにはならないと思われる。

キラーロでは，誰でも飛行可能な上空からの肉眼による目視は，捜索に当たらず，第4修正に違反しないと判示された。その高度での航空機の飛行は十分に普通にある (common) ので，上空から観察されないとのプライヴァシーの期待は，客観的期待に当たらないと判断したのである。

だが，合法に飛行できる上空からの肉眼による観察か否かを基準とする複数意見に従うと，飛行の安全性に関する規則により，合法に飛行できる領域が決まり，それに伴いプライヴァシーの期待が縮減することになってしまうであろう。

また，上空からの観察は，効果で洗練されたヘリコプターという機械を利用しているので，通常の市民が利用できる機会はほとんどない。

本件の問いは，公衆による被申請人の住居附属地の観察が普通のものであるために，裏庭が上空から肉眼で観察されないとの期待は，合理的な期待といえるかである。

(2) 複数意見は，警察官は，立入る権限のある上空を飛行していた旨を示す資料として，連邦航空局の規則を挙げるが，この連邦航空局規則は，ヘリコプターの飛行高度について，最低高度を定めていない。従って，複数意見の基準に従うと，どのような場合に，ヘリコプターの飛行が許されず，上空から観察されないとのプライヴァシーの期待が合理的だと認められるのかを判断するのは困難である。複数意見で，飛行が許される最低高度に関連する記述があるの

は，過度の騒音，風，ほこり，身体の危険等に触れた部分のみである。

　だが，第4修正の目的は，政府の恣意的な侵害から個人のプライヴァシーと安全を守ることである。過度の騒音，風，ほこり，身体の危険等の有無は，トレスパスの基準であって，プライヴァシーの基準とはならない。

(3) 複数意見は，住居や住居附属地の利用に関連する親密な行為が観察されれば，結論が変わったかもしれないと示唆する。だが，第4修正は，憲法上の保護が及ぶための要件として，観察された行為が，親密な活動であることを求めるものでは全くない。

　複数意見は，被申請人のプライヴァシーの期待を分析する際に，被申請人が行っていたマリワナ栽培に対する嫌悪感の影響を受けていると結論せざるを得ない。麻薬取引は社会問題として懸念されているので，第4修正の保護する範囲は，捜索によって明らかにされた行為が違法行為なのか，害のない行為なのかにより左右されない点を，忘れがちになる。

(4) プライヴァシー客観的期待の有無により，第4修正上の捜索に当たるか否かを判断するとのオコナー裁判官の意見に賛成する。

　オコナー裁判官の意見と私の意見が異なるのは，公衆が飛行する程度に関する経験的事実（empirical matter）に関して，誰が挙証責任を負うかについてである。

　国側は，慣習的な飛行パターンに関する情報により多くアクセスできること，第4修正に違反した無令状の活動に依拠して訴追しているのか不明確な場合は，国の強制力が行使されるべきではないことに鑑みると，挙証責任は，個人ではなく国側が負うと解するべきであろう。

4．ブラックマン裁判官の意見

　本件の争点は，誰でも飛行が許される上空から肉眼で住居附属地を観察した行為は，第4修正上の捜索に当たるかである。

　この問いの判断基準は，被申請人には，誰でも飛行が許される上空から観察されないとの合理的な期待があるかであり，観察者の搭乗したヘリコプターが，連邦航空局の規則に照らして，適法に飛行できる高度を飛行していたかで

はない。この点について，ブレナン，マーシャル，スティーヴンズ，オコナー各裁判官に，私も賛成するので，この点は，多数を構成する。

次に，被申請人のプライヴァシーの期待が，合理的な期待といえるかを，どのように判断するかが問題となる。

ブレナン，マーシャル，スティーヴンズ，オコナー各裁判官は，被申請人のプライヴァシーの期待が，プライヴァシーの客観的期待に当たるかは，警察以外のヘリコプターが 400 フィートの高度をどの程度の頻度で飛行しているかによると思料している。

ブレナン裁判官は，この点に関する記録が全く欠ける場合も，当法廷はこの問題を決定することが可能だと考えている。

被申請人のプライヴァシーの期待が，合理的な期待に当たる旨の挙証責任を，誰が負担するかについては先例が全く欠けている。この点は，ブレナン，オコナー両裁判官の裁判例の引用の仕方も示唆している。先例を欠く場合，警察以外のヘリコプターが飛行する頻度の推定値（estimation）を考慮することが適切である。

私人のヘリコプターが，400 フィートの高度で住居附属地を飛行することは稀だと推定できるので，1000 フィート以下の飛行又はキラー口の射程外の事例に関しては，国側が挙証責任を負うとしている。

ブレナン裁判官が指摘するように，本件検察官は，この挙証責任を果たしていないので本件では，第 4 修正上の捜索があったと認定せざるを得ない。だが，この挙証責任について先例を全く欠いていたので，破棄・差戻して，検察官にこの挙証責任を果たす機会を付与すべきと考える。

当裁判所は，本件を差戻していない。オコナー裁判官は，プライヴァシーの客観的期待がある旨の挙証責任は，被申請人にあると考え，この挙証責任を果たす再度の立証の機会を与えるべきではないと考えるので，当裁判所は，破棄・自判するとの判断に至った。

《解 説》

1．本件は，ヘリコプターで 400 フィートから肉眼で住居の庭にある温室を覗き込んだ行為は，第 4 修正上捜索を構成しないと判示された事例である。

2．本件のとされたキラーロ[1]は，「住居附属地」(curtilage) にあるマリワナ畑を上空 1000 フィートから観察して，令状発布を受けて押収した事例であるキラーロで，住居の裏庭にあるマリワナ畑は，住居附属地に当たるとされた。

住居付属地とは，コモン・ローに由来し住居の神聖と生活のプライヴァシーに関連する親密な活動がなされる領域をいう[2]。従って，それは第 4 修正の保護する住居の一部と考えられ，憲法上保護された領域とされてきた。

他方で，キラーロでは，キャッツ[3]以来，判例で展開されてきた(i) プライヴァシーの主観的期待と (ii) プライヴァシーの客観的期待という基準に照らして分析された。官憲による上空のマリワナ畑の観察は誰でも飛行できる空から行われたため，地上から観察されないとのプライヴァシーの主観的期待はあるが，上空から観察される状態にあるので，プライヴァシーの客観的期待は欠けると判示された。

3．本件の争点は，誰でも飛行が許される上空から肉眼で住居附属地を観察した行為は，第 4 修正上の捜索に当たるかである。

(1) この問いの判断基準は，被申請人には，誰でも飛行が許される上空から観察されないとの合理的な期待があるかである。

複数意見は，一般的に，警察は，公衆が立入る権利がある場所で，観察に有利な場所から見えるものを観察することが許されるとする。このアプローチでは，警察は，誰もが飛行が許されている領域を飛行する航空機から裏庭を

---

1) California v. Ciraolo, 476 U.S. 207 (1986). 渥美東洋『米国刑事判例の動向Ⅳ』（中央大学出版部，2012 年）439 頁（第 43 事件，安冨潔担当）参照。

2) Oliver v. United States, 466 U.S. 170, 180 (1984). 本件については，同上 435 頁（第 42 事件，安冨潔担当）参照。

3) Katz v. United States, 389 U.S. 347, (1967).

観察することが許されるので，法令上，観察者の搭乗したヘリコプターが，連邦航空局の規則に照らして，適法に飛行できる高度を飛行していたかが検討されることになる。

　ブレナン，マーシャル，スティーヴンズ，オコナー各裁判官は，被申請人のプライヴァシーの期待が，プライヴァシーの客観的期待に当たるかは，警察以外のヘリコプターが 400 フィートの高度をどの程度の頻度で飛行しているかによるとしている。このアプローチでは，その高度での航空機の飛行は十分に普通にあるので，上空から観察されないとのプライヴァシーの期待は，客観的期待に当たらないと判断される。

　ところで，合法に飛行できる上空からの肉眼による観察か否かを基準とする複数意見に従うと，飛行の安全性に関する法律や規則により，合法に飛行できる領域が決まり，合法に飛行できる領域が拡大すれば，それに伴い上空から観察されないとのプライヴァシーの期待が縮減することになってしまうであろう。

　4．次に，人々が飛行する頻度に関する経験的事実について，誰が挙証責任を負うのかが問題となる

　この点，オコナー裁判官は，プライヴァシーの合理的期待がある旨の挙証責任は，被告人にあるとする。

　これに対して，ブレナン裁判官は，国側は，慣習的な飛行パターンに関する情報により多くアクセスできること，第 4 修正に違反した無令状の活動に依拠して訴追しているのか不明確な場合は，国の強制力が行使されるべきではないことに鑑みると，挙証責任は，個人ではなく国側が負うと解するべきであろうとする。

　ブラックマン裁判官は，私人のヘリコプターが，400 フィートの高度で住居附属地の上空を飛行することは稀だと推定できるので，1000 フィート以下の飛行，又は，キラーロの射程外の事例に関しては，国側が挙証責任を負うとしている。

　5．ブレナン裁判官が指摘するように，本件複数意見の背景事情として，薬

物犯罪の深刻さがあると思われる。

(成田　秀樹)

18. California v. Greenwood, 486 U.S. 35 (1988)

歩道の脇に回収されるように出されたゴミ袋の無令状捜索・押収は第4修正に違反しないと判示された事例。

《事実の概要》

　別事件の被疑者による麻薬を積載したトラックが被申請人グリーンウッドの住居に立ち寄っているという情報と，深夜に同住居の前を車が頻繁に通るという隣人の苦情を基に捜査官はその住居を監視し始めた。

　捜査官は，その住居付近一帯の定期ゴミ回収者に，グリーンウッドが住居前の歩道の脇に置いたプラスチックのゴミ袋を他のゴミと混同せずに渡すよう依頼し，そのゴミ袋は捜査官の手に入った。これを捜索した結果，麻薬の使用器具が見つかり，このようにして入手した情報がグリーンウッド宅の捜索令状申請の際 affidavit に記載された。

　この令状を執行した結果，グリーンウッドの住居内から多量のコケインと大麻樹脂（hashish）が発見され，グリーンウッドは重罪である麻薬罪の嫌疑（felony narcotics charges）で逮捕されたのち釈放された。

　その後も深夜グリーンウッド宅を訪れる者が多いという通報により，捜査官は再びゴミ回収者からゴミ袋を入手して，同様に麻薬の使用を示す証拠を獲得した。この2度めのゴミの捜索で入手した情報で，第1回目と同様の経過をたどって，グリーンウッドは再び逮捕された。

　キャリフォーニア州 Superior Court は，このゴミの無令状捜索は合衆国憲法第4修正及び州憲法に違反するとしたクリヴダ事件（People v. Krivda, 5, Cal. 3d. 357 (1971)）を根拠に，本件ではゴミの捜索で入手した情報を欠くとグリーンウッド宅を捜索する probable cause がなかったことになるといって公訴を棄却した。

　Court of Appeal は，キャリフォーニア州では州憲法改正条項及びランス事件（In re Lance W., 37 Cal. 3d. 873 (1985)）により，証拠を入手する際に州憲法

に違反するところがあっても連邦法違反がない場合には証拠は排除されないとし，クリヴダ判決は連邦法にも依拠していることを理由にSuperior Courtの判断を確認した。

　キャリフォーニア州 Supreme Court は上訴を棄却し，合衆国最高裁判所がサーシオレイライを認容した。

《判旨・法廷意見》
　破棄・差戻し
　1．ホワイト裁判官執筆の法廷意見（レーンクィスト首席裁判官，ブラックマン，スティーヴンズ，オコナー，スカリーア各裁判官参加）
　(1)　本件の争点は，住居附属地（curtilage）外に回収されるように出されたゴミ袋の無令状捜索を第4修正が禁じているか否かである。

　グリーンウッドの住居の外の歩道脇に出されたゴミ袋の無令状捜索・押収が第4修正に違反すると言うためには，そのゴミに社会が客観的に合理的だと認めるような自己の主観的なプライヴァシーへの期待をグリーンウッドが表明していなければならない。グリーンウッドにはこの基準につき異論はない。

　グリーンウッドは，本件のようなゴミは定刻に回収され処分されるように不透明なプラスチック袋に入れて一時的に通りに出したもので，誰かが中身を調べることなどは通常考えられないので，そこには自己のプライヴァシーへの期待が表明されていたと主張する。

　しかしながら，プライヴァシーへの期待があったとしても社会がその期待を客観的に合理的であると認める用意がない限り第4修正の保護は生じない。本件でグリーンウッドはゴミ袋を公道に出しており，常識的にこのように公衆に置かれているゴミ袋には動物，こども，廃品回収業者，探偵等，社会の他の構成員が容易にアクセスできる。

　また，グリーンウッドはゴミを第三者たる回収者に渡すという明白な目的で歩道の脇に出してはいるが，この回収者がゴミを選り分けたり，警察や他の者にそうさせることは十分に起こりうる。したがってグリーンウッドが捨てた犯

罪の証拠物品に彼のプライヴァシーへの合理的な期待があるとは言えない。

また，公衆の面前に置かれている犯罪行為の証拠に警察が目こぼしをすると期待するのは合理的ではない。当裁判所の先例上,「人が自ら公衆の面前に置いているものは，たとえオフィスや自宅の中であれ第4修正の保護する対象ではない」(Katz v. United States, 389 U.S. 347, 351 (1967)),「自発的に第三者に渡した情報にプライヴァシーへの正当な期待はありえない」(Smith v. Maryland, 442 U.S. 735, 743-744 (1979)) とされている。また，シラオロ事件 (California v. Ciraolo, 476 U.S. 207 (1986)) では塀で囲まれた裏庭の上空からの飛行機による監視につき，その空域で下さえ見れば誰の目にも触れることを理由に令状は要件にはならないとしている。州 Appellate Court の大半も公共の場所に捨てられたゴミの無令状捜索・押収を認めている。以上により第4修正は本件ゴミ袋の捜索・押収を禁じてはいないと判断する。

(2) グリーンウッドは，本件ゴミ袋の無令状捜索・押収はキャリフォーニア州法上は認められないので，ゴミについての彼のプライヴァシーへの期待を連邦憲法上合理的であるとみなすべきである，つまりクリウダ判決で認められたキャリフォーニア州民のゴミに対するプライヴァシー権は，その後，州憲法が改正されプライヴァシー権の保護方策としての排除法則の適用が否定されたとしても生き続けており，この権利は合衆国憲法第4修正によって擁護されるべきであると主張する。

各州は警察の活動に対し連邦憲法の規定以上に厳格な制約を課す目的で自州の憲法を解釈できる。しかし第4修正上の捜索の合理性は特定の州法によってではなく，ある領域が政府による侵入から周到に保護されるにふさわしいという一般社会の了解を中心として判断されなければならない。

公共道路脇に出されたゴミ袋に社会はそのような了解を示してはいない。グリーンウッドの主張は，各州の法律の下でのプライヴァシー概念が第4修正に及ぶ範囲を決めるという提案であって，受け入れることはできない。

(3) キャリフォーニア州憲法修正条項は州法には違反しても連邦法には違反しない証拠の排除法則を削除し，これによりプライヴァシー権の侵害に対する

唯一の効果的な抑止手段が奪われることになるので，この州修正条項は合衆国憲法第14修正のデュー・プロセス条項に違反するとグリーンウッドは主張する。

当裁判所の先例は，警察の違反行為の抑止と証拠排除によるコストとを衡量して「捜査官が客観的に見て good faith で行動していたり，また彼らの行き過ぎた行動が重大ではない場合には排除法則の無差別適用を避けるべきである」(United States v. Leon, 468 U.S. 897, 908 (1984)) としている。第14修正のデュー・プロセス条項は，各州が独自に決定する排除法則の範囲を明確にするために同様の利益衡量によるアプローチを用いることを妨げるものではない。警察の行為が連邦法に違反していない場合には，犯罪の証拠を排除する利益は排除した場合によるコストを凌駕しないというキャリフォーニア州の結論に不都合なところはない。

2．ブレナン裁判官の反対意見（マーシャル裁判官参加）

(1) 第4修正はその起草時から，書類や所持品への不合理な捜索は身体や住居の場合と同様プライヴァシーの侵害となると解されており，この基本原則はキャッツ判決で新たに登場したプライヴァシーへの合理的な期待という基準でも再確認されている。

所持品等のプライヴァシーを守る目的で使用される容器（container）が問題となったロビンス事件（Robbins v. California, 453 U.S. 420 (1981)) で，容器についてはその中身が現認される場合でない限り第4修正の保護はその中身に及び，プライヴァシーを維持するに足りるかどうか（worthy or unworthy）という容器自体の性質や形態で区別を行うべきではないことが明らかにされ，これはその後のロス事件（United States v. Ross, 456 U.S. 798 (1982)) でも確認されている。当裁判所でプライヴァシーへの合理的な期待が認められたものは二重に施錠された200ポンドの footlocker（兵舎でベッドの足元に置く小型トランク）から弁当を入れるような紙袋まで様々であり，ジェイコブスン事件（United States v. Jacobsen, 466 U.S. 109 (1984)) では茶色の紙に包まれたありふれた紙箱の無令状捜索は，それに先立って私人が開けていなかった場合には

第4修正違反となると判示されている。

　以上のように考えれば，本件のゴミ袋も先例に示された容器等と変わりなく，プライヴァシーを維持するに足りるものである。

(2)　ゴミは捨てられたものであるからプライヴァシーへの期待は認められず，他の場合の捜索とは区別せよという政府の主張を却下した点で法廷意見は正しい。人の活動や生活習慣はおよそその廃棄物で表されるといわれ，ゴミの捜索は寝室や引き出しの捜索に等しい。レイカス事件（Rakas v. Illinois, 439 U.S. 128 (1978)）で第4修正の保護が及ぶためにはプライヴァシーへの期待についての「社会の了解（social understandings）」が要件となると判示されたが，私生活を探る目的でゴミを掻き回しプライヴァシーに干渉することに対する「社会の」反応は激怒に近いものである。

　ゴミへのプライヴァシーの期待はクリヴダ判決で認められており，また多くの地方自治体では公衆衛生法とプライヴァシー保護のために，出されたゴミが授権された者以外によって扱われることはないという信頼を強化し，グリーンウッドの住むオレンジカウンティでは個人が勝手にゴミを処分することさえ禁じている。

　第三者が荒らして見えるようになったゴミ容器の中身には第4修正の保護は及ばないが，そのような可能性があるからといってプライヴァシーへの期待が否定されるわけではない。プライヴァシーが絶対のものではないことを根拠に政府のプライヴァシーへの干渉を正当化する主張を当裁判所は繰り返し否定している。

　ある物について直接コントロールすることをやめたり財産上の権利を放棄すればプライヴァシーへの期待も放棄したことにはならない。もしそのように考えれば，手紙や小包は郵便局員等に託すという明示の目的でメイルボックスに入れられた途端に第4修正の保護を失ってしまうということになる。ゴミ回収者もこのような受託者であり，託されたものを選り分け警察や他の者に渡すという可能性はあるが，だからといって政府による無令状捜索を正当化することはできないと考える。

《解　説》

　近時の合衆国最高裁判所では，プライヴァシー保護を考える際にキャッツ判決[1]でハーラン裁判官が補足意見で示したプライヴァシーへの主観的な期待が客観的に見て合理的であるという要件の適用基準が問題となっている。合衆国ではこの点につき判例上3つに分けられる。

　第1は，プライヴァシー保護の対象となるものが第4修正の自己の支配が及ぶ範囲に保管されているかどうかを基準とし，open fields にはプライヴァシーを保護する社会的利益がないとしたオリヴァー事件[2]や curtilage の法理に関するシラオロ事件[3]がこれに相当する。

　第2は，プライヴァシーに関する情報が他人の手に渡った場合，つまり第三者に預託した場合に，預託の目的以外での使用の禁止を認める情報と，他人に預託すると一定限度では自己保管の場合よりもプライヴァシーへの期待が薄くなる情報とがあるとする。スミス対メアリーランド事件[4]では，電話会社に対しては自己の番号と通話先の番号は前者の情報に相当し，電話会社の営業目的外使用は禁止されるので，番号についてプライヴァシーへの期待がある，という主張は却下されている。

　第3は，諸事情からプライヴァシーへの期待が放棄されてしまったと考えられるかどうかを基準とし，ゴミについてはプライヴァシーへの期待は認められないとしたソーントン事件[5]等がこれに相当する。

---

1)　Katz v. United States, 389 U.S. 347 (1967).
2)　Oliver v. United States, 466 U.S. 170 (1984)，本件については，渥美東洋編『米国刑事判例の動向Ⅳ』（中央大学出版部，2012年）435頁（第42事件，安冨潔担当）参照。
3)　California v. Ciraolo, 476 U.S. 207 (1986)，本件については，同上，439頁（第43事件，安冨潔担当）参照。
4)　Smith v. Maryland, 442 U.S. 735 (1979)，本件については，同上，290頁（第28事件，柳川重規担当）参照。
5)　U.S. v. Thornton, 241 U.S. App. D.C. 46,56, and n. 11, 746F. 2d 39, 49 and n. 11 (1984), Commonwealth v. Chappee, 397 Mass. 508 (1986).

法廷意見は，本件のゴミ袋が公衆に見える状態にあり誰からも簡単にアプローチされることと，回収者がゴミの処理という目的以外に用いる可能性があるという，いわば第2と第3の基準の双方を適用してゴミ袋の無令状搜索を認める立場を採っている。

　これに対し反対意見は，以上3つとは異なる plain view の状態にある容器（container）を問題とする基準と第2の目的外使用の禁止という基準からゴミ袋にはプライヴァシーがあるとしているが，そもそも容器が問題となったのは自己が保管している場合[6]であり，本件のようにプライヴァシーへの期待を持つ者が何の支配も及ぼさないまま公道に置かれているゴミ袋への搜索を自己保管の容器の場合と同様に考えることはできず，この点で説得力を欠く。また，ゴミ処理はプライヴァシー保護というよりは衛生面を重視していることは明らかであり，回収者が捜査に協力する可能性も十分に考えられる。また，捨てたことでプライヴァシーへの期待をも放棄したと絶対的に言うことはできないにしても，社会一般で記者等の私人が情報収集上用いている手段を，犯罪捜査に用いることは正当ではないのかという疑問に逢着する。

　プライヴァシーを保護しながら犯罪解明のための搜査活動を進めてゆかなければならない以上[7]，プライヴァシーを段階的に分け，侵入するにつき令状が必要なプライヴァシーとそうでないプライヴァシーを区別する必要がある。「相当理由」には幅があってよいとテリー対オハイオ事件[8]で指摘されたが，これが憲法上の要請として認められるかどうかはまだ検討しなければならな

---

6) U.S. v. Chadwick, 433 U.S. 1 (1977), Arkansas v. Sanders, 442 U.S. 753 (1979), Robbins v. California, 453 U.S. 420 (1981), U.S. v. Ross. 456 U.S. 798 (1982).

7) 第三者に渡る個人情報については，プライヴァシーを保護しようとする連邦議会とプライヴァシーへの期待は憲法上認められないとする最高裁判所との間の妥協の表れとして，電子工学的機器を用いて交換・保存・傍受される情報を保護し，また，ビーパーやペンレジスターといった機器を捜査に用いることを一定の緩やかな条件（事件との関連性）で認める連邦法が制定された。Electric Communications Privacy Act of 1986 (Public Law 99-508 [H. R. 4952]: October 21, 1986).

8) Terry v. Ohio, 392 U.S. 1 (1968).

い。

　第三者が関係する個人のプライヴァシー情報については第三者に渡した時点で完全に開示しているものと自己のコントロールが及ぶものという区別に加えて，犯罪解明との利益衡量を行うというスミス対メアリーランド事件で採られたアプローチが最もふさわしく，本件のゴミの場合はプライヴァシーへの期待を放棄したと考える方が適切であると考える。

（山内　香幸）

19. Bond v. United States, 529 U.S. 334 (2000)

バスの乗客には，他の乗客やバスの乗員が自分の荷物を動かすかもしれないという期待はあるとしても，中身を調べる態様で荷物に触れるとの期待はないとして，国境警備官の行った，乗客の鞄に対する外側からの触手の方法による検査（manipulation）は第4修正に違反すると判示された事例。

《事実の概要》

申請人 Bond は，キャリフォーニア州からアーカンソー州リトルロックへ向かう長距離バスの乗客であった。申請人の乗車するバスは，停止が義務付けられている，テキサス州 Sierra Blanca にある国境警備局常設検問所に停車した。国境警備官は，バスに乗車して乗客の入国資格検査を行った。

バス後方から前方へ戻ってくる間，国境警備官は座席頭上の荷物棚に置かれていた，ある乗客（申請人）の柔らかい旅行鞄を手で強く押した（squeeze）。

申請人はバスの後方から4，5列目の席に座っていた。国境警備官は申請人の座席頭上にある旅行鞄を検査した際に，帆布地の鞄を手で強く押したところ，その中にレンガのような物が入っていることに気が付いた。申請人は，その鞄が自分のものであることを認め，鞄の開披に同意したのでその鞄を開けたところ，メタンフェタミンを発見した。

申請人は，メタンフェタミン所持の共謀及びメタンフェタミンの頒布・販売目的所持で（大陪審）起訴された。申請人は，国境警備官の行為は違法な捜索であると主張して薬物の証拠排除を申し立てた。District Court は，申請人の申立を却下して，申請人を有罪とした。

第5巡回区 Court of Appeals は，国境警備官の行った，申請人の鞄に対する外側からの触手の方法による検査（manipulation）は規制薬物の摘発・発見のためのものと考えられるという事実は第4修正の目的とは関連性がない。したがって，排除申立の却下を確認して，国境警備官の外側からの触手の方法による検査は第4修正にいう捜索には当たらないと判示した。

合衆国最高裁判所はサーシオレイライを容認した。

《判旨・法廷意見》

破棄

1. レンクィスト首席裁判官執筆の法廷意見（スティーヴンズ，オコナー，ケネディ，スーター，トーマス，ギンズバーグ各裁判官参加）

旅行者の鞄が第4修正の保護する所持品であることは明らかであり，申請人が自らの鞄にプライヴァシーの利益を有していたことは，本件において議論の余地はない。

政府は，公衆に自らの鞄を晒すことで，申請人は自らの鞄が外側からの触手の方法による検査を受けないとの合理的期待を喪失している，と主張する。政府は，公衆の目に晒されている物は第4修正によって保護されないとの見解を理由として，*Ciraolo*（California v. Ciraolo, 476 U.S. 207 (1986)）と *Riley*（Florida v. Riley, 448 U.S. 445 (1989)）における当裁判所の判断に依拠する。

しかしながら，*Ciraolo* と *Riley* は，手で触れる観察（observation）ではなく，単に視覚による観察であり，本件とは異なる。物理的な侵襲を伴う検査は，単なる視覚による検査と比較してより侵害的である。

また，当裁判所の第4修正の分析には2つの問いが包含されている。一つには，当の個人が自らの行為において，現実の（主観的）プライヴァシーの期待を表明しているか否か，すなわち，ある特定の物についてプライヴェートな状態を維持しようとしていることを示しているかということである。本件では，申請人は，不透明な鞄を使用することにより，そして，自らの座席の真上に鞄を置くことによって，プライヴァシーを維持しようとしていた。いま一つは，そのプライヴァシーの主観的期待を社会が合理的なものと認めるか否かである。バスの乗客には，他の乗客やバスの乗員が自分の鞄を（手で触れて）動かすかもしれないという期待があることは明らかであるが，探索的態様で触れるとの期待はない。しかしながら，本件国境警備官は，まさにこの探索的態様によって被申請人の鞄に触れたのである。

したがって，当裁判所は，国境警備官の行った申請人の鞄に対する外側からの触手の方法による検査は第4修正に違反すると判示する。

第5巡回区 Court of Appeals の判断を破棄する。

2．ブライヤー裁判官の反対意見（スカリーア裁判官参加）

バスの乗客が頭上手荷物棚に自らの柔軟な鞄を置いた場合，他人がその鞄を押したり，引っ張ったり，突いたり，強く押したり，その他外側から触手の方法によって検査したりすることはないとの合理的期待を有しているであろうか。多数意見とは異なり，私はそのような期待は有していないと思料する。

頭上収納棚に置かれた鞄は，一般に手で触られたり，手に持って動かされたりされ得るとしても，国境警備官の行った，申請人の鞄に対する外側からの触手の方法による検査は，他の乗客から行われ得ると期待する日常的な接触をはるかに超えるものであるので，本件は事情を異にする，と申請人は主張する。しかしながら，記録を見る限りそれとは反対の状況が示されている。すなわち，国境警備官の証言によると，彼らは日常業務として入国検査のため指定検問所でバスに乗車し，鞄を手で強く押して (squeezing) 頭上の荷物につき検査を行うとのことである。本件においても，国境警備官は緑色の鞄に触れ，その中にレンガのような物が入っていると判断した。また，本件国境警備官は，当該鞄をかなり手で強く押したことは認めているが，その行為は，鞄の中の壊れやすい物が通常であれば壊れてしまうほど強く押したというものではないと証言している。

では，本件における，鞄を手で強く押す行為は，かつてに比べ幾分丁重さを欠く数多くの旅行の際に，頭上の荷物が他人から受けるだろうと思われる取扱いとどのように異なるのであろうか。Court of Appeals における過去の判断や証拠として示された新聞・ニュースの報道等からみても，それらは全く異ならないと思料する。

公判裁判所は，荷物の取扱い状況に関する証拠に基づき，本件国境警備官の行った鞄を手で強く押す行為は何ら異常なものでも，予見できないものでも，また特別なものでもないと解し，国境警備官は本件申請人の鞄の外側を単に触れたに過ぎないと認定し，さらに国境警備官の活動は，侵害の程度としては最

小限のものであると判示した。第5巡回区 Court of Appeals も，乗客はしばしば他の乗客の荷物を手に持ったり触れたりすることがあるのだから，そのようなことと本件における触覚による検査は相当程度類似したものであり全く予見し得るものであると指摘している。

　第4修正は，客観的にみて合理的な，現実の（主観的）プライヴァシーの期待を無為にするような政府の侵害を防止する。プライヴァシーそれ自体は，政府の者のみならず招かれざる他者の排除を包含するものである。したがって，個人が事情を認識した上で公衆に晒している対象または活動に対しては，プライヴァシーの合理的期待はない。

　法廷意見は，触覚による干渉と視覚によるそれとを区別しているが，荷物の外側から手で触れて検査することが，明かりの点いた窓を通して視覚的に観察することに比較して侵害の程度が高いか低いかといったことは，必然的に具体的な事情によって決まるものである。

　仮に当裁判所がすでに確立された法原理から離れるべきであるとしても，それは本件によるべきではない。法廷意見では，せいぜい手で強く押す（squeeze）ことについての憲法上の法理が示されるに過ぎず，その結果，通常の刑事的諸問題の判断について困難さが増し，不合理な警察実務を規制する可能性のある行政指導を妨げるといった，すでに複雑な第4修正の法理をさらに複雑なものとしてしまうことになる。最悪の場合，本件によって，国境付近で薬物の捜索に従事する法執行官は，公衆に晒された鞄を捜査するために有効な，最も侵害性の低い方法の検査さえも差し控えてしまうことになる。それと同時に，バスの乗員，乗客といった政府と無関係の者からは荷物が強く押されたりすることが頻繁に見受けられる状況に変わりはなく，法廷意見によって本当の意味でのプライヴァシー保護が図られるわけではない。

　以上の理由により，法廷意見に反対する。

《解　説》
　1．本件における争点は，座席頭上の荷物収納棚に置かれた，バス乗客の荷

物に対する，国境警備官の行った外側からの触手の方法による検査（所持品の捜検）が，合衆国憲法第 4 修正の捜索に当たるか否かである。

　法廷意見は，バスの乗客には，他の乗客やバスの乗員が自分の鞄を（手で触れて）動かすかもしれないという期待があることは明らかであるが，探索的態様（中身を調べる態様）で触れるとの期待はないとして，本件国境警備官の行った，本件申請人の荷物に対する，外側からの触手の方法による検査は第 4 修正の捜索に当たると判示した。このことは，合衆国最高裁判所が，証拠確認目的の所持品の検査（所持品の捜検）は第 4 修正にいう捜索に当たり，相当理由（probable cause）または原則令状がなければ許されないことを確認したということを意味する。

　2．第 4 修正は，*Katz*[1] 以来，「プライヴァシーの合理的期待」の有無によりその保護が及ぶか否かが判断されてきている。この「プライヴァシーの合理的期待」があるといえるためには，第 1 に，政府の行為の対象となる者が現実の（主観的）プライヴァシーの期待を表明していなければならず，第 2 に，そのプライヴァシーの主観的期待を社会が合理的なものと認める用意のあるものでなければならない。

　法廷意見は，この基準に基づき，本件申請人は，不透明な鞄を使用し，自らの座席の真上に鞄を置くことによって，主観的プライヴァシーの期待を表明していると解し，他の乗客やバスの乗員が自分の荷物を手で触れて動かすかもしれないが，探索的態様で触れられることはないとの期待は合理的であるとして，そのような中身を調べる態様で国境警備官が申請人の荷物に触れたことは第 4 修正の捜索に当たると結論付けた。

　法廷意見は，政府が *Ciraolo*[2] と *Riley*[3] に依拠して，申請人は公衆に自らの鞄

---

1) Katz v. United States, 389 U.S. 347 (1967).
2) California v. Ciraolo, 476 U.S. 207 (1986). この事案は，飛行機からの裏庭の撮影を許容したものである。本件については，渥美東洋編『米国刑事判例の動向Ⅳ』（中央大学出版部，2012 年）439 頁以下（第 43 事件，安冨潔担当）参照。
3) Florida v. Riley, 448 U.S. 445 (1989). この事案は，ヘリコプターからの温室の撮影

を晒すことで自らの鞄が外側からの触手の方法による検査を受けないとの合理的期待を喪失していると主張していることに対して，Terry[4]を引用した上で，本件のような触覚による検査は単なる視覚による検査に比べより侵害的であるとして，それらと区別している。法廷意見の指摘によれば，本件で争点となっている，外側からの触手の方法による検査は，所持品に対する捜検（frisk）であり，したがって，第4修正にいう捜索に当たると解しているということになろう。なお，Terry法理は，停止・質問を行う警察官の安全確保のための基準であり，①たとえ国境付近における常設検問所においても，犯罪が行われようとしているとの合理的嫌疑がバスの乗客に対して一般的に認められるとはいえないし，②仮に，結果的に荷物の中に武器が入っていたとしても荷物は座席頭上に置かれており，そのような事情の下で荷物（鞄）に対してTerry法理それ自体を適用することはできない[5]。

3． 反対意見は，国境警備官は日常的に本件のような検査を行っており，さらに，通常，飛行機の客室乗務員や他の乗客から同様のことがなされていることをCourt of Appealsにおける過去の判断や証拠として示された新聞・ニュースの報道等を挙げて指摘している。このような事実から，本件のような検査は予見可能なものであり，したがって，公衆に晒されている対象や活動についてはプライヴァシーの合理的期待はないとする。

同時に，反対意見は，Rileyにおけるオコナー裁判官の結論賛成意見[6]を引用して，侵害が現代の生活においてその一部といえるほど十分に日常的なもので

を許容したもの。本件については，本書第17事件（成田秀樹担当），酒巻匡・アメリカ法［1992-1］154頁参照。

4) Terry v. Ohio, 392 U.S. 1 (1968).
5) 言うまでもないが，本件は，被疑者の身体捜検ではないし，また所持品の捜検により疑われた物は武器ではなく，さらに禁制品と即時に明白になった訳ではない。それに，本件では，そもそも法執行官に本件のような態様で荷物に触れる権限があるのか否かということが争われている。
6) Florida v. Riley, 448 U.S. 445, at 453 (O'Connor, J., concurring in the judgment) (1989).

あるか否かによって，プライヴァシーの期待が合理的か否かが決まると主張し，国境警備官の行った，本件のような荷物（所持品）に対する捜検と同様な行為は当該乗り物の乗員・乗客も通常行っている行為であり，荷物に対して行われる可能性からみても，本件のような荷物に対する取扱いが行われないとの合理的期待はないとする。

また，反対意見は，他の乗客等が頭上の荷物棚に置かれた鞄に対して行う取扱いと法執行官が行うそれとの違いは，その行為を行う者の主観的意図であるが，法執行官の主観的意図は第4修正について判断する際の要素足り得ないとした *Cilaolo* 及び *Whren*[7)] にも合致し，法廷意見は本件との差異として，法執行官の探索的態様に依拠すべきではなかったと批判している。この点については，法廷意見自体が，本件における争点は，法執行官の精神状態ではなく，法執行官の行った行為の客観的効果であると述べており，反対意見は正鵠を射ていると思われる。

さらに，反対意見は，隠しておきたい物を所持している者は，公衆から発見されることに対しては不注意で無関心ではあっても，警察には発見されたくないと考えるものが殆どであろうから，第4修正は警察以外の者であれば自由に歩くことができる場所に警察だけは侵入することを許さないとする場合もあるが，そのようなプライヴァシーの保護は，付加的なものであり，それにより法執行が妨げられることは正当化されないと指摘する。

加えて，反対意見は，法廷意見が触覚による干渉と視覚によるそれとを区別して，前者の方がより侵害的であると評価することについて，単に触覚による干渉か視覚による干渉かで侵害の程度を判断することは合理性を欠き，具体的事情によって決定されるべきものであるとする。この点，法廷意見は，*Terry* を引用して，触覚による身体捜検は重大な侵害であり，単なる視覚による観察とは異なるとしているが，本件国境警備官の行った，触覚による検査が *Terry* で行われた身体捜検の態様と同視し得るものであるかは疑問の余地もあるよう

---

7) Whren v. United States, 517 U.S. 806 (1996). 本件については，本書第8事件（成田秀樹担当），洲見光男・アメリカ法［1997-2］217頁参照。

に思われる。その意味では，触覚か視覚かという違いだけではどちらの方が侵害の程度が高いは一概に決められないとの反対意見にも一定の説得力があるのではなかろうか。

　4．本判決の結果，国境警備官はバスにおける入国資格検査の際に，偶々通路に置かれた荷物を移動させるために荷物に触れる（荷物を持ち上げる）ような場合を除いて，座席頭上に置かれた荷物を本件のような態様で強く押して検査するといった，従来の検査を行うことができなくなってしまった。本件は，確かに国境付近の常設検問所における検査ではあるが，いわゆる国境における荷物の検査ではなかった。実際，本件においては国境における捜索についての主張は政府からも行われておらず，法廷意見も言及していない。しかしながら，ブライヤー裁判官は反対意見の中で，本件によって，国境付近で薬物の捜索に従事する法執行官は，公衆に晒された鞄を捜査するために有効な，最も侵害性の低い方法の検査さえも差し控えてしまうことになるといった懸念を指摘している。本件は確かにいわゆる国境における検査ではないが，長距離バスが停止を義務付けられている，国境付近の常設検問所における入国資格検査の際に従来から行われていた所持品に対する検査を国境警備官が行った事案であり，本件のような場所において単に入国資格検査のみを許容するようになってしまうことが妥当なのかということには疑問がない訳ではない。

　また，主観的プライヴァシーを社会が合理的なものと認めるか否かの検討には，利益衡量によるアプロウチを採用することも可能であったようにも思われる。すなわち，バス乗客の荷物に対する保護と国境付近における薬物の密輸・運搬から生ずる害悪との利益衡量に基づく解決策の検討である。しかしながら，本件ではそのような主張はなされておらず，合衆国最高裁判所も本件はいわゆる国境（付近）における捜索の事案とは考えておらず，国内における捜索の事案として検討していることが窺われるため，そのようなアプロウチは何ら検討されていない。

　他方で，今後，国境警備官は，薬物の発見以外の目的で荷物に触れる場合もあり得るし，その際に薬物（のような物）の存在を認識したり，また実際に発

見したりすることもあろう。そのような場合には，荷物に対する触手による外側からの検査（捜索）の態様による区別はもはや明確な基準とはなり得ず，本件のような検査（捜索）は合理的であると結論付けられる可能性もあるのではなかろうか。

　本件のような荷物への触手による外側からの検査は，我が国においては所持品検査の一態様であり，任意処分として，警察実務上許容されている。とはいえ，我が国における，いわゆる所持品検査は職務質問に付随するものであり，原則として所持人の同意・承諾を得た上で行われるものであるので，本件とは事情を異にする。しかしながら，本件は，プライヴァシーの合理的期待及び所持品検査の法運用，さらには国境（付近）における荷物検査等といった問題について多くの重要な示唆を与えてくれるものと思われる。

（檀上　弘文）

2 「押収」の有無

20. Soldal v. Cook County, 506 U.S. 56 (1992)

　土地の賃貸人が賃借人のトレーラーハウスを土地から強制的に立ち退かせたのを警察が違法と知りながら妨げず，賃借人が介入を求めたにも拘らず応じなかったことが，第4修正の押収を構成するとされた事例。

《事実の概要》

　申請人Soldalとその家族は，イリノイ州でトレーラーホームに居住しており，トレーラーパークが立退きを求めて州裁判所で争ったが，棄却された。8月になって，新たに停泊料未納に基づく立退き手続が提起されたが，トレーラーパーク側は，州法に反し，裁判所の判断を待つことなく，聴聞の2週間前に強制退去の手続を開始し，パークの支配人はクック郡の保安局に，抵抗を避けるために保安局係員の参加を求めた。2名のパーク職員と保安局係員が申請人のトレーラーホームに赴き，退去のための各種手続を行った。保安局係員は，パーク職員の仕事を邪魔されないために立会う，と申請人に説明した。

　申請人は保安局員らにパーク職員らの住居侵入罪での告訴の意図を伝えたが，保安局係員はパーク職員らとの話し合いの後，申請人に「土地所有者と賃借人の関係であるので」告訴は受け入れられず，「トレーラーの退去を継続する」と告げている。この間，保安局係員らは立退き命令は出ておらず，この行動が不法であることを認識していた。最終的にトレーラーは退去させられた。

　その後，州裁判所はこの立退きは不法であり，パークに申請人のトレーラーを元の場所に戻すよう命じたが，トレーラーは大破していた。申請人は本件訴訟を合衆国法典 Title 42, § 1983 に基づいて起こし，パークと支配人，州保安局係員は共謀のうえ，トレーラーを違法に押収，移動し，第4修正に基づく申請人の権利を侵害した，と主張した。州裁判所はサマリー・ジャッジメントに

て，申請人は共謀を示すいかなる証拠も提出しておらず，それゆえ国家賠償訴訟の要件を満たさない，と判断した。

連邦第7巡回区 Court of Appeals は，国家賠償訴訟となることは認めたが，トレーラーの移動が第4修正の押収，あるいは第14修正のデュー・プロセス違反になるとは認めなかった。

第7巡回区での再聴聞手続において，大法廷は小法廷の結論を確認した。文言として「押収」にあたることは発生したが，法執行ではなく，申請人のプライヴァシーを侵害しておらず，第4修正にいう「押収」ではない，とし，プライヴァシーや自由の侵害を欠く「純粋な財産の剥奪」は第4修正の問題ではなく，第5修正及び第14修正のデュー・プロセス条項によってのみ保護される，と理由づけた。

《判旨・法廷意見》

破棄

ホワイト裁判官執筆，全員一致による法廷意見

1. 本件では，申請人のトレーラーホームの押収ないし移動が第4修正の権利を侵害するか否かが争点である。

「個人の所有権が何らかの妨害を受けた」時には「押収」があり（United States v. Jacobsen, 466 U.S. 109, 113 (1984)），自宅に関する権利は第4修正の核心部分である（Silverman v. United States, 365 U.S. 505, 511 (1961)），と強調してきた。

本件での州の活動の結果，申請人の住居は押収されたのみならず，運び去られた。本件のような方法で個人の住居が正当な手続なく失われることは，第4修正の保護を惹起すべき「押収」以外の何物でもない。無論，第4修正違反があったか否かは，押収が合理的であったかを認定する要件，という別の問題によるが，これは複数の要素の評価が入る問題であり，本件では審理の対象ではない。

第7巡回区 Court of Appeals は押収はあったと認識しているが，第4修正の意味のそれではなかった，と結論付けている。これを保護の対象とすると，

「権利の放棄や立退き等で，警察の助力がありうる全ての案件が第4修正の対象となり，第4修正を単純化して，大多数の民事訴訟を州裁判所から連邦裁判所に移す無謀な変化を引き起こしかねない。所有権とプライヴァシーの利益の相違を認識することでこれを防ぐことができる」という。法執行官は申請人宅に立入っておらず，彼の所有物を捜索してもおらず，また第7巡回区の見解によれば，立退きに関し彼の自由も侵害していないので，ここで起きた財産の「重大な剥奪」には第4修正の保護は及ばない，という。

当裁判所はこの解釈に同意できない。当裁判所の先例も，疑いなくプライヴァシー同様に個人の財産を保護すると解している。Jacobsenでは，第4修正の第1節を，「2種類の期待，すなわち『捜索』と『押収』から保護する。『捜索』は社会が合理的であると認めるプライヴァシーの期待が侵害された時に発生し，財産の『押収』は，個人の所有権に何らかの有意な干渉が行われた時に発生する」と説明している。

それ故に，包みの中の粉末を科学的に試験しても，所有者のプライヴァシーを制約しない，と結論付けたJacobsenでの法廷意見は，そこで検討を打ち切っておらず，むしろ，Place（United States v. Place, 462 U.S. 696 (1983)）での判断が示すように，所持者の「所有権」の侵害があったか否かの判断に進んでいる。荷物を犬の臭気選別にかけることは，プライヴァシーの利益を損なわないため，第4修正の目的とする捜索ではないと判断したが，スーツケースの領置は所有権を侵害するため，違法な押収とみなされた。プライヴァシーの要素はなくとも，財産権の利益は第4修正の保護からは無視されてはならない。

被申請人は，各先例に依拠し，第4修正は財産権にわずかにしか関与していない，と主張する。しかし先例のメッセージは，財産権は第4修正違反の唯一の指針ではない，ということである。第4修正の「第1の」目的は財産権というよりはプライヴァシーの保護であるが，これまで認識されていた財産権保護が消し去られた，という示唆ではない。

それゆえ，当裁判所のいかなる先例をみても，不合理な財産の押収に対する第4修正の保護は，プライヴァシーあるいは自由に関するものに限定される，

という見解には説得されえない。例えば、警察官が合法的に、令状要件を満たしたか例外（同意または緊急性等）があるかして、家屋へ立入ったと仮定する。もし警察官が何らかの物に出くわし、プレイン・ヴューにて押収したならば、個人のプライヴァシー侵害は発生しない。もし第4修正の境界がプライヴァシー権で厳格に定まるのであれば、プレイン・ヴューでの押収は憲法上の問題を全く生じないこととなる。もっともこのような自動的な判断とはかけ離れて、プレイン・ヴューでの押収は、厳格な第4修正の審査対象となる。それゆえ、同意や令状のない押収は、相当理由の基準を満たした場合のみ、あるいは不法侵入を伴わない場合のみ許容されることとなる。

第7巡回区 Court of Appeals は本件での申請人のトレーラーの押収が、非刑事の状況で起きた、という基点で問題視していないし、第4修正の適用が法執行活動に限定される、とも示唆していないが、その意図はむしろ、捜索の成果としての押収に対してのみ第4修正を適用するようにも思える。しかしながら当裁判所の先例はその逆であり、本来の意味での捜索が起こらない状況での財産の押収にも第4修正の適用がある、と判示してきている。より一般的には、公共の場で個人の財産に遭遇した公務員は、第4修正の基準が満たされる場合（例えば、その項目が犯罪の証拠であるか禁制品である場合など）には、それを押収することが許される（Payton v. New York, 445 U.S. 573）。また、Court of Appeals の判示中、「プライヴァシー侵害はないので、通常のルールは適用されない」とする最後の一文にも困惑を覚える。プレイン・ヴューの案件では、明確に、何らプライヴァシーの侵害がないにもかかわらず、無令状での物の押収が合法とされるのは、合理的な理由がある場合のみである、と述べている。例えば、Horton（Horton v. California, 496 U.S. 128, 133 (1990)）での武器の押収は捜索中に起こったが、当裁判所はいかなるプライヴァシー侵害とも関連性がない、と強調している。要するに、当裁判所の「このような捜索が第4修正の要件を満たし、合法となるのは、押収対象物の犯罪関連性が明確な場合のみである」という宣言は、本件での Court of Appeals のアプローチとは異なる。

Court of Appeals の判断の基礎には、第4修正はプライヴァシーを保護する

が財産は保護しないという初期の命題の単純な再表明がある。この見解には納得しないし，当裁判所先例との区別を正当化するものはない。重要なのは，政府の干渉が市民の保護された領域に侵入しているかどうかである。それゆえ，第 4 修正の完全な保護を，個人が犯罪行為の被疑者である場合にのみ個人または私有財産に適用しようとするのは異常である。

　Court of Appeals は，§ 1983 訴訟の憲法上の基準を判断するためには，官憲の行為の性質を決定づけなければならなず，申請人の主張が，不合理な押収というよりも適正手続を欠く財産の没収を争うもの，とみて，第 4 修正違反の主張は許されないと判断した。

　しかし，当裁判所はそのような形で憲法上の保護を小出しに行う根拠はないと考える。明らかな過ちが複数の権利に影響を与えることはあり，これは憲法の命令においても同様である。複数の憲法違反が取りざたされた事案で，当裁判所はその主張を「決定づける」争点を 1 つだけ挙げる習慣を持たず，むしろ，それぞれの憲法の規定を順にみている。Graham（Graham v. Connor (490 U.S. 386 (1989)）は，過度の物理力行使が第 14 修正の実質的デュー・プロセスの基準というよりも第 4 修正の合理性の判断の対象となる，という判断だが，この事件で当裁判所は認定事実を頼りに，「より一般的な実質的デュー・プロセスの基準よりもより明確な憲法の文言に合致する」第 4 修正の適用を，双方照らし合わせて選んだのである。すなわち，Graham によれば，本件で第 14 修正より第 4 修正の保護を選択することを禁じてはいない。

　2．被申請人は，Court of Appeals 同様に，このような状況に第 4 修正を適用すれば，必然的に未知の，先の見えない状況に陥り，日常的な所有回復や，公共団体が雇用する人物の過失による個人の権利侵害など，伝統的な州法の領域が「連邦法化」する，と危惧する。当裁判所はそのリスクは誇張されていると考える。まずは，住居への侵入，個人のプライヴァシーの侵害，あるいは自由の制約を伴う所有回復あるいは差押えといった活動に衝撃を与えるものではない。そもそも第 4 修正の問題を含むからである。

　より重要なのは，第 4 修正の下で莫大な数が起きているこのような形の押収

は，憲法の精査の下で大部分が合法なまま，ということである。合理性の判断は，政府と個人の利益の注意深いバランスの反映であり，些末な訴訟の提起に対抗する保証はないにせよ，連邦裁判所が§1983の訴訟で第4修正違反の主張に忙殺されることはほぼないとみてよい。

さらには，警察が法に反することを知ってさらなる行動を起こし，客観的に合理性の根拠がない状況で押収を進めることがしばしば起こると考えるのは疑わしい。要するに，今日当裁判所が第4修正の原理を再確認しても，連邦裁判所に新たな訴訟の大波が起きることはない。

3. 申請人の主張が真実であれば，第4修正の意味において「押収」を構成するのに十分である。それゆえ，Court of Appeals の判断を破棄し，当裁判所の意見と合致するようさらなる手続を進めるために差し戻す。

《解　説》

1. 合衆国での第4修正の適用範囲は広範であるものの[1]，実際にそれが適用され，何らかの活動が違法とされる例はあまり多くない。典型的な捜索・押収の場面で見てみれば，捜索・押収令状が発せられている限り，その要件を警察官が大きく踰越あるいは無視でもしない限り第4修正違反は生じないし，令状が発せられていなくとも，相当理由があれば無令状での捜索が許される場合がある[2]。仮に第4修正違反が認められても，善意の例外による排除法則対象外となるものもある[3]。日本で一部主張されるような強制処分法定主義違反のような，あるいは Miranda のような自働法理的に働く違法判断構成はまず見かけない。

---

1) 犯罪捜査目的，法執行以外にも適用がありうる。なお，本書第41〜46事件，419頁以下も併せて参照。
2) プレイン・ヴューの場合が顕著。例として，Horton v. California, 496 U.S. 128 (1990), 本書第26事件，250頁を参照。あるいは自動車の例外の著名な例として，Coolidge v. New Hampshire, 403 U.S. 443 (1971)。
3) United States v. Leon, 468 U.S. 897 (1984) 等が著名。なお，本書第48〜56事件，501頁以下も併せて参照。

このため，第4修正の適用対象は何か，その目的は何か，例外はいかなる場合に働くか，といった点につき多数の先例が積み重なっている。本件はそのうち，(i)捜査機関が直接法執行したものではない，しかし関与がある法的活動について，その関与の形態と活動の実態を基に第4修正の対象とし，また，(ii)第4修正が「プライヴァシー侵害」と「財産権侵害」双方を保護の対象とする，と明示した点で特色がある。さらに，(iii)複数の修正条項が対象となる問題がある場合，1つに絞って検討する必要はなく，複次的な検討を認めたことも本件で示されている。

2．上記3点のうち，特に(i)がCourt of Appealsと最高裁判所で理由付けが対立する部分である。

第7巡回区Court of Appealsは，保安局員すなわち法執行官は申請人を抑止する用意はあったものの，申請人宅に立入っておらず，彼の所有物を捜索してもおらず，立退きに関し彼の行動の自由を侵害していないので，財産すなわち家屋に不利益な変更があっても，第4修正の保護は及ばない，という。むしろ，日本ではこの見解に支持を与える向きもあろう。

これに対し，全員一致で，最高裁判所はJacobsenを引用し，本件の活動は財産の「押収」，個人の所有権すなわちその場所にトレーラーホームを置き続けられなくする「有意な干渉」すなわち立退きが執行されて生じている，とし，しかも保安局員はその立退きが裁判所の決定によらず，したがって不法であり，それを知りつつ申請人に「パーク職員の仕事を邪魔されないため」立ち会い，申請人の不服申立，制止要求にも応じなかった，という実態から，第4修正の意味での「押収」である，ととらえている。むしろ実態に即した判断から，消極的ではあるにせよ，「政府機関が個人の安全に干渉している」ことを重視してのことと考えられ，首肯できる。

3．これに対し，被申請人及びCourt of Appealsの見解は，このような「立会い」にまで第4修正の保護を拡げると，政府機関が関与するほぼ全ての立退きが第4修正の対象となってしまい，連邦裁判所の案件が激増する虞があること，および(ii)の，第4修正は保護の対象をプライヴァシーに限定するか，

少なくとも財産権についてはわずかな範囲しか対象としていない，という論点を持ち出して対抗しているが，最高裁判所は事件数の増加は恐るるに足らず，第4修正の保護対象についても先例からいってプライヴァシーのみを保護対象としていないとして退けている。

　先例の立場は明確とまでは言い難いが，Kats[4]では物理的侵入がなければプライヴァシーに影響はない，とする立場を捨て去ったものの，プライヴァシー以外の第4修正違反はありえないと示唆したものではないし，Hayden[5]では，第4修正の「第1の」目的はプライヴァシーの保護であると言明したが，これまで認識されていた財産権保護が消し去られた，という示唆ではない。Cardwell[6]の相対多数意見と反対意見では，プライヴァシーを問題にせずとも，問題となった車両が第4修正の保護対象となることでは一致し，意見の違いはそこで採られた証拠収集手法の評価の違いから生じているので，財産権保護が対象とならない，とする例としては不適切とする最高裁判所の判断の方が適切な理解であろう。

　4．なお，(iii)について Court of Appeals が引き合いに出した Graham[7]は，停止・質問，逮捕に至る過程で警察官が過度の暴力を振るったとされる事例で，結果としてより明確な「実質的デュー・プロセスである」第4修正違反を問題としたが，第14修正違反というやや抽象度の高い問題検討を無視も，禁止もせず，検討の俎上に載せている。いわゆる消耗要件的に，一定の手続を履まない限り別要素を訴訟対象にできない，とすると，1つの社会的現象を最適と想定される1条項のみで審理せざるを得ず，その選択のせいで真の問題解決にたどり着けない虞れがある。この観点が本件で再確認されたことは決して軽視してはならないと考える。

（松田　龍彦）

4）　Katz v. United States, 389 U.S. 347 (1967).
5）　Warden, Maryland Penitentiary v. Hayden, 387 U.S. 294 (1967).
6）　Cardwell v. Lewis, 417 U.S. 583 (1974).
7）　Graham v. Connor, 490 U.S. 386 (1989).

3　令状の有効性

21.　Maryland v. Garrison, 480 U.S. 79 (1987)

被疑者の住居として「公園通り2036番地のアパート3階住居」を捜索場所とする令状の発付を得て捜索が開始されたが，警察官らが被疑者の住居の一部と誤認し，同アパート3階に所在した被申請人の住居でも捜索と押収を行った事案で，第4修正違反が否定された事例。

《事実の概要》

警察官らは，McWebbに対しマリワナの違法売買の嫌疑を抱き，同人の身体のほか，同人の住居として「公園通り2036番地のアパート3階住居」を捜索場所とする令状の発付を得た。令状を請求した警察官は，信頼の措ける情報提供者から得られた裏づけのある情報，建物の外観，公益事業者に対する照会等から同アパート3階にはMcWebbの住居のみがあると結論づけたが，実際には2つに区分され，一方はMcWebb，他方は被申請人の住居であった。

令状の執行に際し警察官らは，同アパートの入り口でMcWebbと遭遇し，同人の鍵を用いて同アパート3階の共用廊下部分に立ち入った。入って左手にMcWebbの住居，右手に被申請人の住居があったが，いずれもドアが開いていた。共用廊下には被申請人がいたが，警察官らは被申請人をMcWebbの来客かルームメイトだと考え，被申請人の住居に立ち入りヘロイン，現金及び薬物使用に用いる道具等を押収した。警察官らはそれらの押収後にはじめてそこがMcWebbの住居とは別個の被申請人の住居であることに気づき，それ以上，被申請人の住居の捜索は行わなかった。なお被申請人とMcWebbのいずれも3階に2戸の住居があることを警察官らに伝えなかった。

被申請人は，被申請人の住居で押収された証拠物に基づいて規制薬物法違反の罪で起訴された。被申請人は，自身の住居の捜索は第4修正に反すると主張

して証拠の排除を申し立てたが，公判裁判所はこれを退け，公判の結果，被申請人は有罪とされた。メリーランド州 Court of Special Appeals も被申請人の主張を退けたが，メリーランド州 Court of Appeals は，本件令状はあくまで McWebb の住居の捜索のみを許可したものであって被申請人の住居への無令状の立ち入りは正当化されないとし，第4修正違反を認め，新たな公判を命じた。合衆国最高裁判所はサーシオレイライを認容した。

《判旨・法廷意見》
破棄・差戻し
1．スティーヴンズ裁判官執筆の法廷意見
(1) 本件では2つの憲法上の争点があり，一方は令状の有効性に関わり，他方は令状の執行方法の合理性に関わる。
(2) 第4修正は，捜索すべき場所及び逮捕すべき人又は押収すべき物を特定して記載した令状を除いて令状の発付を禁ずるが，これは，正当化事由の存する範囲に捜索を慎重に限定し，令状による捜索が広範で探索的な性格を帯びないようにすることを目的とする。本件令状には，押収対象物の記載が不十分であるとか，捜索場所に押収対象物が存在する相当理由を欠いていたといった事情はないものの，捜索場所の記載が，事後的にみると，本件アパート3階には1戸の住居しかないという事実誤認に基づいた，捜索の許されない場所を含む広範に過ぎるものであった。この過誤により令状が無効となるか否かが問われる。

仮に本件警察官らが令状請求時，本件アパート3階に2戸の住居が存在していることを知っていたり，さらには知るべきであったとすれば，捜索場所から被申請人の住居を外した令状を請求する義務が警察官らに生じていたことは明らかである。しかしながら，令状発付後に判明した事情によって令状の発付が遡って無効となることはない。令状の有効性は，マジストレイトに対し警察官らが提出した，又は発見し提出する義務を有していた情報をもとに判断されなければならない。かかる情報に鑑み，本件令状は発付時に有効であったといえ

(3) 令状の執行に際して被申請人の自己の住居に干渉を受けない第4修正上の権利が不当に侵害されたかについてはより慎重な検討を要する。

本件警察官らの本件アパート3階の共用部分への立ち入りは令状に基づく適法なものであったことは疑いない。3階の居住部分への立ち入りについては，仮に警察官らが3階に2戸の住居があって令状の記載に誤りがあることに気づいていた，あるいは気づくべきであったとすれば，捜索の範囲をMcWebbの住居に限定しなければならなかったし，途中でこの事実に気づきMcWebb以外の住居を捜索している虞があると認識した場合は，その時点で直ちに捜索を中止しなければならなかったといえる。この点，本件警察官らのとった行為と捜索をした範囲は，捜索の進展に応じて得られた情報に即したものであった。捜索が許される範囲はそれを正当化する目的が存する範囲に厳格に限定されるのではあるが，当裁判所の先例は，危険と困難を伴う逮捕と捜索令状の執行の過程で警察官が犯す「善意の過誤（honest mistake）」を許容する一定のゆとりが必要であることを認めている。

Hill（Hill v. California, 401 U.S. 797 (1971)）では，捜査官らが，逮捕の相当理由が存在したHillだと善意で誤認し，Hillの住居内にいたMillerを逮捕したことが適法とされた。当裁判所はそこで，誤認が警察官らの主観に照らして善意だというだけでは正当化できないとしつつ，第4修正の合理性の試金石は確実性ではなく，十分な蓋然性が存在するか否かであるから，誤認が無理からぬもので当時の状況下での合理的な対応であったといえる当該逮捕は適法だと論じている。*Hill*は無令状逮捕の事案だが，誤認が合理的な場合は，誤認をもって直ちに逮捕が違法となるわけではないという論理は，本件のように，令状の記載が捜索の許されない場所を含んだ広範に過ぎるものであることに警察官らが気づかなかった事案にも妥当する。

本件捜索の適法性は，本件警察官らがかかる事実に気づかなかったことが客観的にみて無理からぬ合理的なものであったといえるか否かに左右されるといえるところ，本件警察官らに判明していた客観的な事実に照らせば，本件アパ

ート3階に McWebb 以外の住居が存在することは何ら窺われなかったのであるから，これを積極に解すべきことは明らかである。

なお同様の理由から，本件令状が捜索を本件アパート3階全体ではなく「McWebb の住居」に限って許可していたと解したとしても，結論は変わらない。本件警察官らは，3階に2戸の住居があることに気づくまで3階全体が「McWebb の住居」だと理解していたのであり，3階全体について令状を執行したことは合理的だといえるからである。

2．ブラックマン裁判官の反対意見（ブレナン裁判官，マーシャル裁判官参加）

(1) 第4修正の解釈において住居は常に特別な保護を与えられてきた。第4修正は捜索場所につき，捜査官の合理的な努力をもって意図された場所を特定し識別できるような記載を要求しているところ，集合住宅中の特定の住居を捜索の対象とする場合は，他の住居に捜索が及ぶことを防ぐに足りる十分な特定性を備えた記載が求められる。いかなる記載によればかかる特定性が認められるかについては，下位の裁判所で様々な基準が用いられている。

本件令状の記載は本件アパート3階に所在する McWebb の住居の捜索のみを授権したものであることは明らかである。本件令状の「アパート3階住居」という文言は，集合住宅の中の1戸に言及しつつ，かつ1人の人物の住居という文脈で用いられていることからすれば，法廷意見のように3階全体の捜索を許可したものとは解し難い。したがって McWebb の住居に隣接する被申請人の住居の捜索は，無令状によるもので，令状要件の例外が認められる状況もないため，第4修正に反する不合理な捜索にあたる。

(2) 法廷意見は，捜査官が知っていた，あるいは知るべきであった事情に照らし，捜査官らの行動が合理的な場合は，逮捕や捜索における過誤は第4修正上の権利侵害を構成しないとする。法廷意見はその根拠を *Hill*（Hill v. California, 401 U.S. 797 (1971)）に求めるが，同判断は逮捕される相当理由のあった者が，自身と誤認されて第三者が逮捕されたことの第4修正違反を争った事案であり，捜索を受ける相当理由のなかった者が捜査官の過誤により捜索

を受けた本件とは事案を異にする。前者で捜査官の過誤をその合理性ゆえに宥恕することには一理ありうるとしても，同様の論理は後者には妥当しない。

仮に法廷意見の前提を受け入れるとしても，本件の捜査官の行為は合理性の基準を満たさない。本件令状を請求した捜査官は，捜索の対象が集合住宅の1戸となることを知っていたにもかかわらず，建物外部を見たにとどまる。仮に近づいて調べていれば，正面玄関の外にある郵便受けや呼び鈴の数から3階に複数の住居がないかさらに捜査する必要が明らかになっていたはずである。令状の執行に際しても，捜査官の1人は上記郵便受けや呼び鈴の数を見ているし，捜査官らは現場にいたMcWebbや被申請人に住居について尋ねてもいない。何より，安全確保のため3階の各部屋を確認した際に，ほぼ左右対称の構造から，3階に2戸の住居があることに気づくべきであった。

《解　説》
　1．本件では，薬物犯罪の被疑者であったMcWebbの住居を捜索するため，捜索場所を「公園通り2036番地のアパート3階住居」とする令状の発付を得て捜索が開始されたが，警察官らがMcWebbの住居の一部と誤認し，3階に所在した被申請人の住居において捜索と押収を行った際に，第4修正違反が生じたかが争われた[1]。争点となったのは，① 本件令状の解釈とその有効性，② 被疑者の住居と誤認して第三者の住居を捜索した場合の適法性と本件における誤認の合理性である。合衆国最高裁判所は6対3で第4修正違反を否定したが，各争点でスティーヴンズ裁判官執筆の法廷意見とブラックマン裁判官の反対意見に対立がみられる。
　2．本件令状の解釈とその有効性
　⑴　本件令状を有効と結論する点で法廷意見と反対意見は一致するが，前提となる本件令状の解釈が異なる。本件令状は，McWebbの住居の捜索を許可したものだが，捜索場所は「公園通り2036番地のアパート3階住居」と記載

---

1) 本件の邦文評釈として，鈴木義男編『アメリカ刑事判例研究（第4巻）』（成文堂，1994年）10頁（中空壽雅担当）参照。

するにとどまり，(i) 3 階全体が McWebb の住居であるとの認識の下に 3 階全体の捜索を許可したのか，(ii) 3 階に McWebb 以外の住居が存在する可能性を必ずしも否定せず 3 階にある McWebb の住居のみ捜索を許可したのか解釈の余地があった。

(2) 法廷意見は文理解釈を強調し前記(i)の解釈を採用した上で，本件令状は，事後的にみれば，捜索場所から外すべき被申請人の住居をも捜索場所に含んだ広範に過ぎる記載をしていることから発付時より無効であったといえるかという観点から本件令状の有効性を検討している。

第 4 修正上，令状によらない捜索は原則として不合理と扱われることは 1967 年の *Katz*（Katz v. United States, 389 U.S. 347 (1967)）で確立し，令状が捜索場所と押収対象物を特定するものでなければならないことは明文で要求されている。先例上，令状要件の重要な狙いの 1 つは，捜索・押収の実体要件につき「中立で捜査機関から独立した令状発付官（マジストレイト）」[2]の事前審査を要求することで，捜査機関の性急な判断による実体要件を欠いた捜索を防止することにあるとされ[3]，捜索場所と押収対象物の特定の狙いは，令状発付官が実体要件が存在すると判断した範囲を超えて捜索が行われないよう担保することにある[4]と解されてきた。また捜索の実効性を維持するため，令状審査は捜査機関側の提出する資料のみに基づく一方当事者参加の手続とならざるを得ないことも前提とされてきた[5]。

こうした令状審査の趣旨と性格に照らすと，少なくとも捜索の実体要件の存否ないし存する範囲を左右し得る重要な資料は，令状請求時点で判明しているもの，さらには通常の捜査により発見されると思われるものについて，捜査機

---

[2] Johnson v. United States, 333 U.S. 10, 13-14 (1947).

[3] また事後審査に伴う「後知恵の危険」を回避すべきことも強調される。*See*, Beck v. Ohio, 379 U.S. 89, 96 (1964). 合衆国最高裁判所の令状要件への傾斜については，渥美東洋『刑事訴訟における自由と正義』（有斐閣，1994 年）65 頁参照。

[4] *See*, e.g., Steele v. United States, 267 U.S. 498, 503 (1925).

[5] *See*, e.g., State v. Kalakosky, 121 Wash.2d 525, 535 (1993).

関は令状審査に際して提出する義務があると考えられ，それを怠って発付された令状は，法の予定する令状審査を経ていないとして発付時から無効と解する余地がある。他方，そうした重要な資料が令状発付後に捜査機関に判明した場合は，その時点から当該令状による捜索が許されなくなったり，許される捜索の範囲が限定されることはありうるにせよ，令状が発付時に遡って無効になるとは考え難い。令状発付は，令状審査時点の資料に基づき，令状執行時点で捜索が実体要件を備えたものとなるとの予測・蓋然性判断に基づくものであって，令状請求時に判明し得なかった事情が後に判明したからといって令状発付が違法であったとはいえないからである。

法廷意見が，令状発付後に発見された証拠は令状発付の有効性に関連せず，令状の有効性は専ら捜査官が令状発付官に対し提出した，又は発見して提出する義務を有していた情報をもとに判断されるべき旨判示しているのは同様の理解に基づくものと解される。法廷意見はかかる観点から，本件令状発付を有効としたが，これは，本件警察官らが情報提供者の供述，建物外観の見分，公益事業者に対する照会等により本件アパート3階はMcWebbの住居しかないと結論づけたことが当時求められる捜査として十分であったという評価を前提にするものといえる。

(3) 他方，反対意見は集合住宅の特性を指摘し，本件令状について前記(ii)の解釈を採用した。先例上令状における捜索場所の特定は，前記の趣旨に照らし，捜査官が合理的な努力により令状発付官が意図した捜索場所を確定し識別できる程度の特定が必要だと解されている[6]。この点，集合住宅は，住居としてプライヴァシーを厚く保護すべきことは変わらない一方，戸建て住宅に比べて捜索が被処分者以外の住居にも及ぶ虞れが相対的に高いため，その虞れを払拭できるだけの慎重な捜索場所の特定が求められるといいうる。反対意見は，本件令状がこうした性格を持つ集合住宅におけるMcWebbの住居1戸の捜索を許可しようとしたものであることを指摘し，「公園通り2036番地のアパ

---

6) *See, Steele,* 267 U.S., at 503.

ート3階住居」という文言をもってアパート3階全体の捜索を許可するものとは解されないとし[7]，本件令状は3階中のMcWebbの住居のみ捜索を許可したものと解すべきと論じている。

　反対意見の本件令状の解釈によれば，法廷意見が検討した観点からの令状の有効性の問題は生じないが，他方で単に3階中のMcWebbの住居と解し得るというだけで，集合住宅内の住居の特定として足りるのかという別の観点から令状の有効性に疑問が生じないでもない。この点に関して合衆国最高裁の先例は存在しないものの，下位の裁判所では居住者の氏名のほか，居住者の業務，建物の中の位置等の記載による特定で足りるとした判断等がみられる[8]。反対意見は正面から検討していないものの，集合住宅内での捜索場所の特定について「専門・技術的な精密さではなく実務的正確さ」[9]で足りると指摘して居住者の氏名による特定を合憲とした下位の裁判所の判断を引いている箇所があり[10]，おそらく同様の観点から本件令状を有効と判断しているものと推測される。

　3．被疑者の住居と誤認して第三者の住居を捜索した場合の適法性

　(1)　法廷意見は本件令状の執行の適法性を論ずるにあたり，まず警察官らが令状執行前に，令状が被申請人の住居を捜索場所に含んでいることを警察官が知った，あるいは知るべきであった場合は，捜索の範囲をMcWebbの住居に限定する義務が生じていたこと，さらに捜索の途中で3階に2戸の住居が存在することが判明し，被申請人の住居を捜索している虞れを認識した時点で，捜索を中断する義務が生じていたことを指摘している。これは，令状発付官は3階全体の捜索を許可していたとしても，それはあくまで被疑者の住居であると

---

7)　なお反対意見は，令状請求当時，警察において必ずしも本件アパート3階にMcWebbの住居しかないとは考えられていなかった可能性にも言及している。*See*, 480 U.S., at 92-93, n. 1-2 (Blackmun J., dissenting).

8)　*See*, 2 Wayne R. LaFave, Search & Seizure § 4.5 (b) (5th ed. 2016).

9)　United States v. Bedford, 519 F. 2d 650, 655 (3d Cir. 1975).

10)　*See*, 480 U.S., at 92-93, n.1-2 (Blackmun J., dissenting).

の前提に基づくものであるから，3階に McWebb 以外の住居の存在が判明した時点で，令状が発付された趣旨に従い，令状により許可される捜索場所は McWebb の住居に限定されなければならないという理解に基づくものと考えられる[11]。本件警察官らは，被申請人の住居の捜索中に事実を認識した時点で直ちにそこでの捜索を中止しているので，捜索の進展に即して令状発付官が令状を発付した趣旨に忠実に令状を執行したものということができる。

　もっともそうだとしても，結果的には，令状発付官が捜索を許可しなかったであろう第三者の住居を捜索したことは確かであり，一見すると第4修正違反が生じているようにも思われる。法廷意見はこの点，1971年の *Hill*（Hill v. California, 401 U.S. 797 (1971)）を援用し，第4修正違反が生じないことを論じている。*Hill* は，被疑者を逮捕するため無令状で被疑者の住居に立ち入り，居合わせた第三者を被疑者と誤認して逮捕した上，同所で逮捕に伴う捜索を行ったという事案に関するもので，第4修正の合理性の試金石は確実性ではなく十分な蓋然性（sufficient probability）であると指摘し，警察官らの誤認が客観的に合理的であったとして第4修正違反を否定した判断である。*Hill* は被疑者の逮捕も捜索も無令状で行うことが許される場合であった点で本件とは事案が異なるものの[12]，法廷意見は *Hill* の根底にある論理は本件に妥当し，捜索令状の執行に伴う過誤についてもそれが客観的に合理的なものならば第4修正違反は生じないと論じた。法廷意見はその上で，令状執行時，本件アパート3階に

---

11) このように捜索の実体要件が存する範囲に影響する事情が令状発付後に判明した場合に，あらためて裁判官の令状審査が必要となる場合もあり得ると思われる。本件でその必要がなかったのは，3階に2戸の住居が存在することが判明した時点で，いずれが McWebb の住居であるかは判明していたからだと思われる。現に法廷意見は註13)で，令状に捜索場所として記載された特定の階に2戸の住居があることが判明したが，いずれの住居で令状発付の理由となった薬物の取引が行われているか判明しないといった事案では本件とはかなり異なる争点が生じる旨指摘している。*See*, 480 U.S., 88 n. 13.

12) 1980年の *Payton*（Payton v. New York, 445 U.S. 573 (1980)）で，被疑者を逮捕するために被疑者の自宅に立ち入るには逮捕令状が必要と判断されたが，*Hill* の事案はそれ以前の事案である。

McWebb 以外の住居が存在することを示唆する客観的な事情がなかったとの認定を前提に，本件警察官らが被申請人の住居を捜索したことは，令状の解釈を前記(i)(ii)のいずれによるとしても，客観的に合理的な過誤であるとして第4修正違反は生じないと結論づけている。

　先例上，捜索や押収・逮捕の実体要件である相当理由とは，プライヴァシー保護の利益と法執行の利益との調整を図る概念だと解されている[13]。そうであるとすれば，捜索を行う時点で押収対象物が捜索場所に存在する蓋然性があると考えることが客観的に合理的といえる限り，結果的にそれが誤りであったとしても，捜索を正当化する実体要件を欠いていることにはならない。そして前述の通り令状要件は，捜査機関に判明している証拠・資料から捜索が実体要件を満たしたものとなるかを，捜査から独立した令状発付官に判断させること，即ち，捜査官と個人との間に独立した令状発付官の判断を介在させることにその趣旨があった。そうすると，上記法廷意見の認定を前提にする限り，本件警察官らは令状執行時に至るまで，本件アパート3階全体について捜索を行うことが客観的に合理的であった，即ち捜索の実体要件が存在していたということができ，なおかつそのことは令状審査時に令状発付官に蓋然性判断として認められており，その判断に疑問を抱かせるような事情もその後判明しなかったわけであるから，本件では実体要件・令状要件のいずれの観点からも第4修正違反は生じないということができる。このように考えると法廷意見は，合理的過誤の例外といった新規の原則を採用したというよりも，相当理由や令状審査の本来的な性格や狙いから導かれる帰結を示したものにとどまるように思われる。

(2)　さて反対意見の令状の解釈，また警察官らにおいて3階におけるMcWebb 以外の住居が存在しないことは必ずしも確認されていなかったとの反対意見の認定によれば，被申請人の住居の捜索は，令状による捜索ではなく無令状捜索だと解されることになる。反対意見はその上で，緊急状況等の事情

---

13)　*See, e.g.*, Brinegar v. United States, 338 U.S. 160, 176 (1949). 同判断は本件法廷意見も引用する。*See*, 480 U.S. 86, at 87, n. 11.

も本件ではないため，第4修正違反が生ずると主張している。捜査機関の過誤が客観的に合理的である場合に適法と解する余地については，*Hill* の援用は第4修正を争っている当事者の地位が本件とは異なっていることから必ずしも説得的でないこと，また上記認定を前提に過誤も客観的に合理的とはいえないことに言及しており，少なくとも本件でその余地を肯定すべき事案だとは考えていないことが窺われる。

4．本件で法廷意見が規範として示したものは，令状要件や相当理由の趣旨と性格から導かれる自然な帰結だと考えられ，今後も適用されるものと思われる。もっとも令状請求や執行に際して捜査機関はどこまで証拠や資料を収集すべきか，令状執行時の行為の客観的合理性などは個々の事案の事実関係とその評価に大きく左右されるものである。そして本件の事実関係の評価という点では反対意見も相応の説得力を持つように思われ，法廷意見のあてはめの仕方について後の判断に与える影響は慎重にみるべきように思われる。

(三明　翔)

4 逮捕に伴う捜索・押収

22. Smith v. Ohio, 494 U.S. 541 (1990)

警察官の呼びかけを受け，被疑者が自己の車のボンネットに放り投げた紙袋を無令状で捜索し，薬物使用のための器具を発見して逮捕した事例において，この逮捕に先行する無令状捜索は逮捕に伴う捜索としては許容されないとされた事例。

《事実の概要》

申請人 Smith とその連れの者が住居から出てきて，YMCA の駐車場の敷地に入った際に，覆面パトカーに乗車するオハイオ州アッシュランド警察の 2 人の私服警察官が近づいてきた。申請人は，茶色の紙の買い物袋を手に持っており，警察官らによれば，周囲を警戒している様子であった。警察官らはいずれも Smith とその連れの者を知らなかったが，警察官の 1 人は，警察車両を降り，警察官であるとは明かさずに申請人に対し「ちょっとこっちに来い」と命じた。Smith はこれに応じず歩き続けたが，警察官が自分が警察官であると身分を明かすと，「持っていた紙袋を自分の車のボンネットの上に投げて，近づいてくる警察官の方を向いた」。警察官は，紙袋の中身について Smith に尋ねたが Smith は答えなかった。警察官が，紙袋を守ろうとする Smith の抵抗を排し，Smith の手をどけて紙袋を開けたところ，紙袋の中には薬物使用のための器具が入っており，これは薬物乱用で Smith を逮捕する相当理由を認定し，さらには Smith を有罪と認定するのに十分な証拠であった。オハイオ州 Supreme Court は，申請人の紙袋に対する無令状捜索を，逮捕と時間的にも場所的にも近接しているとの理由から，逮捕に伴う捜索の例外の下で是認した。合衆国最高裁判所によりサーシオレイライが認容された。

《判旨・法廷意見》

パーキュリアム

　本件では，逮捕の相当理由を与えた無令状捜索が当該逮捕に伴う捜索として正当化されるかということだけが問題となっている。オハイオ州 Supreme Court は意見が分かれたがこの問いを積極に解しており，それは，捜索は逮捕から時間的にも場所的にも近接したものであるとの理由による。当裁判所はこれには反対する。

　警察官の安全確保のため一定の場合に所持品検査を行いうることが *Terry* (Terry v. Ohio, 392 U.S. 1 (1968)) で認められているが，本件においては，警察官が紙袋を手に取ったのが安全確保のために必要な行為であったとの主張はなされていない。合衆国憲法第 4 修正は，ある財産が禁制品もしくは犯罪活動の証拠を含んでいるとの不審事由（合理的嫌疑（reasonable suspicion）：説明可能な嫌疑）にとどまっていても，その財産を短時間留置することを許容する場合がある (United States v. Place, 462 U.S. 696 (1983)) が，そのような財産に対する捜索については——一定の厳格に定義づけられた状況を除いて——相当な理由に基づいて裁判官によって発せられた令状に従ってなされない限り禁止している (*See, e.g.,* Skinner v. Railway Labor Executives' Assn., 489 U.S. 602 (1989); Mincey v. Arizona, 437 U.S. 385 (1978); Katz v. United States, 389 U.S. 347 (1967))。しかも，この保障は「歯ブラシと数点の衣服を紙袋に入れて持っている流れ者」と鍵のかかったアタッシュケースを持っている洗練された会社の重役」に等しく及ぶ (United States v. Ross, 456 U.S. 798 (1982))。本件でオハイオ州 Supreme Court は，申請人 Smith の紙袋に対する無令状捜索を逮捕に伴う捜索の例外の下で是認している。紙袋の捜索によって禁制品が発見されてはじめて申請人が逮捕されたことは認めたが，捜索の果実がそれに続く逮捕を正当化するとの理由から捜索は合憲であるとしたのである。

　この理由付けは，捜索による逮捕をこれが同時に逮捕による捜索に当たるとして正当化しようというものであるが，これは認められない (Johnson v. United States, 333 U.S. 10 (1948))。これまで当裁判所が述べてきたように，付

随する捜索は逮捕に先行してはならず，逮捕の正当化根拠の一部となってはならないことは自明のことである（Sibron v. New York, 392 U.S. 40 (1968); *See also* Henry v. United States, 361 U.S. 98 (1959); Rawlings v. Kentucky, 448 U.S. 98 (1980))。逮捕に伴う捜索の例外は，警察が適法に逮捕した個人についてその身体と直接的な支配にある領域を捜索することを認めるものであり，逮捕に伴う捜索の例外の下では，逮捕が捜索の直後に続きさえすれば，警察が無令状もしくは相当な理由なくあらゆる市民を捜索することを許すというものではない。

オハイオ州は，Smithが紙袋を車のボンネットに投げ，警察官に向き直った際に紙袋を放棄していると主張している。しかし，そのような主張はオハイオ州Supreme Courtによって全員一致で否定されており，その結論を蒸し返す理由はない。同裁判所が適切に述べているように，市民が自身の私的財産を捜索から保護しようとしているのであれば，警察官の質問に答えるために車にその物を投げたとしても，それを放棄していないことは明白である。

貧困者の資格で審理を進める申立（the motion for leave to proceed *in forma pauperis*）並びにサーシオレイライを認容し，オハイオ州Supreme Courtの判断を破棄する。

1．マーシャル裁判官の反対意見

当裁判所の面前にある限定的な情報からすれば，オハイオ州Supreme Courtの判断が誤りであることが示唆されているということには同意するが，これまで述べてきているように，事件の簡易な処理が訴訟当事者から本案について聴聞を受ける公正な機会を奪っており，これにより誤った判断の危険性が相当程度増大すると考える。したがって，簡易な手続でオハイオ州Supreme Courtの判断を破棄した当裁判所の本日の判断に反対する。

《解　説》

1．本件では，被疑者を逮捕する要件も，被疑者の所持品を捜索する要件も

整っていない状況で，逮捕に先行して被疑者の所持品である紙袋に対して捜索が行われている。そして，この捜索により逮捕の要件を充足するに足りる証拠が発見され，直ちに逮捕が行われている。このような捜索が，逮捕に伴って無令状で捜索を行うことを許容する法理，いわゆる「逮捕に伴う捜索」として許容されるかということが，本件で問題とされた。

合衆国最高裁所が逮捕に伴う捜索の法理について初めて言及したのは，1914年の *Weeks*（Weeks v. United States, 232 U.S. 383 (1914)）[1]においてであると言われている[2]が，1969年の *Chimel*（Chimel v. California, 395 U.S. 752 (1969)）[3]では，逮捕に伴う捜索は被逮捕者による逮捕官憲への加害と証拠破壊を防止するために許され，捜索の範囲も「被逮捕者の直接的な支配下」に限定して認められると判示された。ここでいう逮捕に伴う捜索とは，逮捕の要件があり，そして，通常，逮捕が捜索に先行するものであり，本件のように捜索が先行している場合ではない。しかし，他方で，本件でオハイオ州 Supreme Court が採ったような，逮捕に伴う捜索の法理を適用するのに，逮捕と捜索は時間的・場所的に近接していればよく，その先後関係は問われないという見解もある。しかも，逮捕に伴う捜索の法理が適用されれば，被疑者の身体と所持品に関しては，捜索の令状要件ばかりか実体要件も不要であるとする合衆国最高裁判所の先例[4]があるため，この見解からすれば，逮捕に先行する捜索は，実体要件・令状要件を欠いても構わないということになる。合衆国最高裁判所は，先例に照らせばそのような捜索は逮捕に伴う捜索とは認められないことを，本件で確

---

1) Weeks v. United States, 232 U.S. 383 (1914).
2) 柳川重規「逮捕に伴う捜索・押収の法理と携帯電話内データの捜索―合衆国最高裁 *Riley* 判決の検討―」法学新報第121巻第11・12号（中央大学法学会，2015年）529頁。
3) Chimel v. California, 395 U.S. 752 (1969). *Chimel* の紹介・解説として，香城敏麿・アメリカ法1970年2号（日米法学会，1971年）278頁がある。
4) United States v. Robinson, 414 U.S. 218 (1973). *Robinson* の紹介・解説として，鈴木義男編『アメリカ刑事判例研究 第一巻』（成文堂，1982年）59頁（原田保担当）がある。

認した。尚，*Terry*（Terry v. Ohio, 392 U.S. 1 (1968)）[5]では，職務質問の際に官憲が安全確保のための所持品検査を行うことが認められており，本件でも，紙袋の内容物の確認がこの安全確保のための所持品検査として正当化される可能性も考えうるが，本件ではこの点は争点とはなっていない。

2．合衆国最高裁判所は本件において判断を下すに当たり，*Johnson*（Johnson v. United States, 333 U.S. 10 (1948)）[6]及び*Sibron*（Sibron v. New York, 392 U.S. 40 (1968)）[7]を先例として引用している。*Johnson*では，あるホテルの部屋で被告人がアヘンを吸引しているとの情報提供を受けた警察官と連邦捜査官が現場へ赴き，被告人と対峙するとアヘンの臭いがしていたことから，ホテルの部屋を捜索し，被告人がその部屋の唯一の利用者であることを確認し，アヘンと吸引具を発見した事案である。*Johnson*において政府は当該捜索は逮捕に伴う捜索として許容されると主張したが，法廷意見は部屋の捜索時に被告人の逮捕の相当理由はなく，部屋への侵入によってはじめて逮捕の相当理由が生じたとし，捜索による逮捕をこれが同時に逮捕による捜索に当たるとして正当化することはできないと判示した。*Sibron*は，警察官が，薬物使用者として知られる者たちと会話をしている被告人のポケットの中から封筒を取り出した結果，その封筒の中からヘロインが発見され，被告人が訴追された事案である。*Sibron*において法廷意見は封筒の中のヘロインの存在が明らかになるまで逮捕の相当理由が存在していなかったことを指摘し，逮捕に伴う捜索は逮捕に先行してはならず，逮捕を正当化する理由となってはならないと判示した。

ところで，*Rawlings*（Rawlings v. Kentucky, 448 U.S. 98 (1980)）[8]では，被告

---

5) Terry v. Ohio, 392 U.S. 1 (1968). *Terry*の紹介・解説として，渥美東洋『捜査の原理』（有斐閣，1979年）14頁，278頁，松尾浩也・アメリカ法1969年2号（日米法学会，1970年）246頁，伊藤正己ほか編『英米判例百選Ⅰ公法』（有斐閣，1978年）170頁（阪村幸男担当）がある。

6) Johnson v. United States, 333 U.S. 10 (1948).

7) Sibron v. New York, 392 U.S. 40 (1968). *Sibron*の紹介・解説として，松尾浩也・アメリカ法1969年2号（日米法学会，1970年）249頁。

8) Rawlings v. Kentucky, 448 U.S. 98 (1980). *Rawlings*の紹介・解説として，渥美東

人の禁制品の所持についての逮捕の相当理由がある状況で逮捕をする前に身体の捜索を行った結果ナイフ等が発見され，即座に正式逮捕がなされたという事案において，このような捜索も逮捕に伴う捜索として認められると判示された。確かに *Rawlings* では捜索が正式逮捕に先行しており，したがって，逮捕と捜索の先後関係だけ見れば，捜索が少なくとも正式逮捕あるいは実際の身柄の捕捉に先行していても逮捕に伴う捜索として認められた事例があるということになる[9]。しかし，*Rawlings* は逮捕の相当理由がない状況で，逮捕に先行して捜索を行い逮捕の相当理由を得たという事例ではない。捜索が行われた時点で，既に逮捕の要件が備わっていた事例である。したがって，合衆国最高裁判所が重視しているのは，単なる逮捕と捜索の先後関係ではなく，捜索を実施する時点で逮捕の要件が備わっていたか否かという点であるように思われる。

逮捕の要件も捜索の要件も備わっていないのに，捜索をして逮捕の要件を充足するのに足りる証拠が発見されれば，逮捕に伴う捜索としてこの捜索が正当化されるということになると，逮捕のための証拠を漁る一般的・探索的な捜索を誘発することになる。これは，第4修正が最も強く懸念する事態であるから，第4修正がこれを容認するとは考えられない。したがって，先例を確認して，オハイオ州 Supreme Court の立場を先例に反するとして否定した本件の判断は，当然の判断であるということができる。

3. ところで，本件の争点に関連する我が国の議論に目を向けると，同じく逮捕に先行してなされた捜索が逮捕に伴う捜索に当たるかが最（大）判昭和36年6月7日（刑集15巻6号915頁）で争われた。この昭和36年大法廷判決の事案は，被疑者が住居にいないことが明らかであるのに住居に侵入し，証

洋編『米国刑事判例の動向Ⅳ』（中央大学出版部，2012年）662頁（香川喜八朗担当），鈴木義男編『アメリカ刑事判例研究 第二巻』（成文堂，1986年）52頁（洲見光男担当）がある。

9) このことが，逮捕と捜索に時間的・場所的近接性が認められれば，捜索が先行しそれによって逮捕の要件が整った場合であっても，逮捕に伴う捜索としてみとめられる，との本件でのオハイオ州 Supreme Court のような考え方につながっているように思われる。

拠の捜索が行われ，ほどなくして帰宅したところを被疑者が逮捕されたというものであるが，この事案において最高裁は，逮捕と捜索に場所的同一性と時間的接着性が認められれば，逮捕と捜索の先後は問われないとして，この捜索を逮捕に伴う捜索として認めた。この昭和 36 年大法廷判決の事案では逮捕の要件は既に整っていたのではあるが，被疑者不在で逮捕ができないことが明らかであるにもかかわらず，なぜ被疑者の住居に立ち入って，住居のプライヴァシーに干渉することが許されるのかということが問われることになる。逮捕と捜索について場所的に同一性があり，時間的接着性が認められるというだけでは，説明にならないように思われる。逮捕が正当化されその逮捕を行うのに必要であるから逮捕の効力により住居のプライヴァシーを開くことが許されるのであるとすれば，被疑者を逮捕することができないことが明らかな場合には，住居に立ち入って捜索を行うことは許されないということになろう。

(川澄　真樹)

23. Knowles v. Iowa, 525 U.S. 113 (1998)

交通違反の処理で，運転者の逮捕に代えて召喚状（citation）を交付した場合には，「逮捕に伴う捜索・押収の例外」を拡張することはできず，捜索の実体要件・手続要件を欠く車両内捜索は許されないと判示された事例。

《事実の概要》

アイオワ州の警察官は，申請人 Knowles 運転の車両を，制限速度超過を理由に停車させた。アイオワ州法上の逮捕の要件は整っていたが，この警察官は逮捕をせずに，召喚状（citation）を交付するに留めた。しかし，その際，車両内の徹底した捜索を行い，運転座席の下からマリワナ一袋と，マリワナ吸引用パイプを発見した。Knowles は規制薬物を取り締る州法に違反したとして逮捕・起訴された。

公判前に Knowles は，本件では逮捕が捜索に先行していないので，本件の捜索は，*Robinson*（United States v. Robinson, 414 U.S. 218 (1973)）で認められている逮捕に伴う捜索の例外には当たらないとして，証拠の排除を申し立てた。Knowles を逮捕した警察官は，排除聴聞手続で，Knowles から捜索の同意を得ていなかったこと，本件の捜索には実体要件（probable cause）が欠けていたことを認めた。しかし，アイオワ州法では，「逮捕に代わる召喚状の交付は，逮捕を行っていれば合法となる捜索を行う官憲の権限に影響を及ぼすものではない」と規定されており（Iowa Code Ann. § 805.1 (4) (West Supp. 1997)），アイオワ州 Supreme Court はこの規定を，官憲が逮捕によらず召喚状の交付を選択した場合にも，車両及び運転者の身体の完全な捜索を行う権限を官憲に与えた規定，つまり「召喚状交付に伴う捜索・押収」の例外を認める規定であると解釈していた。本件の捜索は，この州法の規定に基づくものであった。

公判裁判所は，この州法の規定を根拠に排除申立を却下し，Knowles を有罪と認定した。アイオワ州 Supreme Court は，反対意見もあったが，大法廷で，州の先例である *Doran*（State v. Doran, 563 N.W. 2d 601 (1997)）に依拠しつつ，

逮捕の実体要件があれば捜索を行うのに必ずしも実際に逮捕が行われることを要しないとして，召喚状が交付されれば常に無令状の捜索を認める「召喚状交付に伴う捜索の例外」を合憲であると判示した。合衆国最高裁判所によりサーシオレーライが認容された。

《判旨・法廷意見》
　破棄・差戻し
　１．レンクィスト首席裁判官執筆の法廷意見（全員一致）
　Robinson（United States v. Robinson, 414 U.S. 218 (1973)）で指摘されているように，第４修正の令状要件に対する逮捕に伴う捜索の例外には，その理論的根拠としてつぎの２つのものが歴史上認められている。すなわち，(1)被疑者逮捕に当たっての，被疑者から兇器を剥奪する必要と，(2)後の公判で利用する証拠を保全する必要である。本件の捜索は，この理論的根拠のどちらによっても正当化されない。
　まず，第１の官憲の安全確保の必要についてであるが，召喚状の交付に際し，官憲の安全に対して及ぼされる脅威は，逮捕の場合に比べ相当に低い。逮捕が危険である理由として，*Robinson*では，官憲が被疑者の身柄を拘束し警察署へ連行する間，被疑者と接していなければならないことが挙げられている。これに対して，交通違反で車両を停車させる場合は，被疑者と接触する時間は比較的短く，職務質問のための停止に類似している。
　交通違反での車両の停車には，官憲の安全に対する配慮が不要だというわけではもちろんないが，この配慮は，運転者や同乗者に対する降車命令などの最小限度の干渉を正当化しうるに過ぎず，完全な捜索というより大きな干渉まで正当化しうるものではない。しかし，たとえ完全な捜索ができなくても，*Mimms*（Pennsylvania v. Mimms, 434 U.S. 106 (1977)）で運転者に降車を命ずることが認められ，*Wilson*（Maryland v. Wilson, 519 U.S. 408 (1997)）により同乗者に降車を命ずることが認められている。また，*Terry*（Terry v. Ohio, 392 U.S. 1 (1968)）により，兇器所持の虞れ，加害の虞れについて不審事由があれば捜検

を行うことも認められている。また，*Long*（Michigan v. Long, 463 U.S. 1032 (1983)）により，車両の乗員に加害の虞れ，兇器を直接の支配下に置いている虞れがあることについて不審事由があれば，車両内の検索を行うことも認められている。さらにいえば，逮捕を行おうと思えば逮捕もできるのであり，そして，逮捕をすれば車両内及びそこで発見された容器の中身について完全な捜索を行うことも，*Belton*（New York v. Belton, 435 U.S. 454 (1981)）により認められているのである。このように，召喚状交付に伴う捜索の例外を認めなくても，官憲には安全確保の方法が先例で他に認められているのである。

次に，逮捕に伴う捜索の第2の正当化根拠である証拠の発見と保全の必要も，本件の捜索を正当化しうるものではない。召喚状を交付してしまえば，交通違反の訴追に必要な証拠は全て揃うことになるので，違反者の身体や車両の内部を捜索しても，交通違反の証拠がさらに発見されることはないからである。

交通違反で停車させられた被疑者は，自己の身元に関する証拠や別罪の証拠を隠滅する虞れがあると被申請人アイオワ州は主張するが，運転者の身元に不審な点があれば，それは，召喚状交付で済ませずに逮捕を行うべき理由となりうるのであり，また，全くの別罪の証拠が発見される蓋然性は低いと思われる。

逮捕に伴って完全な捜索を行うことを正当化する前述の2つの根拠は，個々の事案で実際にそれが存在することの認定を必要としないものであり，その意味で *Robinson* では，逮捕に伴う捜索・押収の例外は明瞭な原則（bright-line rule）であると判示されている。だが，いかに明瞭な原則であっても，官憲の安全に対する脅威の程度が低く，証拠破壊の危険が全く存在しない状況にまで拡張することはできない。原判断を破棄し，差し戻す。

《解　説》

1．合衆国最高裁判所の判例では，自動車の運転者を交通違反で逮捕した場合に，運転者の身体および車両内を，無令状で徹底的に捜索することが，「逮

捕に伴う捜索・押収の例外」として認められている。本件では，交通違反での逮捕の要件は整っているが運転者の身柄は拘束せず，我が国の交通切符に類似した召喚状（citation）を交付して，裁判所への後の出頭を求めるに留めた場合にも，車両の無令状捜索を行うことができるか否かが争われ，消極の判断が示された。

2. (1) 合衆国憲法第4修正では，逮捕について逃亡の虞れ・罪証隠滅の虞れという「逮捕の必要」の存在は擬制され，直接的には「相当理由（probable cause）」のみが要件とされているので，合衆国の多くの法域では交通違反などの軽微な犯罪でも逮捕が許されている。もっとも，犯罪の重大性と制約される自由との均衡の問題，交通違反処理の効率の問題等から，召喚状を利用して処理する制度が活用されている。ただし，召喚状交付に留めるか逮捕するかは，警察官の裁量に委ねられている。

(2) 「逮捕に伴う捜索・押収」として許される捜索の範囲については，よくいわれるように，合衆国最高裁判所の判断は，振り子が端から端に振れるように揺れた[1]。そして，結局，1969年の *Chimel*（Chimel v. California, 395 U.S. 752 (1969)）[2]で，逮捕に伴う捜索・押収が無令状で許される根拠は，被逮捕者による兇器の獲得及び証拠隠滅を防止することにあるのだから，無令状で捜索が許される範囲は「被逮捕者の直接的支配下（within the immediate control of the person arrested）」にある領域であるとされ，現在までこの *Chimel* が判例となっている。

ただ，*Chimel* のいう「被逮捕者の直接的支配下」の意義については，下級裁判所で解釈が分かれた。すなわち，① 現実に，被逮捕者の手の届く範囲に限定する立場，② 類型的に被逮捕者の直接的支配下にあるとみられる領域，

---

1) *Chimel* に至るまでの，逮捕に伴う捜索・押収の許される範囲に関する合衆国最高裁判所の判例の変遷については，渥美東洋「所持品検査の基準と違法収集証拠「排除法則」の適用について（中）」判例タイムズ374号25頁，田宮裕『捜査の構造』（有斐閣，1971年）218-220頁参照。
2) *Chimel* については，香城敏磨・アメリカ法1970年-Ⅱ278頁参照。

つまり，仮に被逮捕者が逮捕されていなければ直接手を伸ばすことができたと思われる領域であるとする立場，③広く，証拠破壊の蓋然性が逮捕によって高まった領域を指すと理解する立場に分かれたのである。合衆国最高裁判所は，*Robinson*（United States v. Robinson, 414 U.S. 218 (1973)）[3]，*Belton*（New York v. Belton, 453 U.S. 454 (1981)）[4]などを通じて，②の立場に立つことを明らかにした[5]。

Robinson は，運転免許失効中の自動車の運転を理由に，警察官が被告人を逮捕し，被告人の身体を徹底的に捜索した結果ヘロインを発見した事案で，兇器や証拠の存在する蓋然性の有無を問わず，被逮捕者の身体に対しては「逮捕に伴う捜索・押収」として捜索が許されると判示した。*Belton* は，自動車の乗員全員を警察官が降車させマリワナ不法所持で逮捕した後，車両内を捜索中に，後部座席に置かれていた被告人の上着のポケットのチャックを開け，コカインを発見した事案で，自動車の座席部分が 被逮捕者降車後も「直接的支配下」であると判示した。*Robinson* では，逮捕官憲の安全確保の必要性が強調され，また，被逮捕者に対する捜索の個所・方法の判断が，迅速でアド・ホックになされなければならないことが強調された。*Belton* では，*Robinson* を前提に，現場の警察官が正しく判断できる明瞭で判りやすい基準の必要性が強調された。このようにして，自動車の運転者については，逮捕被疑事実の如何を問わず常に運転者の身体と車両内が直接的支配下であるとされ，交通違反で運転者を逮捕した場合にも，無令状で車両の内部全体を徹底的に捜索することが許されることになったのである。

---

[3] *Robinson* については，鈴木義男編『アメリカ刑事判例研究　第 1 巻』（1982 年）59 頁（原田保担当）参照。

[4] *Belton* については，渥美東洋編『米国刑事判例の動向Ⅳ』（中央大学出版部，2012 年）364 頁（第 35 事件，香川喜八朗担当），鈴木義男編『アメリカ刑事判例研究　第 2 巻』（1986 年）37 頁（洲見光男担当），渡辺修・アメリカ法 1983-Ⅰ 186 頁参照。

[5] 渥美東洋『刑事訴訟における自由と正義』─第 5 章　捜索・押収におけるプライヴァシーの概念─註 16）（1994 年）174-176 頁参照。

(3) 本件でアイオワ州 Supreme Court は，実際には逮捕をせずに召喚状交付に留めた場合でも，逮捕の実体要件さえあれば車両内の無令状捜索が許されると判示した。この判断は，捜索・押収の第 4 修正違反の判断基準についてのいわゆる「客観説」を根拠の 1 つにしている。すなわち，合衆国では，逮捕，捜索・押収が第 4 修正に違反しているか否かを判断するに当たり，実体要件及び手続要件（令状要件）を具備してさえいれば合憲とするのか（客観説），別罪捜索の目的など法執行官の意図も問題にすべきか（主観説）の争いがあるが，合衆国最高裁判所は，*Scott*（Scott v. United States, 436 U.S. 128 (1978)）[6]，*Villamonte-Marquez*（United States v. Villamonte-Marquez, 462 U.S. 579 (1983)）[7]，*Whren*（Whren v. United States, 517 U.S. 806 (1996)）[8]等の判例から客観説に立つと理解されている[9]。客観的に要件が整っていれば逮捕権限が認められ，逮捕，捜索・押収は合憲となるということからアイオワ州 Supreme Court はさらに論理を進めて，客観的に要件が整っていれば，実際に逮捕をしなくても逮捕権限に基づく「逮捕に伴う捜索・押収」の例外を拡張して適用できると考えたのである[10]。

3．(1) これに対し，合衆国最高裁判所は，本件で，逮捕に伴う捜索・押収が無令状で許される根拠に遡って検討し，逮捕官憲の安全確保，被逮捕者による証拠隠滅の防止のどちらの根拠も，召喚状交付の場合には妥当しないので，いかに明瞭な原則であってもこのような場合にまで拡張することはできないと判示した。交通違反での召喚状交付に伴う捜索・押収の例外を認めると，わずかな速度違反や，テールライトの無灯火走行，ヘッドライトのハイビームの切

---

6) *Scott* については，川出敏裕『別件逮捕・勾留の研究』(1998 年) 102-105 頁参照。
7) *Villamonte-Marquez* については，渥美・前掲注 4) 502 頁（第 50 事件，清水真担当），川出・前掲註 6) 105-106 頁参照。
8) *Whren* については，本書第 8 事件，川出・前掲註 6) 134-143 頁参照。
9) この問題についての客観説と主観説の争いについては，川出・前掲註 6) 82-176 頁参照。
10) *See*, State v. Doran, 563 N. W. 2d 620, 622 (1997)； State v. Meyer, 543 N. W. 2d 876, 879 (1996).

り替えの遅れ等のささいな違反で，車両内の徹底した捜索が許されることになり，自動車内のプライヴァシーにとって重大な脅威となるとの批判があった[11]。とりわけ，別罪捜索の目的でこの捜索が利用される虞れがあり一般的・探索的捜索の危険がある。*Robinson*, *Belton* が変更されていないので，運転者を逮捕すれば車両内の無令状捜索が許されるとしても，交通違反の処理は，逮捕よりも召喚状の交付で済まされる場合の方が数が多いため，本件の判示により，交通違反に基づく車両内の捜索は，量的には大きく制約されることになると思われる。今後は，逮捕によるべき場合と召喚状交付によるべき場合の判断について，恣意的な判断を許さないように，警察官の裁量をいかに規律していくかが問題となってくるであろう。

(2) ところで，合衆国では，召喚状の利用は交通違反の処理にのみ限られるわけではなく，他の軽微な犯罪の処理にも用いられている。交通違反の場合には，召喚状を交付すれば訴追に必要な証拠は全て揃うので，被逮捕者による証拠隠滅の虞れは考慮に値しないと本件では判示された。だが，他の犯罪の場合には，召喚状交付後も証拠保全の必要が残る場合も考えられる。たとえば，ナンバー賭博のカードや配当金の運び屋は，逃亡の虞れがあるとはまず考えられないので，逮捕によらず召喚状交付によるべきであるが，賭博用カードや配当金を所持していないか，身体や所持品を捜索して確かめる必要があるなどといわれる[12]。本件の判示は，逮捕の要件が整っていても，実際に逮捕を行わない限り，「逮捕に伴う捜索・押収」としての無令状捜索・押収は一切許されないとしたものではない。証拠保全の必要が認められる場合には，実際の逮捕を伴わない無令状の捜索・押収を否定するものではないであろう。したがって，本件はあくまで交通違反での召喚状交付の場合に限定された判断であるとみるべきである。

4. 我が国では，交通違反のほとんどが，犯罪とはされず交通反則通告制度によって処理されている。非反則事件についても事件処理の効率性の観点と，

---

11) State v. Doran, 563 N. W. 2d 620, 624 (1997) (Neuman, J., dissenting).

12) *See*, Wayne R. LaFave, 3 Search and Siezure § 5.2 (h), pp. 174-175 (5th ed. 2012).

逮捕の要件として「逮捕の必要性」が要求されていることから，基本的には逮捕によらず交通切符制度によって処理されている。本件のような事案を見ると，改めて我が国の逮捕制度，交通違反処理制度の合理性が認識できるように思われる。

（柳川　重規）

24. Maryland v. Buie, 494 U.S. 325 (1990)

被疑者をその住居内で逮捕する際に，危害を加える虞れのある者が潜んでいないか確認する逮捕官憲の安全確保目的での限定的な捜索（protective sweep）は，捜索場所につき，そのような者が隠れていると疑うに足りる具体的な不審事由（reasonable suspicion）があることを要件に第4修正上許容される，と判示された事例。

《事実の概要》

被申請人 Buie は，2人組による武装強盗事件の犯人として自宅で令状逮捕された。その際，警察官は，Buie が地下室から呼びかけに応じて出てきたところを逮捕した後，地下室に他に誰かいないか確かめるために中に入り，そこで犯行時に犯人の1人が着用していたのと同じ赤いジャージを現認し，押収した。

公判でこのジャージが証拠として提出されたのに対して，Buie が証拠排除を申し立てた。公判裁判所は，排除申立を却下し，ジャージを証拠に許容して，Buie を殺傷能力のある凶器を用いた強盗と重罪遂行中のハンドガンの使用で有罪と認定した。

中間上訴裁判所であるメリーランド州 Court of Special Appeals は，次のように述べて，公判裁判所による証拠排除申立却下の判断を確認した。すなわち，本件で警察官が地下室に入ったのは，証拠の捜索目的ではなく，共犯者またはその他逮捕現場で警察官等に危害を加える虞れのある者がいないか探すためである。聖域とされる個人の住居の中といえども，被逮捕者に共犯者がいると思料する理由があり，その共犯者が未だ逮捕されていない状況では，既に合法的に住居内に所在する警察官が，共犯者が逮捕現場に存在する可能性を調べるために付加的で限定的な侵害を行うのに，相当な理由（probable cause）までは必要ではなく，具体的な不審事由（reasonable suspicion）で十分である，と。

メリーランド州 Court of Appeals は，本件の捜索による権利制限の程度が，

職務質問の際のフリスクと同程度のものであることは認めつつも，住居という聖域が関係していることから，安全確認目的での限定的な捜索（protective sweep）であれ，それが正当化されるには，危害が加えられる危険性が重大かつ説明可能な程度に存在すると思料するに足りる相当な理由が要件となり，本件ではこの要件を充足していないとして，Court of Special Appeals の判断を破棄した。合衆国最高裁判所によりサーシオレイライが認容された。

《判旨・法廷意見》

破棄・差戻し

1．ホワイト裁判官執筆の法廷意見

(1) 本件では，警察には被申請人 Buie を逮捕する際に，逮捕令状に基づいて，Buie の自宅の中で Buie を発見できそうな場所は，地下室を含めどこであれ捜索できる権限があったこと，及び，地下室への立入りが適法であれば，地下室の中で警察官が現認し，犯罪の証拠であると思料するに足りる相当な理由があった赤いジャージの押収が第4修正上も適法となることに関しては，争いはない。本件で争点となっているのは，住居内での逮捕に伴い，逮捕官憲及びその他の者の安全確保目的で，被逮捕者以外の者が潜んでいないかを目視により確認する，逮捕官憲の安全確保目的での表層的・限定的な捜索（protective sweep）を正当化する第4修正上の要件は何か，である。

申請人であるメリーランド州は，暴力犯罪に関して被疑者を住居内で逮捕する場合には，常に安全確保目的での限定的な捜索は許されるべきであり，それが認められないとすれば，*Terry*（Terry v. Ohio, 392 U.S. 1 (1968)）で職務質問の際に被質問者の身体に対する捜検（frisk）を認めたのと同じ要件，すなわち，警察官に危害が加えられる虞れがあると思料する合理的な，具体的に説明可能な嫌疑を要件にこの捜索は許されるべきであると主張する。アミカス・キューリィー（裁判所の友）として合衆国も，この要件で安全確保目的での限定的な捜索は許容されるべきであり，そして，本件での捜索はこの要件を充足していると主張する。これに対して，被申請人は，安全確保目的の限定的な捜索

であっても，直ちに住居に立ち入らなければならないとか，予期せぬ危険が住居内で生じたなどの緊急状況にない限り，捜索令状によるべきであり，仮に令状が要件とならないとしても，相当な理由（probable cause）よりも緩やかな実体要件でこれを許容すべきではなく，さらに，仮に実体要件を緩和することが許されるとしたならば，その際には，合理的な，具体的に説明可能な嫌疑を要件とすべきであり，そして，本件の地下室の捜索はこの要件を充足していない，と主張する。

(2) 合衆国憲法第4修正が禁止しているのは不合理な捜索・押収であり，そして，この第4修正上の合理性を判断するに当たって，先例では，個人の第4修正上の利益に対する侵害とこれによる政府の正当な利益の増進を衡量するとの手法が用いられている。この利益衡量の下では，住居の捜索は，相当な理由に基づいて発せられる令状によらなければ，一般的に不合理なものとされるが，住居以外の捜索においては，公共の利益の点から，令状も相当な理由も要件とはならない場合が，*Skinner*（Skinner v. Railway Labor Executives' Assn., 489 U.S. 602 (1989)），*Griffin*（Griffin v. Wisconsin, 483 U.S. 868 (1987)），*T.L.O.*（New Jersey v. T.L.O, 469 U.S. 325 (1985)），Terryにおいて認められている。

こうした先例の中で，本件を検討する上で最も有益なのは *Terry* である。*Terry* では，法執行官が路上での職務質問の際に，被質問者が凶器を所持していないか確認する捜検について，これが第4修正上正当化されるための要件が問題となった。当裁判所は，上述した利益衡量を用いて，職務質問を行う法執行官等を保護する必要から，被質問者が凶器を携帯していると疑われる，単なる勘やあやふやな疑いではない，具体的に説明可能な嫌疑（具体的不審事由）があれば捜検が正当化されるとした。

さらに，*Long*（Michigan v. Long, 463 U.S. 1032 (1983)）では，この *Terry* で認められた捜検の対象を，被疑者の身体から自動車へと拡張し，道路脇に停車した自動車の助手席部分について凶器の存否を確認するために行う捜索は，具体的に説明可能な嫌疑を要件に正当化されるとした。

正当な逮捕権限に基づいて警察官が被疑者をその自宅内で逮捕する場合，被疑者を発見するまでは被疑者が所在しそうな場所に立ち入り，中を捜索することができるが，一旦被疑者を発見してしまえば，未だ捜索がなされておらず被疑者のプライヴァシーの期待が残っている場所については，被疑者の捜索を理由に立ち入ることは許されない。とはいえ，この場合にも，住居内に潜んでいる被逮捕者以外の者から警察官が不意の攻撃を受ける可能性があり，その危険は *Terry* や *Long* の場合と少なくとも同程度に存在するといえる。あるいは，職務質問にとどまらず逮捕という重大な段階に至っていること，及び，警察官にとっては不慣れで，いわば敵の縄張りの中にいるということからすると，警察官が感じる危険は，*Terry* や *Long* の状況における以上のものがあるとすらいえる。

被疑者の逮捕前に捜索が行われていない部屋に逮捕後に立ち入ることが，取るに足りない最小限の侵害であると示唆しているわけではない。*Terry* では，職務質問の際のフリスクが，一時的なものであるとはいえ，これを受ける者にとっては苛烈なものであることを認めつつも，法執行官の安全確保の必要から，こうした侵害も許容されるとされた。それと同様に，本件のような状況においても，逮捕官憲が，逮捕後，あるいは逮捕行為の実行中に，自身の安全を確保するために必要な合理的措置を取ることは許されるはずである。このような逮捕官憲の利益は，被疑者が被る侵害を上回るものであるといえる。

逮捕現場の部屋の内にあるクローゼットやその他の部屋に直に接していて人が隠れることができそうな場所について，逮捕の際にこれを調べることは，捜索令状も相当な理由も具体的な不審事由もなくとも許される。それを超えて捜索を行う場合には，*Terry* や *Long* と同様の要件で，すなわち，具体的に言葉で説明できる事実とそこから導かれる合理的推論を合わせて，通常の注意深さを持った逮捕官憲であれば，危害を加える危険のある者が潜んでいると思料するであろう領域に限って捜索することが許される。

この捜索は，あくまで逮捕官憲の安全確保を目的とするものであり，攻撃者が潜んでいる可能性のある領域に限定された表層的な検分にとどまるものであ

って，住居の完全な捜索（full-blown search）に至ることは許されない。逮捕官憲に危害が加えられるとの具体的な不審事由を払拭するのに必要な限度で行うことができるのであり，逮捕が完了し被疑者を住居から引き離した後は，これを行うことは許されない。

(3) *Chimel*（Chimel v. California, 395 U.S. 752 (1969)）では，逮捕に伴う捜索として無令状で捜索できる範囲は，被逮捕者の身体，及び，仮に凶器が存在するとすればそれに被逮捕者の手が届く範囲に限定されると判示されているが，本日の判断はこの *Chimel* に反するものではなく，*Chimel* とは区別される。*Chimel* が問題視したのは逮捕被疑事実と関連する証拠を求めて住居全体を捜索することであり，これに対し本件で扱っている捜索は，逮捕官憲の安全確保目的でのより限定されたものである。また，*Chimel* で逮捕に伴う無令状捜索の正当化根拠として検討されたのは，被逮捕者が及ぼす危険であり，被逮捕者以外の住居内に所在する可能性のある第三者が及ぼす危険については検討がなされていない。

(4) メリーランド州 Court of Appeals の判断を破棄し，当裁判所の判示に沿った形でさらに審理させるため差し戻す。

2．スティーヴンズ裁判官の補足意見

法廷意見に賛成するが，逮捕官憲に危害が加えられるとの具体的な不審事由を根拠に許される捜索は，防護目的のものに限られるということを強調しておく。

被申請人が地下室から出てきた際に一切抵抗していないこと，逮捕に赴いた警察官の1人は被申請人を逮捕した際，特段危険を感じていなかったと証言していること，地下室に立ち入った警察官は地下室に誰が居るかわからなかったとしか証言していないこと，この証言は逮捕に先立って3日間被申請人の住居を監視した上でのものであること，メリーランド州 Court of Appeals は，地下室の捜索が，逮捕された被申請人が住居の外に出た後に行われたものであるような印象をもっていることなどの本件の事情からすれば，この具体的な不審事由は認められないように思う。しかし，この点については，メリーランド州の

裁判所の方が判断をするのに適しているから，本件を差し戻すことについても賛成する。

3．ケネディ裁判官の補足意見

スティーヴンズ裁判官の補足意見とは逆に，本件の事情からは，逮捕官憲に危害が加えられるとの具体的な不審事由を認定することができると考える。スティーヴンズ裁判官の補足意見を，本日の判示を本件事実に適用する際の指針を示したものと受け止めてはならないと考える。

4．ブレナン裁判官の反対意見（マーシャル裁判官参加）

Terry で認められた具体的な不審事由を根拠に捜索が許容されるとの例外が，本件で初めて住居に対して拡張された。当裁判所の近時の諸判断は，Terry の判示を，狭く限定された例外から原則に変容させようとしているかのようである。

法廷意見は，逮捕官憲の安全確保目的の捜索が限定されたものであるというが，実際には限定は働かず，住居全体の捜索が許されることになる。この捜索によりもたらされる侵害の程度は，Terry や Long で許容された捜索がもたらすものの比ではない。

住居が特別の保護が与えられるべき聖域であること，及び，安全確保目的の捜索がもたらす侵害の程度が甚大なものであることに照らすと，この捜索を正当化するためには，被逮捕者以外の者が危害を加えると疑うに足りる相当な理由を要件とするのが妥当であると考える。

《解　説》

1．逮捕に伴う捜索として無令状で捜索が許される範囲について，合衆国最高裁判所の判断は著しい変遷をみせてきたが[1]，*Chimel*（Chimel v. California, 395 U.S. 752 (1969)）[2]で，合衆国最高裁判所は，被逮捕者の身体と直接的支配下，すなわち，被逮捕者が手を伸ばせば届く範囲に限定されるとし，これが現

---

1) 渥美東洋「所持品検査の基準と違法収集証拠「排除法則」の適用について［中］」判タ 374 号 25 頁，田宮裕『捜査の構造』（有斐閣，1971 年）218-220 頁参照。
2) *Chimel* については，香城敏麿・アメリカ法 1970-Ⅱ 278 頁参照。

在まで判例となっている。しかしまた，そのため，逮捕官憲が被疑者の住居に立ち入って逮捕をする場合，逮捕目的で被疑者を捜索するために，被疑者が居そうな部屋等に立ち入ることは，正当な逮捕権限に基づいて許されるが，一旦被疑者の身柄を捕捉してしまえば，被疑者の捜索によりプライヴァシーが開かれた領域以外は，そこに立ち入ることが逮捕に伴う捜索としては許されないことになる。しかし，住居内には被逮捕者以外の者が潜んでいて，逮捕官憲に襲いかかる危険もある。こうした危険を除去して身体の安全を確保するすべを逮捕官憲に与える必要がある。他方で，これを無条件で許せば，住居全体の捜索を認めることにもなり，逮捕に伴う捜索を被逮捕者の身体と直接的支配下に限定した意味がなくなる。そこで，このような官憲の安全確保のための措置 (protective sweep) をどのような理論根拠に基づいて，いかなる要件の下で認めるべきかが問われることになり，本件でこの点が争点とされた。なお，安全確保のための措置が，立入りあるいは捜索として適法とされれば，それにより現認・発見された証拠は，押収の実体要件すなわち逮捕被疑事実との関連性が認められれば，合衆国では，緊急押収として無令状で差し押さえることが許される。

　２．本件で法廷意見は，職務質問の際の被質問者に対する身体のフリスク（捜検）を，被質問者が凶器を所持しているとの具体的な不審事由 (reasonable suspect) を要件に第４修正に違反しないとした *Terry* (Terry v. Ohio, 392 U.S. 1 (1968))[3]の判断を，逮捕の際の住居内での被逮捕者以外の者の捜索の場面に拡張した。

　Terry では，職務質問の際の被質問者に対する身体のフリスクを第４修正上の捜索であるとして，その上で，フリスクが第４修正上許容されるため要件が検討された。我が国で職務質問に伴う所持品検査を任意処分とし，憲法上の捜索に分類しないのとは異なる。フリスクを第４修正上の捜索と見て，これが正当化されるための要件として，通常の住居等の捜索の場合と同様の実体要件と

---

[3] *Terry* については，松尾浩也・アメリカ法 1969-Ⅱ 246 頁，伊藤正巳他編・英米判例百選Ⅰ（阪村幸男担当）176 頁等参照。

手続要件，すなわち，犯罪が行われたことを疑うに足りる相当な理由と，その犯罪事実と関連する証拠が存在すると疑うに足りる相当な理由，さらにこれらの相当な理由に基づいて事前に捜索令状が発付されていることを要件として課すと，フリスクは事実上不可能となる。フリスクという法執行官の安全を確保するための手段を許さなければ，職務質問を行うこと自体も大きく制約される。そこで，合衆国最高裁判所は，第4修正の文言に依拠して，第4修正が禁じているのは不合理な捜索・押収であるとし[4]，そしてこの捜索の合理性は，個人の第4修正上の利益に対する侵害とこれによる政府の正当な利益の増進を衡量することにより判断されるとして，この利益衡量から，被質問者が凶器を所持していると疑われる，言葉で説明可能な具体的な不審事由（reasonable suspicion）をフリスクの要件として導き出した。

さらに，合衆国最高裁判所は，*Long*（Michigan v. Long, 463 U.S. 1032 (1983)）[5]で，蛇行運転，制限速度超過で走行し脱輪して停車した自動車に対して，警察官がその助手席部分を凶器の有無を確認するために調べた行為につき，*Terry*の判断を拡張し，警察官の安全確保のため具体的な不審事由を要件に第4修正上正当化されるとした。いわば自動車に対するフリスクを認めた。

本件で，逮捕官憲の安全確保を理由に，この*Terry*の判断が住居内での捜索に拡張されたのであるが，*Terry*は，犯罪予防のための職務質問という通常の法執行（犯罪捜査）の必要を超える特別の必要（special needs）が認められる活動[6]について，例外的に実体要件を具体的な不審事由に下げることを認めた，

---

4) 合衆国憲法第4修正の文言は，第1文で「不合理な捜索・押収」を禁じ，第2文では，本文で「一般令状」を禁じ，但書で相当な理由に基づき，捜索場所・押収対象物を特定した」格別の令状を例外的に許容している。

5) *Long*については，渥美東洋編『米国刑事判例の動向Ⅳ』（中央大学出版部，2012年）（香川喜八朗担当）395頁参照。

6) 法廷意見が引用する*Skinner*（Skinner v. Railway Labor Executives' Assn., 489 U.S. 602 (1989)），*Griffin*（Griffin v. Wisconsin, 483 U.S. 868 (1987)），*T.L.O.*（New Jersey v. T.L.O, 469 U.S. 325 (1985)）は，この通常の法執行の必要を超える特別の必要を根拠に，具体的不審事由に基づく捜索，あるいは，嫌疑を欠く捜索を第4修

と限定的に理解することもできた。また，*Long* は，自動車というプライヴァシーの期待が縮減している領域に対する捜索であるから，実体要件を具体的な不審事由に下げることができたと限定的に解釈することもできた。本件により，法執行官の安全確保のための措置としての限定的な捜索が，具体的な不審事由を要件に一般的に認められたと評価することができるように思われる。

　3．なお，本件で法廷意見は，逮捕現場の部屋の内にあるクローゼットやその他部屋に直に接していて人が隠れることができそうな場所については，逮捕の際にこれを調べることは，捜索令状も相当な理由も具体的な不審事由もなくとも許される，としている。逮捕のために警察官が住居内のある部屋に正当に立ち入ったとしても，こうした領域にはプライヴァシーの期待がまだ残っているはずであるから[7]，それでも無条件でこうした領域についての捜索を認めたのは，警察官の安全確保の利益を優先させたためと思われる。すなわち，こうした領域についての捜索にも具体的な不審事由を要件とすると，その判断の誤りが警察官の死亡，負傷に直結することになる危険が高いからであろう。

　そうした領域を超えて捜索する場合に，被逮捕者以外の者が潜んでいて攻撃

　　正に反しないとしたものである（いわゆる special needs doctrine）。*Skinner* については，本書第 44 事件参照。*Griffin* については，本書第 43 事件参照，*T.L.O.* については，渥美・前掲注 5）（清水真担当）208 頁参照。

　　また，special needs doctrine については，洲見光男「薬物検査の適法性——連邦最高裁判決を手がかりとして」判例タイムズ 815 号 62 頁，同「薬物検査の合憲性」朝日法学論集 20 号 1 頁，同「『特別の必要』の例外」朝日法学論集 22 号 18 頁，同「『相当な理由』要件に対する『特別の必要』の例外——最近の連邦最高裁判決を契機に——」朝日法学論集 27 号 13 頁，清水真「校内薬物検査とプライヴァシー保障」警察政策第 7 巻 104 頁，堤和通「非刑事法領域のプライヴァシー保障——米国の Special Needs Doctrine について——」（渥美東洋編『犯罪予防の法理』（成文堂，2008 年）所収）175 頁参照。

　7）　プライヴァシーの期待が残っていないとすると，こうした領域を確認する行為は憲法上「捜索」には当たらないことになり，目的が安全確認のためであろうと証拠を探すためであろうと無条件で許されることになる。このような結論は，逮捕に伴う捜索の範囲を被逮捕者の身体及び直接的支配下に限定する *Chimel* の判断には沿わないように思われる。

を仕掛けてくるとの具体的な不審事由が要件となるわけであるが，本件の法廷意見は，この捜索が限定的なものであることを強調している。捜索の目的は，あくまで逮捕官憲の安全確保を目的として被逮捕者以外の者が住居内に隠れていないかを確認することに限定され，証拠の捜索に用いることは許されない[8]。また，確認に必要な限度で表層的に行うことが許されるだけで，中にあるものをすべて取り出して徹底的に捜索すること（full-blown search）などは許されない。被疑者の身柄を捕捉して，住居の外に連れ出した後では，捜索を行うことは許されない，ということを明言している。

4. 我が国では，「逮捕に伴う捜索」として捜索が許される範囲については争いがあり，学説上は，合衆国最高裁判所の *Chimel* のように被逮捕者の身体及び直接的支配下に限られるとする見解も有力である。また，凶器や証拠が存在すると疑うに足りる相当な理由が認められる範囲に限って許されるとの見解も主張されている。同一管理権の及ぶ範囲であれば逮捕に伴う捜索が許されるとして，住居全体の捜索を無条件で許す見解に拠らず，逮捕に伴う捜索が認められる範囲を限定する見解に拠った場合には，本件で議論されたような逮捕官憲権の安全確保のための措置をどの限度で認めにるべきかということが問題となる。本件のように，これを憲法上の捜索に当たると見ると，刑訴法上の具体的根拠規定を書く現行法では，強制処分法定主義（刑訴法 197 条 1 項但書）により許されないということにもなりそうである。これを許すとすれば，逮捕を完遂するのに必要な処分として逮捕の効力に基づいて行えるとするか，職務質問に伴う所持品検査のように任意処分として行えるとする必要があるように思

---

8) この点で，証拠の確認を目的とした捜索であれば，わずかな干渉であっても許されないとした *Hicks*（Hicks v. Arizona, 480 U.S. 321 (1987)）を本件は変更するものではない。本件の判断が *Hicks* に抵触するものでないことは，本件の法廷意見も注で明言している。*See*, Maryland v. Buie, 494 U.S. 325, 335 n3 (1990). なお，*Hicks* については，本書第 25 事件参照。

そもそも，*Terry* で認められたフリスクも，凶器所持の有無を確認するためのものであり，証拠の確認のために行うことは許されていない。この点で，証拠の確認を目的とする所持品検査を一定限度で認める我が国の判例とは異なる。

われる。そのような理論構成に拠った場合でも，どのような実質的な要件の下にこれを許容すべきかということを考える上で，本件の判断は参考になるものと思われる。

（柳川　重規）

5　プレイン・ヴュー法理

25.　Arizona v. Hicks, 480 U.S. 321 (1987)

　警察が合法に家屋に立入り，犯罪の証拠と思料する不審事由のある物について嫌疑を確かめる目的で，その物の目に見えない部分を動かして検査する活動は，クーリッジ事件のプレイン・ヴュー法理によっては許されず，物を動かして検査するには相当理由が要件となるとされた事例。

《事実の概要》

　被上告人のアパートの床を弾丸が貫通し階下の人に命中して傷を負わせた。警察が到着して被上告人のアパートに入り，銃を発射した者，他の被害者及び兇器を捜索した。警察官はそこで銃身を切り詰めたライフル（ショット・ガン）を発見して押収し，また，この捜査の間にストッキング・マスクを発見した。
　このとき，警察の1人Nが高価な2組のコンポーネント・ステレオに気づいた。このステレオは，このステレオを別にすれば家具調度品の十分備わっていない4部屋からなるむさくるしいアパートには場違いな物に思われた。Nは，このステレオは盗品かもしれないと疑い，レコード・プレーヤーを含め，そのコンポーネントの幾つかを動かして製造番号を読み取ってそれを書きとめ，本署にその製造番号を連絡した。このレコード・プレーヤーは武装強盗により奪取された物であると告げられて，Nは直ちにそれを押収した。後に，他の幾つかの製品の製造番号も同一の武装強盗で奪取されたステレオ製品と合致することが判明し，令状が発付され，それらの品も押収された。被上告人は，後にこの強盗を理由に大陪審起訴された。
　州の公判裁判所は被上告人の押収証拠の排除申立を認めた。アリゾナCourt of Appealsはこの判断を確認した。同裁判所は，最初の無令状の立入りと捜索は銃撃という緊急状態があるので合法だが，製造番号を調べて記録した行為は

別件捜索であるとみて,「無令状捜索は根拠事由たる緊急状況により厳格に限界づけられる」と判示したミンシィ事件（Mincey v. Arizona, 437 U.S. 385 (1978)）を根拠に,第4修正違反であると判示した。両裁判所とも,クーリッジ事件 Coolidge v. New Hampshire, 403 U.S. 443, at 465 (1971) (plurality) のプレイン・ヴュー法理により製造番号を調べた行為を正当化することはできないとする立場に立った。アリゾナ最高裁判所は上告を棄却した。国側が,本件の（サーシオレイライを）申請をした。

《判旨・法廷意見》
原審判断確認
1．スカリーア裁判官執筆の法廷意見
(1) 国はまず,Nの行為は,第4修正の「捜索」にも「押収」にも当たらないと主張する。

製造番号を記録することは押収に当たらないことを認める。しかし,Nが製品を動かした行為は,立入り事由とは無関係の別件「捜索」である。当初の捜索中に目に触れたレコード・プレーヤーの部分をただ単に調べることは,被上告人のプライヴァシーをさらに侵害するものではなく,独立の捜索には当たらないが,当初の合法な立入り目的とは無関係の行為は,官憲の目には触れていないアパートの部分あるいはその中身を官憲の目に晒すことになるから,被上告人のプライヴァシーを侵害する。このプライヴァシー侵害は立入りを合法とする緊急状況によって正当化できない。

(2) 残る問題は,この捜査が第4修正の「合理的な」捜索に当たるか否かである。

ステレオ装置に向けられた官憲の行為は,それ自体,最初の立ち入りの正当根拠と無関係であるからというだけで,不合理であることにはならない。無令状捜索は,「その捜索を開始の根拠となった緊急状況により厳格に制約される」とのミンシィ（Mincey v. Arizona, supra）の判示は,最初の捜索の範囲について述べているだけであり,その範囲を超えて合法に活動できるとするプレイ

ン・ヴュー法理を変更したものではない。

　次にこの理論を本件に適用する。

　一定の状況下では無令状でプレイン・ヴューの状態にある証拠の「押収」は合法である。Coolidge v. New Hampshire, 403 U.S. 443, at 465 (1971) (plurality). 合法に押収できればそれらをさらに詳しく検査するのは差し支えないから，本件での捜査は，プレイン・ヴュー法理により本件の製品の押収ができたとすれば有効となる。

　Nがこの製品を盗品であると信ずるに足る相当な理由があれば捜索できたのは疑いがない。しかし，国は，本件では不審事由しかなかったと認めている[1]。プレイン・ヴュー法理を適用するためには相当理由が要件となるのか否かについて判断した先例はない。

　当法廷は，プレイン・ヴュー法理を適用するには相当理由が要件となると判示する。

　勿論，押収は相当理由よりも程度の低い理由によっては一切正当化することはできないわけではない。例えば，押収が最小限度の侵害しか伴うものではなく，法執行上，それがある種の犯罪を発見する唯一の実行可能な手段であるときには，不審事由に基づいて押収することができる。See, e. g., United States v. Cortez, 449 U.S. 411 (1981)（違法に入国する外国人を運搬していると疑われる車輌を捜査目的で停止させる detention こと）；United States v. Brignoni-Ponce, 422 U.S. 873 (1975)（同様の判断）；United States v. Place, 462 U.S. 696, 709 and n. 9 (1983)（傍論）（特別に訓練されて犬に臭いを嗅がせるために空港で薬物のディーラーと疑われる者の荷物を押収すること）。しかし，本件では特別の法執行上の必要はない。

　本件でプレイン・ヴューの状態にある物の「押収」のみならず，「捜索」も相当理由によって支えられていなければならない。不審事由では足りない。捜索を押収よりも緩い要件で扱うことになると，別罪捜索目的の一般探索的捜索

---

1)　法廷意見は註で，本件で政府が自ら不審事由しかないことを認めているので，本件で相当理由が充たされているか否かを検討することは不要であると述べている。

の虞れがある。要するに，本件の製品を動かす法的権限をその製品を押収する権限に不可避的に附随するものであると見るにせよ，プレイン・ヴューの状態にある対象物を捜索する何らかの独立の権限であると見るにせよ，その製品が盗品であると信ずるに足る相当理由が必要である。

オコナー裁判官は「完全な形態の捜索」(full-blown search) ではなく，一瞥する程度の検査 (cursory inspection) は相当理由でなく不審事由で足りると解すべきであるというが，このような区別をした先例はない。

原審判断確認。

2．ホワイト裁判官の補足意見

本件ではいわゆる証拠の発見を予期していなかった (inadvertent discovery) という要件については争点となっていない。この要件は複数意見であるにとどまり法廷意見となったことはない。本件の破棄理由は相当理由がないことに求めれば足りる。

3．パウエル裁判官の反対意見（レンクィスト首席裁判官，オコナー裁判官参加）

本件ではクーリッジ事件の言うような一般探索的捜索はない。オコナー裁判官のいうように，プレイン・ヴューの状態にある不審事由がある物を動かして最小限度のプライヴァシー侵害しか生じてはいない。「見た」にとどまるかそれとも「動かしたか」という区別は第4修正を矮小化するものである。法廷意見の立場は不確実さを生み，良心的警察官が有罪証拠を獲得することを制約してしまうであろう。

4．オコナー裁判官の反対意見（レンクィスト首席裁判官及びパウエル裁判官参加）

(1) 法廷意見は，プレイン・ヴューの状態にある物を押収するかまたはそれを完全に捜索する (full-blown search) するには相当理由が要るか否かを検討しているが，本件の争点はそこにあるのではない。本件の争点は，警察官がプレイン・ヴューの状態にある物を一瞥して検査するにはそれに先立って相当理由が要るか否かである。プレイン・ヴューの状態にある物が犯罪の証拠である

という不審事由があればこの一瞥して行う検査は合理的なものと解すべきである。

(2) クーリッジ事件ではステュワート裁判官は，プレイン・ヴューの状態にある物の捜索または押収が合法とされるには，① 立入りの合法性，② 発見を予期していなかったこと（inadvertentness），③ プレイン・ヴューにある物が，犯罪の証拠，禁制品あるいはその他の押収対象物であることがその警察官に「即座に明らかである」ことという要件の充足が要るとした。

本件では最初の 2 要件の充足には争いはない。アパートへの立入りは合法であり，警察官は，別罪の証拠がその場所に存在することを前もって知ってはおらずその押収を前もって意図してはいなかったからである。本件での争点は第 3 の要件の有無にある。すなわち警察官は不審事由があればそれに基づいてプレイン・ヴューの状態にある物を一瞥する程度の検査はできるのか否かである。

第 3 の要件の趣旨は，一般探索的捜索の阻止にある。

したがって，プレイン・ヴューの状態にある物の押収または完全な捜索をするには相当理由が要るという法廷意見に同意するが，不審事由がある物の単なる検査にも相当理由が要ることにはならない。プレイン・ヴューの状態にある不審事由がある物をその物が犯罪の証拠であるか否かを確かめるための一瞥する程度の検査は，一般探索的な検査には当たらない。警察官は犯罪の証拠であるという不審事由がある物しか検査できないし，かかる検査の範囲は極めて限定されている。

この，プレイン・ヴューの状態にある物の，完全な形態の捜索とただ単なる検査との区別は，最初，クーリッジ事件で引用されているスタンリィ事件 (Stanley v. Georgia, 394 U.S. 557 (1969)) の補足意見でスチュワート裁判官が示唆したものである。この事件では合法な捜索中に発見された別罪である猥褻物たるフィルムについて，それを被告人の映写機にかけて見たのちに被告人を逮捕したが，法廷意見はこのフィルムは証拠から排除されるべきであるとした。スチュワート裁判官は補足意見で，このフィルムの内容は「ただ単なる検査」によって判断できなかった場合であるから，犯罪の証拠がプレイン・ヴュ

ーの状態にあった場合とはいえないと判示して，侵害の程度が低ければ別問題であることを示唆した。

　このスチュワート裁判官の意見に従って，圧倒的多数の州及び連邦の裁判所は，プレイン・ヴューの状態にある物の最小限度の検査には不審事由があれば足り，相当理由は必要ではないと判示していきている。（LaFave 及び多数の下級審判例を挙げる。）[2]（また州裁判所の判例を引用）[3]。

　この侵入の程度による捜索の区別は，第4修正の趣旨に全面的に合致する。捜索はその侵入の程度に差があることは長きに亘って合衆国最高裁判所が認めてきたところであり，捜索の中には，第4修正の利益を最小限度しか侵害せず，それと対立する重要な政府の側の利益を考慮すると，問題となっている物が禁制品あるいは犯罪の証拠であるという不審事由に基づいていれば［捜索］することができる場合もある（United States v. Place, 462 U.S. 696, 706 (1983)；Delaware v. Prouse, 440 U.S. 648, 654 (1979)；New Jersey v. T. L. O., 469 U.S. 325, 341 (1985)；Terry v. Ohio, 392 U.S. 1, 22 (1968).）。政府には，犯罪を予防し発見する利益がある（Terry v. Ohio, 392 U.S. 1, 22 (1968).）。この利益が法執行上「相当程度重要だ」といえるか否かを基準にすべきであって，法廷意見のように，犯罪捜査上必要な唯一の実行可能な手段か否かを基準とすべきでない。

　私見によれば，政府の利益とプレイン・ヴューの利益の比較較量に照らせ

---

[2] 2 W. LaFave, Search and Seizure § 6.7 (b), p177 (2nd ed. 1987)；*see also id*., at 345. *See e.g.,* United States v. Marbury, 732 F. 2d 390, 399 (CA5 1984)；United States v. Hillyard. 677 F. 2d 1336, 1342 (CA9 1982)；United States v. Wright, 667 F. 2d 793, 798 (CA9 1982)；United States v. Roberts, 619 F. 2d 379, 381 (CA5 1980)；United States v. Ocks, 595 F. 2d 1247, 1257-1258 and n. 8 (CA2 1979) (Friendly, J.).

[3] State v. Noll, 116 Wis. 2d 443, 343 N.W. 2d 391 (1984)；State v. Riedinger, 374 N. W. 2d 866 (ND 1985)；People v. Dorris, 110 Ⅲ. Azpp. 3d 660, 442 N.E. 2d 951 (1982)；State v. Proctor, 12 Wash. App. 272, 529 P. 2d 472 (1974)；People v. Eddington, 23 Mich. App. 210, 178 N.W. 2d 686 (1970), rev'on other ground, 387 Mich. 551. 198 N.W. 2d 297 (1972).

ば，プレイン・ヴューの状態にある物の，一瞥する程度の検査は，不審事由に基づいて行えると解すべき十分な理由がある。プレイン・ヴューの状態にある物の製造番号の検査により，プレイン・ヴューの状態にあるときとは別の新たな侵害が生ずるが，この侵害は，極く僅かなものでありこの侵害はプレィス事件での薬物のディーラーと疑われていた者から荷物を押収した場合及び，テリー事件の場合と比べてみても，その侵害の程度は一過性の度合いが強く，侵害の程度は低い。

　検査により生ずる別のプライヴァシー侵害と比較較量されるべきは次のような法執行の利益である。盗品を追跡するに当たって盗まれた物の同一性を確かめる番号を利用することが強力な法執行の手段となっている。製造番号の方がただ単なる警察官の証拠品についての記憶よりも盗品発見に当たってはるかに役に立ち，また正確なものである。我が国の国民経済にあっては商品の大量生産が広く行き渡っており，製造番号はしばしば盗品を発見する唯一の確かな手段なのである。政府の利益とプライヴァシーの利益を比較較量すると（プレイン・ヴューの状態にある物の一瞥する程度の検査は）不審事由で足りると解すべきである。

　たとえ相当理由が適切な基準であるとしても，本件でその基準が充たされていることにはほとんど疑いがない。警察官が，重大な不法な行為を調べる捜索の過程で，奪取犯の道具（銃身を切り詰めたライフルとストッキング・マスク）を発見し，さらに，小さなアパートにはその部屋も周りの物との関連で釣り合いの取れないほどの高価な「2組の」ステレオ・セットがあった。警察官にはこれらの物品が窃盗の対象となりやすい物であることが知られている。このような状況にあるときには，「柔軟で，コモン・センスに基づいた基準である」相当理由の基準は充たされているといえる。

　法廷意見は相当理由が存在することを無視しており，また，そうすることで広く受け容れられてきている，プレイン・ヴューの状態にある証拠の一瞥する程度の検査には不審事由があれば足りるとする一団の先例を無視している。

《解説》

1．本件の争点は，合法な立入り後の別罪の「不審事由」（合理的嫌疑）がある物を動かして製造番号を調べることができるか否かである。法廷意見はクーリッジ事件[4]のプレイン・ヴュー法理を適用して物を動かして調べるには「相当理由」が必要であると判示した。法廷意見は本件では製造番号検査のための「相当理由」はなく，「不審事由」があるのにとどまるという前提に立って，合法な立入りにより見えない部分については独立のプライヴァシーが残っているとみて，不審事由がある物を動かして調べることはできないと判断した。

2．合法な立入り後の官憲の目に触れた物の押収にはプレイン・ヴュー法理が関係する。

(1) 合衆国最高裁判所は令状要件への傾斜を示してきているが[5]，同時に「緊急性」のある場合にはその例外に当たると判示してきている[6]。

プレイン・ヴュー法理は令状要件の緊急性を理由とする例外の一場合である。クーリッジ事件の「複数意見」は，①立入りの合法性，②捜索前から別罪の証拠の発見を予期していなかったこと（inadvertentness），③押収対象物であることが立ち入った官憲に「即座に明らかであること」という要件がプレイン・ヴュー法理適用の要件となると判示した。

(2) クーリッジ事件では別罪が関係しておらず，また，証拠の押収の是非が論じられただけであるが，このプレイン・ヴュー法理は合法な捜索・押収中の「別件」押収の合理性を判断する基準としても用いられるようになってきている[7]。

通常，捜索・押収中にあってはいわゆる捜索・押収を一般探索的なものにし

---

4) Coolidge v. New Hampshire, 403 U.S. 443, at 465 (1971) (plurality).
5) Katz v. United States. 389 U.S. 347 (1967) ; Johnson v. United States, 333 U.S. 10 (1948).
6) Coolidge v. New Hampshire, 403 U.S. 443, at 465 (1971) (plurality).
7) *See, supra* note 2 and 3.

ないための実体要件(相当理由の存在，捜索場所・押収対象物が相当理由に関連するものに限定・特定され犯罪の証拠を押収すること，証拠が存在する蓋然性があること等の要件)と法執行官憲の恣意的な要件を欠く活動を阻止し後知恵の危険を回避するための令状要件の充足が義務づけられる。

合法な立入りによりその家屋のプライヴァシーは合法に開かれ目に見える範囲に犯罪の証拠があればそれは相当理由を構成することになるが，そのとき，別罪について新たに令状を入手しなければならないとすればその間に証拠が隠匿・破壊される虞がある。そこでその別罪の無令状証拠の押収を認めるが，他方，別罪について無制約に捜索・押収を認めると初めから令状を入手することができたのに，わざと令状を入手しないで別罪証拠の押収を行うことが可能となる。そこでプレイン・ヴュー法理は，前述の①②③の要件を設けて，この虞れを回避することと同時に，その法の狙いを挫くことがなければ法執行を不必要に困難にし，犯罪に有効に対処しえなくなるを避けている。

本件の複数意見も少数意見も，一般探索的押収とならなければ別罪証拠を押収しうるという基本的理解については対立がない。

3．本件で対立をみたのは，製造番号を確かめるために不審事由のある物を「動かす」行為は，独立の新たなプライヴァシー侵害を含むので許されないのか否かである。

(1) まず，本件法廷意見は，本件では「相当理由」がなく「不審事由」しかないという前提に立ち，本件の検査を違法と判示する。これに対し，オコナー裁判官は，「相当理由」がある場合だと解している。

オコナー裁判官の指摘するように，本件は，銃撃を理由とする合法な立入り後に，銃器を発見し，強盗などに使われると思われるストッキング・マスクを発見したという状況で，部屋の様子とは似つかわしくない「2組の」高価なコンポーネント・ステレオがあったという事案であり，かかる状況では別罪たる窃盗または強盗の「相当理由」があったといってよいと思われる。複数意見は，官憲が不審事由しかないとみているから相当理由があったとすることは妥当ではないというが[8]，問題となるのは法執行活動の規律なのであるから，官憲の

置かれた状況が相当理由を構成するものであれば官憲の事態の評価を別にして相当理由があるといってよいと思われる。相当理由があるかそれとも不審事由にとどまるかの判断はそれほど明瞭でない場合もありうる。法廷意見は「不審事由」があるのに止まる場合と見て，他方，オコナー裁判官は「相当理由」がある場合だと解するのであるが，双方ともに，基礎となる事実は同じである。相当理由は幅のある概念であり[9]，不審事由と相当理由との間はファジーである。問題は，本件の示すような事実で，ターンテーブルの背面を見る検査を行えるのか否かである。

① 本件で，相当理由を構成するとみるか不審事由にとどまるとみるかは，同じ事実をどうネーミングするかの相違であるともいえる。

限定された範囲であれ，政府からの干渉が人の自由の領域に及ぶ場合であるので，干渉の正当根拠とその実現に必要とされる最小限度の範囲でしか干渉を加えることは許されないという第4修正の基本的視点との関係が問われる。

不審事由であると位置づけた場合でも，自由への干渉を伴う。不審事由に基づく自由への干渉については，すでに，テリーで，不審事由の認められる者に対する停止，職質，捜検は許されると判示されている[10]。本件は，捜検が問題とされた場合ではなく，不審事由がある部屋での不審な物についての検査が問題となった事例である。捜検と本件のステレオの製造番号を確認するために，正面からは見えない背面を見る行為は，不審事由によりなし得る範囲であると

---

8) 註1) 参照。

9) Camara v. Municipal Court, 387 U.S. 523 (1967) や *See*, v. City of Seattle, 387 U.S. 541 (1967) は，行政調査目的での臨検が関係する場合だが，第4修正との関係で，相当理由に関して，通常の場合よりも程度の低い根拠で，相当理由があるとする判断を示している。

10) Terry v. Ohio, *supra*. テリー事件自体は凶器の捜検が関係する場合だが，テリーの射程はそれよりも拡張される傾向にある。不審事由の解明との関係で，国内空港での麻薬検査のための荷物の一時的押収の根拠としても，テリーが根拠としてあげられてきている（United States v. Place, 462 U.S. 696 (1983) ―渥美東洋編『米国刑事判例の動向Ⅳ』（中央大学出版部，2012年）557頁（中野目善則担当））。

の解釈も十分にあり得よう[11]。

② 本件の家屋の占有者には，何ら犯罪を犯していない者と同じ合理的なプライヴァシーの期待を主張できる立場にはないと思われる。

不審事由が認められる場合，他から干渉を受けないという期待は縮減していると解することができるので，通常の相当理由よりも程度の低い不審事由による，それに見合う，限定された範囲での干渉を加えることが許される，と解することもできよう。

本件の状況は，何の犯罪も犯していない者の家屋に官憲が赴いてそこで犯罪に関する不審事由のあるものを発見したという場合とは全く異なり，その家の所有者あるいは占有者が犯罪に関係していると疑う根拠があり，別罪の不審事由がステレオ製品にある場合である。このとき，見えない部分についても不審事由に限定された範囲で合理的なプライヴァシーの期待は縮限しているといってよいように思われる。本件ではこの不審事由は，相当理由を構成するとみてよいほどのものであるので占有者は一層この期待を合理的だと主張できない立場にある。「不審事由」に基づく「捜索」が許されると一般探索的捜索・押収の危険があることを強調する複数意見は，何ら犯罪とは関係のない市民の家屋が問題となっているのであれば妥当しようが，本件はそれとは全く状況が異なる。

「不審事由」があるにとどまる場合には，捜索の範囲及び程度もそれに応じて通常の「相当理由」があるときほど完全な形態のものとすることはできず，それよりはずっと限定された一瞥する程度の検査に限定されることになるが，本件の検査では不審事由がある物の製造番号を読み取るという限定されたもの

---

11) オコナー裁判官は，相当理由がある場合だと解して，本件の検査を適法とする。ただ，その程度は，一瞥する程度の検査であると解しているので，通常の捜索を支えるほどの強い根拠とするには，距離があるとみているものと解される。

我が国では，米子銀行強盗事件最高裁判所判例により，不審事由に基づく，不審事由と密接に関連する，不審事由の解明に必要で有効な，内部を一瞥する程度の所持品の検査は，警職法2条1項の下で許されるとする判断が示されている（最3小判昭和53.6.20刑集32巻4号670頁）。

であり，その家屋の占有者の活動・思想などを示す書類の内容を調べたという場合ではない。したがって，本件の不審事由に基づく捜索はかなり限定されたものであり，一般探索的なものとはいえない。

4. 不審事由に基づく検査を認めた先例との関連でも本件での不審事由に基づく検査は認められてよいと思われる。

法廷意見はこの区別は先例上の根拠を欠くとするが，テリー及びそれ以降の先例により示唆されてきているところだと解するのが，オコナー裁判官である。

テリー事件自体は，凶器の捜検（frisk）に関係する活動だが，テリーは，職務質問に伴う停止・質問・捜検が認められる根拠が，都市化社会における犯行の予防と早期の摘発・発見にあることを踏まえて，捜検という，通常の捜索よりは限定された範囲での検査を認めた。テリーを厳格に凶器が関係する事例での捜検を認めたのにとどまる事例と解すると，その射程は限定され，本件の検査を合法とする根拠とはならないが，犯罪の予防と早期の摘発・発見という職務質問制度の目的を重視すると，凶器に限定せずに，不審事由との関係で，限定された干渉を加える活動を認めた先例として解することができよう[12]。

オコナー裁判官の指摘するように，製造番号の検査は盗品を発見する有力な手段でありまたそれがなければ法執行上大きな不都合を生ずるのであるから，本件では不審事由に基づく製造番号の検査という限定された範囲の活動がなされたのにとどまる場合であり，認められてよかったのではないかと思われる。

5. 法廷意見は，「完全な形態の捜索」と「一瞥する程度の検査」という区別は先例上の根拠を欠くとするが，不審事由に基づく限定された範囲でのプライヴァシー侵害はテリー[13]の不審事由に基づく停止及び捜検を認めた判断の延長線上にあるものであろう。

家屋内の物を書類・書籍などを隅々まで隈なく調べる捜索と，不審事由がある物に限定して一瞥する程度の検査をするのとでは大きな違いがあるといって

---

12) 前註 10) 参照。
13) Terry v. Ohio, 392 U.S. 1 (1968). 兇器の有無の検査のための捜検。

よいように思われる。本件の不審事由がある物について製造番号を書き留める行為は極く限定された範囲でのプライヴァシー侵害であるにとどまる。

　捜索は一つしかないと硬く解釈すると，異なる状況に柔軟に対処することが困難になる。

　不審事由と相当理由の区別があり，身柄の停止に関しては，逮捕との区別がある。捜索に関係する活動の場合にも，通常の捜索のように，捜索対象物を隅々まで調べる活動が関係する場合と，内部や正面からは見えない背面を一瞥する程度の，限定された干渉・検査にとどまる場合とを区別することができる。かかる区別をする方が，根拠との関連で，限定された範囲の干渉を加えることができるという限界を明確にすることができる。限定された範囲の活動が不必要かというと，かかる活動をしなければ，秩序の維持が困難となってきているという事情を考慮に入れなければならないであろう。テリーの，自由の保障を重視しつつ都市化された社会での秩序の維持を重視した判断は，かかる視点を踏まえたものであろう。

　犯罪の予防と早期の摘発・発見という目的との関係で，限定された干渉を加える正当根拠はあり，干渉の程度は，正面からは見えないターンテーブルの背面を見るという限度のものであり，この活動は，プライヴァシーへの干渉を加える正当根拠たる不審事由に見合う，通常の完全な意味での捜索には至らない，最小限度の干渉にとどまるといえよう。「事実類型に即した判断の重要性」をオコナー裁判官の意見は示しており，傾聴に値する。

（中野目　善則）

26. Horton v. California, 496 U.S. 128 (1990)

プレイン・ヴュー法理の適用に関して，証拠の発見を予期していなかったとの要件は，証拠をこの法理により無令状で押収するための要件とはならないと判示された事例。

《事実の概要》

申請人はアーウィン・ウォラカーに対する武装強盗で有罪とされた。ウォラカーがクラブから自宅に戻り，ガレージに入り，2人のマスクをした者に連れて来られた。1人はマシンガンで武装しており，他の1人はスタンガンを所持していた。この2人は，ウォラカーに電気ショックを与えて縛り上げて手錠をかけ，宝石と現金を強奪した。この強盗中の強盗犯との会話から申請人が識別され，この犯人識別は，強盗犯が現場を立ち去るのを目撃した証人の証言と申請人がクラブでのショーに居合わせていたことで補強されていた。この事件を捜査した警察官Lは，申請人の住居から強盗により得た品と強盗に使われた凶器を捜索する相当理由があると判断した。令状請求のための彼の宣誓供述書では，犯罪で得た品と凶器について述べた警察の報告書に言及していたが，マジストレイトは，犯罪により得た品の捜索のみを認め，これには具体的に記述された指輪が含まれていた。この令状に従い，警察官Lは申請人の住居を捜索したが，この品は発見されず，この捜索の間に，プレイン・ヴューの状態にある凶器を発見し，それらを押収した。具体的には，官憲はUziマシンガン，38口径のリボルバー，2丁のスタンガン，手錠の鍵，クラブの広告ブローシャー，被害者により特定された衣服に装着する2，3の品を押収した。

警察官Lは，強奪された指輪を探していたが，申請人を本件の強盗に関連づける他の証拠を発見することにも関心があったと証言した。申請人は自宅で発見された証拠の排除を申し立てたが却下され，陪審裁判で有罪を認定され，収監刑を言い渡された。

Court of Appealsは，本件での押収対象物が令状に記載されておらず，発見

26. Horton v. California, 496 U.S. 128 (1990) *251*

が予期された（inadvertent）ものではないことを理由とする，押収された証拠はクーリッジによれば排除されるとの申請人の主張を退けた。同裁判所は，キャリフォーニア最高裁判所の North v. Superior Court, 8 Cal. 3d 301, 104 Cal. Rptr. 833, 502 P. 2d 1305 (1972) での，発見を予期していなかったという要件に関する議論は複数意見にとどまり，先例としての拘束力がないと判示した。

キャリフォーニア州最高裁判所は再審理の要求を退けた。

キャリフォーニア州裁判所のプレイン・ヴュー理論についての解釈には，他の相反する裁判所の見解があり，この未解決の争点は重要であるので，サーシオレイライを認める。

《判旨・法廷意見》

スティーヴンズ裁判官が法廷意見を執筆（レーンクィスト，ホワイト，ブラックマン，オコナー，スカリーア，及びケネディ裁判官参加）

1．本件では，クーリッジ（Coolidge v. New Hampshire, 403 U.S. 443 (1971)）で，多数意見の結論が示されていなかった争点である，証拠の発見を予期していなかった場合ではなかった場合には，プレイン・ヴューの状態で発見された犯罪の証拠の無令状押収は第 4 修正により禁止されるのか否かという争点について判断する．発見を予期していなかった場合が，大部分のプレイン・ヴューの状態にある証拠の無令状押収の特徴であるとしても，発見を予期していなかったことは，プレイン・ヴューの状態で発見された証拠の押収を認めるための必須の条件ではない，というのが当法廷の結論である．

2．プレイン・ヴュー理論は，無令状捜索は不合理であると推定されるとの一般原則の例外であるとしばしば考えられているが，この見解は，捜索と押収の重要な差異を見逃している．対象物品が既にプレイン・ヴューの状態にあるのであれば，その対象物を見ることはプライヴァシーの侵害ではなく，その押収もプライヴァシーの侵害ではない．Page Arizona v. Hicks, 496 U.S. 134 480 U.S. 321 (1987)；Illinois v. Andreas, 463 U.S. 765, 463 U.S. 771 (1983)．だが，押収は，所有者の占有の利益を侵害する．Maryland v. Macon, 472 U.S. 463, 472

U.S. 469 (1985)；Jacobsen, 466 U.S. at 466 U.S. 113. プレイン・ヴューは令状要件の例外を正当化する根拠の1つだが，この例外は，捜索に関係する懸念に関するものではなく，押収に関係する懸念に対処するためのものである。

このプレイン・ヴューの基準は，クーリッジで示された，プレイン・ヴューの状態にある物の押収に関するものである。被告人を逮捕する過程でプレイン・ヴューの状態で車道に駐車されていた被告人の2台の車両の押収は，第4修正違反であると判示した。したがって，その車両の1台をその後に掃除機をかけて発見された銃弾の火薬の分子は，被告人に不利益な証拠として提出できないと判示した。一定の状況では，警察は，プレイン・ヴューの状態にある証拠を無令状で押収できることは十分に確立されている。警察に押収される証拠は，大部分の事件では少なくとも押収時にはプレイン・ヴューの状態にある。プレイン・ヴューによる押収に関して問題となるのは，プレイン・ヴュー法理による押収が適法であることを根拠づける状況である。

プレイン・ヴュー理論が適用されるのは，特定の対象物を発見するための一定の領域の捜索令状の執行の過程で，自己負罪の他の証拠物に遭遇する場合，警察が，犯人を追跡している過程で証拠に遭遇する場合（hot pursuit）（Warden v. Hayden, supra；cf. Hester v. United States, 265 U.S. 57.），逮捕に伴う捜索の過程で押収対象物に遭遇する場合（Chimel v. California, 395 U.S. at 395 U.S. 762-763），警察官が被告発者に対する証拠を捜索していない場合に，予期せずに自己負罪の証拠に遭遇する場合（Harris v. United States, 390 U.S. 234；Frazier v. Cupp, 394 U.S. 731；Ker v. California, 374 U.S. at 374 U.S. 43. Cf. Lewis v. United States, 385 U.S. 206.）などである。

プレイン・ヴュー理論が適用されるには，立入りに先だって，その立入りに正当根拠があることが必要であり，その過程で自己負罪の証拠に予期せずに遭遇したという場合である。立入りに正当根拠がある場合は，発見された物以外の物を発見するための令状による捜索の場合，追跡中の例外の場合，逮捕に伴う捜索の場合，その他の，被告発者に向けられた捜索とは無関係な立入りの正当理由がある場合などがある。プレイン・ヴューの理論は，この，立入りが正

当根拠に基づくものであるということを補充する役割を果たす。さらに，プレイン・ヴューの理論の適用が正当であるといえるのは，警察に犯罪の証拠であることが直ちに明らかである場合である。プレイン・ヴュー理論を，何らかの自己負罪の証拠が発見されるまで一般探索的な捜索を行うために利用することはできない。ステュワート裁判官は，プレイン・ヴューの状態にあるというだけでは無令状の押収が正当とはされず，第2に，プレイン・ヴューの状態にある証拠の発見を予期していなかった場合でなければならない，と判示した。このプレイン・ヴュー理論に関するステュワート裁判官の分析は，多数意見にはならず，複数意見にとどまった。クーリッジでは，この要件は，先例としての拘束力をもつものではないことを複数意見が明らかにしているからである。ハーラン裁判官は複数意見のプレイン・ヴューの理論に関する議論に加わっていない。にもかかわらず，クーリッジは拘束力のある先例である。

　無令状での自己負罪証拠の押収が有効であるためには，その証拠がプレイン・ヴューの状態にあるといえる所への立入りが第4修正に違反するものであってはならない。さらに，その証拠物が自己負罪の証拠であることが直ちに明らかでなければならない。

　クーリッジ事件では，車道上にある車両はプレイン・ヴューの状態にあったことは明らかだが，その証明上の価値が明らかとなったのは，車内で掃除機をかけて，得られた物を顕微鏡で検査してからであった。

　第2に，押収対象物を明らかに視認できる場所にいたことが合法な場合であることが要件となるのみならず，官憲がその対象物に接近する合法な権利を有していた場合でなければならない。発見が予期されていないことという要件に関するクーリッジの判示部分は，クーリッジ事件で州のプレイン・ヴュー理論が適用されるべきであるとする州の議論を退けるのに，必須のものではなかったと解される。

　3．ステュワート裁判官は，証拠の発見を予期していなかったとの要件は押収対象物を特定・限定して（particularly）記載しなければならないという第4修正の明文の要件違反を避けるのに必要であると結論している。ステュワート

裁判官は，プレイン・ヴューの状態にある証拠の押収が第4修正の令状要件の例外となる理由は，プレイン・ヴューの状態にある証拠の無令状押収を認めても，最初の有効な（それ故に限定された範囲での）捜索を「一般探索的な」捜索に変えるものではなく，他方，発見を予期していなかった証拠が発見されてこれを押収するために令状を得る不便は大きいからであるが，証拠の発見が予想されていた場合には，警察は証拠の場所を前もって知っており，押収の意図を有していた場合であり，この状況は（プレイン・ヴュー理論が適用されるべき状況とは）全く異なっており，この場合，押収令状の要件は，全く不都合を課するものではなく，また，緊急状況がなければ，無令状捜索は，自動的に不合理となるのであり，最初の立入りが令状によるものでその令状では特定の対象物が言及されていなかったが，警察はその所在場所を知っておりその証拠の押収の意図を有していた場合には，押収対象物を特定・限定して記載せよ（particularly describing）との第4修正の令状要件違反がある，と判示する。

　ステュワート裁判官はこのようにいうのであるが，この理由づけには2つの欠点がある。第1に，偏頗でない法執行は，官憲の主観的意図に依拠する基準ではなく，客観的な行為基準を適用することで最もよく達成されるのである。官憲が対象物を発見することに関心があり，捜索過程でのその証拠の発見を十分に予期していたという事実は，その捜索が，令状に示された領域と有効期間内に限定されてなされたかまたは令状要件の有効な例外に該当するのであれば，その対象物の押収を無効にはしない。官憲が押収対象たる物が見つかることを確実といえるほどに知っていた（has knowledge approaching certainty）のであれば，令状の申請でその物を押収対象物の具体的記載から意図的に省いたことに正当な理由があるとは解されない。他方，官憲がある対象物を捜索するための有効な令状を有しており，第2の証拠が存在するのではないかと疑っていたのに過ぎない場合，それが相当理由に達するにせよ達していないにせよ，この疑いがあるからということで，合法な第1の捜索の過程で発見された第2の証拠を証拠に利用できないとすべきではない。

　第2に，発見を予期していなかったとの要件が，警察が一般探索的捜索を行

うことを阻止するのに必要であり，または特定の令状を一般令状に変えてしまうのを阻止するために必要であるとの示唆は説得的ではない。なぜならば，捜索場所，被逮捕者，または押収対象物を特定・限定して記載されている場合に令状の発付を限定し，無令状捜索を限定することにより，この一般探索的捜索を防ぐという利益は既に確保されているからである。捜索の範囲が有効に発付された令状に示された条件を超えるかまたは令状要件の重要な例外に当たらなければ，その後の押収はそれだけで第4修正違反となるのであり，発見を予期していなかったとの要件を設ける意味はない。

　プレイン・ヴューの状態にある目的物の押収はプライヴァシー侵害には関係していないのであり，プライヴァシーの侵害があるとすれば，その違反は，その目的物がプレイン・ヴューの状態に入る前に起こっているのであり，発見を予期していなかったという限定を押収に加える必要はない。一般探索的捜索と一般令状の禁止が，正当根拠のないプライヴァシー侵害から保護する役割を第一次的に果たすことになる。

　本件で，申請人の家屋から押収された物は，有効な令状による合法な捜索の過程で発見されている。それらの物が発見された時，その物は自己負罪の証拠であることがその捜索を行っていた官憲には直ちに明らかであった。強盗した品たる財産を捜索するための令状を入手する相当理由を官憲は有していたのみならず，彼が捜査している犯行にこの凶器と拳銃が使われたと思料する相当理由があった。本件の捜索は令状により行われ，押収はプレイン・ヴューの理論により正当とされる。原審判断確認。

4．ブレナン裁判官の反対意見（マーシャル裁判官参加）

　証拠の発見を予期していなかったというプレイン・ヴュー理論の要件は，第4修正上の要件として維持すべきである。この要件を不要とするのは，押収に関する第4修正の要請に反する。証拠の発見を予期していなかったこと，という要件を維持すべき理由は，その官憲が証拠の所在を知り，その証拠を押収する相当理由を有し，押収の意図を有しているのであれば，押収令状を入手しなければならないということである。押収対象物について官憲が相当理由を有し

ているのに，それを令状の申請で記載しなかった場合には，その押収は，自動的に不合理である．また，ある証拠を捜索する令状を得て捜索する真の意図が，他罪の証拠を得ることにある場合，その他罪の押収令状を得ない場合には，この捜索は，別罪の証拠の押収を目的とする捜索（"pretextual" search）となる．したがって，証拠の発見を予期していなかったことという要件を不要とする法廷意見は，かかる別罪証拠の押収を目的とする捜索押収令状の利用の危険に対処しているとはいえない．プレイン・ヴュー理論の，証拠の発見を予期していなかったこと，という要件を不要とする法廷意見は，プライヴァシーの利益と同様に所持の利益を保護する第4修正の明文に反する．この要件は，一般に受け入れられてきたものでもあり，この要件により法執行に困難が生ずることが明らかとはいえない．

《解　説》

1．本件は，捜索中に発見された，捜索令状に記載されていない物を「プレイン・ヴューの理論」により無令状で押収するのに，inadvertentness（発見を予期していなかった）との要件は不要であると判示し，これを要件とする限度でクーリッジの複数意見[1]を採用しないことを明確にした先例である．捜索令状の申請のための宣誓供述書には，本件の犯行に関係する凶器が記載されていたが，捜索令状ではその記載がなかった場合であり，クーリッジで要件とされたinadvertentness（証拠の発見を予期していなかったこと）が要件となるとみると，その押収が許されないことになる事案であった．

2．クーリッジでステュワート裁判官（複数意見）は，プレイン・ヴューの状態にある証拠を無令状で押収するには，① まず，立入り自体が合法になされていることが要件となり，② 令状による捜索の場合や，追跡中，逮捕に伴う捜索等の，令状による捜索の例外に当たる活動中などの合法な立入りの過程

---

[1] Cooledge v New Hampshire, 403 U.S. 443 (1971). なお，プレイン・ヴュー法理については，本件よりも以前の判例であるが，次の解説がある．渥美東洋編『米国刑事裁判例の動向 IV』424頁（Texas v. Brown, 460 U.S. 730 (1983)）（前島充祐担当）．

で，予期せずに（inadvertently）視界に入った（遭遇した）場合のみならず，証拠の捜索中でなくとも予期せずに（inadvertently）視界に入った自己負罪の対象物を押収できること，また，③ その証拠を押収できるのは，その証拠が犯罪の証拠であることが直ちに明らか（immediately apparent）な場合でなければならないことを判示した。要約すれば，① 立入りがある場合には，その立入り自体が合法になされていること，② 合法な捜索の過程で，または捜索によらずに，押収対象物が予期せずに（inadvertently）発見されたものであること，③ その対象物が犯罪の証拠であることが直ちに明らかであること，が要件となることが示された。

　本件では，① 及び ③ の要件はそのまま維持して，② の，発見を予期していなかったとする要件のみを不要であると判示した。

　3．クーリッジ事件では，謀殺容疑で疑われた者がその者の家屋内で逮捕された。捜査を担当していたアターニー・ジェネラルが治安判事代理として，謀殺の証拠物の発見を目的とするその容疑者の自動車の捜索令状を発付し，その者の私道に駐車されていたその者の自動車を警察署に引致して，そこで掃除機をかけて銃弾の火薬が発見され，また，掃除機をかけて取得した物の顕微鏡による分析結果が証拠に提出されたが，この自動車の押収にはプレイン・ヴュー法理は適用されないと判示した事例である。

　クーリッジでは，このアターニー・ジェネラルの令状は，中立で公平な判断を下すマジストレイトによるものではないこと，この事例での車両の捜索は，逮捕に伴う捜索の場合には当たらず，その場所から警察署に持ち帰った後に無令状で車両の捜索を行うことができないこと，逮捕時に申請人の家屋は警備係が配置されていてその車両に申請人が近づくことはできなかったのだから警察署への車両の持ち帰り前でも無令状捜索をなし得る令状要件の例外[2]には当たらず，自動車例外にも当たらないこと，プレイン・ヴューの状態にある証拠を無令状で押収できる場合はあるが，その証拠が予期せずに（inadvertent）発見

---

2) Chimel v. California, 395 U.S. 752 (1969).

されたものでなければならず，この事件では，警察が有効な令状を入手する十分な時間があり，その該当車両とその位置を事前に知っていたこと，申請人の財産に立ち入ったらそれを押収する意図を有していたこと，禁制品または危険な対象物が関係してはいなかったこと，被告人の衣服と銃は，警察が申請人の妻から提出されそれを領置したこと，等が指摘されている。

クーリッジでは，押収対象物たる車両が犯罪の証拠であることまたはその中に犯罪の証拠があることが「直ちに明らか」であるという要件は充たされていなかったといえるが，クーリッジの複数意見が，予期せずに（inadvertently）発見された証拠であることも要件とした背景には，警察が押収対象たる車両がどの車両か及びその場所を知っており，禁制品でも盗品でも危険物でもない物がプレイン・ヴューの状態で発見されることになることを前もって知っており，押収の意図を有している場合には，相当理由があるだけでは十分ではなく，押収令状を入手しなければならないと判示しており，令状重視の考え方が背景にある。複数意見の判示からすると，プレイン・ヴュー法理による押収が一般探索的押収となるのを避けるために，予期せずに（inadvertently）発見されたとの要件が必要だと判示したと解される。クーリッジ自体，令状の事前入手が可能なのにそれをせずに捜索・押収する法執行活動に対して懸念を表明しており，予期せずに（inadvertently）発見されたとの要件は，このことと関係する要件である旨論じている。

4．本件の法廷意見は，プレイン・ヴュー法理は，捜索ではなく，押収に関係する法理であることを明示し，前者はプライヴァシーに，後者は占有の利益に関係することを指摘して，一般探索的押収の懸念は，実体要件と令状要件の適用によって，この害を避けることができる旨判示している。

プライヴァシーの期待の観点からすれば，プレイン・ヴュー法理が適用される場合は，合法な立入りがあるか合法に証拠に接近し到達することができる権限があり，その過程で，犯罪の証拠物であることが明らかな証拠を発見した場合であるので，プライヴァシーは合法に開かれており，その場所には他から見られないというプライヴァシーの期待はないことになる。

（令状に記載された証拠物以外の）第2の証拠が発見されることを確実に知っていたのであれば，令状申請に際してその証拠物を押収対象物として令状申請書に具体的に掲げなければならないが，第2の証拠（令状に記載された証拠以外の証拠）が存在するのではないかと疑っていたのに過ぎない場合には，その証拠を利用することができる旨判示している。法執行官憲が，証拠が発見されるのではないかとの疑いを抱いていた場合や相当理由に至るまでの証拠を事前に入手できず令状を事前に入手することができなかったような場合に，予期せずに（inadvertently）発見されたものではないから証拠に利用できないとすると，プライヴァシーへの正当な立入りがあったときの，他から見られないというプライヴァシーの期待への干渉がない犯罪の証拠の，一般探索的押収には当たらない押収ができないことになり，疑いはあるが相当理由にまでは至らない，という場合の証拠の押収に支障が生ずることになろう。一般探索的ではない法執行を阻止してしまうことになり，第4修正の一般探索的捜索・押収の禁止という目的にはそぐわないであろう。また，法廷意見のいうように，警察官の主観を基準にすれば，法執行に不安定さをもたらすことになろう。

5．本件では，捜索押収をプライヴァシーの観点から考えて，令状に記載されている物以外の物であっても，合法な令状を執行する過程でまたは令状要件の例外に当たる法執行の過程で，さらには，適法にその場所にいることができる状況で，犯罪の証拠が発見された場合には，予期せずに（inadvertently）発見されたことを要件としなくとも，合法な立入りと犯罪の証拠であることが直ちに明らかであることを要件とすることにより，一般探索的押収は避けることができると解した。

令状に記載された証拠以外の証拠が確実に発見されると思料される場合には，令状申請書に記載すべきであるという対処は，一般探索的押収を禁止するとともに，他方では，ある程度予期してはいても，令状を事前に入手すべき場合にまでは至らない場合の，プレイン・ヴューの状態にある証拠の押収を不可能としない処理であるということができよう。

本件では，警察官が令状申請時に宣誓供述書で銃器が使われていることを挙

げてその発見も考慮に入れていたが，令状発付官が，その銃器を押収対象物として令状に記載しなかった場合である。本件は，相当理由があり，令状発付官が捜索・押収令状に記載することができたともみることができる場合であろう。だが，令状発付官は押収対象物として記載しなかった。

　本件では，凶器が発見されるのではないかという疑いを抱いて，令状申請の際の宣誓供述書に記載していた場合であり，本件での凶器（銃器）は，令状に記載が欠けてはいたが，令状を事前に入手すべきであるのにそれを回避する行為が警察官によりなされた場合ではなく，また，本件の証拠は，本件に関連する証拠の発見であると位置づけることができる場合でもあろう。発見されることを予期していなかった（inadvertently）ことを要件とすると，本件のような令状申請時に宣誓供述書に記載があったが令状には記載されず，令状要件の適用を回避しようとした一般探索的法執行活動（押収）には当たらない場合の証拠を押収できないとする懸念が生ずるのであり，本件の法廷意見は，一般探索的捜索・押収の禁止の原理を基礎とする判断を示して，法執行を不可能にしない配慮を働かせたものと解することができる。証拠が見つかるのではないかとの疑いを抱いていただけでは，その疑いが「相当理由に達しているにせよいないにせよ」，プレイン・ヴュー法理による無令状押収が禁止されることはない，とする法廷意見と，相当理由があれば，押収令状を入手すべきであるとする少数意見との間で判断が分かれているが，本件は，証拠が確かに見つかる見込みのある，相当理由のある証拠の記載を捜索・押収令状申請書の記載から省いて令状の入手を回避するという捜査機関の行為があった場合ではなく，本件のような事例で，証拠が見つかることを予期していなかったとする要件を充足することを求めると，令状申請書に記載してマジストレイトに判断材料を提供して法を遵守しようとした場合まで，プレイン・ヴュー法理による証拠の押収が認められないことになり，厳格過ぎ，妥当ではないと解したのが法廷意見であろう。

（中野目　善則）

6 同意捜索

27. Illinois v. Rodriguez, 497 U.S. 177 (1990)

　第三者の同意を得て行う捜索は，第三者にその捜索に同意を与える権限があると警察官が考える合理的根拠があれば足り，後にその第三者にその捜索に同意を与える権限がなかったと判明してもその捜索は第4修正には違反しないとされた事例。

《事実の概要》

　被申請人エドワード・ロドリゲスは，自分のアパートで警察官に逮捕され，禁制品の譲渡目的の不法所持で起訴された。

　ロドリゲスが逮捕されるまでの経緯は以下の通りである。ゲイル・フィッシャーは，ロドリゲスと数カ月間同棲していたが，別居後，自分の母の住居に警察官を呼び，その日にロドリゲスのアパートで彼に暴行されたと供述して，ひどい打撲傷を示した。フィッシャーは，ロドリゲスのアパートを「自分達の」アパートと呼び，自分の服と家具がそこにあると供述した。

　警察官は，シカゴのフィッシャーの母の住居からサウス・キャロライナのロドリゲスのアパートまで，フィッシャーと車で同行した。警察官は，ロドリゲスの逮捕状を入手しておらず，彼のアパートの捜索令状も請求していない。警察官は，フィッシャーの同意を得て，彼女が渡した鍵を使ってアパートに立入った。警察官は，居間で薬物売買に用いられる用具（drug paraphernaria）とコカインの入った容器を現認し，次に，寝室でロドリゲスとコカインの入った容器を発見し，彼を逮捕した後，コカインと薬物売買に用いられる用具を押収した。

　ロドリゲスは，禁制品を譲渡目的で所持していたことを理由に起訴された。ロドリゲスは，フィッシャーは逮捕の6・7週間前にこのアパートを引き払っているので，彼女には立入の同意権がないとして，彼の逮捕時に押収された物

の証拠からの排除を申し立てた。Cook County Circuit Court は，フィッシャーが警察官の立入に同意した時点では，彼女にこのアパートの共同利用権（common authority）がなかったとして，この申立を認容した。また，州側は，仮に，フィッシャーにはこのアパートの共同利用権がなかったとしても，フィッシャーに立入に同意を与える権限があると考える合理的な理由がある場合は，第4修正違反はないと主張したが，この主張も却けた。

The Appellate Court of Illinois は，Circuit Court の判断をあらゆる争点について確認し，The Illinois Supreme Court は，州の上訴の申立を却下した。

サーシオレーライの申請を認容する。

《判旨・法廷意見》
破棄差戻

1．スカリーア裁判官執筆の法廷意見（レンクィスト主席裁判官，ホワイト，ブラックマン，オコナー，ケネディ各裁判官参加）

(1) 第4修正は，逮捕目的であれ，特定物の捜索目的であれ，家屋への無令状の立入を一般的に禁止している（Payton v. New York, 445 U.S. 573；Johnson v. United States, 333 U.S. 10 (1948)）。しかし，立入に任意の同意がある場合には，その場所の所有者の同意であれ（Schneckloth v. Bustamonte, 412 U.S. 218 (1973)），共同利用権の同意であれ（United States v. Matlock, 415 U.S. 164, at 171 (1974)）令状要件の例外となる。

イリノイ州政府は，この同意の場合の例外が本件に適用されるという。マトロックで判示されたように，共同利用権とは，ほぼすべての点で総じてその財産を利用し，又は支配する権限のある者が，お互いにその財産を利用する場合をいう。この共同利用権を証明する責任は国にあるが，本件記録に照らせば，州政府はその責任を果たしていないのは明らかである。フィッシャーは，彼女の2人の子供と共にロドリゲスと約7カ月間同居していたが，本件立入の約1カ月前にこのアパートを退去し，自分の母と同居していた。家具と家財道具で彼のアパートに残したものもあるが，彼女の服とその子供の服は持ち出してい

た．退去後は，ロドリゲスと彼のアパートで過したことはあるが，彼女の友人を彼のアパートに招待したことはない．また，彼の不在時にフィッシャーがこのアパートを訪問したことはない．彼女は，このアパートの賃貸借契約の当事者ではなく，家賃も分担していない．彼女が警察に渡したアパートの鍵は，ロドリゲスに無断で持ち出したものだと公判でフィッシャー自身が証言している（もっとも，予備審問手続では，彼女は，この鍵はロドリゲスから貰ったものだと証言している）．これらの事実からみると，イリノイ州は，フィッシャーにこのアパートの共同利用権があったとの挙証責任を果していない．

(2) (i) 本件について検討する前に，まず，当裁判所の管轄権について検討する．

　州裁判所の判断が主として連邦法に基づいているとみられる場合，又は，連邦法と州法がからみあって根拠となっているとみられる場合は，その判断が適切かつ独立した州法上の根拠に基づいているとする「明白な言明」がある場合を除いて，その裁判中の判断について当裁判所に審査する管轄権がある．イリノイ州 the Appellate Court の法廷意見には，この判断が州法に基づいている判断であるとの明白な言明がなされていないし，その法廷意見にはイリノイ州憲法全体や個々の規定を引用していず，ただ，合衆国憲法第4修正と第14修正が引用されているだけである．従って，この判断は，合衆国憲法に基づくものと思われる．

(ii) 第三者の捜索場所の共同利用権がない場合でも第三者に共同利用権があると法執行機関が考える合理的な理由があれば，その同意による立入は適法となるとの立場からは，被告人の第4修正の権利の代位的放棄が認められると被申請人たる州は主張する．だが，我々は，この主張には同意できない．

　当裁判所は，被告人の公判での諸権利は，その権利の内容と効果を知り，事態をわきまえている場合でなければ放棄できないと一貫して判示してきた (Johnson v. Zerbst, 304 U.S. 458 (1938))．だが，第4修正が保障するのは，「不合理」な捜索をされない権利である．

　捜索の実体要件は相当理由で足り，実際に正しいことまでは要求されていな

い（Illinois v. Gates, 462 U.S. 213, 232 (1983)；Brinegar v. United States, 338 U.S. 160, 176 (1949)）。

搜索の手続要件は，事前の令状入手であるが，令状執行の際の法執行官の事実判断に誤りがある場合でも，一定の場合にはその搜索の根拠が「合理的」なものとなる場合があることを認めている（Maryland v. Garrison, 480 U.S. 79 (1987)[1]；Hill v. California, 401 U.S. 797 (1971)）[2]。

ストナー（Stoner, v. California, 376 U.S. 483 (1964)）は，我々の意見と矛盾しない。この事件で警察官はホテルの受付担当者の同意を得て被告人の滞在する客室に立入り，搜索をしたが，ホテルの受付担当者には宿泊客の滞在中の客室への立入に同意を与える権限はないと判示された。また，実際には第三者に立入の同意権がなくても，同意する権限があると考える合理的な理由があればその立入は適法となるという主張に対し，第4修正への代理（law of agency）と表見代理の法理（外観理論）（apparent authority）を適用することは「実際にそぐわない」として，その搜索を違憲だと判示した。

本件の反対意見は，ストナーは法理論上同意についての外観理論を否定したので，法廷意見はストナーに反するという。しかし，ストナーでは，警察官はホテルのクラークが立入に同意していたとの事実について誤認したのではな

---

1) ガリソンでは，搜索場所がアパートの3階にある被疑者の住居と記載された令状が入手された。令状請求時および搜索開始時点には3階全体が被疑者の住居だと思料する相当理由があったが，搜索中に，その3階は2区劃に分かれて1区劃は第三者の住居であることが判明し，その区劃の搜索はただちに中止された。令状が有効であることを前提に，第三者の住居であると判明する前にそこで押収された証拠の許容性が争点とされたが，搜索開始時に3階全体が被疑者の住居だと思料する合理的理由があったことを理由に本件搜索は合理的だと判示された。
2) ヒルでは，警察官は，被疑者ヒルを逮捕する目的で彼の住居に行き，そこに所在したミラーをヒルだと誤認して逮捕し，この逮捕に伴う搜索で押収された証拠の許容性が争点とされた。ヒルには犯罪を犯したと疑うに足る相当理由があったこと，および，ミラーはヒルの住居にいた理由を説明できず容貌等からみてミラーをヒルだと考えてよい合理的理由があったことを理由に，本件逮捕は適法だとして，証拠の許容性が認められた。

く，ホテルのクラークに法律上同意権があるか否かについて誤解していたにすぎない。したがって法解釈上の誤りについては同意についての外観理論の適用がないと判示したものだとストナーを位置づけることができる。このようにストナーを解すれば，警察官がフィッシャーは被申請人と同居しているとの事実誤認が争点となった本件は，ストナーに反しないと解される。

　捜索・押収に関する他の事実判断と同様に，同意による立入の適法性は，立入時に官憲に判明していた事実を基準にして，通常の注意力のある人であれば，同意した者にその家屋について権限があると考えることになるかどうかという客観テストによるべきである。

　(iii)　イリノイ州 Appellate Court は，フィッシャーには立入に同意する権限があると警察官が考えるに足る合理的な理由の有無について審理していないので，この点を判断させるため破棄・差戻す。

2．マーシャル裁判官の反対意見（ブレナン，スティーヴンス各裁判官参加）

(1)　まず法廷意見が事実の概要で指摘していない重要な事実を指摘しておく。ゲイル・フィッシャーがボーイフレンドのエドワード・ロドリゲスから暴行をうけたとの供述を警察官にした後，警察官は，ロドリゲスは麻薬を吸っているかどうかと質問している。フィッシャーはこの質問に答えなかったが，ロドリゲスを逮捕するため彼のアパートまで警察官に同行するようにとの求めに応じた。警察官は，緊急性に欠けるのに無令状でロドリゲスを逮捕する目的で彼の家屋に立入り，その結果，麻薬が発見された。

　フィッシャーには被申請人ロドリゲスの家屋への捜索に同意を与える権限はないことをあえて認めながら，フィッシャーに同意権があると考えるに足る合理的理由があるので，本件立入は適法だという。この立場は，第三者の同意を得てなされる捜索が適法とされる根拠について誤解している。同意を得てなされる捜索が合憲とされるのは，それが法廷意見がいうように第4修正の下で「合理的」な捜索に当たるからではない。自分の財産について第三者の権限行使を承認し，その限度で自己のプライヴァシーの期待が制限されるからである。自己のプライヴァシーの期待を相当程度制限していない場合は，警察は第

4修正の保障する具体的保護策である実体要件及び手続要件を充足しないですますことはできない。

(2) 第4修正は，住居について保護される国民の権利が侵害されないことを保障し，家屋の無令状捜索・押収は，注意深く限定された無令状の例外に当たらない限り，「不合理」である。

当裁判所は，令状要件の例外を，警察とコミュニティの安全を守るうえでやむを得ない緊急性の場合に限定してきた。また，警察の捜査や犯罪の訴追に負担がかかることを理由に令状要件の例外をさらに追加しようとする試みをきっぱりと拒絶してきた。緊急でない場合は，住居の無令状捜査・押収は，第4修正に違反する不合理なものとなる。法執行機関側の利益は，令状入手の不便さを回避し，逮捕を素早く執行するという最小限のものであるのに対し，これと対立する被疑者側の利益は，自己の住居に戻り，そこで政府の不合理な侵入から守られるという第4修正の権利である。この対立利益を考慮すれば，第三者に捜索の同意権があると法執行機関が考えるに足る合理的な理由がある場合でも，第4修正の権利の方が法執行機関側の信頼を保護する利益より優っている。

本件は，ジョンスン（Johnson v. United States, 333 U.S. 10 (1948)）の場合と同様に，被疑者が逃亡する虞れはなく，捜索場所は移動不可能な家屋であって自動車ではない。証拠又は禁制品が移動されたり破壊される虞れはなかったので，緊急性は欠けている。

第三者の同意を得てなされる捜索は緊急の場合ではなく，やむを得ない社会の目的に資するものでもない。警察官が，第三者の同意による捜索をするか令状を入手して捜索をするかの選択に直面した場合は，令状を入手すべきである。あえて第三者の同意による捜索を選択した場合は，その第三者の同意に瑕疵がありその捜索が違憲となる危険を甘受すべきである。

(3) 第三者の同意が争点とされた当裁判所の先例は，第三者の同意による捜索は第4修正の「合理的」な捜索に当たるとしたものでは全くない。

マトロックは，被告人と同居していた内縁の妻の同意を得て行なわれた無令状捜索を適法とした（United States v. Matlock, 415 U.S. 164 (1974)；*see also*

Frazier v. Cupp, 394 U.S. 731 (1969))。この法廷意見は，第三者にほぼすべての点で捜索場所の共同利用権又は支配権を認めた者は，共同利用の場所の捜索にその第三者が同意を与える危険を前もって負担していると指摘して，第三者の同意を得てなされた捜索は違憲となるとの被告人の主張を却けた。この分析から判明するように，第三者の同意がある場合は，自己の財産の利用権または支配権を第三者と共有することによって自己のプライヴァシーの期待の一部分を任意に放棄したとの理由で，捜索の合理性への異議の申立権がその範囲で限定されるにすぎない。

　これに対して，第三者に捜索の同意権がない場合は，第三者に捜索の同意権があると考えられる合理的な理由がある場合でも，本人のプライヴァシーの期待は全く制限されたものとはなっていない。本件では，フィッシャーにはロドリゲスのアパートの捜索に同意を与える権限はないので，フィッシャーに捜索の同意権があると考える合理的な理由があっても，なおロドリゲスのプライヴァシーの期待は全く制限されるものとはなっていない。

　この結論はストナー（Stoner v. California, 376 U.S. 483 (1964)）に直接由来するものである。ストナーは，ホテルの宿泊者の有する客室に不当に侵入されないと期待する権利は，本人または代理人が言葉または行為によって放棄できる権利であり，ホテルのフロント係は代理人ではないのでこの権利の放棄はできないとして，捜索によって発見された証拠を排除した。さらに，ホテルの受付担当者には客室の捜索の同意権があるような外観を示しているのでこの捜索は合憲だとの主張を却け，その理由とし，このアプロウチは実情に合わないとして却けた。本件は，ストナーで却けられた外観理論によるもので，先例に反する。

　(4)　多数意見は，第三者の同意による捜索は一般的に「合理的だ」との誤った前提に立っている。

　多数意見の引用する判例は，本件の先例とはならない。例えば，ブリンガー（Brinegar v. United States, 338 U.S. 160 (1949)）では，路上逮捕には相当理由があれば足り，絶対的な確実性まで求められるものではないと判示された。ま

た，相当理由があれば，住居外での捜索・押収は合理的となる。これとは対照的に，前述の通り，住居への無令状の侵入は緊急の場合でなければ違憲だとの先例が確立している。

ギャリソン（Maryland v. Garrison, 480 U.S. 79 (1987)）は，適法な令状が発付されていることを前提とした判断なので，無令状捜索が争点である本件の先例とはならない。

(5) 本件は，本人のプライヴァシーの期待が限定されている事情にある場合か否か，プライヴァシーの期待が限定されていない場合であれば令状要件の例外である緊急性がある場合か否かの観点から分析すべきである。

《解　説》

1．本件は，第三者の同意を得て行う捜索は，第三者にその捜索に同意を与える権限があると警察が考えるに足る合理的理由があれば第4修正上合理的なものとなり，第三者に捜索の同意権がないことが後になって判明しても，その捜索は第4修正に違反するものでないと合衆国最高裁判所が初めて判断した新判断である。

2．(1)　同意による捜索は，相当理由がない場合でも認められ，また，令状入手の時間的余裕がある場合でも認められている。同意の適用性の基準について，公判での弁護権放棄の基準である，権利の存在とその内容を知り事態をわきまえた上での放棄を要件とする「有効放棄説」によるべきか，自白の要件である，事情を総合して判断する「任意性説」によるべきかについてこれまで見解が分かれていた。

1973年にシュネックロス[3]で，同意による捜索と官憲による強制の抑止という対立する2つの要請の調整がここではかかわっているとして，事情を総合して判断する任意性説によるべきだと判示された。

(2)　第三者の同意による捜索については，第三者の同意の性質を，① 第三

---

3)　Schneckloth v. Bustamonte 412 U.S. 218 (1970).

者が捜索場所に占有権又は支配権（possesory or control interest）等の財産権があるかとの視点から分析するアプロウチ，② 第三者と本人に代理関係（agency relationship）があると構成するアプロウチ，③ 本人が第三者と捜索場所を共同で利用しているため，第三者が官憲その他の者に開披する「危険」を本人に負担させるのが合理的であるとするアプロウチ，④ 本人が第三者と共同で捜索場所を利用しているため，本人の「プライヴァシーの期待」がその限度で限定されているとみるアプロウチが考えられる[4]。

そこで，第三者の同意に関する合衆国最高裁判所の判例を概観しておこう。

1961年のチャップマン[5]では，賃貸人の同意を得て行った賃借人の家屋の捜索の合憲性が争点とされた。賃貸人には建物が毀損されていないかを検査する財産法上の立入権があるので賃貸人の捜索の同意は有効だとの主張を却け，歴史的な経緯もあって細かな区別が残っている財産法を不合理な捜索・押収から保護される憲法上の基本権の分野に持ち込むことは不必要であり，妥当ではないと判示された。

1964年のストナー[6]では，ホテルの受付担当者の同意を得て宿泊客が外出中に行われた客室の捜索の合憲性が争点となり，受付担当者には捜索の同意権がないこと，代理の法理および外権法理は第4修正の分野には適用されないことを理由に本件捜索は違憲だと判示された。

1968年のバンパー[7]では，家の所有者であり被疑者と同居していた被疑者の祖母が，警察に捜索令状があると告げられた後に捜索に同意した事例での捜索の合憲性が争点とされた。捜索令状があると告げられれば捜索に抵抗できないので本件の同意を得てなされた捜索は違憲だと判示して，仮に警察官が捜索令状がある旨告げていない場合には，家屋の所有者で被疑者と同居している祖母

---

4) Virginia Lee Cook, Third Party Consent Searches : An Alternative Analysis, 41 U. Chicago. L.Rev. 121, 128-132 (1973). LaFave, 3 Search and Seisure (2d) § 8. 3. 1987.
5) Chapman v. United States, 365 U.S. 610 (1961).
6) Stones v. California, 376 U.S. 483 (1964).
7) Bumper v. North Carolina, 391 U.S. 543 (1968).

の同意による捜索が合憲になる旨示唆した。

1969年のフレイザー[8]では、被疑者と従兄弟が2人で共同で使っているバッグが、従兄弟の家にあった場合について、従兄弟の同意を得てなされた捜索の合憲性が争点とされた。被疑者は、従兄弟にはバッグの一部分の利用を許可しただけなのでそれ以外の部分について押収の同意権はないと主張したが、バッグを2人で共同に使うことを認めて従兄弟を家に置いたことを理由に、官憲その他の者に開披するとの「危険」を負担すべきだとしてこの主張を却けた。

1974年のマトロック[9]では、内縁の妻の同意を得てなされた住居捜索の合憲性が争点とされ、内縁の妻には住居について共同利用権（common authority）があるので本件捜索は有効だと判示された。注7[10]で「共同利用権は捜索場所・捜索対象物についての第三者の単なる財産上の利益から認められるべきでないのはもちろんである。……第三者の同意を得てなされる捜索の正当根拠は、……相互にその財産を利用し、ほぼすべての点で総じて共同して利用又は支配しているため、第三者が自己の権利として検査を許可し、本人は第三者が共同で利用している領域の捜索を許可するかもしれないとの危険を負担すると認めることが合理的である点にある。」と判示された。

以上をまとめると、第三者の同意を得てなされる捜索の正当根拠を、第三者がその場所や物を官憲その他の者に開披する「危険」を負担させるのが合理的か否かを検討するアプロウチが、この分野では、1969年のフレイザー、1974年のマトロックで採られたとみてよいと思われる。

ところで、憲法上保護される領域の範囲について、1967年にキャッツ[11]でハーラン裁判官が述べたプライヴァシーの〈主観的期待〉（現実の期待）と

---

8) Frazier v. Cupp, 394 U.S. 731 (1961).
9) United States v. Matlock, 415 U.S. 164 (1974).
10) Id. at 171 n. 7.
11) Katz v. United States, 389 U.S. 347, 361 (1967) (Haran. J. concurring opinion). キャッツの〈合理的期待〉〈客観的期待〉に基づいて憲法上の捜索・押収の具体的な基準をさらに展開したものとして、渥美東洋『刑事訴訟法（新版）』（有斐閣、1990年）64頁以下参照。

〈客観的期待〉（正当な期待）が基準となることが，現在では判例上確立している。ただ，当初は，キャッツの位置づけが揺れており，1971年にホワイト[12]で，複数意見が政府の情報提供者の利用に当たって，会話者の会話が漏洩する「危険」の側から分析するアプローチが採られ，会話者は会話が漏洩する危険を負担すべきであるとの理由で，情報提供者に送信装置をつけて被疑者らとインタビューさせるという形の警察の活動を法の枠外に置くことになった。確立されたプライヴァシーの正当な期待のアプローチと，会話の漏洩の危険，第三者が官憲その他の者に物を開披する危険のアプローチは矛盾し，第三者の同意のある場合に，前者のアプローチでは令状入手が原則となるのに対し，後者のアプローチでは法の枠外に置かれること，フレイザー，マトロック及びホワイトはキャッツの位置づけの揺れている時期の判例であることを考慮すれば，「危険」から分析をするアプローチが現在でも生きているか相当疑問が残る。

ところで，本件の反対意見は，主として，プライヴァシーの正当な期待から分析をしている。そこで，本件の法廷意見と反対意見について分析する。

3．(1)　本件は，マトロックで採用された共同利用権がない点で法廷意見・反対意見に争いはない。

(2)　法廷意見と反対意見では，① 本人の同意を得てなされる捜索が正統とされる根拠，② 第三者の同意を得てなされる捜索が正当とされる根拠，③ 第三者に捜索の同意権がない場合の捜索が適法とされる基準の3点について対立がある。

法廷意見は，第1に，本人の同意を得てなされる捜索は第4修正の「捜索」に当たるとの前提に立ち，本人の同意があれば第4修正上捜索は「合理的」に

---

12)　United States v. White, 401 U.S. 745 (1971).
　　プライヴァシーの正当な期待のアプローチと，第三者が官憲その他の者に漏洩する「危険」からのアプローチとの相違点や「危険」からのアプローチの問題点については，渥美東洋「会話の秘聴・秘密録音と当事者一方の同意」法学新報79巻10号（1973年）（『捜査の原理』（有斐閣，1981年）第2章第2節所収）参照。*See also* Note, The Supreme Court, 1970 Term, 85 Hav. L. Rev. 250 at 254.

なるとみている。第2に，第三者の同意も同様に，それがあれば捜索は合理的になるとみている。第3に実際には第三者に共同利用権がなく捜索の同意権がない場合でも，第三者に共同利用権・捜索の同意権があると考えるに足る合理的な理由があれば，その捜索は合理的なものとなり第4修正に違反しないとする。

これに対し，反対意見は，第1に，キャッツを引用してプライヴァシーの正当な期待から分析し，本人の同意があれば捜索場所，押収対象物についてプライヴァシーの期待が欠如することになるので，第4修正のいう「捜索」に当たらないとの前提に立つ。第2に第三者に捜索場所の共同利用権があり，本人の同意がなくても官憲その他の者の立入を自由に認める権限がある場合は，その限度で本人のプライヴァシーの期待が限定されることになり，その限度で第4修正の保護が縮減するが，プライヴァシーの期待が残っている部分があるとみている。第3に，第三者に共同利用権・捜索の同意権がない場合は，本人にはプライヴァシーの正当な期待が依然としてあるので，第三者に共同利用権があると考える合理的理由の有無を問わずに，令状入手の時間的余裕があれば令状入手が要件となるとする。

(3) (ⅰ) 同意を得てなされる捜索が正当とされる根拠については，反対意見の方が説得的である。同意を得てなされる捜索は，相当理由がない場合にも認められ，令状入手の時間的余裕がある場合にも無令状で許されている。同意は実体要件を構成するものではない。また，第4修正は，実体要件が欠ける場合については例外を認めておらず，他の無令状捜索は，実体要件があることを前提に手続要件について例外を定めているので，同意による捜索を他の無令状捜索と同一に扱うことはできない。

(ⅱ) 第三者の同意について，法廷意見は，捜索を第4修正のいう「合理的」にするものだとの前提に立つが，この立場では，本人の同意と第三者の同意を同様に扱うことになる。だが，本人の同意がある場合はプライヴァシーの期待が欠如するのに対し，第三者の同意がある場合でも第三者と共同利用している限度でプライヴァシーが限定されることになるのにすぎず，プライヴァシーの

期待が一部残るので，同意の理論はその限度で限定を受けることになる。法廷意見はプライヴァシーの期待が欠如する場合とプライヴァシーの期待が一部残る場合とを同様に扱う点でも問題である。

(iii) 第三者に共同利用権がなく捜索の同意権がない場合の基準について，法廷意見は，第三者の同意は捜索を合理的なものとする要件だとの前提に立ち，実体要件が相当理由で足るのと同様，捜索場所の共同利用権，捜索の同意権があるとの合理的理由があれば足るとする。

だが，第三者の同意は，そもそも実体要件を構成するものではないので，法廷意見が引用する実体要件は相当理由で足るとした判例は本件の先例とはならない。また，令状執行の際の法執行機関の事実誤認があっても捜索が合理的だとされる場合があるとして引用した判例は，適法な令状の存在が前提となっているので，無令状の場合を扱う本件の先例とはならない。法廷意見のアプロウチでは，実際には第三者に捜索場所の共同利用権がなくても，共同利用権があると考えてよい合理的理由があればこの捜索は合憲となるが，この場合，本人のプライヴァシーの正当な期待を破りながら，実体要件，手続要件の欠ける捜索が合理的だとされてしまう。反対意見の言うように，第三者に捜索場所の共同利用権がない場合は，その場所についてプライヴァシーの正当な期待があるので，第4修正の実体要件の充足と手続要件の例外について検討するアプロウチの方が説得的である。

反対意見のアプロウチによれば，本件では，フィッシャーの供述のみでは，おそらく相当理由を構成するには不十分だったと推測される。薬物犯罪の嫌疑が生じたにもかかわらず相当理由を立証する自白がなく令状入手が不可能なため，警察官がシカゴからサウス・キャリフォルニアまでわざわざ自動車で行ったのだと思われるからである。また，本件は緊急性の例外にも当たらないと思われる。

ところで，反対意見は，キャッツでとられた「プライヴァシーの正当な期待」を基準にしながら，本人が負担すべき「危険」を基準としてフレイザーを引用しているが，前述した通り，情報提供者に送信装置を付けて相手方とのイ

ンタヴューをする形での警察の活動が，令状入手が原則となる（前者）か，法の枠外に置かれるか（後者）異なるので，フレイザーを引用するのには問題が残る。ただ，本件のように第三者に共同利用権がない場合には，本人が負担すべき「危険」だとはいえないので，プライヴァシーの正当な期待のアプロウチを採った場合と結論は同じになるとみてよい。

(iv) 合衆国では，犯罪の解明が困難であるため，同意の問題として逃げている傾向があるように思われる。プライヴァシーの期待の保護の観点から，本人の同意と第三者の同意を区別し，肌目細かな利益のバランスをとるべきだと思われる。

（成田　秀樹）

28. Florida v. Jimeno, 500 U.S. 248（1991）

合衆国憲法第4修正の令状要件の例外である「同意捜索」において，捜索の対象となりうる「同意の範囲」は客観的合理性の基準によって判断されるとした事例。

《事実の概要》

1．フロリダ州 Dade County の警察官は，Jimeno が公衆電話を使って薬物取引を計画しているらしいことを偶然耳にしたため，Jimeno が運転する車両を追跡した。警察官は，Jimeno が停車せずに赤信号を右折したのを現認したので，交通違反召喚状を発付するため，Jimeno の車両を道路脇に停車させた。

警察官は，Jimeno に対し，交通違反を理由に停車させたことを告げた上で，車内に違法薬物がある疑いがあるとして，車内を捜索する許可を求めた。その際，警察官は，捜索に同意しなければならないわけではないことを Jimeno に説明した。これに対し，Jimeno は，一切何も隠し持っていないと述べて，警察官に車内を捜索することを許可した。

警察官は，同乗者を降ろした後，助手席のドアを開けたところ，折りたたまれた茶色の紙袋が床に置いてあるのを発見した。警察官は，その紙袋を手に取って開けたところ，コケイン 1 kg を発見した。

2．Jimeno と同乗者は，譲渡目的によるコケイン所持の罪で起訴された。公判前に，Jimeno らは，車両の捜索への同意は車内にあった閉じられた紙袋にまで及ばないことを理由に，コケインの証拠排除を申し立てた。公判裁判所は，車両の捜索に同意した時点で，警察官が紙袋を捜索するかもしれないと Jimeno が考えていたとしても，自動車の捜索を同意しただけでは，閉じられた紙袋を開けて中を調べることまで同意したことにはならないとして，Jimeno の申立を認めた。

フロリダ州 District Court of Appeal は，「麻薬の発見を目的とする包括的な捜索への同意は，被告人が同意した包括的な領域内にある閉じられた容器にま

で及ばない」とする画一的な法準則（a per se rule）を示し，公判裁判所の判断を確認した。

フロリダ州最高裁は，フロリダ州の事件である *State v. Wells* に依拠して，フロリダ州 District Court of Appeal の判断を確認した。

　3．合衆国最高裁判所は，車両の捜索への同意が車内で発見された閉じられた容器にまで及ぶか否かを判断するため，サーシオレイライを認容した。

《判旨・法廷意見》
破棄・差戻し
　1．レンクィスト首席裁判官執筆の法廷意見（ホワイト裁判官，ブラックマン裁判官，オコナー裁判官，スカリーア裁判官，ケネディ裁判官及びスーター裁判官参加）
　(1)　本件では，被疑者が警察官に自動車の捜索を許可した後，警察官が合理的に見て捜索の対象物が入っていると思料される車内で発見した容器を開けた場合，合衆国憲法第4修正上の不合理な捜索を受けない権利が侵害されたか否かが問われている。当裁判所は，権利の侵害はないと判断する。本件の事実関係において，被疑者は車内の特定の容器を開けることも許可していると警察官が思料するのが客観的に見て合理的である場合，第4修正の要求を満たす。
　(2)　第4修正の試金石は合理性である。当裁判所は，これまでの長きにわたり，同意に基づく捜索を承認してきた。その理由は，一旦，許可されれば，警察が捜索を行うことが合理的であることに疑いの余地は一切ないということにある。被疑者の同意の範囲を判断する基準は，典型的な通常人が警察官と被疑者とのやりとりから理解すると思われるところの客観的合理性である。本件では，車内の捜索への概括的な同意には車内の床にあった紙袋を調べることの同意も含まれると警察官が考えることは合理的か否かが問われるところ，当裁判所は合理的であると考える。
　一般的に，捜索の範囲は明示された捜索の目的物によって画定される。本件の場合，捜索を許可した文言は単純である。Jimeno は，警察官に車両の捜索

を許し，捜索の範囲に明確な制限を設けなかったことを認めている。警察官は，Jimeno に対し，Jimeno が大麻を所持していると疑っていること，車内にある大麻を探すことが目的であることを伝えた。当裁判所は，Jimeno の車両を捜索することへの包括的な同意には，薬物が入っていると思われる車内の容器の捜索への同意も含まれると警察が判断したのは，客観的に見て合理的であると考える。通常人は，大麻は一般的に何らかの容器に入れられて運ばれることを知っているはずである。それゆえ，本件の場合，捜索の権限は，車内の表面を超えて，車内の床にある紙袋にまで及ぶ。

(3) 本件の事実関係は，*State v. Wells* とは異なる。*Wells* において，フロリダ州 Supreme Court は，車両のトランクの捜索への同意には，トランク内で発見された鍵のかかったブリーフケースを開けて中を確認する権限を含まないと判示した。トランクの捜索に同意した被疑者は，トランク内で発見された鍵のかかったブリーフケースを壊して開けることに同意していると考えるのは不合理であろう。しかし，鍵のかかったブリーフケースは，閉じられた紙袋とは異なる。

Jimeno は，警察が車内にある閉じられた容器の捜索を求める場合には，各々の容器について個別に捜索への同意を求めなければならないと主張し，フロリダ州公判裁判所もこの主張に同意する。しかし，この種の上部構造を客観的合理性の基準に付加する根拠は一切ない。もちろん，被疑者は，同意する捜索の範囲を確定することが許される。しかし，被疑者の同意が，合理的に見て，ある特定の容器にまで及ぶと考えられる場合，第4修正上，さらに明確な権限を求める根拠は一切ない。コミュニティは，同意を促進する真の利益を有している。というのは，同意に基づく捜索は，犯罪の解明と訴追に必要な証拠や無辜の市民が誤って訴追されることがないようにする証拠の収集をもたらすからである。

2．マーシャル裁判官の反対意見（スティーヴンズ裁判官参加）

本件の問いは，麻薬の発見を目的とする車内の捜索に対する包括的な同意は，合理的に見て，車内にある閉じられた容器の捜索に対する同意も含むもの

として理解されなければならないか，ということである。

　私見によれば，この問いの分析は，車両のプライヴァシーの期待と閉じられた容器のプライヴァシーの期待が異なることを認めることから始めなければならない。個人は，車内においては，制限されたプライヴァシーの期待のみを有するということが確立している。車両は，通常，住居や物置として用いられることはない。また，乗員と車内は公衆の目に晒されている。さらに，車両は，政府による広範かつ継続的な規制と取締りを受けている。公共の安全を確保したり，交通の流れを調整したりするために必要な場合には，警察官は，車両を停車させることができる。

　これとは反対に，個人は，閉じられた容器の内容物について，プライヴァシーの高度な期待を有していることが確立している。旅行カバンやハンドバッグ，紙袋，その他の容器は，書類や所持品のための一般的な入れ物である。そして，政府による侵害からこれらを保護することは，第4修正の核心である。個人は，所持品を容器の中に入れることによって，その所持品が他者から干渉されないもの（private）とする意図を明確にし，その結果，公共の監視を受けない自由を有することになる。

　このように区別されるプライヴァシーの期待は，個人が容器を運ぶために車両を使用している場合に合体することはない。この場合，個人は，依然として，容器について，プライヴァシーの高度な期待を保持している。個人のプライヴァシーの高度な期待は，所持品が入っている容器の形に依拠することはない。当裁判所はこれまで，鍵のかかったブリーフケースのような「尊重すべき」容器と，紙袋のような「尊重すべきでない」容器といった形で区別することを拒否してきている。

　少なくとも，車両の捜索に対する包括的な同意は，車内にある容器の捜索に対する同意の有無については曖昧である。車両と容器のプライヴァシーの独立かつ可分の性質によれば，同意に基づいて車両を捜索中に嫌疑のある容器を発見し，これを捜索しようとする場合には，警察官は，容器の捜索に対する同意も得なければならない。警察がこのような法準則に反対する唯一の理由は，車

両の捜索への同意は車内にある容器をくまなく捜索することまで警察に認めたことになる，とは想定していない市民の無知を利用できなくなるということである。

　法廷意見によれば，通常人は，麻薬は一般的に何らかの容器に入れて運ばれると想定できるので，麻薬の発見を目的とする車両の捜索に対する包括的な同意は閉じられた容器にまで及ぶと警察官が考えるのは合理的である，という。同じロジックによれば，車両の捜索に同意した運転手は，身体や体腔の捜索にも同意したと考えられることになる。なぜなら，通常人は，運び屋は薬物を身体や体腔に隠すことを知っていると想定できるからである。法廷意見も，この主張は拒否すると思われる。なぜなら，薬物の発見を目的とする車両の捜索に同意する人は，車両以外の捜索には同意していないのが確実だからである。しかし，この例は，閉じられた容器を車両以外のものとして扱わない理由があるとしても，その理由を，人が薬物を入れている場所についての直感とすることはできないことを例証している。

　また，法廷意見は，閉じられた容器の捜索に対する明確な同意を得ることを警察に要求すべきではない，なぜなら，コミュニティには同意を促す真の利益があるからである，と主張する。私は，この理論構成は不十分であると思う。意図するところよりも広範囲の捜索に同意したという解釈を警察に認めると，車両の捜索への同意を思いとどまらせることになると思われる。閉じられた容器の捜索についても同意を得ることを警察に求めると，それ以上の捜索を認める手段を知らない人は，捜索を拒否することになる，というのが法廷意見の真の関心である。基本的に，法廷意見の主張は，法執行活動に市民が同意することを促すのではなく，法執行官にだまされることを促すという真の利益がコミュニティにある，というものである。このようなコミュニティは，第4修正が意図するものではない。

《解　説》

 1．本件の争点は，合衆国憲法第4修正の令状要件の例外である「同意捜索（consent search）」において，捜索の対象となりうる「同意の範囲」を判断するための基準である。この争点について，合衆国最高裁は，「一般的な通常人であれば警察官と被疑者とのやりとりから理解すると思われるところ」の「客観的合理性」を基準とする，との判断を示した。

 2．(1)　合衆国憲法第4修正[1]は，「不合理な逮捕，捜索もしくは押収に対し，身体，住居，書類及び所有物の安全を保障される人民の権利は，これを侵してはならない。令状は，全て，宣誓もしくは確約によって支持される，信頼するに足る理由に基づいてのみ発せられること，かつ，捜索されるべき場所及び逮捕，押収されるべき人又は物件を明示していなければならない。」と規定して，不合理な捜索・押収を禁止し，国家や他者による侵害から個人のプライヴァシーを保障する。そして，第4修正は，捜索の実施に際しては裁判官による事前（令状）審査を原則として求めており，捜索を支える相当理由を満たす事実が認められたとしても，この事前（令状）審査を経ずになされた捜索は，それ自体をもって不合理なものとされる[2]。

 しかし，合衆国最高裁判所はこれまでに，事前（令状）審査の例外として，逮捕に伴う捜索や自動車捜索，プレイン・ヴューの法理，緊急捜索，オープン・フィールドにおける捜索，放棄された財産の捜索といった例外と共に，本件捜索の正当根拠とされた同意捜索を認めてきている。もっとも，同意捜索は，他の無令状捜索と同一に扱うことはできない。というのも，第4修正は相当理由を欠く場合を例外として認めていないところ，他の無令状捜索は相当理由があることを前提とするものであるのに対し，同意捜索は相当理由がない場合や令状を入手するだけの時間的余裕のある場合にも認められるものだからである[3]。

---

1)　U.S. Const. amend. IV.
2)　See, e.g., *Katz v. United States*, 389 U.S. 347, 357 (1967).
3)　本書第26事件（中野目善則担当）。

アメリカ合衆国では，捜索を支える相当理由が認められる場合でも，捜索令状を入手するのではなく，対象者から同意を得て捜索を実施することが多いとされる[4]。事実，警察による無令状捜索の90％以上を同意捜索が占めているという指摘がある[5]。その理由として，①煩瑣な捜索令状の請求手続を回避することができる，②捜索令状の発付と執行には憲法及び法律に基づく様々な制約が課されているため，同意捜索によれば証拠排除のリスクを少なくすることができる，③捜索の対象者が，同意に入念な条件を付したり限定を付したりすることがなければ，捜索すべき場所と押収すべき物が特定されている捜索令状に基づく場合よりも広い範囲で捜索を実施することができる，④令状を入手するための相当理由がない場合でも，重要な証拠を収集することができる，⑤同意捜索の結果，犯罪に関する証拠が何も発見されなければ，警察官の労力を節約することができると共に，無辜の市民を留め置く時間を最小限にすることができる，ということなどが挙げられている[6]。

　(2)　同意捜索が第4修正の下で正当化される理論根拠については，次の3つの見解がある[7]。すなわち，①同意は第4修正上の諸権利の放棄であるとする見解（権利放棄説），②同意によってプライヴァシーの合理的期待を欠くことになるため，第4修正上の「捜索」に当たらないとする見解（非捜索説），③同意によって当該捜索が合理的なものとなるため，第4修正上の「不合理な」捜査に当たらないとする見解（合理性説）である。

　当初，アメリカ合衆国では権利放棄説が採られていたとされる[8]。例えば，

---

4)　4 Wayne R. LaFave, Search and Seizure : A Treatise on the Fourth Amendment § 8.1 (5th ed. 2012)

5)　Ric Simmons, Not "Voluntary" but Still Reasonable : A New Paradigm for Understanding the Consent Searches Doctrine, 80 Ind. L.J. 773, 773 & n.1 (2005).

6)　*Id.*

7)　Joshua Dressler, et al., Understanding Criminal Procedure Volume 1 : Investigation (7th ed. 2017) p. 249.

8)　藤井紀雄「同意捜索」近大法学18巻3・4号280-281頁（1971年），東條喜代子「アメリカにおける承諾捜索」産大法学13巻4号102頁（1980年）。

Stoner（Stoner v. California, 376 U.S. 483 (1964)）において，合衆国最高裁判所は，被疑者が不在中に被疑者の宿泊する客室についてホテルクラークから得た同意に基づき行われた捜索の適法性が問われた事案において，「本件で問われているのは，被疑者の憲法上の権利であって，ホテルクラークやホテルの権利ではない。それゆえ，その権利は，言葉又は行為によって，直接又は代理人を通じて，被疑者のみが放棄することができるものであった。」[9]と判示していた。

しかし，合衆国最高裁判所は，被疑者が捜索に同意するに当たり予め拒否権の存在を認識していたことを要するか否かが問われた *Schneckloth*（Schneckloth v. Bustamonte, 412 U.S. 218 (1973)）[10]において，「第4修正と第14修正は，警察が捜索をすることができる状況を限定するが，憲法上，捜索の対象者が任意に捜索を許可できることについて疑問の余地は一切ない。」[11]と判示した上で，「同意捜索についての『権利放棄』に基づくアプローチは，『第三者の同意』[12]を承認してきたこれまでの当裁判所の判断と全く一致しない。」[13]と判示すると共に，*Zerbst*（Johnson v. Zerbst, 304 U.S. 458 (1938)）で採用された憲法上の権利放棄に関する有効放棄法理（knowing and intelligent waiver）[14]の適用を否定しているため，権利放棄説を採用しなかった。

そして，本判決の法廷意見は，同意捜索の理論根拠について，*Schneckloth*

---

9) 376 U.S., 489.
10) *See, e.g.*, Supreme Court Review, vol.64, 418 (1973). 同事件について解説・分析を加えたものとして，佐藤文哉・アメリカ法 1975 年 (1) 125 頁。
11) 412 U.S., 242-243.
12) 第三者の同意に基づく捜索については，本書第 27 事件（成田秀樹担当）の他，牧田有信「第三者の同意による捜索——アメリカ合衆国での展開を中心に——」亜細亜法学 26 巻 1 号 175 頁（1991 年）などを参照。
13) 412 U.S., 245.
14) 有効放棄法理とは，個人が憲法上の権利を有効に放棄するためには，当該権利の存在及び内容並びにこれを放棄した場合の結果を認識し，かつ，自己の置かれた状況を十分に理解していなければならない，とする法理をいう。なお，アメリカ合衆国における有効放棄法理の展開については，渥美東洋「国選弁護権の告知と請求と放棄」比較法雑誌 6 巻 1・2 号 73 頁（1968 年）を参照。

を参照判例としつつ,「当裁判所は,これまでの長きにわたり,同意に基づく捜索を承認してきた。その理由は,一旦,許可されれば,警察が捜索を行うことが合理的であることに疑いの余地は一切ないということにある。」と判示し,その積極的な説明は一切ないものの,前述の合理性説を採用した[15]。そして,この合衆国最高裁判所の立場は,住居の玄関口で捜索を拒絶する意思を表明していた被疑者を適法に警察署へ連行した後に,同居者から同意を得て実施した捜索の適法性が問題となった最近の判例である *Fernandez*(Fernandez v. California, 571 U.S. ___ (2014))[16]においても維持されている。

合衆国最高裁判所は,対象者の同意によって当の捜索が「合理的」になる理由を明示していないが,この点については,例えば,対象者が自由に政府に対して行為権限を与える捜索からは,プライヴァシーに対する法的に問題とすべき侵害あるいは尊厳に関わるような性質の問題は生じない,という説明がなされている[17]。

3.(1) 同意捜索を行うためには,対象者の同意が任意になされたことを要し,検察官がその立証責任を負う。同意の任意性は,対象者が同意をした状況に係る事情を総合衡量する形で判断される。そして,*Schneckloth* によれば,

---

15) なお,法廷意見を構成する裁判官(スーター裁判官を除く)は,本判決の前年の *Illinois v. Rodriguez*, 497 U.S. 177 (1990) において,同意捜索は第 4 修正の「捜索」に当たるが,同意によって当該捜索は「合理的」なものになるとの理論構成を採っている。これに対して,反対意見を構成する裁判官は,*Rodriguez* において,*Katz v. United States*, 389 U.S. 347 (1967) におけるハーラン裁判官の補足意見で示された「プライヴァシーの合理的期待」に基づき,同意捜索は,プライヴァシーの期待が欠如するため,第 4 修正の「捜索」に当たらない,との理論構成を採っている(成田・比較法雑誌 24 巻 4 号 173-174 頁)。

16) 同事件について解説・分析を加えたものとして,洲見光男「同意に基づく無令状捜索について―最近の連邦最高裁判決を手がかりに―」『川端博先生古稀記念論文集(下巻)』(成文堂,2014 年) 601 頁,米国刑事判例研究会「アメリカ刑事法の調査研究 (144) Fernandez v. California, 571 U.S. ___, 134 S.Ct. 1126 (2014)」比較法雑誌 49 巻 2 号 201 頁 (2015 年)(柳川重規担当)。

17) Dressler, *supra* note 7, 250.

対象者が同意をするに当たっては，捜索を拒否する権利があることを認識することを要しないので，警察官は対象者に捜索を拒否する権利を事前に告知することは求められない。対象者が捜索を拒否する権利があることを認識していたか否かは，任意性を判断する際の事情の1つに位置付けられる。同意が任意になされた場合には，次に，対象者が捜索に「同意した範囲」が問われることになる。

(2) 同意捜索の是非が問題となる状況，すなわち，「令状を入手し得るだけの相当理由が認められない状況」や「令状を入手し得るだけの相当理由が認められるものの令状が入手されていない状況」において，当の捜索を正当な（＝合理的な）ものとする根拠は対象者の「同意」のみである。とすれば，捜査官に付与される捜索の権限は対象者が「同意した範囲」を超えることはないので[18]，当の捜索の対象となり得る範囲は，対象者が同意した範囲によって決するほかないということになる。

この同意の範囲について，対象者の意図や捜査官の認識といった「主観」を基準に判断するということも考えられよう。しかし，捜索すべき場所や物などが明示・特定されている令状に基づく捜索の場合と同様，同意捜索の場合も，一般・探索的な捜索にならないように，当の捜索が実施される時点で，捜索の対象となり得る範囲が明確であることが望ましい。とすれば，法廷意見が判示する「捜査官と被疑者のやりとりを基に典型的な通常人が理解したと思われるところ」の「客観的合理性」を基準に判断するというのは妥当である。

それゆえ，対象者や捜査官の「主観」がそのままの形で同意の範囲を決することにはならないので，例えば，被疑者が範囲を制限する意図を有していたとしても，捜査官の求めに応じて概括的な同意をしたのであれば，捜索がその意図する範囲を越えて実施されたときに，これに対して被疑者が何ら異議を申し立てなかった場合には，当の捜索は同意の範囲内となる[19]。もっとも，被疑者が範囲を制限して同意をしたときに，捜査官がその範囲を超えて捜索を実施し

---

18) LaFave, *supra* note 4, 22-23.

19) LaFave, *supra* note 4, 23.

ているのに対し，被疑者が沈黙していたとしても，その沈黙に理由があったのであれば，当初の同意の範囲が拡張することにはならない。

また，明示又は黙示の形で捜索に同意する者は，捜索する時期や捜索時間，身体の捜索範囲，捜索の目的について条件を付すことができるが[20]，同意の範囲は，「捜査官と被疑者のやりとり」に基づくのであるから，同意した時点で確定するものではなく，捜索中に変動することもあり得る。例えば，捜索中に被疑者が異議を申し立てた場合はもちろん，当初は範囲を制限して同意していたものの，その範囲を超えて被疑者が捜査官を促す形で捜索が実施された場合には，その場所も同意の範囲に含まれる[21]。

(3) 本件の場合，警察官は，車内に違法薬物が存在する疑いがあることを告げて車内の捜索に対する同意を求めたのに対し，Jimeno は，これに何ら限定を付すことなく概括的に同意しているのであるから，法廷意見の言う客観的合理性の基準，すなわち，典型的な通常人の理解するところによれば，同意の範囲は車内及びそこにある容器であるという結論に異論はなかろう。

また，法廷意見は，フロリダ州の事件である *Wells*（State v. Wells, 539 So. 2d 1083（1990））と本件を区別する。本件は，単に口を折りたたむ形で閉じられているだけの紙袋であったの対し，*Wells* は，車両の後部トランク内で発見された鍵のかかったブリーフケースに対する同意捜索の適法性が問題となった事例である。

車内にこのような種類の容器があった場合，これらは区別して判断されるべきである。すなわち，① 当の容器を開披するのに財産的損害を伴う場合や被疑者の協力が必要な場合には，そうではない容器と比べて，その内容物に対するプライヴァシーの期待が異なるのは明らかである。また，② 当の容器がそのような状態にあることは当の捜索に関わる当事者であれば誰でも客観的に認識できる事情であるから，法廷意見の言う客観的合理性の基準の下でも判断の基礎事情になる。③ 法廷意見が判示するように，車内にある容器の１つ１つ

---

20) 412 U.S. 218 (1973).
21) LaFave, *supra* note 4, 23-24.

に同意を求めるというのは非現実的であるが[22]，本件の紙袋のような容器の場合は，一旦同意をしてしまえば，異議を申し立てない限り，物理的に捜索できることは明らかであるのに対し，Wells のようなブリーフケースの場合は，同意をしても，捜査官が鍵を破壊するか被疑者が解錠するかをしない限り物理的に捜索できないことは明らかであるから，その時点で新たに捜索に対する同意を求めれば足りる。

　4．同意の範囲が確定しても，その範囲にある全ての場所や容器について，当然に捜索することが許されることにはならない。本件において，「折りたたまれた茶色の紙袋」が捜索の対象となっているのは，同意の範囲にある車内で発見されたからということだけではなく，その紙袋の中に捜索の目的物（違法薬物）が存在する可能性があったからである。事実，法廷意見は，「第4修正の下で被疑者の同意の範囲を判断する基準は客観的合理性の基準である」[23]（傍点筆者）と判示した上で，「一般的に，捜索の範囲は明示された捜索の目的物によって画定される」[24]（圏点筆者）と判示している。

　同意捜索においては，捜査官が同意捜索を被疑者に求める場合に具体的な被疑事実と捜索の目的物を明示するのが一般的のようであるが，これらが明示されなかったとしても，そもそも第4修正の下では一般・探索的な捜索は許されないのであるから，捜索の範囲が限定されなければならない。前出の Schneckloth も，「同意捜索における現実の処分は，まさに警察官が令状を入手していた場合と同様と言って差し支えない。」[25]と判示しており，当の捜索が許される正当根拠は異なっていても，そこで実際に行われる処分は同じであるとする。とすれば，同意捜索であるからといって，第4修正の規律は緩やかなものであってよいものではなく，また，同意の範囲にある全ての場所や容器について当然に捜索することが許されることになるのではなく，捜索の目的物が

---

22)　500 U.S., 251.
23)　500 U.S., 251.
24)　500 U.S., 251.
25)　412 U.S., 243.

存在する可能性のある場所や容器に限定して捜索が実施されなければならない。

また，同意捜索と同様に無令状捜索の1つである「自動車例外」に関する *Acevedo*（California v. Acevedo, 500 U.S. 565 (1991)）[26]は，先例である *Carroll* と *Ross* を前提に，自動車に対する相当理由が認められるが，令状を入手するだけの時間的余裕がない緊急状況である場合には，相当理由のある範囲で，車両と車内で発見された容器について無令状で捜索することが許されると判示した[27]。無令状ではあるが相当理由を充足する場合において，捜索を実施する捜査官の判断に委ねることにならざるをえないものの，捜索の許される範囲に相当理由という点から限定を加えるという考慮を踏まえれば，同意捜索の場合であれば，なおのこと，捜索の許される範囲の限定が求められることになろう。なお，この点については，「相当理由に基づく自動車例外（*Ross*）と令状に基づく捜索との類似性」及び「同意捜索（*Jimeno*）と令状に基づく捜索との類似性」の論理的帰結によれば「相当理由に基づく自動車例外（*Ross*）と同意捜索（*Jimeno*）との類似性」が導かれるとして，本判決は Ross で示された「相当理由に基づく自動車例外の無令状捜索は，当の捜索の目的物が隠匿されている可能性のある閉じられた容器にも及ぶ」という原理に依拠した判断であるという指摘もある[28]。

自動車例外は「相当理由」がある場合の無令状捜索であるのに対し，同意捜

---

26) 同事件について解説・分析を加えたものとして，米国刑事判例研究会「アメリカ刑事法の調査研究 (56) California v. Acevedo, 59 U.S.L.W. 4559 (U.S. May 30, 1992)」比較法雑誌27巻1号111頁（1993年）（中野目善則担当），洲見光男「California v. Acevedo, 111 S.Ct. 1982 (1991) ─『自動車の例外』による自動車所在の容器に対する無令状捜索」アメリカ法 1993年 120頁。

27) なお，*Ross* も，「相当理由に基づく無令状捜索の範囲は，相当理由に基づき発付された令状によって許される捜索の範囲よりも，狭くも広くもない。」と判示する（456 U.S., 823）。

28) George S. Lochhead, Fourth Amendment-Expanding the Scope of Automobile Consent Searches, 82 J. Crim. L. & Criminology 773, at 792 (1991-1992).

索は「合理的に見て捜索の目的物が存在する可能性」[29]がある場合の無令状捜索であるので，両者の範囲は完全に一致するものではなかろう。しかし，両者はいずれも，それぞれの正当根拠に基づいて捜索が許される範囲は，「相当理由」や「合理的に見て捜索の目的物が存在する可能性」で限定されるという点で共通しており，これらの根底には，無令状捜索が一般・探索的なものになることを回避するという狙いがあるものと思われる。

(田中　優企)

---

[29]　500 U.S., 249.

29. Florida v. Bostick, 501 U.S. 429 (1991)

　警察官が，薬物犯罪の摘発を目的として，バスに乗り込み無作為に乗客を選んで所持品の同意捜索を行う random drug sweeps の事案において，本件警察官の措置が合衆国憲法第4修正の禁止する不合理な「押収」に当たるか否かは，「通常人であれば，警察官の要求を拒否したり，警察官への応対を止めたりする自由があったと思うか否か」を基準に判断されるとした事例。

《事実の概要》
　薬物取引対策のため，警察は，空港，駅及びバスターミナルで監視を行うようになった。警察官は，これらの場所で配置につき，日常業務として，無作為に又は犯罪に関与しているという何らかの嫌疑がある場合に市民に質問する取締りを行っていた。Broward County はこのプログラムを採用しており，シェリフは，日常業務として，指定されたバス停でバスに乗車し，乗客に手荷物の捜索への同意を求めていた。
　本件警察官らは，Bostick の所持していたスーツケースを捜索したところ，コケインを発見した。本件捜索の前提事実については争いがあるが，フロリダ州最高裁の判断によれば，次の通りである。
　2名の警察官は，記章と階級章を付け，うち1名はけん銃が入っていることがわかるポーチを持って，Fort Lauderdale で停車中のマイアミ発アトランタ行きのバスに乗り込んだ。警察官らは，乗客を観察し，明確な嫌疑が全くないところで Bostick を選び，乗車券と身分証明書の確認を求めた。マイアミ発アトランタ行きの乗車券は Bostick の身元と一致したため，注目されることなく直ちに返還されたが，警察官らは，質問を継続し，自らが麻薬取締官であること，違法薬物の取引を監視していることを明かした。警察官らは，Bostick に手荷物の捜索への同意を求めた。Bostick が禁制品の入っていたセカンドバッグの捜索に同意したか否か，Bostick が捜索を拒否する権利があることの告知を受けていたか否かに関する証拠には争いがある。とはいえ，この争点は，公

判裁判官が判断する事実問題に当たるので，州政府側に有利な形で判断されなければならない。

ここで特に注目すべき事実は，本件警察官らは Bostick に捜索を拒否する権利があることを明確に告知したということ，及び，本件警察官らは所持しているけん銃で Bostick を威嚇することは一切なかったということである。

Bostick は逮捕され，コケイン譲渡の罪で起訴された。

《判旨・法廷意見》
破棄・差戻し
　1．オコナー裁判官執筆の法廷意見（レンクィスト首席裁判官，ホワイト裁判官，スカリーア裁判官，ケネディ裁判官及びスーター裁判官参加）
（1）当裁判所の先例によれば，合衆国憲法第4修正は，警察官が，空港のロビーその他公共の場所で，無作為に市民に質問し，手荷物の捜索への同意を求めることを許容している。ただし，これは，通常人であれば，対象者が捜索への協力を拒否できる状況にあったと判断する場合に限られる。本件では，この法準則がバスの車内における警察官の措置にも適用されるか否かが問われている。

本件警察官らは押収に必要な合理的嫌疑を欠いており，本件措置が押収に当たるならば，本件薬物は証拠から排除されなければならない。
（2）当裁判所の先例によれば，警察官が個人に質問したというだけでは押収に当たらない。通常人であれば，警察官の質問を無視してその場から立ち去ることができると思うのであれば，この措置は同意に基づくものとなり，第4修正は発動せず，合理的嫌疑は不要である。当裁判所は，*Terry v. Ohio* において，警察官が物理的な強制力を用いたり権限を誇示したりして市民の自由を制約した場合にのみ押収に当たると判示しており，その後も，同様の判断を繰り返し示している。

この同じ措置が Bostick に対してとられたということであれば，押収には当たらない。当裁判所は，*Florida v. Rodriguez* において，空港で本件同様の措置

がとられた事案を扱い，当該措置は同意に基づくものであり，第4修正の利益とは全く関係がないと判示した。また，当裁判所は，嫌疑が一切ない場合でも，警察官は，対象者に自らの要求に従わなければならないというメッセージを伝えない限り，質問したり，身元を確認したり，手荷物の捜索への同意を求めたりすることができると判示している。

(3) Bostick は，次の通り主張する。本件はバスという束縛された領域に関する事案であり，先例の事案とは異なる。本件の場合，警察官は乗客よりも優位な状況にあり，乗客が動き回る余地は一切なかったので，警察官の措置はより威迫的なものであった。*Michigan v. Chesternut* 及びその他の先例によれば，通常人から見て，立ち去る自由がないと思料される状況にある場合には押収に当たる。本件の場合，バスの中でどこへ行くこともできなかったので，通常の乗客であれば，立ち去る自由があったとは考えないと思われる。また，バスは出発しようとしていたので，Bostick は，その場で立ち往生し，荷物室にある手荷物はいずれも失う虞れがあった。

フロリダ州最高裁は，Bostick の主張を認容し，警察官が薬物取引対策の手段として無作為にバスに乗車することを禁止する画一的な法準則を採用した。とはいえ，フロリダ州最高裁の判断には，「立ち去る自由」という文言でとらえようとしている原理ではなく，Bostick に立ち去る自由があったか否かということに焦点を当てた点で誤りがある。路上や空港のロビーにいる人とは異なり，バスに乗車し，そこから立ち去ることを望まない人の場合，通常人から見て，どの程度に立ち去ることができたかを考えるかは，当該措置の強制的効果を測定する正確な方法とはいえない。

本件の場合，立ち去る自由はないと Bostick が考えたということだけでは，当該措置は押収に当たらない。警察官が現れなかった場合でも，バスから立ち去る自由があったと Bostick は考えないと思われる。Bostick の行動はある意味で拘束されていたが，これは，バスに乗車するという Bostick の判断の自然の結果であって，本件措置が強制によるものであったか否かとは関係がない。

この点については，*INS v. Delgado* が参考になる。INS 係官は，工場に無作

為に訪問し，従業員に質問して不法外国人の有無を確認する作業場調査（factory survey）を実施した。INS 係官は，建物の出入口付近に立ったり，工場内を巡回して従業員に質問したりした。当裁判所は，従業員に工場から立ち去る自由があったとはいえないが，これは法執行活動の結果によるものではなく，従業員が自由な意思の下で選択した雇用主に対する義務によるものなので，当該措置は押収に当たらない，と判示した。

　Delgado の従業員と同様，Bostick の行動の自由への制限は，警察官の措置とは独立した要素，すなわちバスに乗車したことによるものなので，Bostick の主張する「立ち去る自由があったか否か」という分析は本件に適用できない。本件の状況においては，通常人であれば，警察官の求めを拒否したり警察官の措置を中断したりする自由があったと思うか否か，という検討を行うのが妥当である。この判断基準は，先例から論理的に導かれたものであり，新境地を切り開くものではない。この判断は当該措置に関する全ての事情に基づいて行われるので，場所は1つの要素にすぎない。また，警察官の求めを拒否しただけでは，身柄拘束や押収に必要な最低限の客観的正当事由にならない。

　本件の事実関係によると，押収に当たるか否かについては疑問の余地がある。とはいえ，当裁判所はこの判断を行わない。公判裁判所は，この点に関する事実認定を一切行っておらず，また，フロリダ州最高裁判所は，諸事情を総合考慮することなく，本件措置がバスの車内であったことのみに基づいて判断している。当裁判所は本件を差し戻すので，フロリダ州裁判所は，適切な法的基準に従って，押収に当たるか否かを判断することができる。とはいえ，当裁判所は，通常人から見て，手荷物に薬物が入っていることを知っている状況において，捜索に同意するか否かの自由などはないという Bostick の主張は却下する。なぜなら，「通常人」基準は無辜の市民を前提とするからである。

　(4)　反対意見は，法廷意見について，警察官はバスに乗車し，威嚇するように権限を見せ付けることによって任意の協力を求めることできるものであると性格付けるが，これは誤りである。公権力による威嚇や侵害の産物である場合，それは同意とはいえない。差戻し後にフロリダ州裁判所が判断すべき問い

は，Bostick が手荷物の捜索を容認するという判断をしたか否かである。

また，反対意見は，法廷意見について，バスの乗客の憲法上の保護を他の交通機関の利用客よりも弱めるものであると性格付けるが，これも誤りである。本件で示した第4修正に基づく判断基準は，電車，航空機及び路上の場合も同様である。むしろ，画一的な法準則を採用して特定の交通機関を異なる形で扱うのは，反対意見である。

また，反対意見は，警察官は合理的な嫌疑がない市民に質問することができるという命題を最も強く批判するが，この命題は新奇なものでは全くなく，当裁判所がこれまで繰り返し認めてきたものである。

(5) 当裁判所は，政府が「薬物戦争」をより効果的に遂行できるように，憲法上の保障を停止するための権限を付与するということはない。また，法廷意見は，好ましくないということだけを理由に，法執行上の実務を禁止するということもない。

2．マーシャル裁判官の反対意見（ブラックマン裁判官及びスティーヴンズ裁判官参加）

本件のような，州際又は州内を運行するバスに対して嫌疑なしに行われる警察官の立入調査は，合衆国憲法第4修正の核にある諸価値を侵害する。

私は，法廷意見が示した判断基準について異論は全くないが，どうしてそのような結論になるのかが理解できない。

フロリダ州最高裁の判断は本件の事実関係とは独立した画一的な法準則に基づいているというのは，法廷意見の創造の産物にすぎない。フロリダ州最高裁は本件の事実関係を前提に判断しており，この事実関係には Bostick と警察官とのやりとりの詳細が全て含まれている。

本件の事実関係には，典型的なバスへの立入調査に備わる強制の要素が全て現れている。本件警察官らは，目立つ所に記章を付け，階級章の付いたジャケットを着ていた。うち1人は，見るからにけん銃が入っていることがわかるポーチを所持していた。これらの事実だけでも，威迫するように権限を見せ付けていることになる。また，うち1人は，バスの出入口に通じる狭い通路に立ち

塞がっていた。

　本件警察官らが Bostick に対し手荷物の捜索を拒否する権利があることを告知したか否かは，本件の争点とは無関係である。なぜなら，告知していたとしても，本件警察官らが Bostick に近付いて質問を開始した時点で不法な押収に当たるならば，その結果である捜索も不法となるからである。本件の争点は，Bostick の立場にある乗客は手荷物の捜索を拒否する自由があったと感じるか否かではなく，そのような乗客は，自己の権利を告知されていないところで，捜索に先立つ警察官の措置を中断する自由があったと感じるか否かである。

　私は，そのような自由はなかったと考える。Bostick には，警察官に協力する他に，2つの選択肢しかなかった。第1に，警察官の質問への回答は頑なに拒否しつつ座っていることである。しかし，威迫するように権限を見せ付けられていることを踏まえると，Bostick は，そのようなことをすれば，警察官の嫌疑を強め，質問が厳しくなるだけであると考えるのが合理的である。警察官の求めを拒否しただけでは乗客を押収するための合理的な根拠にならないという法廷意見は，全くの見当違いである。なぜなら，自己の権利を告知されず，憲法に精通してもいない乗客が，警察官は協力させられないことを認識しているとは到底考えられないからである。

　第2に，バスから完全に降りて警察官から逃れることである。しかし，そのようなことをすれば，バスの通路で立ち塞がってけん銃を所持する質問者を押し除けて出なければならないので，それが可能と考えるのが合理的であるとはおよそ思えない。当裁判所は，けん銃を手にした警察官に質問されていることによる威迫的効果を裁判所が考慮するためには，撃たれるかもしれないとの差し迫った不安を市民に抱かせなければならない，と示唆したことは一切ない。

　また，自分がバスから降りることを警察官は許してくれると Bostick が考えたとしても，Bostick がこれを期待することはできない。なぜなら，バスの出発が差し迫っていたからである。路上やバスターミナル，空港とは異なり，本件のような乗客は，その場から立ち去るだけで安全な避難所へ向かうことはできないからである。

法廷意見が依拠した *Delgado* は，あらゆる点で本件と異なる。*Delgado* によれば，INS 係官の存在は，工場から立ち去る自由はないと従業員が考える合理的根拠にはならないと判示している。本件のようなバスの乗客とは異なり，*Delgado* の従業員は，INS 係官の質問を避けるために，所持品を放棄して，見知らぬ地域に危険を冒して向かう必要はない。また，*Delgado* の従業員には，依然として，工場全体を動き回る自由がある。さらに，警察官とは異なり，INS 係官は，けん銃を手にしながら質問することはない。

　法廷意見は，警察官に本件の強制的な戦術の正当性を明らかにさせるのではなく，自分は拘束されていると感じた責めを Bostick に負わせている。法廷意見は，拘束されているという経験は，Bostick がバスに乗車するという判断をしたことの自然の結果であって，警察官の措置とは独立した要素である，と判示する。

　この理論構成は，詭弁に近く，第 4 修正の基礎にある諸価値を減じるものである。出入口が 1 つしかない場所に入るという判断を対象者が任意にしても，これは，出入口の前に立ち塞がる警察官との対応を強いることを正当化するものではない。乗客は，警察官が乗客を意識的に選んだことによって，警察官に協力するか，バスを降りて見知らぬ土地で立ち往生するかを選択することになったのである。

《解　説》

1. アメリカ合衆国では，ニクソン大統領が「薬物との戦争（The War on Drugs）」を宣言して以来，薬物犯罪対策が強力に推し進められてきている[1]。その対策の一貫として，本件のように，警察官の日々のルーティンワークとし

---

1) 当時の状況については，Matthew I. Farmer, Go Greyhound and Leave the Fourth Amendment to Us : Florida v. Bostick, 23 Loy.U.chi.L.J. 533 (1992) などを参照。また，現在の取り組みについては，Office of National Drug Control Policy, National Drug Control Strategy（https://obamawhitehouse.archives.gov/ondcp/policy-and-research/ndcs）を参照。

て，①「運び屋」と思しき者に尋問したり，相当理由（probable cause）や合理的嫌疑（reasonable suspicion）が一切ないバスや電車の旅行客に所持品の同意捜索を実施したりする捜査手法や，②薬物取引が行われている地域で目を付けた，関与している疑いが一切ない者に尋問や尾行をしたりする捜査手法が採られている[2]。

ところで，合衆国憲法第4修正[3]は，「不合理な逮捕，捜索もしくは押収に対し，身体，住居，書類及び所有物の安全を保障される人民の権利は，これを侵してはならない。」と規定し，「不合理な押収」を禁止する。法執行官の措置の適法性を判断するに当たっては，初めに，当の措置が「押収」に当たるか否かを検討し，そこで「押収」に当たると判断された場合には，次に，当の措置（押収）が「不合理」なものに当たるか否かを検討することとなる。

本件において，合衆国最高裁は，フロリダ州最高裁が採用した警察官と対象者とのやりとりがバスの車内で行われたということのみを理由にその全てが「押収」に当たるとする Bright Line rule（= Litmus-Paper test, per se rule）の採用を否定し[4]，「警察官と対象者とのやりとりに係る全ての事情を総合考慮して，通常人であれば，警察官の要求を拒否したり，警察官への応対を止めたりする自由があったと思うか否か」を基準に判断するとした上で，本件警察官の措置は「押収」に当たらないと結論付けた。

2． 合衆国最高裁は，*Terry*（Terry v. Ohio , 392 U.S. 1 (1968)）において，路上で銃を所持する合理的な疑いのある者に対して警察官が行った stop and

---

2) The Supreme Court—Leading Cases: Defining a Seizure—Police Chases and Bus Sweeps, 105 Harv. L. Rev. 297, note 1. (1991-1992).

3) U.S. Const. amend. IV.

4) 本件と同じ開廷期に，同じ争点について判断した事例として，*California v. Hodari D.*, 499 U.S. 621 (1991) がある。*Hodari D.* は，薬物取引が頻発していた地域において，逮捕や身柄拘束される理由が一切ない対象者（少年）が，警察官2名の尋問から逃れるため，その追尾から逃走しているという状況においては，「押収」に当たらないと判断された事例である。

frisk の適法性を判断するにあたり，「警察官が，個人を呼び止めて，その場から立ち去る自由を制約した場合には，常に，その個人を『押収』したことになる」[5]としながらも，「警察官と市民との直接のやりとりの全てが個人の『押収』に当たらないことは明白である。警察官が，物理的な強制力を行使したり権威を誇示したりすることによって，市民の自由を制約した場合にのみ，『押収』に当たる。」[6]と判示した。そして，「捜索・押収に伴う侵害と捜索・押収の必要性を衡量する以外に合理性を判断する基準は一切用意されていない」[7]ので，「警察官は，当の制約の合理的な根拠となる具体的かつ明確な事実を，その事実からの推論と共に指摘しなければならない」[8]と判示し，相当理由を必要とする捜索・押収よりも制約の少ない，本件の stop and frisk のような活動は，合理的嫌疑を要件として許されることを明らかにした。

　合衆国最高裁判所は，*Mendenhall* (United States v. Mendenhall, 446 U.S. 544 (1980))[9]のスチュワート裁判官執筆の法廷意見[10]において，連邦麻薬取締局係官が空港で行った drug courier profile[11] に基づく停止と所持品の同意捜索の適法性を判断するにあたり，Terry の判示を引用しつつ[12]，「個人が第4修正の意味する『押収』された場合に当たるのは，当の事案に係る事情を総合考慮して，通常人であれば，その場から立ち去る自由はなかったと判断する場合のみである」[13]と判示した。そして，その例として，その場にいる複数の警察官が

---

5)　392 U.S., 16.
6)　392 U.S., 19, note 16.
7)　392 U.S., 21.
8)　392 U.S., 21.
9)　同事件について解説・分析を加えたものとして，渥美東洋編『米国刑事判例の動向Ⅳ』(中央大学出版部，2012年) 536頁 (第53事件，宮島里史担当)。
10)　レンクィスト裁判官，バーガー首席裁判官，ブラックマン裁判官及びパウエル裁判官が参加。
11)　Drug courier profile とは，1970年代初頭に連邦麻薬取締局 (DEA) が開発した，違法薬物の運び屋に共通して見られる特徴を整理・編集したものである。
12)　446 U.S., 551-554.
13)　446 U.S., 554.

威迫的な態度である場合,警察官が武器を提示している場合,市民の身体への一定の物理的な接触がある場合,警察官の要求に応じる義務があるかのような言葉や口調が用いられている場合を挙げた[14]。この基準は,Mendenhall と同様,フロリダ州麻薬取締官が空港で行った drug courier profile に基づく停止と所持品の同意捜索の適法性が問題となった Royer (Florida v. Royer, 460 U.S. 491 (1983))[15] におけるホワイト裁判官執筆の複数意見[16] や,法廷意見が依拠した Delgado (INS v. Delgado, 466 U.S. 210 (1984))[17] のレンクィスト裁判官執筆の法廷意見[18] でも採用された(以下,この基準を Mendenhall-Royer Test とする)[19]。

Mendenhall-Royer Test については,① 警察官による威迫的な状況の創出を防ぐことができる,② 対象者の心理状態や属性に関係なく客観的に判断することができ,警察官への指針を示すことができる,③ 当の事案に係る全ての事情を考慮して,対象者にもたらす強制力の度合いを測定することができるといった積極的な評価も示されている[20]。しかし,他方で,① 警察官と市民のやりとりの中に「押収」に当たらない領域を広く設定することになる,② 平均的な市民よりも自己主張の強い人工的な通常人による「法的な擬制」を生み出すものであるといった批判[21] や,③ 通常人の多くは,警察の尋問を歓迎しな

---

14) 446 U.S., 554–555.
15) 同事件について解説・分析を加えたものとして,渥美・前掲註 9) 525 頁(第 52 事件,宮島里史担当)。
16) マーシャル裁判官,パウエル裁判官及びスティーヴンズ裁判官が参加。
17) 同事件について解説・分析を加えたものとして,渥美・前掲註 9) 178 頁(第 17 事件,前島充祐担当)。
18) バーガー首席裁判官,ホワイト裁判官,ブラックマン裁判官,スティーヴンズ裁判官及びオコナー裁判官が参加。
19) See also, Michigan v. Chesternut, 486 U.S. 567 (1988).
20) Mark William Fry, Notes, Florida v. Bostick : "Swapping-off Point for Fourth Amendment Protections?", 52 La. L. Rev. 1183, 1193, 1197 (1992).
21) Todd M. Haemmerle, Florida v. Bostick. The War on Drugs and Evolving Fourth Amendment Standards, 24 U. Tol. L. Rev. 253, 259 (1992).

いし，警察を無視してその場から立ち去ることができるなどとは思わない，なぜなら，応じなければ，さらなる嫌がらせや不自由を被るかもしれないからである，④ 市民の多様な態度や反応を考慮していない，⑤ 警察官の存在それ自体による強制を考慮していない，⑥ 目に見える明らかな強制しか関心がないという批判[22]もなされている。

　このような批判もある中で，本件の法廷意見は，フロリダ州最高裁判所のように，その場から立ち去る自由がほぼ確実にないと思われる状況にあるところで相当理由や合理的嫌疑がない場合には常に「押収」に当たるとする画一的な基準[23]を否定し，Mendenhall-Royer Test に依拠した上で，バスの車内での措置，すなわち，自らの意思で選んだ場所であるが故に，自然の結果として当初から「その場から立ち去る自由」が制約されている場合[24]という本件の事情に合わせた判断基準を提示した。そのため，法廷意見によれば，「バスの車内であること」は，対象者自らの意思で選択した結果であるために，「押収」に当たるか否かを判断する上での一要素にすぎないことになる。これに対して，反対意見は，法廷意見が採用した基準に同意するものの，「バスの車内であること」を重要視したため，法廷意見のあてはめと結論に反対している。

　このように法廷意見が「バスの車内であること」を重要な要素と見なかった点については，「本件のような状況における，その場から立ち去る自由」という形で観念し，その自由に警察官が圧力を加えているという構成をとることは可能なのであるから[25]，法廷意見のような立場は，法執行官に，同意捜索に係る裁量権を広く付与する形になってしまうのではないか[26]との批判がある。その結果，本件のように「その場から立ち去る自由」への制約が自然にもたらされている状況での同意捜索が許されやすくなるため，例えば，武装した警察

---

22) The Supreme Court—Leading Cases, *supra* note 2, 303.
23) The Supreme Court—Leading Cases, *supra* note 2, 299.
24) Fry, *supra* note 20, 1200.
25) Fry, *supra* note 20, 1200.
26) Haemmerle, *supra* note 21, 265, 267.

官が会社に立ち入り，出入口を塞ぎ，一定の威圧的な手段を使っても，同意捜索という形で犯罪に関する情報や物を収集することも許されることになってしまうのではないかという懸念も示されている[27]。

また，法廷意見は，「バスの車内であること」を重要な要素と見ない理由を *Delgado* と本件の類似性に求めているが，反対意見が指摘する点以外に，*Delgado* は相当理由に基づき発付された令状による作業場調査の事案であるのに対し，本件は嫌疑が一切ないところでの random drug sweeps の事案であるので，*Delgado* に依拠することを問題視する指摘もある[28]。

ここでは，「バスの車内であること」による「その場から立ち去る自由」への既に生じている制約をどのようにとらえるかがポイントとなるが，法執行官がそのような状況をフルに活用して対象者に捜索への同意を求めるという場合も十分にあり得るのであるから，これを一切考慮しないというのは妥当でない。法廷意見も，そのような立場はとっておらず，当の事案の状況から見て，そのような形での法執行がなされていると評価される場合には，「バスの車内であること」，すなわち，対象者が自ら閉鎖的な場所に身を置いているということも重視して「押収」の有無を判断することまで否定しないのではないかと思われる。

3．「薬物との戦争」において，アメリカ国民の多くは，薬物問題に重大な効果をもたらすのであれば，自由が一定の制約を受けることになっても構わないとする傾向があるという指摘もなされるところ[29]，本判決が，第4修正の保障する自由の範囲を狭めて法執行機関の裁量を広げると共に[30]，恣意的かつ差別的な法執行を助長することになり，本件のような同意捜索に拍車を駆けることになるのではないかという懸念もある[31]。合衆国最高裁判所の立場には，薬

---

27) Fry, *supra* note 20, 1201.
28) Fry, *supra* note 20, 1201.
29) Farmer, *supra* note 1, 534.
30) Haemmerle, *supra* note 21, 263；Fry, *supra* note 20, 1183.
31) The Supreme Court—Leading Cases, *supra* note 2, 298.

物犯罪対策のための結果志向アプロウチが見て取れるとの評価もあり[32]．この文脈における第4修正上の「合理性」という価値の行方を注視する必要があろう。

(田中　優企)

---

32) Ronald J. Bacigal, In Pursuit of the Elusive Fourth Amendement: The Police Chase Cases, 58 Tenn.L.Rev. 73, 78-79 (1990); Haemmerle, *supra* note 21, 263 note 105.

30. Ohio v. Robinette, 519 U.S. 33 (1996)

警察官が，交通違反で停車させた者に対し，違法薬物の有無を確認するために車両の捜索への同意を求める場合には，常にこれに先立って，対象者に「その場から立ち去る自由があること」を告知する義務はないと判断された事例。

《事実の概要》

被申請人 Robinette がオハイオ州の州際道路を法定速度（毎時45マイル）を超過する速度（毎時69マイル）で走行していたところ，Montgomery County のシェリフがこれを発見して停車させた。シェリフは，Robinette に質問すると共に，運転免許証を受け取って照会したが，Robinette には前科・前歴は一切なかった。シェリフは，Robinette に車から降りるよう求めると共に，車載ビデオカメラのスイッチを入れ，Robinette に警告をしてから運転免許証を返却した。

このとき，シェリフは「行く前にひとつ聞きたい。車に禁制品はあるか？ 凶器とか薬物とか。」と質問した。これに対し，Robinette は「ない」と答えた。その後，シェリフは車内を捜索してよいかを尋ねたところ，Robinette はこれに同意した。シェリフは車内からフィルムケースに入った少量のマリワナ（MDMA）を発見した。Robinette は逮捕され，違法薬物を所持した罪で起訴された。

公判前に Robinette はマリワナの証拠排除を求めたが，却下された。その後，Robinette は，争わない旨の答弁をし，有罪を認定された。オハイオ州 Court of Appeals は，有罪認定を破棄し，本件捜索は不法な押収（身柄拘束）に基づくものであると判示した。オハイオ州 Supreme Court は，この判断を確認すると共に，本件のような諸事情の下で同意に基づき質問するための必要条件を提示した。

「合衆国憲法及びオハイオ州憲法が保障する人身及び財産の保護を受ける

権利は，交通犯罪で停車させられた市民に対して，有効に留め置いた後，その場から立ち去る自由があるとき，法執行官が同意に基づき質問しようとする前には，法執行官が明確に権利告知をすることを求めている。同意に基づき質問しようとする場合には，『この時点で，あなたにはこの場から合法に立ち去る自由がある。』というフレーズか，これに類する文言で予め告知しなければならない。」

　合衆国最高裁は，この画一的な法準則を審査するため，サーシオレイライを認容した。

《判旨・法廷意見》
破棄・差戻し

1．レンクィスト首席裁判官執筆の法廷意見（オコナー裁判官，スカリーア裁判官，ケネディ裁判官，スーター裁判官，トマス裁判官及びブライヤー裁判官参加）

(1)　本件の問いは，捜索への同意が任意になされたと認められるためには，適法に押収された被告人に対してその場から立ち去る自由があることを事前に告知することを合衆国憲法第4修正が求めているか否か，ということである。当裁判所は，第4修正はそのような事前告知を求めていない，と考える。

(2)　当裁判所の先例である *Whren v. United States* によれば，法執行官の意図を理由に本件押収が第4修正違反になることはない。*Whren* によれば，法執行官が，その行動を正当化する理論構成の下で仮定される心理状態になかったとしても，客観的に見てその行動を正当化する状況である限り，その行動は無効にならない。法執行官の意図は，通常，第4修正の相当理由の判断においては何ら役割を果たさない。本件の場合，速度超過を理由にRobinetteを停車させる相当理由が認められることを踏まえると，シェリフの意図にかかわらず，Robinetteを降車させたシェリフの措置は，客観的に見て正当である。

(3)　当裁判所は，これまでの長きにわたり，第4修正の試金石は合理性である，と判示してきた。そして，合理性は，諸事情を総合考慮することにより客

観的に判断される。

　この基準の適用に際して，当裁判所は，これまで一貫して，画一的な法準則（bright-line rules）を避け，合理性の分析は具体的な事実関係に基づいているという性質を強調してきた。それゆえ，当裁判所は，*Florida v. Bostick* において，フロリダ州 Supreme Court が画一的な法準則（per se rule）を採用したのに対して，当該措置に関する全ての事情を総合考慮するという検討が適切である，と判示した。

　当裁判所は，以前，同意捜索の有効性を判断する際に，オハイオ州 Supreme Court が採用した画一的な法準則（per se rule）と類似するものを否定した。*Schneckloth v. Bustamonte* において，当裁判所は，拒否する権利があることの認識は考慮すべき1つの要素であるが，政府は，有効な同意の必要条件として，その認識を証明する必要はない，と判示した。同意捜索に告知要件を課すことが非実用的あるように，同意捜索の任意性を判断するにあたっては，警察官に対象者への立ち去る自由の告知を求めることは非現実的であると思われる。

　同意捜索の有効性を判断するための第4修正に基づく基準は，同意が任意になされたものであり，任意性は全ての諸事情に基づいて判断されるべき事実問題である，というものである。

2．ギンズバーグ裁判官の結論賛成意見

　(1) 法廷意見は第4修正に関する当裁判所の先例と一致する。とはいえ，私には，オハイオ州 Supreme Court が事前告知準則（first-tell-then-ask rule）を合衆国憲法が全米に要求するものであると理解していたとは思えない。

　(2) 州は，州独自の法的問題として，合衆国憲法の水準を満たすために必要であると当裁判所が判断したものよりも，さらに厳格な制限を警察活動に課すことが許されている。しかし，通常，州最上級裁判所が，刑事手続上の法準則を合衆国憲法に依拠した場合には，これが合衆国憲法によって全ての州に求められていることを判示中に示すものである。とはいえ，*Schneckloth* や *Bostick* によれば，オハイオ州 Supreme Court は，合衆国憲法に依拠して導いたもの

であることを暗示しているわけではないと思われる。

　事前告知準則は，憲法のいずれかの規定から導き出されたのではなく，憲法が文面上保障する諸権利の侵害を減らすためにオハイオ州Supreme Courtが創設した予防手段であると思われる。

(3)　州裁判所は，州法が合衆国憲法上の要求よりもさらに徹底した保護策を求めていると判断した場合，最終的には州法に依拠したことを明確にする義務を負っている。同様に，州裁判所は，連邦法及び州法の両方から導いたと思われる新たな法準則を宣言する際には，その趣旨であることを示すだけで，終局的に，州法をその判断の十分かつ独立した根拠とすることができる。

　誤解を避けるために，差戻し後，オハイオ州Supreme Courtは，オハイオ州の警察官に求めようとしていることを明確に判示しなければならない。

3.　マーシャル裁判官の反対意見（ブラックマン裁判官及びスティーヴンズ裁判官参加）

(1)　私は，法廷意見が事前告知を不要と判断した点，オハイオ州政府がサーシオレイライ申請書で挙げた争点の判断に限定した点については同意する。とはいえ，オハイオ州Supreme Courtが示した事前告知準則は，本件を判断するに当たっての説明ではなく，将来の事案を判断するに当たっての指針することを意図したものであると思われる。それゆえ，私は，本件同意捜索が不法な押収の産物であると判断しているので，オハイオ州Supreme Courtの判断を確認する。また，合衆国憲法や法廷意見は，オハイオ州裁判所が義務付ける事前告知を法執行官に求めることを一切妨げていないことを強調しておく。

(2)　本件の事実関係によれば，法的問題は次の2つである。1つは，禁制品の有無を問われた時点で，Robinetteは未だ留め置かれていたか否か，もう1つは，留め置かれていた場合，その押収は不法か否か。私見によれば，オハイオ州上訴裁判所も州Supreme Court判所も，いずれの問いについても正しく解答している。

　オハイオ州Supreme Courtが依拠した*United States v. Mendenhall*によれば，当該事案に関係する諸事情を総合考慮し，通常人であれば，その場から立ち去

る自由はなかったと思う場合，第4修正の押収に当たる。本件の事実関係によれば，オハイオ州裁判所の判断は正しい。

客観的に見て，速度超過を理由に停車させられた運転手の多くは，目的地へ急いで向かっており，警察官との無駄な会話に応じてさらに遅れることに何ら利益はなく，ましてや長引く可能性のある捜索を許すことはないと考えるのは適切である。また，禁制品を所持していない運転手でも，好奇心旺盛な見知らぬ人の詮索の目から車両や所持品のプライヴァシーを守る利益があると考えられる。

(3) オハイオ州 Supreme Court は，本件押収の適法性について解答を示しているが，その違法性を説明する中で「動機（motivation）」という曖昧な文言を用いている。もっとも，オハイオ州 Supreme Court は，本件に関係する州法上の法準則に加えて連邦法上の法準則にも言及している。法廷意見が指摘するように，連邦法上の問題として，法執行官の主観的な動機は，押収の適法性を判断する際の決定要素ではない。オハイオ州 Supreme Court の裁判官もこの命題を十分に認識していると思われるので，当裁判所は，その判示中の「～の動機（motivation behind）」は，「～の正当理由（justification for）」と読み替えるべきである。

Robinette を停車させた動機が薬物取引対策に関係しているとしても，停車の適法性は，専ら，Robinette が速度超過で走行していたという事実に基づく。もちろん，一般論として，交通違反と思料する相当理由がある場合に，車両を停車させる判断は合理的である。とはいえ，前述したように，Robinette に捜索への同意を求めた時点で，交通違反を理由とする適法な押収は終了したのである。その後の押収の継続は，他の根拠に基づいてのみ正当化される。

本件捜索以前の段階で，押収の継続を正当化しうる他の違法行為の合理的嫌疑を生じさせるような事実は一切なかった。客観的に見て，法執行官が速度超過で走行する車両の運転手を逮捕したり叱責したりするなどして自己の任務を終了した場合には，その後の押収の継続は違法な押収に当たる。この通りのオハイオ州 Supreme Court の判断は，連邦法と完全に一致する。

この判断は，十分に確立した法を適用したものである。*Florida v. Royer* において，当裁判所は，一般的に，違法な押収の中で捜索への同意を得ても，無効な捜索は正当化されないと判示した。Robinette の同意は不法な押収の産物なので，その同意は，違法性を帯び，捜索を正当化するものではない。

(4) 交通違反を理由とする適法な停車が終了したか否かを対象者に理解させると共に，通常人であれば当該事案に関する諸事情を踏まえその場から立ち去る自由があったと思うか否かを裁判官に判断させるために，オハイオ州が警察官に対し市民への告知を求めることを否定する連邦法上の法準則は一切ない。また，合衆国憲法では，州が法創造の権限を州裁判所に付与することは禁じられていない。

さらに，告知要件は，市民はもちろん，法執行官と裁判所の利益になると考えられるが，当裁判所にこの法準則の英知に判断を下す役割はない。

《解　説》

1．本件で，法廷意見は，警察官が Robinette に車両の捜索への同意を求めた時点で，Robinette が違法に「押収」されていたと判断したオハイオ州 Supreme Court とは異なり，先例である *Whren* (Whren v. United States, 517 U.S. 806 (1996))[1]に依拠して，適法な「押収」であったことを前提に，第4修正上，捜索への同意を求めるに先立って，対象者に「その場から立ち去る自由」があることを告知する義務が警察官にあるか否かを争点としてとらえ，そのような義務を警察官に課さないことを明らかにした。

また，結論賛成意見は，適法な「押収」であったとする点では法廷意見に同意したが，オハイオ州 Supreme Court の判断が，合衆国憲法第4修正上の要求として，捜索への同意を求めるに先立ち，対象者に「その場から立ち去る自

---

1) 同事件について解説・分析を加えたものとして，米国刑事法研究会「アメリカ刑事法の調査研究 (76) Whren v. United States, 64 U.S.L.W. 4409 (June 10, 1996)」比較法雑誌 32 巻 2 号 166 頁 (1998)（成田秀樹担当）。

由」があることを告知する義務を警察官に課したものであるとする法廷意見のとらえ方を否定している。

　これらに対し，反対意見は，*Mendenhall*（United States v. Mendenhall, 446 U.S. 544 (1980)）[2]で示された基準に従い，オハイオ州 Supreme Court と同様，交通違反の処理が終了した後の留め置きは違法な「押収」であり，*Royer*（Florida v. Royer, 460 U.S. 491 (1983)）[3]に依拠して，本件同意捜索は違法になると判断した。

2.（1）　合衆国最高裁は，整備不良（ヘッドライトとナンバープレートランプの破損）を理由に停車させた車両に対する同意捜索の適法性が問われた *Schneckloth*（Schneckloth v. Bustamonte, 412 U.S. 218 (1973)）[4]において，警察官による捜索への同意の有効性は，当の状況に係る全ての事情を総合考慮し，同意が任意になされたか否かによって判断されるとする「任意性説」を採用した。この事件において，スチュワート裁判官執筆の法廷意見は，これまでに第14修正の下で判断が積み重ねられてきた自白の任意性の判断基準（任意性説〔事情の総合説〕）が同意捜索にも当てはまるとして，自白の任意性において，被疑者の心理状態や権利告知の欠如が考慮要素の1つであって，いずれも決定的な要素ではないのと同様に，同意捜索においても，同意を拒否する権利があることの認識は考慮要素の1つであって同意が有効であるための必要条件ではないと判断した。そして，法廷意見は，拒否権の事前告知を義務付けない理由として，①アメリカ合衆国での標準的な捜査手法となっている同意捜索に大

---

[2] 同事件について解説・分析を加えたものとして，渥美東洋編『米国刑事判例の動向V』（中央大学出版部，2012年）536頁（第53事件，宮島里史担当）。

[3] 同事件について解説・分析を加えたものとして，渥美・前掲註2）525頁（第52事件，宮島里史担当）。

[4] 同事件について解説・分析を加えたものとして，佐藤文哉「Schneckloth v. Bustamonte, 412 U.S. 218 (1973) ─捜索に対する承諾の任意性は，あらゆる事情を総合的に斟酌して肯認できればよく，承諾者が拒否権の存在を知っていたことはその際に斟酌すべき一要素ではあるが不可欠の要件ではない」アメリカ法1975年125頁（1975年）。

きな影響を及ぼすと共に非実用的であること、②検察官による同意が有効であることの立証が困難になること、③公判での弁護権や黙秘権、身柄拘束下の取調べとは異なり、同意捜索の状況は流動的であり、状況の変化への迅速な対応が求められることなどを挙げた。

また、法廷意見は、*Zerbst*（Johnson v. Zerbst, 304 U.S. 458 (1938)）で採用された憲法上の権利放棄に関する有効放棄法理（knowing and intelligent waiver）[5]の適用を否定した。その理由として、法廷意見は、①有効放棄法理が適用されるのは、合衆国憲法が公正な公判を確保するために被告人に保障する権利や公判前の重大な段階（身柄拘束の取調べ）のみであること、②第4修正の保護は、公判での公正な真実の探求と全く関係がないこと、③第三者の同意に基づく捜索[6]と一致しないことを挙げている。

(2) 本事件において、法廷意見は、「当裁判所は、以前、同意捜索の有効性を判断するに当たり、オハイオ州 Supreme Court が採用したものと非常に類似した画一的な法準則（per se rule）の採用を拒否したことがある」と述べて、*Schneckloth* に依拠することを明らかにしている。*Schneckloth* は「捜索を拒否する権利」の告知の要否が問われた事案であるのに対し、本件は「その場から立ち去る自由」の告知の要否が問われた事案であるので、争点は同一ではない。しかし、捜索を拒否する旨の意思を明示することと、意思を明示することなくその場から立ち去ってしまうことは実質的には同じことであるため、法廷意見は、*Schneckloth* に依拠し、簡潔な形で判示をしたものと思われる。

このように、合衆国最高裁は、同意捜索に際して、対象者に対する権利の事

---

5) 有効放棄法理とは、個人が憲法上の権利を有効に放棄するためには、当該権利の存在及び内容並びにこれを放棄した場合の結果を認識し、かつ、自己の置かれた状況を十分に理解していなければならない、とする法理をいう。なお、アメリカ合衆国における有効放棄法理の展開については、渥美東洋「国選弁護権の告知と請求と放棄」比較法雑誌6巻1・2号73頁（1968年）を参照。

6) 第三者の同意に基づく捜索については、本書第26事件（成田秀樹担当）の他、牧田有信「第三者の同意による捜索—アメリカ合衆国での展開を中心に—」亜細亜法学26巻1号175頁（1991年）などを参照。

前告知を不要とする判断を維持してきているが，この立場に対しては，種々の批判が向けられている。

　例えば，LaFave 教授[7]は，① 合衆国最高裁判所は，「同意が『任意』になされたことを明らかにするために，州政府は何を証明しなければならないのか」として，初めから同意を任意性の問題としている，② 自白の任意性に関するこれまでの先例に依拠することができる理由を全く説明していない，③ 自白の場合には，その性質上，被疑者の協力がなければ入手することができないが，捜索の場合には，対象者が協力を拒否したり同意したりしなくても証拠を入手することができる，④ 有効放棄法理が，公正な公判を確保するための権利にのみ適用される理由を全く説明していない，と批判している。

　また，他に，同意捜索自体に対するものも含む批判としては[8]，例えば，① 自白の任意性と同意の任意性を同視するが，同意捜索の権利放棄と異なり，自白（取調べ）の場合には「自白を強制されない権利」の放棄ということが観念できない，② 相当理由や合理的嫌疑に基づいて実施されるため，捜索がムダに終わってしまい，結果，捜査資源の浪費となる場合がある，③ 何ら嫌疑がないところで，警察官の主観のみに基づいて捜索の対象となることによる対象者の不利益を無視している，④ 警察官が捜索の対象物を違法薬物のような小さい物に設定することによって，捜索の範囲をより広く設定することが可能となってしまう[9]，⑤ 権利の事前告知が捜査に及ぼす影響や非実用的であることの理由が明確でないばかりか，権利の事前告知は，FBI の捜査実務でルーティン化されたり[10]，Model Code of Pre-Arraignment Procedure[11]で奨励されたりしているので，むしろ弊害はない，⑥ 権利の事前告知を義務付ければ，対

---

7)　4 Wayne R. LaFave, Search and Seizure : A Treatise on the Fourth Amendment § 8.1 (5th ed. 2012).

8)　Douglas M. Smith, Ohio v. Robinette : Per Se Unreasonable, 29 McGeorge L. Rev. 897, pp. 928-941 (1998).

9)　同意捜索の範囲については，本書第 28 事件（田中優企担当）を参照。

10)　412 U.S., 287 (Marshall, J., dissenting).

11)　240. 2 (2).

象者は拒否できることを理解した上で同意したということになるので、同意の有効性が確保できる、⑦ 第4修正と第6修正は権利保障の狙いが異なるとしても、それ自体が第4修正上の権利放棄について緩やかであることの理由にならない、⑧ 有効放棄法理によらなくても、knowing choice standard（捜索への同意を求める際に、対象者に対し、捜索を拒否する権利があることと捜索を拒否することは尊重されることを告知するというもの)[12]によることも可能であった、がある[13]。

(3) 取調べにおける「自白」も捜索における「同意」も、いずれも捜査官による強制の産物であってはならず、対象者の完全に自由な選択の下でなされたものでなければならないという点で共通する。もっとも、合衆国最高裁は、身柄拘束下の取調べについては、*Miranda*（Miranda v. Arizona, 384 U.S. 436 (1966)）において、その固有の強制的な状況を理由にミランダ警告[14]の告知を要件付けたが、身柄拘束下の同意捜索については、*Watson*（United States v. Watson, 423 U.S. 411 (1976)）[15]において、ミランダ警告のような事前の権利告知を求めず、同意の有効性を *Schneckloth* と同様に任意性説で判断しており、同意捜索の文脈では、身柄拘束の有無を問わず、当の事案に係る全ての事情を総合考慮する立場に立っている。そして、この合衆国最高裁判所の立場は、捜索の対象となりうる「同意の範囲」は「客観的合理性の基準」によって判断するとした *Jimeno*（Florida v. Jimeno, 500 U.S. 248 (1991)）[16]、第4修正の「押収」

---

12) 412 U.S., 284 (Marshall, J., dissenting).
13) ① については、同意捜索の理論根拠は権利放棄説に依拠していないので（本書282頁）、この指摘は妥当でないという反論もあり得る。むしろ、Schneckloth が「自白を強制されない権利」の放棄が観念できない自白（取調べ）と同視していることが、同意捜索の理論根拠が権利放棄説でないことの証左とも言えよう。
14) 同警告の内容は、① 黙秘権があること、② いかなる供述であれ、自己に不利益な形で用いられる場合があること、③ 弁護人に取調べに立ち会ってもらう権利があること、④ 私選及び国選の弁護権があることの四点である。
15) 同事件について解説・分析を加えたものとして、鈴木義男編『アメリカ刑事判例研究（第一巻）』（成文堂、1982年）1頁（平澤修担当）。
16) 本書第28事件（田中優企担当）。

に当たるか否かは「当の事案に係る事情を総合考慮して，通常人であれば，その場から立ち去る自由はなかったと思うか否か」を基準に判断するとした *Bostick*（Florida v. Bostick, 501 U.S. 429 (1991)）[17]と軌を一にしており，同意の文脈では一貫して客観性・合理性を重視するアプロウチを採用する姿勢を見て取ることが可能である。

　もっとも，同意捜索が第4修正上の「合理的」な捜索となる唯一の正当根拠は「有効」な同意なのであるから，捜査官が同意を得るにあたっては，対象者の主観（権利の認識）も積極的に取り込む形で，事前の権利告知のようなより慎重な手続を求めるべきとする上記の批判も説得力を持ち得よう。自白の任意性の文脈で言われている事情の総合考慮による問題点，すなわち，任意性判断の決定的な要素を欠くために捜査機関に対する指針を示しにくいこと，個々の裁判官の評価に委ねざるを得ないために任意性判断の統一性に欠けることは，同意捜索にも同様にあてはまる。この点，同意捜索の同意の任意性は，その言葉が本来の意味するところのものではなく，効果的な法執行の必要性と被疑者の権利保障を調整するための法的擬制にすぎないとの評価もあることである[18]。

　また，前述のように，合衆国最高裁は，同意捜索が第4修正上の合理的な捜索となる明確な理論根拠を提示しておらず，同意捜索の捜査上の必要性を強調するような判示にとどまっていることも問題であろう。

（田中　優企）

---

17)　本書第29事件（田中優企担当）。
18)　Brian A. Sutherland, Note, Whether Consent to Search Was Given Voluntarily : A Statistical Analysis of Factors That Predict the Suppression Rulings of the Federal Circuit Courts, 81 N.Y.U. L. REV. 2192, (2006).

7 インヴェントリィ・サーチ

31. Colorado v. Bertine, 479 U.S. 367 (1987)

酒酔い運転で対象者が逮捕された場合に，警察が車両を管理（インパウンド）し，標準的な警察の基準に従って内容をインヴェントリィ・サーチして車両の中の閉じられた容器を開披したことが，第4修正に違反せず，無令状で得られた犯罪の証拠は排除されないとした事例。

《事実の概要》

被申請人 Bertine は，1984年2月10日，酒酔い運転で逮捕されたが，勾留後，押収目録作成のための場所に Bertine の車両を持って行くために，レッカー移動のトラックが到着する前に，別の警察官が当該車両の内容について押収目録作成のための捜索（以下，インヴェントリィ・サーチ）を行い，車両内の閉じられたリュックサックを開け，ナイロンバッグの中の多くの金属の容器等の中に法禁物，コケインを吸引するために必要な道具，多額の金を発見した。Bertine は後に，酒酔い運転，コケイン・メタカロン（麻薬）の違法所持等で起訴されるが，Bertine は自己に対する上記インヴェントリィ・サーチの間に発見された証拠の排除を申し立て，リュックサックの内容を検査することは，合衆国憲法第4修正のもとで許される捜索・押収の範囲を逸脱していると主張した。これに対して，コロラド州 District Court は，インヴェントリィ・サーチの間に発見された証拠を排除すべきという被申請人の申立を認めた。裁判所は，車両管理（現状凍結。impound）の標準的手続は，容器の開披や内容の記載など詳細な調査を命じており，当該インヴェントリィ・サーチは合衆国憲法第4修正上の被告人の権利を侵害してはいないが，コロラド州憲法に違背していると判示した。コロラド州 Supreme Court もコロラド州 District Court の判断を確認したが，合衆国憲法についての判断も前提として述べ，インヴェント

リィ・サーチを認めることは，当該捜索中に車両で発見された全ての容器や小荷物の捜索を無制限に承認することではないことを理由に，本件捜索は第4修正に違背しているとした。

合衆国最高裁判所によりサーシオレイライが認容された。

《判旨・法廷意見》

破棄

1．レンクィスト裁判官執筆の法廷意見

インヴェントリィ・サーチは第4修正の令状要件の明白な例外であり，令状要件の背後にあるポリシーや相当理由に関する概念はインヴェントリィ・サーチには関係しない。コロラド州 Supreme Court が *Arkansas v. Sanders*, 442 U.S. 753 (1979) 及び *United States v. Chadwick*, 433 U.S. 1 (1977) に依拠したのは不正確である。両事件は犯罪行為の捜査を唯一の目的とする捜索に関するものであって，当該捜索の有効性は第4修正の相当性条項や令状要件の適用に依拠するのである。しかし対照的に，インヴェントリィ・サーチは，相当理由を基礎にした令状に従って実行されなくても，第4修正において合理的となり得る。インヴェントリィ手続は，警察に保管されている間，所有者の財産を保護し，なくなったとか盗まれたとか壊されたとかのクレームを防止することや警察を危険から保護することに寄与する。かかる強力な訴追側の利益と車両内のプライヴァシーの減少した期待に鑑みると，捜索を支持することになる。

Illinois v. Lafayette, 462 U.S. 640 (1983) において，警察官は，勾留されている者の所有するショルダーバッグの内容をインヴェントリィ・サーチした。当該捜索が合理的か否かを判断するに際し，当裁判所は，捜索は，*South Dakota v. Opperman*, 428 U.S. 364 (1976) で認められた利益と同様の訴追側の正当な利益に寄与すると認識し，かかる利益が，第4修正に係る個人の利益に勝ると判断した結果，捜索を支持した。本件では，*Opperman* や *Lafayette* と同様に，警察は標準的な管理手続に則っており，悪意乃至捜査だけの目的で行動していたという点は証明されなかった。更に，*Opperman* や *Lafayette* におけるインヴェン

トリィ・サーチを正当とした訴追側の利益は本件の場合とほぼ同じである。いずれの事案でも，警察は自らの管理下にある財産に対して責任を持つ可能性があった。財産の安全を守るため，警察は許可されていない干渉から財産を保護した。財産の正確な性質を知ることで，盗難・破壊乃至過失といった主張を防ぐことに寄与するし，当該財産によって引き起こされる警察乃至第三者に対して惹起される危険を防ぐことにも寄与する。

　コロラド州 Supreme Court は，ジェイル施設に密輸品や武器が持ち込まれる危険はないので，本件では Lafayette は適用されないと述べたが，本件でも Lafayette においても，上記の訴追側の利益は共通であり，インヴェントリィ・サーチがそれに寄与したのである。また，コロラド州 Supreme Court は，被告人の車両が安全な停車施設に牽引されており，被告人自身が財産の保管について別の手配をするという機会を提供されることも可能であったため，本件での捜索は不合理であったとも述べた。しかし，保管施設の安全確保はインヴェントリーの必要性を除去するものではなく，警察は依然，自己乃至駐車場の所有者を盗難という誤った主張や危険な手段から防ぎたいと考えることもあり得るのである。そして，被告人に別の手配をする機会を提供することは可能であったろうが，Lafayette において当裁判所が述べたように，真の問題は，行うことが可能であったことではなく，第４修正がかかるステップを要求しているか否かという点であり，個別の訴追側の行為の合理性は，より侵襲的でない代替手段の存在に必ずしも依拠している訳ではない。本件では，Lafayette 同様，善意で行われたインヴェントリィ手続に関する合理的な警察の規則は第４修正を満たすと考える。更に，コロラド州 Supreme Court は，警察が，容器に対してインヴェントリィ・サーチを行う前に，容器の中での個人のプライヴァシーの利益の強さと容器の中に危険物や貴重品が入っている可能性とを衡量することを要求することが当然と考えたが，当裁判所は，かかる要求は，Opperman や Lafayette における判断などに反すると考える。個別の財産を守るためにより侵襲の度合いが低い手段があったとしても，警察官に，日々の業務において，どの容器・品目を捜索するか等を判断するに際して明快で微妙な区別を期待する

ことは合理的でないであろう。

　被申請人は，最後に，部門規則は，車両を保管するか，公共の駐車場に駐車させて固定するかを選択する裁量を警察に与えているので，車両のインヴェントリィ・サーチは違憲であると主張した。コロラド州 Supreme Court は，当該結論に達する際にこの議論に依拠しなかったし，当裁判所もこれを受け容れない。*Opperman* や *Lafayette* では，警察の裁量の行使は，裁量が，標準的な基準に則って，犯罪行動に関する証拠があるのではないかという嫌疑とは異なる事象を根拠として行使される限り，禁じられていない。本件では，警察の裁量は，車両を保管するのでなく，駐車させて固定する点の実行可能性と妥当性に関して，標準的な基準によって行使されており，嫌疑のある犯罪活動の捜査を目的として被申請人の車両を保管することを警察が選択したという証明はなされていなかった。

　事実面で，*Opperman* や *Lafayette* は本件事案とは区別されるが，両事案で抽出された原理は本件にも適用されるから，コロラド州 Supreme Court の判断は破棄される。

　2．ブラックマン裁判官の補足意見（パウエル，オコナー両裁判官参加）

　法廷意見は，保管された車両のインヴェントリィ・サーチを行う間に閉じられた容器を警察官が開披することを認めた。私は法廷意見に与するが，標準的な警察手続に従ってのみ行った当該インヴェントリィの重要性を強調するために個別に意見を執筆する。第４修正の令状ルールの例外としてインヴェントリィの例外を認める点の基底にある理由は，警察官がインヴェントリィ・サーチの範囲を決定する裁量を付与されていない点にある。この裁量の欠如によって，インヴェントリィ・サーチは，犯罪証拠の発見を目的とした一般的な手段としては用いられないことが担保され，全ての管理された車両における容器の開披を命じる標準的な警察の手続に従っている限りにおいてのみ，警察官がインヴェントリィ・サーチにおいて閉じられた容器を回避することが許されることになる。

3．マーシャル裁判官の反対意見（ブレナン裁判官参加）

　事実面で，*Opperman* や *Lafayette* は本件事案とは区別されることを認識して，多数意見は，*Opperman* や *Lafayette* で述べられた衡量テストを，運転手が逮捕されている間に，保管された車両内の閉じられた容器をインヴェントリィ・サーチしたことを合理的であると確認するために適用したが，かかる事案における事実の区別をすれば結果も異なったものになることが必要とされる。本件捜索は不合理であり，第 4 修正に違背した。*Opperman* や *Lafayette* におけるインヴェントリィとは異なり，本件では標準的な手続に則って遂行されておらず（*Opperman* や *Lafayette* では警察の裁量がない点を重視していたが，本件では警察の自由な裁量を明確に禁じることを回避している），また，*Opperman* や *Lafayette* において，最高裁は，捜索が合理的か否かを判断するために，個人のプライヴァシーの期待と訴追側の利益とを衡量したが，本件では侵襲を正当化する訴追側の利益が *Opperman* や *Lafayette* における当該利益よりもずっと弱く（*Opperman* で多数意見は車両内の施錠されていない小物入れのインヴェントリィ・サーチを正当化する訴追側の利益として，(i) 所有者の財産の保護，(ii) 財産を紛失したとか盗まれたといった主張から警察を守る，(iii) 潜在的な危険から警察を保護するという 3 点を挙げ，本件多数意見も，ほぼ等しい利益があるとするが，インヴェントリィ・サーチによって実際に守られるのは (i) の利益のみであり，本件ではその利益も弱い），他方で，本件捜索は *Opperman* の場合よりもずっと侵襲の度合いが高く，更に本件は閉じたリュックサックにおける事案であり，本件におけるプライヴァシーの期待が *Opperman* や *Lafayette* の場合よりもかなり強い。

《解　説》

　1．今日ではアメリカ合衆国では，個人・財産を不合理な捜索から守るために，捜索・押収について令状要件が原則とされているが，インヴェントリィ・サーチは合衆国憲法第 4 修正の令状要件の明白な例外である（*Illinois v. Lafayette, supra* at 643)[1]。適法に行われたインヴェントリィ・サーチの間に発見された証

拠は，後のトライアルにおいて被告人に不利に用いることが出来る。連邦最高裁がかかるインヴェントリィ・サーチを第4修正の令状要件の例外として確立した重要な先例は，*South Dakota v.Opperman* であった[2]。事案は，駐車違反の車両を搬送した後，財産目録を作成するために警察の標準的な手続に従って当該車両を検査したところ，施錠されていない小物入れから大量のマリワナを発見した（その結果，被告人はマリワナ所持で逮捕された）というものであり，サウスダコタ州 Supreme Court は，第4修正に違背して証拠が収集されたとしたが，連邦最高裁はインヴェントリィ・サーチを容認した。その理由として，インヴェントリィ・サーチが犯罪捜査の一環ではなく，寧ろ公共の安全，警察による地域社会に対する管理機能の一部であるという点に着目した。そして，連邦最高裁は，インヴェントリィ・サーチは，① 管理中の所持品等の財産を保全し，② 紛失，盗難，損壊の被害にあった旨の主張から警察を保護し，更に，③ 警察官等に対する潜在的な危険を防止するという3つの顕著な必要性に応えるものとして合理的な警察による侵襲であるとした[3]。この点は，所有者のプライヴァシーに対する期待が縮減されている車両の中で発見された財物を管理する実際上の必要性に鑑み，カテゴリーに応じて，適切に管理された車両に対する無令状捜索を連邦最高裁が認めたということであろう[4]。

また，連邦最高裁は，標準的な警察の手続に則ったインヴェントリィは合理

---

1) 本件については，渥美東洋編『米国刑事判例の動向Ⅳ』（中央大学出版部，2012年）第45事件（前島充祐担当）。
2) 本件については，『ジュリスト』第639号（1977年）86頁。
3) これに対する批判として，Shauna S. Brennan, "THE AUTOMOBILE INVENTORY SEARCH EXCEPTION: THE SUPREME COURT DISREGARDS FOURTH AMENDMENT RIGHTS IN COLORADO v. BERTINE – THE STATES MUST PROTECT THE MOTORIST", 62 Notre Dame L. Rev. 366-, 380 (1987)；Steven M. Christenson, "*Colorado v.* Bertine Opens the Inventory Search to Containers", 73 Iowa L. Rev. 771-, 785- (1988)；ジョシュア・ドレスラー／アラン・C・ミカエル［指宿信 監訳］『アメリカ捜査法』（レクシスネクシス・ジャパン株式会社，2014年［原著2006年］）346-7頁（徳永光訳）など。
4) See e.g., Steven M. Christenson, *supra* note 3 at 779.

的である旨を確認した。捜査のために捜索を行うという目的を隠し，インヴェントリィ・サーチという例外を口実として用いることを防止しようとの趣旨であろう[5]。

そして，連邦最高裁は，*Illinois v. Lafayette* においても，インヴェントリィ・サーチは，相当理由の存在次第で正当性が決まるものではない，ルーティンの非刑事手続である旨判示した。治安紊乱で逮捕された被告人が警察署に連行され，ルーティンの記録手続の一環として，警察官は被告人のショルダーバッグの中をインヴェントリィ・サーチし，その結果，バッグ内の煙草の包みの中からアンフェタミンの錠剤を発見したという事案で，被告人はイリノイ州禁制品法違反で起訴された。排除聴聞で公判裁判所は錠剤の排除を命じ，イリノイ州 Appellate Court は，ショルダーバッグの捜索は，適法な逮捕に伴う有効な捜索乃至被告人の所持品に対する有効なインヴェントリィ・サーチにはならないとして，これを確認した。イリノイ州 Supreme Court は裁量による審理を行わなかったが，連邦最高裁はサーシオレイライを認め，原判断を破棄して，被告人のショルダーバッグの捜索は有効なインヴェントリィ・サーチであったとした。そして，連邦最高裁は，「*Chadwick*[6]においても，インヴェントリィ・サーチでは捜索のための相当な理由は関係ないと述べられた。このインヴェントリィ・サーチは独立した法律概念ではなく，逮捕後の収監に先行する付随的な行政手続である」と述べたのである。

2．(1) 以上のように *Opperman* と *Lafayette* によって令状要件の例外としてのインヴェントリィ・サーチの位置付けが堅固に確立されたと言えるが，このもとで，個別事案でインヴェントリィ・サーチを行うに当たっての要件として，車両が適法に管理（impound）されなければならないという点がある。もし，警察が不適切に車両を管理すれば，インヴェントリィの着手も当然に無効

---

5) *See e.g.,* Steven M. Christenson, *supra* note 3 at 779.
6) 本件については，渥美東洋編・前掲註1）第34事件（中村明寛担当），鈴木義男編『アメリカ刑事判例研究　第一巻』（成文堂，1982年）第13事件（原田保担当）。

なものとなる[7]。

(2) 次に，犯罪捜査のための口実に利用されるなどといった他の目的で，インヴェントリィ・サーチが行われる場合には，インヴェントリィ・サーチによって発見された証拠は刑事裁判で許容されない（例えば，禁制品が発見されたのにインヴェントリィ・サーチを行う場合などがこれに該当しよう）[8]。この点を，*Opperman* は「標準的な手続が，捜査を行うという警察の動機を隠す口実であったという気配はない」という形で示唆している。

(3) また，(2)と重なるが，インヴェントリィ・サーチは，本判決が判示したように，警察における日常業務または標準的な手続になっていなければならない。その上で，本判決は，当該標準的な手続に則って，犯罪行動に関する証拠があるのではないかという嫌疑とは異なる事象を根拠として行使される限り，ある程度，警察に裁量権を認めていると言えよう[9]。

3． インヴェントリィ・サーチの範囲については[10]，貴重品等が発見された車両の範囲内に限定され，個人の私的事項に関わる親密な領域には及ばない[11]。この点について，警察の裁量の問題とも関わるが，法廷意見とそれ以外でも争いがあるように思われる[12]。本判決の法廷意見は開披を認めたが，補足

---

7) Steven M. Christenson, *supra* note 3 at 779-80.

8) Jerold H. Israel, Wayne *R. LaFave, Crimnal Procedure Constitutional Limitation*, 8th 117, 2014, West Academic Publishing, United States of America, 117.

9) 猶，標準化されるべき手続には，①管理（impound）の手続と，②インヴェントリィの手続の 2 種類があり，*Bertine* においては，全ての車両の管理を命じる管理手続を第 4 修正は要求していないが，警察部門は管理するか否かについての警察の裁量に指針を与える基準を制定しなければならないとされる。Steven M. Christenson, *supra* note3 at 791-2.

10) CLAYTON E. KING, "SUPREME COURT REVIEW : FOURTH AMENDMENT – TOWARD POLICE DISCRETION IN DETERMINING THE SCOPE OF ADMINISTRATIVE SEARCHES : Florida v. Wells, 110 S. Ct. 1632 (1990)" 81 J. Crim. L. & Criminology 841-, 860 (1991) は，①管理（impound）するか否かと，②インヴェントリィ・サーチの範囲とに論点を分け，車両が管理されなければインヴェントリィ・サーチは出来ないから，①の論点の方が重要であるとする。

11) Jerold H. Israel, Wayne R. LaFave, *supra* note 8 at 118.

意見は，容器の開披は認めたものの，警察にはインヴェントリィ・サーチの範囲を決定する裁量は付与されていないと述べ，また，反対意見は，本件では標準的な手続に則って遂行されておらず，警察の自由な裁量を明確に禁じることを回避していると述べ，意見が分かれている。

4．本判決は，本件インヴェントリィ・サーチは第4修正違反とならないとした。その理由は，①善意で行われたインヴェントリィ手続に関する標準的・合理的な警察の規則は第4修正に違背しない，②インヴェントリィ・サーチは，窃盗を阻止し，車両に残された危険物から警察を守る等の点から，合理的であるといった点に求められているが，加えて，*Sanders*[13]や*Chadwick*は本件と事案を異にするとしており（また，*Chadwick*では，インヴェントリィでは，令状による捜索の必要性はしばしば当て嵌まらない，有効な令状が取得される迄に証拠が破壊される危険がないという点は車両に対するインヴェントリィ・サーチには当て嵌まらないとされている），裁判所は，法執行でない（管理目的のみであって，犯罪証拠の発見を目的としていない）点を主たる理由として行われる捜索については，相当理由を要求しない（相当理由の基準は犯罪捜査に関するもので，ルーティンの非刑事手続には関係せず，相当理由によるアプローチは，行政的な管理機能の合理性に焦点が当てられている時には有用でない）と考えていたと言えよう。これらの点は，*Opperman*や*Lafayette*でも既に述べられており，本判決の意義は，従前の裁判例を確認しつつ[14]，標準的な手

---

12) *Opperman*では，容器の開披を容認したが，理由は必ずしも明確でない。ジョシュア・ドレスラー／アラン・C・ミカエル［指宿信監訳］・前掲註3）352-3頁など。
13) 本件については，渥美東洋編・前掲註1）第33事件（香川喜八朗担当），鈴木義男編・前掲註6）第14事件（原田保担当）。
14) 連邦最高裁は，*Opperman*や*Lafayette*と本件（*Bertine*）は，インヴェントリィ・サーチを正当化する訴追上の利益はほぼ同じと見ているが，*Opperman*と*Bertine*の事案の違いを指摘する見解として，Shauna S. Brennan, *supra* note 3 at 372-［*Opperman*ではimpoundされた車両の所有者は自由でなかったのに対し，*Bertine*では相対的に自由度が高く，自動車の運転者の財産を守る必要性には程度の差があった点や，*Bertine*の方が利益衡量において被告人のプライヴァシーの利益への考慮が弱い（自動車のプライヴァシーを弱めるファクターは，身のまわりの品が入っ

続の遵守を前提に[15]，警察に一定の裁量を認めた上で，インヴェントリィ・サーチ中に発見された容器の開披を認めた[16]点にあるように思われる。

* 本件に関する解説として，鈴木義男編『アメリカ刑事判例研究　第四巻』（成文堂，1994年）第3事件（洲見光男担当）がある。

(鈴木　一義)

ている荷物には当て嵌まらないというのが *Chadwick* や *Sanders* の見解であったが，*Bertine* では，犯罪捜査目的の有無の観点から，両判例と区別して，被告人のリュックサックのプライヴァシーの期待を認めず，*Bertine* における捜索の方が *Opperman* の場合よりも侵襲的であった）点等を指摘する］。*Opperman* において残された課題に *Bertine* が答えたと捉える見解として，Wayne R. LaFAVE, *Search and Seizure A Treatise on the Fourth Amendment (Fourth Edition) volume 3*, Thomson/West, 637- ［特に，*Opperman* は施錠されたトランクを捜索して良いか否かについては解決していなかったとする。*Id.,* at 650］。

15) これに対して，Shauna S. Brennan, *supra* note 3 at 373 は，標準的なインヴェントリィ手続が合理性を確保するという *Bertine* の多数意見のロジックではインヴェントリィ・サーチの拡大を正当化出来ないとする。そして，このロジックの基底には，標準的手続は警察の自由な裁量を除去し，犯罪証拠の探索的捜索を予防しようという点があるが，*Bertine* のもとで，閉じられた容器を含む車両の内容をインヴェントリィする無制約の裁量を警察は持つため，標準的な部門手続があっても運転者の保護にならず，これを誤りと捉える。

16) Steven M. Christenson, *supra* note 3 at 783- は，*Bertine* が，容器に対してインヴェントリィ・サーチを行って良いとの明確な線引きをした点について，運転者のプライヴァシーの利益を適切に保護していないとの観点から反対する（*Lafayette* への依拠に反対する。*Id.,* at 789.）。

32. Florida v. Wells, 495 U.S. 1 (1990)

インヴェントリィ・サーチの間に発見された閉じられた容器の開披について規律するポリシーを警察が備えていない場合，管理された車両に対するインヴェントリィ・サーチの間に閉じた容器を開披することは第4修正に違反し，発見した証拠は排除されるべきであるとされた事例。

《事実の概要》

フロリダ州ハイウェーパトロールの騎馬巡査はスピード違反で被申請人 Wells を停車させ，Wells の呼気からアルコールを感知した後，騎馬警察は被申請人を酒酔い運転で逮捕した。Wells は騎馬警察と警察署迄同行することに同意し，騎馬警察は，車両を管理（現状凍結。impound）すると Wells に伝え，トランクを開披することについて Wells の承認を得た。保管施設において，車両に対する押収目録作成のための捜索（インヴェントリィ・サーチ）によって，トランクの中の灰皿や施錠されたスーツケースの中からマリワナの紙巻タバコが発見された。騎馬警察の指示を受けて，施設の従業員はスーツケースの開披を強行し，相当量のマリワナが入ったごみ袋を発見した。Wells は禁制品所持で起訴された。

マリワナがアメリカ合衆国憲法第4修正に違背して押収されたという理由で，Wells はマリワナの証拠排除の申立をしたが，公判裁判所はこの申立を認めなかった。Wells はその後，起訴事実に対して不抗争の答弁を行ったが，証拠排除申立を否定されたことに対して異議を申し立てる権利は留保した。上訴において，フロリダ州 District Court of Appeal for the Fifth District は，スーツケースの中で発見されたマリワナの排除を認めなかった点で公判裁判所には誤りがあると判示した。この判示に対して異議が申し立てられたが，フロリダ州 Supreme Court は District Court of Appeal for the Fifth District の判断を確認した。

合衆国最高裁判所によりサーシオレイライが認容された。

《判旨・法廷意見》
原判断確認
  1. レンクィスト裁判官執筆の法廷意見
　フロリダ州 Supreme Court は，*Colorado v. Bertine*, 479 U.S. 367 (1987) の意見に依拠しつつ，正当なインヴェントリィ・サーチの間に発見された閉じられた容器の開披を要求するポリシー（方針）が欠けており，*Bertine* は本件で後続の手続を許すことを禁じていると述べた。フロリダ州 Supreme Court によれば，インヴェントリィ・サーチの間に発見された閉じられた容器を開披することについて，ハイウェーパトロールのポリシーがあるという証拠はなかったが，更に，*Bertine* のもとで，警察は，インヴェントリィ・サーチの間に全ての容器が開披されるか，容器は全く開披されないかを指示しなければならず，裁量の余地はあり得ないともフロリダ州 Supreme Court は付け加えた。フロリダ州 Supreme Court のこの後半の言説は，*Bertine* における同意意見・法廷意見のいずれの意図にも反していると考える。*Bertine* において当裁判所は，*South Dakota v. Opperman*, 428 U.S. 364 (1976) や *Illinois v. Lafayette*, 462 U.S. 640 (1983) において，裁量が標準的な基準に則って，且つ犯罪活動の証拠があるという嫌疑以外の事象を基礎にして行使される限り，警察の裁量の行使は禁じられない旨述べた。標準的な基準などが，インヴェントリィ・サーチの間に発見された容器の開披を規律しなければならないという当裁判所の見解は，インヴェントリィ・サーチは負罪証拠を発見するために一般的に探し回ろうと企むものであってはならないという原理を基礎にしている。個々の警察官には，インヴェントリィ・サーチが犯罪の証拠を発見する目的を持った一般的な手段に変わるような多くの自由を与えてはならない。ただ，インヴェントリィ・サーチを遂行する警察官に自由な裁量を認めない場合，インヴェントリィ・サーチが，全体として機械的に全か無かという態様で遂行されるべきと主張する理由はない。インヴェントリィ手続は，所有者の財産を守ること，財産を失くしたとか盗まれたとか壊されたといった主張に対して保証すること，危険から警察を守ることに寄与する。警察官には，捜索の性質と容器自体の特徴の観点か

ら，個別の容器を開披すべきか否かを判断するのに充分なだけの自由が認められて良い。インヴェントリィ・サーチの目的についての関心を基礎とした判断の行使を認めても第4修正に違背しない。本件において，フロリダ州Supreme Courtは，フロリダ州ハイウェーパトロールはインヴェントリィ・サーチの間に発見された閉じられた容器を開披することについて何等ポリシーを持っていないと認定した。当裁判所は，このようなポリシーがなく，本件捜索は第4修正を満たすだけの規律はなされておらず，それゆえ，スーツケースの中で発見されたマリワナはフロリダ州Supreme Courtによって適切に排除されたと判断する。従って，フロリダ州Supreme Courtの判断を確認する。

2．ブレナン裁判官の結論賛成意見（マーシャル裁判官参加）。

容器の開披についてフロリダ州ハイウェーパトロールが何等ポリシーを有していないことを理由にフロリダ州Supreme Courtの判断を確認した法廷意見に賛成する。多数意見の認識通り，本件捜索は違憲である。本件の事案は，規律が不充分なインヴェントリィ・サーチの危険が重大であることを示している。警察はインヴェントリィ・サーチを口実にして，車両やその内部の容器の広範な捜索も出来るのである。本件では，インヴェントリィ・サーチが標準的なインヴェントリィ手続に則って行われたという証拠はなかった。フロリダ州Supreme Courtは，フロリダ州ハイウェーパトロールの行動手順・手続マニュアルは，閉じられた容器の開披につきポリシーを提示していないと結論付けた。尤も，本件の捜索時にマニュアルが有効であったという勘違いをフロリダ州Supreme Courtはしていた可能性があるように思える。州（訴追）側は，口頭弁論において，裁判所の前で，捜索時にマニュアルが有効でない点は認めたが，それにもかかわらず，警察官は，後にハイウェーパトロール・マニュアルに組み込まれる標準的な執行手続に則って捜索を遂行したと主張した。しかし，州側は証拠排除の審問手続において，騎馬警官が標準的な執行手続に則ってインヴェントリィを行ったという認定の助けになるような証拠を提示しなかった。それに加えて，本件でインヴェントリィが現実に行われたという証拠もなかった。多数意見は，警察は，インヴェントリィ・サーチの間に発見された

閉じられた容器を開披するか否かを判断するための完全な裁量を付与されてはならないという，*Dakota v. Opperman*, 428 U.S. 364 (1976) や *Bertine* で明確にされた狭い理由に基づいて，フロリダ州 Supreme Court を確認したため，上記の事実を詳しく述べる必要はないと考えている。私はこの点に大いに賛成するが，多数意見が更に当該容器を開披するかについて個々の警察官に一定の裁量を付与するインヴェントリィ・ポリシーを州側が採用することは可能と述べているため，多数意見に加わることが出来ない。私はこの多数意見の見解が当裁判所のインヴェントリィ・サーチの事例の基底にある論理に矛盾しており，*Bertine* における判示の誤解に基づくものであることを強調するために，分離して意見を述べるのである。

当裁判所の扱った事例は，警察の裁量を制約する標準的な手続に則ってなされる限りにおいて，インヴェントリィ・サーチは第4修正に照らして合理的である旨，明確に述べている。*Bertine* では，インヴェントリィ・ポリシーが容器の開披を命じている場合にのみ，警察は，管理されている車両の中で発見された閉じられた容器の開披が出来る旨当裁判所は判示した。本日の多数意見の主張とは反対に，*Bertine* は，インヴェントリィ・サーチの間の閉じられた容器の開披について警察が裁量を行使して良いとは，判断しなかった。被告人のリュックサックの開披が合憲であるという当裁判所の結論は，インヴェントリィ・ポリシーが，管理された車両の内部で発見された容器の開披について個々の警察官に裁量を認めないという点が明確に前提となっていた。

閉じられた容器の開披は，当該容器が車両の中で発見された場合，所有者のプライヴァシーに対する大きな侵襲となる。この理由のため，私は，同意乃至緊急性がなければ，警察は，車両のインヴェントリィ・サーチの間に閉じられた容器の開披を行ってはならないと，ずっと確信して来ている。

3．ブラックマン裁判官の結論賛成意見

私は，法廷意見が，フロリダ州 Supreme Court を確認した点に賛成する。当裁判所の先例が判断した点は，個々の警察官に，インヴェントリィ・サーチの間に発見された容器等を捜索等するかの選択に際して完全な裁量を与えるこ

とは出来ないということであり，フロリダ州ハイウェーパトロールの騎馬巡査に，閉じられた容器の開披について完全な裁量が付与されていたとすれば，当該証拠が排除されたのは相当であった。しかし，私は多数意見が，更に，第4修正のもとで，警察官がインヴェントリィ・サーチを行うに当たって付与される裁量の程度について，本件の事案に照らして必要ない点に迄判示した点については加わらない。多数意見は，インヴェントリィ・サーチの間に全ての容器が開披されるということ，乃至全ての容器が開披されないということのいずれかを命じるポリシーを警察部門は持たなければならないという，フロリダ州 Supreme Court の主張とは見解を異にする。多数意見は，第4修正はかかる「全か無か」の要件を課していないとの結論であり，私はこれに非常に賛成する。州側は，フロリダ州 Supreme Court が認定した両極端の間のいずれかにあるアプロウチを選ぶ裁量を有しているのである。

しかし，個々の警察官がインヴェントリィ・サーチを行うに際して裁量を持つことが出来ると多数意見のように言うことは全く別の問題である。個々の警察官の裁量の行使は，客観的で標準的な基準に沿って評価することが出来ない場合は，第4修正の権利の濫用を生む可能性がある。従って，捜索の性質に照らして個々の容器を開披すべきか否かを判断するための充分な自由を警察官は認められているなどと多数意見が述べる場合，多数意見はフロリダ州 Supreme Court の全か無かというアプローチの否定以上の内容を行っていることになる。多数意見のかかる主張がことによると傍論に過ぎないものであるとしても，政策決定者や事実審裁判所に文脈を無視して解釈されたり，誤解される可能性があるため，問題を孕む。本件でフロリダ州の警察官には完全な裁量が付与されており，当該捜索は明らかに違憲となるから，個々の警察官が憲法に適合した形で行使し得る裁量がどの程度かについてコメントする理由はないと考える。

4．スティーヴンズ裁判官の結論賛成意見

私は，ブラックマン裁判官の意見に賛成するが，法廷意見の積極主義（activism）に対する更なる批判は相当と考える。本件が何故サーシオレイラ

イに値するか疑問である。フロリダ州 Supreme Court の判断は明らかに正しかった。その意見には（all or nothing の基準を要求したと解した点での Bertine の読み間違いといった）些細な不備はあるが，その程度のことは数えきれない意見で存するものである。当該不備は，連邦憲法が現実に要求するものよりも厳しい基準をフロリダ州におけるインヴェントリィ・サーチ活動に課すことになるかも知れないが，フロリダ州 Supreme Court がフロリダ州民に提供する特別の保護が州における法執行を妨げるようには思えない。しかし，ブラックマン裁判官が正当に考察するように，法廷意見は，フロリダ州 Supreme Court の意見に存する不備についてコメントするだけで満足せず，不備な意見を開陳するに至っている。インヴェントリィ・サーチを行うに際して警察の裁量を統制するために，「標準的な基準」の要件を再び主張しつつ，法廷意見は，州が警察官に対して，その内容が警察官にとって容器の外観からは確認出来ないと判断される閉じられた容器を開披するかしないかの裁量を認めるように促している。このようにして，金魚鉢を除く，ハンドバッグやヴァイオリンケース等々の事実上全ての容器が施錠されているか否かにかかわらず，警察官の気まぐれによって開披され得ることになりかねない。標準的な基準として何が残されているのであろうか？　法を，現実の事件・争訟を判断する過程の必要な副産物とすることは司法の機能の妥当な部分であるが，この種の事例で新しい法を創るべくあからさまに不必要に踏み込むことは，厚かましい司法積極主義である。

《解　説》

　1．アメリカ合衆国憲法第4修正は，プライヴァシーの利益に対する政府の侵襲に充分な正当性を要求し，警察の裁量を制約することによって，不合理な捜索・押収に対する，家屋等における人々のプライヴァシーの正当な期待を保護している。そこで，一般には，警察官は，第4修正に基づいて，捜索・押収前に相当理由に依拠した令状を取得することを要求されるが，これには例外があり，インヴェントリィ・サーチもその代表例の1つである。自動車に対する

インヴェントリィ・サーチには一定の手順があり，警察官の車両の管理の可否は客観的に正当な理由の有無によって決まり，同様に警察官による捜索の可否は手続に則っているか否かによって決まる。警察官が正当に車両を管理し，確立された警察の手続に従って車両を捜索したと事実審裁判所が認定すれば，当該無令状捜索によって取得された証拠は第4修正のもとで証拠能力を認められることになる。アメリカ合衆国連邦最高裁判所は，このルールを少なくとも1976年以来適用して来ており，後続する裁判例はこのルールを発展させ，*Colorado v. Bertine* 479 U.S. 367 (1987) において[1]，標準的な基準に則って行われたインヴェントリィ・サーチは合理的である旨が明確にされた。

即ち，*South Dakota v. Opperman*, 428 U.S. 364 (1976)[2]において，連邦最高裁は，警察が管理している，違法に駐車された車両を，機械的に，無令状でインヴェントリィ・サーチすることは，不合理な捜索・押収を禁じた第4修正に違背しないと判示した。多数意見を執筆したバーガー首席裁判官は，自動車の移動する性質及びプライヴァシーの期待が減縮される点から，自動車は家屋に比べて第4修正による保護の程度は低いと言及し，① 管理中の所持品等の財産の保全，② 紛失・盗難・損壊の被害にあった旨の主張からの警察の保護，③ 警察官等に対する潜在的な危険の防止といった訴追側の強い利益と衡量し，無令状捜索を正当としたのである。*Opperman* はインヴェントリィ・サーチが第4修正の例外である点を明確にしたと言えよう。連邦最高裁は，捜査でない管理目的という性質（犯罪活動の証拠を収集するという目的がない）からインヴェントリィ・サーチに相当理由や令状要件を不要とし，合理性の認定の根拠を，インヴェントリィ・サーチを規律する標準的手続の存在と，捜査を行おうという警察の動機を隠すための口実ではないという点に求めている。

次いで，*Illinois v. Lafayette*, 462 U.S. 640 (1983) において[3]，連邦最高裁は，

---

1) 本件については，本書第31事件，鈴木義男編『アメリカ刑事判例研究 第四巻』（成文堂，1994年）第3事件（洲見光男担当）。
2) 本件については，『ジュリスト』第639号（1977年）86頁。
3) 本件については，渥美東洋編『米国刑事判例の動向Ⅳ』（中央大学出版部，2012

被逮捕者のショルダーバッグに対する身柄収容前の無令状のインヴェントリィ・サーチについて[4]，*Opperman* に依拠しつつ憲法の要件を充たしているとして承認した。連邦最高裁は，第4修正の相当理由と令状要件はインヴェントリィには当て嵌まらないという *Opperman* の結論を再度述べ，第4修正は，最も侵襲的でない態様で警察がインヴェントリィ・サーチを遂行することを要求してはいないとした。

そして，*Bertine* において，連邦最高裁は，管理された車両を機械的にインヴェントリィ・サーチしている間に，車両の中で発見された容器を開披することは，確立された手続に則って行われているならば，第4修正に違背しないと判示し，インヴェントリィ・サーチの例外を，管理された車両で発見された閉じられた容器を警察官が開披する点に迄拡張した。*Bertine* では，警察は，酒酔い運転で所有者が逮捕された後に適切に管理された車両のインヴェントリィ・サーチを行った。車内にある物品の目録を作成している間に，警察はその内容の目録を作成するために閉じられたリュックサックを開披し，違法薬物を発見した。レンクィスト首席裁判官は，*Bertine* においては，善意で適用される行政的捜索に関して合理的な警察の規則が提示されており，*Opperman* や *Lafayette* の原理は当該事案にも当て嵌まるとし，警察官が車両を管理することを認める裁量は先例によって妨げられていないとも捉えた。そして，*Bertine* においては，インヴェントリィ・サーチを遂行するに際して警察が標準的な手続に則らなければならないという原則が再度主張され，警察が悪意乃至捜査目的のみでインヴェントリィ・サーチを遂行したものでないという点についても言及されており，標準的な基準に則って遂行された車両のインヴェントリィ・サーチは，個人のプライヴァシーの利益を上回る政府の利益に寄与するということを示唆しているとも捉えられよう[5]。

年）第45事件（前島充祐担当）。
4) ショルダーバッグの内容の目録を作成している間にマリワナが発見された。
5) CLAYTON E. KING, "SUPREME COURT REVIEW : FOURTH AMENDMENT – TOWARD POLICE DISCRETION IN DETERMINING THE SCOPE OF

2．(1) そして，本件（*Florida v. Wells*）においては，施錠された容器の開披というインヴェントリィ・サーチの範囲，及び，標準的な警察部門の手続が，インヴェントリィ・サーチを行う警察官に対して，どの程度の裁量を付与するのかといった点が主たる論点となった。

(2) 1．で振り返ったように，*Opperman*（違法に駐車された車両について標準的な手続に則ってインヴェントリィ・サーチを行い，施錠されていない小物入れからマリワナを発見した），*Bertine*（管理された車両にインヴェントリィ・サーチを行い，確立された警察の手続を遵守してリュックサックを捜索した），*Wells*（管理された車両を捜索した）の間では事案は類似しており[6]，*Wells*のみスーツケースの捜索を行う指針となる標準的な基準（ポリシー）がなかった点が異なるが，*Wells* はスーツケースの中で発見されたマリワナの証拠能力を認めた訳ではなく，排除したのであるから，*Opperman* や *Bertine* で明らかにされた法理を実質的に変更するものではないと言えよう（また，*Bertine* の射程を制限するのであれば，標準的な手続を厳格に要求し，スーツケースを開披するかしないかという選択肢しか認めないというアプローチもあり得たが，*Wells* はかかる方向は取らなかった）。ただ，標準的な基準の内容については，「警察官には，捜索の性質と容器自体の特徴の観点から，個別の容器を開披すべきか否かを判断するのに充分なだけの自由を認められて良い。」という判示のために曖昧にされているところがあり，レンクィスト裁判官は警察官に裁量を許容しているように見えるけれども，*Opperman* や *Bertine* は自由な裁量を認めていないため，この点で従前の判例と抵触するのではないかという考え方

ADMINISTRATIVE SEARCHES: Florida v. Wells, 110 S. Ct. 1632 (1990)" 81 J. Crim. L. & Criminology 841-, 848 (1991).

6) *Lafayette* における捜索は車両を対象としてはいないが，最高裁は，インヴェントリィ・サーチの対象にプライヴァシーの減縮された期待があるか否かという点よりも，緊急情況において相当理由が要求されるか否かに焦点を当てたこと，及び最高裁はより侵襲的でない手段があるという蓋然性は捜索を不合理なものとしないと述べたという点で，本件（*Wells*）と関連性があるとも評されている。CLAYTON E. KING, *supra* note 5 at 847.

もあり得よう[7]。尤も，法廷意見は警察官に全面的な裁量を与えることは否定しているので，先行判例を実質的に変更しているとは思えないが，どの程度の裁量を警察官が行使出来るか，またどのような標準的手続がインヴェントリィ・サーチを行う警察官の裁量を制約するかについては明確にしていない[8]ため，これらの明確化が課題として残されたのである。

(3) このように，*Wells* は，*Bertine* を当て嵌めるに当たって，警察にスーツケースを開披する裁量があるか否かについて，――警察の裁量を一切排除すべきか，それともインヴェントリィ・サーチに一定の裁量を許すべきかについて *Bertine* の解釈には争いが生じ得たが，後者を示唆することで――ある程度明確にしており，先行判例と矛盾するとは言えないように思われる。そして，一定の裁量を警察に認めつつも，当該証拠は排除したのであるから，――警察の裁量を肯定した点で個人の権利の侵害となり得る面はあるにせよ――個人の権利と訴追側の利益のバランスに配慮していると言えよう。

(鈴木　一義)

---

7) Brent A. Rogers, "Florida v. Wells : The Supreme Court Bypasses an Opportunity to Protect Motorists from Abuses of Police Discretion" 77 Iowa L. Rev. 347-, 369 (1991).

8) See e.g., Brent A. Rogers, supra note 7 at 359.

8 自動車の例外

33. New York v. Class, 475 U.S. 106 (1986)

　道路交通法違反で停車を求められた車両の運転者の降車後，通常は車の外から見ることのできるVIN（Vehicle Identification Number, 車両識別番号標）を官憲が検分しようとして，VINの上を覆っていた書類を取り除くために車内に立ち入っても第4修正には違反しないと判示された事例。

《事実の概要》

　ニューヨーク市警察のA，B両警察官は，被申請人がフロントガラスに亀裂の入った車を制限速度を超えて運転しているのを目撃した。フロントガラスに亀裂の入った車の運転と速度超過は，いずれもニューヨーク州道路交通法に違反する。被申請人は両警察官の指示に従って車を寄せた。被申請人は降車しA警察官に近づいて行った。B警察官は直接，被申請人の車両に近づいた。被申請人はA警察官に自動車登録証と自動車保険証明書を提示して，運転免許証は携帯していないと告げた。その間に，B警察官はVINを見ようとして，その車のドアを開けた。VINは1969年以前の製造車にはドアの内枠に，1969年以降の製造車には計器盤に，取り付けられている。B警察官はVINがドアの内枠になかったために，計器盤を覆っていた書類を動かそうとして，車内に体を伸ばした。そのとき，運転座席の下から拳銃の台尻が目に入った。B警察官は，この拳銃を押収し被申請人を逮捕した。A，B両警察官には，被申請人の車が盗難車であること，社内の禁制品の存在，被申請人の交通違反以外の犯行を信ずるに足る理由がなかったことには争いがない。

　公判裁判所は拳銃の証拠の申立を却下し，被申請人は兇器所持で有罪と認定された。Bronx CountyのSupreme Courtは有罪を確認した。ニューヨーク州Court of Appealsは道路交通法違反以外に捜索を行う根拠がなかったとして，

拳銃を証拠から排除すべきであると判示して，Supreme Court の判断を破棄した。合衆国最高裁判所はサーシオレイライを認容した。

《判旨・法廷意見》
破棄・差戻し
  1．オコナー裁判官執筆の法廷意見
  (1) 被申請人は本件のニューヨーク州 Court of Appeals の判断は，適切であり，しかも連邦法ではない独立の根拠に基づくものだから，合衆国最高裁判所には審理権限がないと主張する。しかし，ニューヨーク州 Court of Appeals は合衆国憲法に関連させてニューヨーク州憲法に言及している。またニューヨーク州の判例だけではなくて，連邦事件の判例も引用している。さらに，本件は被申請人の主張するように，連邦法とは別個独立で適切な州の法律に基づいて判断されてはいない。
  (2) ① VIN は，それぞれの車両ごとに異なる，12 以上の数字から成っていて，すべての自動車への取り付けが義務づけられている。車両の型式，原動機の型，製造地などが VIN から判読できるようになっている。VIN から特定車両の識別ができるので，VIN はリコール・キャンペーンの効率を高め，型式の安全性の判定を助け，交通事故の被害者への損害の塡補を確実にして，盗難を予防する役割を果たしている。
  VIN の有効利用のため，連邦法は，自動車の外側から現認できる場所への VIN の取り付けを義務づけている。VIN は重要な役割を果たすので，政府が VIN を自動車規制に利用し，同乗車側コンパートメントの外側から現認できる場所への取り付けを義務づけているのは正当である。
  ② 自動車に乗れば，第 4 修正の一切の保護を放棄することになるわけではないが，憲法の保護するプライヴァシーの合理的な期待が欠ける領域への国の侵入が第 4 修正違反となることはない。
  当合衆国最高裁判所は，その構造と利用方法に照らし，自動車のプライヴァシーの期待は他の領域に比べて小さくなることを認めてきた。国が自動車につ

いて広範囲に規制しているのは正当であって，運転者はこのような規制のために国が運転者のプライヴァシーに或る程度，干渉してくることを予期すべきである。

　このように自動車についてのプライヴァシーの期待が小さくなる要因は，VIN には一層強く当てはまる。VIN は，政府の自動車規制に，重要な役割を果たす。自動車規制上，国が VIN を確認する必要が生ずる場合のあることを，自動車利用者は予期すべきであるから，VIN についてのプライヴァシーの合理的な期待は小さい。そのうえ，自動車の外側から現認できる場所への取り付けを義務づけられているものに，プライヴァシーの期待を寄せるのは合理的でない。要するに，VIN が政府の自動車規制に重要な役割を果たしていて，連邦政府が VIN の現認できる場所への取り付けを求めていることに照らせば，VIN にはプライヴァシーの合理的な期待はなかったのである。

　車内の書類が被いになっているため，VIN が官憲の現認できない状態にあったからといって，この事情に変化はない。或る領域にプライヴァシーの合理的期待が欠けるときには，その領域への接近を制限する工作があっても，プライヴァシーの合理的期待が新たに生ずることはない。

　③ところで，被申請人が証拠からの排除を求めているのは VIN ではなくて拳銃である。自動車の内部には家屋と同様のプライヴァシーの期待は存在しないが，警察の不合理な侵入を禁止する第 4 修正の保護は及んでいる。本件での車内への侵入は捜索に当たるので，この捜索が憲法上許容されるか否かを検討する。

　官憲には交通違反を理由とする停止に伴い，VIN の提示を求める権限がある。被申請人が車内にとどまり，VIN の提示の要求に応じていれば，同乗車側コンパートメントに官憲が侵入する必要はなかった。ところで，降車した被申請人に車へ立ち戻ることを求めることなく，官憲は自ら車内を捜索した。

　自動車の停止では，通常，運転者を運転席にとどまらせるが，運転者が兇器を所持していると思料する具体的な理由がないときに，官憲が身の安全のために，交通違反の運転者に降車を要求しても，それは第 4 修正に合致する裁量の

行使の範囲内のことだと，当合衆国最高裁判所は判示してきた。Pennsylvania v. Mimms, 434 U.S. 106 (1977). もっとも，本件被申請人は自発的に車を離れたが，被申請人が運転座席に戻れば，装填銃を手にすることになったはずである。ミムズ事件（Pennsylvania v. Mimms, 434 U.S. 106 (1977)）は，官憲が運転者に短時間車外に出ることを求めて，この危険を未然に防止する方法を是認した。車内の捜索完了までの短時間，車外で被申請人の自由を奪う措置をとっても，明らかにミムズ事件で許される。

　次に，被申請人の身柄を拘束後，捜査上必要となった VIN 確認目的の捜索行為が，第4修正で禁止されるのか否かを検討する。第4修正の「合理性」の要件が充足されるか否かは，捜索・押収の必要性と，その捜索・押収に伴う侵害との比較衡量で決まる。この較量テストの下では通常，相当理由に支えられた令状が求められるが，警察官の安全を図るのは重要なので，兇器の有無の確認を第一目的にする捜索・押収は不審事由という要件が充足されれば許される。官憲の安全に直接役立たない捜索・押収では，不審事由以上のものが要件となる。ミムズ事件では官憲は，運転者の交通違反行為を目撃していた。サマーズ事件（Michigan v. Summers, 452 U.S. 692 (1981)）では官憲は，家屋から出ようとしていた者の身柄を拘束したが，そのときにはすでに，その家屋の捜索令状を入手していた。ミムズ，サマーズ両事件と本件とは非常に類似しているので，両事件で行われた比較衡量は，本件にもあてはめることができる。ミムズ，サマーズ両事件に認められる3つの要素，すなわち政府側の侵入が官憲の安全に資すること，最小限度の侵入であること，捜索で影響を受ける者に嫌疑の焦点を合わせる或る程度の相当理由があること，以上の要素が本件でも認められる。本件では，この相当理由は交通違反行為の目撃に拠っている。

　侵入の内容と侵入の正当理由と言われる政府側の利益とを比較衡量すると，まず，公道の安全の維持と官憲の安全の保護という利益が，侵入の正当理由となっている。侵入の内容・程度については，本件の場合，捜索の目的が絞られていて，その目的の実現に必要な程度の侵入にとどまっている。本件捜索に伴う侵入の程度がこのように低いものにとどまっていること，VIN にはプライヴ

ァシーの合理的期待のないこと，官憲が被申請人の交通違反を目撃していること，以上を考え合わせれば，本件捜索は憲法上許容できる。

したがって，ニューヨーク州 Court of Appeals の判断を破棄，差し戻す。

2．首席裁判官参加のパウエル裁判官の補足意見

交通違反を理由とする停止が合法であるとき，官憲はフロントガラスを通して VIN を見て記録することを許され，こうした官憲の活動が第 4 修正違反の問題を生ずる余地はない。したがって，本件の争点は VIN の見読目的での車内侵入行為が，第 4 修正違反となるか否かにある。警察官は，見読するため VIN を蔽っていた書類を動かすのに必要な限度でしか，車内に入っていない。VIN の見読という合法な目的を実現するのに，この車内への立ち入りが必要であったと考えることが不合理だとは一切認定されていない。

VIN は重要な役割を果たし，VIN についてのプライヴァシーの期待は最小限度のものなので，合法に自動車が停止されたときには，官憲は VIN を検分できるのであって，運転者が協力しないか，協力できない場合には，VIN の検分を妨げている障害を取り除くことができる。

3．マーシャル，スティーヴンズ各裁判官参加のブレナン裁判官の反対意見

(1) 本件の争点は，VIN 発見のための車内捜索が合憲か否かにある。VIN についてプライヴァシーがあるか否かを別にして，捜索場所である車内には，被申請人のプライヴァシーの合理的な期待が認められる。

自動車についての正当なプライヴァシーの期待は比較的小さなものだが，自動車の捜索の実体要件として相当理由が必要である。自動車の規制目的の捜索にも第 4 修正の規律が及ぶので，VIN 発見目的の捜索にも相当理由が具備していなければならない。

法廷意見は，交通違反の事実が相当理由を構成していると示唆している。交通違反行為は，官憲が自動車を停止させて，自動車を識別する書面の提示を求める相当理由を構成することにはなっても，VIN 発見目的の捜索に必要な相当理由にはならない。その関係では本件では自動車登録証が提示されている。

本件捜索が公道の安全という利益に資すると解することはできない。安全で

ない車両を識別する方法は他にもあったと考えられる。

(2) 法廷意見はミムズ事件とサマーズ事件が、本件の結論を支えるというが、サマーズ事件で当合衆国最高裁判所が、捜索場所である家屋の占有者の身柄の押収を合憲と判示した理由は、この押収が官憲の安全を含む重要な利益に資するものであり、家屋の捜索令状が、その占有者が犯罪活動を行っていて、身柄を拘束すべきだと判断する根拠を提供していることにあった。ところが、本件では交通違反を目撃しているにすぎず、これはVIN発見目的の捜索の理由にはならない。

ミムズ事件で当合衆国最高裁判所が、停止車両の運転者への降車命令を合法と判示した理由は、この措置が官憲の安全を保護することにあった。ところが本件の捜索は官憲の安全に直接役立つものではない。

(3) 本件捜索は、車外からは見えない同乗車側コンパートメントという領域を開披した。この領域のプライヴァシーへの侵入は、単なる停車命令よりも相当に程度が高いので、法廷意見の言う内容の較量テストを適用するのは妥当でない。

本件に較量テストを適用するとしても、被申請人が交通違反を行った事実を含めて、本件には侵入の正当性を示すものはない。

4．スティーヴンズ裁判官参加のホワイト裁判官の反対意見

本件の争点は、第4修正の保護する領域に立ち入ってVINを検分する政府側の利益が、車内のプライヴァシーの利益を上回っているか否かである。法廷意見の示した理由では、政府側の利益がプライヴァシーの利益を上回っていると結論づけることはできない。

車外から見える場所へのVINの取り付け義務は、本件の分析に意味がない。そう解しないと、VINをトランクの中の目立つ場所に取り付けることが義務づけられると、交通違反を理由に停車させたときには常にトランクの捜索が許されるようになる。また、法廷意見に従えば、自動車を合法に停止させたときには、運転者に同意を求めたか否かを問わず、常にVIN発見目的の捜索が許容されることになる。

《解 説》
 1. 本件で合衆国最高裁判所は，道路交通法違反を理由に停車命令を受けた車両の運転者が降車した後に，官憲が，通常は車外から見ることのできるVINの見読目的で，VINを覆っている書類を取り除こうとして車内に立ち入る行為は第4修正に違反しないと判示して，この捜索中に発見された拳銃が証拠から排除されるとのCourt of Appealsの判断を破棄している。この法廷意見の理論構成は，① VINについては憲法の保護するプライヴァシーの利益がないこと，② 停車した自動車から降車している運転者の身柄を車外に拘束したうえで，VINの見読目的での車内への立ち入りは第4修正の「合理性」の要件を充足していること，以上の2点から成り立っている。
 (1) VINのプライヴァシーについて，法廷意見は，プライヴァシーの合理的期待の有無を基準に，第4修正の保護するプライヴァシー権の有無を決める，というキャッツ事件[1]以降採用されている基準を適用している。法廷意見は，まず自動車の提供するプライヴァシーについてCardwell v. Lewisでの「…自動車の機能は輸送にあって，自動車が人の住居，また所持品の保管場所として利用されるのは稀である。車には公衆の詮索を免れる能力が僅かしかない。車は，その乗員と荷物が現認できる状態で公道を走行している。」[2]という判示部分とSouth Dakota v. Oppermanでの「自動車は，家屋と異なり，定期検査と免許制度等の広範囲に及ぶ政府の規制を受けている。ナンバー・プレートや検査標章の期限が切れているとき，排気ガス規制や騒音規制の違反があるとき，また整備不良が認められるときに，警察官が車両を停止させて検査するのは日常的なことである。」[3]との判示部分を引用して，自動車の提供するプライヴァシーは比較的小さいとの従来の立場を踏襲している。そしてVINはこうした自動車の規制に重要な役割を果たしていること，VINは車外から現認できる場所に取り付けるように義務づけられていることを根拠に，VINにはプライヴァ

---

1) Katz v. United States, 389 U.S. 347 (1967).
2) Cardwell v. Lewis, 417 U.S. 583, 590 (1974).
3) South Dakota v. Opperman, 428 U.S. 364, 368 (1976).

シーの合理的な期待はないと結論づけている。

　(2)　降車した運転者を車外に拘束したうえで，この VIN を見るために車内に立ち入った行為が第 4 修正に合致するか否かを判断するに当たり，法廷意見はミムズ事件[4]とサマーズ事件[5]に大きく依拠している。ミムズ事件は，官憲が道路交通法違反を目撃して停車させた自動車の運転者に，降車して免許証等を提示するように求めたところ，降車した運転者の上衣が膨らんでいたので，兇器の有無を確かめるためにフリスクをした事例である。ミムズ事件で法廷意見は，運転者に降車を命ずる具体的な理由はなかったとの前提に立ったうえで，官憲の安全を図る利益と降車という行動の自由に対する些少の（de minimis）制限とを比較衡量して，降車命令は第 4 修正に合致すると結論づけている。サマーズ事件では，禁制品についての家屋の捜索令状を入手した官憲が，令状の執行に赴いたときにその家屋から外出しようとしていた者について，令状を執行する間，その身柄を拘束したことが第 4 修正に合致するか否かが争点となった。サマーズ事件の法廷意見は，身柄を拘束された者の住居を捜索場所とする令状が入手されていたこと，この身柄拘束は不当に利用される虞れのないこと，自己の住居での身柄拘束であることを挙げて，行動の自由への制限は小さいとし，他方，政府側には逃亡の虞れの防止，官憲の安全の保護，秩序だった令状の執行という相当大きな利益があるとしている。ここから法廷意見は，この身柄拘束は，相当理由に至らない程度の具体的な理由を要する，テリー事件[6]以降認められてきている類型に当たると位置づけて，禁制品についての捜索令状があれば，この具体的な理由を示していることになると結論づけている。

---

4)　Pennsylvania v. Mimms, 434 U.S. 106 (1977). 本件については，渥美東洋編『米国刑事判例の動向Ⅳ』（中央大学出版部，2012 年）625 頁（第 60 事件，小木曽綾担当）参照。

5)　Michigan v. Summers, 452 U.S. 692 (1981). 本件については，同右，49 頁（第 9 事件，前島充祐担当）参照。

6)　Terry v. Ohio, 392 U.S. 1 (1968).

(3) これに対して、ブレナン裁判官は交通違反は VIN を見る目的での車内立ち入りの理由とならないこと、ミムズ、サマーズ両事件と本件とは明確に区別すべきであって、その理論構成に依拠すべきでないことを骨子とする反対意見を述べている。

2．本件の法廷意見は、VIN の示す情報についてのプライヴァシー権の分析はしているが、窓ごしに現認できる場所への VIN の取り付け義務を十分に評価していないと思われる。車外から見読できる場所への取り付けが義務づけられているのは、窓ごしに見える範囲で車内にはプライヴァシー権がないとの理解に立って、自動車規制に重要な役割を果たす VIN について、捜索の要件の有無を問わず、官憲が検分できることをねらいとしていると考えられる。合衆国最高裁判所も、Texas v. Brown[7]の複数意見で、官憲が交通検問で停車させた運転者に免許証の提示を求めたときに車内がよく見えるように姿勢を曲げたことについて、「自動車の内部であっても、詮索好きな通行人や職務熱心な警察官が外側から見ることのできる部分については、その領域を遮蔽するプライヴァシーの合理的期待はない。」[8]と判示したうえで、問題となった行為は捜索に当たらないとしている。窓ごしに見える範囲、あるいは特に場所のプライヴァシー[9]を提供していない範囲には、自動車の車内についてプライヴァシー権がないと解すれば、本件の法廷意見と異なる理論構成ができ、反対意見の指摘する問題もなくなる。

本件の法廷意見は、プライヴァシー権がなく、したがって交通違反等の特定の理由の有無を問わず開披できるとみるべき領域に、プライヴァシー権があるとしてしまったために、プライヴァシー開披の要件の充足を求めざるを得な

---

[7] Texas v. Brown, 460 U.S. 730 (1983). 本件については、渥美・前掲注 4)、424 頁（第 41 事件、前島充祐担当）参照。

[8] Texas v. Brown, *supra* at 740. これは複数意見の判示だが、ブレナン、マーシャル各裁判官参加のスティーヴンズ裁判官の補足意見は、この官憲の行為がプライヴァシーへの侵入にならない点に同意することを明示している。

[9] 場所のプライヴァシーについては、渥美東洋「捜査・押収におけるプライヴァシーの概念」『刑事裁判の諸問題』岩田誠先生傘寿祝賀論文集 185 頁（1982 年）参照。

なり，そこで本件のプライヴァシーの開披行為（VINを検分するための侵入）の理由になると考えるのは困難な事実（フロントガラスの破損と速度超過）が，その要件を充足させていると立論せざるを得なくなり，先例として必ずしも適切でないミムズ事件とサマーズ事件の理論構成に根拠を求める結果になっていると言えよう。

＊　なお本件については加藤克佳「車両証明番号（VIN）確認のための自動車内捜索の適否」判例タイムズ617号43頁がある。

（堤　和通）

34. California v. Acevedo, 500 U.S. 565 (1991)

第4修正の令状要件の「自動車例外」は自動車のトランク在中の閉じられた容器の捜索に適用されるか否かが問題とされた事例（積極）。

《事実の概要》

ハワイ州連邦薬物取締官が，カリフォルニア州サンタ・アナの警察官コールマンに，サンタ・アナのフェデックスのオフィスに送達することになっている，サンタ・アナのダサ宛てのマリワナ入りの包みを押収した旨を告げたうえで，それをコールマンに送付するように手配し，コールマンがその包みをフェデックスのオフィスに持って行き，そのフェデックスのオフィスに現れてその包みの受取りを請求した者を逮捕する手はずを整えた。

ダサと名乗る者がその包みを受け取って自己のアパートに持ち帰った。ダサがアパートを出て，マリワナ入りのその箱と包紙をごみ箱に捨てるのを法執行官憲が目撃した時点で，コールマンは捜索令状を入手するためにその現場を離れた。その後，法執行官は，荷物で半分ほど詰まったナップザックを持ってそのアパートを自動車で立ち去ろうとしたジョージを停止させ，そのナップザックを捜索したところ，1.5ポンドのマリワナを発見した。

その後Acevedo（アセヴェド）がダサのアパートに入り，ハワイからマリワナを入れて送られてきた包みと同サイズの，中身が一杯詰まった紙袋を持って出て来た。Acevedoが紙袋をトランクに積んで車で立ち去ろうとしたので，証拠の散逸を危惧した官憲は，車を停止させ，トランクと紙袋を開き，マリワナを発見した。

同州の「保健及び安全に関する法律」上の頒布目的マリワナ所持罪で起訴された被上告人は，自動車内で発見されたマリワナの排除を州裁判所で申し立てたが却下されたので，有罪の答弁をし，証拠排除の判断に上訴した。

同州の第4ディストリクトCourt of Appealsは車のトランクに存在した紙袋から発見されたマリワナを排除すると判示した。その紙袋に薬物が入っている

相当理由はあるが，その他の点でAcevedoの車自体には禁制品が存在する相当理由はなく，相当理由は具体的にはその紙袋にだけあるのだから，本件に適用されるべき先例はロスUnited States v. Ross, 456 U.S. 798 (1982) ではなく，チャドウィックUnited States v. Chadwick, 433 U.S. 1 (1977) となる旨判示した。そこで，同裁判所はその紙袋は押収できるが，チャドウィックによればその紙袋を開くのには令状を要すると判示したが，チャドウィックとロスの立てた区別，つまり，自動車を捜索する相当理由があれば車内から発見された閉じられた容器を含めて自動車全体を無令状で捜索できるが，自動車在中の容器にしか相当理由がない場合には，その容器は押収できるが，令状を入手した後でなければその容器の捜索はできないという区別は「異常だ」と判示した。

　キャリフォーニア州の最高裁判所は州側の上訴を棄却し，州側がサーシオレイライを申請した。裁判官は，サーシオレイライ申請の係属中のCourt of Appealsの裁判の執行を停止し，合衆国最高裁判所は，自動車内の閉じられた容器に適用される法理を検討するためにサーシオレイライを認容した。

《判旨・法廷意見》
　原審判断破棄
　1．ブラックマン裁判官執筆の法廷意見
　(1) これまでの法の内容のレヴュー
　合衆国憲法第4修正の採択と同時に，連邦議会は家屋とそれに類する場所に隠匿された禁制品の捜索と，可動性のある船舶に隠匿された禁制品の捜索を，令状要件に関し区別して扱った。キャロル（Carroll v. United States, 267 U.S. 132 (1925)）では，可動物捜索にあっては，令状入手の時間的余裕がないことを理由に，令状要件の例外が妥当することを確立し，自動車内に犯罪の証拠が存在する相当理由があり，自動車が立ち去る虞があるという緊急状況がある場合の無令状捜索は，第4修正に反しないと判示した。

　チェインバース（Chambers v. Maroney, 399 U.S. 42 (1970)）では，家屋捜索のような令状入手の容易な場合と異なり，自動車捜索にあっての緊急状況の有

無は自動車の押収（停止）時を基準に決めるべきだと判示した。この事例では，自動車が立ち去る虞れのない警察署での自動車の無令状捜索が問題となり，最初，停止された時に相当理由と緊急状況を充足していたことを前提とすると，その後の警察署での無令状捜索は合憲だと判示された。

ロス（United States v. Ross, 456 U.S. 798 (1982)）では，キャロル法理による自動車の無令状捜索には，自動車内で発見された容器または包みに捜索の相当理由がある場合も含まれると判示した。これは，ロスが自分の自動車のトランクに収納されている薬物の取引を目撃したとの情報提供者の通報を受けた警察官がその自動車を停止させて無令状で捜索し，トランクから薬物入りの茶色の紙包みを発見した事例である。停止が合法である自動車の捜索に相当理由があれば，その相当理由は，その自動車の全体と捜索対象物を隠匿している可能性のある自動車内の物の無令状捜索の根拠となる，と判示し，相当理由がある限り，自動車のコンパートメントと自動車内の容器の中身を確かめる無令状捜索はキャロル法理の範囲内だと判示した。

ロスはキャロルとチャドウィック（United States v. Chadwick, 433 U.S. 1 (1977)）を区別した。チャドウィックは自動車在中の荷物とその他の閉じられた包み，袋，容器に関する判断である。同事件では，二重に施錠されたフットロッカーに200ポンドのマリワナが入っているとの相当理由があり，そのフットロッカーを被告人が列車から持ち出して駅で待機していた自動車に運び込んだ直後に，追尾中の係官がチャドウィックを逮捕するとともにフットロッカーを無令状で捜索した事例である。合衆国は，自動車のトランクに積み込んだ僅かの接触をとらえてキャロルが適用される場合に当たると主張したのではなく，荷物の可動性を理由に自動車の捜索に類するものとみるべきだと主張した。だが，合衆国最高裁判所法廷意見は，この合衆国の主張を却けて，荷物と個人の所持品に対するプライヴァシーの期待とその保護の必要性は自動車のそれよりも大きく，また，押収荷物には，自動車の場合とは異なり，押収荷物の保管施設があるのが通常だと判示して，この事例に自動車例外法理を適用するのを拒んだ。

サンダース（Arkansas v. Sanders, 442 U.S. 753 (1979)）では，チャドウィックを拡張して，自動車のトランクに運び込まれたスーツケースにその法理が適用されると判示した。サンダースは，マリワナ在中の相当理由のあるスーツケースを，被告人がタクシーのトランクに入れ，タクシーが発進し数ブロック走行したところで停車させ，そのトランクからスーツケースを発見し無令状捜索した事例である。法廷意見は，個人の荷物が自動車内にあるだけではキャロルを根拠に無令状では捜索できないと判示し，個人の荷物は自動車よりもプライヴァシーの期待が高く，自動車に荷物があることでこの期待は減じないことを強調した。

　ロスの法廷意見は，キャロルは，自動車という可動物全体に相当理由がある場合の自動車全体の捜索に当たる事例の先例であり，チャドウィックは，自動車全体ではなく，そこに置かれた個々の荷物についてだけ相当理由がある場合にその個々の荷物についての捜索に当たる事例の先例だと判示した。

　ロスは，自動車例外法理によって自動車の無令状での捜索中に発見した閉じられた容器も，自動車の例外の一環として，無令状で捜索できる旨を判示したのであり，閉じられた容器のプライヴァシーの利益は自動車の捜索の例外に飲み込まれることになる。

(2) 本件とロスとの類似性，本件で判断する争点

　本件の事実はロスに酷似する。ロスでは，特定車両のトランクに薬物が収納されているとの相当理由があった。本件では，被申請人が自己の自動車のトランク内にある紙袋にマリワナを入れて輸送中だとの相当理由があった場合である。さらに，ロスと同様，トランク内のその薬物は茶色の紙袋に入っていた。

　ロスは，容器と自動車を区別するチャドウィックを退け，車のトランクやグラブ・コンパートメントについてのプライヴァシーの期待は，持ち運びできる容器についてのプライヴァシーの期待と同じだと判示した。緊急状況を理由に自動車の無令状捜索が許されるのであれば，それと同じ理由で，持ち運びできる容器についても，無令状捜索が許されると論ずることもできることを認めたが，ロスでは，チャドウィックとサンダースを尊重して，この点を判断しなか

た。本件は，ロスで判断しなかった争点，つまり，自動車全体を捜索する相当理由がない場合には，可動物たる自動車在中の持ち運びできる包みを開披するには，第4修正上，令状が要件となるのか否かについて判断する。

(3) ロスの少数意見は，「『自動車全体に相当理由がある場合に自動車全体を捜索して発見した容器の場合に比し，サンダースのスーツケースの捜索の場合には，スーツケースにプライヴァシーがより多く認められ，その押収及び保管がより容易であり，その他の重要な点で令状要件の充足の必要がより高いとする立場』は疑問だ」と判示する。自動車全体を捜索した後に発見された容器と，容器の捜索という限定された捜索が自動車内で行われた後に自動車内で発見された容器について言えば，警察がそれを保管する容易さの点でも同一だし，他方，容疑者がそれを隠匿したり破壊したりする容易さの点でも同一である，との見方に賛成する。事実，プライヴァシーの期待の点でも緊急状況の点でも，ロスの事情の下で警察が発見した紙袋と，本件で警察が発見した紙袋との間に原理上の差はない。さらに，警察がそれを具体的に捜索しようとした対象である容器と，自動車全体を捜索中にたまたま発見した容器とを区別して，たまたま発見した容器をより保護しようとしても，そのプライヴァシーの保護は無に近いほど最小のものであり，かえって，効果的な法執行を妨げるだけである。

自動車全体の捜索の相当理由とその自動車在中の包みの捜索の相当理由を区別する線は，必ずしも明確ではなく，いずれの対象物を捜索するかにより別個の法理が適用されることになると，警察は無令状捜査権限を拡げることができるので，プライヴァシーの利益を実現することにはならない。キャロルで述べたように，捜索の目的物が発見される見込みの高い容器を直ちに開披することを禁ずると，警察はその代わりに，自動車全体の徹底的捜索をまず行わざるを得なくなり，そうなればプライヴァシーの利益の侵害度はより高くなる。自動車を停止させた段階では，その自動車在中の容器に薬物があるのか，それとも単に自動車内に薬物があるのかについての容疑が明確でない場合，自動車全体を捜索する場合しか容器を開披できないとすると，ロスが求める自動車全体を

捜索する相当理由の要件が元々あったことを示すために，（不必要に）自動車全体を捜索することになる虞がある。United States v. Johns, 469 U.S. 478 (1985) 参照。より限定された範囲の捜索を正当化するのに，それよりもより広範な捜索を行うことを法執行機関に求める法理を採るべき理由があるとは解されない。

　チャドウィックとサンダースが示しているプライヴァシーの保護は無に近いほど最小のものである。チャドウィック＝サンダース法理によると，法執行機関は容器を押収した後にその容器の捜索令状を入手したうえで，その容器を捜索することになるが，容器の押収に相当理由があれば，その内容物の捜索のための開披の相当理由があることになるので，通常，圧倒的大部分の事件では捜索（開披）令状が発付されることになる。また，チャドウィック＝サンダース法理にかかわらず，合法な逮捕に伴う捜索として容器の無令状捜索ができる場合がしばしばある。ベルトン（New York v. Belton, 453 U.S. 454 (1981)）は，自動車の乗員の合法な逮捕に伴い，自動車の乗員用コンパートメントを捜索でき，その中から発見された容器の内容を検査でき，その容器内に薬物があるとの相当理由があれば，その容器の運搬車を逮捕しその容器を捜索できる，と判示した。

　最後に，本件の紙袋の捜索は，キャロルよりもプライヴァシーへの侵害度が少ない場合である。キャロルでは自動車の天井を切り裂いた捜索がなされたが，その捜索は第4修正上合理的だと判示された。自動車の内装の破壊が不合理でないならば，閉じられた容器の中を見ることが不合理であるとはいえない。チャドウィック＝サンダース法理が，プライヴァシーに無に近いほどの最小の保護しか与えず，プライヴァシーの利益の保護に相当程度役立つのかに重大な疑問があることに照らせば，第4修正上，（チャドウィック＝サンダースによる）自動車内の容器の捜索だけが問題になる場合を，自動車捜索と区別し，別個に扱うべきだとはいえない。

　(4)　チャドウィック＝サンダース法理は，裁判所と警察官に混乱を招いており，効果的な法執行を妨げている。

法執行官は，例えば，車中に薬物が存在するとの相当理由に基づいて，その自動車の捜索を始めたところ，閉じられた容器を発見した場合，ロスと，チャドウィック＝サンダースのどちらを適用すればよいのかに迷うことになる。被告人の方は，法執行官が最初にその容器の捜索を選択したのだから，相当理由はその容器についてしか及ばず，チャドウィック＝サンダースによれば令状が要ると主張するであろう。他方，その法施行官が最初に証拠が最もありそうな場所を選択して捜索した事実があることで，捜索の適法性は制限を受けるべきではない。チャドウィック＝サンダースによれば，警察が容器に薬物を発見する見込みが高まれば高まるほど，その容器の捜索権限はますますなくなるという異常な事態が生ずる。チャドウィック＝サンダースは法執行に明確な基準を提供していない。

　サンダースはロスを掘り崩していることが明白であり，容器が発見された自動車の捜索につき異なる2つの法理が存在するため，混乱が生じてきている。自動車捜索につき明確な法理を採用すべきであり，閉じられた容器の捜索には令状要件を主張するサンダースを変更する。

(5) 結　　論

　キャロル法理についてのロスの解釈が，自動車全体の捜索か車中の容器だけの捜索かを問わず，自動車内で発見された容器の捜索の全態様に適用される。相当理由があれば無令状でその容器を捜索できる。他方，ロスで述べたように，タクシーのトランクに積み込まれた容器に禁制品または証拠が存在するとの相当理由は，タクシー全体の捜索の正当理由とはならない。

　本件では，トランク在中の紙袋にマリワナが存在するとの相当理由があるので，紙袋の無令状捜索は許される。禁制品が自動車の他の場所に隠匿されているとの相当理由がない場合だから，自動車全体を捜索する相当理由はなく，自動車全体の捜索は第4修正にいう不合理な捜索・押収となる。

　本件法廷意見はキャロルを拡張するものでもキャロル，チェインバース，ロスで示した自動車捜索が許される範囲を拡張するものでもない。第4修正上，無令状捜索は，例外が確立され例外の範囲が明確な場合以外はそれ自体不合理

だが，キャロルはこの例外に当たる場合である。
　これまで，たまたま容器の発見に至った自動車捜索と，たまたま自動車の中で発見された容器の捜索との間に先例は奇妙な線を引いてきた。第4修正の保護をこのような偶然にかけてはならない。キャロルはすべての自動車捜索の態様を規律する一つの法理であると解する。禁制品や証拠が存在するとの相当理由があれば，自動車及び自動車内の容器を捜索できる。

2．スティーヴンズ裁判官の反対意見（マーシャル裁判官，ホワイト裁判官参加。）

(1) 法廷意見が令状要件の例外の範囲を拡大しているが，先例を維持すべきである。
　先例は，中立で公平なマジストレイトの発付する令状の重要性を強調し，チャドウィックでは，自動車例外は，荷物の無令状捜索の正当理由とはならず，荷物のプライヴァシーの利益は自動車のプライヴァシーの利益よりも相当大きいと判示した。主たる機能が「輸送・移動」にある自動車と異なり，荷物は，個人の所持品のプライヴァシーを保護することを具体的に意図したものである。チャドウィックは，荷物は押収された後は可動性を失うので，荷物について捜索令状を入手する時間的な余裕があり，無令状捜索は不合理となると判示した。サンダースでも同様の判示がなされた。（自動車以外の荷物について，緊急捜索・押収の例外は認められていなかった点をスティーヴンズ裁判官は強調する。）
　チャドウィックとサンダースは，自動車に容器が積み込まれる前に特定の容器に捜索の相当理由があった場合であり，自動車「全体」については相当理由がなかった場合である。これに対し，ロスは自動車全体に相当理由があり，自動車例外による無令状捜索の及ぶ範囲が問題とされた場合である。チャドウィックとサンダースは，荷物についての特別法理を創造したものではなく，無令状捜索はそれ自体不合理だとみるのが一般法理であり，無令状捜索はこの一般法理の例外に当たらなければ不合理だとする，要諦を成す原理の適用の場合であり，自動車例外の場合ではない。先例はこの区別に拠っている。

(2) 法廷意見は，① 被上告人の自動車を捜索する相当理由がなく，② 被上告人がダサのアパートから運んで自動車のトランクに入れた紙袋以外の物の捜索は違憲であり，③ この紙包みを自動車に積み込む前には無令状で検査できず，④ 先例によればその容器を押収した後に捜索令状を入手するまで保管するのは合法である，と解しているから，本件では，チャドウィックとサンダースを適用すべき事実はあるが，ロスによる自動車捜索を適用すべき事実はない。

無令状捜索を禁ずる一般法理を本件に適用すべきでないとする法廷意見は，妥当でない。

(3) 法廷意見は，先例に「混乱」があるというが，混乱はない。

法廷意見は「容器内での薬物発見の蓋然性が高くなるほど，その容器の捜索権限は減少する」と述べて，ロス，チャドウィック＝サンダースを併存させることが異常だというが，これは禁制品発見の蓋然性が「無令状捜索」権限に関連するとの誤った前提に立つからである。合理的な疑いを容れない程度の立証がされても，令状要件の例外の1つに該当しなければ無令状捜索は許されない。また，令状があるか，令状要件の例外に当たる場合であれば，相当理由があれば，その捜索は許され，容器内容に禁制品又は証拠物があることがどれ程確実であっても，無令状の例外に当たらない限り捜索は正当とはされない。

法廷意見は，先例の「異常さ」を「治癒」したというが，重大なパラドックスを作り上げた。確かに，ブリーフ・ケースの所有者が公道で携帯する時の捜索を禁じ，他方，その所有者がブリーフ・ケースを自動車の施錠されたトランクに入れると捜索が許されるというのは異常なことである。だが，荷物のプライヴァシーの利益は，公道で見える状態から自動車に入れたことで減少しない。自動車内に置かれると路上で携帯している時よりも散逸の危険が高まるものでもない。いずれの場合でも，相当理由があれば，荷物を押収することは許される。ただ，その後には，捜索令状が入手されるまでは，その荷物を拘束下に置くことしか認められないというだけである。

(4) 法廷意見は，チャドウィック＝サンダースはほぼ無に近い最小のプライ

ヴァシーの保障しか提供しないという。だが，法廷意見によれば，スーツケース等の容器の捜索を受けないプライヴァシーの利益は，それがタクシーに積まれると消え失せることになり，サンダースを変更した法廷意見は荷物に関する個人のプライヴァシーを大きく損なう。

(5) 法廷意見は，チャドウィック＝サンダースが法執行に負担を課すというが，令状要件は捜査上の不都合があっても自由保障のために遵守すべきものである。

法廷意見の先例の拒否にはおよそ根拠がない。

3．スカリーア裁判官の補足意見（結論賛成の意見）

第4修正はその文言上，捜索・押収に令状を要件としてはおらず，「不合理な」捜索・押収を禁ずるにとどまる。第4修正の「合理性」の要件はコモン・ローを基礎に解釈すべきであり，コモン・ローでは，令状が常に求められるという一般原則はなかった。

本件の破棄理由は，自動車内に存在する閉じられた容器の無令状捜索が「自動車例外」として許されることに求められるべきではなく，容器に禁制品があるとの相当理由があり，事実，禁制品が入っている場合に，その捜索の第4修正上の「合理性」が，令状の有無により決せられるべき場合に当たらないことに求められるべきである。

《解　説》

1．本件法廷意見は，自動車に禁制品を内容とする荷物が積み込まれた時の「荷物」の「無令状捜索」について，「実体要件（相当理由）」はあるが「令状入手の時間的余裕」が「ない」場合の「緊急捜索」を是認した点で，これまでの，捜索・押収に関する原理的考察に拠らずに，場合分けをして，令状の要否を判断してきた先例の立場とは全く異なる判断を示した（捜索・押収の原理に関しては，後述3．を参照）。これまで，合衆国最高裁判所の先例には，実体要件と手続要件を基礎とする捜索・押収の原理的観点から考察して「緊急捜索」を是認した判断はなかった。本件は，自動車に積み込まれた荷物の無令状

捜索に関する事例を通してではあるが，合衆国最高裁判所が「緊急捜索」を是認した最初の判断である[1]。

2．これまでの，自動車が関係する場合の先例は，「『無令状』『捜索』」に関し，次の3類型を区別してきた。

(1) キャロル[2]のような，可動物たる車両のどこに禁制品が積まれているかは特定できないが，自動車に禁制品が積まれているとの相当理由があり（「自動車全体」に相当理由があり），自動車全体の無令状捜索が許される「自動車例外」の場合。この場合は，自動車のどこかに禁制品が積まれている相当理由はあるが，どの部分に禁制品が積まれているのか判明しない場合であり，禁制品が積まれている「荷物」と「自動車」を分離して考察できない類型である。

キャロルでは，「自動車の『可動性』」を理由に自動車全体の無令状捜索を認める判断が示されているが，「自動車」は「住居」と異なり，すぐに移動してしまいその場で無令状で捜索・押収しなければ証拠が散逸してしまうという可動性があり，緊急状況が存在する場合であると解することができる場合である。手続要件である令状要件を重視する立場に立つ場合でも，実体要件があれば，令状入手の時間的余裕がない場合には，緊急性が認められるので，無令状での捜索・押収が許されることになる[3]。

(2) 第2は，チャドウィック[4]やサンダース[5]のような，「荷物」に禁制品が

---

1) 日本法に関して，渥美東洋『刑事訴訟法』（新版）（有斐閣，1992年）94頁は，原理上，緊急捜索・押収を肯定し，日本国憲法35条の逮捕に伴う捜索・押収の規定のプライヴァシー保護の構造的枠組みに焦点を合わせて，解釈上も緊急捜索・押収を肯定する立場が示されている。
2) Carroll v. United States, 267 U.S. 132 (1925).
3) キャロルは，キャッツ Katz v. United States, 389 U.S. 347 (1967) の，プライヴァシーの合理的期待の観点から令状要件を捜索・押収の原則的形態と解する判断が示される以前の，「合理性」が捜索・押収の合法性を根拠づける独立の要件と解されていた時代の判例でもあり，無令状でなされた捜索・押収は「不合理な」ものではない旨判示している。その後の判例も，本件までの判例の動きに示されるように，実体要件と手続要件の観点から整理された議論を展開してきたわけではない。
4) United States v. Chadwick, 433 U.S. 1 (1977).

入っているとの相当理由があり，その「荷物」が自動車に積み込まれた後の荷物の捜索を目的として車両を停止させた場合である。この類型は，荷物を自動車に積み込む以前から荷物に限って相当理由があり，自動車それ自体にはない点で，禁制品の隠匿・保管場所になっているとの相当理由が自動車全体にあったキャロルの場合と異なる。

　この場合，荷物は押収できるが，押収後は警察でその押収物を保管できるとされてきているから令状入手の時間的余裕があり，荷物の無令状捜索は許されない，と判示された。この，押収した後に令状を得て捜索すべきだとする判断は，荷物を押収すれば証拠散逸の虞れはなくなり，令状入手の時間的余裕はあるとみて，「緊急捜索」を認めない立場に立つ。

　チャドウィック＝サンダースは，相当理由がある荷物がたまたま自動車に積み込まれたという事例であり，自動車自体には相当理由はなかったので，この場合は「自動車例外」には入らない。

　また，チャドウィック＝サンダースの判断は，荷物の押収時に相当理由があればその場で無令状捜索を認める先例[6]との一貫性に欠ける。

　(3)　第3は，(1)(2)の中間事例である，ロス[7]のような，自動車の「一部」であるトランク等に禁制品が積まれているとの相当理由があり，そのトランクを捜索したところ禁制品が入っていると思料される紙袋が発見され，これを無令状で捜索した事例である。ロスの類型は，自動車に，相当理由のある荷物が積み込まれた場合が問題とされた類型ではなく，また，自動車の特定部分には相当理由はなく自動車全体に相当理由のあったキャロルと異なり，「自動車の特定の一部」が禁制品の隠匿・保管のために使われ，そこから禁制品を隠匿している相当理由のある紙袋が発見された場合である。

　ロスは，「自動車全体に」相当理由があった場合だと判示し，キャロル[8]に

---

5)　Arkansas v. Sanders, 442 U.S. 753 (1979).
6)　Chambers v. Maroney, 399 U.S. 42 (1970).
7)　United States v. Ross, 456 U.S. 798 (1982).
8)　Carroll v. United States, 267 U.S. 132 (1925).

より,「自動車全体」の無令状捜索が許され,その自動車捜索の根拠となる相当理由を根拠に,自動車のあらゆる場所とその捜索の目的物を隠匿している可能性のある荷物の無令状捜索が許される旨判示した[9]。

本件少数意見は,ロスは自動車のどこかに禁制品がある場合だといい,ロス自体は「自動車全体に」相当理由があった場合だと判示するが,ロスは,情報提供者から,特定の自動車のトランクを使ってある特定の者が薬物取引をしているとの情報提供を受け,その情報を現場で確認した後にその車両を停止させ,トランクを無令状捜索し,そこから発見された紙袋を無令状捜索した事例であり,「自動車全体を捜索する」相当理由があるとのロスの法廷意見の判示は,このトランクを使ってなされた薬物取引との関連でなされている[10]。トランクとそこから発見された紙包みに相当理由の根拠を求める立場を前提とすると,そのトランクと「荷物」については,相当理由があり,令状入手の時間的余裕がないので,無令状捜索が許されるとはいえても,厳格にいえば,それ以外の場所については,禁制品が隠匿されているとの相当理由がなく,無令状捜索はできないとみるべきだろう。だが,ロスはそのような立場ではなく,自動車の一部に相当理由があれば,「自動車全体」の無令状捜索が許されるとの立場を採っている。この場合,「自動車例外」として「自動車全体の」「無令状捜索」まで何故許されるのかの原理的検討は示されていない[11]。

---

9) United States v. Ross, 456 U.S. 798, 824 (1982).
10) United States v. Ross, 456 U.S. 798, 817 (1982). ロスの法廷意見は,相当理由をこのトランクとの関連に求めている(法廷意見註22)参照)。ロスでは,自動車の前部座席で弾丸が発見され,さらに自動車の内部まで捜索したところグラブ・コンパートメントからピストルを発見したという事情が関係するが,法廷意見は,トランク部分及びそこから発見された荷物の無令状捜索の合法性に焦点を当てており,この弾丸発見に関する事情が自動車全体の無令状捜索の相当理由となるとは構成していない。
11) ロスの類型にあって,自動車「全体」について無令状捜索が許される理由が,令状入手の時間的余裕がないという「緊急性」にあるのか,それとも,プライヴァシーの合理的期待が低いことによるのかを明らかにすることなくロスが用いられてきた。

これらの先例は,「プライヴァシーの期待」が成立する領域に政府が侵入するには「実体要件（相当理由）」と「令状入手の時間的余裕がある場合の令状要件」の充足を求めるという，捜索・押収の原理の観点（後述 3．を参照）から判断した先例ではないが，① 自動車のどこかに禁制品があるとの相当理由がある場合の自動車全体の無令状捜索，② 相当理由のある荷物が自動車に積み込まれた場合の荷物の無令状押収捜索，③ 自動車の一部に相当理由がある場合の自動車全体及び荷物の無令状捜索，の 3 類型に区別し，①③ では自動車全体及び荷物の無令状捜索が許され，② では，荷物の押収だけが許されその捜索には令状を要する，との技術的区別をした。この区別自体は「明瞭な」線を引くものだとはいえる。だが，この区別を支える理由を考察すると「混乱」が生ずる。特に，② と ③ の類型の区別の理由が全く明らかでない。一般

「自動車の一部が薬物取引に使われている」との「相当理由」がある場合，自動車のような一体性の強い物であれば，他の部分について，薬物に関係する物があるとの相当理由があるとの立場を採ることもできないわけではないだろう。ロスでは，窓越しに見える部分から弾丸が発見された場合なので，そのこととの関連でも，自動車全体を捜索する相当理由があったといえる場合ではないか。

このような実体要件と令状要件及びその例外に焦点を当てた議論ではなく，自動車例外に影響された判断を示したのがロスであろう。

自動車のトランクに薬物が隠匿されてその自動車自体が薬物の頒布・販売のために使われていたロスのような場合ではなく，薬物が入っていると思料される相当理由がある荷物が自動車に持ち込まれた類型の場合には，その車両自体には，犯罪に関係する証拠が隠匿されていると思料すべき相当理由は欠ける。問題は荷物なのである。荷物それ自体について，無令状での押収と捜索ができるのかである。占有の利益を侵害する押収もさることながら，荷物の中身について無令状で見られプライヴァシーを侵害されることによる不利益が大きい。Katz v. United States, 389 U.S. 347 (1967) をはじめ，令状主義への傾斜を示してきた先例からすると，かかる場合に，令状主義との関係を如何に解すべきかが問われることになる。これが真の問題であるが，従来の判例は，自動車とのつながりに注目した結果，議論が混乱してきたといえよう。

押収はできるが捜索はできないとして無令状での捜索を認めない判断と異なり，本件では，緊急性がある場合の無令状捜索（緊急捜索）を認める判断を示した点がこれまでの先例と際だって異なっている。

的にいえば，②の類型では，押収後に令状を入手して捜索することを義務づけるのであれば，③の類型でも同様に荷物の押収後は令状入手の時間的余裕はあるのだから無令状捜索は許されないことになり，他方，③のロスのように，相当理由のある荷物を無令状捜索できるのであれば，サンダースでも無令状の荷物捜索が許されるとみるべきであろう[12]。また，相当理由のない自動車部分まで無令状捜索が許される理由が問われる[13]。捜索・押収の原理との関係を考えると説明できない「混乱」がここにはみてとれるのである。

　3．本件法廷意見は，このような，自動車と自動車に積み込まれた荷物の無令状捜索に関する先例の「混乱」を，「プライヴァシーの合理的期待」の認められる領域への政府の侵入について，「実体要件（相当理由）」と「令状要件」を検討する，捜索・押収の「原理」の観点から，整理・解決したといえるであろう[14]。法廷意見は，「実体要件（相当理由）」と手続要件たる「令状要件」を基礎に，自動車に積み込まれた荷物の無令状捜索を合法と判断し，「相当理由がある範囲」で，無令状捜索が許されるとの判断を示している。

　第4修正の「捜索・押収」があるといえるには，キャッツ[15]で示した「プライヴァシーの合理的期待」が認められることが要件となる。この期待が成立するには，①対象者が干渉を受けないという期待を有すること（プライヴァ

---

12) チャドウィックやサンダースの具体的事実は，荷物に関して以前から相当理由があった場合であるから，令状入手の時間的余裕のある場合であるといえる。
13) 註10) 参照。
14) 捜索・押収が一般探索的なものではなく，合憲であるための実体要件はより具体的には，①被疑者が犯罪を行ったと疑うに足りる相当理由，②捜索・押収対象場所・物がその相当理由に関連すること，③その相当理由のある物が捜索・押収場所に存在する蓋然性があること，であり，この要件の充足が要る他，さらに，胡魔化しや・後知恵の危険の抑制の観点から，令状の入手が可能であれば令状を入手することが必要となる。特に，Katz v. United States, 398 U.S. 347 (1967) 以降，後知恵抑制の観点から，令状要件が重視されてきている。See also United v. Ventresca, 380 U.S. 102 (1965). 実体要件及び手続要件に関し，特に，渥美東洋『刑事訴訟法』（新版）（有斐閣，1992年）59頁以下を参照。
15) Katz v. United States, 389 U.S. 347 (1967).

シーの主観的期待）と，②その期待を社会が認めるようなものであること（プライヴァシーの客観的期待）の双方の要件の充足が要る。①の要件は充たしても，②の要件を充たさない場合，憲法上の「捜索・押収」よりも緩やかな，不審事由に基づき，無令状の法執行活動が許されることになろう[16]。①②の要件をともに欠けば，プライヴァシーがないので実体要件たる不審事由さえも不要となろう。

本件は，①プライヴァシーの期待がない，窓越しに見える自動車の部品や，②通常の場合よりはプライヴァシーの合理的期待の程度が薄い「自動車それ自体」の，不審事由に基づく停止や，③不審事由を理由とする，憲法上の捜索に至らない，（内部を）一瞥する程度のプライヴァシーへの干渉（いわゆるcursory-inspection）に止どまる所持品検査等が問題とされた場合ではない。本件の荷物の捜索は，プライヴァシーの合理的期待への完全な意味での干渉（いわゆる full-blown search）がある場合である[17]。

本件の捜索・押収対象は，自動車それ自体ではなく，自動車に積み込まれた「荷物」であり，この荷物には，他から干渉を受けないとのプライヴァシーの合理的期待が成立しており，この期待を破って政府が干渉するには，実体要件

---

16) プライヴァシーの客観的期待（合理的期待）を欠けば令状が不要であることについて，*See e. g.,* California v. Greenwood, 486 U.S. 35 (1988)（ごみ収集用に出したごみの場合）。本書第18事件（山内香幸担当）；California v. Ciraolo, 476 U.S. 207 (1986)；Oliver v. United States, 466 U.S. 170 (1984)（open fields の場合）オリヴァーについて，『米国刑事犯例の動向Ⅳ』（中央大学出版部，2012年）435-443頁（第42, 43事件，安冨潔担当）；Florida v. Riley, 488 U.S. 455 (1989).（本書第17事件，成田秀樹担当）（住居の裏庭にある一部覆いのされた温室の空からの監視の場合）。プライヴァシーの主観的期待があると認められる場合には「不審事由」は要求され，令状要件だけを欠いてもよいとみるほうが合理的だと思われる。このような理解については，渥美東洋『刑事訴訟法』（新版）前掲59頁以下。

17) 内部を一瞥する程度の活動と完全な捜索との区別について，Arizona v. Hicks, 480 U.S. 321 (1987).（本書第25事件，中野目善則担当）のオコナー裁判官の反対意見参照。わが国では，米子銀行強盗事件（最3小判昭和53年6月20日刑集32巻4号670頁）及び大阪覚せい剤事件（最1小判昭和53年9月7日刑集32巻6号1672頁）がこの区別に関係する。

（相当理由）と，令状入手の時間的余裕がある場合の，令状の入手が必要となる。この観点から，本件では，相当理由はあるが，令状入手の時間的余裕がない緊急性があることを理由に，相当理由のある範囲での，無令状での荷物の捜索が許されると判示した[18]。法廷意見は，「相当理由がある範囲に限って無令状で捜索が許され，相当理由がある範囲を超えて自動車全体を捜索することは許されない」と判示し，また，「プライヴァシーの期待の点でも緊急状況の点でも，ロスの紙袋の場合と本件の紙袋の場合とでは原理上の差はない」と判示して，右の実体要件と令状要件に関する理解を前提とすることを示している。

　法廷意見が，本件判断を「『自動車』捜索」に関する判断であるかのようにいう点は，議論を混乱させるものだろう。本件法廷意見は，キャッツの「プライヴァシーの合理的期待」の観点から考察しているのであり，それを離れて，「自動車」それ自体の例外を論じているわけではない。

　4． さて，以上の捜索・押収の原理的観点から先例を振り返って検討してみよう。これは同時に少数意見の検討にもなる。

　キャロル[19]は自動車のどこかに禁制品があるとの相当理由があり，令状入手の時間的余裕のない場合ととらえることができる。

　ロス[20]の場合は，トランク開披の相当理由と緊急性があり，トランクの中の紙包みについても，相当理由と緊急性がある。だが，自動車全体について捜索ができるかのようにいう点は，相当理由のない部分についてまで「捜索」で

---

18) 本件法廷意見は，キャロル及びロスが本件の先例であると判示するが，実質は実体要件と手続要件の充足時に限って捜索・押収が許されるとする原理を重視した判断であると解することができる。事実類型との関連でみれば，トランクが薬物取引に使われ，そこから紙袋が発見されたロスよりも，相当理由のある荷物が自動車に積み込まれた，チャドウィックやサンダースに類似しているともいうことができるが，手続要件の観点から，緊急性を理由とする「無令状捜索」を認めるべきであるとする判断に近い先例は，無令状捜索を認めないチャドウィックやサンダースよりも，ロスになるだろう。

19) Carroll v. United States, 267 U.S. 132 (1925).
20) United States v. Ross, 456 U.S. 798 (1982).

きることになり，憲法の許容範囲を逸脱するものだろう。「相当理由のある」紙袋の部分まで捜索できることを強調する趣旨でそのように言ったととらえれば，無令状捜索の範囲は相当理由のある範囲に限定されることになろう。ロスは相当理由のある範囲で捜索できることを強調してもいる[21]。

荷物を無令状で押収することは認めるが無令状で捜索することは認めないチャドウィック[22]やサンダース[23]の判断は，以上の捜索・押収の原理から見ると，それを維持することは困難であろう。緊急性を理由に相当理由がある物の押収現場での無令状捜索を認めることは，捜索・押収の原理に適っている。

相当理由がある場合の無令状捜索に関し，プライヴァシーの合理的期待の点でも，緊急性の点でも，目に見えない自動車部分と荷物とを区別できない。荷物の場合であれ，持ち去りの危険があり，緊急性がある点では自動車と同様である。実体要件の充足と緊急性を前提に，押収後に捜索令状を入手してから捜索すべきだとするサンダース法理を変更した本件法廷意見は，捜索・押収に関する原理的判断から，無令状捜索を判示したものである。本件でのサンダースの変更は，法廷意見が捜索・押収に関する「原理的検討」に移ったことを如実に示すものである。

荷物に自動車が関係する場合を廻り，キャロル以降，チャドウィック，チェンバース，ロスと一貫性が欠けると思われる判断が下されてきた背景には，捜索・押収について，捜索・押収の原理に関する把握が十分ではなく，個別例を中心に判断されてきたことにあろう。捜索・押収の原理は，相当理由を中心とする捜索・押収の実体要件と，令状要件という手続要件を内容とし，手続要件については，令状入手の時間的余裕がない場合には，その例外を認めるという観点から定められていることを考慮した，捜索・押収の原理を踏まえた判断を本件法定意見は示して，先例の混乱を解消し，緊急性の観点から無令状捜索を肯定した判断を示した。個別具体的先例を挙げる傾向が強いとはいえ，キャロ

---

21) United States v. Ross, *supra,* at 823-825 (1982).
22) United States v. Chadwick, 433 U.S. 1 (1977).
23) Arkansas v. Sanders, 442 U.S. 753 (1979).

ル以降の判例をこのような観点から整理して，一貫性を以て判断する基礎が提供されたと評価することができよう。法執行機関もどのような対処が許されるのかについて，混乱せずにすむ判断しやすい基準が提供されたといえる。

スティーヴンズ裁判官の少数意見には，先例の採る令状要件の「例外」を維持する立場に立つが，容器も，持ち去りの危険があり，可動性の点で，自動車と本質的に区別できない点についての考慮に欠ける。また，爆発物などが入っている危険がある場合にまで，インパウンド後の令状による捜索を求めるのだろうかという疑問が残る。

法廷意見は，依然として従来の「令状要件の『例外』」に拠るのか否かを明言していないが，実質的には，従来の例外に拠る立場を捨て，実体要件（相当理由）を手続要件たる令状要件を基礎とする捜索・押収原理に照らして，自動車内で発見された容器の無令状捜索の可否を判断する立場を採用したものといえる。これまでの先例の認めた令状要件の「例外」は，原理的観点から検討して認められたものではなかったが，今後は，捜索・押収原理の観点から令状を要件としない場合の検討が進められることになるだろう。

5．合衆国最高裁が，これまで「緊急捜索・押収」を捜索・押収の原理との関連で正面から検討せずに済ませることができたのは，① 自動車は家とは全く異なる例外的取扱いがされてきており，その例外と関連させて一定範囲で無令状捜索が認められてきたこと[24]，② 重罪について無令状逮捕の原則が採られており[25]，この逮捕に伴う捜索・押収として証拠の捜索を行えること[26]，③ また，前述のようにインパウンド制度[27]があり，令状入手の間の証拠の散逸を懸念せずに令状の入手ができること，等の事情があり，「緊急捜索・押収」を認めなくともそう大きな不都合が法執行に生ずるわけではないという背景があ

---

24) *See,* Carroll v. United States, 267 U.S. 132 (1925)；United States v. Ross, 456 U.S. 798 (1982).
25) United States v. Watson, 423 U.S. 411 (1976).
26) New York v. Belton, 453 U.S. 454 (1981).
27) *See,* United States v. Chadwick, 433 U.S. 1, 19.

るからである[28]。

　6．本件のような事例にあって，自動車に積み込まれた「荷物」の無令状捜索の合法性を説明する方法としては，本件法廷意見が選択した方法以外に幾つかの方法が考えられる。

　①「自動車」に関する場合として，「自動車例外」と構成する立場[29]，②逮捕に伴う無令状捜索と構成する方法[30]，③令状要件によるのではなく，「合理性」を基準に無令状捜索の合法性を考慮する方法[31]等，種々の構成が考えられるが，本件法廷意見は，以上の①～③のような構成ではなく，プライヴァシーの合理的期待の有無及びその程度を基礎に，その期待が認められる領域に干渉するか制限するための要件である，実体要件と令状要件の観点から検討を加えるという，捜索・押収に関する，原理的な立場から検討を加えている。この点にも，法廷意見が原理的整理に移っていることが示されているといえる。

　前述のように，「自動車例外」として自動車全体についての無令状捜索が許

---

28) これに対し，わが国では，このような背景は欠ける。重罪の無令状逮捕を認めておらず，インパウンド制度もない。「自動車例外」という考え方も一般的でない。ここでは，「緊急捜索・押収」を認めなければ，法執行に大きな不都合が生ずる。

　わが国では，麻薬の所持・譲渡を理由とする逮捕目的での家庭への立入りと，それに伴う，被逮捕者不在の間の無令状捜索・押収について，最高裁（最大判昭和36年6月7日刑集15巻6号915頁）は，その被疑者が後に帰宅し逮捕されたことを挙げて，逮捕と無令状捜索・押収の「時間的接着」を理由に「逮捕に伴う捜索・押収」であり合憲だと判示したが，反対意見がいうように，被逮捕者の帰宅の有無という偶然に捜索・押収の合法性がかかるのは不合理である。

　このような事情があるために，わが国では，「緊急無令状捜索・押収」の許否を原理的観点から検討し，その限界を画することが是非とも必要であったといえる。

29) *See,* Carroll v. United States, 267 U.S. 132 (1925).

30) *See,* New York v. Belton, 453 U.S. 454 (1981).「直接コントロール」できる範囲で，逮捕に伴う無令状捜索を認めたシーメル（Chimel v. California, 395 U.S. 752 (1969)）との関係が問題になるが，この捜索・押収の範囲を拡げてきているのが合衆国の傾向である。*See also,* LAFAVE, SEARCH AND SEIZURE, vol. 2. § 6.3 (c). Second ed., 1987.

31) 本件でのスカリーア裁判官の意見や，合理性を基準に判断した以前の先例United States v. Rabinowitz, 339 U.S. 56 (1950) を参照。この立場は現在の合衆国最高裁の立場ではない。註14）参照。

されるとみるのは，自動車内の目に見えない部分についてのプライヴァシーの合理的期待を認めない考え方に通じ妥当とはいえないであろう。自動車の内部，トランク，そのトランク内の荷物，外観しか見えずその中味が推測はできても判明しない荷物等には，プライヴァシーの合理的期待があるとの前提で，その期待を破るか制限する事由を検討する必要があろう。

　逮捕に伴う捜索・押収という構成は，「被逮捕者が直接コントロールしている範囲」を厳格に解して，物理的支配下の範囲だとすると，逮捕後の捜索が許される範囲は相当に狭まり，トランク等についてまで捜索できないことになりかねず，また，逆に，捜索・押収の原理と関連させなければ，不必要に広い範囲まで，無令状捜索が許されることにもなりかねない。

　先例によると第4修正第1文の「合理性」は「令状要件」とは独立の要件とは解されず，令状入手の時間的余裕のない類型で働く要件と解され，令状を入手する時間的余裕のある場合に令状要件を充足しない場合の捜索・押収は第1文の「不合理なもの」となる，と解されるようになってきており[32]，令状要件の機能は恣意的な判断や後知恵 hindsight judgement の抑制にあると解されてきている。スカリーア裁判官のような理解は令状制度に関する先例の理解とは異なる。

　7．本件は，コントロールド・デリヴァリーの事例である。

　コントロールド・デリヴァリーを扱った事件にアンドレアス[33]があるが，アンドレアスでは，本件と異なり，コントロールド・デリヴァリーに付された荷物を税関から一旦受け取った者が家屋に入り再び出てきた際に同じコンテナを持って出てきた事例であり，税関での検査により既にプライヴァシーの期待はなくなっており，この期待が復活しないことを理由に，家屋から出てきた者が所持する荷物の検査は捜索には当たらず，捜索令状によることを要しないと判示された。

---

32) 註14）参照。
33) Illinois v. Andreas, 463 U.S. 765 (1983)（渥美東洋編『米国刑事判例の動向Ⅳ』（中央大学出版部，2012年）512頁（前掲第51事件，中野目善則担当）。

本件ではこの事例とは異なり，連邦薬物取締官により中身が薬物であることが知られた荷物を一旦受取人が受け取り，包みを捨てており，住居に入った後に持って出てきた荷物は，フェデックスのオフィスで受け取った荷物と形状が異なっており，プライヴァシーの合理的期待があるという前提で扱う必要があろう。コントロールド・デリヴァリーの開始段階で，既に荷物の中身は判明している場合，途中でその中身が入れ代わった蓋然性がなければ，新たなプライヴァシーの合理的期待は発生しないとみて，無令状で開披できると構成することもできるが，本件のように，一旦アパートの中に入り，数人の者が出入りしているような状況で，荷物の外観も異なっている場合には，既に開披され中身が判明している物それ自体であるとみることには無理があり，プライヴァシーの合理的期待はあるので，それを破るか制限する理由が要ると考えるべきであろう。したがって，無令状捜索・押収には，捜索・押収の実体要件と緊急性の例外に当たる場合でなければならないことになる。

　8． 無令状の捜索・押収は，逮捕に伴ってなされる場合が多いが，本件では，逮捕に伴わない無令状の捜索・押収を認め，緊急捜索・押収を第4修正の下で認める判断を示した点が注目される。第4修正の解釈を通して，混乱を重ねつつも，捜索・押収を支える原理的視点を探求し，はっきりとわかる形で明示されているわけではない緊急捜索・押収を認めた本件の判断には，注目すべき法解釈の視点が含まれていよう。

　最後に，本件の法廷意見の記述から，改めて，本件法廷意見は，実体要件と手続要件を踏まえた緊急捜索を認めた判断であることを確認しておこう。

　「キャロル（Carroll v. United States, 267 U.S. 132 (1925)）では，（自動車等の）可動物捜索にあっては，令状入手の時間的余裕がないことを理由に，令状要件の例外が妥当することを確立し，自動車内に犯罪の証拠が存在する相当理由があり，自動車が立ち去る虞れがあるという緊急状況がある場合の無令状捜索は，第4修正に反しないと判示した。」とキャロルを位置づけて，相当理由と緊急性を踏まえた視点から解釈し，他方，相当理由がある荷物が自動車に積み込まれたときに，無令状押収はできるが無令状捜索はできないとするチャドウ

ィック＝サンダース法理を変更して，「本件では，トランク在中の紙袋にマリワナが存在するとの相当理由があるので，紙袋の無令状捜索は許される。禁制品が自動車の他の場所に隠匿されているとの相当理由がない場合だから，自動車全体を捜索する相当理由はなく，自動車全体の捜索は第4修正にいう不合理な捜索・押収となる」と結論づけて，相当理由との関連を重視し，荷物の場合も，隠匿・破壊の危険があることを理由に，緊急性があることを肯定し，車両に積み込まれた荷物について無令状の緊急捜索を認めている。

(中野目　善則)

35. Wyoming v. Houghton, 526 U.S. 295 (1999)

アメリカ合衆国憲法第4修正の令状要件に対するいわゆる「自動車の例外」を同乗者の所持品にまで及ぼすことを認めた事例。

《事実の概要》

ワイオミング州の警察官が州際道路を走行中の本件自動車を速度違反とブレーキ・ランプの整備不良とを根拠に停車させたところ，同車の前部座席に男性の運転者と同乗者である被申請人 Houghton ら2名の女性が乗っていた。警察官は運転者のシャツのポケットに注射器が入っているのを見て用途を尋ねたところ，同人は薬物摂取のために用いる旨返答した。これを受けて警察官が車室内を捜索したところ，後部座席にあった被申請人の所有にかかる婦人物ハンドバッグの中に財布が2個あったが，そのいずれにも薬物包装用袋と正体不明の液体を発見した。一方には重罪に相当する量の覚醒剤入りの注射器が入っており，他方には重罪には相当しない量の覚醒剤入りの注射器が各々入っていた。また，警察官は被申請人に真新しい注射痕があることを発見した。被申請人は重罪としての覚醒剤所持の罪で訴追された。

被申請人は，公判前にハンドバッグの内容物の証拠排除の申立をした。本件捜索当時，運転者のみが犯罪行為の嫌疑を持たれていたのであり，ハンドバッグが運転者の所持品でないことは明らかであったのだから，ハンドバッグ内の捜索には相当理由が欠けていたというのがその主張である。公判裁判所はこの申立を斥け，一旦警察が本件自動車の捜索に関する相当理由を得た後は，捜索対象物を収納し得る車内の容器は全て捜索の対象となったのである旨判示した。しかしワイオミング州最上級裁判所は，この判断を破棄した。その論拠は大要，以下の通りである。合衆国憲法第4修正の令状要件に関する合衆国最高裁判所の先例によれば，ある人又は場所に対する捜索令状はその者の同行者やその住居への来訪者には及ばない。そこで，目的物が同乗者の所有又は占有に属することを警察が知り，又は知り得べき場合には，同乗者の所持品に捜索対

象物が隠匿されたと思料される場合を除いては，ある自動車の運転者がある罪を犯していたという相当理由があっても同乗者の所持品の捜索を許容するには不十分である[1]。

これに対して，ワイオミング州からサーシオレイライの申請があった。

《判旨・法廷意見》

破棄

1．スカリーア裁判官執筆の法廷意見

本件で車内に禁制品がある旨の相当理由を警察官が認識していたことに争いはない。自動車等の中に禁制品があるとの相当理由がある場合には無令状での捜索が許容される。合法的に停止させられた自動車の捜索が相当理由で正当とされる場合，当該自動車のあらゆる部分，及び，捜索対象物が隠匿されているであろう積載物の捜索が許容される。Rossの事案では同乗者はおらず，トランク内の容器は運転者以外の者の財物ではなかった。しかしRossは同乗者の所持品の無令状捜索を除外する判断ではない。Rossによれば，捜索対象物の所在について相当理由のある場所と捜索対象物とによって，無令状の捜索が許容される範囲が定まる。Rossを含めて先例によれば，容器の積載物の扱いを所有権の所在によって区別してはいない。禁制品の捜索について自動車に関し，相当理由がある場合には個々の対象物への個別の相当理由を示すことなしに，積載物を警察官が調べることには合理性が認められる。同乗者の所持品は，運転者の所持品やグラブ・コンパートメント等の空間と全く同様に自動車の内部なのである。本件警察官は車内の禁制品の捜索に関して相当理由を有していたのである。同乗者は運転者と同様に，車内に持ち込んだ財物との関係でプライヴァシーを減縮されている。その反面，本件での政府側の利益は相当量に達している。効果的法執行は，禁制品又は刑事事件の証拠が車内に隠匿されていた場合には，同乗者の所持品を捜索することなしには達成不可能である。

---

1) Wyoming v. State, 956 P 2d. 363 (Wyo. 1998).

また，自動車が発進可能な状態は，令状を入手する間に証拠や禁制品が永久に失われてしまう危険をもたらす。同乗者はしばしば運転者と気脈を通じて不正行為からの生成・取得物件や証拠を隠匿することに共通の利益を有する。犯罪者は車内の他の容器と同様に，同乗者の所持品についても中に禁制品を隠匿することが可能なのである。同乗者と運転者が気脈を通じていること，又は運転者が同乗者の所持品の中に証拠若しくは禁制品を隠匿する機会があったことの積極的証明を要件とするならば，証拠・禁制品を発見する可能性は激減してしまう。積載物が同乗者の物であることを警察官が知り又は知り得べき場合には，無令状捜索が許されないとするワイオミング州最上級裁判所の見解は，排除申立や種々の訴訟の泥沼化を招き，法執行を挫折させるものである。何故，同乗者の所持品だけを保護するのかは困惑を禁じ得ない。被申請人が運転者と共に乗車していたという事実は，両名が一味であると思料する根拠を強めるものである。また Ross のように自動車の押収に関する多くの事例では，押収物の所持人の割出しは事後に警察署で行われるものである。警察官が禁制品が車内に存在すると思料する場合には，その所持人が同乗者としてその場にいると否とにかかわらず，本件のような容器は捜索可能なのである。

2．ブライア裁判官の補足意見

若し警察がいかなる場合にも容器の捜索に先立ってその所持人を確定しなければならないならば，Ross で確立された法理の実効性が台無しになってしまう危険性がある。もとより Ross は自動車内で見つかった容器にのみ適用され，人の身体には及ばないものである。本件捜索対象物は，女性物のハンドバッグではあるが，その一事を以て人の身体と同じに扱う必要はない。捜索当時，誰も異議を唱えなかったことにも注目すべきである。

3．スティーヴンズ裁判官の反対意見（スーター裁判官，ギンズバーグ裁判官参加）

合衆国憲法第4修正の自動車例外に関する先例の事案は，Di Re を除いて全て自動車運転者自身がその対象物の所持人であった。そして，同乗者が被告人となった唯一の事例である Di Re においては，令状要件の例外は適用されては

いない。法廷意見は運転者と同乗者とを区別する立場を離れて、衣服に所在しているのか所持品内に所在しているのかという新たな法理を作り出した。しかし、同乗者のハンドバッグ等の捜索は、Di Re の事案と同様に重大なプライヴァシー侵害であることは明らかである。法廷意見のアプローチは先例に依拠していないものである。Ross においては、トランク内に容器が所在するとの相当理由が自動車全体の捜索を正当化するものではないと判示していたのである。また、運転者と同乗者とが空間を共有するということだけで、両名が犯罪の共犯であると推定することや、あるいはハンドバッグ内のプライヴァシーを無視して良いという根拠になるとは思われない。最低限度、警察官は本件ハンドバッグ内に禁制品があるとの相当理由を持っていなければならなかった。警察官には自動車の同乗者の所持品の捜索に令状と個別の相当理由を要するという法理を適用する能力がある筈だと私は確信している。法廷意見は本件に合衆国憲法第 4 修正の通常の原理を適用することなしに、運転者の違法行為に基づいて同乗者の所持品の捜索を許容するために自動車の例外を拡張している。

《解　説》

本件では、運転者への犯罪嫌疑に基づく自動車に対する無令状捜索が同乗者の所持品にも及ぶか否かが問われている。

1．合衆国最高裁判所は、合衆国憲法第 4 修正の令状要件の例外として、適法な逮捕に伴う例外・押収対象物の現認による例外（plain view の例外）・職務質問に伴う所持品検査・同意による例外・緊急性の例外という類型を認めてきたが、自動車の捜索も合衆国憲法第 4 修正の令状要件の例外として重要な類型である[2]。

2）　自動車の例外がアメリカ合衆国最高裁判所の判例の中で形成・展開されてきた過程については、香川喜八朗「自動車に対する捜索・押収(1)(2 完)」新報 94 巻 11=12 号 1 頁以下・同 95 巻 1＝2 号 1 頁以下、洲見光男「自動車に対する無令状捜索・差押の適法性」判タ 802 号 51 頁以下及び清水真「自動車同乗者の所持品と無令状捜索押収」東亜 6 号 55-72 頁を参照。

合衆国最高裁判所において Caroll 以降[3],自動車の内部に対して無令状捜索・押収が認められてきた背景には,自動車が法禁物の運搬や犯人の逃走に用いられやすい性格を有すること,高速走行によって容易に異なる法域に逃れることが可能であることを根拠としてきた他,Carney[4]以降は自動車が登録・免許・定期検査等の法的規制を前提に走行を許された存在であってプライヴァシーの合理的期待が低いこと等を根拠とする。そして,合衆国最高裁判所は自動車の可動性だけではなく,プライヴァシーの期待の減少という点を強調する傾向が近年強まっていると指摘する声もある[5]。車内の無令状捜索の可否に関しては,Ross 判決において,自動車の無令状捜索が許される範囲は令状に基づいて捜索する場合と同一であって車内の遮蔽空間であるグラブ・コンパートメント等のあらゆる空間や容器の捜索も許されると判示した[6]。

他方で,Chadwick[7]・Sanders[8]では,車内にある荷物等は自動車よりも大きなプライヴァシーの期待を認め得ること,車内にスーツ・ケースがあったというだけではプライヴァシーの期待が減少することはないので捜索には令状を要すること等と判示していた。しかし,Acevedo[9]において判例を変更し,車内

---

3) Caroll v. United States, 267 U.S. 132 (1925).

4) California v. Carney, 471 U.S. 386 (1985).この判決の解説・紹介として,渥美東洋編『米国刑事判例の動向Ⅳ』(中央大学出版部,2012 年)415 頁(第 40 事件,前島充祐担当),鈴木義男編『アメリカ刑事判例研究第 3 巻』(洲見光男担当)48 頁以下がある。

5) *e.g.*, Wayne R. LaFave, Jerold H. Israel, Nancy J. King, CRIMINAL PROCEDURE. 3rd. ed. vol. 2, pp. 276-278.

6) United States v. Ross, 456 U.S. 798 (1982).この判決の解説・紹介として,渥美・前掲註 3),373 頁(第 36 事件,香川喜八朗担当),鈴木義男編『アメリカ刑事判例研究第 2 巻』(洲見光男担当)44 頁,喜多村洋一・ジュリスト 809 号 83 頁がある。

7) United States v. Chadwick, 433 U.S. 1 (1977).本件について,渥美・前掲註 3),356 頁(第 34 事件,中村明寛担当)参照。

8) Arkansas v. Sanders, 442 U.S. 753 (1979).この判決の解説・紹介として,渥美・前掲註 3),356 頁(第 34 事件,香川喜八朗担当),鈴木義男編『アメリカ刑事判例研究第 1 巻』(原田保担当)80 頁がある。

9) California v. Acevedo, 500 U.S. 565 (1991).この判決の解説・紹介として,本書第

に積載されている容器を捜索する場合には令状を要しないという見解を採るに至っている。

　2．もっとも，Acevedo を前提としても，本件の場合には，同乗者の携帯品の捜索という別個の問題が残る。法廷意見の説くように，一般論としては，同乗者が運転者と気脈を通じて証拠や法禁物を隠匿する蓋然性はあろうが，警察官は証拠隠匿行為を現認した訳でもなければ，同乗者の素振り等に証拠隠匿を疑わせる具体的な事実もなかったようである。また，本件事案では，同乗者自身が規制薬物を所持又は使用していることを疑わせる相当理由も見出だせなかったようである。このように考えれば，むしろスティーヴンズ裁判官の反対意見の方が説得的であるようにも思われる[10]。

　他方で，薬物が蔓延している米国の社会状況を前提にすれば，運転者が規制薬物を使用していることが判明した段階に至っても，同乗者の所持品を一切捜索することができないというのでは不合理である旨という見方も有力である[11]。法廷意見は，この見方に従ったものといえよう。

　いずれにせよ本判決は，あくまでも高速走行性とプライヴァシーの期待が低いという自動車の特性と，被疑事実が薬物事犯であったという事情が大きく影響しているものと理解すべきであろう。従って，例えば被疑者の居住・勤務又は管理する建造物内に居合わせた第三者の所持品に対しても本判決の法理に基づいて捜索の効力を及ぼすこと等は許容されないものと考えるべきであろう。来訪者は，訪問先との関係では自己の所持品のプライヴァシーをある程度減縮されているといえるが，それは捜索活動のために訪れた官憲との関係においてもプライヴァシーを減縮されることまでも意味するものではないからであ

---

　34 事件（中野目善則担当），洲見光男・アメリカ法 1993 年 2 号 120 頁以下等がある。

10）　本判決に批判的な評釈としては以下のものがある。*The Supreme Court-Leading Cases,* 113 HARV. L. REV. 255 (1999)., David E. Steinberg, *The Drive Toward Warrantless Auto Searches : Suggestions from a Back Seat Driver,* 80 Boston Univ. L. Rev. 545 (2000).

11）　ALI Model Code of Pre-Arraignment Procedure, §§ 260. 3 (2) (1975). at 551-52.

また，反対意見が言及している Di Re の事案は[13]，運転者の身柄を拘束した際に，警察官が同乗者をも警察署に連行して衣服を捜索したというものであって，本件のように車内に積載されていた所持品を捜索したというものとは事案を異にし，先例としての意義を持たないものと解すべきであろう。

（清水　真）

---

12)　privacy は同一場所に多層的に存在し得るという観点から理解すべきであろう。渥美東洋『刑事訴訟における自由と正義』169 頁以下。
　　尚，場所に対する捜索の効果が居合わせた者の所持品に及び得るかに関する米国判例を詳細に分析した文献として，井上正仁「場所に対する捜索令状と人の身体・所持品の捜索」『松尾浩也先生古稀祝賀論文集下巻』131 頁以下がある。

13)　United States v. Di Re, 332 U.S. 581 (1948).

9　没収対象物の無令状押収

36.　Florida v. White, 526 U.S. 559 (1999)

　規制薬物の運搬の用に供された自動車を差押・没収することができる旨規定するフロリダ州法に照らして，ある自動車が差押・没収対象物であるとの合理的根拠（probable cause）を警察官が有している場合には，公共空間に駐停車中の当該車両を無令状で差し押さえても合衆国憲法第4修正に違反しないと判示された事例。

《事実の概要》
　1．警察官は，申請人 White が自己の自動車を用いてコケインの運搬をしているところを3度にわたって現認し，それにより同車両がフロリダ州の法禁物没収法[1]に照らして没収対象物に該当すると信ずべき合理的根拠（probable cause）を得るに至った。数ヵ月後，警察官は申請人を上記薬物事犯とは関連性のない事件に関して勤務先にて逮捕した。同時に，警察官は前記フロリダ州法に基づき，無令状で申請人の車両を差し押さえた[2]。引き続いて実施されたインヴェントリィ・サーチで，警察官は灰皿の中のクラック・コケインを発見し，これに基づいて申請人は規制薬物の所持による州法違反で起訴された。
　所持罪の公判において申請人は，車両の無令状差押が合衆国憲法第4修正に違反しているので，コケインは毒樹果実であると主張し，インヴェントリィ・サーチの際に発見された証拠の排除を申し立てた。公判裁判所は，陪審による有罪評決の後，この申立を棄却した。

---

1)　Fla. Stat. § 932.703 (1)(a).
2)　事前の令状審査についての規定はなく，むしろ事後の対審手続が規定されていた。See, Fla. Stat. § 932.703 (2) (a).

州の控訴裁判所も，この棄却決定を確認した[3]。

　しかし州最上級裁判所は，緊急状況ではない場合，法禁物の没収に関する法律違反に関して差押をするには事前に令状を得なければならないと判示して，控訴裁判所の判断を破棄・差戻した[4]。これは，類似の事案における合衆国第11Court of Appealsの判断[5]と対立するものであったこと等から，サーシオレイライが発せられた。

《判旨・法廷意見》
　破棄・差戻し
　1. トーマス裁判官執筆の法廷意見
　官憲の行為が合衆国憲法第4修正に違反するか否かを判断するに際して，当裁判所は同条項の起草当時の観点に立って考察をして来た。Carrollでは，自動車内に禁制品があると信ずべき合理的根拠を官憲が抱いた場合には，自動車の捜索と禁制品の押収に先立って令状を入手することは憲法上の要請ではない旨判示した。これは合衆国憲法第4修正が採択された当時の連邦の法執行に根差している。また，当時の連邦議会で制定された諸法律では，住居等に隠匿されている没収対象物と，捜索令状の及ばない地点に直ちに移動し得る船舶等に隠匿されている物件との間には，捜索令状を入手する必要性に差異を設けていた。
　本件でフロリダ州最上級裁判所は，Carroll法理に従いつつも，禁制品を隠匿していることを具体的に知った上での可動物件の急を要する捜索と，違法行為に過去の一時期供用されていた可能性のある自動車の裁量的没収との間には大きな差異があることを根拠に，本件差押を違法と判示したが，首肯し得ない。Carroll法理の原理や合衆国憲法第4修正が採択された当時に制定された連邦法に照らせば，本件無令状差押は合衆国憲法第4修正違反ではないという結論となるのである。被申請人車両に禁制品が積載されているというprobable

---

  3) White v. State, 680 So. 2d 550 (1996).
  4) White v. State, 710 So. 2d 949 (1998).
  5) United States v. Valdes, 876 F. 2d 1554 (CA11 1989).

cause を警察が有していなかったとしても，当該自動車自体がフロリダ州法上，禁制品に該当する旨の probable cause を警察が有していたことは確実なのである。

更にまた，合衆国憲法第4修正の運用上，公共空間（公道・屋外駐車場等）においては無令状の逮捕や押収が幅広く認められることで，令状を必要とする住居内の処分との差異が確立してきたのである。同様に，押収対象物が凶器又は禁制品である場合には，無令状での差押を許容する法理が定着している（Payton v. New York, 445 U.S. 573 (1980)）。当裁判所は，連邦官憲による徴税手続に際して公共空間での無令状での自動車の差押はプライヴァシー侵害に該当しない旨判示しているところ，本件の事案はこれに極めて類似しているのである。

2．スーター裁判官の補足意見（ブライヤー裁判官参加）

ある州の法規で「禁制品」であると規定してしまいさえすれば何であれ，当該差押処分が公共の場でなされたか否かに関わりなく，無令状処分を一般的に認めるようなことは当裁判所の先例ではないのだという読み方をする限度において，法廷意見に賛成する。

3．スティーヴンズ裁判官の反対意見（Ginsburg 裁判官参加）

アメリカ合衆国憲法第4修正は，プライヴァシーと共に財産権をも保障し，捜索のみならず押収をも扱っているのであるから，本件の事実関係の下においても中立な令状裁判官の関与が原則として必要となる。

法廷意見が依拠している合衆国独立当時の関税検査実務の歴史などは，本件の無令状差押を正当であると考える根拠としては薄弱であるし，自動車所有者が身柄拘束された後の本件無令状処分時には証拠湮滅や自傷他害の危険はないので緊急性があったとは認められない。

過去の一時期禁制品の運搬の用に供されていた本件自動車に対する処分は，警察の裁量権を拡大するよりはむしろ，中立的な令状裁判官による証拠評価の必要性をこそ強調する根拠となるであろう。法執行官が probable cause に基づいて捜索を実施した場合とは異なり，過去の犯罪に関しての時機に遅れた差押

処分は，当該事件とは無関係な者に対して深刻な権利侵害を及ぼす危険性もある。令状要件の履践によって生じる多少の執行の遅延は甘受すべきである。

《解　説》
1．証拠物の捜索・押収と没収対象物の差押

本件においては，当該自動車内に証拠が存在するという probable cause もなく，証拠湮滅や被逮捕者による自傷他害を防ぐという緊急性もない状況下での無令状差押が，証拠物の捜索・押収としてではなく，犯罪供用物件の没収のための差押という形で合憲性を認められた。法廷意見は，証拠の捜索・押収の場合とは異なるのだから，無令状差押の当時，当該自動車内に禁制品が存在していたという probable cause は不要であって，過去の一時期，当該自動車が犯罪供用物件であったが故に当該自動車自体が没収対象物でありさえすれば，州法に基づく無令状差押はアメリカ合衆国憲法第4修正制定当時の他の法令との対比上も，合憲性が認められるものと判示した。

これに対して反対意見が，合衆国憲法第4修正は，捜索だけではなく差押をも扱い，プライヴァシーのみならず財産権をも保護する旨言及したのは，証拠物の捜索・押収処分と没収のための差押処分との差異から本件無令状処分を合憲とする法廷意見の論理を攻撃する狙いがあった訳である。

2．緊急性の要否

アメリカ合衆国では，偶然に禁制品を発見した場合には，当該没収対象物を差し押さえることができるものとされてきた[6]。そこには，逮捕に伴う例外[7]，自動車の例外[8]，現認性の例外[9]，緊急性の例外[10]等と同様に，令状入手の時間的余裕が欠如していること，及，証拠や禁制品の隠匿破壊の危険性があるこ

---

6) Roaden v. Kentucky, 413 U.S. 496 (1973).
7) Chimel v. California, 395 U.S. 752 (1969).
8) Caroll v. United States, 267 U.S. 132 (1925).
9) Coolidge v. New Hampshire, 403 U.S. 443 (1971).
10) Schmerber v. Bustamonte, 384 U.S. 757, (1966).

とが少なくとも共通項として考慮されていたように思われる[11]。このような判例法理にも拘らず，事前に十分に令状入手の時間的余裕があったものと推察される本件において無令状での自動車の差押がなされたことには批判的見解もある[12]。

また，連邦法域における非刑事的没収のための保全手続に関してではあるが，緊急状況にない限り無令状による処分はアメリカ合衆国憲法第4修正違反となる旨判示する裁判例[13]と，そのような無令状差押処分も合衆国憲法第4修正の下で許容される旨判示する裁判例[14]とが対立していることも無視し得ない。

このように，本件における無令状での自動車の差押には種々議論の余地がある。しかし，申請人 White が別事件で逮捕されたことを共犯者その他の者が知るところとなれば，仮に，当該自動車内に規制薬物事犯の証拠が残っている場合には，当該自動車自体の破壊・持ち去りの危険性があったこともあながち否定することはできまい。

ところで，法廷意見が引用するように，合衆国最高裁判所は，租税滞納処分の執行として公共空間に駐車中の被処分者の自動車を無令状で差し押さえた措置については，アメリカ合衆国憲法第4修正違反には当たらない旨，全員一致で判示している[15]。事実関係が比較的類似していると思われる双方の事件にお

---

11) このような見方をするものとして，清水真「自動車同乗者の所持品と無令状捜索・押収」東亜6号62頁，安冨潔『ハイテク犯罪と刑事手続』（慶應義塾大学出版，2000年）35-36頁等がある。

12) *See,* David E. Steinberg, The Drive Warrantless Auto Searches : *Suggestions from a Backseat Driver,* 80 Boston. Univ. L. Rev. 545, 574 (2000).

13) *e.g.,* United States v. Linn, 880 F. 2d 209, 215 (9th Cir. 1989).

14) *e.g.,* United States v. Valdez, 876 F. 2d 1554, 1560 (11th Cir. 1990).

15) G. M. Leasing Corp v. United States, 429 U.S. 338 (1977).
　　この判決の邦語による解説・紹介として，渥美東洋編『米国刑事判例の動向Ⅳ』（中央大学出版部，2012年）187頁（第18事件，中野目善則担当），鈴木義男編『アメリカ刑事判例研究第1巻』（関哲夫担当）（成文堂，1982年）105頁以下がある。

いて，一方においては全員一致で無令状差押を合憲と判示しながら，本件では裁判官の見解が分かれた背景には，本件では没収対象物として差し押さえられた自動車内から証拠物が発見されたという事情もあろう。すなわち，一種の口実捜査（pretext search and seizure）ではないかとの疑念を払拭できないことがあるのかも知れない[16]。とはいえ，犯罪供用物件であることが明白な本件自動車については，差押令状を申請さえすれば，ほぼ確実に令状が発付されたものと思われるので，違法・無効な pretext search and seizure であるとは言えないであろう。

また，本件の無令状差押を許容するようなアメリカ合衆国の法令には，薬物犯罪鎮圧のための効果的法執行を模索する強固な姿勢を読み取ることができよう。

（清水　真）

---

16) pretext search に関する邦語での研究としては，島伸一『捜索・差押の理論』（信山社，1994 年）197-264 頁，川出敏裕『別件逮捕・勾留の研究』（東京大学出版会，1998 年）96-168 頁等がある。

10　第4修正の域外適用の有無

37. United States v. Verdugo-Urquidez, 494 U.S. 259 (1990)

アメリカに犯罪人として引き渡されたメキシコ人のメキシコの住居に対してなされた捜索には、アメリカ合衆国憲法第4修正は適用されないと判示された事例。

《事実の概要》

被上告人の Verdugo-Urquidez はメキシコの市民であり、メキシコの住民である。彼は、アメリカ合衆国の薬物執行局（DEA）により、アメリカ合衆国に麻薬を密輸しているメキシコの大規模かつ暴力的組織のリーダーの1人であると思料されており、様々の麻薬関連犯罪で告発した訴追請求状（complaint）に基づき、アメリカ合衆国政府は1985年8月3日に彼の逮捕状を得た。1986年1月にメキシコ警察の警察官がアメリカ合衆国のマーシャルと協議後、Verdugo-Urquidez をメキシコで逮捕し、彼をキャリフォーニアのカレキシコ（Calexico）の国境警備署に移送し、そこでアメリカ合衆国マーシャルが彼を逮捕し、最終的にキャリフォーニアのサン・ディエゴの矯正センターに連行した。公判中、彼はそこに収容された。

被上告人の逮捕後に、DEA の係官である Terry Bowen がカレキシコの DEA のオフィスに配属され、彼は、メキシカリとサン・フェリペにある被上告人 Verguo-Urquidez のメキシコの住居の捜索の手はずを整えることを決意した。Bowen は、この捜索により、被上告人の麻薬取引活動への関与と、DEA の特別係官補佐の誘拐及び拷問を加えて謀殺した行為への関与を示す証拠が得られると思料した。(この後者の罪で被上告人は別の訴追で有罪を宣告されている)。Bowen はメキシコ・シティの DEA のオフィスの担当官である特別検査官補佐の Walter White に電話をかけ、この捜索について、メキシコ連邦警察長官か

ら許可を得て欲しいと依頼した。彼はついにこの長官と接触することができ，長官は，この捜索の許可を与え，メキシコ当局の協力を約束した。その後，DEA の係官はメキシコ連邦警察の官憲と共同してメキシカリとサン・フェリペにある被上告人の財産を捜索し，文書を押収した。とりわけ，メキシカリの住居の捜索により，計算書（勘定書）が発見され，合衆国政府は，これは Verguo-Urquidez がマリワナをアメリカ合衆国に密輸した量を示すものだと思料した。

　第 9 巡回区 District Court は，この捜索中に押収された証拠の排除を求める被上告人の申立を認め，第 4 修正は，本件の捜索に適用され，DEA の係官の被上告人の捜索は令状要件に違反すると結論した。Court of Appeals は，意見が分かれた。同裁判所は，アメリカ合衆国の軍当局により外国で審判を受けるアメリカ市民には第 5 修正及び第 6 修正の保護を受ける権利があると判示した Reid v. Covert, 354 U.S. 1 (1957) を引いて，アメリカ合衆国憲法は，アメリカ合衆国が外国で活動する場合でも，連邦政府の権限の行使に実体的制約を課していると結論し，また，アメリカ合衆国内にいる違法な外国人は第 4 修正の権利の保障を受けるとの立場に立った INS v. Lopez-Mendoza, 68 U.S. 1032 (1984) に依拠して，同裁判所の多数意見は，Verguo-Urquidez が同様の保護を欠くと結論することは難しいと判示した。同裁判所は，さらに，被上告人の立場にあるものは公判に関連する一定の権利保障を受けるのであり，第 5 修正のデュー・プロセスの保障と第 6 修正の公正な公判の保障を受けるのに，第 4 修正の不合理な捜索・押収からの保護を否定するのは妥当でないと判示した。同裁判所は，被上告人の住居の捜索には第 4 修正が適用され，本件の捜索は，DEA の係官が令状を得ていないので，第 4 修正に違反すると判示した。同裁判所の法廷意見は，アメリカで発付された捜索令状はメキシコで何らの法的効力はないことを認めたが，「アメリカ合衆国においては，令状は相当重要な憲法上の価値を有する」ことで十分である，なぜならば，相当理由があり捜索の範囲を限定するマジストレイトの判断が示されているからだ，と判示した。同裁判所の少数意見は，アメリカ合衆国憲法とそれに従って制定された法律は，アメリ

カ合衆国市民に関連する場合を除いては，外国のテリトリーで何らの効力を有しない，と判示した United States v. Curtiss-Wright Export Corp., 299 U.S. 304, 318 (1936) を根拠に，被上告人には第4修正上の権利はない，と判示し，さらにより広い観点から，アメリカ合衆国憲法は，アメリカ合衆国の人民の間の「契約」であり，第4修正の保護は「人民」に明文で限定されていると判示した。

サーシオレイライ認容。

《判旨・法廷意見》

1. レンクィスト裁判官執筆の法廷意見（ホワイト，オコナー，スカリーア，及びケネディ裁判官参加）

第4修正の及ぶ範囲について分析する前に，第5修正と第4修正では働き方が異なることに注意を要する。第5修正の自己負罪拒否特権は刑事被告人の公判での基本権であり，公判以前の官憲の行為が究極的にはこの権利を害する場合はあるが，憲法違反は公判に至って初めて起こる。第4修正はこれとは異なる。第4修正は，証拠が公判で利用されるか否かに関わりなく，不合理な捜索・押収を禁止しており，第4修正違反は，政府による不合理な侵入がなされた時に，完全に完了している。

本件との関係では，したがって，憲法違反があったとすればそれは専らメキシコで起こっている。被上告人のメキシコの住居から得られた証拠がアメリカ合衆国の公判で排除されるべきか否かは，アメリカ合衆国憲法違反の有無とは別個の，救済に関する問題である。

アメリカ合衆国憲法の前文は，アメリカ合衆国憲法が『アメリカの人民』により創設されたものであることを宣言しており，第2修正は，「武器を所持する人民の権利」を定め，第9及び第10修正は，一定の権利と権限が「人民」に留保されることを定める。また，第1修正は「平和裡に集会する人民の権利」を定め，Art. I, 2, cl. 1 Tは，「下院が2年ごとに各州の人民により選ばれた議員からなる」ことを定める。

憲法の文言だけで解釈の結論が決まるわけではないが，第4，第1，第2各修正条項は「人民」の権利を保護することを示唆しており，第9及び第10修正はアメリカ合衆国のコミュニティの一部をなす人々の一団に言及しており，またはその他の点でそのコミュニティとアメリカ合衆国の一部と考えられるほどに十分な関連を発展させてきた者に言及している。See United States ex rel. Turner v. Williams, 194 U.S. 279, 292 (1904)（国外退去処分が可能な外国人は第1修正の保護を受けない。なぜならば，これらの者は入国を禁止しようとする対象者であるので，アメリカ合衆国憲法の権利を保障される人民には当たらないからである。）これらの修正条項で用いられている人民という文言は，第5及び第6修正で，刑事手続に関連して用いられている者（person）及び被告発者（accused）という文言と対照的である。

　第4修正の起草の歴史に照らすと，第4修正は，合衆国によって合衆国の国内で行われる捜索・押収に限定するという趣旨であると解される。

　第4修正が採択された背景には，密輸品を隠匿していると疑われる場所を徴税官憲に捜索する権限を与えた臨検令状と，私人の住居を捜索ししばしば文書毀棄で有罪とするために利用される文書を発見するために一般探索的捜索令状が利用されたことに対する，広範に行きわたっていた敵意があり（See Boyd v. United States, 116 U.S. 616, 625-626 (1886)），このことは，第4修正の目的は，自らの政府による恣意的な行為から保護することにあったことを示しており，アメリカ合衆国外のテリトリーにいる外国人に対する連邦政府の権限を制約する意図は全く示唆されていない。

　同様に，第4修正が，外国のテリトリーまたは公海上で外国人に向けてなされるアメリカ合衆国の活動に適用されるとの理解をアメリカ合衆国憲法の起草者が採っていたことを示すものは何もない。第4修正の制定後7年して，中立的な貿易に従事していたアメリカの商船にフランスが干渉を加え，フランスとの間で「宣戦布告なき」戦争が始まった。連邦議会は，1798年にアメリカ合衆国の通商を保護するための法律を制定し，そこで，アダムス大統領に，アメリカ合衆国にサービスを提供するまたはそのために雇われた武装公船の船長

に，アメリカ合衆国の領海内で発見されたかまたは公海上で発見されたフランスの武装船舶を，制圧し，押収し，拿捕するように指示することができる権限を与えた。1 of An Act Further to Protect the Commerce of the United States, ch. 68, 1 Stat. 578. 当時，公式の海軍の船は 45 隻しかなく，連邦議会は，武装した私船の所有者とアメリカ合衆国の船舶に「特別使命」を大統領が付与する権限を与え，この授権により，これらの船舶の所有者がフランスの武装船舶を制圧し，押収し，拿捕する，（政府と）同様の許可と権限が与えられ，アメリカ合衆国の武装公船と同様に，アメリカ合衆国人民の船舶，物品及び所持品を奪還する権限が付与された。2, 1 Stat. 579; see U.S. Const., Art. I, 8, cl. 11 (Congress has power to grant letters of marque and reprisal)。この結果，連邦議会の権限により，他数の外国船舶が押収された。See M. Palmer, Stoddert's War: Naval Operations During the Quasi-War with France, 1798-1801, p. 235 (1987). See also An Act Further to Suspend the Commercial Intercourse Between the United States and France, ch. 2, 1 Stat. 613. 船長の行為の中には，その権限の行使が連邦議会の授権した範囲を超えるとして，押収が不法とされた場合もあったが，See, e.g., Little v. Barreme, 2 Cranch 170, 177-178 (1804); cf. Talbot v. Seeman, 1 Cranch 1, 31 (1801)（アメリカの船の船長が押収対象船舶をフランスの船舶であると信ずる相当理由がある場合に，中立的な船舶を押収した事例)，第 4 修正が，連邦議会の権限またはこの種の活動を行うアメリカ合衆国の係官の権限を拘束することを示唆するものは全くなかった。

第 9 巡回区の，アメリカ合衆国憲法が全地球的に適用されるとの見解は，Insular Cases（諸島嶼に関する諸事件の諸先例）にも反する。この事件は，アメリカ合衆国憲法の全ての条項が，アメリカ合衆国憲法が主権を有するところで行われた政府の行為に適用されるわけではないと判示している。See, e. g., Balzac v. Porto Rico, 258 U.S. 298 (1922)（第 6 修正の陪審裁判を受ける権利はプエルト・リコには適用されない); Ocampo v. United States, 34 U.S. 91 (1914)（第 5 修正の大陪審に関する規定はフィリピン諸島には適用されない); Dorr v. United States, 195 U.S. 138 (1904)（陪審裁判を受ける権利はフィリピン諸島に

は適用されない）；Hawaii v. Mankichi, 190 U.S. 197 (1903)（大陪審による起訴及び陪審裁判に関する規定はハワイには適用されない）；Downes v. Bidwell, 182 U.S. 244 (1901)（アメリカ合衆国憲法の歳入条項はプエルト・リコには適用されない。）Dorr では，アメリカ合衆国に編入されていないテリトリー，つまり，アメリカ合衆国に属することになることが明らかではない場所に，「陪審裁判を受ける権利を含む法制度」を採用するように連邦議会は義務づけられておらず，「アメリカ合衆国憲法は，法律がなければ，かかるテリトリーに陪審裁判を受ける権利を保障してはいない」，と宣言している。195 U.S., at 149 (emphasis added). これらのテリトリーの住人に保障されるのは，「基本的（fundamental）」な憲法上の諸権利のみである。*Id.* at 148；Balzac, *supra*, at 312-313；*see* Examining Board of Engineers, Architects and Surveyors v. Flores de Otero, 426 U.S. 572, 599, n. 30 (1976). 究極的に連邦議会により統治されるテリトリーについて上記のことが当てはまるのであれば，第4修正が外国にいる外国人に及ぶとの被上告人の主張は一層弱いものである。Insular Cases に照らせば，アメリカ合衆国政府がその権限を行使する場所ではどこでもアメリカ合衆国憲法の規定が全て適用されるとの見解を認める立場を採用することはできない。

　実際，アメリカ合衆国が主権を有するテリトリーの外で外国人に第5修正の諸権利を主張する権利があるとの主張を退けてきている。Johnson v. Eisentrager, 339 U.S. 763 (1950) では，法廷意見は，中国で逮捕され，第二次大戦後，ドイツで収監されていた敵性外国人には，戦争犯罪を理由とする彼らに対する有罪は第5修正及びその他の憲法上の諸規定に違反することを理由に，連邦裁判所での人身保護令状を得ることができないと判示した。同法廷意見は，市民でない場合でも，アメリカ合衆国の社会と同一化するにつれて憲法上の権利が与えられる場合があることを認めたが，第5修正がアメリカ合衆国の領土外に適用されるとの主張を，かかる主張は非常に重要な革新的なものであり，議論があってしかるべきだが，当時議論がされた形跡はなく，その見解を支える先例もなく，憲法の碩学のコメントもないことを指摘し，現代の政府

は全てその主張とは反対の実務を採用しているとして，その主張を退けている。比較的普遍的な「者（person）」という用語を用いている第5修正についてこのことがいえるのであれば，「人民」にのみ当てはまる第4修正に関しては，一層強くいえる。

　被上告人は，第4修正が国外にいる外国人にも適用されるとの主張の論拠として Reid v. Covert, 354 U.S. 1 (1956) の複数意見の判示を指摘する。Reid はアメリカ合衆国軍人の妻を軍法会議（military tribunals）に付す場合には第5及び第6修正の保護が及ばない，とした連邦議会の法律が関係する事案である。複数意見は，アメリカ合衆国の婦人に，死刑犯罪を理由に軍法会議に関する軍の統一法典を適用するのは違憲であると判示した。4人の裁判官は，アメリカ合衆国が外国にいるアメリカ合衆国市民に不利益な行動をとる場合にアメリカ合衆国憲法の権利保障が及ばないという考え方を退けた。

　被上告人は，この議論が第4修正にも当てはまると主張するが，Reid はそのような広範な立場を判示したものではない。Reid は国外にいるアメリカ合衆国市民は第5及び第6修正の保護を受けると判示したのであり，補足意見を執筆したフランクファーター裁判官とハーラン裁判官は，複数意見よりもずっと狭い根拠でこの事件を解決し，アメリカ合衆国市民は外国における全ての刑事手続において憲法上の権利保障を全て受けると判示することを拒み，ハーラン裁判官は，当法廷が判断すべきはデュー・プロセスの争点であり，アメリカ合衆国憲法の特定の権利保障が，外国での特定の事件の状況に適用することが正しいか否か，つまり，特定の事件の特定の状況での被告人に対する「適正な（due）」手続は何か，という争点について当法廷は判断すべきであると判示している。

　被上告人はアメリカ合衆国市民ではないので，Reid の判示を論拠にすることはできない。

　Verguo-Urquidez は，また，外国人が合衆国憲法上の一定の権利の保障を受けると判示してきた諸先例を論拠に挙げる。[494 U.S. 259, 271] See, e. g., Plyler v. Doe, 457 U.S. 202, 211-212 (1982)（違法に入国し滞在する外国人は平

等保障条項の適用を受ける）；Kwong Hai Chew v. Colding, 344 U.S. 590, 596 (1953)（アメリカ合衆国憲法内に居住する外国人は，第5修正にいう「者」に含まれる）；Bridges v. Wixon, 326 U.S. 135, 148 (1945)（アメリカ合衆国内に居住する外国人は第1修正上の権利を有する）；Russian Volunteer Fleet v. United States, 282 U.S. 481 (1931)（第5修正の正当な補償条項）；Wong Wing v. United States, 163 U.S. 228, 238 (1896)（アメリカ合衆国内に居住する外国人は第5及び第6修正の権利を保障される権利がある）；Yick Wo v. Hopkins, 118 U.S. 356, 369 (1886)（第14修正は，アメリカ合衆国内に居住する外国人の権利を保護する）。

　だが，これらの諸先例は，外国人がアメリカ合衆国のテリトリー内にやってきて所在しているときに憲法上の権利の保護を受けることを確立したにとどまる。See, e. g., Plyler, supra, at 212（第14修正は，アメリカ合衆国政府の主権が及ぶテリトリー内に居る全ての者に及ぶ）（Yick Wo, *supra,* at 369 を引用）；Kwong Hai Chew, supra, at 596, n. 5.

　「権利章典の諸規定は初めて入国を試みる外国人には及ばないが，一旦合法にアメリカ合衆国に入国し居住する外国人には，合衆国の国境内で全ての人民に保障されるアメリカ合衆国憲法のこの権利保障が及ぶ。」(Bridges, supra, at 161（捕捉意見）を引用，強調法廷意見)。

　被上告人は，これまでにアメリカ合衆国との相当重要といえる繋がりを任意にもった外国人ではない（*no previous significant voluntary connection with the United States*）ので，これらの先例は根拠にならない。

　スティーヴンズ裁判官は，本件の捜索はメキシコで行われ，被上告人は意に反してアメリカ合衆国に連行され所在しているが，アメリカ合衆国内に適法にいる者であるといえるので，第4修正の適用があると補足意見で判示する。だが，この種の所在（滞在）は適法だが，任意なものではなく，アメリカ合衆国との重要な繋がりを示すものとはいえない。被上告人のアメリカ合衆国における滞在が，例えば刑期により，長くなる場合に，第4修正の保護を被上告人が主張することができるのはどの限度かという点については判断の必要がない。

本件のメキシコでの彼の家屋の捜索時に，彼はアメリカ合衆国に数日いただけである。アメリカ合衆国の非居住者である捜索対象家屋の外国人所有者が，捜索時にアメリカに移送されていたか否かという偶然の事情によって，メキシコでの家屋の捜索に第4修正が適用されるか否かが決められるべきではない。

　第9巡回区 Court of Appeals は，INS v. Lopez-Mendoza, 468 U.S. 1032 (1984) を一部根拠にする。同先例は，第4修正は，アメリカ合衆国内にいる違法に入国した外国人に適用されると多数意見は判示したが，同先例は，第4修正の違法排除法理が非刑事の国外退去手続に及ぶか否かに限定された判断を示したものであり，第4修正の保護がアメリカ合衆国に違法に入国した外国人に及ぶか否かについて判断したものではない。

　当法廷は，先例の判示の妥当性について判断することなく，その先例を前提に，特定の争点を判断するためにサーシオレイライを認める場合があり，かかる前提を採るからといって，それがジュリスディクション（裁判権）に関するものであっても，その争点を直接提起する将来の事件の判断を拘束しない。*Id.* at 63, n. 4; Hagans v. Lavine, 415 U.S. 528, 535, n. 5 (1974). Lopez-Mendoza の判示は，したがって，違法にアメリカ合衆国に所在する外国人に第4修正が適用されるか否かという争点が正面から争われた場合に，この争点について当法廷が如何に判断すべきかの結論を決める先例とはならない。

　かかる外国人が第4修正の保護を受ける権利があると仮定しても，彼らの状況は本件の被上告人のそれとは異なっている。Lopez-Mendoza での違法に入国した外国人はアメリカ合衆国に任意に入国・滞在したのであり，おそらくは何らかの社会的義務を受け入れていた。だが，本件の被上告人はアメリカ合衆国と何らの任意な関係はなく，アメリカ合衆国の「人民」に当たるとはいえない。

　被上告人はさらに第4修正に関して外国人を市民と異なる扱いをするのは第5修正の平等条項に違反すると主張し，Graham v. Richardson, 403 U.S. 365 (1971) 及び Foley v. Connelie, 435 U.S. 291 (1978) に依拠する。だが，外国人にアメリカ合衆国憲法による保護を外国人に拡張するとして引用された先例は全

て被上告人の主張の論拠にはならない。当法廷の憲法判断は，外国人は市民とは保護が異なることを明示しており，問題となるその特定の条項は外国人に，市民と同程度の権利保障を拡張することを意図したものではない，と結論している。Cf. Mathews v. Diaz, 426 U.S. 67, 79-80 (1976)「連邦議会は帰化と移民に関する広範な権限を行使するに当たり，市民に適用されるとしたら受け入れることができないルールを定めてきているのが常である。」

歴史と先例が被上告人の主張に反するのみならず，Johnson v. Eisentrager, 393 U.S. 763 (1950) で指摘したように，かかる主張を受け入れたとしたら，アメリカ合衆国が域外で活動する際に重要かつ有害な影響をもたらすことになろう。Court of Appeals が採用したルールは，外国での法執行活動に適用されるのみならず，「捜索・押収」に至る外交政策上の活動にも適用されることになろう。アメリカ合衆国は 200 年以上にわたってアメリカの市民またはアメリカ合衆国の安全の保護のために，国外での軍事活動をしばしば行ってきている。Congressional Research Service, Instances of Use of United States Armed Forces Abroad, 1798-1989 (E. Collier ed. 1989). 第 4 修正をかかる状況に適用すると，政治部門がアメリカ合衆国の国益に関係する外国での状況に対処するために活動する能力を重要といえる程度に損なってしまうであろう。被上告人の主張が認められれば，アメリカ合衆国と何らの繋がりを持たない外国人が，外国でのまたは公海上での第 4 修正違反に対する救済を得るために損害賠償訴訟を提起する事態も十分に考えられるところである。See Bivens v. Six Unknown Federal Narcotics Agents, 403 U.S. 388 (1971)；cf. Tennessee v. Garner, 471 U.S. 1 (1985)；Graham v. Connor, 490 U.S. 386 (1989).

Bivens による（損害賠償）訴訟は，その適用を躊躇させる特別要因があるため，Bivens が関係する状況の一部または全部で，提起できないかもしれないが，アメリカ合衆国はかかる訴訟が提起できるか否かについて 1 件ごとの判断を受ける事態に直面することになる。また，外交活動が関係する場合には Bivens は全く適用されないと仮定しても，第 4 修正が外国で外国人に適用されることに伴う問題を解消することにはならない。第 9 巡回区の，全地球的に

第4修正が適用されるとの見解を採れば，外国で行われる捜索・押収活動にあって何が合理的かについて不確実さが伴うことになる。実際，第9巡回区 Court of Appeals によれば，緊急状況がなければ，アメリカ合衆国の係官は外国で法執行活動を行うために，アメリカ合衆国外でアメリカ合衆国内のマジストレイトからまず令状を入手しなければ，「捜索または押収」を実施できないことになるが，この令状はアメリカ合衆国外では意味をなさない。令状が要件とされなくとも，第9巡回区のように第4修正が適用され第4修正に従うには，アメリカ合衆国の係官は，捜索または押収を基礎づける相当理由を支える具体的な事実を示さなければならないことになろう。

　第4修正の文言も，その歴史も，アメリカ合衆国憲法が外国人に適用されるのかを論じ域外適用を論じてきた先例も，被上告人の立場を退けることを求めるものである。捜索時に被上告人はメキシコの市民であり住人であったのであり，アメリカ合衆国とは何らの任意な繋がりを持たず，捜索場所はメキシコであった。かかる状況では第4修正は適用されない。

　良きにつけ悪しきにつけ，我々は，国民国家の世界の中で生きているのであり，そこでは，アメリカ合衆国政府が，主権諸国家の中で (in the company of sovereign nations)，効果的に機能することができなければならない。アメリカ合衆国の法律に違反する者が，国境外の全く異なる体制下で住んでいる場合がある。アメリカ合衆国の重要な利益を脅かす状況は地球の反対側の半球で生ずる場合もあり，アメリカ合衆国の政治的な部門の見解によれば，アメリカ合衆国が軍事力を以て対処することが必要とされる場合がある。アメリカ合衆国のかかる活動に伴って生ずる捜索・押収に制約が課されるべきであるとするならば，それは，外交に関する理解，条約または立法によって，政治的部門の判断により課されなければならない。

　原審判断破棄。

2．ケネディ裁判官の捕捉意見

　第4修正違反はなく，原審判断を破棄する法廷意見には同意する。だが，アメリカ合衆国の外に居る者がアメリカ合衆国憲法に同意せず，同意できなかっ

たことは争う余地がないが，これは，アメリカ合衆国憲法が付与した権限とその限界の解釈には重要性がない。第4修正の「人民」という文言を重視すべきではない。国外でアメリカ合衆国が外国人に関して守らなければならない制約は，誰がアメリカ合衆国憲法を制定したか，または「人民の」権利として言及されているか否かにより決まるのではなく，解釈の一般原理により決せられる。アメリカ合衆国憲法は海外には適用されないということではなく，アメリカ合衆国憲法の諸規定は全ての場合に外国で生ずるあらゆる状況に必然的に適用されるものではない，ということである。本件の状況では，令状要件の充足を求めるのは妥当ではない。本件では，アメリカ合衆国の居住者ではない外国人の外国にある住居の捜索が行われた場合であり，アメリカ合衆国の係官は合衆国憲法上，令状を入手することを義務づけられてはいない。令状を発付する地方の裁判官またはマジストレイトはおらず，外国で通用している合理性の概念とプライヴァシーの概念は，アメリカ合衆国のそれとは異なり，また，おそらくは不確かでもあり，外国の官憲の協力を得る必要もある。これらは全て，第4修正の令状要件は，アメリカ合衆国国内と同様にメキシコに適用されるべきではないことを示すものである。これらの理由から，また，法廷意見の他の説得的な正当化根拠に照らし，本件では，第4修正違反がないことに同意する。本件はアメリカ合衆国が守るべき義務を負う市民の権利に関係する場合ではない。

3．スティーヴンズ裁判官の補足意見

アメリカ合衆国に合法に所在する外国人は，第4修正にいう「人民」に含まれるが，アメリカ合衆国の係官により，メキシコ当局の承認と協力の下に行われた捜索は，第4修正の第1文にいう「不合理な」捜索ではない。外国のジュリスディクション（主権下にある領域）で行われる合衆国市民ではない者の住居の捜索には，令状条項は適用されない。なぜならば，アメリカのマジストレイトは，かかる捜索を許可する権限がないからである。

4．ブレナン裁判官の反対意見（マーシャル裁判官参加）

アメリカ合衆国は刑事法の適用範囲を域外に拡張してきている。そうであり

ながら，アメリカ合衆国政府がその権限を行使するときに，第4修正が適用されないと解すべきではない。第4修正は，刑事法を執行する政府の権限に必然的に伴うもの（unavoidable correlative）である。緊急状況または同意がなければ，政府はアメリカの裁判所から捜索令状を入手しなければならない。

5．ブラックマン裁判官の反対意見

本件で第4修正が適用されるとするブレナン裁判官の意見に賛成する。また，本件では「合理性」の要件により判断すべきであるとのスティーヴンズ裁判官の意見に賛成する。本件では，令状要件は適用されず，「合理性」の要件についての判断が求められ，相当理由に本件での捜索・押収が基づいているか否かの判断が必要だが，下級審がこの点についての信頼できる判断をしているとは解されないので，本件の原審判断を破棄し，差戻すべきである。

《解　説》

本件は，アメリカ合衆国政府のDEA（麻薬取締局）の係官が，メキシコの警察に捜索・押収を要請し，メキシコの司法大臣の許可の下で，メキシコ警察とともに，捜索・押収を行った結果得た証拠を，米国で行われた被告人の公判で証拠として利用することができるか否かが問題となり，利用できると判断された事例である。

外国での法執行活動の場合に，直接，自国の主権が及ばないので，問題となる被告人の所属国との共同捜査や捜査共助が問題となるが，本件ではメキシコとアメリカ合衆国の共同捜査が行われた事例である[1]。本件での直接の争点は，

---

1) 本件では，犯罪人の引き渡しが行われた場合であることが窺われるが，米国の場合には，外国人が外国にいる場合でも，軍隊を派遣するなどして，その犯罪者をアメリカ合衆国に連行して裁判に付すことも行われており，かかる強制連行があっても，それは裁判権を失わせるものではないと解されてきている（Ker v. Illinois, 119 U.S. 436 (1886)（ペルーからアメリカ合衆国に強制連行した事例），Frisbie v. Collins, 342 U.S. 519 (1952)（イリノイ州からミシガン州に強制連行された事例））。United States v. Verdugo-Urquidez : Extending the *Ker-Frisbie* Doctrine to Meet the Modern Challenges Posed by the International Drug Trade, 27 New England L.Rev.

メキシコで本件の被告人の住居に捜索・押収が行われた際に，米国のマジストレイトが発付する令状が必要なのか否かである。

　法廷意見は，第4修正の文言が「人民」という文言を用いていること，第4修正の制定の歴史，先例を検討して，第4修正は，外国で外国人の住居に捜索・押収が行われる場合には，適用されないことを判示した。

　これまでの先例では，国外にいる者が米国人の場合には，アメリカ合衆国憲法第5及び第6修正の保護が及び[2]，国内に居住する外国人に，第1，第5，第6及び第14修正の保護が及ぶと判示されてきている[3]が，外国人の外国にある家屋に対して米国の係官が関与した捜索・押収に第4修正が適用されるのか否かについて判断した先例はなかった。本件は，この点についての最初の先例である。

　法廷意見は，犯罪人の引渡により米国に連行された者は，被上告人は，「アメリカ合衆国と相当重要といえる繋がりを任意にもった外国人」ではないの

1067(1993).

　　本件では，「宣戦布告なき戦争」の事例にも言及されているが，本件は戦争状態にある敵国との関係での行動を扱ったものではなく，刑事法の執行に関して，外国で外国人に対して行われる捜索・押収活動について，メキシコ警察の協力を得つつ，アメリカ合衆国のDEAの係官が加わって行われた共同捜査に関する事例であり，強制連行のような場合に比すると，相手国の主権を尊重した強制捜査が行われた場合であると解される。パキスタンでのオサマ・ビン・ラディンを標的とした活動は，刑事法の執行というよりも，戦争状態にある敵に対する戦争・戦闘行為とも位置づけられる活動の場合だが，かかる場合とは本件は異なる。

2) Reid v. Covert, 354 U.S. 1 (1957).（国外で民間人（civilian）に対して裁判を行うには第5及び第6修正の保障が及び，軍人の妻（civilian民間人）が軍人である夫を殺害した裁判において，軍法を適用し，第5及び第6修正の権利保障を欠くのは違憲である，と判示した（複数意見）。補足意見でハーラン裁判官は，軍法を平時に軍人の妻に適用するのは違憲であると判示している。）この他の外国人が関係する場合については，法廷意見に引用されている判例を参照。

3) Bridges v. Wixon, 326 U.S. 135, 148 (1945)（第1修正上の権利）；Wong Wing v. United Sates, 163 U.S. 228 (1896)（第5修正上の大陪審による起訴を受ける権利及び第6修正の迅速かつ公開の陪審裁判を受ける権利）；Yick Wo v. Hopkins, 118 U.S. 356, 369 (1886)（第14修正の平等保障条項）等。

で，第4修正の保護を受けないと判示して，第4修正の適用の前提として，「米国との任意な繋がり」の重要性を強調している。

先例では，法廷意見の判示にもあるように，いくつかの修正条項に関して，違法に入国し滞在している場合でも，権利保障が及ぶことを判示している。

INS v. Lopez-Mendoza[4]は，違法に逮捕された者がその後の国外退去の手続で違法入国の事実を認めたが，この違法入国事実の承認は違法逮捕の果実であると主張し，Court of Appeals はその主張を容れて，違法排除法理により国外退去処分を無効とし差し戻した同裁判所の判断を破棄した事例である。

Lopez-Mendoza での合衆国最高裁判所法廷意見は，① 国外退去の手続は，純然たる非刑事の（civil）の手続（行政手続）であり，過去の違反行為の処罰にその目的があるのではなく，継続的な移民法違反を終わらせることにその目的があり，刑事手続の場合に適用される様々の保護が適用されないこと，② 刑事または非刑事の手続で，違法な逮捕，捜索または取調べがなされた場合であっても，違法な逮捕の果実として被告人の「身体」または身元それ自体は排除の対象となることはなく，申請人は彼に対する不利益な証拠の排除には異議を申し立てていないので，違法逮捕の事実があるだけでは，その事実は，その後の国外退去の聴聞に全く関係がないこと，③ 逮捕が合法か否かに関わりなく，その逮捕から直接得られたのではない証拠があれば，国外退去は依然として可能であること，④ 99.7％以上の国外退去処分で対象者は正式手続によらずに違法入国した事実を認めており，INS の係官は正式の国外退去処分聴聞で違法逮捕について異議申立をすることになる見込みは低いことを知っていること，⑤ INS は第4修正違反を抑止する独自の包括的な制度を有していること，を指摘して，証拠排除法理を国外退去処分手続に適用するコストとベネフィットの比較考量によれば，証拠排除法理は国外退去処分手続には適用されない，旨を判示している。

同事件は，違法に入国して米国で就労中に違法に逮捕された者の国外退去手

---

4) 468 U.S. 1032 (1982).

続での違法排除法理の適用の有無が問われた事例であり，本件のように，外国での外国人の住居の捜索に第4修正が適用されるのか否かを判断した事例ではない。この先例は，全ての者の第4修正の権利の保護は重要だが，国外退去処分に違法排除法理は適用されない，と判示しており，どの限度で第4修正が外国人に及ぶのかについてそれを直接の争点として判断した先例ではない。先例を，正面から争点とされていない争点について広く一般化して解釈すべきではなく，コンテクストとの関連で解釈する解釈方法が採用されている点が重要であると思われる。ここには，問題となる争点を直接扱った判例を先例とするとのオーソドックスな見方が示されている。直接争われている争点については論拠を詳細に検討する判断がなされるといえるが，前提としたのにとどまる場合には，様々な事例や場合を視野に入れた第4修正の及ぶ範囲についての周到な判断をまだ下しているとはいえないであろう。

　被上告人が論拠とした Graham v. Richardson[5]は，アメリカ合衆国内に適法に入国した外国人との関係で，一定の期間以上居住していなければ外国人に福祉上の利益を与えないとしたアリゾナ州及びペンシルヴァニア州の法律を平等補償条項違反とした判断であり，Foley v. Connelie[6]は，合法にアメリカ合衆国に入国し，時が経過すれば，帰化を申請し帰化することが認められる資格のある外国人に，ニューヨーク州の州警察官への採用を認めなかった措置に関して，同州の州警察官をアメリカ合衆国市民に限定する同州法は平等保障条項に違反しないと判断した事例であり，いずれも，適法に入国し，一定期間アメリカ合衆国に所在していた外国人の事例であり，本件の場合とは異なっている。

　法廷意見は，アメリカ合衆国は200年以上にわたってアメリカの市民またはアメリカ合衆国の安全の保護のために，国外での軍事活動をしばしば行ってきていることを指摘し，第4修正が国外での軍事活動に適用されると，政治部門がアメリカ合衆国の国益に関係する外国での状況に対処するために活動する能力を重要といえる程度に損なってしまうことを懸念し，第4修正は，外国で外

---

5) 403 U.S. 365 (1971).
6) 435 U.S. 291 (1978).

国人に対して行われる捜索・押収には適用されず，アメリカ合衆国の国内にいる違法に入国した外国人に第 4 修正が適用されるのは，既にアメリカ合衆国と任意な繋がりがある場合だと判示している。第 4 修正の文言と歴史と先例を検討しつつ，アメリカ合衆国による海外での対処に制約を課すことにならない第 4 修正の解釈をした点が本件の最重要な意味であろう。

（中野目　善則）

11 ノック・アンド・アナウンス法理

38. Wilson v. Arkansas, 514 U.S. 927 (1995)

　コモン・ロー上のノック・アンド・アナウンス（官憲が家屋の捜索を行う際に，立入りに先立って身分及び権限を示すべきであるとする）法理が，第4修正のもとでの捜査合理性を判断する要素となる，と判示した事例。

《事実の概要》
　本件申請人 Wilson 及び放火等の前科前歴がある同居人 Jacobs 宅捜索の際に，警察官らは施錠されていない戸口から家屋内に入った後，自らが警察官であること，捜索令状を所持していることなどを告げて捜索に及んだ。家屋内からはマリワナをはじめとする各種禁止薬物，銃器，弾薬が押収され，それに先立って被告人らが何らかの薬物を便器に流し捨てていることを警察官らが目撃している。
　申請人らは禁止薬物の頒布及び所持により逮捕，起訴されたが，公判前の証拠聴聞でこの捜索によって押収された証拠の排除を申し立て，その理由の1つに警察官らがノック・アンド・アナウンスを怠ったことが含まれていた。裁判所はこの申立を却下し，陪審裁判で申請人らは全訴因につき有罪と認定され，32年の収監刑を宣告された。
　アーカンソー州最高裁もこの判断を確認し，法執行官である身分を明かしているその最中に家屋内に立入った事実は認めたものの，家屋内に立入る以前のノック・アンド・アナウンスが第4修正により要件とされる，とする申請人の主張は退けられた。
　この点につき，下級裁判所間での判断の葛藤を解消するため，合衆国最高裁判所はサーシオレイライを認容した。

《判旨・法廷意見》
　破棄・差戻し
　1．トーマス裁判官執筆，全員一致の法廷意見
　(1) 当裁判所は，第4修正により保護される権利の範囲を画定すべく，コモン・ローに由来する，不合理な捜索・押収に対する伝統的保護策を長年検討しているが，家屋の捜索における合理性を判断する際には，法執行官が自らの身分ないし立入り権限が存在することを，家屋立入りに先立って告げたか否かも関連性があることに疑いはない。
　ノック・アンド・アナウンス法理は，初期のアメリカに速やかに織り込まれ，第4修正を批准した州の大部分がイングランドのそれと合致するものを自州の憲法規定に置いており，各裁判所も当時からこの法理を認めてきた。
　もっとも，これまで当裁判所が，この法理が第4修正の下で捜査の合理性を判断する一要素たりうる，と判示したことはなかったが，長きに亘ってこの実務が履践されてきたことに鑑みても，第4修正の起草者が，官憲の立入り方法を，この合理性を判断する要素と見ていたことは疑いない。よって，本件の下級審判断とは異なり，一定の状況下では，官憲が自らの身分及び立入り権限を告げることなく他人の家屋へ立入ることは，第4修正の下で不合理な捜査となりうる。
　無論，全ての立入りにノック・アンド・アナウンスが先行せねばならないわけではない。申請人も認めるように，コモン・ローでのこの法理は，いかなる状況下においても身分や権限の先行呈示が要件とされるような，堅く，融通のきかない法理ではない。
　事実，第4修正起草時には，「官憲は立入りの要因を示すべし」とする警句は重罪の逮捕他には及んでおらず，重罪への適用が徐々に認められるようになっても，一定の状況下では必然的に逆の配慮をせねばならないことを裁判所は認めてきた。その例として，物理的な暴力の脅威に晒される場合や，一度囚人となった者が脱走して家屋に立てこもるなど，告知をするのが無意味な場合，さらには前もって警告を与えると証拠の破壊が行われると警察官が思料する理

由がある場合などが挙げられる。

　ここで対応策の包括的カタログを作成する必要はなく，事前に告知がない警察官の立入りが，なお合理的とされうる状況を判断する任務は，下級裁判所あるいは州の裁判所に委ねる。当裁判所は，事前のアナウンスを欠く警察官の家屋立入りによって，家屋の捜索あるいは証拠物の押収が憲法上瑕疵のあるものとなりうる場合によっても，法執行上の利益などから，なお立入りの合理性が保たれる場合がありうる，と判示するにとどめる。

　(2)　被申請人である州政府は，情報提供者への脅迫や同居人の前科前歴などから，警察官が事前にアナウンスを行えば自らに危険が及ぶと思料したことが合理的であること，また，証拠破壊が容易な薬物事犯であるから，事前にアナウンスを行うと証拠破壊という不合理なリスクを負わねばならないこと，の２点により，本件立入りは正当化されうる，と主張する。

　これらの点は，事前のアナウンスがない立入りに正当化事由を与えうるかもしれない。しかし，この点が正当化に十分であるか否かをアーカンソー州裁判所は判断していないから，必要とされる事実認定，及び証拠収集の合理性判断をやり直させるため，本件を差し戻す。

《解　説》

　1.　合衆国憲法第４修正により不合理な捜索・押収は禁止される。その捜索・押収の合理性を判断する一要素として，コモン・ロー上のノック・アンド・アナウンス法理が用いられるか否かについては，本件以前に合衆国最高裁で判示されたことはなかった。

　この法理は，個人の家屋を守るべき城とみなして，これを保護する，いわゆる「城の法理」[1]から出発しており，不必要な家屋の破壊により居住者が不便を被ることを避ける方法として，官憲が立入る前にその目的と正当な権限の存在を予め示すことを内容とする[2]，コモン・ロー上確立されたものであり，合

---

1)　"his castle of defense and asylum", 3 W. Blackstone, Commentaries 288.
2)　「国王が訴訟当事者の場合，代理人たる sheriff には，閉ざされた門戸を破り，他

衆国法にもその草創期から取り入れられ，運用されてきた[3]。しかしながらその位置付けについては，この判決以前に下級裁判所間で判断の対立があった[4]。合衆国最高裁判所では，例えば Miller[5]にて「この法理はアングロ・アメリカ法の一部」である，との表現は用いられたものの，具体的争点はアナウンスが成文法上の要件となるか否かであり，憲法上の合理性判断基準につき判示されたものではなかった[6]。

本件は，この問題に正面から応えた事例であり，事前のノック・アンド・アナウンスの有無が，第4修正による捜索・押収の合理性判断の要素となる，と肯定的に判示した。その意味で重要な先例的価値を持つ。

2．この問題について，成文法上の問題であるとは考えられても，正面から憲法問題と考えられにくかった理由は，必ずしも歴代の最高裁判所が否定的に捉えていたからではなく，この法理が比較的早期に確立され，合衆国法にもその草創期から取り入れられ，運用されていたこともあり，あまり問題視されず，また問題があったとしても，成文法上の要件として考えれば事足りていたからであり[7]，あるいはアナウンスを行わなかった理由について合理性を容易

　　方当事者の身柄を拘束し，あるいは他の処分を行うことが許される。しかし，sheriff は戸を破る前に，来訪の理由を告げ，開門を求めなければならない。家屋所有者は，家屋の破壊による大きな不利益を恐れ，開門に応じると推測されるからである」Semayne's Case, 5 Co. Rep. 91a, 91b, 77 Eng. Rep. 194 (K.B. 1603).

3) 例えば，N.J. Const. of 1776, § 22, N.Y. Const. of 1777 Art. 35 等。
4) 憲法上の要素として，積極に解したものとして，例えば，People v. Gonzalez, 211 Cal. App. 3d 1043, at 1048, 259 Cal. Rptr. 846, at 848 (1989), People v. Saechao, 129 Ill. 2d 522, at 531, 544 N.E. 2d 745, at 749 (1989) 等。消極に解したものとして，例えば，Commonwealth v. Goggin, 412 Mass. 200, at 202, 587 N.E. 2d 785, at 787 (1992) 等。
5) Miller v. United States, 357 U.S. 301(1958). 押収対象物が証拠排除された事案で，その理由として，州法下の例外状況が存在せず，警察官が来意告知を履践しなかったことは違法であることが挙げられている。
6) *Ibid.,* at 313. 合衆国法典タイトル 18，§ 3109 で要件とされる，戸口を壊す前にアナウンスを求めることを肯定する。このケースはあくまで § 3109 の問題であり，第4修正には問題が及んでいない。Title 18 of U.S.C. § 3109, note 11 も参照のこと。
7) § 3109, *supra.* なお，本条のアナウンスの要件が第4修正に含まれる，とした判

に判断できていたため[8]と考えられる。さらに，元々この例外が問題となるのは，現在の争点とされる証拠破壊の問題よりも，実務上むしろ捜査官自身の身の安全確保が課題となっていたことが挙げられる。一般に市民が武器を持たない日本と違い，憲法条項によって市民の武器保持を「保障」している合衆国では，捜索対象者の困惑・過剰反応を呼び起こすことは，そのまま捜査官が彼らの銃口に身を晒すことを意味する。裏返せば，彼らに冷静な行動を取らせれば，そのまま身の安全の確保につながるのである。

このため，この時期になって最高裁判所がサーシオレイライを認めたのは，下級審の解釈の統一を図るため，「機が熟した」と見るのが妥当であろう[9]。

3． 本件では，事前にアナウンスのない立入りの後に捜索が行われたとしても，これについて合理的な理由，例えば捜査官の身体の安全の危険，証拠破壊の危険等の存在を合理的に思料することが可能ならば[10]，憲法上の瑕疵があったとしてもなお法執行の利益が優先し，立入りの合理性も担保されることがある旨を述べていることも，注目すべき点である。

これについても，合理性が担保される「例外的」状況[11]については，本件で例示されている薬物の証拠破壊の他に，第4修正関係でこれまで検討されて

　　　断に United States v. Valenzuela, 596 F. 2d 824 (C.A. Cal. 1979) があるが，サーシオレイライは却下されている。

8) 「警察官に向けて銃器が発砲された際，わざわざノック・アンド・アナウンスをする必要はない」Mahomed v. The Queen, 4 Moore 239, at 247, 13 ENg Rep. 293, at 296 (P.C. 1843)，「逃走した囚人が自宅に立てこもった場合にノック・アンド・アナウンスを行うのは，無意味な儀式である」Allen v. Martin, 10 Wend. 300, at 304 (N.Y. Sup. Ct. 1883) 等。

9) 例えば，Ker v. California, 374 U.S. 23 (1963, plurality opinion)．マリワナの不法所持により，家屋内で無令状逮捕を行った際，実体要件は備えており，この結果として無令状で捜索・押収したマリワナの証拠使用を認めている。なお，反対意見において，証拠破壊の危険があると官憲が思料するに足る状況があれば，アナウンスは不要となる，との示唆がある一方，相対多数意見では包括的ルールの創設を示唆する。Ibid., at 38, 40-41.

10) *Ibid.*

11) Miller, *supra.*

きた証拠についてのルールには事欠かない。いわゆる包括的ルールの創出・認定についてはただ具体的事情を判断する任務を下級裁判所に委ねる，として，安易に包括的例外を認めないことを黙示的に示したものの，必ずしも明確に排斥する態度をとらなかった。このため，その判断は次に挙げる Richards[12] に委ねられることになった。

（松田　龍彦）

---

12)　Richards v. Wisconsin, 520 U.S. 385 (1997). 本書第 39 事件の解説を参照。

39. Richards v. Wisconsin, 520 U.S. 385 (1997)

ノック・アンド・アナウンス法理の例外があるとされる実務運用の一例を示した上で，重罪薬物事犯全てを例外とするような包括的例外の設定を認めず，その要件は個々に判断すべきであるとされた事例。

《事実の概略》

警察官らは，本件申請人 Richards が投宿したホテルの 1 室について，薬物および摂取装備一式の捜索令状を入手した。しかし，警察官らは当該部屋へ「ノックなし」で立入ることのできる令状を請求したが，令状審査官は明示的にこの部分を削除して令状を発行した。

令状執行に際して，警察官らのうち 1 人はホテルの保安要員の服装，他数名は私服で，少なくとも 1 人は警察官の制服を着用していた。彼らは部屋のドアをノックし，問い返しに対して保安要員である，と答えた。申請人はチェーンを掛けてドアを開け，集団の後ろに制服警察官を見ると，ドアを閉め，窓から逃走を図った。警察官らはドアを蹴破って室内に入り，被告人を取り押さえた後で，バスルームの天井裏に隠されていたプラスチック製のバッグの中から現金と薬物を発見，押収した。

申請人はこれらの証拠の排除を申し立てたが，その根拠は，警察官らが強制的手段を用いて入室する前にノック・アンド・アナウンス，特に身分の告知を行わなかった，というものであった。公判裁判所はこの申立を退け，被告人は室外の一団が警察官である，と知ったため，さらなる告知を行う必要がないこと，被告人の振舞いから警察官らは証拠破壊ないし逃亡の虞れがあることを推認できたことを理由とし，さらに証拠としての薬物が非常に破壊されやすい状態にある点を強調した。被告人は陪審審理の後，有罪を宣告された。

ウィスコンシン州最高裁は，警察官らが立入りに先立ってノック・アンド・アナウンスを行わなかった事実を認めたが，合衆国最高裁判所判例たる Wilson（Wilson v. Arkansas, 514 U.S. 927 (1995)）では一定範囲の事例に関す

る自働＝包括的例外の適用を禁じていない，として，「重罪に該当する全薬物犯罪では，警察官が立入る以前に告知を行うと，証拠となる薬物が破壊されるという本質的かつ高いリスクがある」と推定することは合理的である，とし，重罪の薬物犯罪では常に無告知の立入りを正当化する理由がある，と結論した。また，プライヴァシー侵害の虞れも小さい，とし，本件のような事例では，警察官らは自らの身体への危険ないしは証拠破壊の虞れを推認するために特段の追加情報を必要としない，と結論した。この判断にはエイブラハムスン裁判官の補足意見が付されており，結論には賛成しつつ，法廷意見のような包括的ルールの創出には反対している。

《判旨・法廷意見》

原判断確認

1．スティーヴンズ裁判官執筆の法廷意見，全員一致

(1) Wilson で当裁判所は，コモン・ローの「ノック・アンド・アナウンス」法理が第4修正に合致するものと判示し，同時に，法執行の利益を無視するよう解してはならず，無告知の立入りが合理的とされる状況の判断は下級裁判所に委ねることとした。

本件で州最高裁は，重罪にあたる薬物犯罪捜査での令状執行中には，「決して」「ノック・アンド・アナウンスは要件とならない」と判示した。第4修正が，1個の犯罪カテゴリ全体につき包括的例外を認めている，という州最高裁判所の結論には賛成できないが，本件状況を考慮すると，無告知立入りが許されるとする結論自体は容認する。

(2) 州最高裁は，この包括的例外を，薬物が蔓延する今日の特別な状況下では必要なものである，として合理的なものとみなしているが，薬物の蔓延状況を基に包括的例外を設けることには少なくとも2点の懸念がある。

第1に，このような例外は，しばしば問題となる過度の概括化を引き起こしうる。薬物犯罪捜査に特定のリスクが存在することは確かであるが，そのリスクが常に高度なものとは限らない。状況によっては，警察官の生命・身体への

脅威や，証拠破壊の危険がない場合もありうるが，このような場合，政府の利益が個人のプライヴァシーの利益を上回るものとはいえず，包括的例外を設けてしまうと，このような事例を再度審査することができなくなってしまう。

第2に，1個の犯罪カテゴリ——本件の場合は『薬物』——に例外を認めてしまうと，比較的容易にその例外を他のカテゴリに適用することができてしまう。このような例外が多数のカテゴリに適用されると，ノック・アンド・アナウンスの要請自体が無意味となってしまう。むしろ，個々の事例ごとに，いかなる事実・状況下ならば無警告あるいは無告知の立入りを正当化しうるかを定めることが，裁判所の義務となる。

無告知の立入りを正当化するためには，例えば捜索対象者の証拠物隠滅の意図や，物の種類，物の存在する場所といった点につき，捜査官が合理的な嫌疑を抱くことが要件となる。この基準は，法執行の利益と，個人のプライヴァシーの利益との適切なバランスを保つことになる。これは決して高度な要求ではないが，警察には，ノック・アンド・アナウンスの必要性が問われるごとに，この基準が課されるべきである。

(3) 州最高裁のいう包括的例外は許容できないが，本件での無告知での立入りは第4修正に違反していない，と結論する。本件状況下では，申請人が証拠を破壊するかもしれない，との合理的嫌疑を警察官らが抱いていた，と認定した公判裁判所及び州最高裁の補足意見に賛同する。

申請人は，令状審査官が「ノックなし」の部分を令状から削除したことを過度に強調するが，これは警察官らの判断の合理性を奪うには至らない。令状請求段階で「ノックなし」の令状を入手するだけの証拠が十分に揃わなかっただけであり，令状審査官は，警察官らが令状執行現場で直面する状況全てを予期することなどできるはずもない。本件状況下では，警察官らの判断及び行動は正当である。

以上により，包括的例外は認めないにせよ，原判断を確認する。

《解　説》
　1．Wilson[1]ではノック・アンド・アナウンス法理[2]を合衆国憲法第4修正の判断基準の1つとして認めたが，法執行機関が行う捜査機関の「ノックなし」での立入りが，いかなる場合に合理的なものとなりうるかについては具体的判断を行わず，「具体的対応策の包括的なカタログを作成する必要はない」としてその判断を下級裁判所に委ねた。換言すれば，その捜索活動が合理的か否かは事件ごとに下級裁判所が行うべきであり，包括的例外というルールは安易に認められるべきではない，と黙示したともとれる。ただ，包括的例外の排斥は明確でなかったため，ウィスコンシン州最高裁はこれを「禁止されていない」と考え，薬物の蔓延とそれに伴う証拠破壊のリスクを主たる理由として，重罪薬物犯罪を包括的に例外としてもよい，と考えた。本件の主たる問題点はこの包括的例外を法的に設定することの可否である。
　2．薬物犯罪の横行，及びそれに対する捜査の難しさ，証拠破壊の危険等は，なるほど州政府側の主張のような事情があるのかもしれない。薬物はバスルームに流されてしまえば証拠としての使用は事実上不可能となり，所持罪その他の立証は相当に困難となる。犯罪者もこのような事情を知悉しているから，その捜査は分秒を争うものとなりうる。そのため，捜査目的を達するためにノックなし，無警告・無告知の家屋立入りが求められ，またそれが許容される状況が多いことも理解できる。
　合衆国最高裁は，この包括的ルールの創出について明確に否定し，理由を2つ挙げた。確かに薬物犯罪事犯では証拠破壊のリスクは大きいが，全ての事案でそのリスクが肯定されるとは言えず，一度例外としてしまうと事後的な捜査方法評価の機会が失われてしまうこと，及び例外を認めることによって新たに例外の種をまき，結果として原則が骨抜きになる虞があることである。
　包括的ルールを認めることになれば，捜査官が例外正当化理由の有無につい

---

1)　Wilson v. Arkansas, 514 U.S. 927 (1995). 本書第38事件，396頁の解説を参照。
2)　Knock and Announce Rule. 官憲が家屋の捜索を行う際に，立入りに先立って身分及び権限を示すことを要件とする法理。本書第38事件，396頁の解説を参照。

て逡巡することがなくなり，一見して捜査の適法・違法が明確になる。また，捜査官はノックを要する場合よりも安全が確保され，証拠破壊の危険も（全くなくなるとはいえないにしても）極小化できる。

　しかし，これまで第4修正下の捜査合理性について，合衆国最高裁はTerry[3]やBuie[4]において，捜査対象者のプライヴァシー保護と捜査目的を比較衡量し，具体的には捜査官が持つ合理的な嫌疑の有無により判断するというアプロウチを取ってきた。そして，Wilsonでノック・アンド・アナウンスが第4修正の一要素となったのであるから，来意告知の当否を判断する基準もまたこれと同様に扱う，との姿勢を見せていると考えられる。その意味では，従来のアプロウチでの天秤を捜査側に傾けることによって生じる，事後再検討の余地の消滅や，「例外が例外を生む」という危険性を重視し，合理的嫌疑という捜査官に「決して高度な要求ではない」要件，最小限の負担を課すことによって，この均衡をなお保っていく姿勢を明確にしたことは，重要な意味を持つものと考えられる。

　また，Wilsonでの「黙示」から一歩進んでノック・アンド・アナウンス法理を堅持しつつ，包括的な例外を認めるべきではない，との「明示」がなされた点にも意味がある。このため，例えばRamirez[5]のような，いかなる場合に

---

[3]　Terry v. Ohio, 392 U.S. 1 (1968). テリー・ストップと呼ばれる路上での無令状，逮捕要件なしでの職務質問，所持品検査を認めたことで著名である。

[4]　Maryland v. Buie, 494 U.S. 325(1990). 本書第24事件，226頁の解説を参照。

[5]　United States v. Ramirez, 523 U.S. 65 (1998). 本書第40事件，408頁の解説を参照。なお，その後最高裁で同種の事案が審理されたことはないが，各Court of Appealsでの個別的検討によって，具体的な問題点の解決及び限界事例の蓄積が進んでいる。例えば，無告知が許容された例として，被疑者に粗暴犯前科があり，武装し，しかも警察の意図に気づいている場合を扱ったUnited States v. Hawkins, 139 F.3d 29 (1st Circuit, 1998), 被疑者が常に拳銃を保持し，薬物の保全も必要であると考えることが合理的な場合であるとされたUnited States v. Tyler, 238 F. 3d 1036 (8th Circuit, 2001) などがあり，反対に許容されなかった例としては，捜索対象犯罪が武装強盗で，押収対象に拳銃2丁が含まれていた場合でも，それらを常に携帯しているとは認定されなかったGould v. Davis, 165 F. 3d 265 (4th Circuit, 1999), 薬物が

例外が認められるべきか，という事例の判断あるいは基準の検討に連邦裁判所の関心は移ってゆくことになる。

3． 本件で最高裁判所はあまり大きく扱っていないが，令状記載の要件の遵守，という点もまた重要である。本件での令状請求段階で，令状審査官が「ノックを要しない」令状を発行せず，換言するなら「ノックを要する」との要件を付加すべきと考えた理由がいかなるものかは記録上明確でないが，本件での警察官らの行為は形式的に見ればこの要件に反していることは確かであり，申請人側もこの点について強く主張している。

もっとも，具体的事情に鑑みると，申請人は制服警察官を見て逃亡を図っている。通常，警察官らが被告人の行動を見れば，逃亡ないし証拠破壊の危険を感じるのは至極当然であり，無告知の立ち入りを正当化する実体要件は備わっていたといえる。ここで令状が要件とするノック・アンド・アナウンスを履践することは無意味であって[6]，告知を要しない例外に該当するのみならず，被疑者の身柄拘束に失敗し，証拠破壊の危険を増すことにつながる意味で，社会的に有害でさえある。

事前の令状要件を捜査現場での現実が覆しており，実体要件を具備することによって警察官らの行動を正当化しうる，とする従来の流れに沿うものである，といってよいであろう[7]。

（松田　龍彦）

相当量あって短期間には破棄されえないとした United States v. Taverse, 223 F. 3d 911 (8th Circuit, 2001) などがある。

6）　例えば，Ker v. California, 374 U.S. 23 (1963, dissenting opinion). マリワナの不法所持により，家屋内で無令状逮捕を行った際の証拠使用が争われた案件で，反対意見において，証拠破壊の危険があると官憲が思料するに足る状況があれば，アナウンスは不要となる，との示唆がある一方，相対多数意見では包括的ルールの創設を示唆する。アナウンスは無意味，との共通項が見て取れる。

7）　See, Ker, supra. なお，この流れに反対する当時の意見として，Goddard, *The Destruction of Evidence to the Knock and Announce Rule ; A Call for Protection of Fourth Amendment Rights,* 75 Boston Univ. L.R. 451, Maclin, *The Central Meaning of the Fourth Amendment,* 35 Wm. & Mary L. Rev. 197. 等。

40. United States v. Ramirez, 523 U.S. 65 (1998)

ノック・アンド・アナウンス法理は，令状執行時に告知を行わずに住居に侵入したことを正当化するために求められる緊急性の立証について，財産が損壊される場合であっても，財産の損壊が生じない場合に比較して，より程度の高い立証を要件とするものではないと判示された事例。

《事実の概要》

危険な脱獄囚である Alan Shelby と思われる人物を本件被申請人ラミレスの住居で目撃したという情報を信頼できる情報提供者から入手した ATF（The Bureau of Alcohol, Tobacco and Firearms（当時））の連邦捜査官は，その情報提供者と被申請人の住居近くまで行き，そこで Alan Shelby に似た男を目撃した。

以上のような情報に基づき，合衆国執行官代理（Deputy U.S. Marshal）は，ノックなしの立入りを認める令状（no-knock warrant）の発付を受けた。また，被申請人ラミレスはガレージに銃と薬物を隠しているという情報も情報提供者から入手していた。捜査官は，拡声器でラミレス宅の捜索令状があることを告げると同時に，住居内にいる者が武器を取りにガレージに飛び込んでくるのを思い止まるのを期待して，被申請人宅のガレージの窓を割って，銃を構えながらガレージに侵入した。

被申請人とその家族は就寝中で，物音で目が覚めた被申請人は侵入盗ではないかと思い，けん銃をガレージの天井目掛けて発砲した。結局，被申請人宅で Alan Shelby は発見されなかった。

その後，被申請人は銃火器の不法所持の重罪犯〔United States Code（合衆国法典）Title 18 § 922 (g) (1)〕で起訴された。公判裁判所は，本件は令状執行の際の財産の損壊を正当化するのに十分な緊急状況にはなかったので，本件の侵入は合衆国憲法第 4 修正及び United States Code（合衆国法典）Title 18 § 3109 に違反するとして，被申請人の証拠排除申立を認め，銃火器の所持に関

する証拠を排除した。

　合衆国第9巡回区 Court of Appeals は，公判裁判所の判断を確認した。その理由は，財産の損壊を伴わない「ノックなしの立入り」(no-knock entry）を肯定するには，「緩やかな緊急性」(mild exigency）で十分であるが，財産の損壊を伴う場合には，緊急性についてのより明確な推論（specific inference）が求められることになり，本件においてはその基準を充足していないというものであった。合衆国最高裁判所は，サーシオレイライを認容した。

《判旨・法廷意見》
　破棄・差戻し
　1．レンクィスト首席裁判官執筆の法廷意見（全員一致）
　(1)　合衆国憲法第4修正は，いわゆる「no-knock ノックなし」の立入りによって財産の損壊が生じる場合に，捜査官に対してより高い基準の充足を求めてはいない。「no-knock ノックなし」の立入りの適法性は立入りの過程で財産の損壊が生じたか否かには左右されないということは，Wilson（Wilson v. Arkansas, 514 U.S. 927 (1995)）及び Richards（Richards v. Wisconsin, 520 U.S. 385 (1997)）における当裁判所の判示からも明らかである。Richards においては，「no-knock ノックなし」の立入りが正当化されるためには，立入りの前に告知を行うことによって危険が生じるか，立入り前の告知が無意味であるか，または，そのような事前の告知によって，効果的な犯罪捜査が阻害されることになると思料する合理的根拠（reasonable suspicion）が存在しなければならないと判示された。しかしながら，そのような合理的根拠の存在は，警察が立入りのために財産を損壊しなければならないか否かということには左右されない。むろんこのことは，第4修正が令状の執行方法について何ら規律していないということを意味するものではない。令状執行の方法の是非は，第4修正違反の有無を判断する基準である，合理性という一般的基準（general touchstone）によって規律されるものである。たとえ，立入りそれ自体は適法で，当該捜索によって獲得された証拠が排除されないとしても，捜索の際の行

き過ぎた，または，不必要な財産の損壊は，第4修正違反となる場合がある。本件事実をこれらの諸原理に当てはめると，第4修正違反はなかったとの結論に至る。警察は，信頼できる情報提供者から Alan Shelby が被申請人の住居に潜んでいるとの情報を入手し，その可能性も確認していた。また，Alan Shelby は，凶暴な過去を持つ脱獄囚であり，武器を大量に入手し得るということも伝えられていた。これらの事実から，警察には，立入りに際し告知を行うことによって捜査官自身またはその他の者にも危険が生じ得ると思料する合理的根拠があったことは確かである。さらに，立入り方法に関しては，情報提供者から武器の隠し場所であると聞いていた，申請人宅のガレージの窓を1つだけ破壊したに過ぎず，その理由も Alan Shelby または申請人やその他の居住者が武器を求めてガレージに飛び込んでくるのを阻止しようとするためである。警察のこれらの行為が合理的であることは明らかであり，当裁判所は，第4修正違反はなかったと結論する。

(2) 被申請人は，捜査官の United States Code（合衆国法典）Title 18§3109 条違反を理由に証拠の排除が適当であると主張し，また，捜索令状執行時に捜査官が財産を損壊し得るのは 3109 条に明記されている場合のみであるので，それ以外の財産の損壊を伴う立入りは禁止されていると主張する。しかしながら，文言上は，3109 条には何ら禁止事項は規定されておらず，単に，ある一定の場合に捜査官に財産を損壊する権限を認めているに過ぎない。仮に 3109 条はそれ自体明確に許可していないものを黙示的に禁止しているという見解を受け入れたとしても，被申請人には何ら役に立たない。*Miller*（Miller v. United States, 357 U.S. 301 (1958)）において，当裁判所は，3109 条にいう立入りに先立つ事前告知の要件は，Anglo-American law に深く組み込まれている伝統を成文化したものであると判示し，*Sabbath*（Sabbath v. United States, 391 U.S. 585 (1968)）においても，3109 条の立入りに先立つ事前告知の要件は，コモン・ローの伝統を成文化したものであると繰り返し判示してきた。しかしながら，これら2つの事案においては，当裁判所は，3109 条が立入りに先立つ事前告知という，コモン・ロー上の要件の例外まで成文化したものであると

は，明確には判示していなかった。したがって，当裁判所は，3109条が，立入りに先立つ事前告知という，コモン・ロー上の要件の例外まで成文化したものであるということを明確に判示する。もし，3109条がこの領域のコモン・ローを成文化したものであり，さらに同様に，コモン・ローが第4修正の解釈を形作るものであるとするならば，*Wilson* と *Richards* で示された当裁判所の判断は，3109条を解釈する上での指針として寄与するものである。*Wilson* で，当裁判所は，コモン・ロー上の告知原理は，第4修正の下での捜索の合理性審査の一要素であると結論付けたが，同時に，その原理は，いかなる状況下においても告知を要件とするような，融通の利かないルールではないということも指摘した。また，*Richards* においては，当裁判所は，緊急状況がある一定のノックなしの立入りを正当化し得るのか否かを判断する際に用いられる基準を明確に示した。したがって，当裁判所は，3109条は緊急性の例外をその中に含むものであり，当該事案における緊急性の例外の適用可能性は，*Richards* で明示された基準と同様の基準によって判断されるものと判示する。本件においては，警察はその基準を充足しており，ゆえに3109条の違反はない。よって，合衆国第9巡回区 Court of Appeals の判断を破棄し，本件を差し戻す。

《解　説》
　1．ノック・アンド・アナウンス法理（knock-and-announce rule）とは，捜査官憲が逮捕状または捜索令状執行の際に，住居・家屋への立入りに先立ってその身分，権限，捜索または逮捕の目的を告知しなければならないとする法理である[1]。

　この法理は，個人の住居を城と見做し保護する，いわゆる「城の法理」に由来し，捜査官憲による住居・家屋の損壊を回避する方途としてコモン・ロー上確立されたものであり，初期のアメリカ合衆国法に組み込まれたものである。

　合衆国憲法上は，「ノックなし」の捜索を明示的には禁止しておらず，同時

---

1)　*See, e.g.* Black's Law Dictionary (5th Pocket Edition) p. 449.

にノック・アンド・アナウンスの要件は令状執行の際に例外なく必須のものともされていない。合衆国最高裁判所も，このノック・アンド・アナウンス法理が，捜索・押収の合理性判断のための要素として用いられるか否かについては従来判示されていなかった。しかしながら，捜査官憲による不合理な捜索・押収からの保護を目的とした合衆国憲法第 4 修正は，法執行官が個人の住居に強制的に立ち入る際にはその目的と権限を告知すべきとするコモン・ロー原理を黙示的に包含していると解する余地もあり見解の対立もあった。

このような，コモン・ロー上のノック・アンド・アナウンス法理が合衆国憲法第 4 修正の下での捜索・押収の合理性を判断する一要素として用いられるとして，合衆国最高裁判所によって初めて正面から判断されたのは，*Willson*[2]においてである。

Wilson 以前にも *Miller*[3]において，この法理を成文化した合衆国法典 3109 条について争われたが，*Miller* では，この法理が第 4 修正に包含されているか否かといった憲法上の判断は示されなかった。

Wilson では，コモン・ロー上の法理である，ノック・アンド・アナウンス法理は，捜索・押収の合理性を判断するための要件の一部であると判示しつつも，法執行の利益に基づく例外を認めることが必要である旨判示された[4]。なお，*Wilson* では，合衆国最高裁判所は，どのような場合にこの法理の合理的例外を認め得るかについては，具体的な判断を行わず，その判断については下級裁判所に委ねた。

Wilson 以前にも，合衆国の裁判所は，効果的で安全な法執行の実現にはノック・アンド・アナウンス法理について，いくつかの例外が必要であることを認めてきた[5]。合衆国の裁判所の認めているノック・アンド・アナウンス法理

---

2) Wilson v. Arkansas, 514 U.S. 927 (1995). 本件については，本書第 38 事件（松田龍彦担当）参照。
3) Miller v. United States, 357 U.S. 301 (1958).
4) この場合における合理性は，相当理由（probable cause）ではなく合理的根拠（reasonable suspicion）に基づくことが求められる。

についての例外には，告知することによって捜査官（または第三者）に危険の及ぶ虞れがある場合（Apprehension of peril exception）[6]，告知することが無意味である場合（Useless gesture exception）[7]，告知によって証拠破壊の危険性が増大する場合（Destruction of evidence exception）[8]などが挙げられる。

より具体的に言えば，武装した危険な逃亡者に対して令状を執行する場合，警察が来たことを察知した，住居・家屋内の者が逃亡を図る虞れが合理的に推認される場合，住居・家屋の中から助けを求める叫び声が聴こえる等，住居・家屋内にいる者の生命・身体に対する差し迫った危険が生じていることが合理的に推認できる場合[9]などが挙げられよう。

他方で，合衆国最高裁判所は，あらゆる住居者は，善人も悪人も有罪の者も無実の者も，その住居の不法な侵入から保護される権利を有しているとも判示している[10]。ノック・アンド・アナウンス法理は，市民に，精神的な安全，捜査官憲による予期せぬ侵入に対する虞れを抱く必要はないということを提供す

---

5) 例えば，ワシントン州 Supreme Court は，「たいていの場合，合法的な立入りの要件は，捜査官憲がその身分及び法執行の目的を告知し，住居への立入り許可を求めるということである」とし，「他方，そのような要件は，硬直した，融通の利かないものではない」と判示している。See, States v. Young, 455 P. 2d 595, 597 (Wash. 1969).

6) See, United States v. Lucht, 18 F. 3d 541 (8th Cir. 1994) cert. denied, 513 U.S. 949 (1994), Power v. State, 605 So. 2d 856, 862-863 (Fla. 1992), cert. denied, 507 U.S. 1037 (1993), United States v. Buckley, 4 F. 3d 552, 558 (7th Cir. 1993), cert. denied, 114 S. Ct. 1084 (1993), People v. Hardin, 535 N.E. 2d 1044, 1045-46 (Ill. App. Ct 1989).

7) 前掲註 3) *Miller* 参照。See, United States v. James, 764 F. 2d 885, 888 (D.C. Cir. 1985).

8) See, States v. Stevens, 511 N.W. 2d 591 (1994), cert. denied, 515 U.S. 1102 (1995)；United States v. Lucht, 18 F. 3d 541 (8th Cir. 1994)；State v. Richards, 549 N.W. 2d 218 (Wis. June 12, 1996), cert. granted, 519 U.S. 1052 (1997).

9) See, Brigham City, Utah v. Stuart, 547 U.S. 47 (2006). 本件では，合衆国最高裁判所は，住居・家屋内にいる者が重大な身体傷害を受けているか，受けようとしていると思料することが合理的である場合には，警察は無令状で当該住居・家屋に立ち入ることが許容されると判示した。

10) 前掲註 3) *Miller* 参照。

るものである。またプライヴァシーは,「ノックなし」の立入りから生じる不必要な困惑,精神的ショック,財産の損壊を避けるためにも保護されねばならない。現に,ノック・アンド・アナウンスの要件充足を例外なく要求する州も存在することに留意する必要がある。

 Wilson の2年後の *Richards*[11]で,合衆国最高裁判所は,「重罪薬物事犯における捜索・押収には,ノック・アンド・アナウンスという事前告知は一切不要である」とする包括的例外 (blanket exception) を認めなかった。すなわち,ウィスコンシン州最高裁判所は,薬物事犯には警察官の身体に対する危険または証拠破壊の危険が高い頻度で存在するため,ノック・アンド・アナウンスは「常に」必要ないと判示したが,合衆国最高裁判所は,ノック・アンド・アナウンス法理の例外の許否は個別具体的な事情に基づいて判断されなければならず,立入りの時点で警察が入手していた情報によって決せられるべきであるとして,薬物事犯全体について包括的な例外を認める見解を採用しなかった[12]。結果として,合衆国最高裁判所はノック・アンド・アナウンス法理の例外について個々の事案における事後的な再検討の余地を残す判断を示した。

 2. 本件は,Alan Shelby という非常に危険な者が,申請人の住居に隠れており,武器を所持している可能性があるという情報を捜査機関が入手していたという事情がある。合衆国最高裁判所は,「ノックなし」の立入りが肯定されるのは,告知を行うことによって捜査官の生命・身体に危険が生じるか,もしくは,告知が無意味なものか,告知によって効果的な犯罪捜査が妨げられるこ

---

11) Richards v. Wisconsin, 520 U.S. 385 (1997). 本件については,本書第39事件(松田龍彦担当)参照。

12) 合衆国最高裁判所は,包括的例外を認めない理由として,薬物事犯に対して包括的例外を認めてしまうと,①法執行という政府の利益と個人のプライヴァシー保護との比較考量に基づく捜査方法の適切さを裁判所が(再)審査することができなくなってしまうこと,②薬物事犯にのみ認められた包括的例外であっても,比較的容易に他の犯罪に対しても認められる可能性があり,例外として認められる犯罪の増加によりノック・アンド・アナウンス法理が無意味なものとなる虞がある,ということを指摘している。

とになると思われる，合理的根拠（reasonable suspicion）が存在しなければならないとの立場に立ち，そのような見解を本件に当てはめて判断すれば，本件は，告知によって捜査官の生命・身体に危険が生じる場合であると認められ得るものである。したがって，結論として，ノック・アンド・アナウンス法理の例外に当てはまる場合であり，第4修正違反は認められないとした判断は正当なものであろう。

さらに本件では，合衆国最高裁判所は，合衆国法典3109条の規定についても言及し，3109条が，立入りの前に告知を行うというコモン・ローの要件の例外まで成文化したものであるということを明確に判示し，3109条は緊急性の例外をその中に含むものである，と判示している。その際の適用基準は，*Richards*において示されたものと同様の基準によって判断されるべきとしている。

本判決は，現場の捜査官の合理的根拠（reasonable suspicion）の判断が合理的であるか否かによって証拠が排除されるものであり，財産の損壊の有無には左右されないという判断を示すとともに，行き過ぎたまたは不必要な財産の損壊それ自体は第4修正に違反する場合があるとしても，立入りそれ自体は，適法となり得る余地があり，証拠は排除されないと判示し，財産の損壊の有無は，「ノックなし」の立入りの適否を判断するための一事情であることを示していると解され得る[13]。また，今回の判断で，合衆国最高裁判所は，合衆国法典3109条の規定についても，その中に緊急性の例外を含むと判示して，これまでの判断をさらに進めて法律解釈についても明確に判示しているところにも本判決の意義を見出すことができるのではなかろうかと思われる。

我が国においては，令状の事前呈示の問題として検討がなされている[14]が，

---

13) Hudson v. Michigan, 547 U.S. 586 (2006) において，合衆国最高裁判所は，ノック・アンド・アナウンス法理に違反した捜索により入手された証拠には排除法則の適用はないと判示している。

14) 加藤克佳・井上正仁編『刑事訴訟法判例百選［第8版］』50頁，井上正仁『捜査手段としての通信・会話の傍受』（有斐閣，1997年）74頁以下，香川喜八朗・現代

本件は令状の事前呈示を欠く捜査方法の適否を考察する上でも参考になるものと思われる。

(檀上　弘文)

刑事法 6 巻 1 号 78 頁等参照。

Ⅳ　犯罪捜査を目的としない捜索・押収

41. O'Connor v. Ortega, 480 U.S. 709 (1987)

　非違行為の疑いがある州立病院職員のオフィスにおけるファイル並びに机の捜索が，病院財産の確認と調査を目的とするものとして，無令状が許容されるとされた事例。

《事実の概要》

　本件被申請人，Ortega は医師であり精神科医であるが，17 年にわたりキャリフォーニア州立 Napa 病院の研修部門長の職にあり，精神科研修医プログラムで若手医師を訓練する責務を負っている。本件申請人である病院執行部の医師 O'Connor をはじめとする病院役員は，Ortega のプログラム運営，とりわけ研修プログラム用のコンピュータの取得について，研修医の寄付（強制された可能性がある）で資金を賄いながら，寄贈されたという誤信を O'Connor に抱かせていること，2 人の女性職員に対するセクシャルハラスメントがあったとの告発と，研修医に不適切な懲戒処分を科したという告発を懸念していた。告発の調査の間有給休職とするようにとの要請を受け，Ortega は休暇扱いとすることで同意したが，調査が終わるまで病院の敷地に立ち入らないよう要請を受けた。Ortega は休暇期間終了時，休職扱いとなり，その後解雇されている。

　Ortega に対する告発については，病院管理者（Administrator）である Friday が率いる調査チームが調査に当たった。Friday は調査のために Ortega のオフィスに立ち入ることとした。立ち入りの具体的理由は記録上不明であるが，申請人は Ortega が告発に係るコンピュータを自宅に持ち帰っていることに気づいており，Ortega は本件捜索の目的は自身に対する懲戒手続きで用いる不利益な証拠の確保であったと主張する。

　立ち入りでの捜索は徹底したものであった。調査担当者が数度にわたりオフィスに立ち入り，Ortega の机とファイル・キャビネットから，元研修医がOrtega に贈ったバレンタインカード，写真と詩集などを押収している。この

押収物は，州の人事委員会での聴聞で元研修医がOrtega側の証人として証言した際に，証人の信用性を弾劾する証拠として用いられている。

Ortegaは病院調査チームによるオフィスの捜索は第4修正に違反するとして申請人を相手取り1983条（42 U.S.C.§1983）に基づく訴えを提起している。合衆国District Courtは，州財産の保全に必要であったとして本件捜索を適法であると結論づけているが，第9巡回区Court of Appealsは，本件捜索を第4修正違反であると結論づけ，申請人には違法捜索による賠償責任があるとしている。

合衆国最高裁判所はサーシオレイライを認容。

《判旨・法廷意見》

破棄・差戻し

1．オコナー裁判官執筆の複数意見（首席裁判官，ホワイト裁判官，パウエル裁判官参加）

(1) 第4修正は非刑事領域での政府係官の行動を規律するものとされてきている。先例が確立したところでは，本件病院職員の行動がプライヴァシーの合理的期待を挫折させるときにはOrtegaの第4修正上の権利が問われる。プライヴァシーの期待が合理的か否かは，コンテクストに応じて決まるので，本件職場のコンテクストの境界を最初に画さなければならない。職場というのは仕事に関連し概ね雇用者の管理下にある場所と物を含み，病院では，廊下，カフェテリア，オフィス，机，ファイル・キャビネットはすべて職場であり，こうした場所は，職員が写真を机にしまい，また，手紙を告示板に載せる場合のように，職員個人の物が置いてあるときでも職場であることに変わりない。他方で，営業地の敷地を通るものすべてが職場のコンテクストの一部として考えられるものではない。職場の捜索を判断するのに適切な基準が偶々雇用者の営業地にある職員の手荷物，折かばんや手提げかばんに常に適用できるわけではない。

職場のコンテクストで，当裁判所は職員にプライヴァシーの合理的期待が認

められる場合があることを判示してきている。例えば，Mancusi（Mancusi v. DeForte, 392 U.S. 364 (1968)）では，他の組合員とオフィスを共有する職員にプライヴァシーの利益があることを認め，オフィスに対する無令状捜索を違法とする主張を支持している。個人が政府機関を職場とするからといって第4修正上の権利を失うわけではない。しかし，他方，プライヴァシーの干渉が法執行機関ではなくて監督者によることはプライヴァシーの期待の評価にとって重要である。職員が自身のオフィス，机やファイル・キャビネットに抱くプライヴァシーの期待はオフィスでの慣行と手続，または，適法な規制のために縮減することがある。職員のオフィスが監督者，他の職員，それに来客による立ち入りが排除される支配圏であるのは稀である。公共部門の職場環境は多様であり，職員のプライヴァシーの期待が合理的か否かは個別事案ごとに評価しなければならない。

　Court of Appeals は，Ortega にはオフィスについてプライヴァシーの合理的期待があると結論づけるが，本件記録には，病院役員が Ortega のオフィスに立ち入るべき業務上の理由がどの程度あったのかが明らかではないので，この点の認定のために District Court に差し戻すべきであるが，Ortega が自身の机とファイル・キャビネットにプライヴァシーの合理的期待を抱いていることは確かである。Ortega は机とファイル・キャビネットを他の職員と共有しておらず，17年にわたり，私信，医療ファイル，病院と無関係の患者の書状，自己の資産記録，教授用の道具とノート，贈り物と思い出の品などをオフィスに保管していた。最後に，Ortega のような職員が個人的な書類や所持品を机やファイル・キャビネットに保管することを差し控えさせるような規制や方針を病院は定めていない。

　Ortega が自己の机とファイル・キャビネットにプライヴァシーの合理的期待を抱いていたとする Court of Appeals の結論は受容できる。

　(2) 本件で Court of Appeals は，Ortega のプライヴァシーの期待が合理的であるとし，議論なしに捜索が第4修正違反であると結論づけるが，第4修正に合致するか否かは捜索が行われたコンテクストに依るのであり，合憲性が争

われている捜索に適用される第4修正上の合理性の判断基準を決めなければならない。その基準を決めるには,「個人の利益に対する干渉の内容と性質」を「干渉の正当理由とされる政府側利益と比較衡量」(United States v. Place, 462 U.S. 696, 703 (1983)) することを要する。公共部門の雇用者が行った捜索については,職員のプライヴァシーへの合理的期待を,職場を監督,コントロールし効率的に運営する政府側の必要性と比較衡量しなければならない。「注意深く限界が画されたクラスの事例を除き」(Mancusi v. DeForte, 392 U.S. at 392 U.S. 370, quoting Camara v. Municipal Court, 387 U.S. 523, 387 U.S. 528-529 (1967)) 有効な令状が承認しない捜索は第4修正の合理性要件を欠くが,当法廷は,令状要件が相当でない場合があることを認めてきている。とりわけ,令状入手の負担が捜索の背後にある政府側の目的を挫折させる可能性がある場合には令状要件は適切ではない。T.L.O. でブラックマン裁判官が述べるように,「通常の法執行の必要性におさまらないスペシャル・ニーズ (special needs) の充足のためには,令状並びに相当理由の要件が実行できない例外的事情がある場合」(New Jersey v. T.L.O., 469 U.S. 325, 469 U.S. 351 (concurring in judgment) (1985)) がある。

　職員のオフィス,机,ファイル・キャビネットについて公共部門の雇用者が業務に関連して行う捜索の合理性基準に関する裁判例は驚くほどわずかである。

　公共部門の職員のプライヴァシーの正当な期待は相当に大きいであろうが,これと比較衡量すべき職場の現実は令状要件が実際にははたらかないであろうことを示唆する。警察官や法執行官が捜索を行う第1の目的は刑事手続またはその他の法執行手続で用いる証拠の獲得であろう。これに対し,雇用者は違法行為とは何ら関連しない適法な業務上の理由で職員のオフィスや机に立ち入る必要が頻繁に生じる。雇用者と監督者は政府機関の業務を迅速かつ効率的に遂行する必要性に第1の関心がある。雇用者には職員のオフィスにしかない書状,ファイル,報告書が必要なのに職員が不在のこともあるであろう。また,職員による非違行為の疑いに関連して,オフィスの財産や記録を特定しあるい

は保全する必要があることもあるだろう。雇用者が業務に関連する目的で職員のオフィスに立ち入り，または，机若しくはファイル・キャビネットを見分する必要がある場合に常に令状を要件とするのは日常の業務遂行を阻害し，不当な負担を課すことになるというのが我われの見解である。本件病院のようなオフィスの監督者は犯罪捜査を事務として執り行うとはいえず，業務に関連した捜索は主たる業務に付随するに過ぎない。このような状況で令状要件を課すのは，「政府機関での雇用上の決定がすべて憲法問題になればオフィスは機能を果たせないであろう」(Connick v. Myers, 461 U.S. 143 (1983)) というコモン・センスに反する。

　大半の場合，相当理由が捜索の要件とされるが，「第4修正の基本的な要求は捜索押収が合理的である」(New Jersey v. T.L.O., 469 U.S. 325, 469 U.S. 340 (1985)) ということであり，「政府側の利益を個人の利益と注意深く比較衡量して，相当理由に至らない基準を第4修正の合理性要件とするのが公共の利益にとって最善であることが示唆された場合に，そのような基準の採用に我われが躊躇をしたことはない。」(469 U.S. at 469 U.S. 341)。最初に雇用者が職員のプライヴァシーの期待に干渉するコンテクストが極めて多いことを認識することが重要である。本件捜索は，調査とは異なる，業務関連の侵入であるか，あるいは業務に関連した職員の非違行為の疑いに関する証拠発見のための調査であるとされている。公共部門の雇用者による業務関連の侵入を正当化する政府側の利益は，職場の効率的かつ適法な運営である。政府機関の役務は多様であり，公共部門の雇用者が職員のオフィスにあるファイルや書状の発見のために常に相当理由を要することになると，政府機関の業務は停滞する。相当理由は犯罪捜査のコンテクストにルーツがある概念であるが，捜索の目的が業務上の理由によるファイルの回収である場合に相当理由が何を意味するのかは判然としない。同様に，公共部門の雇用者が日常的に行っている国の財産目録の確認の場合に相当理由が何を意味するのかは判然としない。雇用者には職員のオフィスの立ち入りに関する広範な裁量を認めなければならない。加えて，雇用者が調査を行う場合，その利益は「通常の法執行上の必要」(New Jersey v.

T.L.O., 469 U.S. 337, 469 U.S. 351 (Blackmun, J., concurring in judgment)) と相当大きく異なる。公共部門の業務は，職員に非効率性，無能力，運営の誤り，又はその他の業務上の非違行為があれば当然に停滞する。公共部門の職員に付託された責務の重大さに鑑みれば，職員が誤った行為を行い又は無能力である場合にその機関と公共の利益に深刻な結果を招きかねない。公共部門の雇用者は刑事法の執行に従事しないのであって，機関の業務が適法かつ効率的に運営されることに第1の優先順位をおく。そのような雇用者は，相当理由に関する詳細について習熟することを期待されていない。第4修正の合理性基準は，雇用者の行動を「理性とコモンセンスが命じるところに従って」(469 U.S. 343) 規律することを認めるというのが我われの結論である。他方，職場での政府機関職員のプライヴァシーの利益は，住居又はその他のコンテクストで認められるプライヴァシーの利益よりもかなり小さい。政府機関のオフィスは機関の業務遂行を唯一の目的として職員に提供されている。職員自身の持ち物は職員が自宅においてくれば職場で開披されずに済む。

　以上を要するに，本件では，「通常の法執行の必要にとどまらない特別の必要性 (special needs) があるために，相当理由の要件は実際にはたらかせることができない (impracticable)」(469 U.S. 351 (Blackman, J., concurring in judgment)) というのが我われの結論である。本件での公共部門雇用者の侵入は合理性の基準で合憲性を判断すべきである。

　本件捜索は，捜索の開始並びに範囲双方の点で合理性基準に適っている。捜索により職員が業務に関連した非違行為を行った証拠を発見できるか，又は捜索が必要なファイルの回収等，調査とは異なる，業務上の理由で必要であると思料すべき合理的な根拠 (reasonable grounds) がある場合には捜索の開始に合理性がある。申請人はOrtega個人を特定した非違行為の疑いを抱いていたので，特定の疑いが合理性基準の要素であるのかを本件で判断する必要はない。本件捜索は「捜索でとられた措置が捜索の目的に関連するとみるのが合理的であり，非違行為の内容に照らして過度の侵入ではない」(469 U.S. 342) 場合には範囲の点で許容される。

(3)　Ortegaのオフィスの捜索と持ち物の押収が合理性基準に適っているかはこの時点で判断しない。本件では証拠調べがなされていない。本件では，District Courtがサマリー・ジャッジメントを求める申請人の申立を入れ，Court of Appealsは，結論を異にするとはいえ，同様にサマリー・ジャッジメントによることを是認しているため，証拠調べがなされていない。しかし，本件では被申請人のオフィスの捜索の正当理由について争いがあり，本件記録は捜索押収の合理性についてサマリー・ジャッジメントを下すには適切ではない。申請によれば，本件オフィスの捜索は職員が「退職し，任期を終え，又は解雇されるときに」病院が行っている国の財産目録の確認のためであるというが，本件捜索時にOrtegaは任期を終えていない。そのうえ，被申請人によれば，本件捜索は被申請人に対する手続のための証拠の発見を唯一の目的としている。District Courtの命令も，Court of Appealsの結論も是認できず，差戻しを受けたDistrict Courtはオフィスの捜索の正当理由に関して認定し捜索の合理性を評価すべきである。

　2．スカリーア裁判官の結論賛成の補足意見
　複数意見は，第4修正の合理性基準はオフィスが他の職員や公衆に十分に開かれているか否かに照らして，事案ごと評価すべきであるというが，十分に開かれているというのが何を指すのか，また，どのような事実を評価材料にするのかを何も明らかにしていない。病院の役員がOrtegaのオフィスに立ち入る業務上の理由が広範囲にわたる場合には第4修正が保護するプライヴァシーはないというが，第4修正が保護するのはプライヴァシーであって，1人でいることではない。オフィスの使用者が民間機関の職員ではなくて政府機関の職員であることはプライヴァシーの正当な期待の認定に重要でない。政府が雇用者として立ち入る権限があるというだけで不合理な捜索を受けないという憲法上の保護が失われるわけではない。次に，プライヴァシーに対する干渉が法執行官ではなくて監督者によることは，プライヴァシーの期待に関する評価として重要ではない。捜索を誰が行ったのかは第4修正の保護が及ぶか否かの問いに

重要でない。本件では第4修正の保護が及ぶのであり，本件の問いは，侵入の合理性の有無であり，政府機関が雇用者であること，捜索が雇用に関連することはここで重要性がある。政府機関の雇用関係には，第4修正の令状要件の例外の1つである「特別の必要性」が認められる。業務に関連する資料の回収を目的とする，あるいは職場のルール違反の調査を目的とする政府機関の捜索は合理的である。本件捜索が有効な目的によるものではないというサマリー・ジャッジメントを支える証拠はなく，複数意見の破棄差戻しの結論に賛成する。

3．ブラックマン裁判官の反対意見（ブレナン，マーシャル，スティーヴンズ各裁判官参加）

Ortegaにはオフィス，机，並びにファイル・キャビネットにプライヴァシーの期待を抱いており，本件捜索はこれを対象とした調査目的のものであり，「特別な必要性」は何もない。本件捜索には第4修正の伝統的な基準を適用し，Ortegaは権利を侵害されていると結論づけるべきである。

複数意見は本件に事実の争いがあるとしたうえで，公的機関の雇用者による職場の捜索の合理性基準を宣言する。しかし，第4修正の合理性基準は具体的な事実状況にある程度対応（fact-specific）するものなので，事実状況の丹念な検討から離れた，複数意見のような基準の宣言は不適切である。複数意見が基準を宣言する際に想定した事実は公的機関の雇用者の利益を考慮に入れるもので，その結果，複数意見が宣言する基準は，そのような捜索をすべて許容してしまいかねない。

本件捜索が財産確認上のものとみる余地はない。複数意見が認めるように，本件捜索時にOrtegaは解雇されていないので，本件捜索が，解雇された職員のオフィスで行われることになっている財産確認のためであるとはいえない。複数意見は，本件捜索が財産確認を目的とすることを積極的に排斥する根拠はないというが，備品の所在確認が捜索に関連しないことはO'Connorが認めている。O'Connorに依れば，捜索の第1の目的は調査であり，現に，捜索後に財産目録が作成された事実はなく，捜索時には担当チームがOrtegaの所持品

を調べ上げ，押収物はその後の懲戒手続 termination proceeding で用いられている。

職場の「運用実務」("operational realities") により職員のプライヴァシーの期待がある程度縮減する場合があることは間違いないが，来客が日常的に立ち入るために，この期待がなくなってしまうという複数意見の示唆には困惑する。プライヴァシーの期待が第4修正の保護するものなのかそれとも不合理なものなのかはコンテクストに依る。[738] 最も重要なのは，現代のアメリカ社会で職場が大半の労働者にとって第2の住居（another home）になっていることである。休み時間に個人的所用で電話を掛け，また，オフィスで個人的な来訪を受けるなど，職員の私生活は職場と接点がある。職場や仕事のことを個人の所持品や私生活上の活動と整然と区別することはできない。

令状並びに相当理由の要件の例外は，「通常の法執行の必要性にとどまらない特別の必要性があり，そのために令状要件と相当理由の要件が実行不可能となる例外的な事情がある場合に」（T.L.O., at 469 U.S. 351）はじめて検討を許される。衡量テストにより合理性基準の内容を導き出すのはこの例外の検討に当たる。ところが，本件複数意見は，例外の検討が許される特別な必要性の存在を認定しないままに衡量テストを用いる点に誤りがある。本件事実は，捜索の目的が Ortega の非行行為に関する証拠獲得にあることを示唆している。令状入手を要件としても，病院職員の懲戒が目的とする，研修並びに治療機関の効果的な運営という目標が犠牲を強いられることはない。次に，本件に特別な必要性があるとしても，複数意見の衡量では，衡量の際の分析と具体的な事実状況の間に溝があるために，周到さを欠く結果になっている。公的機関の雇用者に令状入手を期待できない場合があるとしても，これは，雇用者によるすべての捜索で令状を不要とすることを正当化するものではない。複数意見は，具体的な事実状況から切り離されているために，捜索の類型の間に設けるべき区別をたてられておらず，厳密な衡量から導き出されるべき，令状要件に替わる保護策を提示できていない。令状要件の例外が，無令状の許容，職員のプライヴァシー，それに，政府側の利益の間のつながり（nexus）を前提にするように，

相当理由の要件の緩和も同様のつながりを前提にするはずであるが，複数意見はそのつながりを明らかにしていない。

　本件解説は45事例で併せて行う。

（堤　和通）

42. New York v. Burger, 482 U.S. 691 (1987)

　自動車解体業について，第4修正の「緊密な規制を受ける業種」の例外に該当し，事業所に無令状で立入検査を行うことができるとされた事例。

《事実の概要》

　ニューヨーク市警察自動車犯罪課に属する警察官5名が被申請人バーガーの経営する自動車解体・部品販売業の敷地に立ち入り，営業免許及び占有する自動車及び部品の記録を見せるように求めた。バーガーは，両方とも持っていないと返答した。警察官はニューヨーク州自動車交通法415条の a4[1] に基づく調査を行うと通告し，バーガーが異議を唱えなかったので，スクラップ置き場にある自動車や部品の自動車識別番号（Vehicle Identification Numbers：VINs）を調べたところ，盗難車のものであることが判明した。バーガーは逮捕され，5件の盗品占有罪及び1件の自動車解体業の無免許営業の罪により起訴された。

　公判裁判所（Kings County Supreme Court）においてバーガーは，本件立入検査（administrative inspection）の根拠となった415条の a4 は違憲であると主張して，証拠排除を申し立てた。同裁判所はこれを認めず，Appellate Division もこの判断を維持したが[2]，Court of Appeals は，同条は犯罪の証拠を発見するためだけになされる捜索の権限を与えたものであり，包括的な規制の枠組みを執行するためのものではなく，合衆国憲法第4修正の不合理な捜索・押収の禁止に違反すると判示して，原判決を破棄した[3]。この判決に対し，州

---

1) N. Y. Veh. & Traf. Law § 415-a5 (McKinney 1986).
2) 112 App. Div. 2d 1046, 493 N. Y. S. 2d 34 (1985).
3) 67 N.Y. 2d 338, 493 N.E. 2d 926 (1986). なお，ニューヨーク州においては Supreme Court, District Court, NYC Criminal Court 等が公判裁判所であり，Appellate Division(s) (of the Supreme Court)（上訴部）は控訴裁判所に相当し，Court of Appeals が州の最高裁判所に相当する裁判所である。WEST'S LEGAL DESK REFERENCE 806 (William P. Statsky, Bruce L. Hussey, Michael R. Diamond & Richard

側がサーシオレイライを申請した。

《判旨・法廷意見》
破棄・差戻し（6対3）
1．ブラックマン裁判官執筆の法廷意見
(1) 第4修正の不合理な捜索押収の禁止は，私的な住宅だけでなく，商業施設（commericial premises）にも適用される（See v. City of Seattle, 387 U.S. 541, 543, 546 (1967)）。事業の所有者又は運営者は，商業財産についてプライヴァシーの期待を有しており，それは社会が合理的だと考える用意ができているものである（See Katz v. United States, 389 U.S. 347, 361 (1967) (Harlan, J., concurring)）。この期待は，犯罪の証拠を収集するために行われる伝統的な警察の捜索だけでなく，規制のための法律を執行するために設計された行政検査の場合にも存在する（See Marshall v. Barlow's, Inc., 436 U.S. 307, 312-313 (1978)）。商業施設のプライヴァシーの期待は，個人の住宅における同様のプライヴァシーの期待とは異なり，実際のところより小さなものである（See Donovan v. Dewey, 452 U.S. 594, 598-599 (1981)）。Marshall v. Barlow's Inc.において当裁判所は，「そのような政府による監督の歴史を有する特定の業種においては，合理的なプライヴァシーの期待が存在しない」と述べた。

先例 Colonnade Catering Corp. v. United States, 397 U.S. 72 (1970) 及び United States v. Biswell, 406 U.S. 311 (1972) の法理によれば，「緊密な規制を受ける業種」の商業施設の所有者又は運営者のプライヴァシーの期待は減少しているので，第4修正の合理性の基準を充たす令状要件及び相当理由の要件は，こうした状況においては下方修正された適用を受ける。所有者のプライヴァシーの期待が弱まり，それに付随して特定の事業を規制する政府の利益が高められている場合には，商業施設に対する無令状の調査は，次の3つの基準を充たすのであれば，第4修正の意味において合理的といえる。

H. Nakamura eds., 1991）; See, also Structure of the Courts (NY), http://www.nycourts.gov/courts/structure.shtml

第1に，検査の行われる規制の枠組みに「相当の」政府の利益がなければならない。第2に無令状の検査は，「その規制の枠組みを推進するために必要なもの」でなければならない。第3に，法律による検査の枠組みは，その適用の確実性及び規則性の点で，憲法上適切な令状の代替手段を提供しなければならない。言い換えれば，規制のための法律は，①商業施設の所有者に，捜索が法に従いまた適正に限定された範囲で行われることを告知し，②検査を行う法執行官の裁量を制限するという令状の2つの基本的機能を果たさなければならない。この第1の機能を果たすためには，当該法律は商業財産の所有者が，自分の財産が特定の目的のために定期的な検査の対象になることに気づかざるをえないほど十分に包括的かつはっきりと定義されたものでなければならない。加えて，どのように検査官の裁量を限定すればよいのかについて，当該法律は「時，場所，及び範囲について注意深く限定された」ものでなければならない。

　(2)　415条のa5に従った捜索は，この「緊密な規制を受ける」業種の立入検査の場合の令状要件の例外に明らかに該当する。

　本件における規制のための法律の性質は，スクラップ置き場を運営し，部分的に自動車の解体を行うことが，ニューヨーク州において「緊密な規制を受ける」業種であることを確立している。免許及び登録に基づき，記録保持義務，事業所における登録番号の表示義務が課されており，これらの規定に違反すれば，免許の喪失，過料のみならず刑罰も科せられるからである（§§ 415-a1, 5, & 6）。ニューヨーク以外の州も同様の広範な規制を課している。

　「緊密な規制を受ける」業種にあたるかどうかの判断につき，「特定の規制の枠組みの期間」もいくらか関連する。自動車は我々の社会における新しい現象であり，広く用いられるようになったのは最近のことなので，自動車のスクラップ置き場及び自動車解体業はそれほど長く存在してきたものではなく，政府による監督の古くからの歴史を有するものではない（1950年代以降）。しかしながら，それは一般的なスクラップ置き場と中古品販売業という，これまで長年（140年以上）ニューヨーク州で緊密な規制を受けてきた既存の業種の新たな分野に過ぎない。

(3) ニューヨーク州の規制の枠組みは，調査を認める法律に従って行われた無令状の調査を合理的なものとするのに必要な3基準を充たしている。第1に，州内で自動車の盗難が増加しており，盗犯の問題は自動車の解体及びスクラップ置き場と関連しているのであるから，州にはこうした業種を規制する相当の利益がある。第2に，こうした業種の規制は，自動車の盗難を撲滅する州の相当の利益を合理的に促進するものであり，州法に従った無令状での立入検査は，規制の枠組みを推進するために必要なものである。本件で令状要件は，車や部品を盗品だと特定し，そのような品物の市場を閉鎖することにより自動車の盗難を抑止するという法律の目的を妨げることになってしまう。盗まれた車や部品は，自動車スクラップ置き場をすぐに通り抜けてしまうのであるから，それらを発見するためには「頻繁」かつ「抜き打ち」の検査が必要なのである。第3に，州法は，憲法上適切な令状の代替手段を設けている。州法によれば，事業者には「通常の営業時間」に限り，自動車解体及び関連業種についてのみ検査がなされ，検査の範囲は，記録の調査及び「本条の記録保持要件に服し，かつ当該施設にある車や車の部品」に狭く限定されている。

(4) 原判決が，「行政目的は口実に過ぎず，盗品の占有という犯罪の証拠を発見するために行われる捜索の権限を与えることが真の狙いであるので，415条のa5は第4修正に違反する」としたのは妥当でない。ある州は，重大な社会問題に，事業者の業務の指針となるルールを設け，政府の法執行官にそのようなルールが確実に守られるようにさせるという行政的な枠組みによっても，また特定の行為や行動を理由に個人を処罰するという刑罰によっても対処しうるのである。本件でもニューヨーク州は自動車の盗難という重大な社会問題に直面しており，自動車の盗犯又は盗品の占有を処罰する他に，自動車解体業者が免許を有する（legitimate）事業者であり，自動車のスクラップ置き場で流通する盗難車及び部品を確実に特定できるようにするための規制の枠組みを設けることもできる。記録がない無免許の自動車解体業者に対して検査ができないとするのは，記録を保持していた者により広い捜索ができることと比較しておかしな結果となる。

検査を行う法執行官が、その執行の過程でその行政的枠組みそれ自体の違反以外の犯罪の証拠を発見する可能性があるからというだけの理由で、当該の枠組みが違憲にはならない。

行政職員でなく、警察官が415条のa5の検査を行うことを認められていることに憲法上の問題は見出せない。州の警察官は伝統的な警察の仕事に加えて、多数の任務を負っているのであって、実際問題としても多くの州では特定の行政的枠組みの執行を専門の職員に任せる余裕はないのである。ある規制の枠組みが適正に行政的なものである場合には、その枠組み自体によって作り出されたもの以外の違反によって個人を逮捕する権限を、検査を行う法執行官が有しているという事実によって、それが違法とされることはない。

2．ブレナン裁判官の反対意見（マーシャル裁判官同意、オコナー裁判官一部同意）

(1) 広範な規制が認められてきた業種の無令状の検査は、緊急の政府の利益を推進するのに必要であり、時、場所、及び範囲が注意深く限定された法律により授権されているのであれば有効であるという一般原則に異論はないが、本件での自動車解体業は緊密に規制されてきた業種ではなく、それゆえに捜索には令状が必要である。*Dewey* において規制の広範さと規則性が決め手となると述べられたが、ニューヨーク州における自動車解体業の規制は広範なものとはいえない。本件の枠組みは *Dewey* で争われた鉱山の安全規制とは対照をなすものであり、この程度の規制で緊密に規制された業種にあたるとされるのならば、そのような認定を免れる事業はほとんどなく、令状要件は原則ではなく例外になり、（令状要件の適用を認めた）*See* が解釈上先例変更されることになってしまう。

(2) 自動車解体業が緊密な規制を受ける業種であるとしても、415条のa5は令状の代替手段を提供するために必要な適用の確実性及び規則性の域に達していないので、本件捜索は第4修正に反する。

州法は自動車解体業者に検査が定期的に行われるとは通告しておらず、検査がそもそも行われるかどうかの保証は全く存在しない。実際のところ、州は、

なぜ被申請人の営業が検査対象として選ばれたのか説明できていないのである。検査の頻度及び目的が政府の法執行官の抑制のない裁量に委ねられているというほかはない。本件で警察官が歩行器や車椅子から登録番号を取り外したのは許容されている行政捜索の範囲に収まるものではない。自動車解体業者の事業所の警察による捜索につき，営業時間に行われるという以外の制約を見出すことはできない。

(3) 415条のa5の根本的な欠陥は，犯罪行為の証拠を発見するためだけの捜索を行う権限を与えていることである。政府が行政検査の枠組みを犯罪の捜索に用いてはならないというのは明確で広く受け入れられている原則である。しかし，本件では州は行政的枠組みを相当理由のない犯罪の証拠の捜索の口実にしてしまっている。車椅子や障害者用の歩行器は自動車や自動車部品ではなく，州による行政的枠組みの執行とは何ら関わりがないものである。さらに，犯罪を発見する意図で行われた捜索が行政的制裁に服するのはほとんど不可能である。被申請人が無免許で在庫記録も持っていないと答えた時点で，行政的枠組みのあらゆる要件に違反しているのであり，盗難自動車やその部品の占有を禁ずる行政法規はなく，検査は犯罪行為の証拠の捜索となってしまったのである。

州側は，この議論を認めると，自動車解体業者が登録・在庫管理を怠ることで行政的枠組みを妨害できることになってしまうと主張するが，もし業者がそれらを怠れば行政的制裁及び刑罰の対象になるのであり，警察は令状を取って事業所を捜索すればよいのであるから，犯罪捜査が妨げられることにもならない。

法廷意見は，行政的枠組みが一定の目的を持ち，捜索がその目的に役立つものであれば，当該の捜索から具体的な行政的結果が起こらなくともその捜索は認められるということを黙示的に判示したことになるが，行政的枠組みの目的は刑事法の目的と重なり合うので，これは危険な示唆である。法廷意見の理由づけによれば，自動車盗難の防止のような抽象的な行政目的に役立つものであれば，立入検査は第4修正の要件を免れることになる。特定の種類の犯罪を防

止することが行政捜索の目的だと言うだけで，立法部が憲法の保障をなくすことは認められない。たとえ犯罪行為の証拠の捜索が行政目的に役立つとしても，その行政目的が，行政法規違反を確かめるという具体的な形をとるのでない限り，第4修正はそのような捜索にも適用されなければならない。

《解 説》

本判決は，いわゆる「緊密な規制を受ける業種（closely regulated business）」の事業所への立入検査について，合衆国憲法第4修正の令状要件の例外となることを確立した指導的先例である[4]。本件によってこの例外が広く認められるようになった一方で，無令状での立入検査が認められるかどうかを判断するための枠組みに，「*Burger* 3要件」と呼ばれる基準が付加されることになった。

1．行政捜索に対する令状要件の適用

アメリカ法において，立入検査は，「行政捜索（administrative search）」とも呼ばれ，健康又は安全の規制法令の遵守の執行目的で，規制当局により行われる公共又は商業施設の捜索である[5]。具体的には，電化製品や自動車の安全検査や，レストランや食堂の衛生検査，工場からの排気・廃水の環境調査，及び住宅の火災予防・衛生管理のための調査など様々なものがある。これらは法執行の目的で用いられる場合もあるが，主な目的は，望ましくない状態を防止し，改善を図ることである[6]。従ってこうした調査には必ずしも令状を必要と

---

4) 本判決について論じたものとして，佐伯彰洋「行政調査と修正4条：事業用財産への立入検査の事例を中心にして」同志社アメリカ研究24号35頁（1988年）；洲見光男「行政捜索と修正4条：事業所への立入検査を中心として」『西原春夫先生古稀祝賀論文集第4巻』（成文堂，1998年）75頁．Jodi C. Remer, *The "Junking" of the Fourth Amendment: The Closely Regulated Industry Exception to the Warrant Requirement, New York v. Burger, 107 S. Ct. 2636* (1987), 25 AM. CRIM. L. REV. 791 (1988); AM. JUR. 2D, SEARCHES AND SEIZURES §§ 54-55 (2010).

5) BLACK'S LAW DICTIONARY 468 (Bryan A. Garner ed., 9th ed. 2009).

6) ERNEST GELLHORN & RONALD M. LEVIN, ADMINISTRATIVE LAW AND PROCESS IN A

せず，また相当理由という形で個別化された嫌疑も必要とはされないが，どのように制度の合理性を担保すればよいかは依然として問題となる（「*Burger*の3要件」）。

連邦最高裁判所は，無令状の立入りを拒絶した者に刑罰を科すことが争われた 1967 年の Camara v. Municipal Court, 387 U.S. 523 及び See v. City of Seattle において，「健康及び安全のための行政目的の立入検査には令状要件の適用はない」とする従来の先例[7]を明示的に変更し，令状要件が適用されると認めた。前者においては，「現行制度では，調査官が立入りを要求した際に，居住者は条例の執行には自分の土地建物の調査が必要なのか，調査官の捜索権限の合法的な限界，調査官が適法な授権に基づいて行動しているのかどうかについて知りうる方法が存在しない。これらは中立的な令状判事により審査されうる問題である。……しかし，立入りを拒絶し，有罪と宣告されることを覚悟しなければ，居住者は捜索すべきとの調査官の判断を争うことができない。たとえ本件のように居住者がそのリスクを受けて立った場合でも，法が一般的に家屋調査官に認めている以上の検査の理由を知ることはできない。この制度の実際的な効果は，居住者を現場の法執行官の裁量に服せしめることになっているのである。」[8]と述べ，① 検査の対象者に対する告知，② 令状判事による中立的な審査，③ 正当化事由の明確化，④ 現場の法執行官の裁量の制限といった理由から，令状が必要だとしている[9]。後者においては，「事業者も，住居の居住者と同じように，自己の私的な商業施設において，公権力の不合理な立入りを受けずに事業を行う憲法上の権利を有するのである。令状により証拠立てられた公的な授権なしに，規制法令の違反を理由とする立入検査を行うという決定が現

  Nutshell 138 (4th ed. 1997).
7) Frank v. Maryland, 359 U.S. 360 (1959).
8) 387 U.S., at 532.
9) 行政調査における令状要件の問題について，中山代志子「行政調査における令状主義の適用範囲 (1)・(2)」早稲田大学大学院法研論集 148 号（2013 年）123 頁，149 号（2014 年）225 頁参照。

場の調査官によって執行されるならば，事業者もまた，そのような権利を危殆にさらされることになる。」[10]と述べて，商業施設の捜索に対しても令状要件が適用されるとした。ただし，事業所の方が私的な住居よりも多くの状況において合理的に検査されうることは認められるとした。

2．「緊密な規制を受ける業種」の例外に関する先例

こうして，行政捜索を行う場合にも令状を取得することが原則となったのであるが，いろいろなカテゴリーの例外も認められてきている。一般的な ① 緊急性の例外[11]，② 同意に基づく捜索[12]，③ plain view/open fields の例外[13]に加えて，行政法関係においては ④「緊密な規制を受ける業種」の例外，⑤「特別の必要性（special need）」の例外[14]の場合には，無令状で捜索を行うことも認められるとされている[15]。

「緊密な規制を受ける業種」の例外の認められる起源となったのが，1970年の Colonnade Catering Corp. v. United States である。この事件では，連邦税務職員が酒類の醸造販売業者の建物を訪れ，無令状かつ事業主の同意を得ないまま，鍵を壊して貯蔵所に立ち入り，違法に醸造された疑いのある酒の入った瓶を数本押収したのであるが，連邦最高裁は，連邦法によれば「強制的な無令状での立入りの権限は授権されていない」と結論づけるとともに，「酒類については長く緊密な監督及び検査に服してきた。連邦議会は捜索・押収のための合理的な基準を編み出す広範な権限を有する。」と述べ，「緊密な規制を受ける業

---

10) 387 U.S., at 543.
11) Compagnie Francaise & c. v. Board of Health, 186 U.S. 380 (1902).
12) United States v. Brown, 763 F. 2d 984 (8th Cir. 1985).
13) Coolidge v. New Hampshire, 403 U.S. 443, 465-466 (1971); Air Pollution Variance Bd. v. Western Alfalfa, 416 U.S. 861 (1974).
14) その他の行政調査に伴う捜索であり，税務調査（United States v. LaSalle National Bank, 437 U.S. 298 (1978)）児童福祉のための立入検査（Wildauer v. Frederick County, 993 F. 2d 369 (4th Cir. 1993)，政府の被用者の職場の捜索（O'Connor v. Ortega, 480 U.S. 709 (1987) 本書第41事件）などがこれに含まれる。
15) AM. JUR. 2D ADMINISTRATIVE LAW § 112 (2014).

種」において無令状で検査を行う枠組み自体は不合理ではないことを示唆した。次いで，1972 年の United States v. Biswell においては，連邦の調査官が銃の取引業者の事業所に無令状で立ち入り，商品及び帳簿書類を検査することを認める 1968 年銃規制法（Gun Control Act of 1968）の合憲性が争われた。最高裁は，州の境を越えた銃の取引の規制は，酒類の製造・販売業ほどの長い歴史を有するものではないが，「広範に規制された業種（pervasively regulated business）」であるとした。そして，暴力的犯罪を防止するという差し迫った利益を連邦政府が有するのに対し，「広範に規制された業種に参入することを選択し，連邦の免許を受けた取引業者は，自分の帳簿書類，銃や弾薬が効果的な検査の対象となることを知ってそうしている」のであるから，「業者の正当なプライヴァシーの期待に対する脅威は限定的なものに過ぎない」という比較衡量論に依拠して，「法律により特に授権された無令状の検査を行うことも……第 4 修正の下で不合理ではない」[16]と判示した。

　この例外は，当初は「緊急性の例外同様，極めて狭いものである」[17]と考えられていた。1978 年の Marshall v. Barlow's, Inc. においては，「安全が害される虞れがあり，同法に基づく規制の違反の疑いがある場合には，いかなる労働施設の職場に対しても労働省の職員が無令状で捜索を行うことができる」という労働安全衛生法（Occupational Safety and Health Act of 1970：OSHA）の規定が第 4 修正の令状要件に反し，違憲無効とされた。この事件で最高裁は，緊密な規制を受ける業種の例外が認められる理由として，① 酒類や銃のように政府による監督の歴史を有する特定の業種においてはプライヴァシーの期待が存在しない，② それはそのような業種に事業者が参入する際に，政府による完全な規制に服することを自発的に選択しているからである（黙示の同意），という 2 点を挙げ，同事件の申請人はそのような規制，又は免許を受ける事業に従事していないことは Colonnade 及び Biswell との大きな相違であると述べた。また，事前通告なしの抜き打ち検査が必要であるという政府の主張に対し

---

16)　406 U.S., at 310-311.
17)　AM. JUR. 2D., *supra* note 15, § 112.

ても，ほとんどの場合事業者は検査に同意しており，同意が得られない場合に令状を取得しなければならないとしても，検査の仕組みに重大な負担が課されることにはならないと判断している。

他方で，1981年のDonovan v. Deweyでは，健康及び安全の基準を遵守するために，地下の鉱床（坑内採掘）については年間4回，露天掘りについては2回の連邦鉱山調査官による立入検査を義務づけた連邦鉱山安全衛生法（Federal Mine Safety and Health Act of 1977）の規定が合憲とされた。この判決では，「政府による緊密な監督の長きにわたる伝統」ではなく，「規制の広範さと規則性こそが，当該検査の仕組みを第4修正の下で合理的なものとするのに令状が必要かどうかを究極的に決定する」決め手となるとされた。規制されてきた期間は重要な要素ではあるが，それだけを基準にしたとすると，原子力発電のように甚大な安全・健康の問題をもたらす可能性のある新興の事業について，最大限の注意を払って作り上げられた検査の仕組みであっても，無令状の捜索の対象になりえないことになってしまうのはおかしいという。

3．本件及び下級裁判所の判決による例外の拡張，「原則と例外の逆転」

本件では，自動車解体業について，① 免許及び登録要件，② 記録保持義務，③ 警察官による立入検査，④ 従わない場合には刑罰，という比較的軽微な規制の条件によっても，「緊密な規制を受ける業種」にあたるとされた。こうした業種の規制は比較的最近のものだが，古くからある中古品販売又は廃品回収業に類似しているとされた。また本件では，「緊密な規制を受ける業種」に該当すれば直ちに無令状での捜索が許されるわけではなく，① 規制を行う政府の相当の利益，② その利益を推進するために無令状での検査が必要であること，③ 適切な令状の代替手段が備わっていること，の3要件を充たす必要があると判示された。

本件によって，「緊密な規制を受ける業種」であるかどうかについては，過去の規制の歴史ではなく，規制それ自体が注意深く作られたものであるかどうかに焦点が移ったと評価され，本件の事実関係を前提とすると，規制の内容や法執行官の裁量の限定はごくわずかなもので足りると考えられるようになっ

た。しかも，*Biswell* や *Dewey* の場合には，規制に従わないことにより生命の危険が生じる可能性があるといえるが，本件の自動車解体業で問題となるのは，自動車の盗犯やその盗品の譲受け・保管という財産犯に過ぎない。こうして，連邦や州の立法部は，法律を作れば，ほぼどんな業種でも無令状の行政捜索の対象にできる状態になった[18]。

　実際にも，連邦及び州レベルの下級裁判所は，極めて多くの業種について，「緊密な規制を受ける業種の例外」にあたると判示するに至っている。これらは，*Biswell* や *Dewey* に匹敵する ① 公衆の健康安全に対する危険性が明らかに存在する場合（薬局，医師，食品，原子力発電，ガソリンスタンド，建設，デイケア，老人ホーム，アスベスト除去，廃棄物処理）の他，② 商取引（クレジット組合，質屋，銀行，保険，トラック運送，貴金属の購入，自由貿易地域（Free Trade Zone：FTZ）と認められた倉庫での貨物保管），③ 動物の取引（漁業，飼い犬の繁殖，鹿の繁殖，競馬，狩猟，剥製，実験用ウサギの販売），④ 風俗営業（カジノ，アダルトビデオ店，マッサージ店）の4種類に大別できるという[19]。狩猟や魚釣り，全地形対応車（ATV）に乗ることや船舶交通など，商業といえないものにまで拡張又は類推適用が認められてきていることも問題であるとされる[20]。「緊密な規制を受ける業種」にあたらないとされた事例もごく少数存在するものの[21]，例外はもはや狭く限定されたものではなくな

---

18)　*See* GELLHORN & LEVIN, *supra* note 5, 142.

19)　*Rethinking Closely Regulated Industries*, 129 HARV. L. REV. 797, 805-806 (2016). また，山本未来「行政調査と合衆国憲法修正4条：緊密な規制を受ける事業における事業所への無令状立入検査」行政法研究11号155頁（2015年）は下級裁判所の判決を詳細に検討した労作である。

20)　Robert Leider, *May I See Your License? Terry Stops and License Verification*, 31 QUINNIPIAC L. REV. 387, 404-408 (2013).

21)　娯楽目的の穴釣り（State v. Larsen, 650 N.W.2d 144, 152-53 (Minn. 2002)），電気工事（Pinney v. Phillips, 281 Cal. Rptr. 904, 912 (Ct. App. 1991)），自動車の販売店（Terry York Imps., Inc. v. Dep't of Motor Vehicles, 242 Cal. Rptr. 790, 797 (Ct. App. 1987)），アダルトビデオ店（Durham Video & News, Inc. v. Durham Bd. of Adjustment, 550 S.E. 2d 212, 214 (N.C. Ct. App. 2001)）。特に，Tucson Women's

り，商業施設の捜索におけるデフォルト・ルールに変質し，ブレナン裁判官が反対意見で懸念した，第 4 修正の令状要件が適用されるはずの「原則と例外の逆転」が現実のものとなってしまったのである。

4．City of Los Angeles v. Patel (2015) による例外の拡張傾向に対する歯止め

こうした例外の拡張傾向に対して，最高裁は本判決以降の約 30 年間にわたって事件を取り上げることなく傍観してきたのだが，2015 年に至り，こうした傾向に歯止めをかけたと評価できる画期的な判決が下された。それが City of Los Angeles v. Patel, 135 S. Ct. 2443 である[22]。この事件では，宿泊客の氏名，住所，同伴者の数，自動車のナンバープレートの車両番号等の個人情報を含む宿泊者名簿を作成保管し，警察官が閲覧を求めた際には，これに応じなければならず，この義務に違反した場合には刑罰が科せられるというロサンゼル市条例の合憲性が争われた。スカリーア裁判官ら 3 名の裁判官は，ホテル業が「緊密な規制を受ける業種」にあたり，「本件の条例は *Burger* の要件を容易に充足している」と述べた。実際のところ，ロサンゼルス市のホテル業には，ニューヨーク州での自動車解体業よりも多くの詳細な規制を受け，しかも長い規制の

Clinic v. Eden, 379 F. 3d 531 (9th Cir. 2004) は妊娠中絶クリニックについて，「プライヴァシーの期待が縮小するという理論は明らかに適用されない。そのようなクリニックは基本的な憲法上の自由に拠って立つサービスを提供するものであり，プライヴェートな医師のオフィスでの医療サービスの提供は，医師と患者の双方にとってプライヴァシーの高い期待を伴うものであるからである。」と述べて緊密な規制を受ける業種にあたることを否定しており，① 事業者ではなく，施設の利用者・消費者のプライヴァシーが，② 縮小するのではなくかえって高まる場合があるとの分析を示している点で注目される。

22） 判例評釈として，中山代志子「ホテルの宿泊記録を警察が無令状で検査できると定めた市条例が，第三者による事前の審査の機会を与えずに罰則を科す点で合衆国憲法第 4 修正に反し文面違憲とされた判決」アメリカ法 2016，1 号 166 頁，また，柳川重規・2015 年 9 月 10 日米国刑事法研究会のレジュメを参考にした。*See also,* Luke M. Milligan, *The Right "to Be Secure": Los Angeles v. Patel*, 2014-15 CATO SUP. CT REV. 251； *The Supreme Court 2014 Term : Leading Case*, 129 HARV. L. REV. 241 (2015)； Carolone Levander & Matthew Pratt Guterl, *Are Hotels Dangerous?*, N.Y. TIMES, July 2, 2015.

伝統を有するものであった。しかし，5名の裁判官からなる法廷意見は，最高裁の先例で認められた業種は酒類の製造販売，銃の取引，鉱業，自動車解体業の4種類に限られ，「これらの業種とは異なり，ホテル業は公共の福祉に対し明白かつ著しい危険を及ぼすものではない。また，ホテル業が例外に含まれることになると，類似の規制を受けている他の多くの業種もこれに含まれることになり，例外ではなくなる。」と述べて，「緊密な規制を受ける業種」にあたることを否定した[23]。さらに，裁判官による事前審査を受ける機会をホテルの経営者に一切与えていない点で，「特別の必要性」に基づく例外として正当化することもできず，文面上違憲であると判示した。

　Patel は「例外はあくまでも例外である」ことを強調し，最高裁の先例と同程度の「公共の福祉に対する明白かつ著しい危険」がなければならないとすることで，規制の内容ではなく規制される業種の危険性を問うように軌道修正を図ったものと評価しうる。既に下級裁判所が *Patel* の判示に基づき，「緊密な規制を受ける業種」にあたらないと判断した事例も数件あり，今後の動向が注目される[24]。スマートフォンで撮影するなどしてデジタル化された情報の一括管理・検索が可能というビッグデータの問題点も考慮すべきであろう。

（中村　良隆）

---

23)　他方で，スカリーア裁判官の反対意見は，ある業種が「緊密な規制を受ける業種」にあたるか否かを判断する際には，① 規制を行ってきた伝統の長さ，② 規制制度の包括性，③ 他の法域（州）における類似の規制の制度といった要素に目が向けられてきたと先例を要約している。

24)　不動産賃貸業につき，Baker v. City of Portsmouth, 2015 U.S. Dist. LEXIS 132759 (S.D. Ohio Sept. 30, 2015)，アダルトビデオの制作につき Free Speech Coalition, Inc. v. AG United States, 825 F.3d 149 (2016)。ただし，Calzone v. Koster, 2016 U.S. Dist. LEXIS 98561(E.D.Mo. July 28, 2016) は，トラック運送業につき，第8巡回区の先例及び大型の商業トラックとより小型の自家用車がともに道路を使用するという公共安全の観点から，「緊密な規制を受ける業種」にあたるとした。Goethel v. Pritzker, 2016 U.S. Dist. LEXIS 99515 (D.N.H. July 29, 2016) も，漁業につき，「*Patel* は例示された4業種以外に例外を認めない趣旨ではない」として「緊密な規制を受ける業種」にあたるとした。

43. Griffin v. Wisconsin, 483 U.S. 868 (1987)

保護観察官が，禁制品の所持を疑うに足りる不審事由に基づいて，保護観察に置かれた者の住居を無令状で捜索することは，合衆国憲法第 4 修正に違反しないし，保護観察制度の運用は，いわゆる「特別の必要性（special needs）」に当たるため，捜索には令状要件も相当理由の要件も必要とされず，相当理由に至らない程度の合理的な根拠があれば許されると判示された事例。

《事実の概要》

申請人 Griffin は，重罪の前科があったので，1980 年 9 月，逮捕を妨害した罪などでウィスコンシン州裁判所で有罪判決を受け，保護観察に付された。

同州では，保護観察対象者は，州法上，州の保健社会福祉省の保護観察下に置かれ，裁判所が設定した条件及び同省が定めた規則に従わなければならない（Wis. Stat. 973. 10 (1) (1985-1986)）。同規則よれば，保護観察官は，保護観察対象者が保護観察条件下で所持することが許されない，いかなる物品も含めて，禁制品が存在すると思料する不審事由が認められる限り，かつ上司である監督官の承認を得ている限り，その住居を無令状で捜索することができる（Wis. Admin. Code HSS 328. 21 (4), 328. 16 (1) (1981)）。また，その不審事由の有無の判断にあたっては，保護観察官は，情報提供者から提供される情報のうち，提供された情報の信頼性と特定性，情報提供者の信頼性（情報提供者に不正確な情報を提供する何らかの動機があるか否か），保護観察官が当該保護観察対象者についてその経験から知りえたこと，対象者が保護観察規則や州及び連邦法を遵守しているかを確認する必要性の有無など様々な要素を考慮すべきであると定めている（HSS 328. 21 (7)）。また，家屋の捜索を拒否した場合にはその行為は保護観察条件違反にあたり（HSS 328. 04 (3) (k)），さらに，保護観察対象者が，保護観察官の事前の承認なく小火器（firearm）を所持することを禁じている（HSS 328. 04 (3) (j)）。

1983 年 4 月，Griffin は保護観察下にあったが，保護観察の監督官は，地域

警察の刑事から，Griffin の住むアパートに銃がある，もしくは，あるかもしれないとの情報を入手した。監督官は，Griffin を担当する保護観察官が不在でその助力を得られないまま，別の保護観察官 1 名と私服警察官 3 名を伴って Griffin の住居に向かい，Griffin が玄関で応じたところ，自分たちの身分と住居の捜索をする旨告げた。州の保護観察規則に従って，専ら保護観察官によって実施された住居の捜索の最中に，拳銃（handgun）1 丁が発見された。

　Griffin は，重罪の前科を持つ者による銃器所持の罪で起訴されたが，本件捜索中に押収された証拠の排除を申し立てた。公判裁判所は，令状は不要であり本件捜索は合理的であったとして，この申立を却下した。陪審は銃器所持で Griffin を有罪と認定し，Griffin は 2 年の収監刑を言い渡された。州 Court of Appeals はこの判断を確認し，さらに州 Supreme Court も，一般に保護観察によって保護観察対象者のプライヴァシーの合理的期待は縮減しているため，保護観察官は，保護観察対象者の住居を無令状で，かつ法禁物が存在すると思料する相当理由（probable cause）にまで至らない，単に不審事由を有すれば捜索は許されるし，このように解釈することは，合衆国憲法第 4 修正に一致すること，ウィスコンシン州の捜索規則の「合理的な根拠（reasonable ground）」基準は，合衆国憲法の「合理的な根拠」基準を充足していたことを挙げ，そして，本件で問題となった Griffin の保護観察条件違反をたれ込む情報が不正確な情報を提供する者から得たとする根拠も全くないので，この刑事から入手した情報は，州規則の「合理的な根拠」となり，とりわけ Griffin を特定し，Griffin が州法を遵守しているかを確認する必要性があることを示唆していたため，申請人による証拠排除の申立を却下したことは適切であると判示し，州 Court of Appeals の判断を確認した。

　合衆国最高裁判所は，サーシオレイライを認容した。

《判旨・法廷意見》
　原判断確認
　1．スカリーア裁判官執筆の法廷意見
　ウィスコンシン州 Supreme Court は，本件無令状捜索が合衆国憲法第 4 修正に違反しないとする点で結論において正しいが，しかしながら，この結論に到達するために，保護観察職員が入手した情報が連邦法上の「合理的な根拠」基準を充足している限り，一般的に保護観察職員による保護対象者の家屋のいかなる捜索も第 4 修正上許されるとする新しい原理を採用する必要はなかった。Griffin は，州の保健社会福祉省の監督下にあり，その規則と規範に服さなければならなかったので，申請人 Griffin の住居の捜索は，確立した原理の下での第 4 修正の合理性の要件を充足する同省規則に従って実施されたのであるから，不合理な捜索・押収を禁止する第 4 修正の要請は充たしていた。
　(1)　他のいかなる一般市民と同様に，保護観察対象者の住居も，その捜索にあたっては合理的でなければならないとする第 4 修正の要件によって保護される。通常，捜索は令状によってのみ行われなければならないのが原則である（See, e.g., Payton v. New York, 445 U.S. 573, 586 (1980)）が，通常の場合よりも法執行の必要性の高い特別な場合，つまり「特別の必要性（special needs）」によって，令状要件や相当理由（probable cause）の要件が現実にそぐわないような例外的な状況を，その場合に限って当法廷は認めてきた（New Jersey v. T.L.O., 469 U.S. 325, 351 (1985) (BLACKMUN, J., concurring in judgment)）。
　合衆国最高裁判所は，*O'Connor* 対 *Ortega*（O'Connor v. Ortega, 480 U.S. 709 (1987)）で，政府が相当理由なく無令状で公立病院職員である公務員の机や事務所を刑事訴追以外の目的で捜索することができると判示し，*T.L.O.* では，公立学校の教職員が，相当理由なく無令状で生徒の荷物を捜索することは許されると認めた。また，同様の理由から，*Camara*（Camara v. Municipal Court, 387 U.S. 523, 538 (1967)）では，合理的な立法もしくは行政の基準を充足する限り，政府捜査官が，一定の状況下で規律枠組みに従って捜索を行う場合には，通常の令状要件ないし相当理由の要件を墨守する必要はないと判示した。

州による保護観察制度の運用は，学校，行政組織，刑務所の運営や規制された事業の監督と同様に，通常の法執行を超える「特別の必要性」に該当し，従来の令状要件や相当理由の要件からの離脱（departures）が認められる。保護観察とは，拘禁と同じように，有罪認定後に裁判所が犯罪者に科す刑事制裁の一形態であり，したがって，保護観察に付された者には，一般市民が享受できる絶対的自由は認められず，保護観察下での特別な制約を遵守することに応じて適切に条件付けられた限定的自由でしかない。

このような制約は，保護観察が真の更生期間としての役目を果たし，かつ保護観察対象者が拘禁されないことによってコミュニティが害されることのないように担保することがその目的である。また，この目的を達成するには，こうした制約が実際に遵守されることを確実にするために，監督の実行性が必要とされるし，またそれが正当化されることとなる。近年の研究によると，保護観察における監督をより強化すれば再犯を減少させうるし，重罪で有罪判決を受けた者にとっても，保護観察がますます通常の刑罰となってくるにつれ，保護観察における監督の重要性は高まるばかりである。したがって，保護観察下に置かれた者の監督は，「特別の必要性」に当たり，概して一般の人に行えば憲法違反となるであろう程度のプライヴァシーの侵害を州に許すことになるが，しかしながら，この許されるプライヴァシー侵害の程度は無制限であってはならないので，次に，本件捜索がこの許容される限度を超えるものであったか否かを検討する。

(2) ウィスコンシン州 Supreme Court は，Griffin が彼の住居に違法な兇器を所持している，もしくは所持しているかもしれないとの，1人の刑事からの情報が，「合理的な根拠」を構成していたと判示した。州裁判所の解釈が規則の文言の範囲内にある限り，当裁判所の合衆国憲法の分析に関連している場合には当法廷は州裁判所のこの解釈に拘束されることになる。同州 Supreme Court が明確にしている通り，同州における保護観察制度の「特別の必要性」によって，令状を要求することは現実にそぐわないものとなるし，「相当理由」に代わって「合理的な根拠」基準を採用することが正当化されるといえる。

まず令状を要件とする場合，当該保護観察対象者がどれだけ密接に監督されることが必要かを判断する者として，保護観察官でなくマジストレイト（令状裁判官）が想定されているので，保護観察制度の運用にとって，令状要件は相当程度の障壁となる。そのうえ，令状入手の際に本来的に伴う手続の遅れは，保護観察職員が違法行為の証拠を迅速に保全することを困難にさせるし，また，迅速な捜索を可能にすることで得られる，保護観察対象者による違法行為の抑止効果を減少させることにもなる。この点については，未成年の部屋を捜索するにあたり司法の許可を必要とすると，親の監護権がいかに損なわれることになるかという視点から類推することができる。他方で，保護観察対象者に対して無令状で捜索が許されるとする場合，保護観察官は，公平なマジストレイトと異なるだけでなく，一般市民に対して通常捜索などの司法活動を行う警察官とも異なる存在である。保護観察官は，州の保健社会福祉省の職員で，公共の利益を保護する目的で確証に基づいて告発する役割がある一方で，また，保護観察対象者（規則では「クライアント（client）」と呼称される）の福祉を念頭に置くように想定されてもいるので，規則にしたがって，必要に応じて対象者の成長と発展を促すために個々にカウンセリングなどのサービスを提供しなければならないし（HSS 328.04 (2) (i)），他機関と連携する場合，対象者を監視し，サービスの継続の必要性を判断しなければならない（HSS 328.04 (2) (o)）ことを考慮すれば，令状要件を不要とすることは合理的であると考えられる。

　ブラックマン裁判官の反対意見は，相当理由を不要とする本法廷意見の結論には賛成するが，司法機関による令状要件は必要であるとしている。しかしながら，これは，合衆国憲法の文言と，合衆国最高裁判所の先例のいずれにおいても許容することはできない。第4修正の合理性の要件について，相当理由を具備する無令状捜索は認められるが，同裁判官の主張は，「令状は，相当理由に基づいてのみ発行されなければならない」と規定される第4修正の文言に反する。また，確かに行政捜索令状は，裁判所によって発付されることが許される一方で，必ずしも裁判所によって発付される必要がないともいえるため，合衆国最高裁判所が行政捜索の令状要件の例外を許容するに至っているのだが，

裁判官による令状発付が憲法上要求されている事例にまで令状要件の例外を認めたことはかつてまだない。捜索令状が憲法上要求される場合には，この憲法上の要請によって，令状発付に関する憲法上の厳格な制限を免除されるように柔軟に解釈することは許されない（See, Frank v. Maryland, 359 U.S. 360, 373 (1959)）。

次に，相当理由を要件とすることによっても，保護観察制度の運用は，不当に崩壊されてしまいかねない。本件事実を検討すれば，信憑性が確認されていない，1人の警察官の情報については，記録に照らす限り信用できるか否かを示唆するものは何もないし，また，Griffin が住居に銃器を確実に所持しているのではなく，所持しているかもしれないということを示しているだけなので，本件では通常要求される相当理由の要件が充足される蓋然性は実際はほとんどない。ところが本件には，相当理由を必要とする通常の事例とは異なる事情が存在する。第1に，相当理由の要件を課すことは，保護観察下における監督という関係から得られる保護観察対象者による違法行為の抑止効果を減殺してしまうこととなろう。保護観察下にある者は，自己の違法行為について不審事由にすぎない場合であってもその事実を隠蔽することが十分ある以上，違法行為は認知されず矯正されないままになることがよくある。第2に，禁制品が保護観察対象者の住居や財産に存在すると思料するに足りる合理的な根拠が存在するか否かを判断するにあたって，何を考慮するかは規則が具体的に示しているが，考慮されるべき要素には，警察官やマジストレイトであれば検討する通常の諸要素のほかに，保護観察に付された者自身が提供する禁制品所有に関する情報や，この保護観察対象者とともに過ごして得られた，あるいは過去の類似した事情から得られた保護観察職員の経験なども含まれる。したがって，*O'Connor* 対 *Ortega* 及び，*T.L.O.* と同様に，本件でも，捜索対象者と捜索を決定する保護観察職員との間には，継続中の監督関係が維持されているのであって，その関係は少なくとも必ずしも敵対する（adversarial）ものではない。

以上のような事情において，違反行為の資料となる情報について，通常の法執行活動で要求されるのと同程度の具体的で明確な信頼性と違反行為の確実性

を要求するのは，現実にそぐわないだけでなく，継続中の保護観察関係の破壊につながる。とりわけ薬物や違法な凶器に関連する事案では，保護観察職員が，保護観察対象者が自傷あるいは社会に危害を与える前に介入するためには，第4修正が要求する相当理由よりも程度の低い確実性に基づいて行動できなければならない。

したがって，保護観察対象者に対する無令状捜索を認めるため，警察官によって提供される情報を許容することは合理的であると当法廷は考える。これは，警察が信頼できる情報を保護観察職員に開示することを必ずしも好まない事実からも妥当と言えるし，また，保護観察機関は，保護観察対象者は更生を必要としており，しかも通常の市民より法を犯す蓋然性がより高いものとの前提で考えるので，提供される情報が，捜索を正当化する事実の蓋然性のみを示していれば十分である。

2．ブラックマン裁判官の反対意見（マーシャル裁判官参加，(1)-B及び(1)-Cにブレナン裁判官参加，(1)-Cにスティーヴンズ裁判官参加）

保護観察制度における特別な法執行の必要性によって，保護観察官による「不審事由（reasonable suspicion）」に基づく無令状の捜索を正当化できることは認めるが，本件ではこの基準を充足していなかったので，法廷意見に反対する。

(1) A コミュニティにおける犯罪者の存在は特別な監督を必要とするので，保護観察職員が効果的にその監督責任を果たそうとするのであれば，保護観察対象者を観察する際に裁量を有しなければならないことには同意する。保護観察対象者による再犯は主要な問題であり，監督はその脅威と闘う1つの手段である。

また，監督が重要とされる理由に，保護観察対象者の保護観察条件についての遵守状況の観察が挙げられるが，このような条件遵守を確認する目的で，保護観察職員は規則違反をチェックするために対象者の住居を捜索する必要に迫られる場合もある。保護観察対象者が違法行為を犯した場合，相当理由を具備するには必要な情報を得るために広範な調査が必要となるが，「合理的な根拠」

基準を採用すれば，保護観察職員が遅滞なくかつ嫌疑の早い段階で介入することを可能にする。

したがって，「合理的な根拠」基準の嫌疑のレベルは，コミュニティを再犯から守る公益の保護と保護観察対象者の更生の援助に不可欠な監督のレベルと，低い程度という点で一致し，かつ，この基準が適切に運用されれば，政府によるプライヴァシーへの無令状の侵入から保護観察に置かれている者を保護することにもなる。

B　しかしながら私は，特別な法執行の必要性が，令状要件を課すことによって守られるはずの保護観察対象者のプライヴァシー保護に変更を加えることを正当化するとは考えない。本件捜索が行われた申請人の住居は，第4修正によって政府の不合理な侵入から個人の生活の中心として伝統的に厚く保護されてきた場所で（See, Silverman v. United States, 365 U.S. 505, 511 (1961))，合衆国最高裁判所は一貫して，同意や緊急性のない状況で，家屋内での無令状の捜索・押収を行うことは第4修正に違反すると判断してきた（See, e.g., United States v. Karo, 468 U.S. 705, 714-715 (1984)；Steagald v. United States, 451 U.S. 204 (1981)；Payton v. New York, 445 U.S. 573 (1980))。

行政検査の事案で住居を捜索することは不適切である。当裁判所が行政上の令状要件の例外として認めたもののうち，企業のケースは，厳密に規制を受ける事業（closely regulated business）に付随するプライヴァシーのより低い期待に関するものであった（See, e.g., New York v. Burger, 482 U.S. 691 (1987))。

本件捜索は，申請人担当の保護観察職員による令状を要しない通常の住居への訪問の結果ではなく，表面上は警察からの，しかも犯罪の証拠を発見する目的の，情報に基づくものであった。これらの状況で，令状要件の特別な例外を正当化する，特別な保護観察の状況は存在しない。遅滞なく保護観察対象者の住居を捜索することにやむにやまれぬ必要性がある一定のケースでは，緊急の状況に関する確立された例外の下で直ちに捜索に着手することができるが，本件のような保護観察対象者について別個の令状要件の例外を設ける必要はない。

本件の状況は，捜索に令状を要求しても，保護観察の目的達成にとって特別な障害にならないことを例証している。本件で保護観察監督官は，電話で情報を入手した後，保護観察対象者の住居で捜索の実行に取り掛かるまで，申請人の法的手続に従事していた担当職員が戻るのを「2から3時間」待って，待機していたと証言する。したがって，本件で，保護観察職員には令状入手のための十分な時間があった。

　法廷意見は，保護観察職員は，警察官と異なり，保護観察対象者の福祉を念頭に置くことになっている点を指摘し，通常の法執行官より不適切な捜索に着手する可能性が低く，中立的な審査の必要性も低いと示唆する。しかしながら，審査の必要性が減少したことは令状要件を完全に不要とする正当化理由にならないし，保護観察対象者の成長と発展を促すという保護観察職員の役割を考慮すれば，むしろ，捜索を決定する権限は，職員と対象者との信頼関係を構築するうえで障壁となることがわかる。

　また，法廷意見は，特定の保護観察対象者がどれだけしっかりと監督されているかを，裁判所ではなく，保護観察職員が判断する必要性を強調してウィスコンシン州の規定する令状要件の例外を正当化するが，この主張は，問題となっている捜索の本質を見誤ったものである。確かに，保護観察職員は保護観察対象者の監督の期間を通じて裁量権を有するが，令状要件は，犯罪の証拠についての本格的な捜索が問題となる場合にのみ，裁判官にその判断を求めるものである。法廷意見が，親が子に対して有する監護権限を類推して，令状要件は保護観察制度の適切な運用を妨げるものであるとした結論は全く根拠がない。親と子の相互作用のもつ私的な本質と異なり，保護観察制度は，政府が明確な基準をもって運用すべきもので，中立な裁判官がこれらの基準を充たし，捜索が正当化されるかどうかを最もよく判断できる。

　C　本件における嫌疑は，出所不明の情報源からの未確認情報に基づいていたが，こうした情報について本件では，同州法が定める保護観察職員の所見等を考慮すべきとする規則に従って，申請人に関して個人的な知識を有している担当職員に照会し，もしくは申請人自身から情報についての資料を得るべきだ

ったところ，それをせずに情報と情報提供者の信頼性を確認することもしなかったため，憲法上，捜索を正当化する「合理的根拠」があったといえるものではない。

　法廷意見は，本件事情で得られた嫌疑が，通常要求される相当理由の要件を充足する蓋然性はほとんどないことを認める一方で，保護観察の必要性と，保護観察対象者と保護観察機関との継続的な関係を理由として，本件は「通常の」ケースではないと結論付けた。しかし，政府機関が州規則を遵守しないでいて，より低い程度の嫌疑に基づく捜索の実行の正当化事由として州規則に依拠するのは詭弁（sophistic）である。

　(2)　わが国には多くの保護観察対象者がおり，その深刻さの幅は様々である。法廷意見はそれらすべての者が無令状の捜索を受ける可能性があると判断した。そのうえ，相当理由より程度の低い嫌疑に基づいて無令状捜索を認める際に，本件捜索については脆弱な正当性しか存在しないことを法廷意見は見逃している。

《解　説》
　(1)　本件は，保護観察に付されている者の住居を無令状で捜索するにあたって，令状要件と相当理由の要件の充足を要求すれば現実にそぐわないことを理由に，捜索が合衆国憲法第4修正の合理性の要件を充足する州の規則に従って実施される限り，相当理由より低い程度の「合理的な根拠（reasonable grounds）」あるいは「不審事由（reasonable suspicion）」で足りるとして，令状要件と相当理由の要件の例外，いわゆる「特別の必要性（special needs）[1]」の例外を合衆国最高裁判所が法廷意見として明確に認めた初めての裁判例とい

---

1)　「特別の必要性（special needs）」に関連する研究として，州見光男「『特別の必要』の例外」朝日法学論集22号24頁以下，高井裕之「合衆国憲法修正4条における『特別の必要性』の法理の展開」産大法学32巻1頁以下，山本未来「行政調査と合衆国憲法修正4条における『特別の必要性』の法理」明治学院大学法科大学院ローレビュー5巻59頁以下などがある。

える。

(2) 合衆国憲法第4修正は，政府による「不合理な捜索・押収」から個人の自由が保障されることを認め，相当な理由に基づいてのみ発行された令状を要求し，かつ捜索場所と押収対象物を限定的に記していない一般令状を禁止する。この原理については，*Camara* で，刑事手続にのみならず，行政の領域での検査，臨検にあっても令状要件が適用され[2]，非刑事手続にも第4修正の規律が及ぶとされてきた。また，第4修正の中核をなす，警察による恣意的な侵入に対する個人のプライヴァシーの保障は，自由な社会の中核をなすものでもあるから，連邦に限定されず，第14修正のデュー・プロセスを通して各州にも適用されうる[3]。したがって，本件のような，州による保護観察に付されている者にも第4修正の保護は及ぶ。

しかしながら，第4修正による制約は，政府による個人の生活への干渉全てに及ぶものではない。*Camara* で，前述の通り合衆国最高裁判所は，行政調査のような非刑事手続においても令状要件は及び，住居の居住者は第4修正の十分な保護を受けると判示しながらも，その令状発付の要件内容として，特定の住居に個別な相当理由が欠けていても，立法上または行政上の基準によって官憲の恣意的活動を防止する合理的な規律枠組みが充足される場合には，令状発付のための相当理由までは必要ないとした。つまり，相当理由に至らない低い程度の嫌疑，いわゆる「合理的な根拠」あるいは「不審事由」で本格的な捜索が許される場合があることを認めた。また，*Camara* の法廷意見は，令状発付に必要な「相当理由」を緩和して無令状の捜索を許す要因として，① 長い間，司法上ないし社会的に許容される制度や方法が確立していること，② それに

---

[2] Camara v. Municipal Court, 387 U.S. 523 (1967). 刑事手続以外の領域での侵入は無令状でよいとされた先例（Frank v. Maryland, 359 U.S. 360(1959)）を変更して，住居環境保全のためになされた行政上の検査目的で，住居へ無令状で立ち入ることは第4修正に反すると判示された。本件については，渥美東洋『捜査の原理』（有斐閣，1979年）68頁参照。

[3] Wolf v. Colorado, 338 U.S. 25 (1949). 本件については，渥美・前掲註2) 46頁参照。

よって，公衆の安全の確保といった政府の重大な利益が保護されること，但し，この目的を確保するのに他に方法がないこと，③ この方法が，身体に対する捜索でも，犯罪の証拠を発見するための捜索でもないため，プライヴァシーの侵害が限定的なものであることなどの事情を挙げている。

こうして相当理由の基準を緩和しうるか否かの判断は，捜索を行う政府の利益とそれによってもたらされる被捜索者の受ける侵害とを比較衡量する，いわゆる「全体事情の下での合理性（reasonableness under all the circumstances）」の基準[4]が採用され，Camara 以降，この合理性の衡量テストの方法が展開される。

この基準で判断された事例の1つに，学校内の規律の維持目的で行われた無令状捜索が問題となった T.L.O.[5]がある。本件は，公立学校教職員による生徒の校内持ち物検査にも第4修正の規律が及ぶかが問題となった事例で，法廷意見はこれを肯定しながらも，令状を入手する必要はなく，また，禁止区域内の喫煙という校則違反等について相当理由には至らない程度の嫌疑で足りるとして，バッグの開披という生徒に対する捜索の正当性を「全体事情の下での合理性」で利益衡量し，その持ち物検査は合憲であると判示した。

ところで，この T.L.O. でブラックマン裁判官は，法廷意見の結論に同意した意見の中で，法廷意見は，教職員による校内持ち物検査が相当理由に基づくべきか否かの判断について十分な分析を行っていないと指摘したうえで，通常の場合よりも政府にとって法執行の必要性の高い特別な場合で，令状要件と相当理由の要件が現実にそぐわないような例外的な状況に限って，裁判所は憲法起草者の較量に代えて自らの較量を用いることができるとしている[6]。これが，

---

4) 行政捜索について衡量テストを採用したもののうち，事業主に対する警察官による無令状の立入り検査を定める州法の合憲性について争った事例（New York v. Burger, 482 U.S. 691 (1987)）については，本書第42事件参照。

5) New Jersey v. T.L.O., 469 U.S. 325 (1985). 本件については，渥美東洋編『米国刑事判例の動向 Ⅳ』（中央大学出版部，2012年）208頁（清水真担当）以下参照。

6) *Id.* at 351-353.

いわゆる「特別の必要性」の例外で，*T.L.O.* から2年後，この「特別の必要性」の法理を合衆国最高裁判所が採用したといわれるのが，*O'Connor* 対 *Ortega*[7]と本件である[8]。

O'Connor 対 *Ortega* は，公立病院で行政の雇用主ないし監督者が，職務上の非違行為の嫌疑に基づいて，病院財産の確認と調査目的のもと，オフィスの被用者の机やファイルキャビネット（書類棚）の無令状捜索を行うことが許されるかが争われた事例で，その相対多数意見は，通常の法執行の必要性を超える特別の必要性によって，本件捜索には令状要件も相当理由の要件も必要とせず，合理的な根拠があれば許されると判示した。他方その反対意見で，「特別の必要性」の提唱者といわれるブラックマン裁判官は，令状要件と相当理由を不要とする「特別の必要性」が認められる事案ではなかったとしている。

(3) 本件は，保護観察に置かれた者が禁制品を所持しているかもしれないと疑うに足りる「合理的な根拠」に基づいて，保護観察職員が保護観察対象者の住居を無令状で捜索した事例で，通常の法執行を超える特別の必要性が政府に認められる根拠を法廷意見は，コミュニティの保護と保護観察対象者の更生という保護観察の目的達成にあるとし，対象者がその遵守事項に従っているかを判断するのに政府は対象者を監督する必要があり，遵守事項違反があることの証拠を入手する捜索も含めた「監督」が，州の保護観察制度を適切に運営するために政府に許された特別な必要性であるとする。つまり，政府と個人という両当事者の利益を個別に衡量することが原則でなく，再犯の脅威から社会の安全を守るために，通常の法執行の必要性を越えた「特別な必要性」を認め，それゆえ，保護観察対象者の住居の捜索に令状要件や相当理由の適用はなく，ま

---

7) O'Connor v. Ortega, 480 U.S. 709 (1987). 本件については本書第41事件参照。
8) 相当理由に至らない程度の嫌疑に基づいて，刑事訴追や犯罪捜査以外の目的で，及び行政検査や規律，監督，あるいは秩序維持等の目的で捜索が許される場合があることについて分析し，類型化を試みるものとして，*See,* Yale Kamisar, Wayne R. LaFave, ET AL., MODERN CRIMINAL PROCEDURE 412-418 (14th ed.2015). 本書では，この分類の一形態として「特別の必要性」を位置付けている。

た利益衡量を用いることを正当化できるという。ここで留意しなければならないのが，本件法廷意見が，「特別な必要性」が認められるという理由だけで，第4修正の要件の例外を認めているのではなく，令状要件や相当理由の要件が現実にそぐわないような例外的な状況に限って，これを許している点である。また，具体的な限定としてはさらに，捜索が合衆国憲法第4修正の合理性の要件を充足する州の規則に従って実施される場合に限って，相当理由より低い程度の「合理的な根拠」あるいは「不審事由」が備われば本件捜索を第4修正上合理的であると認めている。

　ところで本件のようなコンテクストにおいて，法廷意見は，令状要件を課すことが次の4つの理由から現実にそぐわないとしている。第1に，令状要件については，保護観察対象者の監督の必要性を個々に判断する裁量権を有する保護観察官ではなく，マジストレイト（令状裁判官）によって判断されると想定されていること，第2に，令状入手に伴う手続の遅れは，保護観察職員が保護観察対象者による違法行為の証拠を迅速に保全することを困難にさせること，第3に，迅速な捜索を可能にすることで得られるはずの，保護観察対象者による違法行為の抑止効果を減少させること，第4に，保護観察対象者と保護観察職員との更生関係の妨げとなることを挙げる。

　また同様に，法廷意見が相当理由の要件を課すことが保護観察制度の障壁となるとする理由として，保護観察下の監督関係から得られるはずの，保護観察対象者による違法行為の抑止効果を減ずること，また，このような監督関係は，通常の警察官と捜索対象者との関係とは全く異なるものであることを指摘する。

　確かに，保護観察の監督関係は，警察官との関係とは異なり，少なくとも完全には敵対関係ではないし，薬物や違法な凶器に関連する事案では，保護観察対象者が自傷あるいは社会に危害を与える前に，速やかに保護観察職員が介入する必要性は高い。また，保護観察や仮釈放（parole）の制度が，刑事手続上主要な制裁の1つの方法となっているため，監督すべき事案の総数がますます増加する近年では，相当理由の要件の緩和は，再犯の脅威に晒されない社会の

利益や政府の様々なコストの削減につながる場合が多いともいえる。したがって、保護観察の本質と監督の重要性を考慮すれば、本件捜索に第4修正が要求する厳格な相当理由までは必要でなく、それよりも程度の低い嫌疑で足りると考えられる。

しかし、令状要件の緩和については次のような批判もある。捜索・押収が合理的であるかを判断するのに最も適切なのは、実際に捜索を行う法執行官ではなく、中立で、独立したマジストレイトである。また、保護観察対象者と保護観察官との関係が必ずしも敵対関係とはいえないとしても、その関係自体が無令状捜索を正当化するわけではない。さらに、一般に保護観察対象者に対する無令状捜索を無制限に許せば、保護観察官と警察官の双方による、保護観察対象者の憲法上保護された権利の侵害行為を招く虞れが高まる[9]。

もっとも、遅滞なく保護観察対象者の住居を捜索することにやむにやまれぬ必要性があれば、「特別の必要性」ではなく、緊急の状況に関する確立された例外の下で、令状によらなくても直ちに捜索に着手することは可能であるが、本件ではこのような緊急性もなかった。少なくとも本件では保護観察職員には令状入手のための十分な時間があったので、捜索を実施する主体が犯罪の捜査を本来の職務とする機関ではないことを別にしても、令状を入手することに伴う負担が政府の目的達成を妨げる虞れがあったとはいえない事情だったかもしれない。本件反対意見も同趣旨と思われる。

以上のように解すれば、(法廷意見が指摘するように、第4修正の文言上は反するようにも見えるのだが、) 本件では結局、第4修正が個別化された相当理由に基づかない令状を想定しているかという問題にたどり着く[10]。この点、前述した通り、*Camara* で合衆国最高裁判所は、第4修正が要求する令状要件

---

9) *See, e.g.,* William Blake Weiler, Griffin v. Wisconsin Warrantless Probation Searches –Do the State's Needs Warrant Such Strict Measures, 21 J. Marshall L. Rev. 921, at 929 (1988).

10) *See,* Stephen A. Saltzburg, Daniel J. Capra, American Criminal Procedure 381(7th ed. 2004).

の内容として，特定の住居に個別化された相当理由が欠けていても，立法上または行政上の基準によって官憲の恣意的活動を防止する合理的な規律枠組みが充足される場合には，令状発付のための相当理由までは必要ないと判示した。したがって，相当理由に至らない低い程度の嫌疑に基づく令状を第4修正は認めていると考えることができるし，また，本件で問題となっているのは申請人の居宅の捜索であることから，その場所は個人の生活の中心として伝統的に特に厚く保護されてきた場所であることに鑑みると，このように考えることによって，行政と個人の利益の調和を一層図ることができるし，むしろ個人のプライヴァシーを保護する第4修正のねらいにより合致するものといえる。

(4) 本件には次のような問題も残される。

まず，前述した，*Camara* で示された，令状発付に必要な「相当理由」を緩和して無令状の捜索が許される4つの要因のうち，① 長い間，司法上ないし社会的に許容される制度や方法が確立している点について，本件は，禁制品が存在すると思料する「合理的な根拠」が認められる限り，保護観察対象者の住居を無令状で捜索することを許す州法上の規定が存在した事例で，実際，監督に関する正当な規則に従って実施された捜索であったので，第4修正の文言の範囲内で「合理的である」と法廷意見は判示した。とすると，「特別の必要性」のアプロウチが適用されるには，立法や行政上このような規定やルールが存在しなければならないのか[11]，あるいは，そのような無令状捜索を許す規定や基準がなくても，当該保護観察対象者について禁制品を所持しているかもしれないとする「不審事由」があって，第4修正上の合理性の基準を充足すれば足りるのか，それとも保護観察に付されているという状況だけで，一般の市民より

---

11) 保護観察対象者の住居の無令状捜索の是非について，保護観察の合意書や州の制定法などによって事前の明確な提示がなく，対象者が無令状捜索に従わなければならなかったことを知らなかったような事例において，連邦の circuit court の見解が分裂していると説明するものとして，*See, e.g.,* Taylor S. Rothman, Fourth Amendment Right of Probationers : The Lack of Explicit Probation Conditions and Warrant Searches, University of Chicago Legal Forum : Vol. 2016, Article 22, 840, at 853.

もプライヴァシーの期待が縮減されていると考えられ,「特別の必要性」を認めることができるのか[12],またそもそも政府の「特別の必要性」は政府側が主張しどの程度立証すれば認められるものなのか。「特別の必要性」を認める基準や本質的内容,「特別の必要性」といえる程度については本件では判然としない。

　また,同様の*Camara*で示された要因のうち,③この方法が,身体に対する捜索でも,犯罪の証拠を発見するための捜索でもないとする点について,本件捜索は,第一次的には,コミュニティの保護と保護観察対象者の更生を目指す保護観察制度の運用という目的達成のための捜索とはいえ,禁制品所持の疑いで実施された本件住居の捜索については,その結果得られた証拠は刑事訴追のために利用されている。「特別の必要性」のアプローチにとって,政府の目的や結果の法執行手続への使用の有無は重要性を有するのかという問題だけでなく,捜索対象物についても住居や身体など侵害の態様や程度が変わればその適用も異なるのかという問題についても明白ではない。

　以上のように,判例上*Griffin*までのところ,「特別の必要性」について統一性や理論を見出すことはできず,この後判断される関連する裁判例の慎重な分析が必要である[13]。「特別の必要性」のアプローチを採用しない,ないし採用できない事例には,従来の通り政府の利益と個人に対する侵害の程度を衡量する基準が採られることになるが,個人と政府の利益を調整するという意味で,両者は類似点を多く持ち,両者の関係やその基準の内容,検討の順序など,今後検討すべき事柄は多い。

---

12)　この点につきさらに,保護観察対象者が,保護観察に付される条件の1つとして,無令状捜索が必要な場合にはそれに同意する合意書面に署名していることを,権利の放棄と看做す立場もあるが,任意性について問題があると指摘するものとして,*See, e.g.,* Wayne R. La Fave, Search and Seizure: A Treatise on the Fourth Amendment, § 10.10(b), 442(4th ed. 2004).

13)　なお,本件と類似する保護観察に関するコンテクストでは,保護観察対象者の住居の捜索が問題となった事例で,United States v. Knights, 534 U.S. 112 (2001) がある。

(5) 本件は，個人のプライヴァシーに対する侵害と政府の利益の調整を考慮して，保護観察下に置かれている者のプライヴァシーへの侵入を一定の条件の下で正当化し，州による保護観察制度の運用は，通常の法執行を超える行政の「特別の必要性」に該当するので，従来の令状要件や相当理由の要件は必要としないことを認めた。本件には令状入手の時間的余裕があったと考えられる事情があるかもしれないが，一般論では，政府や公衆安全の利益のために第4修正の要件を緩和する「特別の必要性」を多用すれば，第4修正の本来の趣旨が没却されることになるので，本件法廷意見が，「特別の必要性」は非常に限られた例外的な場合であると明確にした点に本件の意義があるといえる。つまり，保護観察対象者の住居を無令状で捜索する場合には，相当理由にまでは至らない合理的な根拠ないし不審事由が必要で，各州法上の行政手続にも第4修正の合理性の基準を充たさなければならないとされるが，保護観察の状況はケースによって様々で，個々に異なる事情が保護観察対象者の合理的なプライヴァシーへの干渉にどの程度考慮されるのか，本件後各州や連邦の下級裁判所に与える影響が注目される。

(6) わが国では，憲法35条に不当な捜索・押収の禁止が規定されており，本来，刑事責任追及の手続の規定ではあるが行政手続にも一般的に及ぶと解されている[14]ものの，保護観察に付された者を対象とした捜索・押収が無令状で実施されるということは極めて考えにくい。とはいえ，徴税や関税等の行政調査については，特別な司法手続を履践しない行政による個人の身体や住居，財産に対する活動も考えられ，プライヴァシーの侵害の程度も低くはない場合もある。政府による不当な侵害から個人の権利を保護するため，行政と個人の利益の調整については，本件は若干の示唆を与えるだろう。

（麻妻　みちる）

---

14) 川崎民商事件（最判昭和47年11月22日刑集26巻9号554頁）参照。

44. Skinner v. Railway Labor Executives' Association, 489 U.S. 602 (1989)

　連邦鉄道運輸局規則に基づいて，規則が定まる事故並びに事態発生後に，乗務員等の鉄道会社職員を対象に行われる，アルコール並びに薬物を検知する尿，血液，呼気検査が特別の必要性のためのものとして，無令状かつ個別の疑いなしに許容されるとされた事例。

《事実の概要》

　1970年鉄道安全法（Railroad Safety Act of 1970）は，鉄道の安全にかかわる全分野について適切なルール，規則，命令並びに標準（rules, regulations, orders, and standards）を定める権限を運輸長官に付与している。連邦鉄道運輸局（Federal Railroad Administration, FRA）は，鉄道業務に当たる職員によるアルコールと薬物の乱用が安全にとって重大な脅威になっているとして，職員が一定の電車事故に関与した場合にその職員の血液検査と尿検査を義務づける規則を定めた。FRAは，この他に，職員が一定の安全ルールに違反した場合にその職員の呼気検査と尿検査を行う権限を鉄道会社に付与する規則を定めている。職務中のアルコールの所持と酩酊，並びに，一定の薬物の所持と使用を禁止するルールは全米鉄道連合（Association of American Railroads）が定める，分野横断的なRule Gで採用されて1世紀ほどが経つが，1983年には，鉄道産業の取り組みが職員によるアルコール並びに薬物乱用を抑制するのに適切ではないという懸念を表明した。FRAによれば，1972年から1983年の間に，少なくとも21件の電車事故がアルコール又は薬物乱用に起因して発生し，それにより，25人が死亡し，61人が傷害を負い，1900万ドルの損害が生じ，加えて，使用車両上又はその近くで作業中の職員17人がアルコール又は薬物の乱用に起因して死亡している。

　1985年にFRAが定めた規則は，鉄道会社の職員がアルコール又は規制薬物の使用又は所持を禁止し，アルコールの影響下にあるか若しくはアルコールに

より能力が減殺しているか，血中アルコール濃度が 0.04 以上であるか，又は，規制薬物の影響下にあるか若しくは規制薬物により能力が減殺している場合に，職員が出勤することを禁止する。FRA 規則は Subpart C で，規則が定める特定の事象が発生した場合には，取りうるすべての措置を講じて，すべての職員が血液並びに尿標本を確実に提出することを求める。(FRA, § 219. 203) 鉄道会社が義務を負うのは，「重大事故」の場合——死者がいるか，危険物が放出され避難者が出たか若しくは傷害を負った者がいるか，又は，50 万ドルを超える鉄道会社財産への毀損が生じた場合（§ 219. 201 (a) (1)）——と，「影響事故（impact accident）」が発生した場合——衝突で人が傷害を負い，又は，5 万ドルを超える鉄道会社財産への毀損が生じている場合（§ 219. 201 (a) (2)）——のほか，電車事故で勤務中の職員が死亡する事態（incident）が発生した場合（§ 219. 201 (a) (3)）である。検査義務が課される事象が発生した場合，鉄道会社はすべての乗務員と事故又は事態に直接関係する検査対象の職員を独立の医療施設に移送し，血液並びに尿標本を得たうえで，薬物検知の分析のために FRA の研究所に標本を輸送する。血液標本からはアルコール並びに薬物の検知のみならず，それが能力を減殺させる効果を測定できるため，FRA は血液の分析を第 1 に行うが，薬物の痕跡は尿の方により長く残るために，尿標本が必要とされる。

　連邦規則では，FRA には検査結果を職員に告知する義務があり，検査報告の作成に先立ち，職員が書面で回答する機会を経ることが要件となっている。標本の提供を拒絶した場合，職員は 9 ヶ月間，規則が定める業務を遂行することができない。

　規則の Subpart D は Subpart C が適用されない一定の場合に，適用対象の職員から呼気又は尿標本を採取する権限を鉄道会社に認めている。呼気又は尿検査を義務づけることができるのは，職員の作為又は不作為が事故又は事態の発生又はその重大性に寄与したと思料する「合理的疑い」を監督者が抱く場合と，信号並びに速度超過の不遵守等一定のルール違反がある場合である。鉄道会社は，職員の様子，行動，発言，又はにおいに接した具体的な観察に基づい

て，職員がアルコールの影響下にあったと思料する「合理的疑い」を監督者が抱く場合に呼気検査を義務づけることができる。能力の減殺が疑われる場合には，2人の監督者が適切な認定を行い，能力の減殺がアルコールとは異なる薬物によるものであることが疑われていて，かつ，監督者の1人以上が薬物影響の兆候を検知する特別な訓練を受けているときに限り尿検査を義務とすることができる。Subpart Dはさらに，呼気又は尿検査の結果が懲戒手続きで使用されることを意図している場合には，独立の医療施設による検査のために血液標本を提供する機会を職員に与えるべきことを定める。職員が血液標本の提供を拒絶した場合には，尿に規制薬物の痕跡が検知され，説得的な反証がないときには，能力の減殺を推定することが許されるが，鉄道会社はこの推定に関する詳細な告知を与えなければならない。

　被申請人，鉄道労働委員役員連合及び連合会の単位労働組織はキャリフォーニア州の合衆国District CourtにFRA規則執行の差し止めを求める訴えを提起している。District Courtは，鉄道会社の職員には身体の廉潔性を保持する第4修正上の利益があるとしながら，鉄道，職員，並びに一般公衆の安全を促進する公共並びに政府の利益がそれに上回るとし，訴えを退けた。第9巡回区Court of Appealsは，Subpart Dが付与する権限に基づく鉄道会社の検査は国の行為（Government action）が関与するため，第4修正が適用され，FRAが定める尿検査は第4修正上の捜索に当たるとしたうえで，アルコール検知の検査の緊急性は令状要件の例外をなし，同時に，職員のプライヴァシーの利益と安全への政府の関心を調整するうえで相当理由を要件とするには及ばないために，捜索の合憲性は合理性基準に依ると判示する。第9巡回区Court of Appealsは，合理性基準から，特定職員についての疑いが要件になるとし，薬物又はアルコールに関する合理的な疑いを要件とするものを除き，FRA規則は特定職員についての疑いを要件にしておらず，無効であると結論づける。合衆国最高裁判所は，サーシオレイライを認容した。

《判旨・法廷意見》
　破棄
　1．ケネディ裁判官執筆の法廷意見
　第4修正は私人が自らのイニシアティヴで行う捜索・押収には適用されないが，私人が政府の機関（instrument）又は代行者（agent）である場合には別である。鉄道会社がSubpart Cの規定に従うのは主権の作用に基づく義務づけに依る（by compulsion of sovereign authority）ので鉄道会社の行為の合法性は第4修正により決まる。申請人は，Subpart Dは鉄道会社による検査を義務づけていないので，Subpart Dに基づく鉄道会社の行為には第4修正上の問題が生じないと主張するが，私人が第4修正の適用上，政府の代行者又は機関とみなされるか否かは，私人の活動への政府の関与の程度を全体事情を総合して（in light of all the circumstances）評価して決せられるのであり，政府が私人に捜索を義務づけていないというだけで捜索が私人の捜索であることが帰結するわけではない。FRAの規則は，Subpart Dを含め，州法に優越し，団体交渉に依る合意に代わることを意図しているだけでなく，Subpart Dにより鉄道会社が得た標本と検査結果を受領する権限をFRAに付与し，加えて，Subpart Dが鉄道会社に付与する権限は，公衆の安全の促進を目的としており，鉄道会社が放棄することはできない。政府はSubpart Dが定める検査を妨げる法的障壁をすべて取り去っている。以上は政府の奨励，支援，並びに参加を示す明らかな指標であり，第4修正上の問題を生じさせるに十分である。
　人の身体の安全を図るという社会の関心に照らせば，血液標本の採取に必要な皮下までを通した物理的侵入がプライヴァシーの合理的期待を挫折させるのは明白である。呼気検査では，被検査者が肺胞気を吐かなければならないのが一般であり，血液検査と同様に，身体の廉潔性への関心にかかわり，捜索とみなされるべきである。Schmerber（Schmerber v. California, 384 U.S. 757 (1966)）で争われた血液検査とは異なり，FRAの規則が定める尿標本の採取と検査には身体への侵入が伴わないが，尿の化学分析で被検査者の健康状態に関する多くの事実が判明すること，並びに，排尿のモニタリングを伴う場合があ

る標本採取のプロセスにプライヴァシーの利益がかかわることに争いはない。尿標本の採取と検査はプライヴァシーの合利的期待を挫折させるものであり，第4修正上の捜索に当たる。FRAが定める標本採取に先立って必要となる職員の挙動の自由に対する制約は，第4修正上の捜索である標本採取と検査の干渉の程度を評価する際に考慮すれば足りる。

　第4修正が特定の実務を許容するか否かは，第4修正上の個人の利益と適法な政府の利益の促進を衡量することで決まる。大半の刑事事件の場合，この衡量により，相当理由に基づく令状が要件となるが，「通常の法執行の必要にとどまらない特別の必要性があるために令状並びに相当理由の要件が実行不可能」（Griffin v. Wisconsin, 483 U.S. 868, 873 (1987), quoting New Jersey v. T.L.O., 469 U.S. at 351 (Blackmun, J., concurring in judgment)）である場合には例外が認められる。

　鉄道会社の職員の行動を規律し安全を確保する政府の利益には通常の法執行にとどまらない特別の必要性が認められる。FRA規則が適用対象者には電車の移動に関する命令に対処する者，乗務員，並びに信号系統の管理・補修担当者が含まれる。FRA規則対象者が安全業務に従事している点に争いはない。FRA規則の検査は，職員に対する訴追の助けとなるために定められているのではなくて，職員の能力の減殺に起因する事故と事態の発生を予防するためである。公衆並びに職員の安全を確保する政府の利益は適用対象の職員にアルコールと薬物の摂取を禁止する正当理由といえる。政府の利益は，また，禁止事項が確実に遵守されるように監督することを必要とし，監督の正当理由となる。残る問いは，政府のモニタリングの必要性から，モニタリングに伴うプライヴァシーへの干渉が令状又は個別の疑いがないときに正当とされるか否かである。

　令状要件は侵入の目的と範囲が狭く限定され，侵入に正当理由があることを中立のマジストレイトが精査できるようにするものであるが，本件の場合には，検査に正当理由が認められる情況と検査に伴う侵入の範囲が規則で狭く具体的に定められている。検査は標準化していて，プログラムの実施の際の裁量

は最低限にとどまるので，中立のマジストレイトが評価すべき事実はまずないといってよい。加えて，令状要件の例外を要求する政府側の利益は，本件のように，令状入手の負担が捜索の背後にある目的を挫折させかねないときに最大のものになることを我々は認めてきている。アルコールと薬物はコンスタントに血流から消失する。薬物の中には尿中にその代謝産物がより長く残留するものがあるが，令状入手に必要な時間の間に証拠が破壊される可能性がある。鉄道会社は検査過程の開始を委ねられているが，その監督者は学校職員や病院管理者と同様に，犯罪の捜査や行政規制の執行を本務としているわけではない。本件捜索は令状要件の例外と認められる。

令状要件の例外を成す捜索について，我われは，相当理由が一般的な要件であること，また，利益衡量から相当理由を不要とする場合には，「或る程度の個別の疑い("some quantum of individualized suspicion")」(United States v. Martinez-Fuerte, 428 U.S. at 560) を要件とするのが通常であるが，捜索に係るプライヴァシーの利益が最小であり，個別の疑いを要件にした場合には，侵入で促進する政府側の利益が危機に瀕すると考えられるときには，個別の疑いを欠く捜索が許されることがあることを認めてきている。

FRA規則に基づくプライヴァシーへの干渉は総じて限定されている。標本採取に必要な移送並びに同様の制約は，採取が行われる雇用関係の下では最小のものといえる。職員は雇用に必要な挙動の自由への制約には同意しており，勤務中に自由に行き来できる者はわずかである。雇用関係から一般的に生じる自由への制約に加えて標本採取による制約があるとしても，これが重大なプライヴァシーの利益を損なうとはいえない。Schmerberで当法廷は，酩酊運転の疑いがある運転者から血液標本を採取することを是認している。血液は医師が病院で専門的に受容されている手順に従って採取され，血液検査は定期的な健康診断で日常的に行われている。Schmerberは，血液検査がプライヴァシーに対する過度の負担にはならないという社会の判断を確認している。呼気検査は血液検査よりさらに侵入の度合いが小さい。呼気検査は皮下への侵入を必要とせず，それに伴う不便さや当惑は僅かである。血液検査と同様に，血流中

のアルコールと規制薬物の有無のほか，職員のプライヴァシーに係る事実は明らかにされない。尿標本は，プライヴァシーの盾で伝統的に守られている排泄を職員が行う点で，血液並びに呼気検査と異なるが，標本採取時の目視を要件としているわけではない。より重要なのは，対象になる職員のプライヴァシーの期待が縮減していることである。職員は，安全確保のために広範囲にわたる規制を受けている事業分野に参加しており，安全確保という目標は，職員の健康状態と体調に相当大きく依存している。この点は，1907年に労働時間法を制定したとき，並びに1970年連邦鉄道安全法を制定し，運輸長官に鉄道施設などの検査権限を付与したときに，合衆国議会が認識しているほか，州政府も同様の認識であり，鉄道事業の運営に反映されている。職員の健康状態に関する情報，並びに情報取得のための合理的な手段に係るプライヴァシーの期待は縮減しているというのが論理と歴史が教えるところである。

　個別の疑いを要件としない検査に政府側は強度の利益がある。検査対象の職員が担う責務は一瞬の気の緩みが惨事に繋がりかねないリスクをはらんでいる。職員が能力を減殺している場合には，それが監督者や他の者に分かる徴候が現れないうちに惨事を生むことがある。勤務中の薬物又はアルコールの摂取が懲戒処分の対象であるとしても，摂取の事実が発覚する見込みがなければ抑止効果は期待できないのに対し，予期できない事故又は事態の発生時に検知検査があることを職員が認識すれば，抑止効果を高めることができる。Subpart C，並びにSubpart Dが定める検査は，それぞれ重大事故，並びに電車事故若しくは人身傷害の危険性がある違反行為の原因に関する貴重な情報を提供する。鉄道事故の現場は混とんとしており，調査官が事故の発生に寄与した乗務員を現場で特定するのは困難であり，特定の乗務員について能力の減殺を疑うだけの証拠を獲得するのは，とりわけ事故の余波の中では不可能に近い。Subpart Dの検査が行われる状況はそれほど混とんとしていないが，能力減殺を疑う客観的徴憑がないことに変わりはない。徴憑の発見に努めるうちに検査で提供されるはずの証拠が散逸又は劣化する可能性がある。Court of Appealsは，各検査では薬物の影響や能力減殺の程度が測れないことを指摘するが，証

拠が重要性を認められる要件は証明すべき事実を確証する証明力があることではなく，その事実の認定に影響を及ぼす何らかの事実が存在する蓋然性を高めるか又は低める傾向があることである。また Court of Appeals は，FRA 規則が能力の減殺を発見するだけでなく，その抑止まで意図していることを忘れている。

職員について能力減殺の合理的疑いを示す具体的事実の存在を FRA 規則の検査の要件にすれば，規則が資する強度の政府側の利益を大きく損なうことになる。FRA 規則が定める検査は職員に認められるプライヴァシーの正当な期待に対する不当な侵害ではなく，政府側の利益はプライヴァシーの利益を上回る。鉄道会社の裁量は限定されていること，検査が優れて優先度の高い安全の利益に資すること，並びに自己の体調に関する情報について職員に認められるプライヴァシーの期待が縮減していることに照らして，無令状で，特定の職員に関する能力減殺の合理的な疑いなしに検査を行うことは第4修正の合理性基準に合致する。

2．スティーヴンズ裁判官の一部補足，結論賛成意見

重大な鉄道事故の原因を認定する公共の利益は本件規則の有効性を支えるに足りるが，アルコール又は薬物摂取を抑止する利益が規則が定める捜索の正当理由として必要又は十分であるとはいえない。大半の者は，鉄道会社の職員を含め重大事故や事態が発生することを予期して仕事に向かうことはないであろう。事故による身体障害のリスクが薬物使用を思いとどまらせないのであれば，失職の虞れが行動を変える見込みはないであろう。

3．マーシャル裁判官の反対意見（ブレナン裁判官参加）

本件で問われているのは，違法薬物との戦いで政府が配置する容赦ない武器が第4修正に合致するか否かである。自由に対する重大な脅威は，憲法上の権利が法外な要求にみえる緊急の時代（times of urgency）に到来することを歴史は教えるが，本日の多数意見は，憲法上の権利を火急の要求に応える犠牲としてしまっている。多数意見は，第4修正の文言と捜索押収法の歴史を無視して，強度の侵入となる捜索を行政部門又は裁判官による一時的な費用便益計算

で認める点で，同時に，功利主義の計算をするときに，捜索の侵入の強さを過小評価し，FRAの検査プログラムにみられる概念上並びに運用上の誤りを見落としている点で誤っている。

多数意見の本日の判示で，特別の必要性による令状要件の例外は，住居（Griffin v. Wisconsin, 483 U.S. 868 (1987)），書類（O'Connor v. Ortega, 480 U.S. 709 (1987)），所持品（New Jersey v. T.L.O., 469 U.S. 325 (1985)）に加え，身体の捜索に及び，第4修正の4つすべてのカテゴリーをカバーすることとなった。

第4修正は令状並びに相当理由の規定が合理性基準に内実を与えるのでなければ，裁判所の過半の裁判官が移り変わり，その時どきの問題を懸念し順応できるように選んだ内容次第で意味が決まることになる。最近まで，完全な捜索の要件は相当理由であるとされてきた。完全な捜索に至らない場合でも，特定の対象について疑いがあるときにはじめて捜索の正当理由が存在するとされてきた。例外は，捜索が標準化され，一過的で，侵入の程度が低く，規制プログラムに従って行われる場合に限定されてきた。しかし，本日の多数意見は，「特別な必要性」による衡量分析を深く，第4修正の核にある保護領域にまで及ぼし，同時に，特別必要性の分析で合憲性が肯定される必須の前提に個別の疑いがあるわけではないことを初めて明確にした。多数意見は非刑事の捜索で相当理由を要件から外すというT.L.O.に始まるプロセスを完成させた。

FRAの検査は相当理由を要件としていないが，身体の捜索は，それが停止・捜検のように最小限の侵入にとどまるものでも例外なく個別の疑いが要件になると今日に至るまで解されてきた。FRAの手続きが標準化された一過性の，規制目的の接触であると見ない限り違憲の疑いを拭い去ることはできない。多数意見が本件に類似するものとして，運転者の国内住居の確認を目的とする短時間の自動車の停止（United States v. Martinez-Fuerte, 428 U.S. 543 (1976)）を挙げるのはそのためであろうが，このアナロジーは馬鹿げている。皮下注射による血液標本の採取の侵入が強度であるため，先例では，個別の疑いを欠く場合の血液採取の義務づけは明確に禁止されている。（Schmerber）尿標本提出

の義務づけも同様にプライヴァシー並びに身体の廉潔性に深く浸入する。それにもかかわらず，FRAの手引きでは，「医師又は専門スタッフの直接の観察の下で（under direct observation by the physician/technician）」職員が尿標本を提出することが指示されている。

　鉄道事業が広範囲にわたる規制を受けているからといってその職員が第4修正上の権利を失うことにはならない。先例では，財産の捜索について，長きにわたる政府の監督があるために事業者には資産に対するプライヴァシーの合理的期待がないとされてきているが，職員の身体に関するプライヴァシー権が縮小することを示唆するものはない。

　本件解説は第45事件で併せて行う。

（堤　和通）

45. National Treasury Employees Union v. Von Raab, 489 U.S. 656 (1989)

薬物の入国阻止を業務とする職位と職務遂行中の銃器携行の義務を負う職位の有資格者について，麻薬並びに覚せい剤を検知する尿検査が，特別の必要性のためのものとして，無令状かつ個別の疑いなしに許容されるとされた事例。

《事実の概要》

合衆国税関は財務省の部局であり，人，車両，積み荷，郵便について入国手続きを処理する責務を負う。その重要な任務の1つは違法薬物を含む禁制品の入国阻止と押収であり，任務遂行中には日常的に，多くの者が薬物取引の実行者と直接に接触し，薬物の密輸では暴力やその威迫を手段に実行されることがある。そのため，税関職員の多くは任務に関連して銃器を携行し使用している。被申請人である税関長は，自ら設置した薬物スクリーニングに関する作業部会が尿検査によるスクリーニングに信頼性，有効性，並びに正確性があるという報告を受け，一定の職位に就くものに対する薬物検査プログラムの実施を宣言した。その職位とは，薬物の入国阻止又は関連法の執行に直接の関与があること，職務従事者が銃器の携行を義務づけられていること，又は，職務従事者が「秘密（classified）」事項を扱うこと，という要件の一つ以上が該当する職位をいう。検査プログラムでは，該当の職位の有資格者に対して，薬物検査の通過が選考の停止条件であることを告知することとなっていて，検査時に職員は，検査委託を受けた独立の事業者が用意する同性のモニター（monitor, 監視員）が排尿時の音が聞こえる近さで同席するところで，衝立を挟んで，あるいはトイレの個室で尿標本を排出する。尿標本は，マリワナ，コケイン，アンフェタミン（覚せい剤）とフェンシクリジン（麻薬）の検知検査を受ける。陽性反応があった場合には，医療審査官が検査結果を確認したのちに税関に報告する。報告対象の税関職員は検査結果を釈明できない場合には解雇されるが，検査結果はその職員による書面による同意がなければ，検察庁をはじめと

する他の機関に提供されることはない。

　申請人である連邦政府職員組合並びに組合役員は，税関の薬物検査プログラムが第4修正に違反するとして本件訴えを提起している。ルイジアナ州東部地区合衆国 District Court は，本件薬物検査プログラムが過度の侵入を伴うものでプライヴァシーの正当な期待を挫折させるとして，その中止を命じた。第5巡回区 Court of Appeals は，職位の事務の内容と責務，並びに，捜索の範囲が限定されていることに照らせば，職位に就く停止条件として検査への同意を得るのは不合理ではないとし，District Court の中止命令を破棄している。合衆国最高裁判所はサーシオレイライを認容した。

《判旨・法廷意見》
　一部確認，一部破棄差戻し
　1．ケネディ裁判官執筆の法廷意見
　先例は合衆国政府が雇用者として行う捜索についても第4修正の保護が及ぶことを確立しており，雇用者として行う尿検査が捜索に該当することが判示されているので，本件税関の薬物検査は第4修正の合理性基準を充足しなければならない。令状要件並びに相当理由の例外として，プライヴァシーへの干渉が通常の法執行の必要性にとどまらない，特別な政府の必要性に資する場合には，プライヴァシーの期待と政府の利益を衡量し，令状要件を課す実行可能性の有無，並びに，個別の疑いを要件とする実行可能性の有無を判断しなければならない。本件税関の薬物検査が通常の法執行の必要性に応えることを狙いとしていないのは明らかである。検査結果は職員の同意なしに刑事訴追で利用することは許されない。プログラムは，高度の慎重を要する職位の資格者による薬物使用を抑止し，薬物乱用者がその職務に就くことを防止することを目的としている。これは特別の必要性に当たり，令状要件並びに相当理由の要件の例外とする根拠を見出すことができる。
　我われは以前より，職場でのプライヴァシーの干渉について一律に令状要件を課すのはコモン・センスに合致しないことを認めてきている。税関職員に対

45. National Treasury Employees Union v. Von Raab, 489 U.S. 656 (1989)

するプライヴァシー干渉について令状要件を課した場合には，税関の主要任務に充てるべき貴重な資源を令状手続のために割くだけの結果になってしまう。税関は重大な責務を負っており，通例の雇用関係の決定に関連して令状要件を課せば，その任務の遂行が危ぶまれることとなる。そのうえ，令状要件がプライヴァシー保護に資することはまずないといってよい。令状要件の意義は主に，捜索・押収に正当理由があることとその範囲が限定されていることを対象者に知らせることと，市民に対する法執行官の権限行使に先立って中立のマジストレイトの審査を介在させることにある。しかし，本件税関職員に対する検査については，正当理由が認められる情況とプライヴァシー干渉が許される範囲は狭く，具体的に限定されており，職員も周知している。検査の実施について税関の裁量に委ねられていることはなく，中立のマジストレイトが評価すべき特別な事実はない。

　先例が教えるところでは，相当理由の基準は犯罪捜査と特有の関係にある。潜在的な，若しくは目に見えない状態を発見し，又は，その状態が悪化することを予防する必要性は十分に強度のものであるので，個別の疑いを要件としない捜索を行う正当理由があるといえる。個別の疑いなしに捜索を行う政府の必要性は，薬物の入国阻止に直接従事する職員，並びに銃器の携行を義務づけられている職員のプライヴァシーの利益を凌駕するものであると考える。税関職員が接する違法薬物の密輸では犯罪企図の実行や隠ぺいのために暴力に訴える者も多く，税関職員は身体の安全を脅かされる場合があり，賄賂の提供や税関が扱う莫大な禁制品の近くにいることが職員への誘惑としてはたらく場合もある。水際作戦の最前線にいる職員が健康であり，廉潔性と判断力の点で責められるべき点がないように万全を期すことに政府は強度の利益がある。職員が薬物を使用し，そのために水際作戦に熱意をもてないことがあれば国益が回復できないほど毀損する事態になりかねない。職員が密輸の犯行者と積極的に関係している場合には，密輸を促進し，あるいは，検挙を妨害することができる。薬物使用者を職位に就かせないための効果的な措置を講じることを公共の利益は要求する。同様に，公共の利益は銃器携行の義務を負う職位に薬物使用者が

就くことを予防する効果的な措置を講じることを要求する。致死力がある実力行使を許されている場合，税関職員が果たす任務は，他者に傷害を負わせる危険を伴い，一瞬の気の緩みが甚大な結果を招く可能性がある。

他方，尿標本の採取に伴うプライヴァシーへの干渉は情況次第でそれが相当程度に至る場合はあるが，監督者又は同僚による職場関連の干渉が「職場運営の実際（operational realities of workplace）」のために第4修正の合理性基準に合致する場合がある。公共部門への雇用関係次第で，職員の身体や所持品といったプライヴァシー領域に対する捜索に関するプライヴァシーの期待が縮減することもある。違法薬物の水際作戦に直接従事する職員と銃器携行の義務を負う職員については，特に判断力と機敏さを要求される職務に就いているので，自身の健康に直接関係する情報を税関に秘しておくことができると期待するのは合理的でない。こうした情報入手のための検査が一定程度のプライヴァシーの期待を挫折させるのは間違いないが，国境の安全性と完全性を維持する政府の利益をプライヴァシーの期待が凌駕するとは考えられない。

申請人は，本件検査が職員による薬物使用の可能性に応えるものではなく，実際の運用成果でも相当数の薬物使用の発見に至っていないことを指摘するが，薬物使用が今日のアメリカ社会が直面する問題であることに疑いはなく，職場にその問題がないと考えるべき理由はない。薬物使用で能力が減殺している職員を発見するのは，本件のように，職員とその作業成果を日々精査できない場合にはとりわけ困難である。被験者の大部分が不正行為と無縁であるというだけでプログラムの有効性が疑われることにはならない。本プログラムは，職員が薬物を使用した場合にそれを発見することと同時に，薬物使用者を職位に就かせないことを狙いとする。政府が防護しようとする危害が本件のように相当程度大きい場合には，危害発生予防の必要性がそのための合理的な捜索を行う十分な正当理由になる。

本件プログラムが秘密事項（classified material）の取り扱いを要求される職員に及ぶ場合の合憲性については本件記録上判断できない。真の機密情報（truly sensitive information）を保護することに政府側が強度の利益があること

に我々は同意する。また，機密情報を扱う職位に就く者について税関のスクリーニング・プログラムのために尿標本の提出を義務づけることができることに同意する。しかし，本件税関職員に対する検査がその範囲に限定されているのかは明白でなく，本件記録からその疑義を解消することはできない。この点は，Court of Appeals が差戻し後に明らかにすべきである。

2．マーシャル裁判官の反対意見（ブレナン裁判官参加）

本件で相当理由を身体の捜索の要件とする第4修正の明示の要求から離れるのは原理的な基礎を欠き，正当でない。衡量分析が妥当であるとしても，スカリーア裁判官が反対意見で述べる理由で多数の結論に反対する。

3．スカリーア裁判官の反対意見（スティーヴンズ裁判官参加）

Skinner では，検査対象の鉄道会社職員間で薬物使用並びに飲酒が頻繁にみられることと，薬物使用並びに飲酒と重大な危害につながりがあることが論証されていたが，本件では，使用等の頻度と，危害とのつながりのいずれについても論証がなされていない。衡量テストがはたらく第4修正の合理性基準は捜索が資する社会的必要性（social necessity）次第でその内実が決まる。学校での生徒の所持品検査に関する事例（New Jersey v. T.L.O., 469 U.S. 339 (1985))，違法入国者を発見するためのメキシコ国境での車の停止，捜索に関する事例（United States v. Martinez-Fuerte, 428 U.S. 543 (1976))，並びに，本日の Skinner では，社会的必要性を示す具体的な事実が示されている。ところが，本件では，税関職員に対する尿標本の検査で解決を図るべき具体的な問題が何ら示されていない。かえって，税関長官は，税関職員間の違法薬物使用の広がりが本プログラム開始の理由ではないとしており，プログラムでの検査結果は陽性結果の報告はわずかにとどまるであろうという期待に合致するものであった。法廷意見は，薬物乱用という社会問題を免れている職場があるとみるべき理由はまずないというが，このような一般論は，原子力発電所の保安区域等，一切のリスクが許容できないような職場は別として，それが，特定の疑いを要件としない，法執行官憲の身体に対する捜索の正当理由になるとすれば，第4修正の保護は薄いものとなる。

《解　説》

1．Ortega, Skinner, Von Raab は，特別の必要性（special needs）法理の形成に重要な位置を占める。この法理は，T.L.O.[1]でのブラックマン裁判官の結論賛成の補足意見を出発点に，また軸として形成される。T.L.O. は，ハイスクールでの喫煙の発見を契機とする該当生徒のバッグの開披でタバコ巻紙が発見されたために薬物使用の疑いでバッグをさらに捜索した事案であるが，ホワイト裁判官執筆の法廷意見が衡量論からリーズニングを始め，不審事由を要件とする捜索を合憲と判示したのに対し，ブラックマン裁判官は，結論賛成の補足意見で，第4修正の保障を一般的な衡量論で導くことに異を唱えると同時に，憲法起草者が第4修正で令状と相当理由を捜索・押収の要件としたのに対し，例外的に裁判所が衡量を行うことを許されるのは，政府側の利益が通常の法執行とは別の特別の必要性が認められる場合に限定されるという趣旨のことを述べた。その際の言辞が，特別の必要性があるために，令状要件，さらには相当理由を要件とすることが「実行困難（impracticable）」であるというものであった。その後，Ortega, Skinner, Von Raab では，T.L.O. でのブラックマン裁判官の反対意見を引用して複数意見（Ortega），法廷意見（Skinner, Von Raab）が執筆され，ブラックマン裁判官は，Ortega では反対意見を著すものの，Skinner, Von Raab では，法廷意見に加わる。Skinner, Von Raab では，ほぼ同様のリーズニングの中で「特別の必要性」が論じられ，現在では，この法理はその存在と扱い方を含めて，米国の捜索押収法の一部を構成しているとみてよいであろう。

簡単に3事例を振り返ると，Ortega では，非違行為の疑いがある州立病院職員のオフィスの机をファイルの見分が，Skinner では，重大事故や重大事態発生時に鉄道会社の乗務員等を対象に行われる，尿標本並びに血液標本の採取と呼気検査が，Von Raab では，薬物担当又は銃器携行業務の職位の有資格者を対象に行われる尿標本の採取が，それぞれその合憲性を問われている。いず

---

1) T.L.O. については，渥美東洋編『米国刑事判例の動向Ⅳ』（中央大学出版部，2012年）208-218頁（第20事件，清水真担当）参照。

れも無令状での見分，検査，標本採取であり，相当理由（probable cause）を要件としていない。Ortega では，非違行為の合理的疑いがあることが見分の要件となっているのに対し，Skinner, Von Raab では，対象者について非対称者と区別できる特定の疑いがあることは要件になっていない。もっとも，Ortega の複数意見が明示的に，合理的な疑いが第 4 修正上の要件であるか否かの判断を留保しているため，この相違点は重要ではない。第 4 修正の衡量に係わる政府側利益は，Ortega では，病院財産の確認と職員の非違行為の疑いの調査が，Skinner, Von Raab では予防（prevention）が，それぞれ挙がっている。

2．ここで取り上げる 3 事例の第 1 の意義は特別の必要性法理の捜索押収法上の位置づけが明確になっている点に求められる。いずれの事例でも，複数意見，法廷意見のリーズニングには，特別な必要性に関するブラックマン裁判官の T.L.O. での表現が重要な位置を占めるが，ブラックマン裁判官は，Ortega では反対意見を著し，他方，Skinner, Von Raab では法廷意見に加わっている。この違いは，1 つには，政府側の利益に関する見解の相違に依るものであった。Ortega では，複数意見が病院の財産確認と職員の非違行為の調査を立入りの目的としたのに対し，ブラックマン裁判官はもっぱら非違行為の調査が目的であるとし，特別の必要性は認められないとしている。加えて，ブラックマン裁判によれば，Ortega の複数意見は，T.L.O. の法廷意見と同じ誤りをおかしている，という。T.L.O. では，原則・例外論を踏まえないままに政府側の利益とプライヴァシー保障を衡量している点に誤りがあるのと似て，Ortega の複数意見は，「特別の必要性」という例外的状況への言及はあるものの，そのリーズニングを一般的な衡量論から始めて，裁判部門による衡量の結果として特別の必要性（法理）を位置づけてしまっていて，裁判所の法解釈を憲法起草者が衡量により導いている原則論を蔑ろにしている。衡量テストを用いるのに先行して，特別な必要性の存在が認定できていなければならない。これに対し，Skinner, Von Raab では，ブラックマン裁判官が法廷意見に参加する中で，通常の法執行では，令状と相当理由が要件となるという第 4 修正の基準を前提

としながら，通常の法執行とは別の特別の必要性があって，そのために，令状，並びに相当理由の要件が実行困難である場合に，衡量論で要件を導く余地が認められる，というリーズニングが示されている。

　そこで，特別な必要性の内容が問われることになるが，法廷意見が形成されたSkinner, Von Raabでは，予防が政府側の利益として挙げられている。もっとも，Skinnerで問題となった標本採取と呼気検査は，FRA規則が定める事象が発生した場合である。規則Subpart Cでは，死傷者の発生，危険物の放出，会社財産の毀損等—重大事故，影響事故，事態として定義づけられる—があった場合に検査を義務づけ，Subpart Dでは，Subpart Cの適用がない場合でも，事故又は事態の発生に関連する合理的疑いがあるか，信号並びに速度超過等の一定のルール違反があるときには，呼気検査を行い，また，能力の減殺が疑われるときには尿検査を行うことを鉄道会社に与えている。FRA規則が定める検査について，法廷意見は，職員に対する訴追のためのものではなく，職員の能力の減殺に起因する事故と事態の発生の予防が政府側の利益であると判示する。公衆並びに職員の安全を確保するための禁止事項—アルコールと薬物摂取の禁止—が確実に遵守されるように監督するというモニタリングを政府側の利益とし，このようなモニタリングの必要性から令状並びに相当理由の要件が導き出されるのかを問うている。Skinnerでのスティーヴンズ裁判官の一部捕捉，結論賛成意見は，この点に異を唱える。FRA規則が定める検査は事故，事態発生の原因を認定する公共の利益に支えられるものの，職員によるアルコールまたは薬物の摂取の抑止は検査の正当理由として必要でなく，また十分でもないという。次に，Von Raabで示された政府側の利益は，麻薬又は覚せい剤の使用者を一定の税関業務に従事させないことである。法廷意見によれば，薬物使用者が一定の税関業務に従事する場合の危害は大きく，危害予防発生の必要性が政府側利益として認められる。これに対し，スカリーア裁判官はスティーヴンズ裁判官の参加を得た反対意見で，税関職員の検査については，検査が明らかにすべき問題事象—薬物使用—の税関職員間の広がり，それに，その使用と重大な危害のつながりが論証されていないことを指摘する。衡量テストで決

せられる第4修正の合理性基準は社会的必要性次第でその内容が決まるものであるのに，本件では検査で解決を図るべき具体的な問題が示されていないという。Ortega では法廷意見がなく，Skinner，Von Raab では，法廷意見があり，それにブラックマン裁判官が参加しているものの，特別の必要性法理の適用については，前者では適用の可否それ自体を，後者では適用で示されるべき論点の欠如をそれぞれ問う反対意見が著されている。しかし，他方，この3事例で，とりわけ，Skinner 並びに，Von Raab で特別の必要性法理の存在とその扱い方の大要は示されている，といえるように思われる[2]。

3．特別の必要性法理の適用に関し，プライヴァシーの期待又は利益の縮減が論じられる点で3事例に相違はないが，他方で，複数意見，法廷意見のリーズニングの中で占める位置に相違を見出し得ることを確認しておく。Ortega では，職場での政府機関職員のプライヴァシーの利益が，住居等のコンテクストで認められる利益に比べて相当小さいことが指摘され，Skinner では，職員が安全確保のために広範囲にわたる規制を受ける事業分野に参加しており，安全確保という目標が職員の健康状態と体調に大きく依存することが指摘され，職員の健康状態に関する情報，並びに情報取得のための合理的な手段に係るプライヴァシーの期待は縮減しているとされ，Von Raab では，公共部門での雇用関係次第で職員のプライヴァシー領域に対する捜索に関するプライヴァシーの期待が縮減することがあるとされ，税関職員のうち特に判断力と機敏さが要求される職務に就く場合には，自身の健康に直接関係する情報を秘しておくことができると期待するのは合理的でないと評価されている。評価の根拠や表現に相違はあるものの，プライヴァシーの期待や利益をコンテクスト―職場か住居か，安全要求が第一義的にはたらくか否か，あるいは，職場運営の実際（operational realities of workplace）―に沿って評価する点に相違はない。他方，期待ないし利益の縮減は，Skinner，Von Raab では，特別の必要性法理の適用

---

[2] ただし，ブラックマン裁判官が批判する衡量論の中で特別の必要性法理が用いられる事例もある。堤和通「非刑事領域のプライヴァシー保障」渥美東洋編『犯罪予防の法理』（成文堂，2008 年）184 頁参照。

の中で，第4修正の合理性基準の内容を決める要素として明確に位置づけられるのに対し，Ortega ではその点がそれほど明確ではなく，むしろ，法理適用の前提に位置するように読むこともできるであろう。

　4．特別の必要性法理は，衡量テストにより令状要件の例外を許容する道を開くものであるが，特に Skinner，Von Raab では，検査が行われる要件と検査の範囲が明確で，その点についての広範な裁量は認められておらず，さらに，要件と範囲を対象の職員が知っていることが指摘されている。この指摘が意味を持つのは，両事例での法廷意見が明示するように，捜索押収を行う場合の裁量を抑制し，同時に，捜索・押収の対象者に根拠と範囲を示すという点に令状要件の意義があるという理解に立つからである。

　Ortega，Skinner，Von Raab を経て，特別の必要性法理は身体に対する捜索にまで及ぶこととなり，令状要件並びに相当理由の例外として，対象者を特定する個別の疑いを要しない見分，検査が第4修正に合致するという評価は確立しているように見受けられる。このような裁判例の展開の中で，Francis Allen は，第4修正が不合理な捜索・押収の禁止という要求に還元され，捜索押収が「意味のある制約を受けることがなく，また，その指針が示されることもない。」という疑義を呈した[3]。しかし，この疑義は，令状と相当理由の要件が原則であることを明確にする法理の扱いでは大きく解消されるように思われる。また，Charles A. Reich は，組織には本来果たすべき機能・役割が想定されるため，その機能・役割を遂行させるという要求が衡量論で常に重く評価される傾向を指摘する[4]。この警鐘は，組織の機能・役割に応じたきめ細かい衡量の必要を説くものでもあるであろう。

（堤　和通）

　3）　Francis A. Allen, The Habits of Legality : Criminal Justice and the Rule of Law, Oxford University Press (1996), pp. 41-42.
　4）　Charles A. Reich, The Individual Sector, 100 Yale Law Journal 1409, 1442 (1991).

46. Vernonia Sch. Dist. v. Acton, 515 U.S. 646 (1995)

　無作為に選ばれた尿検査が学校対抗競技への参加の要件としている州のポリシーは，第4修正違反にはあたらないとされた事例。

《事実の概要》

　1980年代半ばからオレゴン州Vernonia学校区において規制薬物を使用し，授業中に粗野な言動をする生徒が急増した。特に運動部に所属する生徒が規制薬物の使用に関して主導的な役割を果たしていた。このため，試合等に際して傷害行為に発展する危険性が懸念されるようになった。この事態に対応するため，同学校区では特別な授業・講演等を開催したが効果が見られなかったことから，スポーツ選手の健康と安全を守ることを目的に，薬物対策として，対外試合に参加する全ての公立学校生徒に対して各競技のシーズン冒頭に，また，全選手中の無作為抽出による10％に対してはシーズン中，週1回の割合で，各々尿検査を実施することに決定した。検査の方法は，男子生徒については，着衣のまま無人の更衣室で12〜13フィート離れた背後に監視員がいる状態で採尿し，女子生徒については周囲を遮蔽された個室において女性監視員が外から不正の有無を聴覚的に監視する中で採尿するというものであった。採取された尿検体は，いずれも監視員に手渡され，温度と不正工作の有無を確認した上でガラス瓶に移されて検査場に送付されるが，検査結果は学校区長にのみ書面で郵送され，電話照会に対しては暗証番号を告げた権限のある職員に対してのみ回答するとの体制であった。結果が陽性であった場合，再検査が実施され，再度陽性反応が得られた場合には，選手と保護者を交えて①週に1回の尿検査を含む助成措置に6週間参加するか，②当該シーズンの残存期間全て，又は翌シーズン全ての出場停止のいずれか一方を選択することになっていた。

　被申請人Actonは，1991年秋のフットボール対外試合に出場しようとしていたが，尿検査を拒否したため，試合への出場を認められなかった。そこでActonとその両親が，学校区の採るスポーツ選手への薬物対策が合衆国憲法第

4修正に違反する旨の宣言判決と差止命令を求めて訴えを提起した。Court of Appeals は本件学校区の規制薬物対策が合衆国憲法第4修正に違反する旨判示した[1]。これに対して学校区がサーシオレイライを申請した。

《判旨・法廷意見》
1．スカリーア裁判官執筆の法廷意見（レンクィスト，ケネディ，トーマス，ギンズバーグ，ブライヤー裁判官参加）

破棄・差戻し

尿検査は，合衆国憲法第4修正にいう「捜索」に該当する。しかし，同条項によって禁止されているのは不合理な捜索のみである。同条項の令状要件と相当理由要件については，法運用において特別な必要性のある場合には例外が認められる。公立学校内においては，まさにこの特別な必要性を認め得る。すなわち，T.L.O. において判示したとおり[2]，①生徒への懲戒処分は迅速且つ非公式の手続でなされるべきであるから，令状要件は不要であり，②校内秩序の維持を図る必要性に照らし，相当理由を要件とすることは困難である。本件では，個別具体的な嫌疑があったことを要しないで一律に生徒達の尿検査を実施しているが，合衆国最高裁判所は鉄道職員[3]・税関職員[4]に対して，個別具体的な嫌疑に基づかず，網羅的な尿検査の実施を先例において各々認めている。尿検査が合理性を備えていると言えるか否かは，個人が持つ合衆国憲法第4修正の権利に対する制約と，公権力の正当な利益の促進との権衡を図る上で判断さ

---

1) Acton v. Vernonia Sch. Dist. 47 J, 23 F. 3d 1514 (9th Cir. 1994).
2) New Jersey v. T.L.O., 469 U.S. 325 (1985). 邦語での解説・紹介として渥美東洋編『米国刑事判例の動向Ⅳ』（中央大学出版部，2012年）208-218頁（清水真担当）及びそこに掲記の各文献を参照。
3) Skinner v. Railway Labor Executives' Assn., 489 U.S. 602 (1989). 詳しくは，洲見光男「薬物検査の適法性―連邦最高裁判決を手がかりとして」判タ815号62頁以下を参照。
4) National Treasury Employee Union v. Von Raab, 489 U.S. 656 (1989). 詳しくは，洲見・前掲注3) 62頁以下を参照。

れるべきである。そこで，①捜索によって制約されるプライヴァシーの性格，②制約の態様，③捜索を実施するに至った公権力の目的とその緊急性及び手段の実効性の3点から分析される。

　まず①については，学校は生徒に対する管理・監督権限を有しており，成人に対してならば許されないような制約も許容される。生徒は身体検査を受け，予防接種を受ける等，一般人に比してプライヴァシーへの期待は低いものといえる。更に，スポーツ選手は，皆と一緒での更衣室での着替え，間仕切りのないシャワー室の利用等，プライヴァシーの期待は一層低いものといえる。②については，本件尿検査の方法ならば公衆トイレでの排泄行為の際にプライヴァシーが制約を受けるのと同程度にとどまる。尿検査情報も，ⅰ規制薬物に関するものにとどまり，疾病等は検査項目に含まれておらず，ⅱ検査結果は限られた教職員に対してのみ開示されている上，ⅲ検査結果は法執行機関には開示されず，校内懲戒処分の根拠とさえされないのである。③については，以下の3点を指摘することができる。ⅰ生徒が規制薬物による肉体的・精神的影響を受けやすく，常用性も高いので，ひとたび学校内に規制薬物が蔓延すれば，薬物使用者のみならず，学校全体の教育環境が破綻する。これらが尿検査を実施するためのやむを得ない利益（compelling state interest）を構成する。ⅱ生徒達の多くが反抗的で懲戒件数が増加している原因は規制薬物の使用にあったので，検査を実施する緊急性が認められる。ⅲ被申請人 Acton は，個別具体的な嫌疑に基づいてのみ尿検査を実施すべき旨主張するが，その方策では尿検査の対象となったこと自体が恥辱であると受け取られて同意が得にくくなる一方，規制薬物使用の疑いがないにも拘わらず扱いにくい生徒に対して尿検査が実施される等，濫用の虞があるため，規制薬物の使用に関する個別具体的な嫌疑の存在を教員が説明すべき義務を負うことになるが，これは教員の能力を超える事項である。

2．オコナー裁判官の反対意見（スティーヴンズ，スーター裁判官参加）

　本件尿検査は，個別具体的な嫌疑ではなく，網羅的な監視として実施されている。個別具体的な嫌疑に基づく監視であれば，疑わしい行動を差し控えれば

監視されずに済むのであるから，網羅的な監視の方が自由に対する危険性は高い。合衆国憲法第4修正の背景には，一般令状による捜索への懸念があり，個別具体的な嫌疑に基づくことが捜索の本質的な性格であると考えられてきた。

本件で，生徒達は教師らの監督・管理下にあり，生徒達も規制薬物の使用を認め，規制薬物の影響下での陶酔状態を目撃されている。これらは相当理由の要件を充たしているので，相当理由の具備を求めても検査の実効性を確保できないとはいえない。また，個別具体的な嫌疑を要件とするならば，濫用の危険性はない。学校内での網羅的監視が許される根拠として法廷意見が挙げている例は生徒達の非行を監視する手続とは異なるので，尿検査の許容性を検討する根拠とはならない。確かに，学校は生徒に対して特別な保護責任を負い，憲法上，一定の裁量が認められている。それ故に，令状要件は不要であり，相当理由の要件も緩和される。しかし，非行には無関係な大多数の生徒達のプライヴァシーを制約する網羅的な監視は許容されるべきでない。

《解　説》

1.　学校内の生徒に対しても合衆国憲法第4修正の保障が及び得ることは，既にT.L.O.で判示された通りである[5]。本件の尿検査は，導尿管を膀胱内に挿管する手法を用いる等の身体的侵襲を伴うものではない。しかし，監視下で尿検体の採取と提出を義務付けており，規制薬物使用の有無という身体の状態に関する情報を公務員が探知するという点で，個人のプライヴァシーの期待への制約となる。T.L.O.においては，喫煙禁止区域での喫煙という校則違反に対する個別具体的嫌疑に基づく持ち物検査の過程で発見された大麻営利目的譲渡の証拠が問題となったが，本件では，個別具体的嫌疑に基づかない網羅的検査の故に合衆国最高裁判所まで争いが持ち込まれた。

もっとも，本件で法廷意見が引用するSkinner及びVon Raabにおいては，いずれも「特別な必要性（Special Needs）」の故に，令状審査と相当理由を不

---

5)　New Jersey v. T.L.O., *supra* note 2.

要とする旨判示されている。前者は，重大事故への関与又は安全規則違反をした鉄道職員の連邦鉄道管理局規則に基づく網羅的な尿・血液検査に関する事案への判断であり，後者は，合衆国税関において規制薬物と関わる部署への異動，又は昇進を希望する職員に対する網羅的な尿検査に関する事案への判断であった。「特別な必要性」という概念は，T.L.O. におけるブラックマン裁判官の意見の中で言及されていたものであったが，犯罪の探知以外の公法上の目的を達成する上での必要性という意味で捉えているのではないかと思われる[6]。

Skinner 及び Von Raab 双方の事案における尿検査対象者は，薬物の蔓延が深刻であるという状況下で，いずれも自らの意思で一定の職種に就いた者の内，更に事故関与者・安全規則違反者，あるいは規制薬物を扱う部署への転任・昇進希望者等，一層の絞りをかけており，一般市民に対して網羅的検査を実施するのとは公権力による監視・制約を及ぼす正当性の点で大きな差異がある。本件において薬物の蔓延が見られたという状況，及び，対外試合への出場を希望する生徒のみを対象としているという点には，検査対象者を合理的な範囲に可能な限り限定しようとする検査者側（学校区）の配慮が窺われる。また，Skinner 及び Von Raab の事案では，鉄道職員・税関職員による薬物濫用の結果，公共の危険が発生し，あるいは薬物規制が有名無実化する等，社会的影響が大きかったといえよう。他方，本件でも運動部選手の主導により規制薬物が蔓延していた事情，試合・練習時の傷害行為に発展する危険性があったのだから，対象を絞った上で網羅的な尿検査を実施すべき切迫した事情があったといえよう。

2. ところで，本件の後，合衆国最高裁判所は，Earls[7]において音楽系部活動を含む全ての課外活動に参加する公立学校生徒全員に本件と同様の尿検査を義務付けた学校区教育委員会の措置を「特別の必要性」の故に合衆国憲法第4

---

6) 洲見光男「『特別な必要』の例外」朝日 22 号 18 頁以下，洲見光男「薬物検査の合憲性」朝日 20 号 49-52 頁。

7) Board of Education v. Earls, 536 U.S. 822 (2002). 詳しくは，清水真「校内薬物検査とプライヴァシィー保障」警察政策 7 巻 115-120 頁参照。

修正に反しない旨判示している。詳細は続巻での解説に譲るが，薬物蔓延の状況があるにせよ，ここでは，思慮分別の不十分な時期に薬物濫用によって生じる心身への害悪を未然に防ぐというパターナリスティックな利益を以て正当性の根拠とせざるを得ないように思われる。かつては，学校教職員は「親代わり（in loco parentis）」として校内で生徒の監督・指導に従事するので，合衆国憲法第4修正の保障が及ばないという見方もあったが，T.L.O.でこれは明確に否定された。とはいえ，校内秩序の維持と生徒の安全の確保という観点からの監視・干渉には，一般社会における成人を対象とした検査とは異なる正当性を認めざるを得ないであろう。

（清水　真）

47. Chandler v. Miller, 520 U.S. 305 (1997)

　指定された州の公職の候補者に，尿の薬物検査を受けたこと及び検査結果が陰性であったことの証明を義務付けるジョージア州法は「特別の必要性」が示されておらず，個別の嫌疑に基づかない捜索を禁止する合衆国憲法第4修正に違反するとされた事例。

《事案の概要》

　ジョージア州議会は1990年に，州知事，副知事，州の長官，州 Supreme Court の裁判官，Court of Appeals の裁判官，州議会議員など，州法が指定する公職への候補者の資格を得ようとする者に対して，任命または選挙の30日内に，マリワナ・コケイン・あへん・アンフェタミン・フェンシクリジンについての尿検査を受け，その結果が陰性であることの証明を義務付ける州法の規定を制定した。同規定では候補者となろうとする者は，州が認可した研究所か候補者の主治医の医院に検体を提出することができ，州の長官が承認した書式による州の認可した研究所が発行する証明書を提出するものとされていた。

　州法の規定が指定している公職の候補者として1994年に自由党（Libertarian Party）により指名された申請人らは，証明書提出期限の約1か月前に州知事などを被告とし，ジョージア州法が規定する薬物検査が合衆国憲法第1修正，第4修正，第14修正に違反することを主な主張として，ジョージア州北部地区連邦地方裁判所に同規定の執行停止を求めて訴訟を提起した。連邦地方裁判所は，州の薬物検査手続の侵害性は相対的に低く，州の公職が求める重要性はそれに上回るとして，申請人の予備的差し止めの申立を退けた。同年の選挙後に原告，被告双方により本訴が申し立てられ，連邦地方裁判所は，原告の訴えを退ける終局判決を下した。原告が上訴し，第11巡回区 Court of Appeals は本規定による検査が捜索に位置付けられることは確立した法であるとしながら，ジョージア州の薬物検査の規定については，合衆国最高裁判所における，鉄道職員に対する捜索に関する *Skinner* (Skinner v. Railway Labor Executives'

Association. 489 U.S. 602 (1989)）と，税関職員に対する捜索に関する *Von Raab*（National Treasury Employees v. Von Raab, 489 U.S. 656 (1989)）と同様に，州法の規定は，法執行の通常の必要性以外の「特別の必要性」を示しているとした。そして，そのような場合には「特定の状況において，令状あるいは特定の個人に向けられた一定程度の嫌疑を要件とすることが現実にそぐわないものでないかどうかを決定するために，個人のプライヴァシーの期待と政府の利益を衡量しなければならない」としたうえで，本件における政府の検査を行う利益は個人のプライヴァシーの期待の利益に優越するとして，当該州法の規定は第4修正及び第14修正に違反するものではないとの判断を示し，原判断を確認した。

合衆国最高裁判所は，州の候補者に対して薬物検査を要件とするジョージア州法が合憲かどうかを審査するためにサーシオレイライを認容した。

《判旨・法廷意見》

原判断破棄

1．ギンズバーグ裁判官執筆の法廷意見

(1) 法により義務づけられ州職員により執行される，ジョージア州の薬物検査の要件は，第4修正及び第14修正にいう捜索に当たることについては争いがない。*Skinner* で述べられたように，政府の命令による尿の採取と検査は，社会が長く合理的なものと認識してきたプライヴァシーの期待を侵害するものであり，こうした侵害は第4修正の下での捜索に当たる。問題となるのは捜索が合理的であるか否かという問いである。

第4修正の下で捜索が合理的とされるためには，捜索が違法行為（wrongdoing）についての個別の嫌疑に基づくものでなければならないのが通常である。しかし，法執行の通常の必要性を超える「特別の必要性」に基づく特定の例外が認められる場合がある。この「特別の必要性」——犯罪の摘発以外に関わるもの——が，第4修正の下での政府による干渉を正当化するために主張された場合，裁判所は当事者により主張された対立する個人の利益と公共

の利益を綿密に吟味し，具体的状況に即した審査を行わなければならない。Skinner が示すように，捜索に関わるプライヴァシーの利益が最小限であり，捜索により促進される重要な政府の利益が個別の嫌疑を要求することで危険に晒されるような，限定された状況においては，そのような嫌疑がない場合であったとしても捜索は合理的である。

　ジョージア州の，候補者名簿への記載に薬物検査を要件とする規定を評価するにあたって，第 11 巡回区 Court of Appeals は，本件に最も関連する合衆国最高裁判所の先例である *Skinner*, *Von Raab*, *Acton*（Vernonia School Dist. 47J v. Acton, 515 U.S. 646(1995)）に依拠して，個人のプライヴァシーの期待と州の利益との比較衡量を行った。これらの先例は，本件の指針となるものである。なお，被申請人（州）は，州がその公職の候補者の条件を定めることは，合衆国憲法第 10 修正の下で州に留保された主権に関わるものであり，州は広範な裁量を有するので，これらの先例だけが，本件ジョージア州法の合憲性を評価するための指針とはならないと主張する。州はその公職の候補者の条件を定めるにあたり広い裁量を有するが，基本的な憲法上の保護を無視することはできない。州の公職に就く資格を定める州の権限が，犯罪の訴追についての主権以上に，第 4 修正が国の行為（state action）に課す制約を減少させることを示唆する当裁判所の先例はない。州が主張するような，公職の候補者の条件について，州の判断を特別に尊重するような判断枠組みは認められない。

　そこで，これらの指針となる判例に従って検討する。候補者はその個人の主治医の医院で採取した尿の検体を提出することができ，検査結果はまず本人に渡され，それをどうするかは本人の決定に委ねられていることから，州の検査手続の侵害性は効果的に制限されており，その程度は低いといえる。そこで，本件で問題となるのは，検査結果についての証明書提出要件が「特別の必要性」によって正当化されるか否かである。

　合衆国最高裁判所の先例によれば，薬物検査の「特別の必要性」は個人のプライヴァシーの利益に優先するほど重要で，第 4 修正の通常の要件である個別の嫌疑を不要とせざるを得ない重大な，相当程度（substantial）のものでなけ

ればならない。ジョージア州は，かかる「特別の必要性」を立証していない。

被申請人の主張は，違法薬物の使用と州の高位の公職とは両立し得ないということに基礎を置いている。違法な薬物の使用は，州公務員の判断と廉潔性に疑問を生じさせ，薬物取締法の執行を含む公務の遂行を危うくし，さらに，選出された公務員への公衆の信頼と信用を掘り崩すがゆえに，違法薬物の使用者が候補者となることを阻止し，そうすることで，それらの者が州の高位の公職に就くことを阻止する州法の規定は正当化されると主張する。しかし，被申請人の主張には第 4 修正の要件からの離脱が必要であるとする具体的危険が示されていない。

本件の記録において，被申請人のいう危険がジョージア州の組織にとって，単に仮定的なものではなく現実のものであることを示唆するものは認められない。州法の規定は，州の公務員による薬物使用の虞れないし嫌疑を踏まえて制定されたものではなかった。

薬物濫用の証拠は，検査制度の有効性を認めるうえで必ずしも不可欠なものではないが，嫌疑に基づかない捜索に関する「特別の必要性」の主張を支えるものとなるであろう。違法薬物の使用の証拠は，そうした使用により引き起こされた危険を明確にし，実証するのに役立つであろう。*Skinner* におけるような安全が重要視される仕事に従事する鉄道従業員による薬物とアルコールの使用の証拠や，*Acton* におけるような生徒の違法薬物使用が急激に増加したことによって生じた差し迫った危機は，薬物検査プログラムが正当化され適切であるという，政府と学校職員の主張を支えるものである。

Skinner, *Vov Raab*, *Acton* において示された有効な検査制度とは対照的に，ジョージア州の検査結果証明書提出要件は，薬物取締法に違反した候補者を発見するよう適切に策定されていない。また，違法な薬物使用者が州の公職に就こうとすることを抑止する確実な手段でもない。投票の 30 日前であれば候補者は検査日を選ぶことができ，違法薬物使用者は，重度の依存者を除いて違法薬物の顕出を回避するのに十分な検査前の期間，薬物の使用を控えることができるのである。

被申請人は，税関職員の間に具体的な薬物濫用の問題があることを示す証拠がないにもかかわらず，税関職員が昇進や異動をするのに先立って，薬物検査を課すことを合憲とした *Von Raab* に依拠している。しかし，*Von Raab* で問題となっている職務は，薬物の摘発に直接関与するか，あるいは銃器を携行する職務であって，薬物の密輸入阻止を主要な執行任務とし，違法薬物の使用と密接に結びついた組織犯罪の巨大なネットワークに日常的に晒される職務である。それらの職務に従事する税関職員は莫大な禁制品にアクセスでき，さらに，薬物密輸入者による賄賂の標的となる機会が非常に多く，その誘惑に屈した者もいたのである。*Von Raab* は，その独特の背景の下で理解されなければならず，嫌疑のない捜索を広く認める判断ではない。

また，かかる職務に従事する税関職員を，より伝統的な職場環境におけるような日々の厳しい監視下に置くことは不可能であるのに対して，公職の候補者は，他の候補者や公衆，そして報道機関からの容赦のない監視に晒されるのであって，その日々の行動は，通常の職場環境以上に注目を引いていることは明らかである。

最後に残るのは，州が公職の候補者に薬物検査を受けさせることを要件とすることによって，ジョージア州の薬物濫用に対して断固闘うという態度を表明するという点であるが，州の公務員の間の薬物問題に関する証拠を示しておらず，また，これらの公務員は通常，危険が高く安全性を重視する職務に従事するものではないので，検査結果証明書提出の要件は，直ちに違法薬物撲滅の試みの助力にはならない。要するに，その必要性は「特別」なものではなく，象徴的なものである。

どれだけ好意的に見ても，ジョージア州が考案した候補者の薬物検査は，象徴的な目的のために個人のプライヴァシーを減じるものである。第4修正はこのような国の行為から社会を保護するものである。

(2) なお，当裁判所は，候補者の一般的な健康状態を証明することを目指した健康診断に関して意見を示すものではない。また，異なった関心や手続に関わる資産公開に言及するものではない。そして，第4修正の制約を受けない民

間部門の領域での薬物検査についても判断するものではない。

　日常的な空港や裁判所ないし政府の建物の入り口における検査のように，公共の安全への危険が相当程度で，かつ現実的である場合には，危険に対応する嫌疑に基づかない捜索は「合理的」と位置付けられうる。しかし，本件のように，公共の安全が真に危険に晒されていない場合には，第４修正の下で，嫌疑に基づかない捜索は許容されるものではない。

　２．レンクィスト首席裁判官執筆の反対意見

　ジョージア州は公職の候補者を薬物検査の対象とした最初の州であり，かつ唯一の州であるが，新規性それ自体が問題とされるべきではなく，合衆国憲法を遵守しなければならないのはもちろんであるものの，単なる新規性ゆえに憲法違反となるものではない。

　違法薬物の使用や合法薬物の濫用が社会問題の１つであることは疑いがない。当裁判所が扱った薬物使用を伴う事件はおびただしい職種に及んでおり，そのような広範に及ぶ薬物の使用が，州知事のような公職の候補者に及ぶことはないということはできない。州は，予防的措置を導入するにあたって，薬物常用者や違法に薬物を使用する傾向のある者が知事に立候補しあるいは実際に知事になることを待つ必要はない。

　第４修正の下での審査は，ジョージア州法により要求された捜索が「合理的」かどうかである。法廷意見は，「特別の必要性」により正当化されなければならない嫌疑に基づかない捜索の範囲について述べている。しかし，法廷意見が依拠する *Skinner* および *Von Raab* で用いられた「特別の必要性」とは，法執行の通常の必要性とは別の捜索の基礎を示すために用いられたものであって，当裁判所の先例によれば，特別な「重要性」は要件とされず，法執行以外の政府の正当な目的が存すれば，「特別の必要性」が存するのであって，政府の利益と個人の利益との比較衡量を行うことになる。

　法廷意見は，公職の候補者は監視に晒されているので公衆はその薬物使用を感知できることを理由に挙げるが，そうだとすれば *Skinner* における鉄道職員も，*Von Raab* における税関職員も，その同僚や上司からの同種の監視に晒さ

れているといえるであろう。

　法廷意見は，ジョージア州法の下での尿による薬物検査が，最も侵害性の少ない種類の1つであることを認めつつも，この検査は被験者に知らされているため，必要な期間，薬物の使用を控えることができるという理由で，この要素を州に不利に考慮した。しかし，もし検査が無作為に行われ，より多くの使用者が摘発されるようになれば，法廷意見はその侵害性を咎めるのであろう。

　また，*Von Raab* で「特別の必要性」に当たるとされた，税関職員の違法薬物の使用による贈収賄や脅迫の危険に関する政府の利益は，州政府の高官については重要でないとはいえないであろうし，さらに重要なのは機密情報に関する政府の利益であり，少なくとも知事や副知事のような地位に関しては同一の利益を認めることができる。

　先例を正しく評価すれば，ジョージア州法の尿検査は「合理的な」捜索である。

《解　説》

　1．合衆国憲法第4修正は，政府による不合理な捜索・押収を禁止し，相当な理由に基づく令状を要求し，かつ捜索場所と押収対象物を限定的に記していない一般令状を禁止する。そしてこの原理は，刑事手続だけでなく行政における検査にも適用され[1]，非刑事手続にも第4修正の規律が及ぶとされてきた。そして，第4修正の個人のプライヴァシーの保障は，自由な社会の中核をなすものであるから，第14修正を通して各州にも適用される[2]。

　本件は，一定の公職の立候補者になろうとする者に対し薬物検査を行い，その結果が陰性であることの証明を要件とするジョージア州法の規定が，合衆国憲法第4修正に違反しないかが争われた事例である[3]。

---

1) Camara v. Municipal Court, 387 U.S. 523 (1967).
2) Wolf v. Colorado, 338 U.S. 25 (1949).
3) 本件の紹介・解説として州見光男「薬物検査の合憲性」朝日法学論集20号1頁以下参照。

2．捜索・押収は，相当な理由に基づく令状がない場合には不合理なものとなるが，合衆国最高裁判所は，法執行の通常の必要性を超える「特別の必要性」がある場合には政府の利益と個人のプライヴァシーの利益を比較衡量することにより，例外を認めてきた。すなわち，「特別の必要性」がその捜索を正当化する場合には，令状や相当理由がない場合であっても，あるいは何らの嫌疑が認められない場合であっても，捜索は合理的であるとする[4]。

「特別の必要性」という文言は，公立学校教職員による校内持ち物検査の合憲性が争われた事案である *T.L.O*[5]のブラックマン裁判官の結論同意意見で用いられ，その後，公立病院職員の執務室内の私物を病院幹部が捜索・押収した事案である Ortega[6]の複数意見において，この「特別の必要性」が用いられた。そして，保護観察に置かれた者の居宅に対して禁制品を所持していると疑うに足る合理的根拠に基づく無令状の捜索の合憲性が争われた *Griffin*[7]において，初めて合衆国最高裁判所の法廷意見に明確に採用され，「再犯から社会を守るという利益保持と保護観察対象者の更生」は「特別の必要性」にあたるとされた。

これらの「特別の必要性」に関連する判断は，被処分者個別の嫌疑に基づく捜索が問題となった事案であるが，その後，「特別の必要性」は，1980 年代から広く行われるようになっていた薬物検査についての合衆国最高裁判所による合憲性判断に採用され，特定の個人に向けられた嫌疑に基づかない捜索についても適用されるようになった。すなわち，連邦鉄道局による一定の従業員に対して行った血液・尿・呼気等の検査の合憲性が問題となった *Skinner*[8]，税関が

---

[4] 「特別の必要性」についての論稿として，高井裕之「合衆国憲法修正 4 条における『特別の必要性』の法理の展開」産大法学 32 巻 1 頁以下，山本未来「行政調査と合衆国憲法修正 4 条における『特別の必要性』の法理」明治学院大学法科大学院ローレビュー 5 巻 59 頁以下などがある。

[5] New Jersey v. T.L.O., 469 U.S. 325 (1985). この事例については，渥美東洋編『米国刑事判例の動向Ⅳ』（中央大学出版部，2012 年）208 頁（清水真担当）参照。

[6] O'Connor v. Ortega, 480 U.S. 709 (1987). 本書第 41 事件。

[7] Griffin v. Wisconsin, 483 U.S. 868 (1987). 本書第 43 事件。

違法薬物の取り締まりや銃器の携行を伴う役職に就くことを申し出た職員に対して実施した薬物についての尿検査の合憲性が争われた *Von Raab*[9]，薬物についての尿検査を学校対抗競技への参加の要件とする州の方針の合憲性が問題となった *Acton*[10]において，合衆国最高裁判所は「特別の必要性」を適用し，対象者に対する個別の嫌疑に基づかない薬物検査を合憲としてきた。これらの事案において，「鉄道及び鉄道職員と公共の安全の確保」，「薬物の摘発に直接関与するか，あるいは銃器を携行する職務への異動・昇進を希望する税関職員の薬物濫用防止及びそれらの者の異動・昇進阻止」，「学校の保護監督責任」について「特別の必要性」にあたるとして，比較衡量テストを行い，特定の個人に向けられた嫌疑に基づかない尿検査などの薬物検査を義務付けることは第4修正に違反しないとした。これら一連の判断において，合衆国最高裁判所は，第4修正は捜索が特定の個人に向けられた疑いに基づくものであることを要求しているとしつつ，そのような嫌疑に基づかない捜索である薬物検査に関して，「特別な必要性」が認められる場合には，政府の利益と検査により侵害される個人のプライヴァシーの利益とを比較衡量し，捜索に関わる個人のプライヴァシーの利益が最小であり，個別の嫌疑の要件により政府の利益が危険に晒されるという限定的な状況においては，かかる嫌疑に基づかない捜索は合理的な捜索として許容されるとの立場を示してきたのである。

　本件は，これらの薬物検査に関する一連の判断を先例として「特別の必要性」の枠組みを用いながら，違憲判決を下した初めての事例である。合衆国最高裁判所は，本件で問題となったジョージア州の規定における薬物検査の要件はその態様において侵害性は低いとしたうえで，検査結果についての証明書の提出の要件が「特別の必要性」により正当化されるかの問題についての検討を行った。そして「特別の必要性」は犯罪の摘発以外に関連するものでなければ

---

8) Skinner v. Railway Labor Executives' Ass'n, 489 U.S. 602 (1989). 本書第44事件。
9) National Treasury Employees Union v. Von Raab, 489 U.S. 656 (1989). 本書第45事件。
10) Vernonia School Dist. v. Acton, 515 U.S. 646 (1995). 本書第46事件。

ならないことを明示し,「特別の必要性」は,政府の利益が個人のプライヴァシーの利益に優先するほど重要で,第4修正の通常の要件である個別の嫌疑を不要とせざるを得ないような相当程度のものであって,それが現実的なものであることを政府側が立証しなければならないとした。そして,ジョージア州は「特別の必要性」を基礎付ける公共の安全に対する現実的具体的危険を立証しておらず,「特別の必要性」が示されていないとして,本件規定は第4修正に違反すると判断した。

3. *T.L.O.* において「特別の必要性」の文言が登場して以来,「特別の必要性」については判例上統一的な理解を見出すことができず,その内容が曖昧で基準としての明確性を欠くとの問題性が指摘されてきた。この問題に関連して,本判断では,まず「特別の必要性」とは,犯罪の摘発以外に関連するものであることが明示されている。このことは本件以前の先例においても認められてきたところではあるが,本判断でこの点が明確に示された点に意義を見出すことができるであろう。

さらに,本判断は,「特別の必要性」が認められるためには,その利益が相当程度のものであり現実的なものでなければならないこと,そしてそのことの立証責任が政府にあるとした。先に示した,本件の先例である *Skinner*, *Von Raab*, *Acton* で「特別な必要性」に当たるとされた利益は,確かに重要な利益ではあるものの,「特別の必要性」の範囲や程度については必ずしも明らかではなく,これらの判断は政府の利益を広範囲にわたって考慮するものであって,ともすれば「特別の必要性」の判断が主観的なものとなり,無限定なものとなってしまうおそれがある。この点で,本判断において合衆国最高裁判所が「特別の必要性」の内容を実質化し,薬物検査の政府の必要性の実質性を評価する際に考慮すべき内容を示したことは「特別の必要性」の客観性を高めたものということができ,「特別の必要性」を適用するにあたっての指針を与えるものといえるであろう。

その一方で,問題も残されている。「特別の必要性」の例外は,① 第4修正の令状要件と相当理由の適用を不可能にする「特別の必要性」が認められた場

合に,②捜索が合理的であるかどうかについて,政府の利益と個人のプライヴァシーの利益との比較衡量を行うものとされる[11]。しかし,本件以前の先例において必ずしもその区別は明確にされていない。本件においても「特別の必要性」の判断に先立って薬物検査の要件の侵害性についての検討が行われておらず,「特別の必要性」の判断と利益衡量テストとの区別や判断の順序が明確にはされていない[12]。このことから,なお第4修正の下での例外を許容する基準としての妥当性についての問題は残されているように思われる。また,「特別の必要性」の衡量テスト自体,十分な客観性を認めることができないとの批判もなされている[13]。利益衡量による判断の性質上,それはケース・バイ・ケイスにならざるを得ないが,今後の判例の集積とその分析により,できる限り考慮されるべき要素の範囲及び程度が客観化されることが望ましいといえよう。

4.レンクィスト首席裁判官の反対意見に見てとれるように,本判断が示された当時においても合衆国における薬物問題は深刻な社会問題となっていた。そうした社会的事情を背景として薬物規制における政府の利益の重要性が強調されるようになれば,薬物検査の合憲性審査において「特別の必要性」の例外は緩やかに認められるということになろう。実際に本件の先例はそのような合衆国の事情を反映しているといえる。かかる状況の中で本件の法廷意見は,第4修正の下,特定の個人に向けられた嫌疑に基づく捜索が原則であって,その例外は,現実にそぐわないような状況に限定して許されるべきであるという合衆国最高裁判所の基本的な立場を示すものである。本判断は,特定の個人に向けられた嫌疑に基づかない捜索としての薬物検査は,現実的で相当程度の「特別な」必要性によってのみ正当化されなければならず,違法薬物撲滅などという象徴的・抽象的な必要性では不十分であるとするものであって,「特別の必

---

11) *See,* Ortega, 480 U.S. at 724 ; *see also,* Von Raab, 489 U.S., at 665-666 ; *see also, id.,* at 668.
12) 山本・前掲註4)66頁参照。
13) 高井・前掲註4)22-24頁参照。

要性」による例外が無限定に拡大していくことに対する一定の歯止めとなり得る。しかし，本判断が示した要件の下でも，「特別の必要性」が認められれば，相当理由，令状を必要とせず，特定の個人に向けられた嫌疑に基づかない捜索である薬物検査が正当化され得るということであり，必ずしもプライヴァシーの制約に対して抑制的に働くわけではないことには留意する必要がある。

　本件や本件の先例となる判断の背景には，薬物問題が極めて深刻なアメリカ合衆国の社会的事情があり，わが国で，合衆国と同様の薬物検査が問題となることは直ちには考えにくい。しかし，行政手続における個人のプライヴァシーへの干渉は様々な場面で問題となる。行政事件にも適用があるとされる憲法35条の下で[14]，政府の利益と個人のプライヴァシーの利益とをいかに調整するかを検討するにあたり，本件や関連判例を巡る合衆国における議論は，わが国にも示唆を与えるものであろう。

（麻妻　和人）

---

14)　最判昭和47年11月22日刑集26巻9号554頁参照。

V　排除法則

1 排除申立適格

48. Minnesota v. Carter, 525 U.S. 83 (1998)

　経済活動目的で一時的な短時間の訪問・滞在を行っているに過ぎない者には，その訪問先の住居において，合衆国憲法第4修正の保護するプライヴァシーの合理的期待は認められないと判示された事例。

《事実の概要》

　アパートの1階の部屋で白い粉末を袋詰めしている者達をその部屋の窓から目撃したという情報を信頼できる情報提供者から得た警察官は当該アパートに赴いた。警察官は，窓に降ろされているブラインドの隙間から，数分間，その袋詰め作業を監視した。それから，警察官は本署へ連絡を取り，本署では捜索令状の請求準備が開始され，警察官はそのアパートへ引き返した。すると，本件被申請人であるCarterとJohnsが，車でアパートから立ち去ろうとしたため，警察はその車を停止させた。警察がJohnsを降車させるために車両のドアを開けたところ，車両内の床にジッパー付の黒い小物入れとけん銃を発見した。CarterとJohnsは逮捕され，その翌日，警察がその車両を捜索したところ，計量器と47gのコケイン等が発見された。

　当該車両を押収した後，警察はそのアパートに引き返し，そのアパートにいたThompson（本件当事者ではない。）を逮捕した。令状に基づくアパートの捜索により，キッチンテーブルからコケインの残留物が発見された。

　警察官は，彼が目撃した，粉末を袋詰めしていた3人がCarter, Johns, Thompsonであることを確認した。その後，Thompsonが，そのアパートの賃借人であり，CarterとJohnsは，Chicagoに住んでおり，コケインを梱包するためだけの目的でこのアパートに来ていたことが判明した。CarterとJohnsは，過去に一度もこのアパートに来たことはなく，およそ2時間半このアパー

トにいたに過ぎなかった。

　CarterとJohnsは，第一級規制薬物犯罪の共謀，及び同罪の教唆・幇助の罪（ミネソタ州法違反）で起訴された。

　両名は，アパート及び車両の捜索により入手された全ての証拠並びに逮捕後彼らの行った負罪供述を排除するよう申し立てた。その理由は，薬物の袋詰め作業に対する警察官の当初の監視は，合衆国憲法第4修正に違反する不合理な捜索に当たり，このような不合理な捜索の結果入手された証拠は全て毒樹の果実であり証拠としては許容されないというものであった。

　ミネソタ州公判裁判所（The Minnesota trial court）は，CarterとJohnsは「宿泊を伴う社交上の訪問客（overnight social guest）」ではなく，「一時的な州外からの訪問者（temporary out-of-state visitor）」であるので，警察の行ったアパートの監視に対して合衆国憲法第4修正上の保護を主張する資格を欠いていると判示し，さらに同裁判所は，警察官の行った監視は，合衆国憲法第4修正上の捜索には当たらないと結論付け，CarterとJohns両名を有罪とした。

　ミネソタ州Court of Appealsは，Carterには警察官の行動に異議を申し立てる当事者適格がないと判示したが，その理由は，「社交上の訪問客」であったとのCarterの主張は，規制薬物の袋詰め作業という，仕事のために（business purpose）本件アパートを使用したことを示す証拠と合致しないというものであった。また，Carterとは分離した裁判で，ミネソタ州Court of Appealsは，「当事者適格」の争点について，何ら言及することなく，Johnsの有罪を確認している。

　ミネソタ州最高裁判所（The Supreme Court of Minnesota）は，被申請人らには侵害された場所におけるプライヴァシーの正当な期待（legitimate expectation of privacy）があるので合衆国憲法第4修正の保護を主張する当事者適格があると判示して，ミネソタ州Court of Appealsの判断を破棄した。さらに，ミネソタ州最高裁判所は，たとえ社会がコケインの袋詰めという仕事には価値を認めないとしても，適法な活動か違法な活動かを問わず，共同の仕事を行うために自らの住居に他人を招待するその住居の所有者または賃借人の権

利には価値を認めるものであると結論すると判示し，したがって，被申請人には，警察官の行った監視の結果収集された証拠に対する排除申立適格があると判示した。その上で，被申請人には合衆国憲法第 4 修正の保護を主張する当事者適格があるという結論に基づけば，警察官の行った監視は，合衆国憲法第 4 修正上の捜索に当たり，その捜索は不合理なものであった，との判断を示した。

合衆国最高裁判所は，サーシオレイライを認容した。

《判旨・法廷意見》

破棄・差戻し

1．レンクィスト首席裁判官執筆の法廷意見（オコナー，スカリーア，ケネディ，トーマス各裁判官参加）

ミネソタ州裁判所が行った分析は，「適格性」法理の下でプライヴァシーの正当な期待を被申請人らが有しているのか否かというものであった。しかしながら，そのような分析は，当裁判所が 20 年前に *Rakas*（Rakas v. Illinois, 439 U.S. 128 (1978)）において明確に否定したものである。当該事案における当裁判所の分析の中核は，被告人が自らの第 4 修正上の権利侵害を立証することが認められるか否かを判断するに際して，当該権利が，適格性の範囲内というよりも実質的な第 4 修正の範囲内で適切に限定されていなければならないという考えであり，したがって，当裁判所は，第 4 修正上の保護を主張するためには，被告人が，捜索場所におけるプライヴァシーの期待を一身専属的に有していたこと及びその期待が合理的であることを立証しなければならないと判示した。

合衆国憲法第 4 修正は，「個人の身体および住居」への不合理な捜索から人々を保護しており，その結果として，第 4 修正上の権利は権利侵害を受けた者によって行使されなければならない一身専属的権利であるということを示唆している。*Katz*（Katz v. United States, 389 U.S. 347 (1967)）では，「第 4 修正は，場所ではなく，人を保護している」と判示された。しかしながら，第 4 修

正が個人を保護する範囲は，その者が居る場所に左右される場合がある。すなわち，当裁判所は，第4修正上の保護を主張する資格（capacity）は，その者が侵害された場所におけるプライヴァシーの正当な期待を有しているか否かに左右されるということを判示してきている。

　第4修正の文言上は，その保護の範囲は自らの住居における個人のみであるが，当裁判所は，事情によっては他人の住居においても，プライヴァシーの正当な期待を持ち得る場合があるとも判示してきており，例えば，*Olson*（Minnesota v. Olson, 495 U.S. 91 (1990)）において，当裁判所は，宿泊を伴う訪問客（overnight guest）にも第4修正の保護するプライヴァシーの期待があると判示した。また，*Jones*（Jones v. United States, 362 U.S. 257 (1960)）では，アパートの捜索の結果入手された証拠を排除するよう求めた被告人は友人からそのアパートの使用を許可されており，さらに，そのアパートに衣類を置いており，そこに寝泊まりし，アパートの捜索時には1人でその部屋にいたのであった。「アパートの捜索は被告人の第4修正上の権利を侵害している」との*Jones*の判示はいまだ有効なものであるといえるが，「捜索場所に適法に所在する者であれば，誰でもその捜索の適法性を争うことができる」とした判示は，*Rakas*において明確に否定された。したがって，宿泊を伴う訪問客は，第4修正による保護を主張することができるが，住居所有者の同意を得て単にその場所に所在しているに過ぎない者には，第4修正の保護を主張することは許容されない。

　また，商業目的で使用される財産は，第4修正の目的から判断すると，住居内にある，居住者の財産とは異なった処理を行うべきものであるが，事務所・仕事場におけるプライヴァシーの期待は，個人の住居内におけるプライヴァシーの期待とは異なり，その期待の程度も確かに低いものである。

　他方で，当裁判所は，例えば，*O'Connor*（O'Connor v. Ortega, 480 U.S. 709 (1987)）において，ある一定の事情の下では従業員が自らの仕事場に対する第4修正上の保護を主張することができると判示した。しかし，*O'Connor*における従業員が自らの事務所・仕事場に対して有している結び付きと同様に重要

な結び付きが，本件申請人と Thompson のアパートとの間に存在していることを示唆するものは何もない。

本件における事情，すなわち，アパートの部屋で行われていたことが純粋に商業的性質のものであったこと，その場所に居た時間が比較的短時間であること，被申請人らとその部屋の賃借人には以前からの繋がりがないこと，これらからすると，被申請人らの置かれた状況は，単にその場所に所在することが許されたに過ぎない状況に近いものであるという結論に至る。したがって，当裁判所は，本件において捜索が行われたとしても，その捜索は被申請人らの第4修正上の権利を侵害するものではなかった，と判示する。当裁判所は，被申請人らには，当該アパートにおけるプライヴァシーの正当な期待はなかったと結論するものであるため，警察官の行った監視が「捜索」に当たるか否かについて判断する必要はない。よって，ミネソタ州最高裁判所の判断を破棄し，本件を差し戻す。

2．スカリーア裁判官の補足意見（トーマス裁判官参加）

私は，法廷意見が *Olson* を含む当裁判所の近年の判例を正確に適用していると思われることからこれに参加する。とはいえ，これらの判例は第4修正の文言及びその意義を軽んじていると思われるため，補足意見として別途見解を述べる。

第4修正は，「個人の身体，住居，書類及び所持品が不合理な捜索・押収によって侵害されることはないという市民の権利」を保護している。しかし，この条項の「個人の……住居」という文言の内容は，曖昧である。

第4修正で示されている「個人の住居」は，「個人各自の住居」を意味していると解され得るが，他方で，「個人各自の住居と個人各自の居る他の者の住居」をも意味していると解され得る。そのように解すると，誰か他人の住居を訪問しているときでさえも，個人は第4修正の保護を受けることになる。しかしながら，法廷意見の示唆するように，「住居」と並列に置かれている「身体，……書類，所持品」に対する解釈とは別に，「住居」にのみそのような広範な解釈を認めることは言語的に不可能であり，「個人各自の住居」と解されるべ

きであることは明らかである。

　とはいっても，第4修正は不動産を単純不動産権（fee simple）として保有する者のみを保護しているという訳ではない。住居の所有権が銀行であっても，有料・無料を問わず単にその住居を借りて住んでいる場合であっても，現にその住居に住んでいる限りは，「自分たちの」住居と呼んでいるのである。このような住居の概念こそが政府による侵害からの保護の基準であり，「住居の不可侵性」は当該住居の居住者またはその家族，さらにはそこに居住する下宿人，使用人にまで及ぶ。したがって，そこを住居としていない単なる訪問者にとって，その場所は聖域でも城でもない。このような理由から，当裁判所は，*Chapman*（Chapman v. United States, 365 U.S. 610 (1961)）において，賃借人であっても第4修正による保護を認め，また，*Bumper*（Bumper v. North Carolina, 391 U.S. 543 (1968)）において，祖母の家に同居する者に対しても第4修正の保護が及ぶと判示したが，これらの判断は正当なものである。そして，*Olson* において，第4修正の文言と伝統によって許容される限界に達したが，当裁判所は，知人宅に宿泊する訪問客に対しても不合理な捜索からの保護を認めた。そのような宿泊を少なくとも一時的な居住と見做すことは首肯し得るが，本件のように，コケインを袋詰めするために数時間他人のアパートを使用した場合にまで第4修正の保護を及ぼすべきと解することは，いかに第4修正の意義を拡大解釈しても不可能である。

　Katz で示された，プライヴァシーの合理的期待の基準は，第4修正の文言上，妥当な根拠を有していない。第4修正は，一般的な「プライヴァシーの権利」を保障しているのではなく，社会が合理的であると認めるのはどのようなプライヴァシーであるのかを判断することを当裁判所に委ねているのである。第4修正は，プライヴァシーの保護の対象を列挙しているが，その対象をさらに拡張していくことについては，裁判所にではなく，立法府における代表者によって行われる人々の善良なる判断に委ねられているのである。当裁判所が，憲法が人々に委ねている政策選択の全ての範囲に亘って人々を統治するために人々の権限を制限することになれば，民主主義社会における審判者としての当

裁判所の本来の役割を超えてしまうことになるのである。

3．ケネディ裁判官の補足意見

　私は，本法廷意見に加わるものである。その理由は，殆ど全ての社会生活上の訪問客は，訪問した住居においてプライヴァシーの正当な期待を有しており，したがって，その訪問した住居における不合理な捜索から保護されるという私の見解と一致しているからである。

　合衆国憲法第4修正は，個人の住居内でのプライヴァシーを保障すべく人々の権利を保護しており，住居が人々の私生活の中心として特別な保護が与えられているということについては，議論の余地はない。高度な監視システムおよび複雑なコミュニケーション・システムによってプライヴァシーが縮減された世界においては，住居の安全は法により保護されなければならない。しかしながら，第4修正の保護は，場所的定義に左右され得るが，それは本質的には一身専属的な権利である。したがって，*Rakas* において当裁判所が判断しているように，第4修正による保護を主張できる者には制限がある。

　第4修正の権利は一身専属的なものであり，捜索に異議を申し立て，排除法則の適用を求める者には，捜索を受けた場所に対して必要とされる結び付き（requisite connection）が存在しなければならない。

　この必要とされる結び付きが，社会が合理的と認めるプライヴァシーの期待なのである。私は，住居の所有者が社会的慣習に従って訪問客のために第三者を受け入れるか排除するかの裁量を行使することを，殆どの社会生活上の訪問客が期待するのは正当なことであると考える。

　当裁判所が *Olson* で認めているように，このような社会的期待がある場合には，たとえ財産に対しては第三者を排除する権利を欠いていたとしても，宿泊を伴う訪問客にもプライヴァシーの正当な期待を十分に認め得る。この点では，訪問客であっても，住居の所有者の有するプライヴァシーの合理的期待を一定の範囲で共有しているとする反対意見の見解は正当であるに違いない。このような分析によれば，通常，社会生活上の訪問客はその訪問先の住居においてプライヴァシーの期待を有することになる。しかしながら，本件はそのよう

な事案には当たらない。

　本件において，被申請人らは，Thompson の住居との束の間の僅かな結び付き以外何ら立証しておらず，記録を調査してみても被申請人らは Thompson の住居を単に便利な加工所として使用していたに過ぎず，その目的も規制薬物を頒布・販売のために小分けして袋詰めするという機械的行為を行うためであった。被申請人らが本件取引について Thompson と親密な会話を行っていたことを示すものはない。被申請人らは，以前に Thompson の住居を訪れたこともなく，逮捕前にすでに Thompson の住居にはいなかった。結局，被申請人らは，住居の所有者，所有者の住居，あるいは住居の所有者のプライヴァシーの期待との有意義な結び付きを何ら立証していない。

　また，被申請人らは，住居の所有者とその訪問客を警察の違法な侵害から保護するための，住居の保護に関する絶対的基準を形成する必要性につき何ら説得的な主張もしていない。これらの見解をもって，法廷意見に参加する。

　4．ブライヤー裁判官の結論賛成意見

　私は，被申請人は合衆国憲法第 4 修正の保護を主張することができるとする，ギンズバーグ裁判官の反対意見に同意する。しかしながら，申請人は，警察官の行った，住居の宅地外の公共の場所からの監視が，被申請人の第 4 修正上の権利を侵害するものであるのか否かというもう 1 つの問いを提示している。私の見解では，第 4 修正上の権利侵害はなかったと思料する。

　警察官は一般に利用される公共の場所に立っており，そこからは，誰もが窓越しに台所を見ることができる。その場所を通る通行人に対して，アパートの居住者が自らのプライヴァシーを守るために採られた予防措置は十分ではなかった。公道に面した部屋に居住する者には，そこを通る者から覗き込まれないよう注意する必要性を通常理解しているはずである。当裁判所の判例に照らしても，警察官が憲法の禁ずる「不合理な捜索」を行ったとは言えない。

　警察官は，当該アパートで犯罪が行われているという情報をすでに入手していたのであるから，公共の場所から，窓越しに当該部屋の中を見たことには正当な根拠がある。憲法上許容された監視により，アパートの中では何ら違法な

活動は行われていないということが判明すれば,当該アパートの捜索に至ることはないので,警察官の採った方法——すなわち,公共の観察地点からアパートの部屋を監視するというもの——によって,むしろ無辜のアパートの居住者は令状に基づく物理的侵入を伴う捜索を受けずに済むのである。

以上の理由から,ギンズバーグ裁判官の反対意見に同意するが,ミネソタ州最高裁判所の判断を破棄する法廷意見の結論に賛成する。

5．ギンズバーグ裁判官の反対意見（スティーヴンズ,スーター両裁判官参加）

法廷意見の判断は,短時間の訪問客の安全のみならず,その住居の住人自身の安全をも掘り崩すものである。住居の所有者または家主は,共通の活動を共有するために訪問客を招待した場合には,それが会話のためであるか否かにかかわらず,余暇の活動のためであっても,合法または違法な商業目的であっても,その訪問客には不合理な捜索・押収からの避難場所をその住居主と共有していることになるのである。

ただ,私は,本件において,*Rakas*で否定された,*Jones*（Jones v. United States, 362 U.S. 257 (1960)）の「その場所に適法に所在した」という基準の復活を提案する訳ではない。

第1に,本件において私の到達しようとしている結論は,住居に特有な重要性,すなわち,法の認めるプライヴァシーの最も本質的な砦について応答するものである。

第2に,住居内であっても,私の採る立場は,訪問者が捜索時に偶然他人の住居の台所に居た場合に,その住居にこれまで一度も訪問したことがないか,一度も訪問を許されたことのない偶然の訪問者にその住居の捜索に対して異議を申し立てることを許容するものではない。さらにいえば,ここで私が判断しようとするのは,自らの住居及び訪問客との交友というプライヴァシーを共有することを選択した住居の所有者の場合についてだけであり,牛乳配達やピザの宅配の場合には及ばない。

私の関心の中心は,住居及び自らが選択した人々との住居における交際を共

有する個人の選択である。

　当裁判所の判断は，人々は自らの住居においてプライヴァシーの合理的期待を有していることを示しているが，その理由は，他者を排除する特権（prerogative）を有しているからである。排除する権限はプライヴァシーを共有する権限も包含する。当裁判所の第4修正についての判断には，これら補完的な特権を反映させるべきである。

　法廷意見は，宿泊を伴わない訪問客の有罪を立証するための証拠を発見するために，無令状で個人の住居を覗くことを警察にそそのかすものである。*Rakas* は，自動車の捜索に関してそのような誘惑を許容したものであるが，そのリスクを住居にまで及ぼすべき積極的理由を見出すことはできない。もし他人を招待することで，政府が無令状で人々の生活の場を凝視し，住居内を覗き見るというリスクが高まるのであれば，人々は不合理な捜索・押収から自らの住居を真に保障されていることにはならないのである。

　住居主の招待を通して，訪問客は，その住居におけるプライヴァシーの合理的期待を獲得するのである。*Olson* は，宿泊を伴う訪問客についてそのように判示したものであり，この判示の論理は，短時間の訪問客にも及ぶ。要するに，その住居の所有者が，短時間の訪問客であっても，その者とプライヴァシーを共有することを選択した場合には，プライヴァシーの合理的期待の要件は充足されているものと考える。

　なお，住居主と訪問客の行為の違法性により，この分析が変更される訳ではない。例えば，*Olson* において，当裁判所は，宿泊を伴う訪問客が第1級謀殺，武装強盗及び暴行といった重大犯罪に関与しているにもかかわらず，無令状逮捕につき第4修正の保護の対象とした。活動の違法性により，憲法違反の捜索が合憲となってしまうのであれば，第4修正の保護は無実の者のみに適用されるものとなり，無実の者にも有罪の者にも向けられる警察活動を規律するという点では，殆ど無力化してしまうであろう。

　本件法廷意見の判断は，*Katz* から明確に方向転換するものであり，共通の活動に従事するために個人の住居に実際に立ち入る場合よりも，通りの公衆電

話から個人の家へ仕事の電話をかける場合の方がより高度なプライヴァシーの合理的期待を有しているとすることには同意できない。

　以上の理由から，法廷意見の判断に反対し，法廷意見の許容する無令状の捜索に対する裁判所による監督を維持する。

《解　説》
　1.「standing（適格性）」とは，一般に，法的な権利主張を行う当事者の権利または権利義務について裁判所による執行を求める当事者の権利をいう[1]。

　本件では，第1に，アパートの部屋に一時的に滞在していた訪問客であった被申請人らには，窓のブラインドの隙間越しにアパートの1階の部屋の中を窺い見た警察官の「監視」行為の結果入手された証拠の排除を申し立てる「適格性」があるのかという問題及び第2に，公共の場所から，窓のブラインドの隙間越しにアパートの1階の部屋の中を窺い見た警察官の「監視」行為が合衆国憲法第4修正上の不合理な捜索に当たるかという問題が争点となった[2]。

　「適格性」については，物的財産へのトレスパスに関するコモン・ロー上の原則に由来し，伝統的には，違法な捜査活動によって被害を受けた者にのみ証拠排除申立を認めてきた。

　このような，捜索場所・押収物への占有権限に基礎を置く，違法捜査の「被害者」のみの排除申立適格を緩和しようとしたのが，*Jones*[3] であった。*Jones* では，被告人は友人不在時に友人の部屋の鍵を預かってその部屋の使用許可を

---

1) *See, e.g.* Black's Law Dictionary (5th Pocket Edition) p. 734.
2) 本件については，酒巻匡・アメリカ法［2000-1］24頁，平澤修「他人の住居に一時滞在する者による証拠排除申請の適否」中央学院大学法学論叢13巻1号171頁がある。
3) Jones v. United States, 362 U.S. 257 (1960). *Jones* 以前の United States v. Jeffers, 342 U.S. 48 (1951) 及び *Jones* 以後の Mancusi v. De Forte, 392 U.S. 364 (1968) も同様に解される。*Mancusi* は，組合役員たる共同占有者には「個人的」侵害がないとの主張を斥け，第4修正の保護を財産権ではなく，プライヴァシーの期待の側面から捉え直す立場を表明した判決といえよう。

得てその部屋にいた。連邦麻薬取締官はこの部屋に無令状で立ち入って被告人の隠匿していた麻薬等を押収した。これらの押収品の排除申立適格について合衆国最高裁判所は，被告人が適格を主張するために麻薬等の所持を認めるとすればそれは起訴事実を認めることになるというジレンマが生じ，訴追側は被告人の適格を否定するために被告人が麻薬等の押収物の所持を主張していない事実を挙げながらも起訴状においては被告人の麻薬所持を理由に訴追するという矛盾した主張を行うことになるとして，このようなジレンマ・矛盾の解消のため，所持罪（the possessory offense）については捜索・押収を受けた者であることを主張すれば足りるとした（自動的適格付与の法理：automatic standing rule）。また，訪問客や招待者のように一時的な占有によりある程度のコントロール権限を有するが，取るに足らない利益しか有せずに住居を利用しているいる者には適格がなく「事実上アパートを支配しているとみられる者やそこに住所をもつ者」にのみ適格が認められるとの訴追側の主張を退け，被告人は適法にその場所にいた（legitimately on the premises）のであり，第４修正の保護を受ける占有権限を有しているとして排除申立適格を認めた（適法に捜索場所に所在する法理：legitimately-on-the-premises rule）。しかしながら，*Simmons*[4]において，排除申立手続での被告人の証言は公判で被告人の有罪を立証する証拠として許容されないと判示し，*Alderman*[5]において，排除申立には適格は要件ではないと解するものではないということが確認されている。その後，*Brown*[6]において，*Simmons*により*Jones*で言及されたジレンマはなくなり，被告人に自動的に適格を付与することは否定されていくことになる。そして，自動的適格付与の法理については，*Salvucci*[7]により明確に変更される。

---

4) Simmons v. United States, 390 U.S. 377 (1968).

5) Alderman v. United States, 394 U.S. 165 (1969). 本事案は，第４修正に基づく排除申立の適格は，全て一身専属的な特権であるとの立場を強調し，会話がなされた家屋に適法に所在する者であっても，会話の参加者か住居の所有者でない限り，適格はなく，第４修正の保護を主張することはできないと判示して，自ら参加していない会話の排除を認めなかった。

6) Brown v. United States, 411 U.S. 223 (1973).

また，適法に捜索場所に所在する法理については，Salvucci 以前に，捜索時に捜索場所に偶々居合わせた訪問客や捜索開始1分前に捜索場所に入ってきた訪問客はその場所について適法なプライヴァシーの期待を有していないのに，「適法に捜索場所に所在した」ということで排除申立適格を付与することになり，それはあまりに大雑把な基準（too broad gauge）であるとして Rakas[8] において否定された。

2．本件法廷意見は，Rakas の「第4修正上の保護を主張するためには，被告人が，捜索場所におけるプライヴァシーの期待を一身専属的に有していたこと及びその期待が合理的であることを立証しなければならない」との判断を確認し，ミネソタ州裁判所が行った「適格性」法理に基づく分析を批判している。

法廷意見は，Katz のいう，プライヴァシーの合理的期待の基準を前提として，Rakas において示された，「第4修正の保護を主張する者が，侵害（捜索）された場所においてプライヴァシーの正当な期待を有しているか否か」によって判断すべきであるとする[9]。その上で，「プライヴァシーの正当な期待の有無」については，当該場所に滞在していた目的，滞在時間，当該住居または住居の所有者との結び付き，により判断されるとしている。

また，法廷意見は，Olson[10] を引用して，宿泊を伴う訪問客は第4修正によ

---

7) United States v. Salvucci, 448 U.S. 83 (1980). 本件については，渥美東洋編『米国刑事判例の動向IV』（中央大学出版部，2012年）678頁（第65事件，前島充祐担当）参照。

8) Rakas v. Illinois, 439 U.S. 128 (1978). なお，本件においては，排除申立適格を有する者には，「捜索・押収が向けられていた者も含まれる」とする「捜索の標的法理（target-of-the-search rule）」の採用についても否定されている。本件については，渥美・前掲註7) 652頁（第63事件，中村明寛担当），平澤修「車内の違法捜索によって得られた証拠に対する同乗者の排除申請の適否」アメリカ刑事判例研究第1巻94頁（成文堂，1982年）参照。

9) Rakas の判断基準を用いても，Jones における被告人に排除申立適格が認められるという結論に変更はないということには留意しておく必要があろう。

10) Minnesota v. Olson, 495 U.S. 91 (1990). 本件については，本書第49事件（安井哲

る保護を主張することができるが，住居所有者の同意を得て単にその場所に所在しているに過ぎない者には第 4 修正の保護を主張することは許容されないということを確認し，また，被申請人らの活動が（違法ではあるが）商業目的であることから，*O'Connor*[11] を引用して，*O'Connor* における従業員が自らの事務所・仕事場に対して有している結び付きと同様に重要な結びつきが，本件申請人と Thompson のアパートとの間に存在していることを示唆するものは何もないとし，「プライヴァシーの正当な期待の有無」についての上記判断要素に照らして，本件被申請人らの活動についてはアパートの部屋で行われていたことが純粋に商業的性質のものであったこと，その場所に居た時間が比較的短時間であること，被申請人らとその部屋及びその部屋の賃借人には以前からの繋がりがないこと，これらからすると，被申請人らは単にその場所に所在することが許されたに過ぎない者に近いものであると判示し，被申請人らには，当該アパートにおけるプライヴァシーの正当な期待はなかったと結論付けた。ただし，*Rawlings*[12] において，捜索場所に権利を有していなければ，押収された財産の所有権を有しているだけでは，排除申立適格を認めることはできないと判示しているが，この事案の理由付けと *Olson* の理由付けが一貫しているのかは疑問である。

　3．補足意見については，スカリーア裁判官は，第 4 修正における規定のされ方から見た解釈及び歴史的に見た文言解釈（憲法起草者の意思）に忠実であるべきだということをイングランドの歴史，第 4 修正の制定過程さらには他の

　　　章担当）参照。
11) O'Connor v. Ortega, 480 U.S. 709 (1987). 本件については，本書第 41 事件（堤和通担当），洲見光男・朝日法学論集 22 号 24 頁，高井裕之・判例タイムズ 675 号 43 頁参照。
12) Rawlings v. Kentucky, 448 U.S. 98 (1980). 本件は，二晩を過ごした 2 名の訪問客に対して，押収物に対する「プライヴァシーの正当な期待」はないとして，排除申立適格を否定した事案である。本件については，渥美・前掲註 7) 662 頁（第 64 事件，香川喜八朗担当），洲見光男「押収物の所有者たる被告人の証拠排除申立権」アメリカ刑事判例研究第 2 巻 52 頁（成文堂，1986 年）参照。

州憲法における，第4修正に相当する規定を列挙して補足意見を述べている。その上で，第4修正の保護が及ぶのは住居の所有者が原則であるとする。ただし，所有者でなくとも現にその住居に居住している者であれば，賃借人であっても同居している者であっても保護の対象とすることは正当であり，この「住居（の所有者）」または「居住（者）」が保護の基準であると述べている。その先例として *Chapman* と *Bumper* とを，また，住居の所有者でもなく，同居している者でもないが，宿泊を伴う者であれば一時的な同居者とも解し得るため，その限界事例として *Olson* を挙げ，本件被申請人らのような訪問者は，第4修正をいかに拡大解釈しても，およそその保護の対象とはなり得ないとしている。仮に第4修正による保護の対象を広げるのであれば，それは立法府によって行われるべきであり，裁判所の役割ではないとする。

また，*Katz*[13] で示された，プライヴァシーの合理的期待という基準が全くもって曖昧であり，第4修正の文言と憲法起草者の意思に反しているとして厳しく批判している。

さらに，反対意見に対しては，反対意見は，*Katz* は「第4修正は場所ではなく人を保護する」と判示していると主張するが，問題はどのような保護が当該人に与えられるかということであり，その判断を行うためには，人と場所との関係を考慮しなければならない，と反論している。

ケネディ裁判官の補足意見によると，住居内に所在する者は第4修正の保護を受け得る者であるが，住居内に所在していればどのような者でもその保護を主張し得るかというとそうではなく，住居の所有者及びその居住者以外の場合には一定の制約がある。訪問客も訪問している住居に所在していれば第4修正の保護を主張し得るが，それには捜索場所となった訪問先住居との結び付きが必要である。おそらく，通常は，住居所有者や居住者が宿泊を許容する訪問客には一定程度の結び付きを推定し得ると解されよう。なぜなら，何らかの結び付きがなければ，通常，自らの住居に宿泊を許容しないといえるからである。

---

13) Katz v. United States, 389 U.S. 347 (1967).

であれば，宿泊を伴う訪問客と同様な結び付きが推定され得る場合には，宿泊を伴わない訪問客であっても必要とされる結び付きを認め得る余地はあろう。しかしながら，本件はそのような事案ではないとされる。他方で，ケネディ裁判官は，本件がそのような事案ではないとされる理由は，被申請人のような事情の場合はおよそプライヴァシーの合理的期待が認められない場合であるからではなく，被申請人らがThompson自身，Thompsonの住居，あるいはThompsonのプライヴァシーの期待との有意義な結び付きを何ら立証していないからである，と解していると思われる見解を示していることにも留意すべきであろう。

　ブライヤー裁判官の結論賛成意見は，ギンズバーグ裁判官の反対意見に賛同するが，結論的には第4修正違反はないとする。すなわち，適格性の問題については，反対意見同様，本件被申請人らにも排除申立適格を認めるべきであるとしつつも，本件警察官の監視は捜索には当たらないとしている。その理由として，*Riley*[14] 及び *Ciraolo*[15] を引用する。

　ブライヤー裁判官は，警察官が公共の場所からアパートの内部を観察したという事実から，このような「監視」は第4修正上の「捜索」には当たらず，したがって，警察官の行為は被申請人らの第4修正の権利侵害はなかったとの結論に至っている。本件警察官の「監視」が捜索に当たらないと解しているのは，ブライヤー裁判官のみである。

　4． ギンズバーグ裁判官の反対意見は，住居の所有者等が訪問客を招待して活動を共にしようとした場合（交友というプライヴァシーを共有しようとした場合）には，その目的を問わず，また，宿泊の有無を問わず，たとえ短時間で

---

14) Florida v. Riley, 448 U.S. 445 (1989). この事案は，ヘリコプターからの温室の撮影を許容したもの。本件については，本書第17事件（成田秀樹担当），酒巻匡・アメリカ法［1992-1］154頁参照。

15) California v. Ciraolo, 476 U.S. 207 (1986). この事案は，飛行機からの裏庭の撮影を許容したものである。本件については，渥美・前掲註7) 439頁以下（第43事件，安冨潔担当）参照。

あっても，訪問客はプライヴァシーの合理的期待を獲得するといえ，プライヴァシーの合理的期待の要件は充足されているとしている。このように解さなければ，不合理な捜索・押収からの住居の保護はかなり危ういものとなってしまうと考えている。

　反対意見の見解に対しては，ブライヤー裁判官を含めて4名の裁判官が同意しており，さらに，ケネディ裁判官の補足意見も，反対意見の考え方に一定程度の肯定的評価を行っている上，また前述のように本件被申請人らが充分な立証を行っていないために第4修正の保護を主張し得る事案ではないとの結論に至っていると解し得る余地があることからすれば，反対意見は必ずしも少数意見であるとはいえないようにも思われる。

　また，反対意見は，自動車内の捜索に関する事案である *Rakas* を住居の捜索の場合にまで拡張することに懸念を示しているが，そのことについては，法廷意見が *Rakas* を先例として引用しているのは，「適格性」法理の下でプライヴァシーの正当な期待の有無の分析方法を否定するためのみであると解することも可能であり，場所におけるプライヴァシーを所有者と共有しているという事情については，本件も *Rakas* と共通しているといえるが，自動車と住居とで差異を設けないことに合理性があるのか否かについては検討の余地があるように思われる。

　5．本件は，その理由付け及び結論を巡って，5つの見解が示されている。このことは，スカリーア裁判官の指摘する，「プライヴァシーの合理的期待」基準の不明確さを示すものとも解し得るのかもしれないが，他方で，本件においてはその基準を用いて結論を導き出そうとすることには各意見における異論はない。いずれにしろ，本事案は，我が国におけるプライヴァシーの権利についての問題を検討する上で，多くの示唆を与えるものであると思われる。

（檀上　弘文）

49. **Minnesota v. Olson, 495 U.S. 91 (1990)**

住居に対する捜索に関して宿泊客にプライヴァシーの合理的期待を認めた事例。

《事実の概要》

1987年7月18日，銃を持った1人の男がガソリンスタンドに押し入り，経営者を殺害した。通信指令室から事件の報告を受けた警察官は，ジョセフ・エッカーが犯人ではないかとの目星を付けた。そこで，この警察官がパートナーとともにエッカーの自宅に向かうと，ちょうど1台の自動車が到着したところであった。この自動車の運転者は急発進して逃走しようと試みたものの，ハンドルをとられて停止した。この自動車から2人の男が降りて逃走しようとしたが，エッカーはその後すぐに自宅内で身柄を確保され，強盗の実行犯であることが判明した。自動車から出てきたもう一方の男はその場から逃走することに成功した。

乗り捨てられた自動車から，現金と凶器であるけん銃が発見された。また，ロブ・オルソンの名前が記載された権利証が発見され，オルソンの住所が判明した。

事件翌日，オルソンがルーアンとジュリーという女性に，自分が本件強盗で使用された自動車を運転していたことを話した旨の通報が警察に寄せられた。そこで，捜査責任者は，ルーアンとジュリーの住居に複数の警察官を向かわせた。その住居はメゾネット方式の建物で，ルーアンとジュリーが上の階を使用し，ルーアンの母親のヘレンが下の階を使用していた。ルーアンとジュリーが不在であったため，警察官はヘレンに質問したところ，オルソンが上の階に滞在しており，今は外出していることが判明した。ヘレンは，オルソンが戻ってきたら警察に通報することを約束した。

ヘレンから連絡があったため，捜査責任者は警察官にこの建物に向かい，周囲を取り囲むよう指示を出した。捜査責任者がジュリーに電話をかけ，オルソ

ンが建物から出てくるべき旨をジュリーに伝えたところ，受話器を通して男性の声で，「私はいないと伝えろ」との発言が聞こえてきた。捜査責任者は警察官らに本件住居に立ち入るよう命令を出した。警察官らは，家人の許可をとることなく，けん銃を構えて住居内に立ち入り，オルソンがクローゼットの中に隠れているのを発見し，オルソンを逮捕した。

　オルソンは逮捕直後に負罪供述をしていた。公判裁判所はこの供述の排除申立てを退けて証拠として採用し，オルソンに謀殺，武装強盗，暴行の成立を認めた。ミネソタ州最高裁判所はこの判断を破棄し，オルソンが本件住居に関し，無令状逮捕の適法性を争う利益を有すると判断した。さらに，無令状で行われた住居への立ち入りを正当化する緊急状況下には当たらないため，本件逮捕は違法であり，オルソンの供述は違法逮捕の影響下で採取されたものであるため，オルソンの負罪供述は排除相当である旨判断した。

《判旨・法廷意見》
　原審判断確認
　1．ホワイト裁判官執筆の法廷意見
　(1)　ミネソタ州最高裁判所は，オルソンに対する無令状逮捕は違法であるとし，その根拠として，オルソンが家主と同様に扱われる関係性を住居との間に有していることを掲げた。

　キャッツに照らして判断するならば，侵入された場所についてプライヴァシーの合理的な期待をオルソンが有していることが必要である。オルソンは本件住居との関係では家主ではなく宿泊客であるが，宿泊客という地位のみで本件住居にプライヴァシーの合理的期待が認められる。

　政府側は，本件とジョーンズを区別しようとする。すなわち，ジョーンズでは，宿泊客は独りで住居内におり，家の鍵も渡されていたので家の出入りも可能であり，住居内に他者を招き入れることも可能であった。これに対し，オルソンにはこのような地位が認められていないというのである。しかしながら，政府側が指摘する事情は法的に意味のある基準とはいえない。

(2) ミネソタ州最高裁判所は，本件の無令状での立ち入りを正当化する緊急状況は存在しないと判断したが，この結論を支える判断基準は基本的に妥当なものである。住居への無令状での立ち入りが許されるのは，逃走する重大犯罪の犯人を現に追跡している場合，証拠が今まさに破壊されようとしている場合，被疑者の逃走を阻止する必要がある場合，警察官その他の者の身体に危害が及ぶ危険性がある場合，である。

現に追跡中ではない場合には，無令状での立ち入りを正当化する他の事情があると思料する相当な理由がなければならない。また，身体に対する危害の危険性を判断するにあたっては，犯罪の重大性と被疑者が武器を所持している蓋然性が考慮されなければならない。

本件では，犯罪の重大性は肯定される。しかしながら，オルソンは謀殺の実行犯ではないと判断されており，かつ，凶器であるけん銃はすでに回収されていた。家主たる女性の身体に危害が及ぶことを示唆する事情もない。警察官が本件住居の周囲を取り囲んでおり，日曜日の午後ということからオルソンが外出しないことも明白であった。オルソンが住居の外に出るならば，たちどころに身柄が確保されるのも明白であった。

《解　説》
1．住居について宿泊客にプライヴァシーの合理的期待が認められるか

逮捕のために住居に立ち入るためには令状が必要である[1]。このことを前提として，逮捕を目的とした住居への無令状での立ち入りに対して，住居の所有者ではない宿泊客である被告人が排除申立をすることができるのか。これが本件の争点であり，合衆国最高裁判所は宿泊客に主張適格を認めた。

宿泊客に主張適格が認められるためには，宿泊客に宿泊先の住居についてプライヴァシーの合理的期待が認められなければならない。これが認められなけ

---

1) Payton v. New York, 445 U.S. 573 (1980). 本件の研究として，渥美東洋編『米国刑事判例の動向Ⅳ』(中央大学出版部，2012年) 128頁以下 (香川喜八朗担当) がある。

れば，被告人は合衆国憲法第4修正の保護を受けることができない。

　先例となるのはジョーンズである[2]。これは，被告人が友人から鍵を預かり使用の許可を得て不在中の友人の部屋にいたところ，麻薬取締官がこの部屋に無令状で立ち入り，被告人が隠匿していた麻薬等を発見・押収した，という事案である。

　政府側は，ジョーンズの被告人と異なり，鍵を預かって出入りが自由であったり，他の訪問者を被告人が招き入れることができたりといった事情のない本件被告人には，宿泊先の住居にプライヴァシーの合理的期待は認められないと主張した。このような政府側の主張は，合衆国最高裁判所がレイカスで整理したジョーンズの理解に支えられているといえる[3]。すなわち，合衆国最高裁判所はレイカスで，「被告人は，友人からアパートを使う許可を得ていただけでなく，アパートの鍵まで預かっており，自分の持ち物をアパートに持ち込んでいた。友人本人は別として，被告人はそのアパートを完全に支配・管理しており，他人をアパートから排除することができた」と判示しているのである。このような考え方は，支配・管理理論といえる。

　これに対して，本件で合衆国最高裁判所は，被告人が宿泊客であるということのみで，宿泊先の住居にプライヴァシーの合理的期待を有すると判断した。これは，宿泊客の利用形態を問題にしないことを意味する。さらに，住居所有者と宿泊客との関係，宿泊するに至った経緯，宿泊期間なども考慮要素とならないことを意味する。つまり，本件で合衆国最高裁判所は，前述した支配・管理理論を採用しなかったのである。レイカスのような事情がなくとも，宿泊客であるということをもって，合衆国憲法第4修正上のプライヴァシーの合理的期待が認められることとなった。

2．無令状の立ち入りが正当化される場合

　住居への無令状の立ち入りが正当化される場合として，「緊急状況」という

---

2) Jones v. United States, 362 U.S. 257 (1960).
3) Rakas v. Illinois, 439 U.S. 128 (1978). 本件の研究として，渥美・前掲註1)（中村明寛担当）がある。

ものがある。先例であるペイトンでは「緊急状況」が何を意味するのかが意識的に取り上げられなかったが[4]，原審であるミネソタ州最高裁判所がこの問題を取り上げたことから，本件で合衆国最高裁判所は，何が「緊急状況」に当たるのかに言及した。

　すなわち，逃走中の重罪の犯人を現に追跡中である場合，証拠が今まさに破壊されようとしている場合[5]，被疑者の逃走を阻止する必要がある場合，警察官その他の者の身体に危害が及ぶ危険性がある場合などが，住居への無令状での立ち入りを正当化する「緊急状況」に当たると整理した。

　合衆国最高裁判所は，本件事案がこれらの場合に当たらないとしたミネソタ州最高裁判所の判断を確認したが，「緊急状況」の具体例が整理された点にも本件の意義がある。

（安井　哲章）

---

4) Payton v. New York, 445 U.S. 573, 583.
5) Welsh v. Wisconsin, 466 U.S. 740 (1984).

2 善意の例外

50. Malley v. Briggs, 475 U.S. 335 (1986)

　警察官の令状請求行為が基本権法に基づく損害賠償請求訴訟を免責されないこと，及び，レオン事件で判示された「善意の例外」に限定を加えた事例。

《事実の概要》

　1980年12月，Rhode Island 州警察は Driscoll なる人物の架電を，裁判所の許可を得てワイア・タッピングした。12月20日，警察は Dr. Shogun として識別された匿名の人物からの架電内容を傍受した。傍受記録には，前夜のパーティーに関する一般的な会話だったが，toking 及び rolling her things という言葉が記録されていた。本件申請人 Malley は，この捜査に従事したが，この傍受記録を調べた後，この架電内容は犯罪の証拠となると判断した。その理由は，薬物取引にあっては toking はマリワナの吸飲を，rolling her things はそれを巻くことを意味するからであった。さらに申請人は，同じ日に傍受した別の架電内容から，このパーティーは本件被上告人宅で開かれたものだと判断した。そこで申請人は，マリワナ所持による州法違反たる重罪を構成すると判断し，同州 district court に告発した。同時に逮捕状も請求され，それを支える申請人の宣誓供述書も提出された。裁判官は逮捕状に署名し，被上告人らは3月19日に自宅で逮捕された。彼らは警察署に連行され，数時間に亘り留置され，調書を採られ，罪状認否手続の後，釈放された。この事実は新聞紙上に報道されたが，大陪審起訴はされなかった。そこで，合衆国憲法第4及び第14修正違反を理由に合衆国法典42巻1983条（42 U.S.C. § 1983）に基づき訴えが提起された。district court は申請人の指示評決の申請を認めた。その主要な理由は，裁判官による令状の発付が申請人の告発と逮捕との間の因果関係を切断するという点に求められた。さらに，宣誓供述書の内容を真実だと信じ，マ

ジストレイトにそれを提出した係官にも,「客観的な合理性」を基準とする制限的免責の権利があることも認めた。court of appeals は,宣誓供述書の内容が相当理由を十分証明していると信ずる客観的な合理性がないことを理由に破棄した。

《判旨・法廷意見》
1. ホワイト裁判官執筆の法廷意見
原審確認
(1) 合衆国法典 42 巻 1983 条の下で問題となる免責についての当裁判所の一般的な立場はすでに確立している。歴史的に,基本権法 (civil rights act) 上の免責は,不法行為法上の免責に関する一般原則と調和させなければならない。だが議会がコモン・ローの免責をそのまま 1983 条に姿を変えることなく組み込もうとしたものと仮定してはならない。そこで,当裁判所の判例は,一般に,行政府の公務員は制限的免責のみを享有するにすぎないことを明らかにしてきている。すなわち,連邦および州の公務員は,絶対的免責を主張する場合には,公序 (public policy) が免責を要求していることを自ら挙証しなければならない。当裁判所は,1983 条の下で,逮捕行為をした警察官には制限的免責が当たると判示してきている。申請人は,自己の役割は宣誓供述書により告訴をした証人 (complaining wittness) に類似していることを根拠に絶対的免責を主張している。しかし,この種の証人にはコモン・ロー上も絶対的免責はない。さらに,基本権法制定時に,告発状を提出し,逮捕状を請求した者が,悪意で相当理由を欠いていた場合には有責だと判示されている。また,公序による理由づけも認められない。というのは,この種の活動をした警察官には制限的免責が認められている。つまり,違法性の認識のあった場合や無資格の場合を除き,その警察官の行為には十分な保護が与えられているからである。ところで,行為に客観的な合理性がある場合,悪意が証明されれば免責の抗弁が崩れるとするのは,十分に証明されていることではない。この基準のねらいは,政府の活動に対する妨害を回避する目的で,簡易裁判の手続

(summary judgement) により，多くの実体のない訴訟を解決しようとする点にある。そこで，逮捕状を発付すべき合理的な理由の存否が免責の可否を決することとなる。申請人は絶対的免責を主張するもう1つの理由づけに，令状請求行為は大陪審へ被疑者を告発する検察官の行為と類似していることを挙げる。すなわち，令状を請求する係官は，検察官と同様，自己の面前に提出された証拠に基き，裁量権の範囲内で判断を下す。ゆえに，後に余計な訴訟にまき込まれる虞れがあれば，判断を下し得ないというのである。しかし，基本権法制定時に令状請求行為には制限的免責しか認められていなかったこと，訴追行為よりも裁判官が関与する手続とは遠い関係にあること，訴追行為は後に判決という形で責任が問われることから令状請求行為には制限的免責の方が相応なのである。確かに，係官は後に訴訟を提起されることを虞れて，自らの宣誓供述書に相当理由を証明する合理的な理由が備わっているかどうかを検討しなければならないことになる。むしろ，それは時期尚早な逮捕状の請求がなされなくなるという意味で，望ましいことなのである。

ところで，証拠排除申立聴聞手続において，客観的な合理性の基準に従い，警察官の行為を判断することは不適切なのである。たしかに，排除法則がこの目的に役立つことは認められる。だが，それは有罪を証明する証拠を排除するという点で社会に大きな犠牲を強いるのである。しかし，1983条に基づく損害賠償請求訴訟では，係官個人に直接このコストをかける。それゆえ，証拠排除申立聴聞手続で最も救済を必要とする違法行為に救済を与えることが可能となる。そこで，レオン事件に適用された基準が，違法逮捕につながる逮捕状を請求した係官の免責の可否を決するものになる。したがって，合理性が欠ける程度に相当理由を欠く場合には，免責の保護はない。

(2) 本件令状請求行為には，宣誓供述書の内容を真実だと信じたことにより，その内容に客観的合理性があることを理由に制限的免責が許容されるべきだとの主張も却下する。申請人は，その理由づけに，裁判官が相当理由があると判断して令状を発付したことを挙げる。レオン事件では，十分に訓練された係官が，マジストレイトの許可が介在したときにも，その捜査の違法を認識し

ていたかどうかが問題とされた。本件でも同様に，十分に訓練された係官が，自らの宣誓供述書が相当理由を証明していない。したがって逮捕状の発付は申請をすべきではないと認識していたかどうかが問題となる。もし，この認識があれば，係官の令状申請からは違法逮捕という不必要な危険の原因となり，客観的にみて合理性ではない。確かに令状発付制度が理想的に運用されているとすれば，このような誤りは無害なもの（harmless）となろう。しかし，この制度は，実際には理想的に運用されてはいない。すなわち，訴訟予定表に従って任務を果すマジストレイトには，その職責を果たし得ない場合が生じうるのである。そこで，令状申請を行う係官には，合理的な専門的な判断で，このような危険を最少限にする義務がある。

　2．パウエル裁判官（レンクィスト裁判官参加）の一部反対意見

　絶対的免責の判断に関しては法廷意見に同意する。しかし本件事実関係の下では簡易裁判の手続（summary judgement）が認められるべきことと，裁判官の判断を尊重すべきことの2点につき反対する。

《解　説》
　(1)　本件は形式上は基本権法（合衆国法典42巻1983条）に基づく損害賠償請求事件である。だがレオン事件[1]で判示された，排除法則についての，いわゆる「善意の例外（good faith exception）」の法理に関し，はじめてその限界を示した事例として注目される。
　(2)　まず，法廷意見も指摘しているように，基本権法に関する免責法理については，合衆国最高裁判所の立場は，判例ですでに確立していると言ってよい。すなわち，イギリスでのコモン・ロー裁判所が展開した裁判官免責制度（judicial immunity）が，1983条に基づく損害賠償請求訴訟にも適用されている。その嚆矢たる事例が，フィッシャー事件[2]である。合衆国では，この事件

---

1) United States v. Leon, 468 U.S. 897, (1984). 本件については，渥美東洋編『米国刑事判例の動向Ⅳ』（中央大学出版部，2012年）637頁（第61事件，安井哲章担当）参照。

で，裁判官の免責が確認された。ところで，この免責が認められる実質的な理由は，どのような点に見出されているのであろうか。この点につき，最近，合衆国最高裁判所が判断を下したアレン事件[3]が明確な分析を加えている。この事件では，令状発付官が令状要件を充足しない軽罪に令状を発付し，身柄拘束した行為が問題となった。法廷意見は，敗訴者が損害賠償請求訴訟により，争いをむし返す虞れがあるという公序による要請と，上訴による不法行為に対する責任追求が可能なことの2点を主要な理由として絶対的免責を認めた。ところで，この免責制度は，裁判官という職位を保護することを目的とするのではない。司法過程を保護することを目的とする。それゆえ，司法権の独立，すなわち裁判官関与手続に密接に関連する行為には，絶対的免責のこの2つの必須な要件が充足されている限り，免責を拒否する理由はない。このような理由から，合衆国最高裁判所は検察官の訴追裁量にもこの免責を認めた[4]。本件申請人は，この訴追裁量と令状請求行為の類似性を理由に絶対的免責を主張した。しかし，法廷意見は，裁判官関与手続との関連性が薄いとしてこの主張を拒否した。

(3) 次に，本件令状請求行為に制限的免責が許容されうるかが争点とされている。当初，合衆国最高裁判所は，不法行為をなした公務員の悪意・故意という主観的要件を免責享有の判断基準としていた[5]。しかし，主観的要件は立証上の困難を伴う。そこで，フィッツジェラルド事件[6]で，客観的な合理性を新たな基準として判示した。本件でもこの基準が適用されたが，客観的な合理性がなかったとする法廷意見と，簡易裁判手続の可能性を示唆する反対意見とで見解を異にすることとなった。

2) Bradley v. Fisher, 80 U.S. (13 Wall.) 335 (1872).
3) Pulliam v. Allen, 466 U.S. 719, (1984). 本件については，渥美東洋編『米国刑事判例の動向Ⅱ』（中央大学出版部，1989年）458頁（第46事件，田村泰俊担当）参照。
4) Imbler v. Pachtman, 424 U.S. 409, (1976).
5) Wood v. Stickland, 420 U.S. 308, (1975).
6) Harlow v. Fitzgerald, 457 U.S. 800, (1982).

(4) 最後に,本件で最も注目される争点として,レオン事件で判示された善意の例外に関する問題がある。1983条に基づく損害賠償請求訴訟と排除法則とは,公務員の不法行為をその対象とする。そこで,しばしば合衆国最高裁判所においても関連づけられて処理されてきた[7]。本件は,令状発付官の介在という点で事実関係が類似している。そこで善意の例外の綱引きとして利用されることとなった。排除法則はウィークス事件[8]で憲法上の内容と判示され,ミャップ事件[9]において,法執行への抑止効論を理由に,第14修正を通じ,州の法執行機関にも適用されることとなった。しかし,本件法廷意見も指摘しているように,この排除法則は,有罪の証拠を排除するという点で社会に非常なコストをかける。さらに実際上,抑止力があるのかどうかという疑問から多くの批判を受けることとなった。レオン事件は,このような環境の中で,善意の例外を理由に排除法則の適用に消極的な判断を下した事件なのである。しかし,その善意の例外の基準を広く解釈した場合,違法な法執行を誘発する虞が生じる。このような点で,この基準の限界が問題となった。本件は,レオン事件と同様,ホワイト裁判官が法廷意見を執筆した。排除法則とは異り,不法行為に基づく損害賠償請求については,善意の例外に,より狭い限界が設けられることが初めて判示された。従来の基本権侵害を抑止するという理論構成を採りつつ,法廷意見は,排除法則よりも公務員の損害賠償義務[10]により強い抑止力を期待し,全体のバランスを保とうと試みたのであろう。

(田村　泰俊)

---

7) 例えば,Bivens v. Six Unknown Named Agents, 403 U.S. 388, (1971). (本件は,憲法を直接,訴権の根拠としうるとした事例である)。
8) Weeks v. United States, 232 U.S. 383, (1914). なおその萌芽は,すでに Boyd v. United States, 116 U.S. 616, (1886) の傍論に見い出される。
9) Mapp v. Ohio, 367 U.S. 643, (1961).
10) 合衆国の法制度については,宇賀克也「アメリカ国家責任法の分析」法学協会雑誌103巻9号が詳しい。

51. Illinois v. Krull, 480 U.S. 340 (1987)

捜索実施後に捜索の根拠規定が違憲と判断された場合について，排除法則の「善意の例外」の適用が認められた事例。

《事実の概要》

本件では，シカゴ警察署の警察官がイリノイ州の車両法（Vehicle Code）に基づき自動車解体場に対して査察（行政目的での無令状捜索）を行い，これによって発見した証拠の排除の是非が問われている。この査察が行われた1981年当時，同法では，自動車及びその部品の販売，解体，加工等の事業を行う者は，その事業を行うために州の免許を取得することが義務付けられ，さらに，購入・販売した自動車及び自動車部品に関する詳細な記録を保管し，これらの記録及び事業所に対し州の検査官が昼夜を問わず合理的と思われる時間に調査を行うことを受忍すべき義務が課せられていた。

被申請人Krullがイリノイ州から免許を与えられて運営する自動車解体場に，査察を業務とするシカゴ警察署の警察官らが身分を明かして立ち入り，その場に居合わせた作業員で被申請人の1人であるLucasに対し，事業免許証と車両の購入記録の提示を求めた。しかし，Lucasはこれを提示することができず，代わりに車両5台の購入について記した書面の綴りを提示した。警察官らは，Lucasの承諾を得て解体場内を調査し，盗難車両が数台あることを認めてこれを押収し，Lucasを逮捕した。被申請人Krull等はイリノイ州車両法違反の複数の罪で起訴された。

州の公判でKrull等は，自動車解体場で押収された証拠の排除を申し立てた。その際に依拠したのは，本件の査察が行われた後に下された連邦裁判所の判断で，本件の査察の根拠規定であるイリノイ州車両法の規定を違憲とした *Bionic* (Bionic Auto Parts & Sales, Inc. v. Fahner, 518 F. Supp. 582 (ND Ill. 1981)) であった。この連邦裁判所の判断は，同規定が検査官に無限定の裁量を与えており，捜索令状に代わる憲法上適当と認められる代替手段を用意していないとの

理由から，同規定を違憲としていた。本件の州公判裁判所は，同規定が違憲であるとのこの連邦裁判所の判断に賛同し，さらに，この違憲判断の効果は係属中の事件すべてに及ぶとして，Krull らによる証拠排除申立を認容した。

イリノイ州 Appellate Court は，本件には排除法則の善意の例外が適用される可能性があり，その点を判断する前提として，公判裁判所は，本件での違法な査察が善意で行われたか否かを明らかにしなければならない，本件のイリノイ州車両法の規定はその後改正されており，その改正法が上記 *Bionic* についての控訴裁判所である第 7 巡回合衆国 Court of Appeals により合憲と判断されていること（Bionic Auto Parts & Sales, Inc. v. Fahner, 721 F.2d 1072 CA7 1983）に照らして，公判裁判所は改めて本件のイリノイ州車両法の規定の合憲性について判断することができる，との理由から，州公判裁判所の判断を破棄し，差し戻した。差戻しを受けて州公判裁判所は，本件に適用されるのは改正前のイリノイ州車両法の規定であり，また，排除法則の善意の例外は令状捜索の場合にのみ適用があるとして，証拠排除申立を認容する判断を維持した。

イリノイ州 Supreme Court は，本件のイリノイ州車両法が無令状での査察を認めている点について，これが自動車窃盗及び盗難車両部品の取引防止という重大な公共の利益を増進するものであることは認めつつも，査察の対象，時期，期間の決定につき州の官憲に広範に過ぎる裁量を与えている点で合衆国憲法第 4 修正に違反すると判示した。さらに，後に違憲とされた法律に基づいて行われた逮捕が合憲であるとした *DeFillippo*（Michigan v. DeFillippo, 443 U.S. 31 (1979)）について，*DeFillippo* は，犯罪の定義という実体法の面での違憲判断が関わった事例であり，本件のイリノイ州車両法の場合のように手続法の面で捜索実施後に違憲判断がなされたものではなく，後者の場合には，これまで伝統的に証拠は排除されてきているとして，官憲が法律の合憲性を善意で信頼したことを理由に証拠の許容性を認めることは許されないと判示した。

官憲が，後に違憲とされた法律に基づいて無令状の査察を行ったが，この法律が合憲であると思料してこれに依拠したことが客観的に見て合理的である場合に，排除法則の善意の例外を適用することができるか否かを審理するため

に，合衆国最高裁判所によりサーシオレイライが認容された。

《判旨・法廷意見》
破棄・差戻し
1．ブラックマン裁判官執筆の法廷意見
(1) A．排除法則は，合衆国憲法第4修正に違反して獲得された証拠の刑事手続での利用を禁ずるものであるが，その主な目的を，警察の将来の違法活動を抑止し，第4修正の保障を実効性あるものとすることに置いている。排除法則は，第4修正上の権利を侵害された個人の権利として認められているものではなく，違憲の活動に対する抑止効果を通じて第4修正上の権利を一般的に保護することを企図して裁判所が創設した保護策（remedy）である。こうした保護策としての排除法則の適用は，将来の違法捜査が抑止されるというベネフィットが，事実解明の過程から信頼のおける情報が除外されるというコストを上回る場合に限定されてきた。

Leon（United States v. Leon, 468 U.S. 897 (1984)）において，当裁判所は，中立の令状発付官が発付した捜索令状を信頼して警察官が捜索を行ったことが，客観的に見て合理的である場合には，たとえ後にその令状が違憲と判断されても，排除法則は適用されないと判示した。その際，令状発付官の違法活動を抑止する手段として排除法則を用いるべき理由はないとし，以下の3点をその根拠とした。第1に，歴史的に見て排除法則が考案された目的は，警察の違法活動の抑止にあり，令状発付官の過誤を罰することにあったわけではないこと。第2に，令状発付官に第4修正を無視したり否定したりする傾向が見られるとか，そのために証拠排除という制裁が必要であるなどということを示唆する証拠は存在しないこと。第3に，最も重要な点として挙げられたものであるが，令状発付官は法執行機関に従属しているわけではなく，また，特定の犯罪の訴追に利害関係を有しているわけでもないので，排除法則を適用しても令状発付官に対して抑止効が及ぶことはないと思われることである。*Leon*では次に，排除法則を適用することで警察官の行動を変容させることができるか否かが検

討された。そして，この事件で警察官は，類似の状況において通常の警察官であれば行動するように，あるいは，行動すべき通りに行動しており，排除法則が警察官の将来の活動に影響を及ぼすとすれば，その影響は，警察官としての義務を積極的に果たすことを妨げる形で働くものとなる，とした。さらに，捜索令状を入手した後の警察官の責務は，その令状を執行することだけにあるので，この事例に排除法則を適用しても，警察官による将来の第4修正違反の活動を抑止することにはつながらない，と結論付けたのである。

B．Leon で採用されたアプローチは，本件にも同様に適用することができる。法律の規定が違憲であることが明らかな場合を除いて，立法府が制定した法律の合憲性を警察官が疑問視することは期待できない。警察官の責務は，法律の規定をそれが規定されている通りに執行することにある。立法府の過誤を理由に警察官を処罰しても第4修正違反の活動が抑止されるとはおよそ考えることはできず，したがって，後に違憲と判断されようとも，その法律の規定に警察官が依拠したことが客観的に見て合理的であれば，捜索令状に依拠した場合と同様，排除法則を適用しても抑止効はほとんど望めないと思われる。

このように違憲の捜索令状に依拠した場合と違憲の法律に依拠した場合とで，警察官の側には差異を認めることはできないが，令状発付官と立法者の間にも証拠排除がもたらす影響の点で差異を認めることはできない。Leon で令状発付官の違法活動に排除法則を適用すべきではないとした3つの根拠はすべて立法者に対しても妥当する。第1に，立法者も令状発付官と同様，排除法則の適用対象の中心とされている者ではない。第2に，立法者の責務は，刑事司法制度を確立し維持するための法律を制定することにあるが，その際，法律の必要性について熟慮の上判断することができ，この点で犯罪摘発のため性急な判断が求められる法執行機関と大きく異なる。また，議員に就任する際，合衆国憲法の遵守を宣誓するよう義務付けられ，さらに，実際，裁判所も法律に合憲性の推定を与えることで，立法府が憲法に従って活動していると推定している。立法府が制定した行政目的での無令状捜索を許す法律で，第4修正に違反するものが数多く存在するという事実を示す証拠はない。こうした法律は一般

に，規制の必要な特定の類型の産業に限定して制定されてきており，制定された法律も通常，裁判所により合憲と判断されてきている。したがって，立法府に第4修正を無視する傾向が見られ，その無法性ゆえ証拠排除という極端な制裁が必要とされると思料すべき根拠は存在しない。第3に，立法府が法律を制定する際には，一定の計画の下で多様な目的を定めてこれを行うので，違憲の法律の制定を最も効果的に抑止する方法は，当該法律を裁判所が違憲・無効と判断することである。違憲・無効と判断することで，立法者に対し当該法律に憲法上の瑕疵があることを伝え，また，その判断が下された以降に獲得された証拠はすべて排除されることになり，そして，本件でもそうであったように，憲法に適合する規定となるように法改正が行われることもしばしばある。違憲・無効の判断がなされる前に獲得された証拠を排除しても，違憲・無効の判断自体がもたらす抑止効にさらに大きな抑止効が加わるとは思われず，仮に一定の抑止効が追加されることになったとしても，それは証拠排除がもたらす相当程度の社会的コストを上回るものとはなりえないと思われる。したがって，本件のような状況に排除法則を適用することは正当化されない。

　被申請人Krull等は，違憲の捜索令状の発付が1人の個人にしか影響を及ぼさないのに比べ，行政目的での無令状捜索を許す法律は，1つの産業全体に影響を及ぼし，影響を被る市民の数が多数に上ると主張する。しかし，だからといって，排除法則を適用した場合の抑止効の増大が大きく望めないのであれば，排除法則の適用を正当化することはできない。

　また，善意の例外が適用されて証拠が排除されなくなれば，被告人が法律の合憲性を争う誘因が失われ，裁判所において法律の合憲性が審査されなくなるといわれることがあるが，そうした事態は生じないと思われる。警察官が違憲の法律に依拠したことが客観的に見て合理的であったとはいえない場合は，証拠は排除されるし，また，違憲判決を裁判所から得ることができれば，法律の執行の差し止めを求めることもできるからである。実際，本件で被申請人等が州裁判所の公判において証拠排除を求める前に，他の企業が本件イリノイ州法の規定の違憲宣言判決を求めて連邦裁判所に訴えを提起し，違憲判決を得てい

る。

　Leon で指摘されたように，善意の例外は，捜索令状の発付に当たり令状発付官がその職務を放棄していると思われるような場合，または，捜索令状に瑕疵があることが文面上明らかであり，令状が有効であると警察官が推定することが合理的であるとはいえない場合には適用されない。法律の規定が違憲である場合にも同様の制約が課され，立法者が憲法に適合する法律を制定する，との職務を放棄したような内容の規定である場合，または，通常の警察官であれば当該規定が違憲であることに気づくべきであったといえる場合には，善意の例外は適用されない。善意の例外を適用するには，*Leon* で強調されているように，警察官が合憲であると思料したことが客観的に見て合理的でなければならないのであり，合憲であると思料したとの警察官の単なる主観の有無で適用が左右されるものではない。

　(2) 叙上の原理を本件の事案に適用すると，本件の警察官がイリノイ州車両法の規定に依拠したのは客観的に見て合理的であったといえる。同法が規制対象としている自動車解体業は，自動車窃盗及び盗難車両部品の取引に対する取締の必要から，高度の規制を受ける産業の1つとなっている。こうした高度の規制を受ける産業に対しては，行政目的での無令状捜索を法律で認めること自体は，当裁判所の判例によっても合憲とされている。違憲とした判例は，法執行官の裁量に対する規制が不十分である点を理由としている。本件でイリノイ州 Supreme Court が同法の規定を違憲としたのもこの理由による。とはいえ，法律によりどの程度の規制が裁量に対して加えられていれば合憲となるのかは，客観的に見て合理的な警察官であればこれがわかるというほど明確なものではない。同法の規定の瑕疵も，この規定に警察官が依拠するのが客観的に見て不合理であるといえるほど明確なものであったとはいえない。したがって，本件の警察官が同法の規定に依拠して査察を行ったことは，客観的に見て善意によるものであったといえる。

　以上の理由から，イリノイ州 Supreme Court の判断を破棄し，当裁判所が示した意見に従ってさらに審理させるため本件を差し戻す。

2. マーシャル裁判官の反対意見

オコナー裁判官の反対意見に賛同するが，排除法則の憲法上の性質，適用範囲について議論している部分は不要であると考えるので，この部分には加わらない。

3. オコナー裁判官の反対意見（ブレナン，マーシャル，スティーヴンズ各裁判官参加）

本件で警察官は，違憲とされたイリノイ州法の規定に善意で従って行為しており，それが客観的に見て合理的であったとはいえるが，以下に述べる理由から，*Leon* の排除法則の善意の例外を本件に拡張すべきではないと考える。

まず，*Leon* で排除法則に善意の例外が認められたのは，法廷意見がいうように，①排除法則の歴史的な目的，②司法官憲が第4修正上の制約を無視する傾向があることを示唆する証拠がないこと，③令状捜索の場面での司法官憲による第4修正違反の活動が排除法則により大きく抑止されると考えられる根拠がないこと，という3つの要因に基づいている。しかし，このどれもが本件に善意の例外を拡張する根拠にはならない。

第1に，歴史上，憲法起草者は，臨検令状による恣意的で一般的な捜索をイギリス議会が法律を制定して授権したことを深く憂慮し，これが第4修正制定の原動力となった。そして，*Weeks*（Weeks v. United States, 232 U.S. 383 (1914)）以降，排除法則は通常，捜索が法律に依拠してはいたが，後にその法律が第4修正に違反するとされた場合にも適用されてきた。*Leon* 自身もこのことは認めている。*Leon* はその上で，違憲の令状に依拠した場合を善意の例外とすることが，そうした判例を否定するものではないとしたのである。このように，第4修正制定についての歴史及びその後の当裁判所による解釈からすると，臨検令状を授権した法律の20世紀版ともいえる本件の法律に基づいて収集された証拠に対しては，排除法則を適用すべきであるということになる。

第2に，このような歴史からすると，第4修正は立法者の権限濫用によりもたらされる害悪を除去しようと意図したものであったことが窺われる。司法官憲が違憲の捜索を授権しても，その影響は1人の者に対して一度だけ及ぶとい

う限られたものであるのに対して，立法者が違憲の法律で授権した捜索の影響は，多数の者に，しかもほぼ常時及ぶ可能性があり，自由に対する脅威はより甚大である。さらに，立法者が違憲の捜索を授権する法律を制定する目的は，法執行活動を促進するためであり，立法者が受けている政治的圧力からすれば，第4修正が保護しようとしている個人の価値を脅かす危険は，司法の独立が認められている司法官憲以上に大きいといえる。

第3に，善意の例外が適用されると，違憲の捜索を許す猶予期間を警察に与えることになり，これにより第4修正を遵守していたならば有罪とすることができなかったはずの犯罪者を有罪とすることができるので，立法府に違憲の法律を制定する積極的な誘因を与えることになる。

次に，法廷意見が本件に拡張した善意の例外は，適用範囲が不明確である。法廷意見は，通常の法執行官であれば法律が違憲であるとわからなければいけない場合には，善意の例外は認められないとし，*Harlow*（Harlow v. Fitzgerald, 457 U.S. 800 (1982)）の「明確に確立した法」という基準を，善意の例外の領域に持ち込んだ。しかし，憲法上の権利が明確に確立するには長い時間を要し，本件で問題となっている法律についても，事件から6年経過しても依然として明確に確立した法が存在しているとはいえない状況にある。違憲の法律に対するこれほど長期の猶予期間を正当化できるものは何もない。また，ある法律が明確に確立している権利を侵害しているか否かの判断は相当に困難である。被告たる公務員の公正な取扱いや公共政策の観点から，公務員に対する損害賠償請求訴訟の領域で，当裁判所は「明確に確立した法」という基準を採用したが，排除法則適用の場面でこの適用困難な基準を採用する必要はない。

最後に，判例の遡及効が認められる範囲については，当裁判所の裁判官の間にも見解の相違はあるものの，当裁判所の判断が，それが下された当該事件の当事者に適用されるということについては，疑いがもたれたことはなかった。法廷意見に従えば，争点となった法律が違憲と判断されたまさにその事件において，権利の効果的な保護策が一切提供されないということになる。当裁判所は，これまで，排除法則は第4修正上の権利を保護するために裁判所が創設し

た保護策であり，第4修正違反が生じた場合に常に適用されるものではないと判示し，第4修正上の実体的権利と証拠排除という保護策を分けてきている。これを法廷意見が本件でも行ったということは承知しているが，法律が第4修正に違反すると判断された当の事件で排除法則を適用しないと，第4修正違反を訴訟で争う誘因を被告人から奪うことになってしまう。

《解　説》
　1．1984年の *Leon*（United States v. Leon, 468 U.S. 897(1984)）[1]では，警察官が捜索令状を執行して捜索を行い，後にその捜索令状に瑕疵があって違憲・無効とされた場合であっても，これを適法なものであると警察官が思料したことが，客観的に見て合理的である場合には，排除法則を適用しないとのいわゆる「善意の例外」が採用された。本件では，この *Leon* の善意の例外を，行政目的での無令状捜索を許す法律の規定に依拠して警察官が無令状捜索を行い，後にその規定が違憲・無効と判断された場合にも拡張することができるのか否かが争われた。
　2．捜索を行う際に依拠した法律が後に違憲とされた場合について，*DeFillippo*（Michigan v. DeFillippo, 443 U.S. 31, (1979)）[2]では，犯罪の定義が漠然としているとの理由から法律の規定が後に違憲とされた事案において，逮捕及び逮捕に伴う捜索を適法としたが，これは実体法の面で違憲とされた場合の判断であり，*DeFillippo* 自体においても，手続法の面で違憲とされた場合には逮捕，捜索が違法となることは先例上認められており，先例と異なる判断をするものではないことが明言されている。本件で違憲とされた規定は無令状捜索

---

1) *Leon* については，渥美東洋編『米国刑事判例の動向Ⅳ』（中央大学出版部，2012年）637頁（安井哲章担当），鈴木義男編『アメリカ刑事判例研究第3巻』（成文堂，1989年）68頁（鈴木義男担当），井上正仁「排除法則と『善意の例外』」『團藤重光博士古稀祝賀論文集第4巻』（有斐閣，1985年）359頁，鈴木義男「証拠排除法則の新局面─善意の例外」判タ546号27頁等参照。
2) *DeFillippo* については，渥美・同上　30頁（宮島里史担当），鈴木義男編『アメリカ刑事判例研究第1巻』（成文堂，1982年）12頁（洲見光男担当）参照。

を許すという手続法の規定であり，これが違憲と判断された以上，本件の捜索も違憲となることについては争いがない。

ところで，行政目的での捜索について合衆国最高裁判所は，*Camara*（Camara v. Municipal Court, 387 U.S. 523 (1967)）と *See*（See v. City of Seattle, 387 U.S. 541 (1967)）で，これに対しても第4修正の規律が及ぶとした上で，捜索の実体要件は「相当な理由」よりも穏やかな要件であっても許される場合があることを認め，さらに，令状を入手することが行政捜索の目的実現を阻害する場合に，令状要件に例外が認められうることを示唆した。さらに，その後，酒類販売，銃器販売，鉱山での採石に関して，厳格な規制に服する産業であることを理由に，恣意的な捜索を規制するための令状に代わりうる措置が取られていることを条件に，販売店，採掘場等への無令状捜索を合憲であるとしている[3]。本件で，イリノイ州公判裁判所，イリノイ州 Supreme Court は，本件のイリノイ州車両法が，令状に代わりうる措置を用意せずに自動車解体場への無令状捜索を許している点で，第4修正に違反するとしている[4]。

3．排除法則は，違憲の捜査活動により得られた証拠の刑事手続での利用を基本的に一切禁止する原則であるが，合衆国最高裁判所は，1914年の *Weeks*（Weeks v. United States, 232 U.S. 383 (1914)）でこの原則を連邦の法原則として初めて認めた。この *Weeks* や，違憲の活動に由来する派生証拠の排除を求める毒樹の果実法理を最初に認めた1920年の *Silverthorne*（Silverthorne Lumber

---

3) *See,* Colonnade Catering Corp. v. United States, 397 U.S. 73 (1970), United States v. Biswell, 406 U.S. 311 (1972), Marshall v. Barlow's Inc., 436 U.S. 307 (1978), Donovan v. Dewey, 452 U.S. 594 (1981)。また，この点については，洲見光男「行政捜索と修正4条―事業所への立ち入り検査を中心として―」西原春夫先生古稀祝賀論文集編集委員会編『西原春夫先生古稀祝賀論文集 第4巻』（成分堂，1998年）75頁，同「修正4条の保護とその実現―令状要件の例外を中心として―」高橋則夫・川上拓一・寺崎嘉博・甲斐克則・松原芳博・小川佳樹編『曽根威彦先生・田口守一先生古稀祝賀論文集［下巻］』（成文堂，2014年）463頁等参照。

4) 本件の後，合衆国最高裁判所は，New York v. Berger, 482 U.S. 691 (1998) で，自動車解体業が厳格な規制に服する産業に含まれると認定している。*Berger* については，本書第42事件参照。

Co. v. United States, 251 U.S. 385 (1920)），違憲の活動による収集された証拠の弾劾目的利用も排除法則により原則として禁止されるとした1925年の *Agnello*（Agnello v. United States, 269 U.S. 20 (1925)）など，排除法則の初期の判例では，その理論根拠は明示されなかったものの，排除法則は合衆国憲法第4修正の直接の要請であるとされていた。

それが，排除法則の州への適用の是非が争われた1949年の *Wolf*（Wolf v. Colorado, 338 U.S. 25 (1949)）で，警察により将来の違法活動を抑止するために証拠が排除されるとする抑止効論が，初めて排除法則の根拠として挙げられた。さらに，州の捜査官が第4修正に違反して獲得した証拠も，排除法則により連邦の刑事手続での利用が禁じられるとした1960年の *Elkins*（Elkins v. United States, 364 U.S. 206 (1960)）では，排除法則の目的が違法捜査の抑止と司法の十全性（廉潔性）維持にあることが明言された。そして，排除法則の州への適用を認めた1961年の *Mapp*（Mapp v. Ohio, 367 U.S. 643 (1961)）では，排除法則の根拠として，「何人たりとも憲法に違反する方法で獲得された証拠によって有罪とされてはならない」との規範命題や，違法捜査の抑止，司法の十全性維持などが総花的に示されたが，*Mapp* の遡及適用の是非が争われた1965年の *Linkletter*（Linkletter v. Walker, 381 U.S. 618 (1965)）では，*Mapp* の排除法則の基礎付けの中心は抑止効論にあり，抑止効論が排除法則の唯一の根拠であるとされた。*Mapp* で，排除法則が第4修正上の実体的権利の保護策として唯一効果のあるものであるから，先例上第4修正の一部をなすとされてきたのだと判示された点を *Linkletter* は重視した。

さらに，1974年の *Calandra*（United States v. Calandra, 414 U.S. 338 (1974)）では，抑止効論を基礎としつつも，排除法則は第4修正上の実体的権利を保護するために裁判所が創設した救済策・保護策（remedy）であり，この救済策・保護策の適用の是非を判断するに当たっては，将来の違法捜査の抑止という利益と，正確な事実認定が害され，真犯人であっても釈放しなければならなくなる可能性があるとのコストを衡量しなければならないとした。そして，この cost-benefit 分析を用いて，大陪審手続での排除法則の適用を否定した。その

後，この cost-benefit 分析により，1976 年の *Janis*（United States v. Janis, 428 U.S. 433 (1976)）では非刑事手続での排除法則の適用が否定され，同年の *Stone*（Stone v. Powel, 428 U.S. 465 (1976)）では人身保護手続での排除法則の適用が否定された。*Leon* で善意の例外が認められたのも，この抑止効論を基礎とする cost-benefit 分析による。

　4．捜査官が捜索を行う際に，自身の行為が適法であると思料することが客観的に見て合理的である場合，将来，同様の状況に置かれても捜査官はやはりその行為を行うであろうから，証拠を排除しても抑止効は望めない。したがって，この説明からすると，善意の例外は，捜索令状が後に違憲・無効とされた場合に限られず，他の場合にも当然に拡張されるようにも思われる。とはいえ，学説上は，*Leon* を令状要件への傾斜（令状主義）の一環として捉える見解もあった[5]。また，*Leon* で法廷意見に加わったオコナー裁判官が，本件で反対意見に回っているのが興味深い。

　違憲の捜索が行われる原因は，本件のように立法者による過誤であることがあり，反対意見は第 4 修正が立法者の活動を規律することも主たる狙いの 1 つとして制定されたと主張しているが，法廷意見は排除法則が警察による違憲の活動に向けられたものであるとして，結局，この点は重視しなかった。また，令状が違憲であった場合に比べ捜索の根拠となる法律が違憲である場合は，違憲の捜索が行われる危険は広範囲に及び，第 4 修正上の権利に対する脅威は後者の方が格段に大きいともいえるが，法廷意見は，あくまで排除法則の抑止効が働くか否かに判断を限定して，この点も重視していない。さらに，法律が違憲・無効と判断されても証拠排除という結論に至らなければ，被告人が法律の違憲・無効を争うインセンティヴが失われるのではないかという点が懸念されるが，これに対しては，法廷意見は，違憲・無効の宣言判決を得て法律の執行を差し止めるメリットを挙げている。

---

5) Goldstein, *The Search Warrant, the Magistrate, and Judicial Review*, 62 New York Univ. L. Rev. 1173 (1987)（紹介，堤和通「エイブラハム・ゴールドシュティン・捜索令状，マジストレイトと司法審査」法学新報 96 巻 1・2 号, 315 頁）.

法廷意見は，*Leon*の判断枠組みをほぼそのまま本件に適用しているようにも思われるが，善意の例外を拡張することにより，警察官が捜索令状に依拠した場合とは異なる問題が生じることを反対意見は明らかにしている。善意の例外適用の是非を判断するに当たっては，そうした問題への慎重な配慮が求められるので，本件の判断により，善意の例外が，他の場合にも当然に拡張されていくと即断することはできないように思われる。

（柳川　重規）

52. Arizona v. Evans, 514 U.S. 1 (1995)

裁判所職員の事務処理上の過誤が原因で，実は失効している令状を警察官が有効と思料して逮捕を行い，その逮捕に伴う押収により証拠が収集された場合につき，排除法則の「善意の例外」の適用が認められた事例。

《事実の概要》

アリゾナ州フェニックスの警察官は，被申請人 Evans 運転の自動車が一方通行の道路を違法に走行していたため，停車させて運転免許証の提示を求めた。Evans が免許停止処分中であると答えたので，それを確認するため，この警察官がパトカーに備え付けられているコンピュータの端末に Evans の氏名を入力したところ，免許停止処分を受けている事実が確認されるとともに，Evans にある軽罪で逮捕令状が発給されていることが明らかになった。この警察官は Evans を逮捕したが，その際に Evans が落とした巻き煙草にマリワナの臭いがするのを嗅ぎとったので，Evans の自動車の中を捜索してマリワナ入りのバッグを発見した。

ところで，Evans に対する逮捕令状は，実はこの逮捕の 17 日前に失効していた。通常，令状が失効すると，Justice Court（治安判事裁判所）の書記官が Sheriff's Office（シェリフ局）の職員に電話で連絡し，連絡が済むと，令状が発給されていた者のファイルに自己の氏名と連絡した相手の氏名を記載することになっている。しかし，本件では，令状失効の連絡をした Justice Court の書記官の氏名も，連絡を受けた Sheriff's Office の職員の名前も記載されていなかった。このように裁判所職員の連絡ミスが原因と思われる事務処理上の過誤のため，警察のコンピュータから記録が削除されないでいた。

マリワナ所持で起訴された Evans は排除聴聞手続で，マリワナを違法逮捕の果実として排除すべきであると主張した。公判裁判所は，失効した令状の処理を誤った責任が警察にあろうとなかろうと，いずれにせよ国には責任が認められるとして，Evans の排除申立を認容した。アリゾナ州 Court of Appeals は，

本件で排除法則を適用しても，警察と直接結びついていない裁判所の職員の行為を抑止することはできないとして，公判裁判所の判断を破棄した。アリゾナ州 Supreme Court は，本件で排除法則を適用することにより刑事司法制度内の記録管理の効率が上がると期待できるとして，事務処理上の過誤が警察の職員によるものか裁判所の職員によるものかを区別せずに排除法則を適用すべきであると判示し，Court of Appeals の判断を破棄した。

　実は失効している令状に基づく逮捕に伴い証拠が押収された場合，その責任が警察の職員にあるのか裁判所の職員にあるのかを考慮せずに，排除法則を適用して証拠を排除すべきか否かを判断するため，合衆国最高裁判所によりサーシオレイライが認容された。

《判旨・法廷意見》
　破棄・差戻し
　1．レンクィスト首席裁判官執筆の法廷意見
　(1)　裁判権（jurisdiction）の有無について
　アリゾナ州 Supreme Court は，合衆国憲法第 4 修正上の争点に判断を下さずに，州法を根拠に判断を下しており，この判断には十分かつ独立の州法上の基礎（adequate and independent state ground）があるので，当裁判所にはこの判断を審査する裁判権がない，と被申請人 Evans は主張している。そこで，まずこの点について検討する。

　十分かつ独立の州法上の基礎に基づく判断であるか否かを認定するに当たっては，現在，*Long*（Michigan v. Long, 463, U.S. 1032 (1983)）の基準が用いられている。この基準は，州裁判所の判断が主として連邦法に依拠している，あるいは連邦法と深く関わっていると明らかに思われる場合，及び，十分かつ独立の州法上の基礎に基づく判断であることが判決書の文面上からは明らかでない場合には，州裁判所は連邦法を根拠に判断を下しているものとするというものである。

　ギンズバーグ裁判官は，この *Long* の基準では，新規の法律問題の解決法を

テストする実験室の役割を州裁判所が果たせなくなるので，*Long* を変更すべきだと主張している。しかし，州憲法で合衆国憲法よりも厚い保護を与えた場合，その州憲法を解釈する自由は完全に州裁判所に残されているし，また，本件で当裁判所が排除法則の適用の是非を判断しても，コンピュータリゼイションの到来によってもたらされる法執行上の諸問題を解決する方法の選択の自由は州に残されている。さらに，州裁判所の判断が州法に基礎を置くものか連邦法に基礎を置くものか曖昧な場合に当裁判所の裁判権を認めないと，合衆国憲法についての終局の判断者たる当裁判所の権威が損なわれかねない。したがって，*Long* の基準を維持する。

アリゾナ州 Supreme Court は当裁判所の判例である *Leon*（United States v. Leon, 468, U.S. 897 (1984)）と比較して本件の判断を下しているので，連邦法を基礎に判断を下していると言える。また，判断の指針を得る目的で連邦法を参照しているとか，連邦法の解釈は結論を左右するものではないとは明言していない。したがって，当裁判所には裁判権がある。

(2) 排除法則適用の是非について

排除法則は第4修正の文言で明示されてはおらず，違法な捜索，押収により得られた証拠を利用しても新たな第4修正違反が生ずるわけではない。そのため，排除法則適用の是非と，排除法則の適用を求めている者が第4修正上の権利を侵害されたか否かは別個に検討すべき問いであると長い間考えられてきている。排除法則は将来の第4修正違反を抑止するために裁判所が創設した方策であるから，排除法則の適用はこの目的が最も効果的に達成される場合に限定される。

Leon は，マジストレイトが発給した令状が後に無効と判断されたが，警察官がそれに依拠して捜索を行ったのは客観的にみて合理的であったという事案であったが，叙上の原理を適用して，マジストレイトの違法行為を抑止する手段として排除法則を用いるのは妥当ではないと判示された。その理由は，第1に，歴史的にみて排除法則の狙いは警察の違法行為を抑止することにあり，裁判官やマジストレイトを処罰することにはないこと，第2に，裁判官やマジス

トレイトが第4修正を無視しこれを完全に否定しようとする傾向にあるため，その無法ぶりに対して排除法則を適用しなければならない，ということを示唆する証拠がないこと，第3に，最も重要なことであるが，排除法則がマジストレイトに対して大きな抑止力を及ぼすことはないということである。*Leon* ではさらに，排除法則を適用することにより警察官の行動が変わるかどうかが検討され，通常の警察官であっても同じように行動したと考えられることから，変わるとは期待できないとされた。こうして，*Leon* では，警察官が客観的にみて合理的に令状に依拠している場合には，後にその令状が無効とされても，証拠の排除によって得られる利益はほとんどなく，もたらされるコストを正当化できないと判示された。

Evans は，*Whiteley*（Whiteley v. Warden, Wyoming State Penitrntiary, 401 U.S. 560 (1971)）を根拠に挙げて証拠排除を求めている。*Whiteley* は，強盗事件が発生し逮捕令状が発給されている旨のラジオ・ニュースに基づいて逮捕が行われ，後にこの逮捕が probable cause を欠き違憲とされた事例であるが，そこでは確かに第4修正違反が認定されて即排除法則を適用している。しかし，*Krull*（Illinois v. Krull, 480 U.S. 340 (1987)），*Sheppard*（Massachusetts v. Sheppard, 468 U.S. 981 (1984)），*Leon*，*Calandra*（United States v. Calandra, 414 U.S. 338 (1974)）等，その後の判例では排除法則をこうした仕方では適用しておらず，排除法則の適用に関する *Whiteley* の先例としての価値は疑わしいものとなっている。*Krull* は，後に違憲とされた法律を審察官が合憲であると客観的にみて合理的に思料して捜索を行った事例であるが，これが，*Leon*，*Sheppard* の後に下された善意の例外に関する唯一の大きな事件である。この *Krull* では反対意見ですら *Leon* の善意の例外を適切な理論枠組みと認め，これに沿って検討を加えている．

そこで，*Leon* の理論枠組みを本件にも適用して検討してみると，仮に警察のコンピュータ記録の瑕疵が裁判所の職員の連絡ミスが原因だとすると，本件で証拠を排除しても将来このような過誤を十分に抑止することになるとは思われない。第1に，歴史的にみて排除法則の狙いは裁判所職員の過誤の抑止には

ない。第2に、裁判所職員が第4修正を無視し、これを完全に否定しようとする傾向にあり、その無法ぶりに対して排除法則という最も厳しい制裁を科さなければならないということは、本件で証明されていない。逆に、本件で問題とされているような過誤は3年に1度起こるかどうかというものだ、と連絡ミスを犯したと思われる裁判所の首席事務官は証言している。最後に、最も重要なことであるが、事務処理上の過誤を犯した裁判所職員は、個々の犯罪訴追に利害を持たないので、本件で排除法則を適用しても裁判所職員に大きな影響が及ぶということはなく、事務処理上の過誤は抑止されない。また、本件では逮捕官憲は逮捕を行わなければ職務怠慢ということになっていたはずなので、排除法則を適用しても将来逮捕官憲の行動が変わるとは期待できない。

　以上のように、裁判所職員の事務処理上の過誤が原因で第4修正違反が生じた場合には、1つの類型として排除法則の例外が認められる。アリゾナ州 Supreme Court の判断を破棄し、差し戻す。

　2．オコナー裁判官の補足意見（スーター，ブレイヤー両裁判官参加）

　本件では、警察のコンピュータ記録の瑕疵について裁判所職員に責任があることは証拠から強く示唆されているので、法廷意見は専ら、裁判所職員の過誤に対して排除法則を適用すべきか否かという問いに絞って検討を加えている。とはいえ、記録管理のシステムが記録の正確性を確認するメカニズムを欠いている場合など、警察が記録管理システムに依拠したのが合理的であったとは言えない場合もあり、法廷意見もこうした可能性を否定してはいない。

　コンピュータによる記録管理によって法執行の効率が上がる分、それに見合った憲法上の責任を警察は負わなければならない。

　3．スーター裁判官の補足意見（ブレイヤー裁判官参加）

　オコナー裁判官の意見に賛成するが、さらに、誤った逮捕を最低限に押さえるために、排除法則の抑止力を向ける対象を警察にとどめず国全体に広げるべきか否かという問いには本件では答えていないということを付け加えておく。

　4．スティーヴンズ裁判官の反対意見

　裁判権の有無についてギンズバーグ裁判官の意見に従うが、法廷意見が排除

法則の適用について判断しているので，この点について検討する。

　第4修正，なかでも排除法則の目的は，警察の違法活動の抑止という限定されたものではなく，すべての官憲による不合理な捜索，押収から人民を守るというもっと荘厳なものである。第4修正は主権国家内の一部の機関に対する制約であるにとどまらず，主権国家の権力そのものに対する制約である。

　排除法則は，違法な捜索，押収がなかったのと同じ状態に政府を置くものであり，これを最も厳しい制裁と言うのは不公正である。本件でも，Evans を無令状逮捕することは憲法上許されないのであるから，国はこの違法な行為から利益を得てはならないと判示するのは，決して極端なことではない。

　仮に抑止効説が排除法則の唯一の根拠だとしても，*Leon* は令状が実際に発給された事例であり，法廷意見が *Leon* に依拠しているのは誤りである。*Leon* で裁判官とマジストレイトが排除法則の適用対象から除外されたのは，令状要件の強調ということと共に，令状発給に当たり中立で独立の判断を行うという，憲法で定められた裁判官とマジストレイトの役割が理由となっている。警察とより頻繁に，より直接的に接触を持つ裁判所の職員を，裁判官やマジストレイトと同じように考えることはできない。また，排除法則は，警察官の将来の違法活動を「制度的」に抑止するもの（systemic deterrence）であり，抑止目的は法執行機関全体に向けられる。逮捕等に関する情報伝達の手続が改善されれば，事務処理上の過誤も防止され違法逮捕防止に繋がるので，逮捕官憲が善意であっても抑止効は減少しない。他方，ある裁判所での事務処理上の過誤が稀であっても，一般にコンピュータ利用上の過誤は市民のプライヴァシーにとって脅威とならないなどとは言えない。コンピュータ・テクノロジーの変化により，プライヴァシーへの脅威の有り様も変わってきており，また，そもそも違法逮捕などに繋がって裁判所に明らかになるプライヴァシー侵害は，実際に生じているもののわずか一部である。さらに，誤ったコンピュータ・データに基づいて逮捕が行われた場合には，国家賠償は認められないと思うので，事務処理上の過誤を抑止するには排除法則を適用するしかない。

　政府の職員がコンピュータ・データの適切な管理を怠ったために違法な捜

索，押収が行われ，市民が尊厳を害されるというのは，植民地時代の一般令状によってもたらされた状況と，その非道さの点で変わらない。この場合に，排除法則を適用して得られる利益は，そのコストを十分に補うものであると考える。

　5．ギンズバーグ裁判官の反対意見（スティーヴンズ裁判官参加）

　州の事件に対する当裁判所の裁判権の有無を判断するに当たり，*Long* の基準を適用すると，新規の法律問題の解決法をテストする実験室としての州裁判所の能力が損なわれるので，*Long* を変更し，州裁判所の判断が州法を基礎にしているのか連邦法を基礎にしているのか曖昧なときは，州法を基礎にしていると推定すべきであると考える。

　(1)　アリゾナ州 Supreme Court は，本件の解決に *Long* は有益ではないと述べていることからもわかるように，本件を裁判所職員や警察官による，単なる事務処理上の過誤が問題になった事例とは見ていない。政府の法執行がコンピュータ・テクノロジーに依存する度合いが強まるにつれ，ジョージ・オーウエルが『1984 年』で描いてみせたような個人の自由が侵される危険が高まっていることを示す事例と見ている。

　(2)　法執行においてコンピュータの利用が進むにつれ，記録の瑕疵がもたらす影響は増幅され，誤りを即座に訂正する必要が高まっている。例えば，FBI の全国犯罪情報センター（National Crime Information Center）に集められている情報は，連邦と州を合わせて 71000 の機関がこれを利用している。このため，記録の瑕疵は瞬時にして全国に広まる。実際，下級裁判所の裁判例では，自己の名前を犯人に騙られたために，ミシガン州とオクラホマ州において 2 年間で，軽微な交通違反を理由に停車させられた後，4 度も誤って逮捕された男の事例が報告されている。

　現代のエレクトロニクスの時代では，裁判所の職員と警察官は共同して情報収集を行ったり，同一のデータ・ベースを利用したりしており，記録の管理を全く別々に行っているわけではない。したがって，排除法則の適用により記録の訂正が速やかに行われるようになると期待するのは不合理なことではない。

排除法則の抑止効は実証的に検証されなければならないものであるから，当裁判所の裁判権の有無を判断する際にも，連邦制の長所を自覚し，州が独自の方法を採用して実験を行いやすくなるような基準を採るべきである。

(3) 法執行におけるコンピュータ情報の活用が引き起こす第 4 修正違反を規律するために，排除法則はどうしても支払わなければならない代償かどうかという問題は，議論が熟しておらず，したがって当裁判所が早急に判断を下さなければならないものではなかったと考える。本件ではサーシオレイライ申請を却下すべきであった。

《解　説》

1．コンピュータリゼイションの到来により，犯罪捜査は広域的にしかも迅速に行えるようになった。例えば，逮捕令状が発給されている者の情報がコンピュータに入力され，この情報に警察官がどこからでもアクセスできるようになると，交通違反などで身元確認を行うついでに令状発給の有無も確認することができる。犯罪が広域に亘っている場合や犯人が逃走している場合などに，これは相当の威力を発揮すると思われる。しかし他方では，情報の入力の誤りや訂正の遅れなどの軽微な過誤が，違法逮捕に直結する。このように，コンピュータの活用は捜査の効率を飛躍的に向上させる反面，個人の自由やプライヴァシーに大きな脅威となる危険をはらんでいる。

本件で違法逮捕が行われたアリゾナ州でも，警察は，裁判所からの情報をコンピュータにストックし，この情報にはパトカーに備え付けられている端末から警察官は自由にアクセスできるようになっていた。本件では，一旦発給された逮捕令状がその後失効したにもかかわらず，裁判所職員の連絡の懈怠が原因と思われる事務処理上の過誤のために，警察のコンピュータから記録が削除されずにいた。そして，このコンピュータ記録に基づいて違法逮捕が行われ，逮捕に伴ってマリワナが押収されている。

このマリワナが排除法則によって証拠から排除されるか否かが本件の争点である。逮捕を行った警察官は，逮捕が違法であるとは知らずに逮捕しており，

またこの点について警察官自身に過失はない。そこで，捜索令状に基づいて捜索が行われたが，後にその令状が実は実体要件に支えられていないことが明らかになった事例である *Leon*（United States v. Leon, 468 U.S. 897 (1984)）[1]で，いわゆる善意の例外（good faith exception）を認めたのと同じ理論構成から排除法則の適用が否定されるのではないかが問題となる。

　2．排除法則の根拠については，合衆国憲法第 4 修正の解釈から排除法則を導き出す原理的な立場と，将来の違法捜索の抑止に根拠を求める抑止効説が対立している。合衆国最高裁判所は，*Mapp*（Mapp v. Ohio, 367 U.S. 643 (1961)）以降，基本的には抑止効説に立っている。さらに，*Calandra*（United States v. Calandra, 414 U.S. 338 (1974)）以降は，排除法則を裁判所が創設した方策（judicial created remedy）であると理解し，救済策（remedy）はその目的が最もよく達成される場合に限定して適用されなければならないということから，cost-benefit 分析を用いるようになってきている。すなわち，排除法則を適用して得られる将来の違法捜査の抑止という利益と，正確な事実認定が害され，真犯人であっても釈放しなければならなくなるという場合もあるというコストを衡量して排除法則の適用の是非を決定してきている。

　Leon では，この cost-benefit 分析を前提に，後に無効とされたとはいえ，警察官が捜索令状が有効であると思料したことが客観的にみて合理的である場合には，排除法則は適用されないとした（*Leon* の善意の例外（good faith exception））。排除法則を適用しても，当の警察官が将来，同種の違法捜査に出ることを抑止できない，というのがその理由である。

　抑止効説の cost-benefit 分析からは，*Leon* の善意の例外は当然に認められるようにも思えるが，抑止効説を採る論者の中からも強い批判が出されている。

---

1) *Leon* については，渥美東洋編『米国刑事判例の動向Ⅳ』（中央大学出版部，2012 年）637 頁（安井哲章担当），鈴木義男編『アメリカ刑事判例研究第 3 巻』（成文堂，1989 年）68 頁（鈴木義男担当），井上正仁「排除法則と『善意の例外』」『團藤重光博士古稀祝賀論文集第 4 巻』（有斐閣，1985 年）359 頁，鈴木義男「証拠排除法則の新局面―善意の例外」判タ 546 号 27 頁等参照。

排除法則の抑止効は，第4修正違反の活動を行った当の法執行官に及ぶだけでなく，他の法執行官にも一般的に及び[2]，さらには，法執行機関内で法執行官の教育を充実させたり，懲戒手続を強化するなど，制度それ自体に排除法則の影響が及ぶ（systemic deterrence）と理解する論者がいる[3]。この論者からは，法執行官が善意の場合には抑止効が働かないとするのは誤りだ，と批判されている[4]。

排除法則の根拠を原理的に理解する立場からは，Leon に対しては当然に強い批判が出されることになる。この立場は，排除法則を第4修正から直接要求されるものであると理解し，基本的には，排除法則の適用により第4修正違反の活動そのものを排除し，仮に第4修正違反がなかったならば置かれていたであろう状態に政府を置くことが，排除法則の狙いだとする[5]。したがって，この立場では，法執行官の善意・悪意は排除法則の適用にとって無関係だということになる[6]。

---

2) 刑罰の犯罪予防効果になぞらえて言えば，特別予防だけでなく一般予防の効果もあるということである。

3) See, Mertens & Wasserstrom, *The Good Faith Exception to the Exclusionary Rule : Deregulating the Police and Derailing the Law,* 70 Geo. L. J. 365, 399-401, 431 (1981). Stewart, *The Road to Mapp v. Ohio and Beyond : The Origins, Development and Future of the Exclusionary Rule in Search-and-seizure Cases,* 83 Colum. L. Rev. 1365, 1400 (1983).

4) See, Wasserstrom & Mertens, *The Exclusionary Rule on the Scaffold : But Was It a Fair Trial?,* 22 Am. Crim. L. Rev. 85, 114 (1984).

5) See, e. g., Kamisar, *Is Exclusionary Rule on "Illogical" or "Unnatural" Interpretation of the Fourth Amendment?,* 62 Judicature 66 (1978). また，渥美東洋「所持品検査及び採尿手続に違法があってもこれにより得られた証拠の証拠能力は否定されないとされた事例」判例タイムズ691号38頁，同「罪と罰を考える」（1993年）248頁参照。

6) この立場は，排除法則の狙いを法執行機関に向けられたものだと基本的には理解するが，それでも，令状審査が一方当事者参加の手続であること，令状審査があくまで附随的手続であり，捜査について責任を負うべき主体は法執行機関であることを考えると，この立場でも，マジストレイトが実体要件の充足を認定したからとい

また Leon については，その射程をどう考えるかという点でも争いがある。法執行官が善意で行為したのが客観的にみて合理的な場合であれば常に排除法則を適用しないという広い例外を認めたものと理解する立場もあるが，中立で独立のマジストレイトによる捜索の実体要件の評価を法執行官が信頼した点を重視し，令状要件への傾斜の一環をなすものと限定して理解する立場もある[7]。

　Leon 以降，法執行官が善意であった場合の排除法則の適用が問題になった事例は，Krull（Illinois v. Krull, 480 U.S. 340 (1987)）[8]である。Krull では，後に違憲と判断された法律に依拠して捜索が行われた場合の排除法則適用の是非が争われ，その際，Leon の分析枠組がそのまま適用された[9]。ここには，Leon の善意の例外を，マジストレイトが実体要件の評価を誤った場合に限定せずに，拡張していこうとする合衆国最高裁判所の姿勢が見られる。

　3．本件では，法廷意見は cost-benefit 分析を前提に，他にはあまり詳しい理由付けなしに，Leon の分析枠組を用いて排除法則の適用を否定している。これに対して，スティーヴンズ裁判官の反対意見は，まず，排除法則の原理的な理解から法廷意見を批判し，次に，抑止効説の立場からも制度的抑止（systemic deterrence）の観点を強調して批判を行っている。

　前述したように，コンピュータの利用は法執行の効率を飛躍的に向上させる

　　って，それを理由に法執行機関が責任を免がれることはできないということになると思われる。

7)　Goldstein, *The Search Warrant, the Magistrate, and Judicial Review*, 62 New York Univ. L. Rev. 1173 (1987)（紹介，堤和通「エイブラハム・ゴールドシュティン・捜索令状，マジストレイトと司法審査」法学新報96巻1・2号，315頁）参照。

8)　Krull については，本書第51事件，鈴木義男編『アメリカ刑事判例研究第4巻』（成文堂，1994年）61頁（関哲夫担当）参照。

9)　排除法則の主たる目的が警察の違法行為を抑止することにあり，排除法則の焦点が立法者に合わせられているわけではないということから，まず第1に，立法者が第4修正を無視しこれを完全に否定しようとする傾向にあるか否かが判断され，つぎに，排除法則を適用することにより，立法者が違憲の法律を制定するのに大きな抑止力が及ぶか否かが判断され，その結果，排除法則の適用は否定された。

反面，わずかなミスが違法捜査に繋がるなど致命的なミスとなりやすい。データの正確性を確認し維持するシステムが確立していないところで安易にコンピュータを利用すれば，個人の自由は大きな脅威にさらされる。この点で，*Leon*の場合以上に本件では，制度的抑止の観点が重要だと言える[10]。とはいえ，法廷意見は本件を，コンピュータ利用のシステムの不備から第4修正違反が生じたのではなく，裁判所職員の単純なミスから生じたものと見ているふしがある。法執行機関以外の者の単なる個人的な過誤が原因であるから，自由に対する脅威はそれほど大きなものとはならない，と考えたのではないかとも思われる。オコナー裁判官の補足意見はこの点を強調している。

　いずれにしろ，オコナー裁判官，スーター裁判官の補足意見が法廷意見に対して加えている限定の仕方からすると，本件により，法執行官が善意で行為したことが客観的にみて合理的な場合全てに，*Leon*の善意の例外を適用するとの方向で，合衆国最高裁判所の判断が固まったと見るのは妥当ではないであろう。

　4．本件ではまた，合衆国最高裁判所に本件の裁判権（jurisdiction）があるか否かも争点になっている。これは，連邦制を採る合衆国に特有の争点である。

　同一の事項について連邦法と州法が競合する場合，州裁判所が十分かつ独立の州法上の基礎（adequate and independent state ground）に基づいて判断を下しているのであれば，連邦裁判所はこの判断を審査できないことになっている。しかし，十分かつ独立の州法上の基礎に基づいて判断したか否か曖昧な場合には，連邦裁判所には裁判権があるとの立場が*Long*（Michigan v. Long, 463 U.S. 1032 (1983)）で採られた[11]。十分かつ独立の州法上の基礎がある場合に連

---

10) *See,* The Supreme Court—Leading Cases 1994 Term, 109 Harv. L. Rev. 131 (1995).
11) この場合には，①十分かつ独立の州法上の基礎があるか否かを，差し戻して州裁判所に判断させる，②十分かつ独立の州法上の基礎があるか否かを，連邦裁判所に判断させる，③十分かつ独立の州法上の基礎があるとみなして，連邦裁判所の裁判権を否定する，④十分かつ独立の州法上の基礎がないとみなして，連邦裁

邦裁判所の裁判権を否定するのは，州の独自性を尊重するためであるが[12]，Long では逆に，連邦法の解釈の統一という点が強調された。

本件でも，ギンズバーグ裁判官の反対意見が州の独自性の尊重を強調して Long の変更を主張したのに対し，法廷意見は連邦法解釈の統一の必要性を強調して Long の基準を維持した。連邦法も関心を寄せている問題に関して，連邦レベルに至っていない州についてはそこまで引き上げ，逆に行きすぎている州についてはそれを押さえることにより，全米の法運用の基準化に合衆国最高裁判所が種極的な役割を果たそうとする姿勢が，法廷意見から窺える。

(柳川　重規)

判所の裁判権を認める，という4つの選択肢が考えられる。

　Long の法廷意見は，①の方法については，訴訟の遅延を招き，また連邦裁判所の裁判権の有無の判断という大きな負担を州裁判所に負わせることになり，妥当でないとし，②の方法については，連邦裁判所が，訴訟当事者間で十分な議議が行われていないことが多い争点について，慣れない州法の解釈を行わなければならず妥当ではないとした。また，③の方法については，連邦法の解釈の統一が十分に図れなくなる虞れがあるため妥当ではないとし，結局④の方法を選択した。
 (*See, Long*, 463 U.S. 1032, 1040-1041.)

12)　*See, e. g.,* Fay v. Noia, 372 U.S. 391 (Harlan J., dissenting) (1963).

3　毒樹の果実法理

53.　**Murray v. United States, 487 U.S. 533 (1988)**

　違法に立ち入った際に現認され，その後，令状捜索によって穫得された証拠は，令状を入手しようとの捜査機関の判断と令状請求の根拠とされた情報が，違法な立入りとは無関係な独立したものであれば，独立入手源法理により許容される，と判示された事例。

《事実の概要》

　情報提供者の情報に基づき，かねて，申請人 Murray とその共謀者の行動を監視していた連邦法執行官は，サウス・ボストンのとある倉庫にこの Murray と相共謀者である申請人 Carter がそれぞれ自動車で入るのを目撃した。この2台の車両が倉庫の外に出てくる際，コンテナを積んだトレイラーが倉庫内にあるのが見えた。外に出てきた2台の車両は連邦法執行官の追跡を受け合法的に押収され，それぞれにマリワナが積載されていることが判明した。

　この情報を得て連邦法執行官数名がその倉庫に立ち入ったところ，中は無人であったが多数の麻袋に包まれた梱を現認した。この法執行官らは，梱の中身を調べないまま外に出て監視を続け，それ以降，令状が発給されるまでその倉庫には立ち入らなかった。令状請求に当たり，連邦法執行官は，すでにその倉庫に立ち入っていることには触れず，また，その立入り時に目にした事実を令状請求の根拠にはしなかった。令状発給後直ちに2度目の立ち入りが行われ，マリワナ入りの梱270個と顧客名簿が押収された。

　すでに1度立ち入った旨を法執行官がマジストレイトに知らせなかったこと，及び最初の立入りで令状も汚染されていることを理由に，申請人らは令状が無効だと主張し，倉庫内で発見された証拠の排除を申し立てたが，合衆国 District Court はこれを却下し，申請人らを違法薬物所持・頒布の共謀の罪で

有罪と認定した。第1巡回区 Court of Appeals は，最初の立入りが令状を欠き違法であるとの前提に立ちながらも，District Court の判断を確認した。Murray と Carter は別々にサーシオレイライを申請した。

合衆国最高裁判所によりサーシオレイライが認容され，両事件は併合して審理された。

《判旨・法廷意見》
　破棄・差戻し
　1．スカリーア裁判官執筆の法廷意見
　(1) 本件の争点は，独立入手源法理の適用範囲である。申請人は，独立した適法な捜索で初めて発見された証拠にしか独立入手源法理は適用されない，と主張するのに対し，政府は，最初に発見されたのが違法な捜索による場合でも，その捜索の違法性により汚染されていない別個独立の活動で獲得された証拠にもこの法理は適用される，と主張する。

　まず先例との関係で検討すると，「独立入手源」という概念は従来，より一般的な意味とともに，独特の意味でも用いられてきている。前者は違法な証拠収集活動に汚染されていない方法で獲得された証拠は許容性が認められるという意味で用いられ，*Segura*（Segura v. United States, 468 U.S. 796 (1984)）ではこの意味で用いられている。後者は，違法に入手されたのと同一の証拠がその違法に汚染されていない適法な捜索によっても入手された，という場合に用いられているものであり，この法理を述べたのは *Silverthorne*（Silverthorne Lumber Co. v. United States, 251 U.S. 385 (1920)）が最初である。例えば，捜査官が違法な立入りでx事実とy事実を知ったが，それとは全く別の手段でz事実を知ったときには，前者の意味では，z事実だけが独立入手源から入手されたものとなる。しかし，後者の意味では，違法な立入りで汚染されていない別捜索によってもx事実とy事実が判明したときには，x事実もy事実も独立入手源から入手されたことになる。このように，古典的な独立入手源法理によれば，違法な入手源から得られた情報であっても他の独立の入手源より入手され

た結果公判に提出されれば，証拠として許容されることになる。また，*Nix* v. *Williams*（Nix v. Williams, 467 U.S. 431 (1984)）では，「いずれにせよ発見される証拠の法理（inevitable discovery doctrine）」が認められたが，この法理は当初違法に入手された証拠にも独立入手源法理が有効に適用できることを前提にしている。というのは，汚染証拠であれ，独立入手源により現に発見されれば証拠に許容されるのだから，独立入手源によっては実際には発見されていない証拠であっても，独立入手源によりいずれにせよ発見されると言えるものであれば許容される，というのがこの法理だからである。

次に，違法捜査の抑止という排除法則の政策的根拠の観点から検討を加える。申請人は，当初の違法な捜索で発見された証拠が排除されなければ法執行機関に違法捜査への誘因を与えることになる，と主張するが賛成できない。一旦違法に立ち入ると，その証拠の許容性を認めてもらうためには，政府はマジストレイトに捜索の実体要件（probable cause）を示す通常の立証責任の他に，① 官憲の令状を請求するとの判断も ② マジストレイトの令状発給の判断も，当初の違法立入りで入手した情報には一切影響されてはいないことを公判裁判官に説得する，という非常に厄介な責めを負うことになる。したがって，捜索の実体要件が存在する場合には，そのような愚かなことをするはずがなく，また，実体要件が存在しないまま立ち入った場合でも，違法立入りで入手した情報は捜索令状請求の際には一切利用できないのであるから，違法立入りを行うことは無意味となる。

申請人の主張は，違法捜索で直接入手した証拠には独立入手源法理の適用を認めずに，違法捜索により間接的に入手した証拠にしかこの法理は適用されないもの，と理解することもできるが，このような限定適用の根拠は先例にはなく，またそのような主張は，違法捜査の抑止と何ら関連しない。

(2) 如上のことを本件に当てはめると，倉庫への令状による立入りによってマリワナの存在を知ったのが，それ以前の違法な立入りの結果でなければ，独立入手源法理が適用されることになる。この場合に排除法則を用いると，警察（及び社会一般）を，違法な立入りがなかったときよりも不利な立場に置くこ

とになる。

　このことは，押収したマリワナ自体にも当てはまる。第 1 巡回 Court of Appeals は，一旦押収された有体物たる証拠は還付しない限り適法に再び押収することはできないとして，有体物たる証拠の場合とそうでない場合とを区別しようとするが，独立入手源法理は，政府は自己の違法な活動から利益を得てはならないが，同時にその違法な活動を理由に，違法活動が伴わなかった場合よりも一層不利な立場に立たされてはならない，という政策に基づくものであるから，有体物たる証拠にその適用を否定する理由はない。

　そこで，結局，本件では，本件令状捜索が，マリワナが倉庫内にあるとの情報と，マリワナそれ自体についての独立入手源と認めうるか否かが問われる。この点につき，判断を下す権限を有している District Court は，連邦法執行官が令状請求に当たり無令状の立入りがすでに行われていることをマジストレイトに告げなかったという事実と，倉庫内で目撃したことは一切令状請求の根拠にされていないという事実を認定しているだけで，違法な立入りがなくとも本件で法執行官は令状請求をしていた，とはっきりとは認定していない。したがって，District Court の判断では本件令状捜索が独立入手源となるか否かについて判断を下すのには不十分である。

　Court of Appeals の判断を破棄し差戻す。Court of Appeals は，本件令状捜索が独立入手源と言いうるか否かを判断させるため，事件を District Court に差戻さなければならない。

　ブレナン裁判官とケネディ裁判官は，本件の審理にも判断にも加わっていない。

　2．マーシャル裁判官の反対意見（スティーヴンズ裁判官，オコナー裁判官参加）

　独立入手源法理の適用範囲を検討するに当たっても，証拠排除により抑止効が働くか否かという観点が重要である。

　令状入手には時間と労力を要するので，官憲は捜索の実体要件がある場合でも，捜索が徒労に終わるのを避けようと，令状入手の価値が本当にあるか否か

を確認するため先に立ち入りたいとの誘惑を受ける。したがって，一旦違法に立ち入って発見された証拠を独立入手源法理を適用して許容すると，捜査機関に違法捜査への誘因を与えることになり，排除法則の抑止機能は大きく掘り崩され，第4修正の令状要件は骨抜きにされる。

　法廷意見は，官憲が立証負担の増加のリスクを負うことを理由に，違法捜査への誘因は生じないと言うが，このリスクは実はリスクとは言えないものである。というのは，令状捜索が独立入手源となるための要件として法廷意見が挙げるのは，①法執行官が令状請求しようとした意図と ②捜索の実体要件がある旨のマジストレイトの認定が，ともに当初の違法な立入りの影響を受けていないということであるが，①については，法執行官が影響を受けなかったと主張しさえすればその主張が大抵はそのまま通ることになり，また，②についても，単に法執行官が令状請求に当たって，当初の違法な立入りで入手した情報を使用しなければ足りることになるからである。

　最初の違法捜索と後の捜索を同一の捜索班が行っていること，違法捜索の直後に令状が入手されており，違法捜索でマリワナが発見されるまでは令状入手に向けて何の努力もされなかったこと，令状捜索が独立入手源であることを立証する証拠が違法捜索を行った法執行官の証言だけであること，以上のような本件の事実からすれば，後の令状捜索は当初の違法捜索で強く汚染されており，ここには独立入手源法理の適用は許されないはずである。

　また，*Segura* で独立入手源法理の適用が認められたのは，違法捜索で既に発見されている証拠が排除される限り，後の適法な捜索で初めて発見された証拠を許容しても排除法則の抑止効が大きく損なわれることはないと判断されたためである。*Segura* の判断を本件に拡張して適用すべきではない。

　3．スティーヴンズ裁判官の反対意見

　法廷意見のように *Segura* 事件の判断を拡張すると，令状要件が骨抜きにされるとのマーシャル裁判官の意見に賛成するが，*Segura* 事件の判断それ自体が政府官憲にプライヴァシー侵害の強力な誘因を与えるとの見解をなお堅持する。

560   V 排除法則

《解　説》
　1．本件の争点は，違法立入りで一旦現認されたが，その際には押収されることなく，その後の令状捜索により押収された証拠を，独立入手源法理[1]により証拠に許容することができるかである。本件と類似した先例は，*Segura* (Segura v. United States, 468 U.S. 796(1984))[2]であるが，*Segura* では，違法立入りの際に現認された証拠を，違法立入りの「果実」であるとして排除したDistrict Court の判断を，政府側が争わなかったため，合衆国最高裁判所ではこの点は争点とされなかった[3]。したがって，この争点についての判断は本件が最初である。
　2．合衆国最高裁判所が採用している排除法則は，合衆国憲法が保障している個人（被疑者・被告人）の基本権を侵害する活動に由来する成果（証拠）を基本的に全て否定するという原則である。排除法則には，①基本権侵害（憲法違反）がなければ働かない，②基本権侵害に由来する証拠，すなわち，こ

1）　違法な捜査活動が行われなかったならば得られなかったはずである証拠は，その違法活動により汚染されるが，違法活動とは独立した源がその証拠について認められれば，その証拠と違法活動との関係は否定され，その証拠は違法活動の「果実」とはならないとする法理。
2）　*Segura* については，渥美東洋編『米国刑事判例の動向Ⅳ』（2012年，中央大学出版部）715頁（中野目善則担当），鈴木義男編『アメリカ刑事判例研究　第4巻』（1989年，成文堂）62頁（原田保担当），小早川義則『毒樹の果実論』（2010年，成文堂）381頁参照。
3）　*Segura* では，法執行官らが被疑者のアパートに違法に立ち入り，アパート内に居た数名を逮捕した後，安全確認と証拠隠滅防止のため，誰か隠れている者が居ないか室内の簡単な確認（a limited security check）を行った。その際，薬物取引に用いる器具等を現認したが，これらを押収せずに放置した。その後，この法執行官らは室内に留まり，捜索令状の発付を待って令状捜索を行った。合衆国 District Court は，令状捜索の前に現認されていた証拠と令状捜索によって発見された証拠双方を排除したが，第2巡回区 Court of Appeals は，前者の証拠のみを排除し後者の証拠の許容性を認めた。政府がこの判断を争わなかったため，合衆国最高裁判所においては前者の違法立入りにより現認された証拠の許容性は争点とならなかった。

れと条件関係が認められる証拠はすべて，刑事手続での利用を原則として禁止する，③証拠の利用をすべて禁じ，単に公判での有罪立証のための証拠の利用を禁ずるだけでなく，たとえば，他の証拠を捜索するための捜索令状や逮捕令状を請求する際の証拠としての利用も禁ずる，という特徴がある。我が国の判例が採用している違法収集証拠排除法則が，憲法違反が生じていない場合にも証拠排除の有無を検討するのとは異なるし，また，本件とより直接関連する点であるが，証拠排除が問題になっている証拠について，憲法違反の活動により「汚染」されているという比喩的な表現を用いることはあるが，これが「違法」に獲得されたか否かということは問題とせず，例外法理（独立入手源法理，稀釈法理[4]，いずれにせよ発見される証拠の法理（inevitably discovery doctrine）[5]）が適用されない限り，憲法違反の活動に由来する証拠はすべて排除の対象とする。本件で証拠排除が問題となっているマリワナは，無令状の「立入り」で「現認」されており，本件では法的な意味での「捜索」は存在しない。そこで，本件ではこのマリワナは，違憲の「立入り」に由来する証拠であるとの前提で議論がされている。

3． 本件で法廷意見は，先例の観点と排除法則の根拠である抑止効の観点から検討を加えている。

(1) 独立入手源法理を最初に述べたのは法廷意見が言うように *Silverthorne* (Silverthorne Lumber Co. v. United States, 251 U.S. 385 (1920))[6]であるが，この事件で合衆国最高裁判所は，違法捜索により得た証拠を被告人に還付した後，この捜索によって知り得た事実を根拠にして捜査機関は，当該証拠について裁判所に提出命令の発出を求めることはできないと判示した。そして，その

---

4) 違法活動の違法性が途中に種々の事情が介在することにより「稀釈」されれば，入手証拠は毒性を失い証拠に許容することができるとする法理。
5) 実際には違法活動によって証拠は獲得されているが，適法な捜査活動によってもほぼ確実に獲得できる状況にあった，すなわち，いずれにせよ発見されていたと言いうる場合に，証拠の許容性を認める法理。
6) *Silverthorne* については，小早川・前掲註2) 310頁参照。

後に続けて，違法に入手された事実も，絶対にこれに触れてはならないというものではなく，独立の入手源から得られていれば，これを証明に用いることは許されると判示している。したがって，違法な捜索によりその存在を知った証拠について独立入手源法理の適用がありうることを *Silverthorne* は認めていたということになる。

また，これも法廷意見が引用する *Nix v. Williams*（Nix v. Williams, 467 U.S. 431 (1984)）[7]では，弁護権を侵害して被疑者から得た供述を手がかりに被害者の遺体が発見されたが，この遺体の発見場所は被害者の捜索班による捜索対象となっており，被疑者からの違法な供述の採取がなくとも被害者の遺体はいずれにせよ発見されていたと言いうる事情があった。このような事情の下，合衆国最高裁判所は，基本権侵害活動がなかった場合よりも捜査機関を有利にも不利にもしないという排除法則の狙いに照らすと，適法な捜査方法により実際に証拠が入手された場合に証拠の許容性を認める独立入手源法理と，適法な捜査方法によってもほぼ確実に証拠が入手されていたと言える場合に証拠の許容性を認める，いずれにせよ発見される証拠の法理は，機能的に類似するとの理由から，被害者の遺体を証拠に許容した。ここでも，被害者の遺体の所在場所についての情報は，弁護権侵害の供述採取により得られているが，この供述採取とは無関係の適法な捜索により遺体が発見されていれば，独立入手源法理が適用されるということが前提とされている。

このように，先例における独立入手源法理についての理解は，法廷意見の言うように，基本権を侵害する活動により証拠の存在が判明していたとしても，これとは無関係の入手源から当該証拠を実際に獲得したのであれば，証拠の許容性を認めるものであったと言うことができる。このような状況は，証拠との因果関係が2系統観念できる場合ではあるが，基本権侵害活動がなくとも当該証拠を獲得することができたのであるから，基本権侵害活動と証拠との条件関係は絶たれているとも言える。そうすると，この場合に独立入手源法理の適用

---

7) *Nix v. Williams* については，渥美・前掲註2) 729頁（柳川重規担当），鈴木・前掲註2) 56頁（関哲夫担当）小早川・前掲註2) 368頁参照。

を認めることは，排除法則が基本権侵害活動がなかったならば得られなかったはずの証拠を排除するものであることからしても，ある意味当然のことであると言えるかも知れない。

　(2)　次に本件では，排除法則の正当化根拠である抑止効の観点から検討が加えられている。このような排除法則の根拠に遡って検討する手法は，稀釈法理については *Ceccolini*（United States v. Ceccolini, 435 U.S. 268 (1978)）[8]で，いずれにせよ発見される証拠の法理については *Nix* v. *Williams* でも採られている。

　排除法則の根拠は，*Mapp*（Mapp v. Ohio, 367 U.S. 643 (1961)）[9]以降，排除法則が違法捜査を抑止しうる唯一の方策であるとの抑止効論を中心に考えられており，また，*Calandra*（United States v. Calandra, 414 U.S. 338 (1974)）[10]では，この抑止効論を前提に，大陪審手続での排除法則の適用に当たって，違法捜査の抑止という利益と証明力のある証拠が利用できなくなるコストとの比較（cost-benefit 分析）がなされるべきであると言われた。このように排除法則の根拠を理解したうえで，*Nix* v. *Williams* では，上述したように，いずれにせよ発見される証拠の法理採用の是非を検討する前提として独立入手源法理について検討が加えられ，「違法行為があったことを理由に，違法行為がなされる前よりも警察を一層有利にも不利にもさせず，違法捜査の抑止という社会の利益と，証明力をもつすべての証拠を陪審が手にできるようにするという公共の利益とのバランスをとること」に独立入手源法理の存在理由があると言われた。違法活動の他に入手証拠に独立入手源が認められる場合には，その証拠を排除しなくても，捜査機関を一層有利な立場に置くことにはならないというのであるから，逆に言えば，当の証拠を許容すると捜査機関がより有利になり，ひい

---

　8)　*Ceccolini* については，渥美・前掲註 2) 697 頁（柳川重規担当），鈴木・註 2) 88 頁（高橋則夫担当），小早川・前掲註 2) 352 頁参照。
　9)　*Mapp* については，小早川・前掲註 2) 123 頁参照。
　10)　*Calandra* については，井上正仁・アメリカ法 1976-I 125 頁，小早川・前掲註 2) 271 頁参照。

ては違法捜査への誘因になる場合には，独立入手源法理は適用されないということになる。

　本件の令状捜索を独立入手源と認めると，令状請求前の証拠確認目的での捜索を行う誘因を捜査機関に与えることになると，反対意見は主張している。時間と労力がかかる令状申請手続を取るに値するか否かを判断するため，捜査機関は証拠確認目的での無令状捜索（・立入り）を行う誘惑にかられ，独立入手源法理を適用するとそれを防止できなくなるというのである。この点は確かに考慮を要する重要な点であると思われる。ところで，法廷意見は，本件で令状捜索を独立入手源であると認めるためには，① 官憲の令状を請求するとの判断も ② マジストレイトの令状発給の判断も，当初の違法立入りで入手した情報には一切影響されてはいないことが要件となるとしている。無令状捜索（・立入り）で証拠が存在することを確認できたために，捜査機関が令状申請手続に入ったというのであれば，この ① の要件を充たしていないということになるように思われる。この点について反対意見は，法執行官が影響を受けなかったと主張しさえすればその主張が大抵はそのまま通ることになるというが，反対意見が指摘する本件の事情，すなわち，最初の違法捜索と後の捜索を同一の捜索班が行っていること，違法捜索の直後に令状が入手されており，違法捜索でマリワナが発見されるまでは令状入手に向けて何の努力もされなかったこと，令状捜索が独立入手源であることを立証する証拠が違法捜索を行った法執行官の証言だけであることといった事情は，官憲の令状を請求するとの判断が違法立入りで入手した情報に影響されていることを強く推認させる事情であると見ることができる。違法な立入りがなくとも本件で法執行官は令状請求をしていたか否かを判断するに当たり，このような事情を考慮に容れることは許されるように思われる[11]。

---

11)　指宿・後掲註 13) 404-406 頁は，法廷意見が令状を請求する意図という捜査機関の主観を重視する主観テストを，反対意見が客観的事情を重視する客観テストを採用するものとして両者を対立的に捉えるようであるが，法廷意見は，独立入手源の成否に関する判断は，まずは District Court が行うべきであるとして，自判せずに

4. 我が国の判例が採用する違法収集証拠排除法則は，上述したように，合衆国の排除法則と必ずしも一致するものではないが，たとえば，最高裁平成15年判決[12]では，「令状主義の精神を没却する重大な違法」が認定された捜査活動と「密接に関連する」証拠を排除しており，本件での独立入手源法理適用の是非を巡る議論は，我が国においても，この「密接関連」の有無を検討する際に参考になるものと思われる[13]。

（柳川　重規）

　　本件を差し戻しているのであり，令状請求を請求しようとの捜査機関の判断が違法立入りに影響されているか否かを判断するに当たり，反対意見が指摘した事情を考慮に容れることについて必ずしも反対しているわけではないように思われる。
12)　最判平成15・2・14刑集57巻2号121頁。
13)　本件の紹介・解説に，指宿・アメリカ法1989-Ⅱ401頁，小早川・前掲註2）397頁がある。

54. New York v. Harris, 495 U.S. 14 (1990)

Payton 法理違反の逮捕の後に被疑者が住居の外でした供述は，*Payton* 法理違反の成果ではなく，毒樹の果実としては排除されない，と判示された事例。

《事実の概要》

被申請人 Harris は謀殺を理由に自宅で逮捕されたが，その際，逮捕の実体要件（probable cause）はあったものの，緊急状況になかったにもかかわらず警察は逮捕令状を入手せず，また，立入りについて Harris の同意も得なかった。Harris は，警察が立ち入った後，まず自宅内でミランダ警告を与えられて取り調べられ，自白した。次に，逮捕され警察署へ連行されてから，再びミランダ警告を与えられて取り調べられ，また自白し供述録取書に署名した。さらに，取調べを終わりにしたいとの意思を表明したにもかかわらず，もう一度ミランダ警告が与えられて取り調べられ，この取調べはビデオ・テープに撮られた。

公判裁判所は，Harris の第 1 の供述と第 3 の供述は排除したが，第 2 の供述は排除せず，ハリスを第 2 級謀殺で有罪とした。控訴裁判所は，この判断を確認した。ニューヨーク州の最上級裁判所である New York Court of Appeals は，次のように判示し，控訴裁判所の判断を破棄した。すなわち，*Payton*（Payton v. New York, 445 U.S. 573 (1980)）では，「重罪での逮捕でも，被疑者の住居に立ち入って逮捕する場合には，立入りについて被疑者の同意がなく，また，緊急状況になければ，逮捕令状が必要であり，たとえ逮捕の実体要件があっても無令状逮捕は合衆国憲法第 4 修正に違反する」と判示されているが，本件逮捕はこの *Payton* 法理に違反する。さらに本件逮捕と警察署での Harris の供述との関係は，違法な身柄拘束下でなされた供述への稀釈法理の適用の有無を扱った *Brown*（Brown v. Illinois, 422 U.S. 590 (1975)）及びそれに続く先例に照らしてみても十分に稀釈されているとはいえず，この供述は毒樹の果実として排除される，と。

54. New York v. Harris, 495 U.S. 14 (1990)

Harris が警察署で行った第2の供述の許容性を判断するため，合衆国最高裁判所によりサーシオレイライが認容された。

《判旨・法廷意見》

破棄

1. ホワイト裁判官執筆の法廷意見

被申請人 Harris が警察署で行った供述の許容性を判断するに当たり，まず前提として，本件ハリスの自宅での逮捕は実体要件（probable cause）は具備していたが令状要件を欠き，*Payton*（Payton v. New York, 445 U.S. 573 (1980)）に照らし，合衆国憲法第4修正に違反するとの下級裁判所の認定を受け容れる。とはいえ，違法逮捕と条件関係にあるすべての証拠を排除する自動法理（per se or 'but for' rule）を先例は採っておらず，かえって，毒樹の果実として排除するか否かを判断するに当たっては，官憲が違反した当の法理が狙いとする目的との関係で判断しなければならないとしている（See, United States v. Ceccolini, 435 U.S. 268, 276, 279 (1978)））。そこで *Payton* 法理の目的を検討してみると，*Payton* は，「公共に開かれた場所（public place）で重罪を理由に逮捕する場合には，逮捕の実体要件があれば，たとえ緊急状況になくとも無令状逮捕は合憲である」と判示した *Watson*（United States v. Watson, 423 U.S. 411 (1976)）をあくまで前提としたものであって，*Payton* で令状が要件とされたのは，第4修正が避けようとする主たる害悪が住居への物理的侵入であることから，逮捕目的の場合であれ，住居への官憲の立入りを許す前には，必ず実体要件の存否についてマジストレイトの判断を介在させようとするためである。つまり，*Payton* 法理の狙いは住居の物理的十全性（physical integrity）を保護することにある。

それゆえ，逮捕の実体要件がある場合には，無令状で住居に立ち入って逮捕しても，被疑者が住居から引き離されてしまえば，その後の身柄拘束は合法となる。したがって，本件 Harris の警察署での身柄拘束は合法である。本件逮捕が無令状で行われたことを理由に Harris を釈放しなければならないわけで

はなく，また仮に釈放したとしても直ちに再逮捕できないわけではない。第4修正の保護目的からすれば，本件は，警察が玄関先の上がり段のところで被疑者を逮捕してから，証拠の捜索のために住居に立ち入り，その後警察署で被疑者を取調べた場合や，警察が逮捕目的で被疑者の住居に立ち入ったが，被疑者が不在だったので一旦外に出て，被疑者が帰宅したところを路上で逮捕し，その後取調べを行った場合などと，法律上の問題としては何ら変わるところはない。これらの場合に，被疑者にミランダ警告を与えて取った供述が許容されることは疑いのないことである。

このように，本件 Harris の警察署での供述は，そもそも不法な身柄拘束の産物ではなく，また住居で逮捕されたことの成果でもない。違法逮捕後に取られた被疑者の供述の許容性を判断するに当たり，稀釈法理の適用の有無を検討した *Brown*（Brown v. Illinois, 422 U.S. 590 (1975)），*Dunaway*（Dunaway v. New York, 442 U.S. 200 (1979)），*Taylor*（Taylor v. Alabama, 457 U.S. 687 (1982)）は，逮捕が実体要件を欠いていた事例であり，被疑者の供述が違法逮捕の産物であるといえた事例である。したがって，稀釈法理の適用の有無を問題とする前提が備わっていたのである。これに対し，本件逮捕は逮捕の実体要件に基づくものであり，Harris の供述は違法な身柄拘束の産物ではないので，稀釈法理の適用の有無を問題とする前提に欠ける。この点で本件は，*Brown*, *Dunaway*, *Taylor* と区別される。

本件はむしろ，途中に違法逮捕が介在しても，被害者の公判廷での犯人識別証言は排除されないとした *Crews*（United States v. Crews, 445 U.S. 463 (1980)）に類似している。本件では逮捕する以前から警察には Harris を身柄拘束下において取り調べることを正当化する事由があり，ハリスの警察署での供述は，*Crews* 同様，住居への違法立入りという第4修正違反を活用（exploitation）して得られたものではない。

次に排除法則の抑止効の観点から検討してみると，Harris の警察署での供述を排除しても，住居の物理的十全性の保護という *Payton* 法理の目的には奉仕しない。この目的のためには住居内で発見された証拠を排除するだけで十分

である。逮捕の実体要件があれば，被疑者の住居にわざわざ無令状で立ち入らなくとも被疑者を取り調べることはできるので，被疑者を取り調べたいがために警察が *Payton* 法理違反を犯すというのは疑問である。Harris の警察署での供述を排除しても *Payton* 法理違反の行為に対する排除法則の抑止効はほとんど増加しないと思われる。

以上の理由から，たとえ *Payton* 法理違反の逮捕の後に取られた供述であっても，その供述を被疑者が住居の外でした場合には，逮捕の実体要件があれば，この供述は排除されない。原判断を破棄する。

2．マーシャル裁判官の反対意見（ブレナン，ブラックマン，スティーヴンズ各裁判官参加）

(1) 法廷意見が先例に忠実に従っていたならば，本件は以下のように分析されることになっていたはずである。

排除法則の主たる目的は合衆国憲法第 4 修正に違反する活動の抑止にあり，派生証拠も第 4 修正違反の活動を抑止するため，原則として排除される。稀釈法理はこの例外であるが，先例では，稀釈の有無はあくまで排除法則の抑止効との関係で検討されている。このような観点から，*Brown* では稀釈の有無の判断要因として，特に ① 逮捕と供述との時間的近接性，② 介在事情の有無，③ 違法行為の目的およびその程度，の 3 つを挙げている。

これを本件に当てはめてみると，① 警察署で Harris が供述したのは逮捕後わずか 1 時間のことであり，また ② その間，ミランダ警告以外は何ら介在事情は存在せず，さらに ③ ニューヨーク市警は当時，被疑者取調べに対して州法上課される諸制約を回避するために，住居内での逮捕も無令状で行うとの方針を採っており，本件警察官らはこの方針に従って Harris を無令状で逮捕したものである。よって本件違反行為は意図的で度を超えたものである。したがって，本件 Harris の警察署での供述は *Payton* 法理違反の汚染が十分に稀釈されているとは言えず，違法逮捕の果実として排除されるべきであったと考える。

(2) ところが，法廷意見は，*Payton* 法理違反の逮捕があったからといって

被疑者を釈放しなければならないわけではないという前提から，被疑者が一旦住居の外に連れ出されてしまえば，その後に得られた証拠と Payton 法理違反の関係は断たれ，したがって稀釈法理の適用の有無を検討する必要はないという。しかし，これには論理の飛躍があり，また先例による基礎づけも欠けている。

　まず，法廷意見は Payton 法理の目的を曲解している。Payton では，住居が最もプライヴェートな場所であり，住居への不合理な侵入を防ぐことが第4修正の保障の中核をなしていることが強調されている。法廷意見は住居内のプライヴァシー侵害が特に侵害の程度の高いものであることを考慮に容れていない。力ずくで住居の外に連れ出され警察署へ連行されようという者が，住居の外に出たとたん，安堵して落ち着きを取り戻すというようなことはなく，普通はひどく怯えて，何らかの負罪供述をするものである。こうした影響は，官憲が被疑者を連れて住居を去った後も当然に継続している。Payton 法理違反の行為が終了すればその影響も魔法のように消えてなくなるとの法廷意見は擁護しえない。法廷意見はまた，稀釈法理を扱った先例が，違法逮捕の汚染が残留しているか否かに焦点を当てているのではなく，供述が取られたときの身柄拘束が違法か否かに焦点を当てていると言う。しかしこのように考えると，Brown で稀釈の有無の判断要因として挙げられた，違法逮捕と証拠獲得との時間的近接性と，介在事情の有無という要因が無意味なものとなってしまう。プライヴァシー侵害が終了した後になされた供述が，このプライヴァシー侵害に汚染されているか否かを問うのがこれまでの先例である。また，法廷意見は Crews を根拠に据えようとするが，Crews は，被告人それ自身は違法逮捕の果実としては排除されないと判示した事例であるので，これも不適切である。

　Payton 法理違反の行為に対する排除法則の抑止効の点についても法廷意見には従えない。法廷意見を前提にすると，警察は，逮捕の実体要件はあるが令状は入手していないという場合，逮捕するために被疑者が外出するのを待つという時間の浪費を避けることができ，また，令状の発給を求めてその場を離れている間に被疑者が逃亡してしまうという危険も回避できる。さらに，重大な

プライヴァシー侵害を受けて震えあがっている被疑者から，負罪供述が取れることもある。また，住居内で発見した証拠は有罪立証には使えないが，これは住居に立ち入らなければそもそも獲得できなかったものである。したがって，警察は無令状で被疑者の住居に立ち入っても，得るものはあっても失うものは何もない，ということになる。このように，法廷意見は警察に第4修正違反の活動を行う強力な誘因を与えるものである。

《解　説》
1．合衆国最高裁判所の判例では，*Watson*（United States v. Watson, 423 U.S. 441 (1976)）[1]で，公共に開かれた場所（public place）で重罪理由に逮捕する場合には，相当理由という逮捕の実体要件（probable cause）があれば，緊急状況になくても無令状で逮捕することが合衆国憲法第4修正に違反しないとされている。しかし，被疑者の住居に立ち入って逮捕する場合は，*Payton*（Payton v. New York, 445 U.S. 573 (1980)）[2]で，緊急状況になければ逮捕令状が第4修正上の要件となるとされている（*Payton*法理）。

本件では，緊急状況になかったにもかかわらず無令状で被疑者の住居に立ち入って逮捕がなされており，この逮捕は*Payton*法理に照らして第4修正に違反する。そして，被疑者をその住居内で取調べて得られた供述がこの*Payton*法理違反の逮捕の毒樹の果実として排除されることについては争いがない。本件の争点は，被疑者を住居の外に連れ出し警察署に連行して取調べて得られた供述が同様に排除されるか否かである[3]。

2．逮捕に関して，我が国では，令状入手の時間的余裕がある限り事前に逮

---

[1]　*Watson*については，鈴木義男編「アメリカ刑事判例研究　第1巻」（1982年）1頁（平澤修担当）参照。

[2]　*Payton*については，渥美東洋編『米国刑事判例の動向Ⅳ』（中央大学出版部，2012年）128頁（香川喜八朗担当）参照。

[3]　なお，第3の供述については，被疑者が取調べを中止する意思を表明すればミランダ法理により取調べを中止しなければならず，第3の供述がミランダ法理によって排除されることについても争いはない。

捕令状を入手することが，憲法，刑訴法上の要件となっており，(憲法33条，刑訴法199条，210条，212条，213条)，また，被疑者の住居に立ち入って逮捕する場合も，被疑者以外の第三者の住居に立ち入って逮捕する場合も，令状に拠らなければならない場合に要件とされるのは逮捕令状を入手することだけであるとされている（刑訴法220条1項1号）。これに対し，合衆国での逮捕の令状要件に関する法状況は，我が国とは若干異なっている。

逮捕，捜索・押収を規律する合衆国憲法第4修正は「不合理な」捜索・押収を禁止するものであり，憲法起草者の主たる関心は一般令状の禁止にあったといわれる。そのため，重罪については，長い間，無令状の逮捕，捜索・押収が許されていた。その後，実は実体要件がなかったにもかかわらず見込みで逮捕，捜索を行い，それにより発見された証拠によって，逮捕，捜索の前から実体要件が存在していたとごまかす危険（後知恵の危険）や，捜査機関が熱心さのあまり要件を緩やかに認定して違法な逮捕，捜索を行う危険が自覚され，令状要件重視（preference of warrant）の傾向が強まった。そして，物の捜索・押収については，*Katz*（Katz v. United States, 389 U.S. 347 (1967)）で令状要件を原則とする法理（我が国でいうところの令状主義）が確立した[4]。

しかし，逮捕については，*Beck*（Beck v. Ohio, 379 U.S. 89 (1964)）や *Wong Sun*（Wong Sun v. United States, 371 U.S. 471 (1963)）のように令状要件重視の傾向を示す判例もあったが，*Watson* で，公共に開かれた場所（public place）で重罪を理由に逮捕する場合には，たとえ緊急状況になくとも無令状逮捕は合憲であると判示された[5]。ただし，無令状で逮捕した後，身柄拘束を継続する

---

4) 令状要件への傾斜の傾向を示す判例としては，*See,* Agnello v. United States, 269 U.S. 20 (1925). United States v. Jeffers, 342 U.S. 48 (1951). Jones v. United States, 357 U.S. 493 (1958). Aguilar v. Texas, 378 U.S. 108 (1964). Beck v. Ohio, 379 U.S. 89 (1964). Unites States v. Ventresca, 380 U.S. 102 (1965). Katz v. United States, 389 U.S. 347 (1967). Terry v. Ohio, 392 U.S. 1 (1968). Chimel v. California, 395 U.S. 752 (1969).
　　また，渥美東洋「令状要件，排除法則等の含意への若干の考察」法学新報第96巻1・2号35頁，渥美東洋「令状要件のもつ意味」（同『レッスン刑事訴訟法（上）』（1985年）所収），渥美・前掲註2）*Payton* の解説（香川喜八朗担当）参照。

場合には，*Pugh*（Gershtein v. Pugh, 420 U.S. 103 (1975)）[6]で，司法官憲による逮捕後の実体要件の有無の判断が憲法上の要件となるとされている。さらに重罪での逮捕でも，被疑者の住居に立ち入って逮捕する場合には，*Payton* で，「逮捕」令状を事前に入手することが憲法上の要件になるとされており，また，被疑者以外の第三者の住居に立ち入って被疑者を逮捕する場合には，*Steagald*（Steagald v. United States, 451 U.S. 204 (1981)）[7]で「捜索」令状を事前に入手することが憲法上の要件となると判示されている。

Payton で被疑者の住居に立ち入って逮捕する場合に逮捕令状が要件とされたのは，次のような理由による。被疑者をその住居に立ち入って逮捕する場合には，被疑者の行動の自由が制限されるだけでなく，逮捕の前に住居内で被疑者を捜索するので住居内のプライヴァシーも干渉を受ける。正当な逮捕であれ

---

5) *Watson* で無令状逮捕が合憲とされた根拠はあまり説得的なものではない。法廷意見は，公共に開かれた場所での無令状逮捕を正当とする原則がコモン・ローで採られ，連邦及びほとんどの州でこの原則が長い間受け入れられてきたことから，無令状逮捕を正当とする連邦議会の法律には強い合憲性の推定が働くとした。しかし，逮捕は第4修正上は人の身柄の「押収」として規定されているのであるから，物の捜索・押収について令状を原則として要件としている以上，逮捕についても令状逮捕を原則とするほうが理論的に一貫する。*Pugh*（Gershtein v. Pugh, 420 U.S. 103 (1975)）では，人には可動性があり，逃亡の虞れや別の犯罪をさらに行う虞れがあるので，この点で物の捜索・押収と区別されると示唆されている。また，*Watson* の補足意見でパウエル裁判官は，逮捕の実体要件の存在が認められてもすぐに被疑者を逮捕せずに捜査を継続する方が証拠獲得等の点で妥当な場合があり，このような場合にあらかじめ令状を入手しておくと，令状を執行する段階で令状が古く (stale) なってしまう危険があり，逆に，令状を入手しないでいると，予期せぬ事情から直ちに逮捕すべき必要が生じた場合には，事前に令状を入手し得る機会があったので緊急状況にはなかったと裁判官に判断される危険があり，警察はジレンマに陥ると述べている（United States v. Watson, 423 U.S. 441 429-430, Powell J., concurring）。

6) *Pugh* については，鈴木・前掲註1) 7頁（平澤修担当），内田一郎・アメリカ法1977年2号287頁参照。

7) *Steagald* については，渥美・前掲註2) 141頁（第13事件，柳川重規担当），鈴木・前掲註1) 12頁（酒井安行担当）参照。

ば，住居内のプライヴァシーを開くことができるとはいえ，住居内のプライヴァシーの保護は第4修正の保障の中核をなすものであり，実体要件を欠く逮捕によってこのプライヴァシーが侵害されることがあってはならない。そこで，公共に開かれている場所での逮捕よりも手続を一層慎重に進めなければならず，逮捕の実体要件に関する事前の令状審査が要件となる，というものである。また，逮捕目的で住居に立ち入るのに，被疑者が住居内に所在することを疑うに足りる相当な理由が要件となるか否かという点については争いがあるが[8]，仮にこれが要件となるとしても被疑者が自宅に所在する確率は高いので，この点についてまで事前に令状審査を要件とすることは第4修正上要求されないと考えられ，(被疑者の) 捜索令状は不要であるとされたものと思われる。

Steagald でも，被疑者の行動の自由の制限と第三者の住居のプライヴァシーへの干渉を区別するとの前提が採られたが，さらに，逮捕令状は前者に対する保護を提供するが，後者に対する保護を提供するのは捜索令状であるとして，令状の保護利益の違いが強調され，第三者の住居に立ち入って被疑者を逮捕する場合には捜索令状が必要であるとされた[9]。

3. (1) 本件で法廷意見は，*Payton* 法理の目的が住居内の物理的十全性

---

[8] *Payton* ではこの点は争点から外されていたので，傍論で「被疑者が住居の中にいると思料できる理由」があればよいと述べるにとどまっている（Payton v. New York, 445 U.S. 573, 603 (1980)）。

[9] *Steagald* は，「被疑者」の自由・プライヴァシーへの干渉だけが問題となっているのか，「被疑者以外の者」の自由・プライヴァシーへの干渉も問題になっているのかで，つまり「人」を中心にして *Payton* と区別しているようにも思われるが（Steagald v. United States, 451 U.S. 204, 214 n7 (1981)），これは，令状の保護利益の違いを強調する考え方とは一貫しないように思われる。また，*Steagald* では捜索令状を要件としなければ逮捕令状を入手した警察が被疑者の知人や友人の家をすべて捜索して回るような事態が生じかねないとし，権限濫用のもたらす害の大きさを指摘している（Id, at 215）。たしかにこの点は認められる。ただし，被疑者の住居のプライヴァシーも不必要に開かれてはならないことに変わりはないのであるから，被疑者の自宅への立入りが認められるためには捜索令状までは不要だとしても，被疑者が自宅に所在することについての相当な理由は必要なのではないかと思われる。

（physical integrity）の保護にあることを強調し，被疑者を住居の外に連れ出した時点で *Payton* 法理違反は終了しており，しかも身柄拘束自体は *Watson* により適法であるので，警察署での被疑者の供述は，稀釈法理を適用するまでもなく *Payton* 法理違反の果実にならないとした。

(2) 違法逮捕後に取られた被疑者の供述の許容性を判断するに当たり稀釈法理の有無を検討した *Brown*（Brown v. Illinois, 422 U.S. 590 (1975)）[10]，*Dunaway*（Dunaway v. New York, 442 U.S. 200 (1979)）[11]，*Taylor*（Taylor v. Alabama, 457 U.S. 687 (1982)）[12] と本件とを，逮捕の実体要件が欠けていたか否かで区別していることなどからして，法廷意見は，毒樹の果実法理を適用するには，当の証拠を獲得した時点で違法状態が継続していることが必要であると考えているようでもある。仮にそうだとすると，このような考え方は，反対意見も言うように，毒樹の果実法理についての先例の理解と異なるものであると思われる。

Silverthorne（Silverthorne Lumber Co. v United States, 251 U.S. 385 (1920)）で毒樹の果実法理が初めて採られたとき，*Silverthorne* では「証拠獲得のある一定の方法を禁ずる規定の本質は，単にそのような方法で獲得された証拠が当法廷の面前で用いられてはならないということにとどまるものでなく，そのような証拠は一切利用されてはならないというものである」[13] と言われ，毒樹の果実法理が排除法則に当然に付随するものであるとされた。基本権を侵害する活動は侵害があった時点から「汚染」され，その成果は一切否定されなければならない。つまり，活動それ自体が否定されることになる。基本権侵害活動は存在しなかったものとされるので，この活動がなかったならば得られなかったであろう証拠，つまり基本権侵害活動と条件関係にある証拠も原則としてすべ

---

10) *Brown* については，鈴木・前掲註 1) 141 頁（原田保担当），永山忠彦・アメリカ法 1977 年 2 号 282 頁参照。
11) *Dunaway* については，渥美・前掲註 2) 3 頁（第 1 事件，香川喜八朗担当），鈴木・前掲註 1) 147 頁（酒井安行担当）参照。
12) *Taylor* については，渥美・前掲註 2) 17 頁（第 2 事件，香川喜八朗担当）参照。
13) Id, at 392.

て排除されることになる[14]。これが Silverthorne で採られた毒樹の果実法理である。排除法則が Mapp（Mapp v. Ohio, 367 U.S. 643 (1961)）以降抑止効を中心に考えられるようになってからも，この毒樹の果実法理の理解は，Wong Sun や Ceccolini（United States v. Ceccolini, 435 U.S. 268 (1978)）[15]等で基本的には受け継がれている。このように，基本権侵害活動が終了していても，それと条件関係が認められる証拠は原則として排除されるのであり，違法が継続していることは，先例上は要件とされていない。

(3) 法廷意見はまた，Crews（United States v. Crews, 445 U.S. 463 (1980)）[16]に依拠しているが，Crews は，違法逮捕が途中に介在した場合において，被害者による公判での犯人識別証言が違法逮捕の毒樹の果実として排除されるか否かが争われた事例である。法廷意見は，被告人を公判廷へ出頭させその結果として証人により犯人と被告人との比較が可能になった点について，被告人の身柄それ自体が違法逮捕の果実として排除されることを認めると，結局は違法逮捕を理由に訴追を禁ずるのと同じ結果になり，排除法則の狙いである基本権侵害活動の排除ということ以上の効果が生じてしまうので，被告人の身柄は違法逮捕の果実になりえないとした。仮に Crews の先例としての意義をこの点に認めるとするならば，Crews を本件の先例とすることは適切ではないように思われる。

(4) ところで，本件では，逮捕は実際には無令状で被疑者の住居に違法に立

---

14) 渥美東洋『全訂 刑事訴訟法（第 2 版）』（2009 年）185-187 頁参照。また，合衆国での毒樹果実論の展開については，渥美東洋「合衆国における違法排除法理の展開とその不合理性」，同「違法排除法理の根拠と機能の再検討」（同『捜査の原理』（1979 年）所収），同「反覆自白，不任意自白と排除法則—毒樹果実論にも触れて」判例タイムズ 365 号，光藤景皎「違法収集証拠排除の範囲」（同『刑事訴訟行為論』（1974 年）所収）参照。

15) Ceccolini については，渥美・前掲註 2) 697 頁（柳川重規担当），鈴木・前掲註 1) 88 頁（高橋則夫担当）参照。

16) Crews については，渥美・前掲註 2) 708 頁（柳川重規担当），鈴木義男編『アメリカ刑事判例研究 第 2 巻』（1986 年）81 頁（平澤修担当）参照。

ち入って行われているが、住居の外で行われていれば、法廷意見のいうように逮捕は適法となっていた事案である。法廷意見は、排除法則の適用に当たっては、捜査活動を規律する法理の目的との関連で証拠排除の是非を判断すべきであると主張し、本件で関係している *Payton* 法理の目的は人の行動の自由の保護ではなく、住居の十全性の保護にあるとした。そして、この目的からすると、住居への立入りの適否と逮捕それ自体（身柄の拘束）の適否は分けて検討されることになると考えたのか、本件では住居の立入りは違法であるが身柄の拘束は適法であって、獲得された自白は違法立入りの成果ではなく、適法な逮捕の成果であるとしている。違憲の活動と獲得された証拠との因果関係を判断するに当たり、捜査活動を違憲とする法理の目的を考慮しなければならないとの新たな考え方を本件で取り入れたとみることができるかもしれない。

4．本件により、被疑者の住居に無令状で違法に立ち入って逮捕した場合には、住居の中で得た供述は排除されるが、住居の外に出て得た供述は排除されないとのやや奇妙な結論が是認されることになった。このような結論も、公共に開かれた場所での無令状逮捕は緊急状況にない場合でも合憲であると判示した *Watson* を前提にして初めて成り立つものである。我が国では、被疑者を住居の外で逮捕する場合でも緊急状況になければ事前に逮捕令状を入手することが要件とされているので、本件のような事案では身柄拘束自体が違法とされ、警察署での被疑者の供述も排除されることになる。したがって、本件のような争いは生じない。もっとも、本件で法廷意見が示した、違法活動と証拠との間の因果関係の捉え方は、我が国においても検討を要する点であるように思われる。

（柳川　重規）

4 弾劾目的利用

55. James v. Illinois, 493 U.S. 307 (1990)

　排除法則の「弾劾目的利用の例外」を拡張して，被告人以外の証人の証言の証明力を減殺するために違法収集証拠を用いることは許されない，と判示された事例。

《事実の概要》
　不良グループ同士の喧嘩で，申請人 James は銃を発砲し，相手方グループの少年 1 名を死亡させ，1 名に重傷を負わせた。James は，謀殺及び謀殺未遂で起訴された。
　公判で，被害者側グループの少年 5 名が国側の証人として犯人識別証言を行った。証人は 5 名とも，銃を発砲した犯人の頭髪は赤毛で，肩までの長髪，整髪料をつけて櫛で後になでつけていたと証言したが，公判に出頭した James の髪の色は黒で，髪型も自然なものだった。それでもこの証人らは，James が犯人であると主張した。James 自身は証人としては供述せず，家族の友人 Henderson を証人として喚問したところ，Henderson は，本件犯行当日の James の髪の色は黒だったと証言した。ところで，James を逮捕した警察官は，逮捕する前に James が美容院でヘヤー・ドライヤーを頭にかぶっているのを目撃していたので，取調べの際に，美容院へ行く前の髪型と髪の色を James に質問していた。James の供述内容は前記国側証人の証言と同じものであり，しかも，容貌を変えるために髪を染めパーマをかけたと供述していた。この供述は，逮捕が実体要件（probable cause）を欠く違法なものであったため，違法逮捕の果実として有罪立証のための証拠としては排除されていたが，国は被告人側証人の証言の証明力を減殺する目的でこの供述の証拠調請求をした。公判裁判所は，この供述が真実性を帯びていると認定してから，この請求を認め

た。James は謀殺，謀殺未遂双方につき有罪と認定され，30 年の収監刑を宣告された。

イリノイ州 Appellate Court は，証人の証言の証明力減殺の目的での違法収集証拠の利用は排除法則により禁じられ，しかも，この点に関する公判裁判所の判断の誤りは判決に影響を及ぼすものであると判示し，有罪判決を破棄して再審理を命じた。

イリノイ州 Supreme Court は，被告人が「人を使って」偽証することを防止するために，被告人以外の証人の証言の証明力を減殺する場合にまで排除法則の弾劾目的利用の例外を拡張しなければならないと判示し，イリノイ州 Appellate Court の判断を破棄して James を有罪とした。

合衆国最高裁判所によりサーシオレイライが認容された。

《判旨・法廷意見》
破棄・差戻し
1．ブレナン裁判官執筆の法廷意見
(1) 違法に獲得された当の証拠を公判に提出することにより公判の真実解明機能が増進し，かつ警察の違法活動を助長する危険も憶測の域を出ないほど低いという場合に，排除法則にはこれまで例外が設けられてきている。被告人の証人としての供述の証明力を減殺する目的で違法収集証拠を利用することを許すという弾劾目的利用の例外も，このようにして認められた例外の1つである。この場合には，被告人が排除法則を悪用して偽証するライセンスを得たも同然の状態になることを防ぐことができ，公判の真実解明機能が増進し，かつ警察の違法活動が助長される危険も憶測の域にとどまるので，排除法則の基礎をなす価値の衡量から排除法則の例外として正当化されているのである。

(2) そこで，被告人以外の証人の証言に対してまでこの弾劾目的利用の例外を拡張できるか否かを判断するため，これにより公判の真実解明機能がどの程度増進するか，また排除法則の抑止効が失われることにならないか，被告人の供述に対してこの例外を適用する場合と比較して検討する。

まず公判の真実解明機能がどの程度増進するかであるが，第1に，証人は被告人と異なり既に何らかの犯罪で訴追されているというわけではないので，偽証罪で訴追すると威嚇すること自体にそもそも偽証に対する強い抑止力がある。第2に，より重要なことであるが，被告人は完全に自己に有利な証人ばかり喚問できるわけではないので，証人が被告人の捜査段階でした供述と少しでも食い違う証言を不注意からであれした場合に，常に偽証であるとして証言の証明力が争われることになると，被告人は萎縮し，証明力のある証拠を提出し得る証人を喚問できなくなる危険がある。このため，弾劾目的利用の例外を拡張することで，証人が偽証していることが明らかとなって公判の真実解明機能に利益になることがあるとしても，同時に被告人の証人喚問に萎縮効果が及ぶので，その利益は相殺されてしまう。したがって，弾劾目的利用の例外を支える真実解明機能の増進という理論構成は，被告人以外の証人の証言に対しては妥当しない。

　次に，排除法則の抑止効の点から検討すると，先例で弾劾目的利用の例外が認められたのは，被告人が公判で偽証することを前提に捜査機関が証拠を集めることはまずないので，違法収集証拠の利用を許しても警察の違法活動が助長される危険は極めて小さく憶測の域を出ない程度のものだと考えられたからである。これに対し，被告人以外の証人の証言に対して弾劾目的利用の例外を拡張すると，被告人自身が証人として供述する場合よりも証人が喚問されて証言する場合の方が明らかに数が多いので，違法収集証拠を利用できる機会が大幅に増え，また被告人の証人喚問に対し萎縮効果が働くためで，無罪立証のための証明力のある証拠の提出を妨害することもできるなど，訴追側にとっては違法収集証拠の利用価値が高くなる。したがって，警察の違法活動が助長される危険は憶測の域にとどまらずもっと大きなものとなる。

　たとえ警察の違法活動が助長される危険がこのように増大するとしても，有罪立証の証拠から違法収集証拠が排除されれば，それだけでプライヴァシー保護のための抑止力としては十分であり，このような結果は合衆国憲法の許容するところであるとする見解があるが，この見解には賛成できない。違法収集証

拠を有罪立証の証拠から排除するだけでは，警察が犯罪事実について一応の証明ができる程度の証拠を合法的に獲得している場合（あるいは合法的に獲得できることを知っている場合）に，違法な証拠収集活動に出ることを抑止できない。警察が違法な証拠収集活動を行うのは，実はこのような状況であることが多いので，これでは，憲法を尊重する態度を強いるための唯一効果的な方法であるとされた排除法則の抑止効は大きく掘り崩されてしまう。違法に収集された証拠は排除されるのが原則なのであって例外なのではない。

弾劾目的利用の例外を被告人以外の証人の証言にまで拡張することはできない。原判断を破棄し差戻す。

2．スティーヴンズ裁判官の補足意見

反対意見は，本件の場合も公判の真実解明機能の保護に関する国の利害は，弾劾目的利用の例外を認めた諸先例の場合と同じように大きいと言うが，これでは本件の問いに答えていることにならない。本件で問われているのは，本件で違法収集証拠の弾劾目的利用を許すことにより，排除法則の抑止効の低下を補って余りあるほど公判の真実解明機能が増進するかである。

偽証すれば偽証罪で訴追されると威嚇されているので，証人は反対意見が言うほど簡単に偽証するものではない。これは確固たる現実であって，反対意見はこの現実を無視している。反対意見は警察官の証言を完全に信頼し，被告人側証人の証言を虚偽のものであると決め込んでいるが，一般的にこのような前提に立つことは正当化されない。なるほど本件では国側の目撃証人が5人もいるので，こうした前提で議論することも許されるかもしれないが，そうであるならばそもそも違法収集証拠を用いて被告人側証人の証言の証明力を減殺する必要もないと思われる。

3．ケネディ裁判官の反対意見（レンクィスト首席裁判官，オコナー，スカリーア両裁判官参加）

本件の場合も公判の真実解明機能の保護に関する国の利害は，弾劾目的利用の例外を認めた諸先例の場合と同じように大きい。被告人が証人として供述している場合には，自己に有利に供述しているのではないかと陪審は疑ってかか

るものなので，公判の真実解明機能に対する潜在的な害は証人が証言する場合の方が大きい。法廷意見に従うと，国は単に訴追のための証拠を奪われるだけでなく，虚偽の証言を公判に持ち込まれ，しかもその証言を効果的に反駁することができないために，それの持つ証明力を強めることになってしまう。

　法廷意見は被告人の証人喚問に対する萎縮効果ということを言うが，違法収集証拠を利用できる場合を，証人の証言が違法収集証拠と正面から矛盾する場合に限定すれば，このような懸念は憶測にすぎないものとなる。

　イリノイ州及びその他の州では，偽証罪についての証明基準が高く，有罪判決を得ることが困難であることを考えると，偽証罪で訴追すると威嚇しただけでは偽証を抑止するのに不十分である。また，証人が被告人の家族であったり友人であったりする場合には，そもそも偽証罪での訴追には威嚇力はない。

　排除法則の抑止効の点について言うと，将来公判で証言することになる被告人側証人の証言を反駁するための証拠が獲得できるとの判断の下に，違法な証拠収集活動が行われると考えるのは非現実的である。法律の専門教育を受けていない警察官が，既に獲得している証拠で有罪判決を得るのに十分か否か判断するとは考えられない。警察官は被告人の身元すら知らない場合があり，将来喚問されることになる被告人側証人については，おそらく一切何も知らないであろう。ましてや，その証人がいかなる内容の証言をするかなど知る由もないのである。

　以上の理由から，違法収集証拠と正面から矛盾する証人の証言については，その証明力を減殺するための違法収集証拠の利用を許すべきであると考える。

《解　説》

　1．合衆国では判例上，違法収集証拠であっても，一定の条件の下に，被告人が証人として行った供述の証明力を減殺（弾劾）する証拠に利用できることが認められている。この排除法則の「弾劾目的利用の例外」を被告人以外の証人の証言にまで拡張して，あらゆる証人の証言の証明力を減殺する目的で違法収集証拠を利用することができるか，これが本件の争点である。

2．排除法則の弾劾目的利用の例外に関する判例の流れは，*Agnello*（Agnello v. United States, 269 U.S. 20 (1925)）[1]まで遡る。*Agnello* は，コケインの不法譲渡の共謀で起訴された被告人が証言台に立ち，反対尋問で，今までコケインを見たことがないと供述したため，訴追側が，被告人宅で違法捜索により発見されたコケイン入りの缶を，被告人の供述の証明力を減殺する目的で証拠として提出したという事案で，法廷意見は，「一定の方法での証拠の獲得を禁ずる規定の本質からすると，違法に獲得された証拠は単に当法廷での利用が禁ぜられるに止まらず，その利用が一切禁ぜられる」との *Silverthorne*（Silverthorne Lumber Co. v. United States, 251 U.S. 385(1920)）[2]の判示を引用して，違法収集証拠の弾劾目的利用を認めなかった。

この *Agnello* を限定し，弾劾目的利用の例外を初めて認めたのが *Walder*（Walder v. United States, 347 U.S. 62(1954)）[3]である。*Walder* は，薬物の不法取引で起訴された被告人が証言台に立ち，主尋問で，これまでに薬物を販売したことも，所持したことも，他人に譲渡したこともないと供述したため，訴追側が，その2年前の公訴取下げとなった事件の捜査の過程で被告人から違法捜索により入手していたヘロインを，被告人の供述の証明力を減殺する目的で証拠として提出したという事案で，法廷意見は，政府が違法収集証拠を積極的に利用できないでいる状態を被告人が悪用して，虚偽の供述をする際の盾（shield）にすることは許されないとして，違法収集証拠の弾劾目的利用を認めた。*Walder* は，被告人の供述が ① 主尋問での供述であり，② 公訴事実とは直接関係しない付随事実に関する供述であって，用いられる違法収集証拠も直接公訴事実を立証するものでないこと，の2点で *Agnello* と区別されたと一般に理解された。こうした限定を加えることにより，政府が「有罪立証に用いることを

---

1) *Agnello* については，小早川義則『毒樹の果実論』（成文堂，2010 年）210 頁参照。
2) *Silverthorne* については，小早川・前掲同書 310 頁参照。
3) *Walder* については，渥美東洋『捜査の原理』（有斐閣，1979 年）257 頁，小早川・前掲同書 213 頁参照。

禁じられた証拠を反対尋問を通して密かに持ち込むこと」が阻止できると考えられたのである。

Walder では，第4修正違反の捜査活動という政府の規範違反行為と，被告人の偽証という司法妨害行為に同時にいかに対処すべきかという観点から，弾劾目的利用の例外を認めるための要件が慎重に定められていたと言える。ところが，この2つの要件のうちまず②の要件が *Harris*（Harris v. New York, 401 U.S. 222(1971)）[4]で棄てられた。*Harris* は，ヘロインの販売で起訴された被告人が証言台に立ち，主尋問で，取引の相手をだますためヘロインではなくベィキング・パウダーの入った包みを渡したつもりだったと供述したため，訴追側が，ミランダ法理に違反して取られた被告人の捜査段階での自白を，被告人の供述の証明力を減殺する目的で証拠として提出したという事案で，法廷意見は，弾劾目的利用の例外の適用上，被告人の供述が付随事実に関するものか，より直接的に公訴事実と関係するものかで原理的な差異を認めることはできないとし，違法活動が助長される危険は憶測にすぎず，これによって証人の弾劾手続による利益が失われてはならないとして，ミランダ違反の自白の弾劾目的利用を認めた。*Hass*（Oregon v. Hass, 420 U.S. 714(1975)）[5]でも，*Harris* と同様の立場から，ミランダ違反の自白の弾劾目的利用が認められた。

さらに①の要件が，*Havens*（United States v. Havens, 446 U.S. 620(1980)）[6]で大幅に修正された。*Havens* は，コケインの密輸入の共犯として起訴された被告人が公判で証言台に立ち，主尋問で犯罪への関与を示す事実を否定したため，訴追側がその事実と密接に関連する事実を反対尋問で質問したところ，記

---

[4] *Harris* については，渥美東洋「最近の合衆国最高裁の刑事手続上の諸判例（1970-71年）アメリカ法 1972-Ⅱ 241頁，渥美・前掲註3）257, 259頁，熊本典道「自白法則の将来— Harris 判決の意味するもの—」判例時報 639号 17頁，小早川・前掲註1）216頁参照。

[5] *Hass* については，鈴木義男編『アメリカ刑事判例研究 第1巻』（成文堂，1982年）135頁（神坂尚担当），小早川・前掲註1）22頁参照。

[6] *Havens* については，渥美東洋編『米国刑事判例の動向Ⅳ』（中央大学出版部，2012年）691頁（田村吉彦担当），小早川・前掲註1）226頁参照。

憶にないと答えたので，この供述の証明力を減殺する目的で違法収集証拠を提出したという事案で，法廷意見は，*Agnello* で違法収集証拠の弾劾目的利用が認められなかったのは，主尋問での被告人の供述と関連の薄い事実について反対尋問がなされたためであるとして，合理的にみて被告人の主尋問での供述により示唆されていると言い得る事項について反対尋問がなされているのであれば，この質問に対する被告人の供述の証明力の減殺のために違法収集証拠を用いても，有罪立証に用いることを禁じられた証拠を反対尋問を通じて密かに持ち込むことにはならないとし，さらに，虚偽の供述が反駁されないままでいることを正当化し得るほどの排除法則の抑止効の増大も望めないとして，違法収集証拠の弾劾目的利用を認めた。

このように，被告人の証人としての供述に対する関係では，弾劾目的利用の例外はかなり広い範囲で認められるようになっている。

3． *Weeks* (Weeks v. United States, 232 U.S. 383(1914))[7]で連邦の法原則として確立された排除法則を州へ適用することを認めた *Mapp* (Mapp v. Ohio, 367 U.S. 643(1961))[8]では，排除法則の主たる根拠が違法捜査の抑止という点に求められた。その後，合衆国最高裁判所は，排除法則の適用の有無を判断するに当っては，この抑止効論を基礎として，証拠排除によって得られる，捜査段階での基本権侵害活動の抑止という利益と，事実認定機能が害されるというコストを衡量するという cost-benefit analysis を用いてきている[9]。この cost-benefit analysis によっても，公判での有罪立証に違法収集証拠を用いることは，証拠排除による捜査段階での基本権侵害活動の抑止という利益がそのコストを凌駕すると当然の前提のように考えられているために，ほとんど常に禁止

---

7) *Weeks* については，小早川・前掲註1) 98頁参照。
8) *Mapp* については，小早川・前掲註1) 123頁参照。
9) Cost-benefit analysis を用いる理由を，*Calandra* (United States v. Calandra, 414 U.S. 338 (1974)) は，排除法則は裁判所が創設した方策 (judicially created remedy) なので，その適用はこの方策の目的が最も効果的に達成される場合に限定されなければならず，適用の有無を判断するに当たっては，この方策を適用して得られる利益と不利益を比較衡量しなければならない，と説明した。

されている。しかし，それ以外の領域では，この cost-benefit analysis から排除法則の適用が否定された例がいくつかある。大陪審手続には排除法則が適用されないとした *Calandra*（United States v. Calandra, 414 U.S. 338(1974)）[10]，州の手続において証拠の排除を審理する十分かつ公正な機会が与えられていた者は，第4修正に違反して得られた証拠が排除されなかったことを理由にヘイビァス・コーパスを請求することは許されないとした *Stone* v. *Powell*（Stone v. Powell, 428 U.S. 465 (1976)）[11]，非刑事の手続には排除法則は適用されないとした *Janis*（United Sates v. Janis, 428 U.S. 433 (1976)）[12]，実は無効である捜索令状を，捜査機関が有効なものと思料したことが客観的にみてもっともだと考えられる場合には排除法則を適用しないとする「善意の例外（good faith exception）」を認めた *Leon*（United States v. Leon, 468 U.S. 897 (1984)）[13]などがその例である。

　本件でもこの cost-benefit analysis が判断の指針とされ，被告人の証人としての供述の証明力を減殺する目的で違法収集証拠の利用が許された場合と比較しながら検討されている。ただし法廷意見は，違法収集証拠は利用できないのが原則だとの立場[14]から，本件で違法収集証拠の利用を例外的に認めるためには，公判の真実解明機能が大幅に増進し，かつ違法捜査が助長される危険が憶測の域にとどまるほど小さいことが必要であるとしている。

　4．公判の真実解明機能が大幅に増進されるか否かという点について，法廷

---

10)　*Calandra* については，井上正仁・アメリカ法 1976-1125 頁参照。
11)　*Stone* については，小早川・前掲註 1）277 頁参照。
12)　*Janis* については，鈴木・前掲註 5）99 頁（高橋則夫担当）参照。
13)　鈴木義男「排除法則の新局面—善意の例外—」判例タイムズ 546 号 27 頁，井上正仁「排除法則と善意の例外」（『団藤重光博士古稀祝賀論文集第 4 巻』（有斐閣，1985 年）375 頁参照）。
14)　*Silverthorne* 及び *Weeks* を前提にすれば，当然このように考えることになると思う。ただし，*Weeks* や *Silverthorne* で言われた排除法則が cost-benefit analysis に基づく適用を許すものであるかはかなり疑問である。また，上述したように，*Walder* で弾劾目的利用の例外が認められたのは，cost-benefit analysis を基礎とする理論構成によってではなかった。

意見は，①証人に対しては偽証罪による訴追の威嚇が被告人よりも強く働き，もともと偽証が比較的抑止されていること，②証人喚問に萎縮効果が働き，証明力のある証拠を提出し得る証人を喚問できなくなる危険があり，かえって真実解明にとってマイナスとなること，を理由にこれを否定する。これに対し反対意見は，①については，偽証罪で有罪判決を得ることはその証明基準が高いことから困難であり，偽証の抑止としては不十分であると批判し，②については，証人の証言が違法収集証拠と正面から矛盾する場合に限って違法収集証拠の利用を許すことにすれば萎縮効果は働かないと批判する。

　違法捜査が助長される危険は憶測の域にとどまるほど低いと言えるか否か，という点については，法廷意見は，違法収集証拠の利用価値が高まること，捜査機関が犯罪事実について一応の証明ができる程度の証拠を入手している場合には違法活動を抑止できなくなることを理由に，これも否定する。反対意見はこれに対して，将来証人が公判で偽証する場合に備えて警察が違法に証拠を収集することなどまずあり得ない，と批判している。

　法廷意見，反対意見とも憶測に基づく議論であり，説得的な論証を展開しているとは言えない。公判の真実解明機能がどの程度増進するかとか，排除法則の抑止効がどの程度失われるかといった問題は，実証的に裏付けられた明確な答えを出すことが無理なものなのではないかと思われる[15]。cost-benefit analysis は，排除法則の適用に関して妥当な結果を得ようとして用いられてい

---

15)　排除法則の抑止効については，オークス（Dallin H. Oaks）教授の研究をはじめとしていくつかの実証研究がこれまでなされているが，排除法則には抑止効があるとも言い切れないし，ないとも言い切れないというのが現状のようである。*See, Oaks, Studying the Exclusionary Rule in Search and Seizure,* 37 U. Chi. L. Rev. 665 (1970)．この論文については，渥美・前掲註3) 240-246 頁参照。また，合衆国での抑止効に関する実証研究については，井上正仁『刑事訴訟における証拠排除』（弘文堂，1985 年）98-117 頁に詳しい。

　　抑止効説のもつ欠点については，渥美『捜査の原理』251-268 頁，渥美東洋「排除法則の限界」（同『レッスン刑事訴訟法（中）』（中央大学出版部，1986 年）所収），渥美東洋「排除法則の根拠とその適用」（同『刑事訴訟を考える』（日本評論社，1987 年）所収）参照。

るのであろうが，これを指針としてなされる判断はこのように憶測に基づいたものとなり，そのため，排除法則に関する個々の争点について合衆国最高裁判所がいかなる結論をとるか予測のつきにくい状態となっている。cost-benefit analysis に基づく排除法則の適用の有無の判断が，法運用の安定を害するものであることが本件でも示されていると言える。

(柳川　重規)

5 排除法則の適用領域

56. Pennsylvania Bd. of Probation and Parole v. Scott, 524 U.S. 357 (1998)

仮釈放の係官が，捜索対象者が保護観察付きの仮釈放（parole）の状況にあることを知りながら，不審事由（reasonable suspicion）なく合衆国憲法第4修正に違反して住居の捜索を行った場合，仮釈放取消しのための聴聞手続において排除法則は適用されないと判示された事例。

《事実の概要》

被申請人 Scott は，第3級殺人の公訴事実を争わず不抗争の答弁（nolo contendere）を行い，当初 1983 年 3 月 31 日に，懲役 10 年から 20 年の不定期刑の宣告を受けていたが，下限の刑期が満了して数か月が経過する，1993 年 9 月 1 日に仮釈放（parole）された。Scott は，仮釈放条件の 1 つにより，いかなる銃器またはその他の武器の所有もしくは所持も禁止された。さらに，Scott が署名した仮釈放の合意書には，ペンシルヴェイニア州保護観察及び仮釈放委員会の法執行官による，無令状の身体，所持品及び住居の捜索に同意すること，また，仮釈放条件違反を構成する，いかなる物を所持した場合にもその押収に服さなければならないし，押収された物は仮釈放の取消し手続における証拠として利用される場合がありうることが定められていた。

その 5 か月後，Scott が銃器の所持，アルコールの摂取，及び職場の同僚への暴行（assault）によって仮釈放の複数の条件に違反したため，令状を入手して，3 名の仮釈放係官が地元の食堂で Scott を逮捕した。身柄が矯正施設に移送される前に，Scott は住居の鍵を係官に預け，係官らは Scott の母親が所有する住居に立ち入ったが，母親が帰宅するまで捜索を開始しなかった。係官らが捜索の同意を求めることも得ることもしないうちに，Scott の母親は寝室に

係官らを差し向けた。そこで係官らは関連性ある証拠を発見することができず，隣接する居間を捜索し，5丁の銃器とコンパウンドボウ（化合弓）1張り，及び3本の矢を発見した。

仮釈放取消しのための聴聞手続で，Scott は，住居の捜索中に入手された証拠の採用について，本件捜索は第4修正に照らして不合理な捜索であるため証拠排除を求める異議を申し立てた。しかしながら，聴聞審査官はこれを却下し証拠を認容した。その結果，州保護観察及び仮釈放委員会は，遵守事項違反の嫌疑を証明するのに十分な証拠が存在すると認定し，仮釈放時の残りの刑期である36月の懲役に服させるため Scott を再収容した。

ペンシルヴェイニア州上訴裁判所（Commonwealth Court）は，聴聞審査官が Scott の住居の捜索中に入手された証拠を認容した点に誤りがあったとし，原判断を破棄し，差し戻した。また，同裁判所は，本件捜索は，住居の所有者の同意なく行われた捜索であり，州の制定法や規則などにしたがって捜索の合理性を仮釈放執行官が確認することによって受権されたものではなかったという理由から，Scott の第4修正上保障された権利を侵害するものであり，さらに，本件のような状況においては，排除法則の抑止効がもたらす利益の方がコストよりも上回るものであるので，本件で排除法則を適用すべきであると判示した。

州 Supreme Court はこの判断を確認し，仮釈放者が仮釈放の合意書に署名していたことは第4修正上の権利に影響せず，このことが仮釈放係官に無令状捜索を実施することを許すものではないとした。そして，本件捜索は，仮釈放の遵守事項違反について「不審事由（reasonable suspicion）」ではなく単なる憶測（speculation）でしかなく，明らかに不合理な捜索といえると判示した。そのうえで，仮に排除法則を認めないとすると，捜索を実施する執行官が，捜索対象者が仮釈放者で，違法に入手された証拠が仮釈放取消し手続に提出される可能性があることを知りつつ無令状捜索を行った場合に，違法な捜索は抑止されなくなってしまうことになる点を根拠に，捜索を実施する執行官が，被申請人が保護観察付きの仮釈放の状況にあることを知りながら捜索を行った本件

には連邦の排除法則が適用されると結論付けた。

合衆国最高裁判所は，仮釈放取消し手続に排除法則の適用があるかどうかを判断するためサーシオレイライを認容した。

《判旨・法廷意見》

原判断破棄，差戻し

1．トマス裁判官執筆の法廷意見

当裁判所は，合衆国憲法第4修正に違反して入手した証拠を，州が利用することそれ自体が合衆国憲法に違反するものではないことをこれまで繰り返し強調してきた（See, e.g., United States v. Leon, 468 U.S. 897, 906 (1984)；Stone v. Powell, 428 U.S. 465, 482, 486 (1976)）。むしろ，第4修正違反は違法な捜索や押収活動によって完全に完成するものであり，司法及び行政手続から証拠を排除しても，被告人を既に悩ませている被告人の権利の侵害を治癒することはできないのである（United States v. Leon, *supra*, at 906)。それどころか，排除法則とは，政府による違法な捜索・押収活動を抑止するために裁判所が創り出した救済策である（United States v. Calandra, 414 U.S. 338 (1974))。したがって，排除法則は，全ての手続で，全ての個人の利益に反して，違法に押収された証拠を利用することを禁止しているわけではなく（Stone v. Powell, *supra*, at 486)，救済策として，この方策の目的を最も効果的に達成しうると考えられるコンテクストに限って適用されるべきである（United States v. Calandra, *supra*, at 348；see also United States v. Janis, 428 U.S. 433 , at 454 (1976)）。そのうえ，排除法則は，憲法上義務付けられたものではないのでその適用は慎重であるべきだから，排除法則の適用により発生する「相当程度の社会的コスト」を上回る程度の抑止効果が期待できる場合に限って適用されるべきであると当法廷は判示してきた（United States v. Leon, *supra*, at 907)。

当法廷は，このような社会的コストの存在を認め，これまでも刑事公判以外の手続に排除法則の適用を拡大することを繰り返し拒否している。たとえば，*Calandra* では，排除法則は大陪審手続には適用されないと判示し，その際に，

このような刑事公判以外の手続には法執行過程において特別な役割があり，排除法則を適用することによってこれらの手続がもつ伝統的に柔軟かつ対審構造によらない性質が，脅かされることを強調した。また，同様に *Janis* で，関連性があり，証明力のある証拠を排除することから生じるコストは，極めて小さい抑止効の利益より上回るため（刑事公判に排除法則を利用することで違法な捜索が既に抑止できているので，この場合の抑止効の利益はごく小さいものでしかない），排除法則は憲法に違反して入手された証拠を市民税の手続に採用することを禁止してはおらず，その適用はないと判示した。さらには，*Lopez-Mendoza*（INS v. Lopez-Mendoza, 468 U.S. 1032 (1984)）では，わが国では移民に不法残留を許すことに非常に高い社会的コストを払っている点と，また非刑事手続の本質と排除法則とは相容れない点を示して，国外退去処分手続に排除法則を拡張することを認めなかった。

　本件では，*Calandra, Janis, Lopez-Mendoza* と同様，刑事公判というコンテクストを超えて排除法則の運用を拡張できるかが争点とされるが，当法廷はこの拡張を再度否定する。

　排除法則は，信頼できる，証明力の高い証拠の検討を不可能にするため，真実発見から後退し，かつ証拠を排除しなければ刑事施設に収容されたであろう多くの犯罪者たちに，自己の犯罪行為の結果から逃れることを許す，重大なコストを社会に強いることが指摘される（See, Stone v. Powell, *supra*, at 490）。ある一定の事情ではこのようなコストも負担する価値があると当法廷も認めているのだが，真実発見と法の執行のためには「犠牲の大きい道具」という排除法則の特性は，本法則の適用を推し進めるのに高い障壁となる。

　とりわけ仮釈放の取消し手続というコンテクストでは，上記のようなコストはより高い。仮釈放は，「有罪判決を受けた犯罪者の収容形態のひとつ」（Morrissey v. Brewer, 408 U.S. 471 (1972)）とされる制度で，実際各州では，ほとんどの事例で，ある特定事項の遵守を条件付けるだけで仮釈放を積極的に拡大している。その結果，仮釈放者は州が設定する諸事項を遵守しなければならず，万一違反すれば刑務所に戻される。この点を確信でき，確実な利益を得ら

れるのは実は州側なのである。ところが，遵守事項違反を証明できる証拠を排除すれば，再収容を確実にできる州の機能は阻害される。この州の仮釈放制度の機能を妨げるコストは，仮釈放者（とりわけ既に仮釈放の条件違反を複数回犯しているような者）が，平均的市民より将来犯罪を犯す可能性がより高いという事実によってさらに増すのである（See, Griffin v. Wisconsin, 483 U.S. 868, 880 (1987)）。現にこのような事情こそ，仮釈放者に対する緊密な監督が制度として許される前提といえる。

そのうえ，仮釈放の取消し手続とは，全ての市民に与えられる絶対的自由ではなく，仮釈放と引き換えに課された特別な制約を遵守することに応じて適切に判断される，条件付き自由に限って仮釈放者から剥奪されるものである（Morrissey v. Brewer, *supra*, at 480）から，各州には，合衆国憲法の下で仮釈放の取消し手続制度を構築する広い裁量（latitude）が認められ，実際，ペンシルヴェイニア州を含むほとんどの州で，多数の仮釈放を許可するため，インフォーマルな行政上の仮釈放取消し手続が採用されている。一般的にこれらの手続は，裁判官によってではなく仮釈放委員会の委員によって運用され，伝統的な証拠のルールは適用されない（すなわち，この過程は，対審構造の刑事公判では容認されないような証拠をも考慮される程度に柔軟でなければならない）（*Ibid.*, at 489）。

排除法則が適用されれば，この過程が著しく変容されることになるが，そもそも排除法則のような訴訟手続は，州によって確立された，行政上の非対審手続と一貫性をもたないし，たとえ州がこのような訴訟手続に適合するように州の仮釈放取消し手続を作り変えることができたとしても，こうして変化させることでこれらの行政手続を，仮釈放者と社会の双方にとって最大の利益をもたらすように，行政が予測し，任意に判断できるものから，仮釈放者の利益に適合することがほとんどないような公判に類似した手続に変質させることになるだろう。さらに，仮釈放の目的が，仮釈放者に対する，ある程度の監督を維持しながらも刑事罰を科すコストを減じることにもあるので，上記のような制度確立に財政上のコストがかかると，もとより州が仮釈放を拡大する誘因が弱め

られてしまう。

　排除法則を仮釈放取消し手続に適用してもその抑止効の利益は，かようなコストを上回ることはない。まず，捜索を実施する執行官が，捜索対象者が仮釈放者であることを知らない場合には，本件州 Supreme Court も認める通り，抑止効果はほとんど期待できない。このような状況では執行官は，通常の犯罪捜査目的の捜索の場合と同様に，刑事公判に証拠を提出しようという眼で犯罪行為の証拠を捜索する可能性が高いので，公判手続から証拠が排除される可能性を認識することによって抑止効果が期待できるのである。

　また，本件州 Supreme Court は，捜索を実施した法執行官が，捜索対象者が仮釈放者であることを知っている場合の特別なルールを導き出しているが，当法廷はこのようなアプローチの採用を否定する。当法廷は，極めて小さい抑止効果しか得られないような事情に排除法則を適用したことはこれまでないし，捜索対象者が仮釈放者であることを知っているか否かについて場合分けして，排除法則を断片的に適用するアプローチを採れば，法執行官が仮釈放者の状況を認識しているか否かについて副次的手続に追加的段階を付け加えることになる。

　いずれにしても州 Supreme Court のアプローチからもたらされる更なる抑止効はごくわずかである。捜索を実施する者が警察官であれば，その警察官の焦点は，仮釈放条件の遵守を確認したり，行政手続に提出する証拠を獲得したりではなく，犯罪を犯す者を有罪にするための証拠を獲得することに当てられる。非刑事手続である仮釈放手続は，この攻撃的官憲である警察官の主要な関心の範囲外にあるので，捜索対象者が仮釈放者であると知っている場合であっても，警察官は，刑事公判には排除法則が適用されるので，第4修正が保護する権利を侵害する違法な活動を思いとどまるのである。

　まして捜索活動を行う執行官が仮釈放係官であれば，排除法則から得られる抑止効の利益はより限定的である。警察官とは対照的に，仮釈放に従事する機関は，犯罪を探し出すような，しばしば対抗的ともなる活動に関与はせず (United States v. Leon, *supra*, at 914)，その主要な関心は，仮釈放の許可が継続

されるべきか否かにある。それゆえ，仮釈放者と仮釈放に従事する機関との関係は，対立当事者的（adversarial）というより監督性が強いのである（See, Griffin v. Wisconsin, *supra*, at 879）。もちろんこの関係が，仮釈放係官による仮釈放者の第4修正上の権利侵害を完全に防ぐわけではないが，内部的訓練や規律，あるいは損害賠償の脅威など排除法則以外の抑止効が考えられるので，仮釈放手続においては証拠排除がもたらす抑止効果は認められない。

さらに，警察官と同様，仮釈放係官が，起訴につなげうるが憲法に違反して押収された証拠は，公判で証拠から排除される可能性があることを知っているのは疑いない。したがって，本件の場合，本件捜索が被申請人の第4修正上の権利を侵害しているとの前提に立てば，仮に被申請人が刑事手続上起訴されていた場合には，本件証拠は公判で認容されなかったであろう。

2．スティーヴンズ裁判官の反対意見

排除法則のもつ抑止効の機能が，従来の刑事公判と同じ程度に仮釈放取消し手続と関連する理由について説明する，スーター裁判官の反対意見に同意する。また，「排除法則は，第4修正上の禁止事項の中に明示的に組み込まれた権利としてではなく，この禁止事項を実際に守らなければならないことを確認するのに必要な救済策として合衆国憲法上要求される」とする，スチュワート元合衆国最高裁判所裁判官の見解（Stewart, The Road to Mapp v. Ohio and Beyond ; The Origins, Development and Future of the Exclusionary Rule in Search-and-Seizure Cases, 83 Colum. L. Rev. 1365, 1389 (1983)）に賛成する。

3．スーター裁判官の反対意見（ギンズバーグ，ブライヤ裁判官参加）

原判断を確認すべきである。

排除法則を仮釈放取消し手続に適用しないと判示した本件多数意見は，取消し手続の実際の機能について，また取消し申請を支える証拠を収集する者にとっての捜索目的について，そしてその結果，仮釈放の実務上生じる傾向がある第4修正違反の活動を抑止する必要性について，誤った概念に基づいている。

合衆国最高裁判所は，排除法則は，被害者である個人の憲法上の権利を守る制度というより，政府による違法な捜索・押収活動を抑止する効果を通して第

4 修正の権利を保護することを目指した，裁判所が創設した救済策として運用されるものであるから，証拠を排除するという制裁が具体的な事例で適切に科されるか否かは，排除法則の適用を求める当事者の第 4 修正上の権利が警察の捜査活動によって侵害されたかどうかという問題と別個の問題で，したがって，排除法則の適用については，救済される対象が最も効果的に働くと思料される事例に限って適用されるべきであると合衆国最高裁判所はこれまで明確にしてきた。

そして，当裁判所が，排除法則が刑事公判に適用される場合には，不可欠な効果があることが必要であるとしてきたため，訴追に証拠上の制限をすることで得られる抑止効果があることが，排除法則をその他のケースに拡大することで期待されうる抑止の度合いを評価する基本線になる。それゆえ，排除法則を国外退去処分手続（INS v. Lopez-Mendoza, *supra*）や非刑事の課税手続（United States v. Janis, *supra*），人身保護手続（Stone v. Powell, *supra*），大陪審手続（United States v. Calandra, *supra*）に適用することから得られる追加的な抑止力は極めて小さいもので，増分費用の方が上回ることになる。

しかし，本日の多数意見の理由づけは，形式的には，「刑事公判というコンテクストでの排除法則の適用が，憲法違反の捜索を抑止する意義ある効果を既に提供している」ことを根拠に，本件のような仮釈放取消し手続に排除法則を適用しても，重要でない，わずかな抑止効の利益しか得られないとしているが，実質的には，仮釈放取消し手続に関連して，警察官と仮釈放係官が担う役割の違いや，取消し手続自体の実務的な重要性について，間違った見方に基づいているため，実は多数意見の結論は引用した事例には合致しないのである。

確かに，警察官が証拠を差し押さえるため，ないしは犯罪を阻止するために瞬時に行動する場合，犯罪実行者が仮釈放の状況にあることを認識しない場合もあるかもしれないが，通常，警察官が目にした者を最初に識別する場合，地域の警察官は地域の犯罪者を知っているし，犯歴情報は全国的に即時に利用可能であり，しかも警察官と仮釈放係官は日常的に協力関係にあるので，実際の状況が多数意見の言及する場合と反対であることは確実である。

また，仮釈放取消しのための聴聞手続で，違法に押収された証拠を許容することの重大性について多数意見は誤解している。仮釈放取消し手続は，実際には刑事公判と同様の機能を果たす場合がよくあるものである。法廷意見は，本聴聞手続と刑事公判との違いを過度に強調することで，仮釈放のケースに排除法則のコストを拡大して解釈し，この聴聞手続が，仮釈放者の犯罪行為の証拠を吟味する，二次的ではない唯一の公開の場となるという意義ある可能性を認識せずに，その利益を最小限に考えている。

最後に，新たな起訴によるよりも容易であるという理由から，仮釈放の取消しが再犯への1つの対処として採られる可能性が高い。これを考慮すれば，仮釈放取消し手続で証拠排除という救済策がない場合，捜査機関による第4修正違反の活動を抑止しえないことがしばしば起こることになる。

《解　説》

(1)　本件は，捜索を実施した係官が，捜索対象者が保護観察付きの仮釈放（parole）の状況にあることを知りつつ，不審事由（reasonable suspicion）なく合衆国憲法第4修正に違反して住居の無令状捜索を行った場合に，刑事公判以外のコンテクストである仮釈放取消し手続に排除法則を適用できるか，その適用範囲が問題となった事例である。合衆国最高裁判所は，適用の拡大を否定した *Calandra, Janis, Lopez-Mendoza*[1] に依拠して，排除法則は適用されないと判示した。

(2)　排除法則を採用する初期の判例では，「政府は自己の違法な活動から何らの利益も得てはならない」との命題を第4修正から導き出し，この規範命題を排除法則の根拠としていた（規範説）[2]が，政府の権限濫用行為に対しより

---

1)　United States v. Calandra, 414 U.S. 338, at 348 (1974) は大陪審手続に，United States v. Janis, 428 U.S. 433, at 454 (1976) は課税手続に，INS v. Lopez-Mendoza, 468 U.S. 1032 (1984) は国外退去処分手続に排除法則の適用があるかが問題となった事例で，いずれも否定された。*Calandra* については，渥美東洋『捜査の原理』（有斐閣，1979年）258頁参照。

政策的配慮をすべきであるとの批判が寄せられたため,「司法が損なわれていない状態を保つべきだとする至上命令」に従って基本権を侵して入手した証拠を排除する立場（司法の完全性保持説）が主張された。直接基本権を守るというより政策的な考慮が入り込む流れとなったが，この主張には排除法則は真の有罪者に有利な法則であるとの批判が残った。そこでさらに，将来の法執行機関による権限濫用活動を抑止する目的で排除法則を採用する政策的見地を明らかにする抑止効論が説かれ，合衆国では *Mapp*[3] 以降排除法則の中心的根拠となった[4]。この抑止効論に基づく排除法則の適用については，その後 *Calandra*[5] で，排除法則は，権利を侵害された個人の憲法上の権利を守る制度というよりも，政府による違法な捜索・押収活動を抑止する効果によって第4修正の権利を保護するための「裁判所が創り上げた救済策」として運用されるべきであるから，その適用の際には，この救済策の目的を最も効果的に達しうると考えられるコンテクストに限定して適用されなければならないと判示された。このようにして抑止効論に，証拠の排除によって得られる利益とそれによって社会が被るコストとを比較衡量する基準（コスト＝ベネフィットの評価基準）を加えた考え方に従って判断された。すなわち，排除法則は憲法上義務付けられたものではなくその適用には慎重でなければならないから，排除法則の適用により発生する「相当程度の社会的コスト」を上回る程度の抑止効果が期待できる場合に限って適用されるべきであるとされてきた[6]。本件多数意見は，この立場を確認し，「第4修正違反は，違法な捜索や押収活動によって完全に完成するもの」という前提に立てば，刑事公判というコンテクストに排除法則を適用することで，憲法に違反する捜索を抑止する効果を既に得ているので，

---

2) Weeks v. United States, 232 U.S. 383 (1914).
3) Mapp v. Ohio, 367 U.S. 643 (1961).
4) 排除法則の根拠や合衆国の判例の流れについては，渥美東洋『全訂 刑事訴訟法（第2版）』（有斐閣，2009年）182頁以下参照。
5) United States v. Calandra, *supra,* at 348 : United States v. Janis, *supra,* at 454.
6) United States v. Leon, 468 U.S. 897, at 907 (1984).

その後の司法及び行政手続から証拠を排除しても，その場合の抑止効の利益は極めて小さいものでしかないという理由から，仮釈放の取消し手続に排除法則は適用されないと判示した。

このような排除法則の基本的考え方については，スーター裁判官の反対意見も概ね合致するが，同じ前提に立ちながら，本件取消し手続における証拠の排除の可否の考え方について両者は大きな相違を見せ，異なった結論に達している。

（3） 現代において犯罪者の矯正のための主要な手段とされる仮釈放（parole）や保護観察（probation）は，合衆国では沿革的には犯罪者に対する特権（privilege）や恩恵（act of grace）として発展してきたため，従来これらの手続については裁判所及び仮釈放委員会などの行政機関の裁量の下，手続も簡略なものが一般的であった。しかし，仮釈放や保護観察が犯罪者の矯正処遇の重要な手段と意識されるに伴い，被処遇者個人の権利の手続的保護にも配慮されるようになり，本件で問題とされる仮釈放の中断・中止についても，取消しの決定に先立って非形式的であっても仮釈放条件違反の事実が正当に確認され，かつ取消しの判断が適切に行われる手続が必要と考えられた[7]。しかし，このように取消し手続の適正化が図られる一方で，仮釈放の取消し手続は刑事訴追手続ではないから，刑事訴訟における被告人のために要請される諸権利のすべてがこれに適用されるものではなく，行政手続の柔軟性の確保に向けられる関心は高く，また，保護観察という監督付きの仮釈放者には，一般市民が享受できる絶対的自由は認められず，特別な制約を遵守することに応じて適切に条件付けられた自由を享受するにとどまるとされた[8]。このような考えを基礎に，州は，仮釈放にあたり特別遵守事項を課しながら，その法的性質を収容の一形態として理解して，刑期を満了する前に釈放し，社会において適切な処遇をすることでその一員として再統合（reintegrate）する支援を行うように仮釈放を

---

7) Morrissey v. Brewer, 408 U.S. 471 (1972). この事件の解説として，亀山継夫・アメリカ法［1974・1号］177頁以下参照

8) Id. at 480, 490.

想定してきた[9]。

しかし，1980年代から90年代にかけて拘禁数の増加，刑務所の過剰収容，刑罰制度の不効率，再犯防止の必要性などと犯罪者の更生保護を取り巻く問題が山積し，今日，仮釈放は，社会の安全保障と再犯防止のために刑事裁判上不可欠な制度と認識されるとともに，被処分者には厳格な行刑運用がなされるようになっている。仮釈放の取消し事由に関し遵守事項違反の割合が大きい合衆国においては，取消し決定の後は残刑期間の再度の収容がなされることになるし，さらには再犯の場合であっても再収容の方法を採った方が，新たに起訴し，一連の刑事公判手続を踏むのに比べるとコストは低く，州にとって望ましい手段と考えられている。

(4) 本件多数意見も概ね以上のような流れの中にあり，その結論の具体的理由は主に次の通りである。第1に，刑事公判で証拠を排除すれば法執行官による第4修正違反の捜索活動を十分抑止できるので，仮釈放取消し手続に排除法則を適用したとしてもその抑止効果はほとんど得られない，第2に，仮釈放の条件違反行為を犯しているとの疑いがある者を再度収容できずに自由の身に置くことは，仮釈放者は平均的市民より将来犯罪を犯す可能性が高く，社会を危険に晒す，第3に，仮釈放取消し手続に排除法則を適用すれば，取消し手続の柔軟で，対審構造によらない行政手続としての性質を変容させ，ひいては州の仮釈放制度の機能の障害となる，第4に，捜索を実施するのが警察官で，捜索対象者が仮釈放者であることを知らない場合には，通常警察官は刑事公判に証拠を提出しようとする眼で犯罪行為の証拠を捜索するので抑止効果はほとんど期待できないし，知っている場合でも，仮釈放の係官とは異なり，仮釈放取消し手続は彼らの守備範囲外なので，これに排除法則を適用することは本来の排除法則の目的を見誤ると指摘した。

これに対し，スーター裁判官が丁寧に反駁した内容が概ね次の通りである。

---

9) *See,* James M. Binnall, Deterrence Is Down and Social Costs Are Up : A Parolee Revisits Pennsylvania Board of Probation & Parole v. Scott, 32 Vermont L. Rev. 199, 216 (2007).

第1に，仮釈放の取消し手続は，仮釈放者による犯罪行為の証拠が提出され，二次的ではない唯一の公開の場となる可能性がある。第2に，再犯に対する対処として新たな起訴によるよりも，仮釈放を取消して再度収容する方法を安易に利用する虞れがあり，仮釈放の取消し手続自体の意義はより高まる。第3に，多数意見が挙げる警察官と仮釈放係官との相違について，警察官が，捜索対象者が仮釈放者であることを知らない場合という前提が実務上現実に合わないことであるし，警察官が知っている場合は仮釈放の取消し手続に証拠提出される可能性を認識しているのだから，本手続に排除法則が適用されれば抑止効はあるといえる。さらには，多数意見がいう仮釈放の係官には内部的訓練や規律，あるいは損害賠償の脅威のような排除法則以外の手段があることは警察官も同様で，これも理由とならないとする。

このような両者の相違は，仮釈放制度及びその取消し手続の機能や実際，そして捜索活動に関わる法執行機関の実体についての実質的な判断の違いであり，いずれも，将来の違法捜査の抑止という政策的根拠に基づいて判断している点では変わらない。

仮釈放取消し手続では，逮捕されればその後速やかに予備審問や取消しの審理が行われ，その審理過程にも，告知・聴聞を受けること，証拠の開示，証人や証拠についての聴聞の機会，証人に対質，尋問する機会などの手続が認められている[10]ことから，第14修正の適正手続条項による，相当程度の適正性の要請はあるといえる。また，合衆国である米国には法執行機関が多数存在するため，連邦と州という違いだけでなく，地域的・職能的に余りにも多くの異なった基準によって捜査活動が行われているので，この捜査活動の規格化，統一基準化の要請が強いといわれる[11]。そのため，排除法則の根拠も，将来の政府の違法行為抑止というより，現在の政府の違法な活動による基本権侵害への配慮が強いと考えられ，その基本権侵害の目的や態様の吟味の必要性は極めて高い。現に，本件違法捜索の重大性については多数意見もその最後に指摘する通

---

10) *See, supra* note 7, at 489.
11) 渥美・前掲註4）189頁参照。

りである。だがこの原理の一方で、仮釈放者の権利はその時の政策に左右される傾向にある。今日でも、再犯防止や犯罪統制の必要性、あるいは行政手続の司法化の問題が存在するため、第 4 修正違反を確認しながらも、必ずしも排除法則が適用されるとは限らない。当時も多数意見の理由づけを誤りとする論者は多いが、排除法則の適用については結論において賛否は分かれている[12]。

(5) なお、本件の前提として、本件無令状の捜索は、仮釈放者の住居に武器が存在する可能性を超える具体的な嫌疑もなく行われたもので、第 4 修正に違反するという点で争いはないので、以下は本評釈の範囲を超える問題となるが、本件多数意見は本捜索の適法性の判断を全く行っておらず、何を根拠に第 4 修正違反と判断したのか明らかでない[13][14]。逮捕に関わる挙動のプライヴァシーと、捜索・押収に関わる物についてのプライヴァシーとは別個ものであり[15]、被申請人が本捜索前に令状逮捕されていることが本捜索を正当化するものではない。

州上訴裁判所が、本捜索の適法性の判断にあたって、本捜索を正当化するのに相当理由までには至らない程度の不審事由が必要との立場を採っていることは、個人のプライヴァシーに対する侵害と政府の利益の調整を考慮し、州による保護観察及び仮釈放制度の運用が、通常の法執行を超える行政の「特別の必要性」に該当するので、従来の令状要件や相当理由の要件は必要としないとす

---

12) たとえば、適用に反対するものとして、See, Amber Peterson, Parole Revocation and the Exclusionary Rule: Irrational Support Underlying in Pennsylvania Board of Probation and Parole v. Scott, 52 Arkansas L. Rev. 639 (1999). 適用に賛成するものとして、See, Patrick Alexander, Pennsylvania Board of Probation & Parole v. Scott: Who Should Swallow the Bitter Pill of the Exclusionary Rule? The Supreme Court Passes the Cup, 31 Loyola Univ. Chicago L. Journal 69 (1999).

13) 多数意見の本文からも第 4 修正違反とする原判断を単に前提としたものと読むことができる。See, 524 U.S. 357, at 369.

14) 多数意見は第 4 修正違反の判断を回避していると指摘するものとして、See, David M. Stout, Home Sweet Home?! Maybe Not for Parolees and Probationers When It Comes to Fourth Amendment Protection, 95 Kentucky L. Journal 811, 837 (2006).

15) プライヴァシーの概念については、たとえば、渥美・前掲註 4) 142 頁参照。

る，いわゆる「特別の必要性（special needs）」を適用しつつ，本件の具体的事実判断では違法としたものとも考えられる。確かに本件は *Griffin*[16] と類似する事例ではあるが，*Griffin* での基準が適用されるのは，通常仮釈放者が新たな犯罪につき起訴される場合に限られる[17]ので，仮釈放の取消しが認められた後，残刑のための再度の収容がなされた本件は「特別の必要性」では説明できないことになる。本件は，「特別の必要性」のアプローチではなく，通常の第4修正の判断に依拠して比較衡量で判断された事例と思われる。仮釈放を収容の一形態と解し，保護観察以上に仮釈放者のプライヴァシーは縮減されるとしても，本件のような捜索についての具体的な嫌疑のない無令状捜索は正当化されない[18]。

また，被申請人が仮釈放の同意書に署名していることを権利の放棄と看做す見解もあるが，このような包括的同意は任意性について問題があるし，州Supreme Courtも合意書に署名していたことは第4修正上の権利に影響しないとしている[19]。加えて，本件ではScott本人はもとより，住居の所有者であり，共同使用者でもある母親の同意も得ていないので，家屋にプライヴァシーの利益を有する，第三者の同意による同意捜索ともいえないであろう。

さらに，仮釈放者本人は身柄が拘束されており，母親の帰宅を待って捜索を実施していた本件では無令状捜索を正当化する緊急状況もなく，仮に母親らの第三者による証拠破壊の虞れが示されても，令状入手までの間，証拠破壊防止

---

16) Griffin v. Wisconsin, 483 U.S. 868 (1987). 本件については，本書第43事件参照。
17) この点 *Griffin* では，その結果得られた証拠は刑事訴追のために利用されている。とはいえ *Griffin* 当時は，「特別な必要性」にあたるというためには，犯罪捜査目的以外の政府の特別な必要性でなければならなかったので，このように解すること自体疑問が残る。
18) なお，路上を歩行中，仮釈放者であることを理由に警察官が具体的な嫌疑のない無令状捜索を行った場合，「特別の必要性」でなく利益衡量で判断された事例で，Samson v. California, 547 U.S. 843 (2006) がある。
19) See, e.g., 5 Wayne R. La Fave, Search and Seizure: A Treatise on the Fourth Amendment, §10.10 (b), 442 (4th ed. 2004).

のための措置として家屋のインパウンド（現状封鎖・凍結）を実施することも可能であった。

(6) 仮釈放の取消し事由のほとんどが仮釈放中の再犯（刑法 29 条 1 項 1 号）であるわが国においては，起訴せず再収容に代える合衆国のような行刑運営もなされておらず，地方更生保護委員会が仮釈放の取消しの要否を決定する（更生保護法 75 条）にあたって，刑事手続において要請される個人の諸権利が争われることもなかった。とはいえ，関連する法律上，仮釈放の取消し手続について仮釈放者の手続的権利を定める規定がないうえ，地方更生保護委員会がした決定につき，更生保護法及び行政不服審査会の定めるところにより，中央更生保護審査会に審査を請求したり，行政訴訟を提起することも可能であるから，本件のような違法な捜索・押収に関わる問題ではないにしても，仮釈放取消し手続や判断について日本国憲法 14 条や 31 条，34 条あるいは 37 条の要請などが問題となることは考えられる[20]。行政と個人の利益の調整や行政手続の司法化という問題を検討するうえでは，本件は若干の参考になると思われる。

(麻妻　みちる)

---

[20]　なお，留置施設に留置中の被疑者または被告人に対して仮釈放の取消しにより残刑を執行した場合，未決拘禁者と受刑者としての立場が併進するため，その措置方法や各種手続について誤りのないよう留意事項を定めた，和歌山県警察訓令（平成 28 年 3 月 22 日最終改正）に接した。

編者紹介

椎　橋　隆　幸
（しい　ばし　たか　ゆき）
　　中央大学名誉教授
　　主要編著書
　　　刑事弁護・捜査の理論（信山社, 1993 年）／基本問題刑事訴訟法（編著）（酒井書店, 2000 年）／わかりやすい犯罪被害者保護制度（共著）（有斐閣, 2001 年）／ブリッジブック刑事裁判法（編著）（信山社, 2007 年）／Q&A 平成 19 年犯罪被害者のための刑事手続関連法改正（共著）（有斐閣, 2008 年）／よくわかる刑事訴訟法（編著）（ミネルヴァ書房, 2009 年）／刑事訴訟法の理論的展開（信山社, 2010 年）／プライマリー刑事訴訟法（編著）（信山社, 第 6 版 2017 年）／判例講義刑事訴訟法（共編著）（悠々社, 2012 年）／刑事訴訟法基本判例解説（共編著）（信山社, 2012 年）／日韓の刑事司法上の重要課題（編著）（中央大学出版部, 2015 年）／米国刑事判例の動向Ⅴ（編）（中央大学出版部, 2016 年）

執筆者紹介　（執筆順）

伊　比　　　智（い び さとし）	中央大学大学院博士課程後期課程在籍
山　田　峻　悠（やま だ たか はる）	中央大学大学院博士課程後期課程在籍
柳　川　重　規（やな がわ しげ き）	中央大学教授
篠　原　　　亘（しの はら わたる）	千葉商科大学非常勤講師
中村真利子（なかむら ま り こ）	日本女子大学非常勤講師
檀　上　弘　文（だんじょう ひろ ふみ）	中京大学教授
成　田　秀　樹（なり た ひで き）	京都産業大学教授
川　澄　真　樹（かわ すみ ま き）	中央大学大学院博士課程後期課程在籍
三　明　　　翔（み あけ しょう）	琉球大学法科大学院准教授
田　村　泰　俊（た むら やす とし）	明治学院大学教授
山　内　香　幸（やま うち か こ ゆき）	日本比較法研究所嘱託研究所員
松　田　龍　彦（まつ だ たつ ひこ）	松山大学准教授
中野目善則（なかの め よし のり）	中央大学教授
田　中　優　企（た なか ゆう き）	駒澤大学准教授
鈴　木　一　義（すず き かず よし）	日本比較法研究所嘱託研究所員
堤　　　和　通（つつみ かず みち）	中央大学教授
清　水　　　真（しみ ず まこと）	明治大学法科大学院教授
中　村　良　隆（なかむら よし たか）	名古屋大学特任講師
麻　妻みちる（あさ づま みちる）	中央大学兼任講師
麻　妻　和　人（あさ づま かず ひと）	桐蔭横浜大学准教授
安　井　哲　章（やす い てっ しょう）	中央大学教授

米国刑事判例の動向 Ⅵ	日本比較法研究所研究叢書（114）

2018年3月23日　初版第1刷発行

編　者　椎　橋　隆　幸

発行者　間　島　進　吾

発　行　所　中央大学出版部

〒192-0393
東京都八王子市東中野742-1
電話 042(674)2351・FAX 042(674)2354
http://www2.chuo-u.ac.jp/up/

© 2018 椎橋隆幸　ISBN978-4-8057-0814-9　㈱千秋社

本書の無断複写は，著作権法上での例外を除き，禁じられています。
複写される場合は，その都度，当発行所の許諾を得てください。

日本比較法研究所研究叢書

1	小島武司 著	法律扶助・弁護士保険の比較法的研究	A5判 2800円
2	藤本哲也 著	CRIME AND DELINQUENCY AMONG THE JAPANESE-AMERICANS	菊判 1600円
3	塚本重頼 著	アメリカ刑事法研究	A5判 2800円
4	小島武司・外間寛 編	オンブズマン制度の比較研究	A5判 3500円
5	田村五郎 著	非嫡出子に対する親権の研究	A5判 3200円
6	小島武司 編	各国法律扶助制度の比較研究	A5判 4500円
7	小島武司 著	仲裁・苦情処理の比較法的研究	A5判 3800円
8	塚本重頼 著	英米民事法の研究	A5判 4800円
9	桑田三郎 著	国際私法の諸相	A5判 5400円
10	山内惟介 編	Beiträge zum japanischen und ausländischen Bank- und Finanzrecht	菊判 3600円
11	木内宜彦・M・ルッター 編著	日独会社法の展開	A5判 (品切)
12	山内惟介 編	海事国際私法の研究	A5判 2800円
13	渥美東洋 編	米国刑事判例の動向 I	A5判 (品切)
14	小島武司 編著	調停と法	A5判 (品切)
15	塚本重頼 著	裁判制度の国際比較	A5判 (品切)
16	渥美東洋 編	米国刑事判例の動向 II	A5判 4800円
17	日本比較法研究所 編	比較法の方法と今日的課題	A5判 3000円
18	小島武司 編	Perspectives on Civil Justice and ADR : Japan and the U. S. A.	菊判 5000円
19	小島・清水・渥美・外間 編	フランスの裁判法制	A5判 (品切)
20	小杉末吉 著	ロシア革命と良心の自由	A5判 4900円
21	小島・清水・渥美・外間 編	アメリカの大司法システム(上)	A5判 2900円
22	小島・清水・渥美・外間 編	Système juridique français	菊判 4000円

日本比較法研究所研究叢書

23	小島・渥美・清水・外間 編	アメリカの大司法システム(下)	A5判 1800円
24	小島武司・韓相範 編	韓国法の現在(上)	A5判 4400円
25	小島・渥美・川添・清水・外間 編	ヨーロッパ裁判制度の源流	A5判 2600円
26	塚本重頼 著	労使関係法制の比較法的研究	A5判 2200円
27	小島武司・韓相範 編	韓国法の現在(下)	A5判 5000円
28	渥美東洋 編	米国刑事判例の動向Ⅲ	A5判 (品切)
29	藤本哲也 著	Crime Problems in Japan	菊判 (品切)
30	小島・渥美・清水・外間 編	The Grand Design of America's Justice System	菊判 4500円
31	川村泰啓 著	個人史としての民法学	A5判 4800円
32	白羽祐三 著	民法起草者 穂積陳重論	A5判 3300円
33	日本比較法研究所 編	国際社会における法の普遍性と固有性	A5判 3200円
34	丸山秀平 編著	ドイツ企業法判例の展開	A5判 2800円
35	白羽祐三 著	プロパティと現代的契約自由	A5判 13000円
36	藤本哲也 著	諸外国の刑事政策	A5判 4000円
37	小島武司他 編	Europe's Judicial Systems	菊判 (品切)
38	伊従寛 著	独占禁止政策と独占禁止法	A5判 9000円
39	白羽祐三 著	「日本法理研究会」の分析	A5判 5700円
40	伊従・山内・ヘイリー 編	競争法の国際的調整と貿易問題	A5判 2800円
41	渥美・小島 編	日韓における立法の新展開	A5判 4300円
42	渥美東洋 編	組織・企業犯罪を考える	A5判 3800円
43	丸山秀平 編著	続ドイツ企業法判例の展開	A5判 2300円
44	住吉博 著	学生はいかにして法律家となるか	A5判 4200円

日本比較法研究所研究叢書

45	藤本哲也 著	刑事政策の諸問題	Ａ５判	4400円
46	小島武司 編著	訴訟法における法族の再検討	Ａ５判	7100円
47	桑田三郎 著	工業所有権法における国際的消耗論	Ａ５判	5700円
48	多喜 寛 著	国際私法の基本的課題	Ａ５判	5200円
49	多喜 寛 著	国際仲裁と国際取引法	Ａ５判	6400円
50	眞田・松村 編著	イスラーム身分関係法	Ａ５判	7500円
51	川添・小島 編	ドイツ法・ヨーロッパ法の展開と判例	Ａ５判	1900円
52	西海・山野目 編	今日の家族をめぐる日仏の法的諸問題	Ａ５判	2200円
53	加美和照 著	会社取締役法制度研究	Ａ５判	7000円
54	植野妙実子 編著	21世紀の女性政策	Ａ５判	(品切)
55	山内惟介 著	国際公序法の研究	Ａ５判	4100円
56	山内惟介 著	国際私法・国際経済法論集	Ａ５判	5400円
57	大内・西海 編	国連の紛争予防・解決機能	Ａ５判	7000円
58	白羽祐三 著	日清・日露戦争と法律学	Ａ５判	4000円
59	伊従・山内・ヘイリー・ネルソン 編	APEC諸国における競争政策と経済発展	Ａ５判	4000円
60	工藤達朗 編	ドイツの憲法裁判	Ａ５判	(品切)
61	白羽祐三 著	刑法学者牧野英一の民法論	Ａ５判	2100円
62	小島武司 編	ＡＤＲの実際と理論 Ⅰ	Ａ５判	(品切)
63	大内・西海 編	United Nation's Contributions to the Prevention and Settlement of Conflicts	菊判	4500円
64	山内惟介 著	国際会社法研究 第一巻	Ａ５判	4800円
65	小島武司 著	CIVIL PROCEDURE and ADR in JAPAN	菊判	(品切)
66	小堀憲助 著	「知的(発達)障害者」福祉思想とその潮流	Ａ５判	2900円

日本比較法研究所研究叢書

67	藤本哲也 編著	諸外国の修復的司法	A5判	6000円
68	小島武司 編	ＡＤＲの実際と理論Ⅱ	A5判	5200円
69	吉田 豊 著	手付の研究	A5判	7500円
70	渥美東洋 編著	日韓比較刑事法シンポジウム	A5判	3600円
71	藤本哲也 著	犯罪学研究	A5判	4200円
72	多喜 寛 著	国家契約の法理論	A5判	3400円
73	石川・エーラース・グロスフェルト・山内 編著	共演 ドイツ法と日本法	A5判	6500円
74	小島武司 編著	日本法制の改革：立法と実務の最前線	A5判	10000円
75	藤本哲也 著	性犯罪研究	A5判	3500円
76	奥田安弘 著	国際私法と隣接法分野の研究	A5判	7600円
77	只木 誠 著	刑事法学における現代的課題	A5判	2700円
78	藤本哲也 著	刑事政策研究	A5判	4400円
79	山内惟介 著	比較法研究 第一巻	A5判	4000円
80	多喜 寛 編著	国際私法・国際取引法の諸問題	A5判	2200円
81	日本比較法研究所 編	Future of Comparative Study in Law	菊判	11200円
82	植野妙実子 編著	フランス憲法と統治構造	A5判	4000円
83	山内惟介 著	Japanisches Recht im Vergleich	菊判	6700円
84	渥美東洋 編	米国刑事判例の動向Ⅳ	A5判	9000円
85	多喜 寛 著	慣習法と法的確信	A5判	2800円
86	長尾一紘 著	基本権解釈と利益衡量の法理	A5判	2500円
87	植野妙実子 編著	法・制度・権利の今日的変容	A5判	5900円
88	畑尻 剛・工藤達朗 編	ドイツの憲法裁判 第二版	A5判	8000円

日本比較法研究所研究叢書

89	大村雅彦 著	比較民事司法研究	A5判 3800円
90	中野目善則 編	国際刑事法	A5判 6700円
91	藤本哲也 著	犯罪学・刑事政策の新しい動向	A5判 4600円
92	山内惟介 編著 ヴェルナー・F・エプケ	国際関係私法の挑戦	A5判 5500円
93	森　勇 編 米津孝司	ドイツ弁護士法と労働法の現在	A5判 3300円
94	多喜　寛 著	国家（政府）承認と国際法	A5判 3300円
95	長尾一紘 著	外国人の選挙権　ドイツの経験・日本の課題	A5判 2300円
96	只木　誠 編 ハラルド・バウム	債権法改正に関する比較法的検討	A5判 5500円
97	鈴木博人 著	親子福祉法の比較法的研究 I	A5判 4500円
98	橋本基弘 著	表現の自由　理論と解釈	A5判 4300円
99	植野妙実子 著	フランスにおける憲法裁判	A5判 4500円
100	椎橋隆幸 編著	日韓の刑事司法上の重要課題	A5判 3200円
101	中野目善則 著	二重危険の法理	A5判 4200円
102	森　勇 編著	リーガルマーケットの展開と弁護士の職業像	A5判 6700円
103	丸山秀平 著	ドイツ有限責任事業会社（UG）	A5判 2500円
104	椎橋隆幸 編	米国刑事判例の動向 V	A5判 6900円
105	山内惟介 著	比較法研究　第二巻	A5判 8000円
106	多喜　寛 著	STATE RECOGNITION AND *OPINIO JURIS* IN CUSTOMARY INTERNATIONAL LAW	菊判 2700円
107	西海真樹 著	現代国際法論集	A5判 6800円
108	椎橋隆幸 編著	裁判員裁判に関する日独比較法の検討	A5判 2900円
109	牛嶋　仁 編著	日米欧金融規制監督の発展と調和	A5判 4700円
110	森　光 著	ローマの法学と居住の保護	A5判 6700円

日本比較法研究所研究叢書

111	山内惟介 著	比較法研究 第三巻	Ａ５判	4300円
112	北村泰三 編著 西海真樹	文化多様性と国際法	Ａ５判	4900円
113	津野義堂 編著	オントロジー法学	Ａ５判	5400円

＊価格は本体価格です。別途消費税が必要です。